高速铁路基础研究与技术创新丛书

编　委　会

国家出版基金项目
国家出版基金项目

“十四五”时期国家重点出版物出版专项规划项目

NATIONAL PLBLICATION FOUNDATION

高速铁路基础研究与技术创新丛书

工程设计系列

高速铁路桥梁抗震设计

本丛书编委会　总主编

陈兴冲　张永亮　编　著

李建中　主　审

中国铁道出版社有限公司

2022年·北　京

内 容 简 介

本书为“高速铁路基础研究与技术创新丛书”之分册，构建了适合我国高速铁路桥梁的抗震设计框架，既针对重力式桥墩、基础构件分别进行试验和理论研究，也将桥墩-地基系统作为整体进行抗震设计方法研究，并进一步从全桥视角，将无砟轨道、箱梁、支座及下部结构作为整体进行研究，提出了线桥一体化抗震计算模型和设计方法。以科学研究和工程实践为导向，探索了铁路桥梁减隔震设计、自复位设计及大跨度桥梁抗震设计中的关键问题。针对西部典型冻土环境，研究了高速铁路桥梁冻土与结构相互作用的特殊问题。最后，分析了我国高速铁路桥梁抗震设计的发展方向。

本书适合土木工程、铁道工程、桥梁工程专业人员使用，也可供普通高等学校相关专业师生学习和参考。

图书在版编目(CIP)数据

高速铁路桥梁抗震设计/陈兴冲，张永亮编著．—北京：中国铁道出版社有限公司，2022.4

(高速铁路基础研究与技术创新丛书.工程设计系列)

“十四五”时期国家重点出版物出版专项规划项目

ISBN 978-7-113-28964-5

Ⅰ.①高… Ⅱ.①陈…②张… Ⅲ.①高速铁路-桥梁结构-防震设计 Ⅳ.①U238

中国版本图书馆 CIP 数据核字(2022)第 041699 号

书　　名：高速铁路桥梁抗震设计
作　　者：陈兴冲　张永亮

策　　划：刘　霞
责任编辑：赵昱萌　　**编辑部电话：**(010)51873626　　**电子邮箱：**crphzym@163.com
封面设计：高博越　郑春鹏　　**封面摄影：**王明柱　　**丛书标识设计：**崔丽芳
责任校对：孙　玫
责任印制：高春晓

出版发行：中国铁道出版社有限公司(100054，北京市西城区右安门西街 8 号)
网　　址：http://www.tdpress.com
印　　刷：北京联兴盛业印刷股份有限公司
版　　次：2022 年 4 月第 1 版　2022 年 4 月第 1 次印刷
开　　本：787 mm×1 092 mm　1/16　**印张：**23　**字数：**464 千
书　　号：ISBN 978-7-113-28964-5
定　　价：138.00 元

高速铁路基础研究与技术创新丛书

编　辑　组

序

我国高速铁路起步晚、发展快、后劲足，经过几代人的不懈努力，通过原始创新、集成创新、引进消化吸收再创新，成功地走出了一条符合中国国情路情、具有中国特色的自主创新之路。我国已系统掌握各种复杂地质和气候条件下高速铁路建造成套技术；在工务工程、列车运行控制、牵引供电、动车组等高速铁路核心技术方面实现自主化；形成了复杂路网条件下处理跨线运行的运营管理成套技术，构建了人防、物防、技防三位一体的主动安全保障机制。我国已成为全球高速铁路运营里程最长、在建规模最大、运营速度最快、技术体系最全、运营和管理经验最丰富的国家。我国高速铁路技术已走在世界前列，成为推动世界高速铁路发展的重要力量。

为贯彻落实中共中央、国务院《交通强国建设纲要》，推进国铁集团《新时代交通强国铁路先行规划纲要》的落地，系统总结、梳理我国高速铁路各领域前沿理论和技术，向我国乃至世界高速铁路科研工作者和工程技术人员提供一套前沿性的参考书，中国国家铁路集团有限公司铁道出版社公司特组织编著出版“高速铁路基础研究与技术创新丛书”。

丛书以习近平新时代中国特色社会主义思想为指导，以国家自然科学基金课题、国家基金委-国铁集团高铁联合基金课题、国家“973”课题、国家重点研发计划课题等科研成果为支撑，从高速铁路前沿研究、补短板技术、核心技术、技术发展趋势等方向组织选题，涵盖动车组、供电、通信与信号、列控与检测、工程勘察与设计、智能建造、运营与管理、现代信息技术、安全和维护等领域，规模为100册，是全面系统论述我国高速铁路基础研究与技术创新成就的大型系列原创性科技著作。

丛书力求突出制高点、原创性、权威性、全覆盖特色。丛书各册内容以作者团队长期从事高速铁路科学研究的成果为依托，多数成果居于国内领先水平甚至世界先进水平，多种成果荣获国家科学技术奖一等奖、二等奖，国家技术发明奖一等奖、二等奖，茅以升科学技术奖，詹天佑铁道科学技术奖，铁道科技进步奖等奖项，丛书内容体现了我国当今最新、最前沿以及展现未来发展趋势的高速铁路相关研究成果和应用技术。丛书包括动车组、供电、工程施工与组织等十个系列，基本实现高速铁路各领域全覆盖。

丛书由编委会总负责。编委会阵容强大，认真负责。编委会各成员都是长期从事我国高速铁路科研、技术、生产和管理的一流专家学者，是所从事领域的翘楚，其中包括高速铁路及其相关领域的四位院士。编委会多次开会商讨丛书的体系、内容特色、作者条件及质量保障机制；分工负责，精心审订和修改各册编写提纲；多次遴选选题，先从150多个选题意向中遴选出100个选题，后又剔除了内容特色不太鲜明的8个选题，还对10多个选题提出了较大的改进意见，补充了8个关键技术和弥补技术空白的选题；最后邀请专人对各册内容进行审定，从而保证了各册内容的正确性和先进性。

2021年年底，国家新闻出版署经过严格评审，“高速铁路基础研究与技术创新丛书”(100册)成功入选“‘十四五’时期国家重点出版物出版专项规划——重大出版工程”。这是对本丛书项目的认可，也是对编委会、作者和编辑等人员前期工作的认可，更是一种鞭策。我们相信，本丛书的出版，将助力于《交通强国建设纲要》的贯彻落实，推动我国乃至世界高速铁路事业的发展，也将为铁路领域的科研工作者、工程技术人员、管理人员，以及高校相关专业师生提供一套高水平、原创性、权威性、全覆盖的大型高铁科技精品著作。

中国工程院院士
“高速铁路基础研究与技术创新丛书”编委会主任 卢春房

2022年2月

前　言

本书为“高速铁路基础研究与技术创新丛书”之分册，按丛书要求，力图体现高速铁路抗震设计理论及方法的制高点、前沿性、原创性特色。

目前我国高速铁路建设正在飞速发展，总里程已达到 4 万 km，同时我国又是地震最活跃的国家之一，因此高速铁路桥梁的抗震安全性引起了广大学者与工程师的密切关注。我国高速铁路网大多位于高烈度地震区，地震作用往往控制桥梁设计。

针对高速铁路桥梁结构形式的特殊性以及抗震设计面临的特有问题，基于国家自然科学基金委员会、中国国家铁路集团有限公司、中铁第一勘察设计院集团有限公司、中铁二院工程集团有限责任公司以及中国铁路设计集团有限公司相关课题成果，本书论述了我国高速铁路桥梁抗震研究的最新成果，分析了高速铁路桥梁抗震设计的未来发展方向。全书共 10 章，主要包括：(1)论述了少筋混凝土重力式桥墩(指纵筋配筋率小于 0.5%)的有限延性理念及抗震设计方法；(2)阐述了高速铁路桥梁桩基础基于性能的抗震设计方法，探讨了挖井基础的抗震性能及评价方法；(3)论述了铁路桥梁减隔震设计方法，结合实例分析验证了减隔震装置应用于铁路桥梁的减隔震效果及适用性；(4)探索了高速铁路桥梁功能可恢复抗震结构体系；(5)阐述了高速铁路大跨度桥梁的结构形式与抗震概念设计，对典型的大跨度连续梁桥、连续刚构桥、大跨度钢桁拱桥以及斜拉桥等进行了专题分析；(6)论述了冻土区桥梁基础-冻土体系抗震计算模型和分析方法；(7)阐述了线桥一体化抗震计算模型，分析了无砟轨道系统对桥梁地震反应的影响规律。本书构建了适合我国高速铁路桥梁的抗震设计框架，既针对重力式桥墩、基础构件分别进行试验和理论研究，也将桥墩-地基系统作为整体进行抗震设计方法研究，并进一步从全桥视角，将无砟轨道、箱梁、支座及下部结构作为整体进行研究，提出了线桥一体化抗震计算模型和设计方法。以科学研究和工程实践为导向，探索了铁路桥梁减隔震设计、自复位设计及大跨度桥梁抗震设计中的关键问题。针对西部典型冻土环境，研究了高速铁路桥梁冻土与结构相互作用的特殊问题。本书适合土木工程、铁道工程、桥梁工程专业的科研人员、工程技术人员参考，也可用作高校相关专业研究生的教材或参考书。

全书共 10 章，各章编著分工如下：绪论、第 4 章、第 7 章由张永亮教授编著；第 1 章、

第 5 章、第 6 章由刘正楠博士编著；第 2 章由张永亮教授、鲁锦华博士编著；第 3 章由张永亮教授、王义博士编著；第 8 章由张熙胤副教授编著；第 9 章由高建强副教授编著；第 10 章由全体作者共同编著。另外，在本书的编著过程中，夏修身教授、丁明波副教授、刘尊稳副教授及马华军副教授在资料收集等方面提供了帮助。最后，全书由陈兴冲教授统稿、定稿，由同济大学李建中教授主审。

本书在编写过程中所涉及的科研成果也获得了兰州交通大学“百名青年优秀人才培养计划”、兰州交通大学优秀科研平台(团队)科学研究资助计划的资助，在此一并感谢。

由于编著者水平有限，书中难免有谬误之处，敬请读者批评指正。

编著者

2022 年 1 月

目　　录

绪　论

本章首先介绍了我国高速铁路桥梁(以下简称高铁桥梁)常用结构形式与设计特点;然后介绍了汶川地震与唐山地震中铁路桥梁的典型震害现象,并对震害现象进行了总结分析;针对我国高铁桥梁结构形式的特殊性,从少筋混凝土重力式桥墩的抗震特点、桩基础的抗震特点、轨道系统的影响、减隔震设计的特殊性以及冻土区桥梁地震响应特点等角度阐述了铁路桥梁抗震设计面临的特殊问题;最后介绍了本书的主要研究内容及章节总体安排。

0.1　概　　述

目前我国高速铁路建设正在飞速发展,总里程已达到 4 万 km,同时我国又是地震多发国家,高速铁路网大多位于高烈度地震区,地震作用往往控制桥梁的设计,因此高铁桥梁的抗震安全性引起了广大学者与工程师的密切关注。桥梁结构是交通生命线工程的重要节点,同时也是地震灾害的薄弱部位,其破坏不仅会导致本身的经济损失,还会影响整个线路或者区域的震后恢复,造成更大的间接经济损失。

在我国高铁桥梁体系中,中小跨径梁桥为桥梁的主体,而简支梁桥在中小跨径梁桥中又占有绝对比例。同时为提高建设效率和质量,大量采用标准等跨 32 m 简支梁桥,如图 0-1 所示[1]。德国、法国等西欧国家高速铁路小跨度桥梁一般采用实体圆端形板式墩、圆形墩与矩形墩,但西欧国家的地震烈度较低,地震一般不控制设计。日本高速铁路大量使用跨度 10 m 左右的配筋率较高的钢筋混凝土连续刚架桥,如图 0-2 所示[2]。我国公路及城市桥梁主要采用配筋率较高的钢筋混凝土柱式桥墩(双柱式或多柱式),支座采用板式橡胶支座,如图 0-3 所示。与西欧国家(德国、法国等)、日本高铁桥梁以及我国公路及城市桥梁的结构形式不同,我国高铁中小跨径梁桥上部结构主要采用 32 m 简支梁,下部结构大多采用少筋混凝土重力式桥墩(配筋率低于 0.5%)、钻孔灌注群桩基础,支座主要采用盆式橡胶支座或球形钢支座,轨道系统采用整体性好的无砟轨道结构及无缝线路[3-4]。受列车行驶舒适度指标限制,桥墩截面尺寸及刚度均比公路桥墩大很多,桥梁自振周期较短,下部结构受到的地震作用较大。我国高铁桥梁结构形式的独特性主要体现在:结构整体刚度大,地震作用大;下部结构多为少筋混凝土重力式桥墩,延性较差;支座刚度大,且为地震易损部位;无砟轨道系统对桥梁地震响应有较大影响。

图 0-1 我国高速铁路 32 m 简支梁桥的结构形式

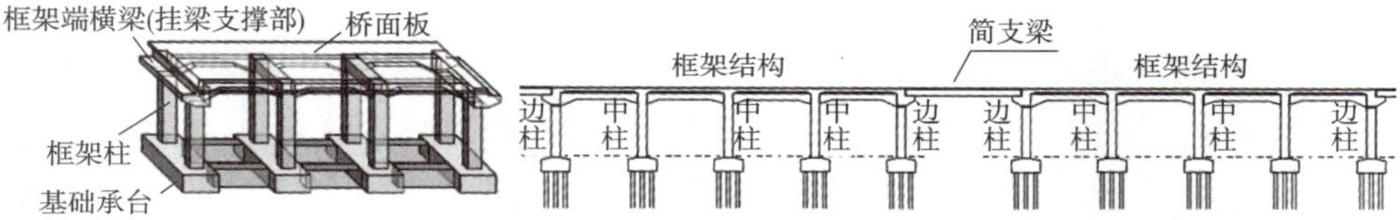

图 0-2 日本东北新干线钢筋混凝土框架桥的结构形式[2]

图 0-3 我国公路梁桥的结构形式

由于我国高铁桥梁具有上述特殊性，其抗震性能及抗震设计方法也与公路及城市桥梁有所不同，需要开展具有铁路特色的抗震研究。在既往研究的基础上，参考国内外的最新研究进展，编写了适合我国高速铁路特点的桥梁抗震设计参考书。

0.2 我国高速铁路常用桥梁结构形式

高铁桥梁是构建高速铁路的重要工程结构。高速铁路的设计速度均在 250 km/h 及以上，多数为 350 km/h。当行车速度达到 250 km/h 以上时，由于动力学问题产生的影响将控制桥梁设计，直接影响行车的安全性和旅客的舒适性。因此，在高铁桥梁建设中，如何保证桥梁达到与设计速度目标值相应的安全性和舒适性，是核心问题。

0.2.1 高铁桥梁设计特点

高铁桥梁设计应满足以下要求[5,6]：

1. 列车安全性、平稳性和旅客乘坐的舒适性要求

高铁桥梁除保证列车安全性、平稳性之外，还要求保证高速运行的列车有很好的旅客乘坐舒适度，它取决于车体的垂向和横向振动加速度；列车通过桥梁时，影响乘坐舒适度的主要因素是桥梁的竖向刚度。为了保证桥上轨道的平顺性，以保证高速列车的安全性、平稳性和旅客乘坐的舒适性，高铁桥梁对预应力混凝土梁部结构的徐变上拱度和桥梁基础的工后沉降提出更加严格的要求，对于铺设无砟轨道的桥梁要求更高。

2. 桥梁结构动刚度等要求

桥梁的上部结构直接承受列车荷载，由于高速列车运行时动力响应加剧，为保证列车运行安全和旅客乘坐舒适，需要加强上部结构的竖向刚度、横向刚度和抗扭刚度，使其满足刚度限值的要求；同时需加强结构的整体性，以改善结构的动力性能。

3. 桥上一次性铺设无缝线路要求

高铁桥梁为保证列车高速运行的要求，轨道结构须一次性铺设跨区间无缝线路，以保持轨道的平顺性。无缝线路钢轨在桥梁上的受力状态不同于路基，温度变化、列车制动力及梁跨挠曲等作用使桥梁结构产生较大的变形，从而导致钢轨产生较大的附加应力。钢轨上产生的附加应力同时又作用于桥梁结构。

高铁桥梁必须考虑梁轨相互作用，尽量减小桥梁的位移与变形，以限制桥上钢轨的附加应力，保证桥上无缝线路稳定与行车安全。

4. 结构的耐久性要求

结构的耐久性对桥梁的安全使用和经济性起着决定性作用，片面地追求较低的初期投资而忽视耐久性，往往会造成很大的经济损失。因此，高速铁路的桥梁结构设计中应十分重

视结构物的耐久性设计，桥梁结构按满足 100 年的使用要求进行设计。

5. 少维修、易维修要求

高速铁路采用全封闭行车模式，行车密度大，桥梁比例大、数量多，检查、维修时间有限，任何中断行车都会造成很大的经济损失和社会影响，因此应尽可能地减少维修养护的时间。为此，桥梁结构在构造上应十分注意改善结构的耐久性，并使结构便于检查、养护及更换，尽可能达到少维修和容易维修的要求。

0.2.2 高速铁路常用桥型

高速铁路桥梁结构具有上部结构刚度大、变形要求严格的特点，一般采用梁式桥、拱桥和组合结构桥梁等结构形式。

1. 梁式桥

梁式桥构造简单、施工方便、工期短、造价低，且容易维修，除特大跨度桥梁外，梁式桥是设计中优先考虑的结构体系。梁式桥主要有简支梁、连续梁、连续刚构等桥式。连续刚构较之简支梁桥具有更好的动力性能，能满足更大跨度要求和能实现更小的结构建筑高度。与连续梁相比，连续刚构桥梁墩共同受力，可避免大型固定支座的设置，使桥墩受力更加合理。

预应力混凝土简支梁桥是我国铁路桥梁应用最多的桥型，占总数的 80%以上。简支梁桥为静定结构，一般适用于中小跨径。因高铁桥梁数量巨大，必须采用标准化、工厂化的施工才能在较短的时间内完成。我国高速铁路常用跨度简支梁桥上部结构通用图采用 20 m、24 m、32 m、40 m 预应力混凝土简支箱梁桥，以 24 m、32 m 双线简支箱梁为主。整孔简支箱梁具有受力简单、明确、外形简洁、抗弯与抗扭刚度大，建成后的桥梁养护工作量小等特点。当全桥控制工点较多，梁跨形式较多或地质较差、沉降难以准确控制时，宜采用简支梁。整孔简支箱梁如图 0-4 所示。

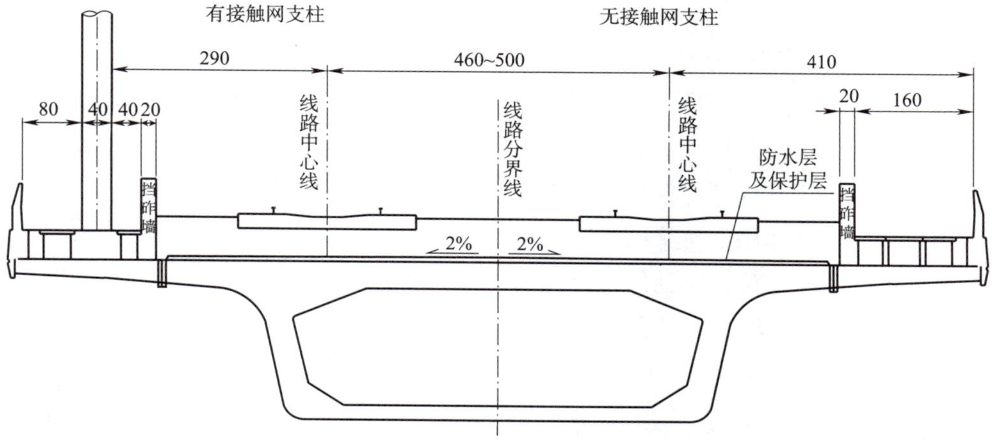

图 0-4 整孔简支箱梁截面示意(单位:cm)

混凝土连续梁也是我国高速铁路中小跨径桥梁的基本形式之一。由于高速铁路一次性铺设跨区间无缝线路，为避免温度变化引起梁轨共同作用对钢轨产生过大的附加应力，连续梁的联长不能过大，应控制在 100 m 左右。连续梁是超静定结构，与简支梁相比，整体性强，具有较大的刚度，且梁缝少、梁端变形折角小、轨面平顺性高，有利于高速行车。目前通用图设计中包括了 2×24 m、3×24 m、2×32 m、3×32 m 和 2×40 m 几种组合方式，其中 24 m 跨度以 3×24 m 为主，32 m 跨度以 2×32 m 为主，均采用支架现浇法施工。若联长再大就需要设置钢轨伸缩调节器，或设置刚度要求很大的制动墩而使得设计不合理。这对高速行车和运营养护是不利的，同时连续梁结构对地基的不均匀沉降特别敏感。我国高速铁路也考虑了跨度组合(24＋32＋24)m、(32＋48＋32)m、(40＋56＋40)m、(40＋64＋40)m、(48＋80＋48)m、(60＋100＋60)m、(80＋128＋80)m(图 0-5)等不等跨布置的混凝土连续梁通用图，以适应不同跨越条件的需要。

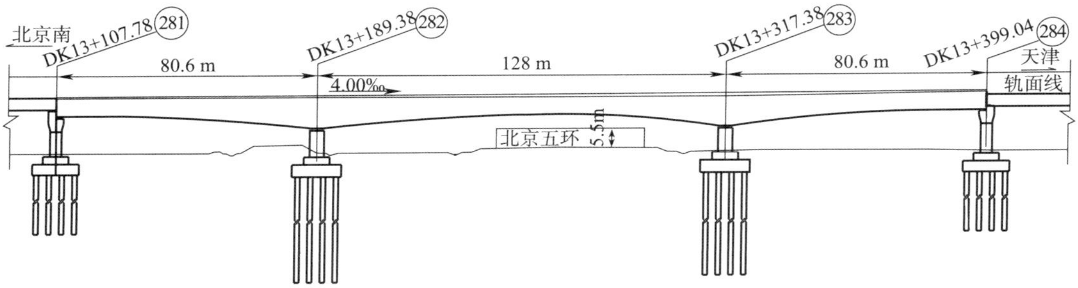

图 0-5　京津城际铁路跨北京五环路(80＋128＋80)m 预应力混凝土连续梁[6]

钢筋混凝土连续刚构梁桥中间桥墩与梁部固接形成刚构，边墩及桥台与梁部用活动支座连接。这种桥式主梁与梁部固接提高了结构的整体性，其梁部、桥墩、桥台均可斜做，桥跨结构能够与桥下斜交道路、斜交沟渠协调适应，并降低了梁部结构高度，特别适用于高度受限制的斜交立交桥。通用图跨度组合有(12＋3×16＋12)m、(16＋24＋16)m、(18＋24＋18)m、(18＋3×24＋18)m 等。

高铁桥梁对桥墩的变形有严格的要求，所以墩台结构应采用刚度较大的实体墩台或钢筋混凝土空心墩台，不宜采用轻型墩台。同时应注意结构整体的美观效果，桥墩的选型应与梁部流线相匹配，适应桥梁上、下部结构之间景观上衔接的需要，因此高铁桥梁广泛采用流线型圆端实体墩，如图 0-6 所示。墩身较高时采用圆端形空心墩。

高速铁路常用跨度桥梁基础，非岩石地基一般采用桩基础，桩径大多为 1.0 m、1.25 m 和 1.5 m。一般情况，简支梁桥选用 8ϕ125 cm 钻孔灌注桩，连续梁桥选用 8ϕ150 cm 钻孔灌注桩，承载力控制时通过加桩处理。桩基础的平面布置形式有行列式和梅花式之分。高铁桥梁首先须满足桥梁墩顶纵横向水平线刚度的要求，在特殊困难条件下，也可以突破上述限值，但需通过梁轨共同作用检算。横向刚度通过墩顶横向水平位移引起梁端的折角不大于

1%来控制，同时希望尽可能大，因为较大的横向刚度是列车运行安全性和舒适性的保证，桩基础的平面布置形式应以尽可能加大下部结构横向刚度为原则。图 0-7 为 10 根、12 根直径 1.0 m 钻孔桩布置图。

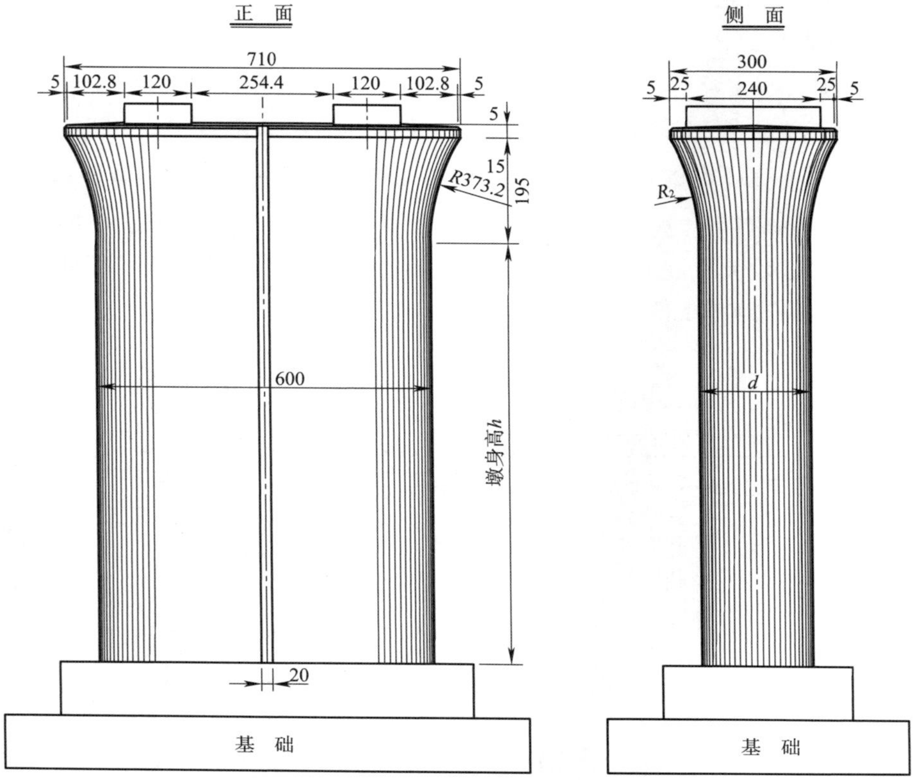

图 0-6　双线圆端形桥墩结构图(单位:cm)[6]

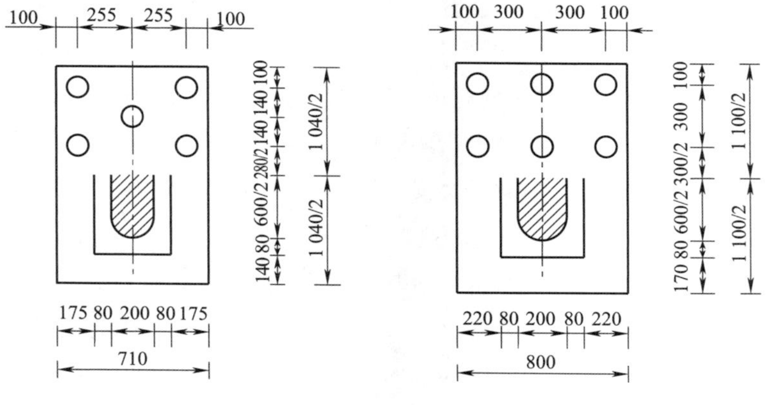

图 0-7　10 根、12 根直径 1 m 桩布置图(单位:cm)[6]

2. 拱桥

山区高铁桥梁在条件许可时，一般采用上承式拱桥结构形式。主桥采用跨越能力较强的拱桥，一孔跨越深谷。图 0-8、图 0-9 为宜万铁路落步溪大桥。该桥为 1×178 m 劲性骨架混凝土拱桥，拱座采用扩大基础。

图 0-8　宜万铁路落步溪大桥

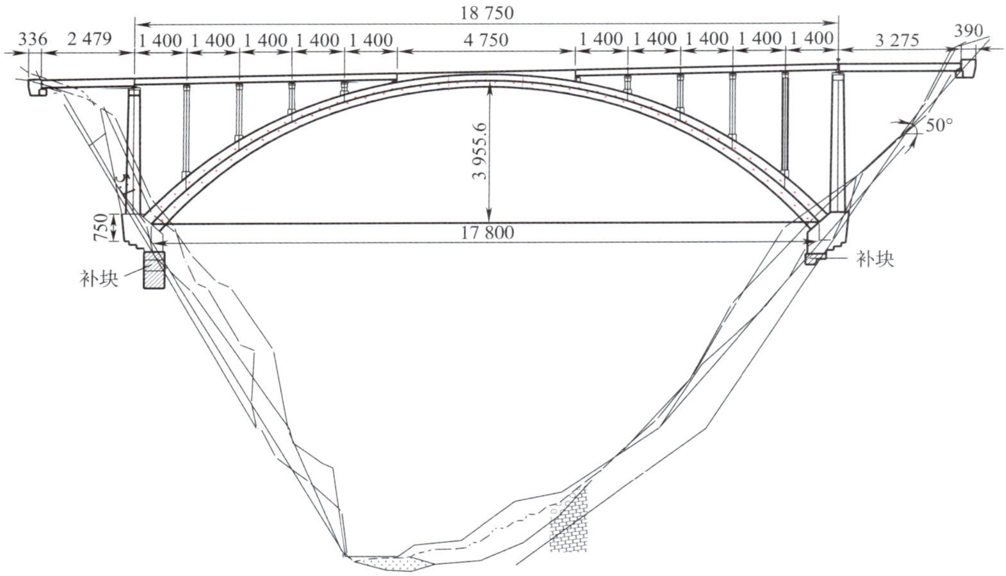

图 0-9　宜万铁路落步溪大桥立面布置图(单位:cm)[6]

3. 组合结构桥梁

组合结构桥梁与简支梁、连续梁结构相比，由于充分利用梁、索、拱的各自桥式的受力优势，可满足较大跨度、较小结构高度的需求。通过优化结构受力，可节约工程量。近年来，组合结构桥梁在我国铁路大跨度桥梁中的应用正在逐步发展。主要包括:连续刚构与连续梁组合体系、梁拱组合体系(简支梁拱组合、连续梁拱组合)、刚构拱组合体系(连续刚构柔性拱、V 形刚构柔性拱)等。

一般来说，当连续刚构桥连续跨数多于 3 孔时，或连续梁孔数较多时，可以将连续刚构与连续梁进行组合，一方面，这种组合桥对于连续刚构来说可以较大地改善因多跨连续所引起的结构温度力和收缩徐变影响力，使下部结构墩柱基础设计变得容易，减少工程造价；另一方面，对于大跨多孔长联连续梁，由于增加刚构固结墩的设置，使得原来设置固定支座的桥墩受力更加合理，梁墩共同受力，减少了大型固定支座的设置。图 0-10 为温福铁路白马河刚构连续梁桥，跨径组合为(80＋3×145＋80)m。

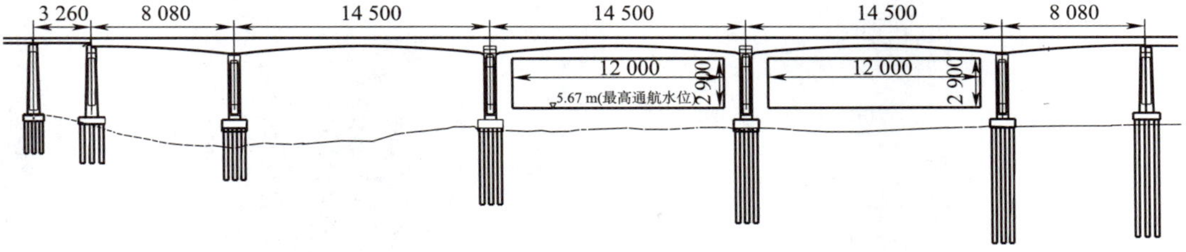

图 0-10　温福铁路白马河刚构连续梁桥(单位:cm)[6]

随着简支梁跨度的增加，梁高与梁体截面尺寸会增大，跨度更大的梁体显得笨重而不经济。梁拱组合体系由于有拱的作用，梁体主要承受轴向拉力，而弯矩和剪力主要受吊杆间荷载的影响，弯矩减小，大部分剪力通过吊杆转换为拱轴压力来平衡。连续梁与拱组合，一般情况下将 3 跨连续梁与拱组合。主梁除承受弯矩外，还承受拉力，拱肋主要承受轴压力，剪力主要由拱肋轴力的竖向分力承担。这类桥梁可以显著降低结构弯矩和剪力的内力峰值，降低梁高，节约工程量。其中上承式、中承式连续梁拱组合桥梁，为使梁的拉力平衡拱的水平推力，边跨需要两个半拱。下承式梁拱组合桥一般中跨用拱加劲，两个边跨因拱的作用使竖向刚度增大，可以减小边跨跨度。图 0-11 为京津城际铁路跨北京四环路连续梁拱组合桥，跨径组合为(60＋128＋60)m。

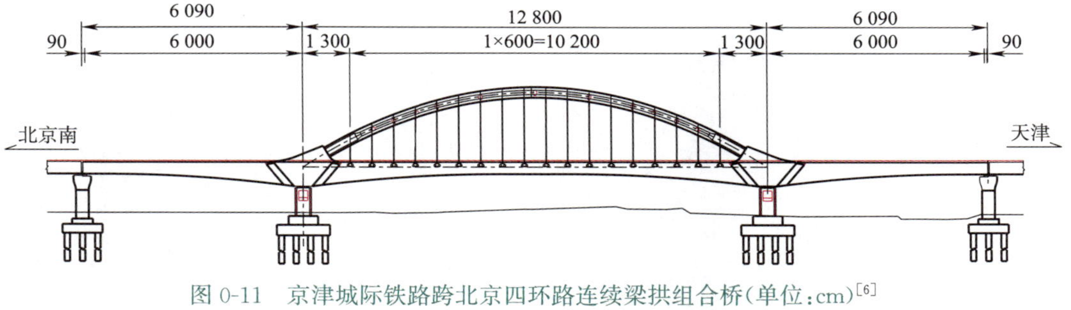

图 0-11　京津城际铁路跨北京四环路连续梁拱组合桥(单位:cm)[6]

0.3　铁路桥梁震害及启示

为了满足高速列车运行的安全性和舒适度指标，从上部梁体到下部桥墩以及基础更重视提高结构的刚度。与公路桥梁相比，铁路桥墩往往设计得“又粗又大”，基础“又深又宽”，导致铁路桥梁震害与公路桥梁明显不同[7]。地震对桥梁造成的破坏可以系统地揭示结构在设计和施工方面的缺陷，调查研究在地震中结构的破坏特点对于改进桥梁结构设计理论和施工方法都具有很大的价值。下面基于汶川地震与唐山地震时铁路桥梁的典型震害，详细论述铁路桥梁的震害现象和特点。

0.3.1　轨道震害

汶川地震作用下，线路平面上严重弯曲，钢轨横向扭曲，如图 0-12 所示。轨缝拉大或钢轨拉断(图 0-13)，这是由于轨道在地震作用下受拉伸而造成的。

图 0-12　钢轨横向扭曲[8]

图 0-13　钢轨拉断[9]

0.3.2　梁体纵、横向移位及碰撞震害

强震作用下，上部结构和墩台之间会发生相对错动、墩台之间发生相对位移、桥墩桥台下沉或倾斜，这些都会造成梁体纵横向移位，如图 0-14、图 0-15 所示。汶川地震造成大部分梁体纵向移位、梁端顶死、撞击损坏等震害现象，如图 0-16 所示。

图 0-14　纵向移位[8]

图 0-15　横向移位[8]

图 0-16　梁端顶死，撞击损坏[10]

0.3.3　落梁震害

落梁是梁式桥最严重的震害现象。有两种形式：一是由于强震作用，上部结构与墩台之间发生很大相对位移，当位移量超出支承长度或防落梁装置设计极限时，就会发生落梁现象；二是由于强震作用下地基基础失效，导致墩台严重倾斜或垮塌，引起落梁，如图 0-17 所示。

图 0-17　落梁震害[8]

0.3.4　支座震害

强震作用下桥梁上部结构与墩台之间发生相对错动，支座受到较大的剪力和变形，一旦超出其抗剪强度和变形能力便会破坏。汶川地震中铁路桥梁的支座震害较为严重[8,10,11]。据统计，广岳铁路所有桥梁支座螺栓几乎全部被剪断，部分支座严重损坏。但支座的地脚螺栓埋置于混凝土中，更换困难。地震中支座的主要病害为支座锚栓弯曲、螺栓被剪断或被拔出，支座限位装置破坏，辊轴支座上、下摆错位，支承垫石被拉裂等，如图 0-18～图 0-21 所示。

图 0-18　支座横向移位[8]

图 0-19　支座锚栓剪断[11]

图 0-20　固定支座剪坏[11]

图 0-21　盆式支座钢盆破坏[11]

日本在阪神大地震之后，曾对桥梁支座的损坏情况进行了调查，结果见表 0-1[12]。表中 A 表示锚栓剪断，支承垫石破坏；B 表示销钉剪断，辊轴破坏，锚栓拔出；C 表示上、下座板变形，支承垫石混凝土破坏；D 表示没有破坏或轻微破坏。采用钢支座的桥梁，有 20%的支座发生了锚栓剪断、支承垫石混凝土破坏等现象，而采用橡胶支座的桥梁，支座仅发生了少量轻微的破坏现象。可见，橡胶支座的隔震性能明显优于钢支座。

表 0-1　日本阪神大地震桥梁支座的破损情况调查

支座形式	支座损害程度				合　计
	A	B	C	D	
钢支座	968(20%)	603(13%)	681(14%)	2 503(53%)	4 755(100%)
橡胶支座	0(0%)	6(2%)	19(8%)	219(90%)	244(100%)
合计	968(20%)	609(12%)	700(14%)	2 722(54%)	4 999(100%)

从桥梁震害现象中，可以总结出：支座先于结构破坏，削弱了桥梁上、下部结构之间的联系，在地震中发挥了保险丝作用，保护了下部结构；普通支座破坏部位具有无序性与不可控

性，落梁风险较大；地震时桥梁支座不宜过强，在地震中产生适度的变位，对消减地震能量是有利的。

0.3.5 桥墩震害

汶川地震中墩身较高的桥墩几乎全被剪断，有很明显的水平贯通裂缝，多位于墩的下部1/6～1/3部位，有的墩有2～3道裂缝，裂缝大多在施工缝或其附近部位。个别桥墩在水平贯通裂缝的下部混凝土中有局部压溃现象，有的为斜向的裂缝并延伸较长；个别墩有少量的倾斜；其中矩形墩尤为严重，如图0-22所示[10]。

(a)施工缝处出现贯通水平裂缝　(b)圆形墩水平环向开裂及局部压溃

(c)矩形墩出现水平贯通裂缝　(d)矩形墩局部压溃

图0-22　桥墩震害形式

公路桥墩主要采用截面尺寸较小但配筋率相对较高的柱式桥墩，为钢筋混凝土结构。而铁路桥墩主要采用截面尺寸较大但配筋率较低的重力式桥墩，大多为少筋混凝土结构，其力学性能介于钢筋混凝土结构与混凝土结构之间。桥墩结构尺寸及配筋的差异导致铁路与公路桥墩的震害现象与破坏特征明显不同。公路桥墩破坏时通常在墩底形成明显的塑性铰区域，表现为钢筋屈曲、混凝土保护层剥落，如图0-23所示。而铁路重力式桥墩破坏时仅在墩底形成一条主裂缝和局部混凝土剥落，破坏时多为钢筋拉断，如图0-24所示。在实验室进行的拟静力试验结果再次验证了以上破坏特征，如图 0-25、图 0-26 所示。同时还发现随着配筋率的增加，铁路重力式桥墩破坏时，裂缝沿墩身向上逐渐增多，墩底开始出现混凝土剥落，破坏特征从脆性破坏逐渐过渡到延性破坏[13]。

图 0-23　汶川地震中百花大桥

图 0-24　汶川地震中汉旺绝缘桥

图 0-25　配筋率 1.0%的铁路桥墩的塑性区

图 0-26　配筋率 0.2%的铁路桥墩的塑性区

震害现象还表明，公路桥墩的弯曲破坏与剪切破坏通常伴随发生，但铁路桥墩的剪切破坏则通常独立发生，且多发生在横向，如图 0-27、图 0-28 所示。

图 0-27　汶川地震百花大桥弯剪破坏

图 0-28　台湾集集地震铁路桥墩剪切破坏

0.3.6 桥台震害

桥台和岸边填土刚度相差很大，地震时桥头路堤下沉普遍发生，河岸滑移也十分常见，是抗震薄弱环节。桥台震害一般比桥墩多见，引起桥台破坏的原因有：由于地基液化、河岸滑移，使桥台连带路基一起向河心移动，若为桩柱式桥台则可能发生倾斜、开裂乃至折断；若为重力式桥台则可能发生胸墙开裂、台体移动、下沉或转动等；强震时，梁端和桥台发生碰撞，多表现为胸墙和翼墙混凝土碎裂；台背填土压力增大，使桥台倾斜、倾倒、台身断裂等；桥头路堤大量下沉，导致翼墙倾斜或坍塌。

汶川地震中几乎所有桥台的锥体发生下沉、松动、开裂，个别垮塌严重，桥台台后填土下沉、松动、垮塌，如图 0-29 所示[10]。

(a)桥台锥体下沉、开裂　　(b)台后填土下沉、垮塌

图 0-29　桥台震害形式

0.3.7 基础震害

1. 桩基础震害

由于基础工程的隐蔽性以及探查手段的缺乏，对其震害的报导相对较少。但强震下桩基础破坏却是客观存在的。以往的震害调查表明，地震作用下桩基础也是整个桥梁系统中的易损部位。例如日本某建筑的桩基在强震中被折断，直至数十年后拆除建筑时才被发现。日本新潟地震(1964，液化地基)与宫城地震(1984，非液化地基)造成新潟与仙台两市大量桩基受损。1964 年新潟地震时，砂土液化导致昭和大桥桩基础的严重变形，致使桥梁破坏。1976 年唐山地震时，因砂土液化与土体侧向水平位移导致胜利桥、越河桥等桩基的破坏。1994 年美国 Northridge 地震使几座桥梁的桩基础遭到了严重破坏。1995 年日本阪神大地震 (M=7.2)后对桩基震害的考察与分析，为桩基抗震性能研究及破坏机制分析积累了很多资料。为了评估基础损坏的严重程度，调查人员对 122 座受损严重的桥梁基础进行开挖，通过钻芯和用探孔照相机摄像的方法对基础的损坏情况进行了调查，结果表明桩中裂缝主

要集中在桩的上部，而较深处没有发现存在裂缝的迹象。因此桩基础在强震中产生损伤甚至破坏是客观存在的，只是不易被发现而已。

图 0-30 为 1995 年日本阪神大地震中由于土体液化引起桩体下沉，从而导致桥面及主梁的破坏[14]。图 0-31 为 1964 年日本新潟地震中桩身沿桩周产生多条宽度不等的环状裂缝[15]。图 0-32～图 0-35 为 1995 年日本阪神大地震中桩基桥梁由于桩帽与承台连接构造措施设计不当，上部结构惯性力以及土体运动使桩帽位置发生剪切和弯曲破坏，承台与桩帽脱离[16]。图 0-36 为台湾集集地震中由于桩基桥墩随土体位移引起的上部结构落梁，这种震害在地震中较为常见[17]。图 0-37 为汶川地震中百花大桥由于软弱场地土层沉陷及向河心滑移导致的桩基础变位、倾斜[18]。图 0-38 为 1989 年美国洛马·普列塔地震中地基失效导致的桥梁倒塌震害，地震导致桩与周围土体脱空达 30～45 cm，由于桩周横向约束的不足最终导致桥梁倒塌。图 0-39 所示为 2008 年汶川地震中百花大桥桩基震害，地震造成基础与周围土体间产生 30 cm 的间隙。

图 0-30　阪神大地震桩体下沉

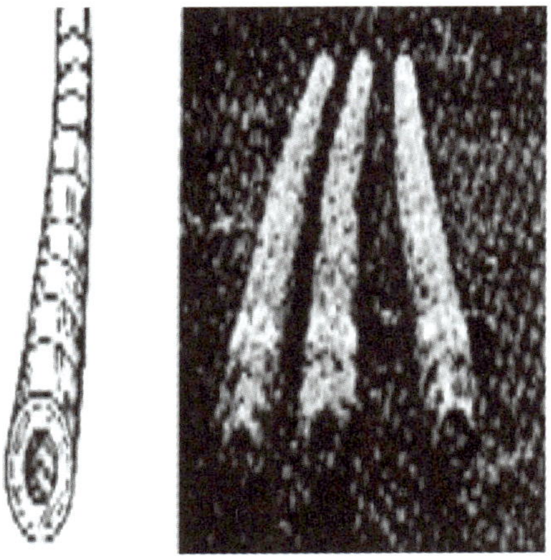

图 0-31　新潟地震八千代桥桩环状开裂

图 0-32　阪神大地震 Higashi 轮渡斜桥桩基

图 0-33　阪神大地震桩顶剪切破坏

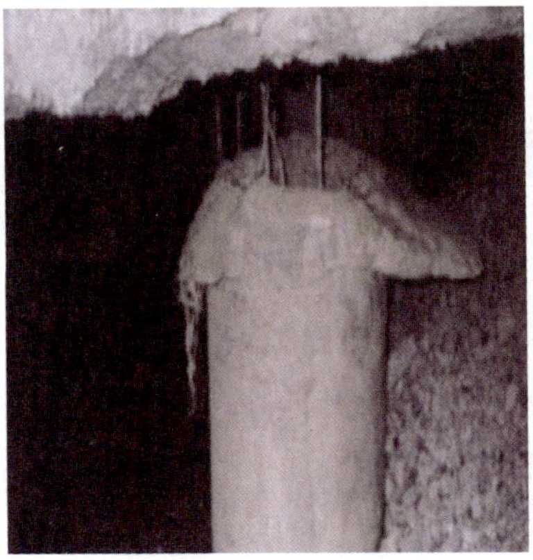

图 0-34　阪神大地震某高架桥桩头从承台中拔出

图 0-35　阪神大地震中某高架桥桩头连接失效

图 0-36　集集地震 Shi-Wui Bridge 落梁破坏

图 0-37　汶川地震软土沉陷、岸坡滑移及基础倾斜

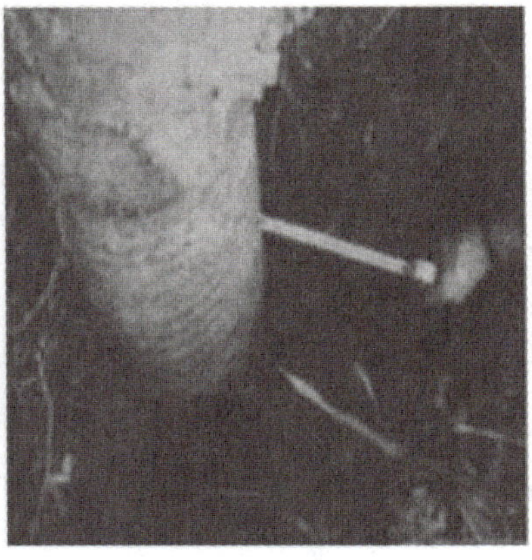

图 0-38　桩与地基土体脱空

图 0-39　汶川地震百花大桥桩基础震害

鉴于基础的震害不便开挖检查，同时震后处理的难度远远超过了桥墩（震后加固）和支座（更换）的处理难度，因此研究基础在地震中的破坏机制及失效机制，对于桥梁基础-土相互作用抗震分析方法的提出具有重要的意义。

2. 扩大基础及沉井基础震害

扩大基础、挖井基础及沉井基础属于刚性基础的范畴，震害特点与桩基础存在较大差异。最典型的扩大基础震害资料源于 1976 年的唐山地震。由于两岸饱和粉细砂层液化导致唐遵铁路陡河桥两岸桥台扩大基础向河心移动，桥孔缩孔 3.73 m，混凝土桥台沿施工缝处错断成三段；通坨上行线 6 号桥桥台由于扩大基础破坏导致坨于头侧桥台后仰，台前高出台尾 30.5 cm，活动支座倾倒，如图 0-40 所示[19]。1995 年日本阪神大地震中，采用沉井基础的明石海峡大桥和东神户大桥（图 0-41）就因基础变位导致上部结构受损；2001 年芸予大地震导致多多罗大桥沉井基础发生水平变位，引起桥墩上一处限位装置破坏，西部高架桥 3P 和 4P 桥墩混凝土开裂[16]。美国洛马·普列塔地震、尼泊尔地震及我国台湾集集地震均表明地震造成了大量的挖井基础发生偏转和抬升，最终导致多座桥梁受损[20]。图 0-42 所示为集集地震造成明竹大桥挖井基础偏转，最终导致桥墩偏转，上部梁体坠落。

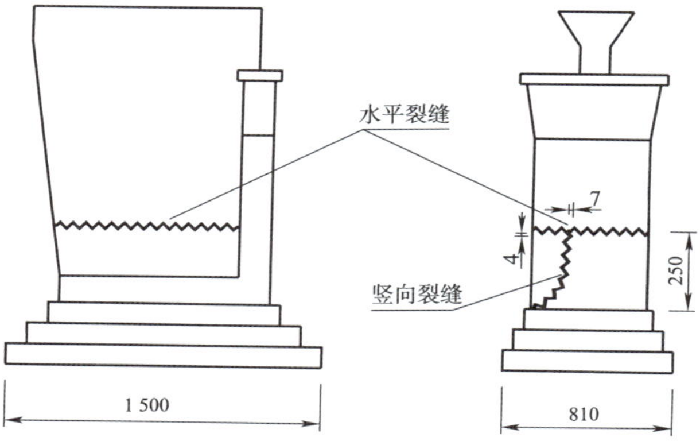

图 0-40　通坨上行线 6 号桥桥台震害（单位：cm）

(a)梁端抬升 0.4 m

(b)阻尼器锚栓脱落

图 0-41　东神户大桥在阪神大地震中的损坏

图 0-42　明竹大桥挖井基础偏转，梁体坠落

另外，ARZOUMANIDIS 等[21]曾对塔科马海峡新桥进行了抗震分析，结果表明沉井基础产生了抬升与刚性偏转，基础与土体最大相对位移达到 170 cm，残余变形达 90 mm，基础的剪力主要由自身惯性力引起，弯矩主要由上部结构振动引起。CHIOU 等[22]对一原型沉井基础进行了推覆试验，结果表明：即使在沉井横向位移很小的情况下基础周围土体也将表现出明显的非线性，沉井的破坏由周围土体的失效引起。

0.3.8　震害启示

1. 唐山和汶山地震的震害启示

对唐山和汶川两次大地震中的梁式桥震害进行对比，发现以下规律[9]：

(1)桥台破坏和桥头路堤下沉在唐山地震中要比汶川地震中严重很多，数量接近三倍。唐山地震发生在平原地区，无次生灾害发生，且震区地基条件较差，多为松软黏土和容易液化的砂土，桥头路堤下沉十分严重，同时岸坡滑移很多，使桥台破坏十分严重，地基及基础震害也较为常见。

(2)梁体破坏和支座破坏在汶川地震中较为常见，而在唐山地震中发生较少。地震的不确定性导致桥梁结构抗震计算的失真。地震运动是由震源-传播介质体-场地地质一系列变化的因素综合形成的，它是极为复杂的和不确定的模糊事件。应加强结构的概念设计与构造措施设计。

2. 震害分析启示

通过震害分析得到的启示如下[7-11,14-22]：

(1)高烈度地震区的大跨桥梁原则上应采用钢梁或钢混凝土结合梁等质量较轻的结构。

(2)应重视地面运动峰值加速度较高地区铁路桥梁减隔震技术的应用研究。采用减隔震技术可减少传入桥梁结构的地震能量，减小结构的地震响应。但减隔震技术是以延长结构自振周期来实现的。减小结构的地震响应要求结构变“柔”，而为保证桥梁的正常安全运营要求结构变“刚”，二者的要求正好相反。因此，如何处理好铁路桥梁结构的抗震性能和横向刚度这一对矛盾，是隔震技术在铁路桥梁中能否广泛应用的关键所在。

(3)地震区桥墩设计应重视墩身抗剪能力，加强箍筋配置，同时对施工接缝处理提出更严格的要求。

(4)即使是破坏性地震，除落石等引发次生震害外，桥梁上部结构自身因直接的地震效应而毁坏的现象极其少见，但因支承连接件或下部结构破坏失效、地基液化引起基础大幅度位移等原因造成的落梁震害却常有发生。对桥梁来说地震落梁是最为严重的震害，甚至落梁砸毁桥墩。应重视防落梁措施，进一步研究防落梁设施的作用机制和合理构造。

(5)钢筋混凝土空心墩是符合抗震要求的较理想墩型。地震区桥墩应优先采用整体浇筑工艺。对于高墩，没有条件采用整体浇筑工艺的，应保证施工缝的处理质量，严格按设计要求埋设接缝钢筋。对于 8 度及以上地震区，应尽量采用延性较好的钢筋混凝土桥墩。

(6)对于修复特别困难的深水、高墩、大跨桥梁或桥墩应提高抗震设防标准。

(7)桥梁支座是桥梁结构抗震的薄弱部位。对于简支梁，震后可对易更换的支座进行更换；不易更换的支座，应在活动端增设墩顶横向限位，在固定端增设墩顶纵、横向限位；对支座螺栓剪断的活动支座，还应采取焊接或支顶等措施，限制支座上、下摆与梁底、支承垫石之间的相对移动。

(8)当地基为饱和粉土、砂土或软土等不良土质时，强震作用下易于出现砂土液化和地基失效，使得地基承载能力不足、稳定性极差。几乎所有地基破坏都会引起基础破坏，主要表现为不均匀沉降、倾斜、移位和弯曲失稳等。在基础变位很小的情况下，基础周围土体就表现出明显的非线性。桩基础变形过大时，地表附近桩-土界面产生脱离、滑移现象，桩周土体横向及竖向抗力将进入塑性状态。因此在基础变位较大的情况下，必须合理考虑桩侧地基土塑性耗能的影响。

(9)在罕遇地震作用下，扩大基础与地基间会产生提离现象。由于基础的提离与抬升，导致桥梁上部结构出现偏转，严重时引起落梁及墩台破坏。在基础与下部地基交替提离和接触的过程中，基础下部土体发生塑性滞回耗能，进一步减小了地震能量输入。沉井(挖井)基础在地震中的破坏不同于桩基础，其自身不会发生破坏，基础的破坏主要源于周围土体的失效。沉井(挖井)基础的破坏主要以抬升和刚性偏转为主，往往导致上部结构尤其是大跨高墩桥梁产生过大的位移和残余变形、最终引起限位装置损坏、桥墩开裂或破坏。因此扩大基础、沉井(挖井)基础抗震设计时，应合理考虑基础的提离、抬升及刚性偏转等效应。

(10)公路钢筋混凝土桥墩的弯曲破坏与剪切破坏通常伴随发生，但铁路重力式桥墩的剪切破坏则通常独立发生，且多发生在横向。公路桥墩破坏时通常在墩底形成明显的塑性区域，破坏时多为混凝土压溃，而铁路重力式桥墩破坏时仅在墩底形成一条主裂缝或局部混凝土剥落,破坏时多为钢筋拉断。铁路重力式桥墩的抗震性能与纵筋配筋率关系密切,因此其抗震设计时,应关注纵筋配筋率与桥墩变形能力之间的关系。

0.4 高铁桥梁抗震设计特点

0.4.1 桥墩的抗震特点

重力式桥墩又称实体桥墩,主要靠自身的重力来平衡外力,保证桥墩的强度和稳定性。重力式桥墩在我国普速铁路桥梁及高铁桥梁中被广泛使用,根据纵筋配筋率可以分为钢筋混凝土重力式桥墩与少筋混凝土重力式桥墩。对于普通钢筋混凝土桥墩,《铁路工程抗震设计规范(2009 年版)》(GB 50111—2006)[24](以下简称《震规》)规定位移延性系数不小于 4.8。规范 Eurocode 8[23]将钢筋混凝土结构分为完全延性、有限延性及基本弹性 3 类,并给出了反映结构整体延性及塑性铰区局部延性的目标限值,其中整体延性用位移延性系数表示,局部延性以塑性铰区的曲率延性系数表示。对于钢筋混凝土弯曲破坏型桥墩,基本弹性的位移延性系数为 1.0;有限延性最小位移延性系数为 1.5;完全延性最小位移延性系数为 3.0。有限延性的曲率延性系数为 7.0;完全延性的曲率延性系数为 13.0。欧规使用等效线性化方法,用性能系数 q 来折减弹性地震力。为使弹性地震力的折减具有足够的延性保证,对塑性铰区范围内的最小配箍率提出了明确要求。

我国普速铁路重力式桥墩绝大多数只配有少量的护面钢筋(0.1%～0.3%),属于低配筋的重力桥墩。高速铁路广泛采用(甚至在高烈度地震区)配筋率低于 0.5%的重力式桥墩,截面尺寸大、刚度大、基频高、低矮桥墩较多是我国铁路桥梁的显著特征。因配筋率较低,其力学性能不同于钢筋混凝土桥墩。

现行的《震规》仅要求钢筋混凝土桥墩(配筋率 $\rho \geqslant 0.5\%$) 在罕遇地震下满足延性验算要求,但对配筋率 $\rho < 0.5\%$ 的少筋混凝土桥墩,不要求进行罕遇地震验算。对于少筋混凝土桥墩,规范实际上仅进行了多遇地震下的一阶段强度设计,这将导致这种结构的抗震性能与规范提出的"小震不坏、中震可修、大震不倒"的多级抗震设防要求不符。

少筋混凝土重力式桥墩的抗震性能具有以下典型特征[3,4,13,25-27]:

(1) 配筋率是影响少筋混凝土重力式桥墩破坏状态的主要因素。配筋率为 0.1%的桥墩,其破坏特征为仅在墩底形成一条贯穿裂缝,具有典型的脆性破坏特征,滞回曲线呈显著的捏缩状。配筋率在 0.2%～0.5%之间的桥墩破坏时墩身裂缝数量随配筋率的增加而增多,纵筋率越大裂缝分布越密集,裂缝开展达到的高度也越高。

(2)少筋混凝土重力式桥墩最终破坏形态均以钢筋拉断失去承载能力为典型标志。最终破坏时没有出现明显的塑性铰,明显区别于钢筋混凝土桥墩的延性破坏(纵筋屈曲,有明显的塑性铰区),仅表现出部分延性特征。

(3)配筋率较低的桥墩，在地震作用下具有明显的提离摇摆效应。低配筋铁路重力式桥墩在墩底仅形成一条主裂缝，在动力作用下有明显的摇摆现象，发现该类桥墩具有墩底自由摇摆桥墩的特征。随着配筋率提高，桥墩从提离摇摆机制向钢筋混凝土结构的塑性铰机制逐渐过渡，即强震作用下少筋混凝土重力式桥墩具有提离摇摆效应及材料非线性双重机制。

(4)与钢筋混凝土桥墩相比，少筋混凝土重力式桥墩的延性能力具有一定的离散性。现有的等效塑性铰长度计算公式因未考虑配筋率的影响而不适用于铁路重力式桥墩，现有普通钢筋混凝土结构的延性抗震理论是否适用于该类型桥墩尚有待验证。

(5)因重力式桥墩截面尺寸大，纵筋配筋率低，体积配箍率对桥墩的延性影响很小。在纵筋配筋率较低时，增加配箍率并不能很好地提高桥墩的抗震性能。

0.4.2　桩基础的抗震特点

综合桩基础在历次强震中的破坏现象，非液化地基桥梁桩基础的震害特点可概括为[28,29]：

(1)上部结构惯性力引起的破坏，破坏部位主要集中在桩头与承台连接处以及承台以下的桩身上部区域，由压、拉、压剪等因素导致破坏，具体表现为桩头从桩帽处脱落、桩头处剪断、桩帽破坏或在桩身的上部区域产生弯曲破坏，形成塑性铰。

(2)由于地震力引起软土摩阻力下降或由于桩长不足，导致桩基下沉或移位，具体表现为桩基的整体倾斜。

(3)在软、硬土层的分界面处，由于弯矩或剪力突变使桩身产生的破坏。具体表现为桩身在此处产生折断或形成塑性铰。

(4)土的变位引起桩基础的破坏。由于土坡或地基失稳对桩基产生侧向挤压，导致桩身弯矩增大，引起桩头、桩身中部的破坏或形成塑性铰。

对于钢筋混凝土桥墩，在多遇地震及罕遇地震下，桥墩的强度及变形能力均要满足《震规》相应要求。但对于桩基础，在罕遇地震下是否考虑地基土及桩构件的非线性，规范并未给出具体的分析模型和计算方法。工程设计人员通常参考公路桥梁抗震设计规范，对桩基础按能力保护构件进行设计，即要求桩构件在罕遇地震下也应保持弹性状态。

由于公路桥梁通常采用柱式桥墩，墩底形成塑性铰后，传至桩基础的内力通常较小，桩基础采用能力保护设计较易于实现。但高铁桥梁通常采用圆端形混凝土重力式桥墩，墩身横向截面尺寸大，结构的自振周期较短，导致桩基础在横向受到的地震作用较大，因此对桩基础仍采用能力保护设计，往往会存在一定的困难。文献[29]对京津城际铁路、京沪高速铁路、石太及石武客运专线上的一些大跨连续梁桥的抗震性能进行分析，统计了罕遇地震下固定墩桩基础保持弹性时桩身的配筋情况，见表 0-2。表 0-2 中分别给出了桩基础在纵向及横向地震作用下的桩身配筋率，其中 * 号标识表示横向地震作用下桩身的配筋率。

表 0-2　固定墩桩身配筋率统计

跨径组合/m	罕遇 PGA/g	场地特征周期/s	桩径/m	根数/个	配筋率/%
60+100+60	0.23	1.3	1.5	20	0.5/1.8*
48+80+48	0.34	1.0	1.5	15	0.4/1.8*
45+70+70+45	0.29	1.3	1.5	20	0.4/1.5*
80+128+80	0.20	0.76	1.5	20	1.3/2.1*
48+80+48	0.35	0.7	1.5	20	0.6/0.8*
48+80+48	0.21	0.7	1.8	12	0.4/1.0*
60+100+60	0.60	0.95	1.5	20	2.8/2.2*

从表 0-2 中可以看出，在横向地震作用下，桩基础若保持弹性，桩身的配筋率大部分超过了 1.5%，最高达 2.2%，这在实际桥梁设计中较难实现。即便理论上能达到如此高的配筋率，也会给桩基础的实际施工带来诸多问题。

美国公路桥梁运输管理协会于 2009 年颁布了首版 LRFD 桥梁抗震设计指南[30]，该指南将设计地震动重现期由以往的 475 年提高为 1 033 年。在以前的 LRFD 设计规范中，桩基础要求按能力保护构件设计，不允许发生塑性损伤。但 2009 年版 LRFD 指南中指出了能力保护原则的两个“例外”，即允许桩基础位于地面以下的桩身发生有限的非弹性变形；允许有液化导致土层水平移位的桩基础发生显著的非弹性变形。针对地震动重现期的提高，这些调整措施使桩基础的抗震性能在结构安全性和经济性之间取得了较好的平衡，在一定程度上体现了基于性能的抗震设计思想[31]。

规范 Eurocode 8[23]对于桩基础抗震设计规定如下：(1)设计地震作用下，推荐桥梁桩基础保持弹性，不损伤。(2)在设计地震下，如避免桥梁桩基础出现局部塑性铰有困难，桩基础的延性和整体性一定要保证，应在桩头附近 5 倍桩径范围内布置约束箍筋，箍筋的构造要求同桥墩塑性铰要求；如塑性铰预计发生在桩基上，对于直桩可以采用 2.5 的性能系数，对斜桩采用 1.5 的性能系数。(3)桩身潜在的塑性铰主要发生在以下两个位置：当上部土层的力学性能较差时，在桩头附近会产生塑性铰；当存在土体剪切变形明显不同的土层交界面时，在界面处产生塑性铰。

新西兰桥梁抗震规范[32]将桥梁分为延性结构、部分延性结构(包括 type Ⅰ 和 type Ⅱ)以及弹性结构三种类型。在直桩桩身产生塑性铰时，要求延性系数 $\mu \leqslant 3$，如图 0-43 所示；在斜桩桩身产生塑性铰时，$\mu \leqslant 2$，如图 0-44 所示。

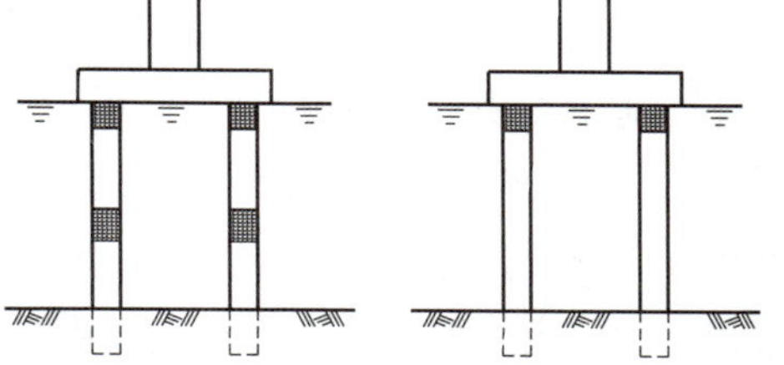

图 0-43　$\mu \leqslant 3$

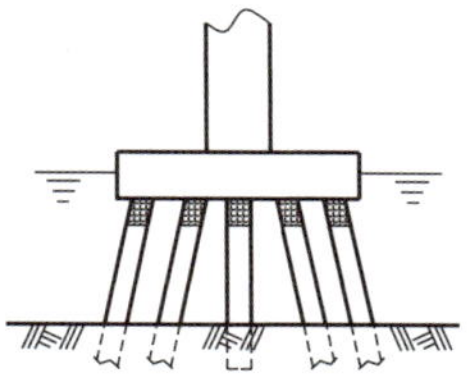

图 0-44　$\mu \leqslant 2$

日本铁道构筑物抗震设计规范[33]是在1995年日本阪神大地震之后，基于两阶段设计和性能设计思想推出的设计标准。该规范允许大震时基础进入塑性，震后对基础进行补强或对结构物进行纠偏后继续使用。考虑到强震下桩基础和地基土可能呈现的非线性状态，该规范以多个指标(反应塑性率、构件的损伤水平及反应变位量)综合评定桩基础的稳定水平，体现了性能设计的基本思想。

高铁桥梁通常采用圆端形混凝土重力式桥墩与群桩基础。一方面，墩身横向截面尺寸大，结构的自振周期较短，导致桩基础在横向受到的地震作用较大。另一方面，随着水平地震作用的增加，因群桩效应使最外排桩构件受到的地震轴力变化较大，导致其由压弯构件变为拉弯构件，屈服弯矩显著降低，桩身更容易进入塑性状态。桩基础进入塑性状态后将影响桥梁整体的地震响应规律，因此对于铁路桥梁考虑基础非线性影响十分必要，这一点有别于公路桥梁的抗震设计。

0.4.3　轨道系统的影响

无砟轨道由于具有轨道平顺性高、刚度均匀性好以及维修工作量小等优点，在高速铁路中广泛应用。采用了板式无砟轨道及无缝线路的高铁桥梁，由于轨道系统刚度较大，对桥梁起到一定程度的约束作用，结构整体性增强，可能对桥梁的地震响应产生一定的影响。反过来，桥梁结构的地震行为也会影响桥上轨道系统的抗震性能。

我国高速铁路常用无砟轨道有:CRTSⅠ型、Ⅱ型、Ⅲ型板式无砟轨道，CRTSⅠ型、Ⅱ型双块式无砟轨道以及道岔区轨枕埋入式无砟轨道。CRTSⅠ型板式无砟轨道预制轨道板通过水泥沥青砂浆调整层，铺设在现有的具有凸型挡台的钢筋混凝土底座上，其特点是单元板之间不纵连，不设横向挡块。CRTSⅡ型板式无砟轨道预制轨道板通过水泥沥青砂浆调整层铺设在现场摊铺的混凝土支承层或现场浇筑的钢筋混凝土底座上，其特点是单元板之间相互纵连，设有横向挡块。CRTSⅢ型板式无砟轨道是具有我国自主知识产权的轨道结构，铺设在桥梁地段的CRTSⅢ板式无砟轨道采用自密实混凝土作为填充层，在轨道板和自密实混凝土之间采用U形筋加强连接。CRTSⅠ型双块式无砟轨道将预制的双块式轨枕组装成轨排，以现场浇筑方式将轨枕浇入均匀连续的钢筋混凝土道床内，其特点是埋入式。CRTSⅡ型双块式无砟轨道将预制双块式轨枕组装成轨排，以现场浇筑方式将轨枕通过机械振动嵌入均匀连续钢筋混凝土道床内，其特点是振动压入式。

目前，桥梁抗震分析主要采用单墩模型或全桥模型。单墩模型梁部只考虑质量影响，尽管规范提出全桥模型应计入梁部及桥面系刚度影响，但未给出该刚度的数值或取值方法。因此在上述两种抗震模型中均无法考虑轨道系统的约束效应。高铁桥梁无砟轨道系统与桥梁地震响应相互影响，但现行《震规》在桥梁地震响应分析模型方面，对板式无砟轨道体系是否考虑、如何考虑，尚无规定。

目前，越来越多的学者开始通过建立轨道和桥梁线桥一体化模型，研究铁路桥梁的地震反应[34-36]。文献[37]指出高铁桥梁与轨道是一个不可分割的受力整体，应将桥梁和轨道作为一个系统进行抗震设计。文献[38-40]分别研究了 CRTSⅡ型板式无砟轨道对桥梁纵向地震响应以及横向地震碰撞效应的影响。以上文献主要侧重轨道系统对桥梁下部结构地震响应的影响，随着研究深入，更加重视无砟轨道系统自身的抗震性能。文献[41,42]以高速铁路简支梁桥为研究对象，分析了地震激励下 CRTSⅡ型板式无砟轨道系统的反应规律，提出了挡块与底座板之间存在着碰撞现象，尤其桥台处挡块易发生损坏。文献[43,44]分别以设置 CRTSⅡ型板式无砟轨道的简支梁桥为研究对象，分析了近断层与跨断层地震动对轨道系统地震响应的影响。文献[45]建立了 CRTSⅡ型板式无砟轨道的精细化线桥一体化模型，构造了桥梁各关键构件和轨道结构各部件的易损性曲线。

当前结构抗震已经从基于生命安全的结构抗震减震转向震后结构功能可恢复与快速修复的设计理念。传统延性设计以允许结构主要受力构件发生塑性变形为代价，存在震后难以修复等困难，带来的直接与间接经济损失较大。桥梁抗震研究的重点需要逐步向高质量、高性能适应性的智能和具可恢复、易修复、避免脆性破坏的韧性转移[46]。功能可恢复体系主要分为三种：摇摆体系、自复位体系及可更换构件牺牲保护体系[47]。无砟轨道系统的抗震性能是震后桥梁功能可恢复性的重要体现。在地震作用下，高铁桥梁和无砟轨道都存在破坏风险，在对其进行抗震设计时有必要将轨道结构考虑在内。而传统铁路桥梁抗震及减震只关注桥梁结构自身安全，未能将轨道体系与桥梁作为一个整体进行系统研究，缺乏科学性和合理性。

从以上研究现状可以看出，在地震作用下，有效控制桥梁结构的地震损伤，缩短桥梁结构受损后的恢复时间，已成为现阶段桥梁结构抗震设计中非常重要的理念及目标。震后结构功能可恢复与快速修复的设计理念需要同时关注桥梁及轨道系统的抗震性能。

0.4.4 减隔震设计的特殊性

支座作为保险丝单元在公路桥梁中的抗震理念已成共识。文献[48]基于汶川地震桥梁震害特征，对中小跨径公路桥梁提出了“一可三易”(可控、易检、易修、易换)设计原则，即“损伤部位及损伤程度可控，损伤部位易检，损伤构件易修，破坏构件易换”，建议中小跨径梁桥在破坏性地震作用下，支座可作为保险丝式单元优先损坏，桥墩可出现易修复的塑性铰，桩基不能损伤，但要防止落梁。文献[49]根据中小跨径梁式桥震害，提出了利用主梁与支座间产生有限相对滑动，减少桥墩损伤的抗震设计概念。

针对板式橡胶支座中小跨径桥梁梁体移位震害严重的问题，提出的主要改进措施有：文献[50,51]提出了橡胶支座梁桥新型隔震系统。该隔震系统由板式橡胶支座和 X 形板弹塑性挡块组成，强震作用下通过板式橡胶支座滑动效应和 X 形板弹塑性挡块屈服减小地震能量输入，同时利用 X 形板弹塑性挡块控制墩梁相对位移。文献[52]提出了板式橡胶支座与钢阻尼器组合、板式橡胶支座与钢挡块组合 2 种横向减震体系。文献[53]提出了钢阻尼滑板支座体系，即四氟乙烯滑板式橡胶支座与钢阻尼器组合体系。

减隔震体系为我国高铁桥梁的合理抗震体系，减隔震支座是实现我国高铁桥梁减隔震体系的重要途径。一方面，从结构抗震角度来看，铁路桥梁下部结构刚度大，基频高，理论上也更适合采用减隔震技术，应当引入减隔震设计方法，探寻和研究适合高铁桥梁减隔震设计的装置，增强其抵御地震灾害的能力。另一方面，目前高速铁路桥墩绝大多数只配有少量的护面钢筋，其截面配筋率通常在0.2%～0.5%之间。这种配筋率较低的重力式桥墩是否具有延性、能否出现明显塑性铰区目前尚不明确。“5·12”汶川大地震后，中国铁道学会在成都举办了“地震灾害对铁路的影响及对策学术研讨会”，与会专家普遍认为：铁路桥梁应加强“减隔震技术”的应用，用“减隔震”的设计理念代替传统的“抗震”设计理念[7]。

然而，与公路桥梁的减隔震设计要求不同，考虑到列车运行安全性及舒适性控制，适应于公路桥梁的橡胶类柔性支座并不适合铁路桥梁，导致铁路桥梁尤其是高铁桥梁减隔震技术面临的问题较为突出。铁路桥梁需处理以下两大难题：如何处理好桥梁结构的抗震性能与横向刚度这一矛盾（即桥梁正常安全运营要求结构变“刚”，而强震下要求结构变“柔”）；如何找到减隔震技术中力与位移之间的最佳平衡点。减隔震技术的核心理念为以较大的位移换取较小的荷载，以适当的阻尼限制过大的位移。

目前，强震区的新建桥梁已大量采用减隔震技术。经统计，铁路桥梁应用比较多的减隔震装置为摩擦摆减隔震支座、钢阻尼支座、黏滞液体阻尼器，此外还有速度锁定装置及减震榫等。其中黏滞液体阻尼器只提供附加阻尼而不增加刚度，已广泛应用于大跨柔性桥梁及长联大跨连续梁桥中。速度锁定装置可使固定墩与活动墩共同承担地震力，主要用于多跨长联的连续梁桥。摩擦摆减隔震支座、钢阻尼支座既可用于大跨桥梁也可用于简支梁桥，其中摩擦摆减隔震支座是目前铁路桥梁中应用最多的减隔震装置。摩擦摆支座采用剪力销使支座的正常使用功能与减隔震功能分离。当地震引起的横向力超过给定值时，抗剪螺栓剪断，支座限位约束被解除，大半径球面摩擦副可自由滑动，利用滑动面的设计延长结构的振动周期，同时通过支座的滑动面与滑块之间的摩擦及上部结构抬高产生势能，来消耗地震能量。

0.4.5　冻土区桥梁抗震设计特点

1. 冻土区场地特点

土体冻结后其动力学参数会随着温度变动发生显著变化，对冻土动本构关系、动弹性模量、动阻尼比和动强度参数（动黏聚力和动内摩擦角）等动力学参数均有显著影响。随着温度的降低，动弹性模量增大，冻土的动强度参数也显著增大；在水-冰剧烈相变区（温度−5～0 ℃），以上参数随地温的变化尤为显著，甚至是灾变性的[54]。冻土动力学参数的改变致使场地特性发生较大变化，包括冻土的剪切波速远远高于未冻土、动剪切模量增大且阻尼比变小、冻土的剪应变远小于未冻土等[55]。高峰等[56]研究表明，季节性冻土层使自由场地的地面运动峰值加速度减小，且随着冻土地温降低（剪切波速增大）、冻土厚度增加，地面运动峰值加速度减小，即在季节性冻土区，冬季时的地面运动峰值加速度小于夏季时的地面运动峰值加速度；多年冻土上限以上为融土时，地面运动峰值加速度比上限以上为季节性冻土时大，即在多年冻土区，冬季时的地面运动峰值加速度小于夏季时的地面运动峰值加速度。

我国《震规》通过覆盖土层厚度和土层剪切波速评定场地土以及场地类型，并未考虑冻土的存在及其对场地特性的影响。冻土区桥梁抗震设计过程中，在确定冻土场地地震动特征及参数时，应预测设计基准期内冻土的变化情况，在此基础上综合确定场地地震动参数。

2. 冻土区桥梁地震响应特点

土体冻结后力学性质改变，地震作用下桥梁基础的土体约束条件也会发生改变。SRITHARAN 等[57,58]的研究表明，即便是厚度较小的冻土层也会对桥梁地震响应产生显著的影响。2001 年青藏高原昆仑山口 8.1 级大地震发生后，为了评估青藏铁路桥梁工程在建设和后期运营过程中的抗震性能，原铁道部科技司委托兰州交通大学抗震团队对青藏铁路常用跨度桥梁的地震响应和抗震性能进行了立项研究。内容主要包括季节和多年冻土层对不同基础形式（浅平基础、挖井基础和桩基础）典型桥墩地震响应的影响，结果表明桥墩的地震响应在有无冻土情况下有显著区别，建议抗震设计中考虑冻土层的影响[59-63]。PLOTNIKOVA 等[64]利用阿拉斯加冻土区坎贝尔溪大桥的现场监测资料研究了季节冻融对桥梁固有频率、模态等动力特性的影响，并通过数值分析发现近地表土体的冻结对跨度不同的桥梁振型影响有显著差异，认为有必要对地震活跃区域且存在季节冻土的桥梁进行专门的抗震性能评估。

另外，为了最大程度降低热扰动，以保护脆弱的多年冻土，如图 0-45 所示的高承台桩基础形式被广泛应用于多年冻土区桥梁工程，这也是冻土区桥梁下部结构的典型特征之一。

图 0-45　多年冻土区高承台桩基础铁路桥梁

已有研究表明地震作用下高承台桩基础中的桩身属于地震易损部位[65]，而多年冻土层的存在对地面以下桩基础部分的塑性铰发展及破坏模式会产生显著的影响，季节活动层的冻融作用也会反复改变地基土对基础的侧向约束作用，增加了地震损伤规律的不确定性。

0.5 本书主要研究内容

本书的研究内容总体上可分为四大部分。

第一部分（绪论）介绍了我国高铁桥梁的常用结构形式与设计特点、典型震害现象、铁路桥梁抗震设计面临的特殊问题。

第二部分（第1～4章）以铁路桥梁中广泛采用的梁桥抗震体系为研究对象，围绕重力式桥墩、桩基础及挖井基础的抗震性能开展了拟静力与振动台试验研究。介绍了少筋混凝土（指纵筋配筋率小于0.5%）重力式桥墩的有限延性理念及抗震设计方法；介绍了桩基础及挖井基础基于性能的抗震设计方法；最后通过具体算例给出了详细计算流程。

第三部分（第5～9章）以铁路桥梁中的减隔震体系、自复位体系、大跨度桥梁抗震设计、冻土区桥梁地震响应以及无砟轨道影响为研究内容，采用试验研究、理论分析与有限元分析等方法进行了系列专题分析与讨论。

第四部分（第10章）从重力式桥墩、基础的抗震设计，减隔震体系、冻土区桥梁以及车-桥耦合作用下的桥梁抗震设计等方面分析了我国高铁桥梁抗震设计未来的发展方向。

参考文献

[1] 戴公连，葛浩，郑榕榕，等. 多跨简支梁桥上无砟轨道无缝线路受力研究[J]. 华南理工大学学报（自然科学版），2019，47(10)：81-92.

[2] 黄勇，李国昌，宋光有，等. 2021年日本福岛7.3级地震铁路系统震害与启示[J]. 世界地震工程，2021，37(2)：38-49.

[3] 张永亮，陈兴冲，丁明波，等. 多遇地震下少筋混凝土重力式桥墩验算指标研究[J]. 铁道工程学报，2014，31(11)：72-76.

[4] 陈兴冲，张永亮，丁明波，等. 罕遇地震下少筋混凝土桥墩最低配筋率研究[J]. 桥梁建设，2016，46(5)：24-28.

[5] 孙树礼. 高速铁路桥梁设计与实践[M]. 北京：中国铁道出版社，2011.

[6] 郑健. 中国高速铁路桥梁[M]. 北京：高等教育出版社，2008.

[7] 李龙安. 地震灾害对铁路桥梁的影响及其抗震设计与减隔震控制研究[J]. 西南公路，2010(2)：12-22.

[8] 朱颖，魏永幸. 汶川地震铁路工程震害特征及工程抗震设计对策思考[J]. 岩石力学与工程学报，2010，29(S1)：3378-3386.

[9] 林庆利，林均岐，刘金龙. 铁路系统的震害分析[J]. 地震工程与工程振动，2014，34(S1)：566-574.

[10] 陈克坚,袁明. 铁路桥梁震害调查及抗震设计有关问题的思考[C]//中国岩石力学与工程学会. 中国岩石力学与工程学会专题资料汇编:汶川大地震工程震害调查分析与研究,2009:851-858.

[11] 杨梦蛟. 汶川大地震既有铁路桥隧建筑物震害情况与思考[C]//中国铁道学会. 中国铁道学会 2008 年度优秀学术论文评选一等奖论文. 北京,2009:118-132.

[12] 庄军生. 桥梁减震、隔震支座和装置[M]. 北京:中国铁道出版社,2012.

[13] 鲁锦华,陈兴冲,丁明波,等. 不同配筋率下铁路重力式桥墩抗震性能试验研究[J]. 中国铁道科学,2021,42(3):47-54.

[14] 王青桥,韦晓,王君杰. 桥梁桩基震害特点及其破坏机理[J]. 震灾防御技术,2009,4(2):167-173.

[15] 前川宏一. 新潟県中越地震災害第二次调查团速報交通基盤施设の被害[J]. 日本土木學会誌,2005,90(1).

[16] PARK R,FILIATRAULT A. The Hyogo-ken Nanbu Earthquake of 17 January 1995[J]. Bulletin of the New Zealand National Society for Earthquake Engineering,1995,28(1):1-98.

[17] Japan Society of Civil Engineers. The 1999 Ji-Ji Earthquake,Taiwan:investigation into the damage to civil engineering structures[J]. Earthquake Damage Investigation,1999.

[18] 杜修力,韩强,李忠献,等. 5·12 汶川地震中山区公路桥梁震害及启示[J]. 北京工业大学学报,2008,34(12):1270-1279.

[19] 刘恢先. 唐山大地震震害[M]. 北京:地震出版社,1986.

[20] CHOWDHURY I,TARAFDAR R,GHOSH A,et al. Dynamic soil structure interaction of bridge piers supported on well foundation[J]. Soil Dynamics and Earthquake Engineering,2017,97:251-265.

[21] ARZOUMANIDIS S,SHAMA A,OSTADAN F. Performance-based seismic analysis and design of suspension bridges[J]. Soil Dynamics and Earthquake Engineering,2005,34:349-367.

[22] CHIOU J S,KO Y Y,HSU S Y,et al. Testing and analysis of a laterally loaded bridge caisson foundation in gravel[J]. Soils and Foundations,2012,52(3):562-573.

[23] British Standards Institution. Eurocode 8:design provisions for earthquake resistance of structures-part 2:bridges[S]. Brussels:European Committee for Standardization,1998.

[24] 中华人民共和国建设部. 铁路工程抗震设计规范:2009 年版:GB 50111—2006[S]. 北京:中国计划出版社,2009.

[25] 蒋丽忠,邵光强,姜静静,等. 高速铁路圆端形实体桥墩抗震性能试验研究[J]. 土木工程学报,2013,46(3):86-95.

[26] 鲁锦华,陈兴冲,丁明波,等. 少筋混凝土重力式桥墩抗震研究现状[J]. 世界地震工程,2020,36(1):125-136.

[27] 鲁锦华,陈兴冲,丁明波,等. 铁路重力式桥墩抗震计算简化模型研究[J]. 振动与冲击,2021,40(9):71-76.

[28] 张永亮. 铁路桥梁桩基础抗震设计方法研究[D]. 兰州:兰州交通大学,2013.

[29] 张永亮,宁贵霞,陈兴冲. 高速铁路重力式桥墩桩基础的抗震设计及研究进展[J]. 岩石力学与工程学报,2015,34(S1):3518-3524.

[30] American Association of State Highway and Transportation Officials. AASHTO LRFD bridge design

specifications[S]. Washington D. C. :AASHTO,2009.

[31] 韩鹏,王君杰,黄勇,等. 美国和日本桥梁桩基础抗震设计方法对比[C]//中国土木工程学会. 低碳经济与土木工程科技创新:2011 中国(北京)国际建筑科技大会. 北京,2011:14-22.

[32] Transit New Zealand. Bridge Manual [S]. 2003.

[33] 日本铁道综合技术研究所. 铁道构筑物等设计标准及解说Ⅴ抗震设计[S]. 东京:丸善株式会社.

[34] 黄艳,阎贵平,刘林. 轨道约束对铁路桥梁纵向地震反应特性的影响[J]. 铁道学报,2002,24(5):124-128.

[35] 谢旭,王炎,陈列. 轨道约束对铁路减隔震桥梁地震响应的影响[J]. 铁道学报,2012,34(6):75-82.

[36] 于向东,尹兴权,闫斌. 大跨简支钢桁梁桥-轨道系统地震响应特性研究[J]. 铁道学报,2017,39(7):111-116.

[37] 蒋丽忠,周旺保,魏标,等. 地震作用下高速铁路车-轨-桥系统安全研究进展[J]. 土木工程学报,2020,53(9):1-13.

[38] 刘正楠,陈兴冲,张永亮,等. 考虑行波效应的无砟轨道铁路桥梁纵桥向地震响应[J]. 振动与冲击,2020,39(4):142-149.

[39] 杨孟刚,孟栋梁,卫康华,等. 高铁简支梁桥横向地震碰撞效应及减震研究[J]. 西南交通大学学报,2020,55(1):100-108.

[40] 张永亮,于伟栋,马华军,等. 板式无砟轨道系统对不同抗震体系铁路桥梁纵向地震响应的影响[J]. 中南大学学报(自然科学版),2017,48(10):2738-2744.

[41] 闫斌,刘施,戴公连,等. 多维地震作用下桥梁-无砟轨道非线性相互作用[J]. 铁道学报,2016,38(5):74-80.

[42] 闫斌,黄杰,刘施,等. 复杂地形条件下桥上 CRTSⅡ型轨道系统地震响应[J]. 交通运输工程学报,2018,18(1):42-50.

[43] 国巍,王阳,葛苍瑜,等. 近断层地震动下高速铁路多跨简支梁桥震致破坏特征[J]. 振动与冲击,2020,39(17):210-218.

[44] 江辉,王敏,曾聪,等. 分级地震下跨断层高铁简支梁桥行车安全与抗震设计优化研究[J]. 工程力学,2020,37(10):70-84.

[45] 魏标,杨添涵,蒋丽忠. 轨道结构建模精细化程度对高速铁路连续梁桥地震易损性的影响[J]. 工程力学,2018,35(4):16-23.

[46] 李建中,管仲国. 桥梁抗震设计理论发展:从结构抗震减震到震后可恢复设计[J]. 中国公路学报,2017,30(12):1-9.

[47] 袁万城,王思杰,李怀峰,等. 桥梁抗震智能与韧性的发展[J]. 中国公路学报,2021,34(2):98-117.

[48] 王克海,韦韩,李茜,等. 中小跨径公路桥梁抗震设计理念[J]. 土木工程学报,2012,45(9):115-121.

[49] 刘振宇,庄卫林,蒋劲松. 基于有限位移的中小跨径梁式桥抗震概念设计[J]. 预应力技术,2014(6):8-14.

[50] 李建中,汤虎. 中小跨径板式橡胶支座梁桥横向抗震设计研究[J]. 土木工程学报,2016,49(11):69-78.

[51] 李建中,汤虎,管仲国. 中小跨径板式橡胶支座梁桥新型隔震系统[J]. 中国公路学报,2015,28(3):

35-43.

[52] 叶爱君,方家欣,张少为,等.小箱梁桥横向减震体系及其耗能特性[J]. 中国公路学报,2017,30(12):21-29.

[53] 王雷,陈政清,陈彦北,等.钢阻尼滑板支座体系在常规桥梁中应用探索[J]. 世界地震工程,2014,30(4):147-150.

[54] 王兰民,张冬丽,吴志坚,等. 地温对冻土动力特性及其场地地震动参数的影响[J]. 中国地震,2003(3):1-11.

[55] 陈卓识,孟上九,袁晓铭. 中等强度地震下季冻区场地响应影响研究[J]. 土木工程学报,2013,46(S1):166-171.

[56] 高峰,陈兴冲,严松宏. 季节性冻土和多年冻土对场地地震反应的影响[J]. 岩石力学与工程学报,2006(8):1639-1644.

[57] SRITHARAN S, SULEIMAN M T, WHITE D J. Effects of seasonal freezing on bridge column-foundation-soil interaction and their implications [J]. Earthquake Spectra, 2007, 23(1): 199-222.

[58] SRITHARAN S, SHELMAN A. An assessment of broad impact of seasonally frozen soil on seismic response of bridges in the U. S. and Japan[C]//Proceedings of the 24th US-Japan Bridge Engineering Workshop. Washington D. C., 2008.

[59] 陈兴冲,高峰,王旭. 多年冻土区桥墩抗震性能研究[J]. 岩石力学与工程学报,2003,22(S2):2682-2685.

[60] 陈兴冲,高峰,吴少海. 冻土层对桥梁地震反应的影响[J]. 工程力学,2007,24(3):120-125.

[61] 严松宏,虞庐松,陈兴冲,等. 青藏铁路 3 种基础型式的桥墩地震反应分析[J]. 铁道学报,2008,30(3):78-82.

[62] 武慧俊,陈兴冲,高峰,等. 季节性冻土对桩基础桥墩地震反应的影响[J]. 兰州交通大学学报,2005,24(6):43-45.

[63] 虞庐松,严松宏,陈兴冲,等. 多年冻土区桩基础桥墩随机地震反应分析[J]. 世界地震工程,2007,23(1):12-16.

[64] PLOTNIKOVA A, WOTHERSPOON L, BESKHYROUN S, et al. Influence of seasonal freezing on dynamic bridge characteristics using in-situ monitoring data [J]. Cold Regions Science and Technology, 2019, 160(8): 184-193.

[65] 王晓伟,赫中营,叶爱君. 桥梁高桩承台基础地震破坏机理试验研究[J]. 同济大学学报(自然科学版),2014,42(9):1313-1320.

第 1 章　桥梁的抗震设计理论及方法

本章以桥梁抗震设计理论与方法的发展演变为线索展开阐述，首先对抗震性能指标的物理意义、分类依据及建立原则进行了归纳；其次关注地震动的选择与输入方法，尤其是对近断层地震动的特性进行了总结；然后介绍了桥梁结构地震响应分析中常用的方法、计算原理及实现方式；最后对比了不同规范及报告中关于设防水准和性能水平的规定，并梳理了基于性能的地震易损性分析方法及流程。

1.1　概　　述

国内外历次大地震带来灾害的同时，有效地启发并加深了人类对桥梁抗震问题的认识。随着对桥梁结构地震破坏特点的深入分析及归纳总结，建立了基于强度、变形、能量的破坏准则及变形和能量双重破坏准则，并形成了与之匹配的性能指标。在此基础上，识别场地类别与地震动的关系、地震设防烈度与地震加速度的关系，是评价桥梁结构抗震性能的前提，且随着穿越活动断层带的川藏铁路等基础工程不断建设，近断层地震动特性及其选择同样应被足够关注。由于强震数据库越来越丰富和全面，研究者们对桥梁结构受力特征的认识和理解不断加深，桥梁结构地震响应分析方法由最初的静力法演变至能满足各种复杂桥梁结构分析的时程动力分析法。与此同时，基于性能的抗震设计方法也得到了不断的完善，规范中“多级抗震设防”思想得到了进一步细化，使其具备了性能目标的多级性、性能目标的可选性及结构抗震性能的可控性等特点，实现了基于位移的设计方法、基于能量及损伤设计方法、基于性能的可靠度设计方法等不断演化的过程。借助 IDA 法、云图法等对结构进行易损性分析被广泛应用于桥梁的抗震性能评估中。

1.2　抗震性能指标

国内外相关学者在高度归纳总结结构破坏特点的基础上，建立了结构不同的破坏准则和评估方法，包括强度破坏准则、变形破坏准则、能量破坏准则及变形和能量双重破坏准则。合理的性能指标与破坏准则的类型相对应，桥梁结构的抗震性能评价指标可以分为如下几类。

1.2.1 基于强度的性能指标

强度破坏准则是应用最为广泛的破坏准则。在多遇地震下进行桥梁抗震设计时，地震荷载与桥梁上的其他荷载进行组合，求得桥梁结构响应(如轴力、弯矩和剪力或正应力和剪应力等)，并与桥梁结构抗震构件的抗力比较，进行抗震性能的评价，这是基于强度设计的基本概念。然而结构在受到较大的地震荷载时，通常会进入非线性状态，结构将产生较大的塑性变形[1]。若仍采用强度破坏准则，一般是通过地震性能系数反映结构的延性效应。

对于容许应力法及承载能力极限状态法，强度破坏准则的形式分别为

$$\sigma \leqslant [\sigma] \tag{1-1}$$

$$\gamma_0 S \leqslant R \tag{1-2}$$

式中，σ、$[\sigma]$分别为构件控制截面的材料应力及容许应力；γ_0 为结构重要性系数；S 为作用效应组合设计值；R 为构件承载力设计值。

1.2.2 基于变形的性能指标

目前普遍认为结构在大震作用下的性能和破坏程度与结构的非弹性变形行为密切相关。从变形的观点看，地震造成结构破坏的原因主要包括两类：一类是“一次超越型”，即地震动激起的结构位移超过结构的变形能力，从而导致结构强度和刚度急剧下降并很快倒塌；另一类是“反复损伤型”，即地震动激起结构反复的弹塑性变形循环，结构因损伤累积效应和低周疲劳效应而破坏。尽管结构的变形破坏准则能够考虑其非线性性质，反映不同阶段的性能水平，但地震时结构在反复荷载作用下的累积破坏无法体现[2]。

变形破坏准则规定一个容许的最大变形为破坏界限值，基于变形的性能指标包括最大位移 δ、位移延性系数 μ、最大塑性应变 ε 以及残余位移 δ_r 等。以最大位移 δ 为例，基于变形的性能指标要求结构的最大位移反应不超过其限值，该破坏准则的形式为

$$\delta_{max} \leqslant [\delta] \tag{1-3}$$

式中，δ_{max}、$[\delta]$分别为地震激起的结构最大位移反应和容许的结构位移值。

1.2.3 基于能量的性能指标

结构抗震设计的能量分析方法能有效地反映地震持续时间引起的累积损伤破坏。基于能量概念的分析和设计方法能够较好地反映地震动的强度、频谱特性，特别是强震持续时间对结构破坏的综合影响[3]。能量破坏准则认为当结构累积的变形能超过了结构允许吸收的能量时结构就会破坏，其表达式为

$$E_h \leqslant [E_h] \tag{1-4}$$

式中，E_h、$[E_h]$分别为结构的滞回耗能与容许值。

能量破坏准则能够反映结构在地震作用下能量累积与低周疲劳破坏，但它针对的是结构总体的破坏，无法反映结构局部构件失效引起的结构整体破坏。因此，能量破坏准则不能确定结构的具体破坏形式，且滞回耗能与容许值的计算也较复杂，不易确定。

1.2.4　基于变形与能量的性能指标

基于变形和能量的双参数准则是通过同时考虑结构的实际变形和累积能量的消耗来描述结构在地震动作用下的破坏[4]，目前较为广泛使用的是基于 1985 年 Park 和 Ang 提出的双参数地震损伤模型，该模型通过一大批钢筋混凝土梁的破坏试验数据统计分析得到，其表达式为

$$D=\frac{\delta_m}{\delta_u}+\beta\frac{\int d\varepsilon}{Q_y\delta_u} \tag{1-5}$$

式中，δ_m 为地震作用下结构系统的最大变形；Q_y 为屈服强度；δ_u 为单调加载情况下结构系统的极限变形；β 为耗能因子；$\int d\varepsilon$ 为结构或构件的累积滞回耗能。

1.3　地震动的选择与输入

1.3.1　场地类别与地震动的关系

地震动是造成地面破坏的外因，场地条件是保持场地稳定的内因，当地震作用超过场地岩性、土质条件的稳定能力时，就会出现场地失稳和地面破坏现象。诸多震区场地破坏或地面永久变形是地震动和场地条件这两个重要因素相互作用及转化的结果。不同场地条件下不良场地破坏现象的作用方式不同，因而震害也不同。地震灾害分布和场地条件与地震波的传播有密切的关系，不同的场地土对地震动有不同的放大或缩小作用。局部场地的覆盖土层、地表地形或基岩面的影响都将成为地震灾害分布的直接影响因素。场地条件对地震现象及震害程度的影响十分敏感[5]。

根据《震规》，评定场地土和场地分类应符合下列规定：

(1)场地土类型划分和剪切波速范围应符合表 1-1 的规定。

表 1-1　场地土类型划分

场地土类型	岩土名称和性状	剪切波速范围
岩石或坚硬土	岩石、密实的碎石类土	$v_s>500$ m/s
中硬土	中密、稍密碎石类土，密实、中密砾，粗、中砂，基本承载力 $\sigma_0>250$ kPa 的黏性土、粉土和老黄土(Q_1、Q_2)	250 m/s$<v_s\leqslant$500 m/s

续上表

场地土类型	岩土名称和性状	剪切波速范围
中软土	稍密砾，粗、中砂，除松散外的粉细砂，基本承载力 $\sigma_0 \leqslant 250$ kPa 的黏性土、粉土和可塑状黄土(Q_3、Q_4)，$\sigma_0 \geqslant 140$ kPa 的填土	150 m/s$<v_s \leqslant$250 m/s
软弱土	淤泥和淤泥质土，松散的砂，新近沉积的黏性土，粉土和流塑状黄土，基本承载力 $\sigma_0<140$ kPa 的填土	$v_s \leqslant$150 m/s

注：土的名称和性状应按《铁路工程岩土分类标准》(TB 10077—2019)取用。

(2)场地类别应根据场地计算深度内土层等效剪切波速 v_{se} 值按表 1-2 划分为四类。等效剪切波速 v_{se} 值应按式(1-6)计算。

$$v_{se} = H / \sum_{i=1}^{n} \frac{h_i}{v_{si}} \tag{1-6}$$

式中 v_{se}——计算深度内的土层等效剪切波速，m/s；

H——计算深度，m：应取地面或一般冲刷线以下 25 m，并不得小于基础底面以下 10 m；

h_i——计算深度内第 i 土层的厚度，m；

v_{si}——第 i 土层的剪切波速，m/s；

n——计算深度内土层数。

表 1-2　场地类别

场地类别	Ⅰ	Ⅱ	Ⅲ	Ⅳ
剪切波速	$v_{se}>$500 m/s	250 m/s$<v_{se} \leqslant$500 m/s	150 m/s$<v_{se} \leqslant$250 m/s	$v_{se} \leqslant$150 m/s

(3)跨度 32 m 及以下的简支梁桥，当无土层剪切波速实测资料时，可根据岩土名称和性状，按《震规》附录 A 选用。

(4)对于 A 类、B 类重要桥梁，应采用现场实测土层的剪切波速进行评定。

1.3.2　地震设防烈度与地震加速度

铁路工程所在地区可能遭受的地震影响程度，应采用与抗震设防烈度对应的地面运动峰值加速度和地震动反应谱特征周期来表述。地震动反应谱特征周期 T_g 应根据场地类别和地震动参数区划取值，不同水准地震作用下，水平地震基本加速度取值见表 1-3。

表 1-3　水平地震基本加速度

设防烈度	6 度	7 度		8 度		9 度
设计地震	0.05g	0.1g	0.15g	0.2g	0.3g	0.4g
多遇地震	0.02g	0.04g	0.05g	0.07g	0.1g	0.14g
罕遇地震	0.11g	0.21g	0.32g	0.38g	0.57g	0.64g

1.3.3　近断层地震动的特性

近断层地震动一般是指与断层距离较小，伴随着速度脉冲、方向效应等特征的地震动。目前，国内外有关近断层区域范围并没有统一的定论，大多数学者将距离断层破裂面 20 km 范围认为是近断层区。较多的研究表明，近断层地震动具有短持时高能量脉冲运动、断层破裂的方向性效应、滑冲效应、逆冲断层地震的上盘效应和大幅值竖向加速度等显著区别于远场地震动的特性[6]。综合目前有关近断层地震动的研究成果，其特征归纳如下：

(1)相比远断层地震动，具有较窄的速度敏感区域和较宽的加速度及位移敏感区域。

(2)较为剧烈的竖向地震动和较大的水平地震动。水平地震动加速度峰值不仅很大，而且垂直断层方向和平行断层方向加速度峰值存在较大的差异，地震动加速度峰值有显著的上盘效应，随断层距的增加而迅速减弱，加速度反应谱值随周期增大而迅速减小。

(3)具有断层破裂的方向性效应。受到断层破裂方向与速度的影响，靠近地震断裂区的地震动有时会产生向前方向性效应。同时，具有向前方向性效应的近断层地震动的速度时程在长周期段具有明显脉冲特性，会对中、长周期结构造成严重破坏。

(4)速度脉冲效应显著。速度脉冲效应具有大幅值、长周期的显著特征，易使固有周期长的结构产生过大的侧向位移和永久变形，从而形成永久性的破坏。

(5)上下盘效应显著。上下盘效应是指发生在倾斜断层的地震产生的上下盘地震动的差异，直接影响近断层地震动的峰值、频谱、持续时间及空间分布。

因此，在进行近断层桥梁结构分析时，需要对近断层地震波记录进行基线调整，可采用针对低频误差的地震滤波算法或对仪器倾斜的矫正算法。同时，还要准确把握近断层地震波长周期速度脉冲特性以及近断层地震波竖向地震动特性。

1.3.4　地震动的输入

结构的动力反应与结构的自振周期以及输入的地震动特性密切相关。用时程法进行研究或在实际结构抗震设计时，如果地震波输入不合理，其结论或结果就失去了意义。大量的地震记录表明，不同的地震动特性差别很大。不仅不同场地上的地震波不同，就是在同一场地上，震级、震中距相近、但非同一次地震的地震波也不相同。准确预测某个工程场地未来的地震过程，目前还无法实现[7]。

常用的地震波包括：(1)根据规范反应谱拟合的人工地震波。(2)地震危险性分析提供的人工地震波。它根据区域地震活动的规律和地震动衰减规律，采用概率法进行地震危险性分析，并合成能充分反映地震环境影响的人工地震波，结合场地地质条件进行土层地震响应分析，最终得到工程场地有关设计地震动参数。(3)历史记录的实际地震波。

因为地震动具有强烈的随机性，结构地震响应随输入地震波的不同而差距显著，若要保证时程分析结果的合理性，必须合理选择地震波，即应合理考虑地震波的峰值、频谱特性、持续时间以及地震波数量，其中前三个因素称为地震动的三要素。

1. 幅值

地震波的幅值指地震动加速度、速度或者位移三者之一的峰值、最大值或某种意义下的有效值。地震波的峰值在一定程度上反映地震波强度，因此输入结构的地震波峰值应与设防烈度要求的多遇或罕遇地震的峰值相当，否则应按式(1-7)对地震波的峰值进行调整。

$$A(t)=\frac{A_{\max}}{a_{\max}}a(t) \tag{1-7}$$

式中，$A(t)$为调整后的地震波时程曲线；$A_{\max}$为相应烈度下统计的地面运动峰值；$a(t)$为所选地震波的时程曲线；$a_{\max}$为所选地震波的最大峰值。

2. 频谱特性

频谱即地面运动的频率成分及各频率的影响程度，它与地震传播距离、传播区域、传播介质及结构所在地的场地土性质有密切关系。不同性质的土层对地震波中各种频率成分的吸收和过滤的效果是不同的。一般来说，同一地震，震中距小，则振幅大，高频成分丰富；震中距大，则振幅小，低频成分丰富。因此，在震中附近或岩石等坚硬场地土中，地震波中的短周期成分较多，在震中距较大或冲积土层较厚而土质又较软时，地震波中的短周期成分被吸收，以长周期成分为主。地震波选择时应使所输入地震波的卓越周期尽可能与场地的特征周期一致，所输入地震波的震中距应尽可能与场地的震中距一致。

3. 持续时间

强烈地震动的持续时间是引起结构低周疲劳破坏的主要原因。在选择地震波时，地震记录最强烈部分应包含在所选持续时间内。若仅对结构进行弹性地震响应分析，持续时间可取短些。若对结构进行弹塑性或减隔震地震响应分析，持续时间可取长些。一般可考虑取持续时间为结构基本周期的 5～10 倍。

4. 地震波数量

时程反应分析结果对所输入的地震波特性具有高度依赖性，若输入地震波数量太少，则不足以保证时程分析结果的合理性。为了减少时程分析结果的离散性，根据桥梁场地特征，在准确把握地震波特性的基础上，至少选择 3～7 条地震波进行结构地震响应分析。

1.4 结构地震响应分析方法

结构地震响应分析方法是研究地震时地面运动对结构物产生动态效应的方法。结构的地震响应取决于地震动和结构动力特性两个方面。因此地震响应分析方法的发展是随着人们对这两方面的认识逐步加深的。由于地震运动本身带有随机过程的性质，而结构的基本参数也具有一定的不确定性，因此目前发展了两种地震响应分析方法。一种是以地震运动为确定过程的确定性地震响应分析方法，另一种是以地震运动为随机过程的概率性地震响应分析方法。世界各国的桥梁抗震设计规范中普遍采用的是确定性地震响应分析方法，该方法包括静力法、反应谱法和时程分析法[2]。

1.4.1　静力法

静力法阶段自 19 世纪末至 20 世纪 40 年代，始创于意大利，发展于日本。静力法假设结构各个部分与地面运动具有相同的振动，把结构物在地面运动加速度 $\ddot{x}_g$ 作用下产生的惯性力视作静力作用于结构上进行结构弹性静力分析，即静力效应代替结构在地面运动激励下的动力效应。因此，结构因地震作用引起的惯性力等于地面运动加速度与结构总质量的乘积，再把地震力视为静力作用在结构上，进行结构线弹性静力分析。地震力的计算公式为

$$F=m\cdot\ddot{x}_g=\frac{W}{g}\cdot\ddot{x}_g=k\cdot W \tag{1-8}$$

式中，m 为结构物的质量；W 为结构重量；$\ddot{x}_g$ 为地面运动加速度峰值；k 为地面运动加速度峰值与重力加速度的比值。

静力法将地震地面运动加速度作为结构地震破坏的唯一因素，从动力学角度来看，这种方法忽略了结构的动力反应特性，在理论上存在极大的局限性。只有当结构物的基本固有周期比地面运动卓越周期小很多时，结构物在地震时才可能几乎不产生变形，可以近似地视为刚体，静力法才能成立。静力法概念简单，对于整体刚度较大的结构或构件是适用的，我国桥台和挡土结构的抗震设计仍采用静力法。

大震时，结构可能进入弹塑性工作阶段，静力弹塑性分析方法（Pushover 分析方法）是基于结构在预先假定的一种分布侧向力作用下，考虑结构中的各种非线性因素，逐步增加结构的受力，直到结构中形成机构为止，在这个分析过程中，得到结构的力与变形的全过程曲线。尽管侧向分布力是一种静力荷载，但整个分析过程可以近似反映结构在地震作用下某一瞬间的动力响应。Pushover 分析方法不能直接得到结构的地震响应，需要与其他方法如弹性反应谱、非弹性反应谱法等相结合使用。

基于 Pushover 分析手段，采用能力谱法进行结构抗震性能评估是比较常用的一种方法。能力谱法分析过程是首先借助 Pushover 分析得到结构的荷载-变形曲线，并转化为能力曲线，其次依据等效单自由度体系的等效刚度、等效阻尼比由设计地震下的弹性反应谱确定结构的“需求曲线”，最后将两者画在加速度位移谱中进行比较，曲线的交点就是结构在对应水准地震作用下的响应峰值[2]。

1.4.2 反应谱法

反应谱理论的发展阶段是从 20 世纪 40 年代至 60 年代。M. A. Biot 于 1943 年提出了反应谱的概念,并给出了第一条弹性反应谱曲线。1948 年,G. W. Housner 提出基于加速度反应谱曲线的弹性反应谱法。1956 年,N. M. Newmark 首先把反应谱法应用于墨西哥城拉丁美洲大厦的抗震设计。

反应谱法采用“地震荷载”的概念,从地震动出发求解结构的最大地震响应,同时考虑了地面运动特性和结构的动力特性之间的关系,比静力法有很大的进步,但是在设计中仍然把地震惯性力视为静力,以弹性分析为主。反应谱的概念可以通过单自由度体系的地震响应来说明。

反应谱曲线是指单自由度弹性体系对应某一个强震记录情况下,体系的周期与绝对加速度、相对速度和相对位移的最大反应量之间的关系曲线。任何一条反应谱曲线都是具有不同动力特性的结构对一个地震动过程动力反应的结果(最大值)。因此,反应谱曲线反映了地震动过程不同成分频率含量的相对关系,从另一个角度讲,曲线上的每一个点是通过单自由度体系的最大动力反应来描述地震动频谱特性的,这就建立了地震动特性与结构动力特性的一道桥梁。

反应谱法也存在一些缺陷。反应谱是弹性范围内的概念,当结构在强烈地震下进入塑性工作阶段时不能直接应用。同时,因地震作用是一个时间过程,而反应谱法只能得到最大反应,不能反映结构在地震动过程中的时间经历和地震动持时效应。对多振型反应谱法,反应谱仅能给出结构各振型反应的最大值,不能反映出最大值的正负和持续时间;对复杂、大跨桥梁进行地震响应分析时,有时会由于计算的振型阶数不足而得不到正确的结果或判断不出结构真正的薄弱部位[2]。

反应谱法通过反应谱概念巧妙将动力问题静力化,概念简单、计算方法简单、可以用较少的计算量获得结构的最大反应值,因此世界各国规范都把它作为一种基本的分析手段。我国《震规》规定的反应谱动力系数放大曲线如图 1-1 所示。

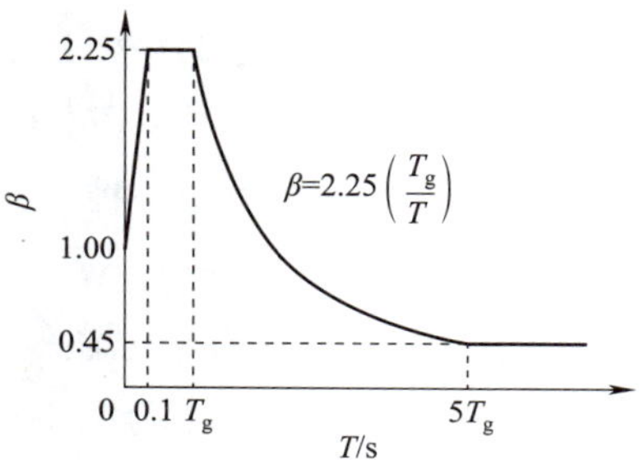

图 1-1　动力放大系数 β 曲线

反应谱曲线的横坐标是自振周期 T,纵坐标是无量纲的动力放大系数 β,当结构自振周期小于 2 s,且阻尼比 $\xi=0.05$ 时,动力放大系数 β 可按图 1-1 取值,不符合上述条件时则应另行研究。

地震动反应谱特征周期 T_g 应根据场地类别和地震动参数区划按表 1-4 取值。

表 1-4　地震动反应谱特征周期 T_g(s)

特征周期分区	场地类别			
	Ⅰ	Ⅱ	Ⅲ	Ⅳ
一区	0.25	0.35	0.45	0.65
二区	0.30	0.40	0.55	0.75
三区	0.35	0.45	0.65	0.90

1.4.3　时程分析法

20 世纪 60 年代，计算机技术的发展、强震记录数据的增加以及结构震害资料的不断丰富，促使结构抗震研究开始向真正的动力理论阶段过渡。20 世纪 60—80 年代开展了大量动态时程分析法的研究，其得到了迅速发展。

从地震动的振幅、频谱和持续时间三要素来看，抗震设计的静力理论只考虑了高频振动振幅的最大值，反应谱理论虽考虑了振幅和频谱，但持续时间则始终未能得到明确的反映。动态时程分析法以输入合适的地震动为出发点，可以考虑结构非线性、非一致激励以及土-结构相互作用。

动力理论考虑了反应谱不能反映的其他特性，是公认的精细分析方法。对体系复杂的桥梁结构的非线性地震响应，振型密集将产生耦联，动态时程分析法目前是理论上唯一可行的分析方法。但是，动态时程分析法计算量大、耗时多，并且需要对结果进行统计分析。因此大多数国家的抗震设计规范对中小跨度桥梁仍采用反应谱法计算，对重要、复杂、大跨的桥梁抗震计算建议采用动态时程分析法。时程分析法的计算结果，依赖于地震动输入以及阻尼参数的选取，如地震动输入选择不好，或者阻尼参数选取不恰当，均可能导致计算结果偏差。因此，线性时程分析法的计算结果应与反应谱法计算结果相互校核，以保证选取合适的地震波和阻尼参数。欧洲规范和美国 AASHTO 规范均规定，在时程分析时，采用的地震动输入时程应与设计反应谱匹配。一组时程分析结果只是结构随机响应的一个样本，不能反映结构响应的统计特性，因此，需要对多个样本的分析结果进行统计才能得到可靠的结果。所以美国 AASHTO 规范规定，采用 3 组设计地震动时程参与计算时应取反应的最大值验算，采用 7 组设计地震动时程参与计算时可取反应的平均值验算。

动力时程分析法从选定合适的地震动输入出发，采用多节点多自由度的结构有限元动力计算模型建立地震振动方程，然后采用逐步积分法方程进行求解，计算地震过程中每一瞬时结构的位移、速度和加速度反应，从而分析出结构在地震作用下弹性和非弹性阶段的内力变化及构件逐步开裂、损坏直至倒塌的全过程[8]。

一致地震输入下，多质点体系的地震振动方程见式(1-9)。

$$\boldsymbol{M}\ddot{\boldsymbol{x}}+\boldsymbol{C}\dot{\boldsymbol{x}}+\boldsymbol{K}\boldsymbol{x}=-\boldsymbol{M}\boldsymbol{I}\ddot{x}_g \tag{1-9}$$

如果考虑结构的非线性特征，则上述方程一般写成如式(1-10)的增量形式：

$$\boldsymbol{M}\Delta\ddot{\boldsymbol{x}}+\boldsymbol{C}\Delta\dot{\boldsymbol{x}}+\boldsymbol{K}\Delta\boldsymbol{x}=-\boldsymbol{M}\boldsymbol{I}\Delta\ddot{\boldsymbol{x}}_g \tag{1-10}$$

式中，$\boldsymbol{M}$、$\boldsymbol{C}$、$\boldsymbol{K}$ 分别为 n 质点体系的质量矩阵、阻尼矩阵和刚度矩阵；$\boldsymbol{x}$ 为质点对地面的相对位移矢量，$\ddot{\boldsymbol{x}}$、$\dot{\boldsymbol{x}}$ 分别为对应的加速度矢量、速度矢量；$\Delta\boldsymbol{x}$ 为在每一微小的时间步长内，质点对地面的相对位移增量矢量，为时间 t 的函数，$\Delta\ddot{\boldsymbol{x}}$、$\Delta\dot{\boldsymbol{x}}$ 分别为对应的加速度增量矢量、速度增量矢量；$\boldsymbol{I}$ 为列阵，如仅有纵向地震输入，则对应纵向自由度取为 1，其余为 0；$\ddot{\boldsymbol{x}}_g$ 为地面地震加速度时程向量。

1. 总刚度矩阵

结构总刚度矩阵由各单元刚度矩阵经坐标变换聚合而成。如假定结构单元的恢复力特性是线性的，则单元刚度矩阵为弹性刚度矩阵，对应的地震响应分析为线性地震响应分析。但是在强震作用下，桥梁结构的构件将会进入塑性工作阶段，则结构的恢复力模型应假定为非线性，刚度矩阵是变系数的，对应的地震响应分析为非线性地震响应分析。

2. 总质量矩阵

结构的总质量矩阵由各单元质量矩阵经坐标变换聚合而成。在实际的结构动力分析中，一般都采用集中（堆聚）质量矩阵，即直接将整个单元的质量人为地集中在单元节点上，这样得到的质量矩阵为对角矩阵。

3. 总阻尼矩阵

大部分的桥梁结构是均质的，可以认为阻尼不引起振型耦合，这样的阻尼即所谓的比例阻尼。比例阻尼一般采用瑞利阻尼假设，即结构阻尼矩阵可由结构质量矩阵和刚度矩阵线性组合而得，见式（1-11）。

$$\boldsymbol{C}=a_0\boldsymbol{M}+a_1\boldsymbol{K} \tag{1-11}$$

控制频率 ω_n 的阻尼比可表达为

$$\xi_n=\frac{a_0}{2\omega_n}+\frac{a_1\omega_n}{2} \tag{1-12}$$

根据瑞利阻尼假定，阻尼比和频率的关系可由图 1-2 确定。

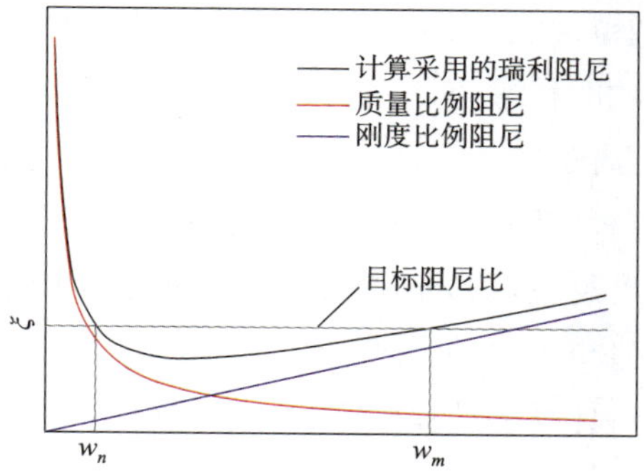

图 1-2　阻尼比和频率的关系（瑞利阻尼假定）

一般情况下，可以认为控制频率 ω_m、ω_n 的阻尼比相等，即 $\xi_m=\xi_n=\xi$，代入式(1-12)可以得到

$$[a_0 \quad a_1]^{\mathrm{T}}=\frac{2\xi}{\omega_n+\omega_m}[\omega_n \cdot \omega_m \quad 1]^{\mathrm{T}} \tag{1-13}$$

由式(1-13)可以看出，若确定了结构的振型阻尼比 $\xi_m=\xi_n=\xi$ 和两阶控制频率，即可得到质量和刚度相关系数。对于混凝土桥梁，结构振型阻尼比可取 5%，钢桥可取 2%。控制频率取两阶对结构振动贡献大的振型频率。

1.5　基于性能的抗震设计

基于性能的抗震设计理论是以结构抗震性能分析为基础，根据设防水准的不同，将结构的抗震性能划分为不同的等级，设计者可以根据业主的要求，确定合理的抗震性能目标和结构措施[9]。基于性能的抗震设计理论包括地震设防水准的确定、性能目标的细化、地震响应分析方法及设计方法建立等内容，基于性能的抗震设计的基本框架如图 1-3 所示[10]。

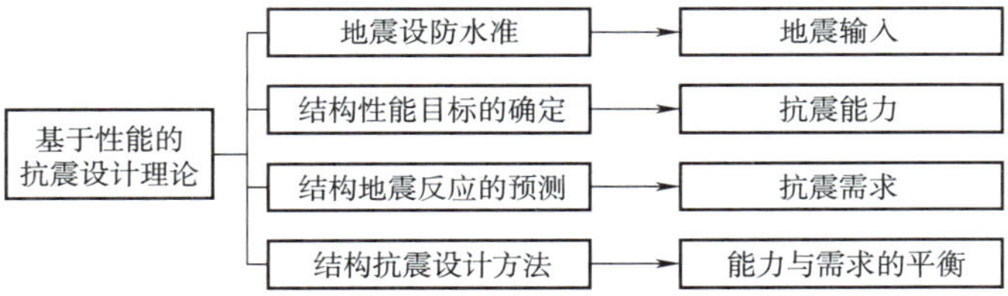

图 1-3　基于性能抗震设计理论的基本框架

1.5.1　地震设防水准

设防水准是指在工程设计中如何根据客观的设防环境和已定的设防目标，并考虑具体的社会经济条件来确定采用多大的设防参数。简言之，地震设防水准是指未来可能作用于场地的地震作用的大小。设防水准的确定往往是以设防目标作为依据的，目前很多国家采用多级设防的设防目标，因而其设防水准也都是多级的。

基于我国基本烈度设防区划图和概率方法，认为在 50 年内烈度概率分布属于极值Ⅲ型，我国现行抗震规范将地震分为小震、中震和大震三个设防水准，见表 1-5。

表 1-5　我国现行抗震规范中地震设防水准

地震发生频度	地震设防水准	重现期	超越概率
多遇地震	第一水准(小震)	50 年	50 年内 63.2%
偶遇地震(设计地震)	第二水准(中震)	475 年	50 年内 10%

续上表

地震发生频度	地震设防水准	重现期	超越概率
罕遇地震	第三水准(大震)	2 475 年	50 年内 2%

ATC-40[11]中建议地震设防等级分为 3 级，见表 1-6。

表 1-6 ATC-40 中地震设防水准

地震设防水准	重现期	超越概率
水准 1	72 年	50 年内 50%
水准 2	475 年	50 年内 10%
水准 3	975 年	50 年内 5%

SEAOC VISION 2000[12]建议地震设防等级分为 4 级，见表 1-7。

表 1-7 SEAOC VISION 2000 中地震设防水准

地震发生频度	地震设防水准	重现期	超越概率
多遇	水准 1	43 年	30 年内 50%
偶遇	水准 2	72 年	50 年内 50%
罕遇	水准 3	475 年	50 年内 10%
极罕遇	水准 4	970 年	100 年内 10%

FEMA 273[13]对地震风险水平的定义为 4 个等级，见表 1-8。

表 1-8 FEMA 273 中地震设防水准

地震设防水准	重现期	超越概率
水准 1	72 年	50 年内 50%
水准 2	225 年	50 年内 20%
水准 3	475 年	50 年内 10%
水准 4	2 475 年	50 年内 2%

合理的设防水准，应该考虑一个地区的设防总投入、未来设计基准期内期望的总损失和由社会经济条件决定的设防目标来优化确定，即需要由地震工程专家和管理决策人员综合考虑各种专业因素、社会因素后才能确定。

1.5.2 结构性能水平及性能目标

结构的性能水平表示结构在特定的某一地震设计水准下预期破坏的最大程度，包括结构和非结构构件的破坏。表 1-9 给出了 SEAOC VISION 2000、FEMA 273 和 ATC-40 中结构性能水平划分的规定[11-13]。HAZUS99[14]提出将桥梁结构的性能水平划分为 5 个等级，具体描述见表 1-10。

表 1-9　结构性能水准的划分

国外报告	SEAOC VISION 2000	FEMA 273	ATC-40
四大性能水准	完全正常使用	—	—
	正常使用	正常使用	正常使用
	—	立即入住	立即入住
	生命安全	生命安全	生命安全
	接近倒塌	防止倒塌	结构稳定

表 1-10　桥梁结构性能水准的划分[14]

性能水平	要　　求	结构破坏状态
Ⅰ	桥梁无任何破坏	基本完好
Ⅱ	有微小的开裂，墩柱出现小的混凝土开裂(但不需要进行表面维修)，上部结构出现微小裂缝	轻微破坏
Ⅲ	桥梁墩柱出现中等程度的开裂；桥台出现中等程度的转动；承受剪力的构件出现较为严重的开裂和破碎，但其抗剪能力未出现明显降低；辊轴支座失效或中等程度的变位	中等破坏
Ⅳ	桥墩任意墩柱的承载力明显降低，但没有倒塌，墩柱已经不安全；在支座连接处出现严重变位；桥台发生竖向偏移	严重破坏
Ⅴ	桥梁任意墩柱均倒塌；支座或其他连接处失去支撑能力，而使得结构发生落梁破坏；由于基础失效引起桥梁下部结构倾斜	基本倒塌

选择合适的性能目标是基于性能的抗震设计理论的核心内容。性能抗震设计应当既能够减轻工程的地震破坏、经济损失和人员伤亡，又能合理地使用有限的资金，保障结构在地震作用下的使用功能，因而确定设计性能目标也就是如何根据功能要求、使用情况以及设防地震水平等来确定响应的最低性能目标。

在基于性能的抗震设计理论中，抗震规范一般给出结构抗震设防的最低性能目标，业主可根据自己的实际需要和投资能力选择不同的性能目标，从而采用合理的设防标准将各种损失控制在可接受的范围之内。

1.5.3　基于性能的抗震设计方法

抗震设计方法是基于性能的抗震设计理论的主要内容之一。基于性能的抗震设计方法主要包括：基于位移的抗震设计方法、基于能量及损伤的设计方法、基于性能的可靠度设计方法等[15]。

1. 基于位移的抗震设计方法

在基于位移的设计方法中，采用了基于位移(变形)的设计准则。结构的位移指标比强度指标更能直接反映结构的损伤状态，实现结构损伤状态控制。直接基于位移的设计方法是将位移作为结构设计的初始目标，针对各等级地震设防水准，给出预期的目标位移，基于等效线性化或非弹性位移反应谱进行设计，使得结构在特定设计地震动水平作用下达到预期的目标位移，从而实现对结构抗震性能的控制。但是在基于性能的抗震设计中，无法考虑地震的持续时间以及结构破坏的累积效应，这是基于位移的抗震设计方法存在的不足之处。

2. 基于能量及损伤的设计方法

基于能量的设计方法是将能量作为设计初始参数，基于能量平衡概念达到控制整个结构抗震性能的目的。该方法的基本假设是：结构及内部设施的破坏程度是由地震输入的能量和结构消耗的能量共同决定的。在基于能量及损伤的设计方法中，通过控制结构或者构件的耗能能力，实现对整个结构抗震性能的控制。这种方法能够直接估计结构的潜在破坏程度，但结构滞回耗能的计算与构件单元恢复力模型的选取直接相关，不确定性因素较多。

3. 基于性能的可靠度设计方法

由美国学者 Wen Y. K. 等人提出的基于性能的可靠度设计法，是将可靠度与基于性能的设计相结合的设计方法，引入基于 Pushover 分析的等效单自由度方法，提出一致危险性反应谱的概念[16]。以变形失效为例介绍可靠度理论在基于性能抗震设计中的应用，对应的设计准则见式(1-14)。

$$P_{\mathrm{f}}\{\delta_{\mathrm{u}}-\delta<0\}\leqslant P_{\mathrm{ft}}\text{或 }\beta\geqslant\beta_{\mathrm{t}} \tag{1-14}$$

式中，P_{f} 为结构在地震作用下的失效概率；P_{ft}为与结构性能水准相应的结构失效概率限值；δ 和 δ_{u} 分别为结构产生的变形和由性能水准确定的结构变形极限；β 和 β_{t} 为地震作用下结构的可靠指标及基于结构性能水准相应的结构可靠指标限值。

1.5.4 基于性能的地震易损性分析

地震易损性分析是基于概率的抗震性能评估的重要手段。易损性分析的主要目的是求解不同强度地震作用下，构件或者结构的地震需求达到或超过规定损伤极限状态的概率。地震易损性可以表示为

$$P_{\mathrm{f}}=P\{S_{\mathrm{D}}\geqslant S_{\mathrm{C}_i}\mid X_{\mathrm{IM}}\} \tag{1-15}$$

式中，X_{IM}为表征地震强弱的地震动强度指标；S_{D}为构件或结构在强度为 G_{IM}的地震作用下的响应大小，即地震需求；S_{C_i} 为构件在损伤状态 i 下的抗震能力。

通常来说，S_{D}和 S_{C_i} 可以认为服从对数正态分布，则式(1-15)可以表示为如式(1-16)的形式：

$$P_{\mathrm{f}}=\Phi\left[\frac{\ln\overline{S}_{\mathrm{D}}-\ln\overline{S}_{\mathrm{C}_i}}{\sqrt{\beta_{\mathrm{C}_i}^2+\beta_{\mathrm{D}}^2}}\,\middle|\,X_{\mathrm{IM}}\right] \tag{1-16}$$

式中，$\Phi(\cdot)$为标准正态分布函数；$\overline{S}_{\mathrm{D}}$ 和 $\overline{S}_{\mathrm{C}_i}$ 分别为地震需求 S_{D}和抗震能力 S_{C_i} 的均值；β_{D}和 β_{C_i} 分别为地震需求 S_{D}和抗震能力 S_{C_i} 的对数标准差。

地震需求的均值 $\overline{S}_{\mathrm{D}}$和地震动强度($G_{\mathrm{IM}}$)之间满足指数关系：

$$\overline{S}_{\mathrm{D}}=aG_{\mathrm{IM}}^{b} \tag{1-17}$$

或

$$\ln\overline{S}_{\mathrm{D}}=b\ln G_{\mathrm{IM}}+\ln a \tag{1-18}$$

式中，a 和 b 为对数拟合系数，可根据回归分析确定。

此时，对数标准差 β_D 可按照式(1-19)计算：

$$\beta_D = \sqrt{\frac{\sum_{j=1}^{N}[\ln S_{D,j} - \ln(aG_{IM}^{b})]^2}{N-2}} \tag{1-19}$$

式中，N 为地震波的数量；$S_{D,j}$ 为第 j 条地震波下结构的地震需求。

地震易损性分析的基本步骤如下[17-19]：

(1)根据实际工程及大量数据统计，确定对桥梁抗震敏感的不确定因素的取值范围。

(2)结合场地条件，选取一定数量的地震动，通过地面运动峰值加速度的调幅处理以满足易损性研究的需要。

(3)对用于模拟桥梁自身的参数的不确定性进行量化，确定其分布概率。

(4)采用有效的统计方法组成桥梁样本，与地震数据配对以建立桥梁-地震样本，采用数值模拟计算每一样本的地震响应。

(5)根据桥梁结构的受力及破坏特征，采用适应的破坏准则判断其损伤状态。

(6)将不同损伤状态的概率与地震动参数进行回归分析，建立地震易损性曲线。

根据分析数据来源的不同，桥梁地震易损性分析方法可以分为 4 类：基于专家意见的易损性分析，基于震害调查的经验易损性分析，基于数值模拟的理论易损性分析，混合易损性分析[20]。在四种分析方法中，基于数值模拟的理论易损性分析，其分析数据直接来源于理论数值模拟的计算结果，因此，该方法所采用的分析数据是安全可控的，即分析人员可以选择不同数量的地震波或建立不同数量的模型来进行分析。由于具有良好的可控性，该方法已成为目前应用最广泛的易损性分析方法之一。图 1-4 为桥梁结构易损性数值分析基本框架。基于数值模拟的理论易损性分析可采用 IDA 法或云图法实现。

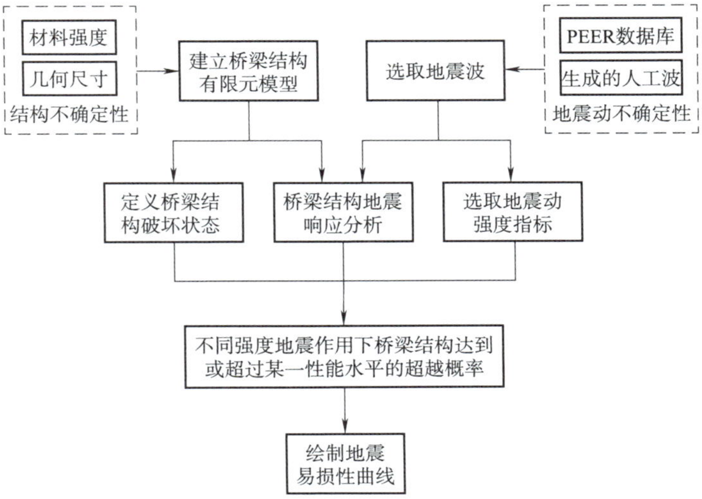

图 1-4　桥梁结构易损性数值分析基本框架

1. IDA 法

IDA 方法实质是借助地震动强度调幅原则，将单一地震激励分析扩展为增量动力分析，描述结构由弹性阶段到倒塌的全过程的方法。目前常用调幅原则共有 3 种，分别为等步长法、变步长法和 hunt&fill 法[21]。等步长法原理为结构倒塌前地震强度以恒量增长；变步长法将其优化，根据收敛情况加减步长；hunt&fill 法由两个阶段组成，一为 hunt 阶段，即采用递增步长逐渐逼近结构的倒塌点，二为 fill 阶段，即对 hunt 阶段两相邻地震动强度之间进行插值计算。IDA 方法的主要内容为：

(1)确定不同构件的 IDA 曲线。单条地震记录数据强度调幅后将进行多次动力时程分析，得到不同谱加速度时各构件地震需求峰值，以不同谱加速度 a_{IM} 为横坐标，地震需求峰值 A_{PD} 为纵坐标，不同点之间相互连接即为此地震激励的 IDA 曲线；

(2)不同地震记录即使谱加速度或者峰值地面加速度相同，受到频谱特性、持时等因素影响，其对构件进行激励时，构件峰值反应依然不同，IDA 曲线存在差异。因此，单一的 IDA 曲线不能用来预测某一强度地震作用时构件的地震需求和破坏程度，需要从概率角度出发，将多条 IDA 曲线进行统计，其结果能较好地描述谱加速度和地震需求峰值之间的对应关系。

(3)拟合得到 $\ln a_{IM}$ 和 $\ln A_{PD}$ 之间的线性对应关系。

2. 云图法

Baker 和 Cornell 等人以非线性时程分析方法为工具，提出基于云图法的地震易损性分析基本流程，如图 1-5 所示。这种方法首先根据震中距、震级两个参数随机选取一定数量的

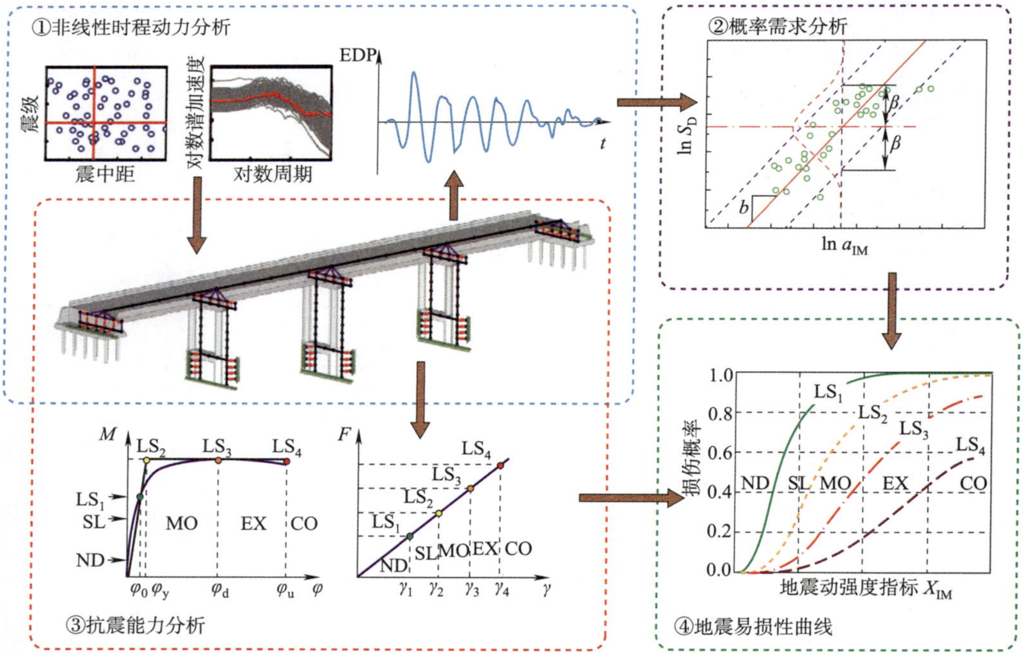

图 1-5　基于云图法的桥梁地震易损性分析流程[22]

原始地震动记录，同时建立桥梁的有限元动力分析模型。将地震波与桥梁的样本进行组合，形成桥梁-地震波样本对。随后，对桥梁-地震波样本进行非线性时程分析，获得桥梁构件在不同地震作用下的地震响应峰值，即地震需求。然后选取合适的地震动强度指标 X_{IM}，通过地震概率需求分析建立概率需求模型，确定地震需求平均值与地震动强度指标之间的关系，并计算得到地震需求对应的标准差。通过抗震能力分析，获得不同损伤状态 LS_i 下抗震能力均值及对数标准差，最后结合概率需求模型和构件抗震能力，建立构件地震易损性曲线[22]。

参考文献

[1]《中国公路学报》编辑部．中国桥梁工程学术研究综述・2014[J]．中国公路学报，2014，27(5)：1-96.

[2] 王克海．桥梁抗震研究[M]．北京：中国铁道出版社，2007.

[3] 吴文朋．考虑不确定性的钢筋混凝土桥梁地震易损性研究[D]．长沙：湖南大学，2015.

[4] 江辉．近场地震下桥梁结构基于性能抗震设计的能量方法[D]．北京：北京交通大学，2007.

[5] 袁丽侠．场地土对地震波的放大效应[J]．世界地震工程，2003，19(1)：113-120.

[6] 曾永平．近断层铁路简支梁桥新型减隔震技术及设计方法研究[D]．成都：西南交通大学，2020.

[7] 董娣．地震动特性的影响因素与不确定性分析[D]．北京：北京工业大学，2006.

[8] 叶爱君，管仲国．桥梁抗震[M]．3 版．北京：人民交通出版社，2017.

[9] 李建中，管仲国．桥梁抗震设计理论发展：从结构抗震减震到震后可恢复设计[J]．中国公路学报，2017，30(12)：1-9.

[10] 陆本燕．基于性能抗震设计理论的桥梁结构性能量化指标研究[D]．西安：长安大学，2011.

[11] Applied Technology Council. ATC-40：seismic evaluation and retrofit of concrete buildings [S]. California：Applied Technology Council，1996.

[12] SEAOC VISION 2000. A framework for performance-based engineeing[R]. California：Structural Engineering Association of California，1995.

[13] FEMA 273. NEHRP commentary on the guidelines for the seismic rehabilitation of buildings [S]. Washington D. C.：Federal Emergency Management Agency，1996.

[14] HAZUS99. Earthquake loss estimation methodology[R]. California：National Insititute of Building for the Federal Emergency Management Agency，1999.

[15] 管民生．基于性能的钢筋混凝土框架结构抗震性能评价方法与应用研究[D]．广州：华南理工大学，2011.

[16] 曾武华．基于概率的公路桥梁抗震性能设计理论研究[D]．福州：福州大学，2014.

[17] 李宏男，成虎，王东升．桥梁结构地震易损性研究进展述评[J]．工程力学，2018，35(9)：1-16.

[18] 贾晗曦，林均岐，刘金龙．建筑结构地震易损性分析研究综述[J]．震灾防御技术，2019，14(1)：42-51.

[19] PAN Y，AGRAWAL A，GHOSN M，et al. Seismic fragility of multispan simply supported steel highway bridges in New York State. Ⅱ：fragility analysis，fragility curves，and fragility surfaces [J]. Journal of Bridge Engineering，2010，15(5)：462-472.

[20] 吴文朋,李立峰,胡思聪,等. 公路桥梁地震易损性分析的研究综述与展望[J]. 地震工程与工程振动,2017,37(4):85-96.

[21] 苑溦. 立面不均匀腐蚀条件下近海桥梁地震失效模式及抗震性能研究[D]. 哈尔滨:哈尔滨工业大学,2018.

[22] 胡思聪. 考虑氯离子侵蚀的桥梁地震易损性及抗震加固策略研究[D]. 长沙:湖南大学,2017.

第 2 章　桥墩抗震性能研究

本章介绍了铁路重力式桥墩的结构形式以及国内外研究现状，围绕铁路桥梁重力式墩的抗震性能开展了拟静力与振动台试验研究；在试验基础上提出了静力及动力分析模型。

2.1　概　　述

2.1.1　铁路桥墩结构形式及设计要点

铁路桥梁对桥墩的变形有严格的要求，桥墩通常采用刚度较大的实体墩或钢筋混凝土空心墩，很少采用轻型桥墩。常用跨度简支梁桥及连续梁桥的桥墩类型主要有：圆端形桥墩、矩形桥墩、双矩形柱式桥墩与钢筋混凝土空心墩等。当墩高在 3～15 m、15～25 m 与 25～40 m 范围时，分别采用等截面实体墩、变截面实体墩和变截面空心墩，如图 2-1 所示[1]。本章主要围绕铁路桥梁重力式桥墩的抗震性能开展研究。

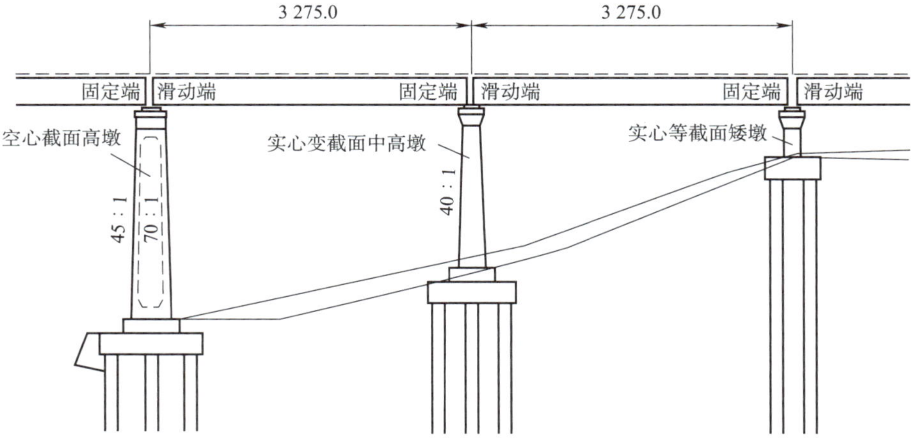

图 2-1　铁路桥梁典型桥墩结构形式(单位：cm)

圆端形桥墩是我国高速铁路最常用桥墩类型之一，一般情况下应用于跨河有水地段，在有景观要求地段或无水地段可根据实际需要使用。对于水旱混合桥梁，水中按水中桥墩处理，相邻的旱地地段一般采用圆端形桥墩。矩形桥墩一般情况下应用于旱桥地段。在城市及城市规划区、城镇区等有景观要求地段可根据实际需要使用。

京沪高速铁路在桥梁构造上注意结构整体的建筑效果，桥墩的选型应与梁部流线相匹配，适应桥梁上、下部结构之间景观衔接的需要。因此，京沪高速铁路北段桥墩采用了流线型圆端实体墩，墩身较高时可采用圆端形空心桥墩结构。流线型圆端实体墩如图 2-2、图 2-3 所示[2,3]。由于墩身尺寸较小，而支座纵向中心距较大，故需设置顶帽，顶帽截面一般采用圆端形截面，顶帽与墩身相互间不设飞檐，采用流线顺接。同时考虑顶梁、维修和更换支座需要，将支承垫石加高，加高值根据梁底与顶帽顶面的高度确定。为简化设计、便于施工，设计上一般将同一跨度的直曲线桥墩墩身采用相同的尺寸。

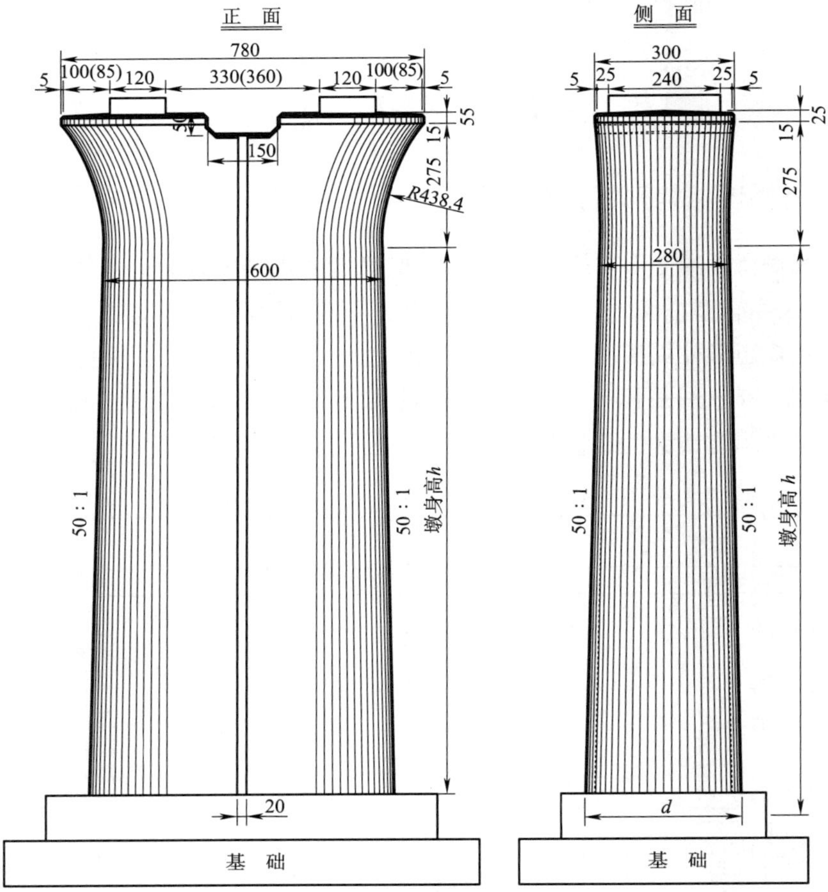

图 2-2 圆端形桥墩(单位:cm)

实体桥墩墩身外侧根据构造要求设置护面钢筋，按混凝土偏心受压构件计算，从墩身截面合力偏心距、墩身受压的整体纵向稳定性、墩身截面强度验算以及墩顶纵向、横向水平线刚度等方面进行验算，以满足桥墩承载能力以及正常运营状态下的刚度需求。

图 2-3　圆端形桥墩实景

2.1.2　铁路桥墩抗震性能研究现状

铁路重力式桥墩截面尺寸大，配筋率低，在《震规》[4]中称为混凝土桥墩，当配筋率大于 0.5%后，称为钢筋混凝土桥墩，铁路重力式桥墩是我国铁路桥梁中所特有的结构。由于配筋率较低，混凝土桥墩力学性能不同于钢筋混凝土桥墩，已有研究人员对混凝土桥墩的抗震性能进行过大量的试验研究[5,6]。

鞠彦忠等[7,8]针对早期配筋率较低的铁路桥墩进行了试验研究，发现配筋率为 0.1%的桥墩破坏时呈现出脆性破坏特点，而配筋率为 0.2%的桥墩破坏时表现出了一定的塑性特点；模型桥墩最终破坏时均为纵向钢筋拉断而失去承载能力，且各墩在破坏前均未形成明显的塑性铰。还发现剪跨比为 4.3 和 3.2 时，桥墩的滞回曲线呈反 S 形，属于剪切滑移破坏。剪跨比为 5.3，箍筋间距为 10 cm 的桥墩破坏时为弯曲破坏，破坏区域主要集中在墩身底部；剪跨比不变，当箍筋间距增大到 20 cm 和 30 cm 时，由于箍筋约束效应不足，桥墩的破坏模式发生了变化，呈现出弯剪破坏。

考虑到高铁桥梁的重要性，与普通铁路桥梁相比，高铁桥梁设计时提高了墩身的纵向配筋率。蒋丽忠等[9]、姜静静[10]对重力式桥墩采用正交试验进行了研究，发现配筋率为 0.15%和 0.40%的桥墩最终破坏时受压区混凝土均未压碎，而是纵筋拉断或者受拉区钢筋与混凝土之间发生滑移，与配筋率为 0.75%的桥墩在破坏时呈现出的钢筋屈曲和受压区混凝土严重剥落的形态有明显区别。赵冠远等[11]、张同越[12]对配筋率为 0.33%和 0.74%的重力式桥墩进行的试验研究也表明低配筋桥墩破坏时未形成明显的塑性区域。

刘庆华等[13]通过拟静力试验对 3 种不同剪跨比的模型墩进行了研究，发现剪跨比为 2.9 时，模型墩表现出典型的剪切滑移破坏，滞回环呈 Z 形，其破坏特征为平行于加载方向的两侧混凝土因交叉斜裂缝而脱落，最终形成贯通的斜裂缝；剪跨比为 3.9 时，模型墩滞回曲线呈反 S 形，桥墩表现出典型的弯剪破坏；剪跨比为 4.8 时，模型墩滞回曲线呈梭形，表现出典型的弯曲破坏，破坏之前墩身主要产生水平裂缝，位移达到极限时，受拉钢筋断裂，桥墩承载能力迅速下降而破坏。不同于普通钢筋混凝土桥墩的破坏特点，低配筋铁路重力式桥墩在破坏时表现出脆性破坏的特征。

总结以上学者的研究结果发现，国内学者主要通过拟静力试验研究低配筋铁路重力式桥墩的抗震性能。研究表明配筋率是影响铁路重力式桥墩的重要因素。但以上试验仅针对个别配筋率的重力式桥墩展开研究，缺少系统性。为了全面掌握配筋率对混凝土桥墩破坏特征的影响，陈兴冲等[14,15]制作了5个不同配筋率（0.1%～0.5%）的模型桥墩，分别采用拟静力试验与振动台试验研究了纵向配筋率对铁路重力式桥墩破坏特征的影响。结果表明：当配筋率为0.1%时，仅在桥墩底部产生一条裂缝，呈现出脆性破坏特征，随着配筋率的增加，墩身截面裂缝数量增多。当纵向配筋率大于0.4%时，铁路重力式桥墩破坏现象已呈现出钢筋混凝土桥墩的特性，保护层混凝土严重剥落，钢筋屈曲，墩身出现塑性区域。

影响钢筋混凝土结构抗震性能的主要因素为：配筋率、剪跨比、配箍率与轴压比等。以下从配筋率、剪跨比、轴压比以及配箍率四个方面对国内已开展的铁路重力式桥墩试验结果进行系统归纳总结。不同配筋率及剪跨比下铁路重力式桥墩的模型信息及试验结果见表2-1、表2-2。

表2-1　不同配筋率下铁路重力式桥墩的抗震性能

研究人员	配筋率/%	剪跨比	配箍率/%	轴压比/%	峰值荷载/kN	延性系数	耗能/J
鞠彦忠等[7,8]	0.1	5.3	0.06	—	25.1	5.4	—
	0.2	5.3	0.06	—	35.6	13.9	—
	0.1	4.3	0.09	—	21.6	6.1	—
	0.2	4.3	0.09	—	38.6	11.8	—
赵冠远等[11]	0.33	2.5	0.39	10	200	4.66	130.6
	0.74	2.5	0.39	10	271	4.84	228.8
	0.33	4.4	0.39	10	112	6.58	157.8
	0.74	4.4	0.39	10	148	7.19	269.7
陈兴冲等[15]	0.2	5.6	0.2	1.4	39	—	—
	0.3	5.6	0.4	1.4	55.9	—	—
	0.4	5.6	0.5	1.4	56.1	—	—

表2-2　不同剪跨比下铁路重力式桥墩的抗震性能

研究人员	剪跨比	配筋率/%	配箍率/%	峰值荷载/kN	延性系数	耗能/J	破坏模式
鞠彦忠等[7,8]	3.2	0.2	0.09	40.6	11.4	—	剪切破坏
	4.3	0.2	0.09	38.6	11.8	—	弯剪破坏
	5.3	0.2	0.09	35.3	13.2	—	弯曲破坏

续上表

研究人员	剪跨比	配筋率/%	配箍率/%	峰值荷载/kN	延性系数	耗能/J	破坏模式
赵冠远等[11]	2.5	0.33	0.39	200	4.66	130.6	弯剪破坏
	4.4	0.33	0.39	112	6.58	157.8	弯曲破坏
	2.5	0.74	0.71	254	4.93	228.8	弯剪破坏
	4.4	0.74	0.71	147	7.67	327.4	弯曲破坏
刘庆华等[13]	3.9	0.4	0.21	140.5	4.72	393.1	弯剪破坏
	4.8	0.4	0.21	128.6	6.20	572.3	弯曲破坏

从表 2-1 中可以看出，当剪跨比、配箍率、轴压比均相同时，随着配筋率的增加，桥墩的水平承载能力不断提高，位移延性系数和累积耗能不断增大。说明桥墩的配筋率越高抗震性能越好。另外，蒋丽忠等[9]对配筋率为 0.15%、0.4%和 0.75%的铁路重力式桥墩进行的研究中发现随着配筋率的增加，桥墩的滞回曲线形状逐渐饱满，且桥墩破坏状态从脆性逐步向塑性过渡。王欢[16]采用数值模拟的手段对配筋率在 0.1%～1%范围内的桥墩进行了动力分析，发现配筋率越高的桥墩相同地震动强度下塑性破坏程度越小。刘庆华等[13]研究了不同配筋率下桥墩的抗震性能，发现配筋率为 0.1%的桥墩的滞回曲线形状狭窄，耗能能力差；桥墩的滞回曲线形状随配筋率的增加而趋于饱满；当配筋率达到 0.4%时，桥墩最终破坏状态已呈现出钢筋混凝土桥墩的破坏特征。

从表 2-2 中可以看出，剪跨比的大小决定着桥墩的破坏模式；当配箍率、配筋率均相同时，随着剪跨比增加，桥墩的累积耗能和位移延性系数不断增大，但是水平承载能力有所下降。周赞[17]通过振动台试验和数值模拟方法分析了不同地震烈度下剪跨比变化对桥墩抗震性能的影响，发现低烈度区桥墩的剪跨比越大，耗能能力越强，高烈度区随着桥墩剪跨比的增加，耗能能力先增大后减小。

桥墩配置箍筋的作用主要是约束核心区混凝土，确保桥墩有足够的抗剪能力。当纵向配筋率较高时，提高桥墩的箍筋量，可以增强对核心区混凝土的约束作用，提高桥墩的延性和耗能能力，与钢筋混凝土桥墩的试验结果相同[11,13,16,18-21]。当纵向配筋率较低时，鞠彦忠等[7,8]认为提高桥墩的配箍率对延性性能和耗能能力影响较小，主要原因可能是桥墩的纵向配筋率较低，属脆性破坏，延性不足。另外刘庆华等[13]还发现当剪跨比不变、箍筋间距发生变化时桥墩的破坏模式会发生变化，因此设计时应配置足够的箍筋来确保桥墩的抗震性能。

2.2　桥墩拟静力试验及分析

为了全面掌握配筋率对混凝土桥墩破坏特征的影响，采用拟静力试验的方法，对配筋率从 0.1%～1.0%的模型桥墩进行试验，研究了在往复循环荷载作用下铁路重力式桥墩的破坏过程、破坏状态及破坏机制。通过分析模型桥墩的承载能力、滞回特性与延性性能等指标,研究了配筋率和轴压比的变化对重力式桥墩抗震性能的影响规律。

2.2.1 试验方案

选用墩高为10.0 m、桥梁跨度为16.0 m、截面为2.0 m×2.88 m、混凝土强度等级为C30的铁路重力式桥墩为参考原型。按1∶8的缩尺比例进行设计,即几何相似常数1/8。根据缩尺比例共设计12个模型桥墩,设计参数见表2-3,箍筋及截面配筋如图2-4所示。

表2-3 桥墩设计参数

桥墩编号	墩高/cm	截面/(cm×cm)	剪跨比	轴压比 u/%	配筋率 ρ/%	钢筋直径/mm	箍筋直径/mm
M1	125	36×25	5.0	4.0	0.1	6	6
M2	125	36×25	5.0	4.0	0.2	8	6
M3	125	36×25	5.0	4.0	0.3	8	6
M4	125	36×25	5.0	4.0	0.4	8	6
M5	125	36×25	5.0	4.0	0.5	8	6
M6	125	36×25	5.0	4.0	0.8	8	6
M7	125	36×25	5.0	4.0	1.0	8	6
M8	125	36×25	5.0	6.0	0.1	6	6
M9	125	36×25	5.0	6.0	0.2	8	6
M10	125	36×25	5.0	6.0	0.3	8	6
M11	125	36×25	5.0	6.0	0.4	8	6
M12	125	36×25	5.0	6.0	0.5	8	6

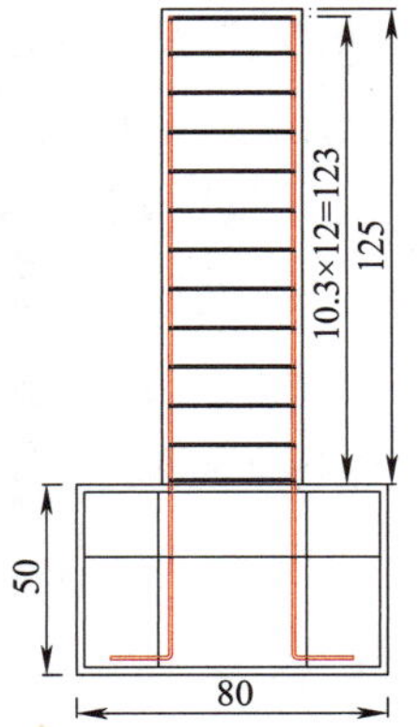

(a)箍筋布置示意图

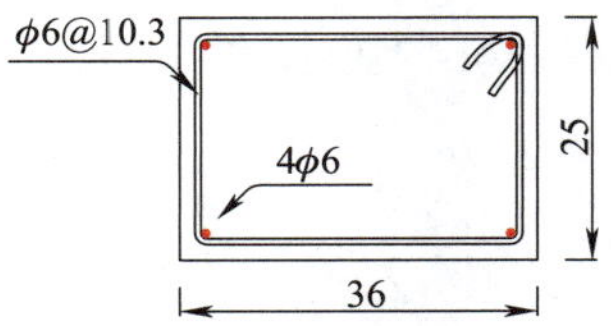

(b)0.1%桥墩

图 2-4

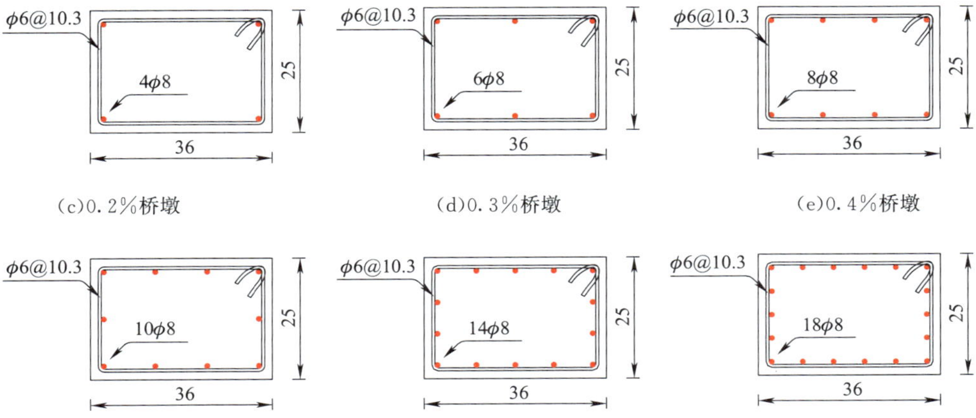

(c)0.2%桥墩　(d)0.3%桥墩　(e)0.4%桥墩

(f)0.5%桥墩　(g)0.8%桥墩　(h)1.0%桥墩

图 2-4　桥墩尺寸图及配筋图(单位:cm)

试验中混凝土强度等级为 C30。纵筋为 HRB335,箍筋为 HPB300。试验中最大加载的力为 300 kN,最大位移为±200 mm,频率范围 0～12 Hz。具体加载装置如图 2-5 所示。试验施加荷载时按《建筑抗震试验规程》(JGJ/T 101—2015)的相关规定,采用力-位移的混合加载控制制度。当水平荷载下降到峰值荷载的 85%以下时,认为桥墩达到极限破坏状态,停止加载。

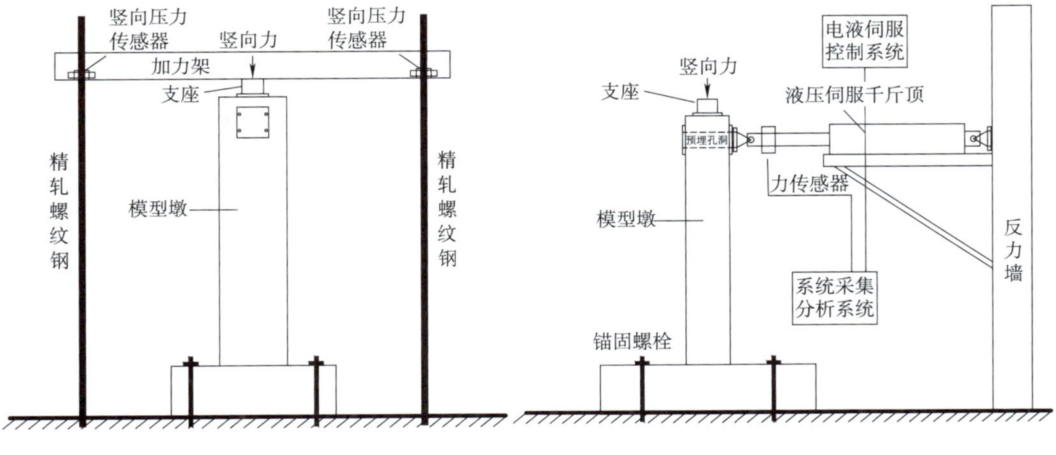

(a) 竖向加载系统　(b) 横向加载系统

图 2-5　试验模型加载及采集系统

2.2.2　试验结果

1. 试验现象

采用力-位移的混合加载控制制度,根据表 2-3 中给出的轴压比,确定墩顶加载竖向力分别为 51.48 kN 和 77.22 kN。

各模型桥墩的峰值荷载、破坏荷载、墩身裂缝数量及最终的破坏状态见表 2-4，裂缝位置及分布如图 2-6 所示，该图为桥墩四面展开图，S 和 N 为加载方向面（正面），W 和 E 与加载方向垂直面（侧面），阴影部分代表压碎区域，部分实际桥墩破坏图如图 2-7 所示。

表 2-4　试验现象描述

试件号	配筋率/%	开裂荷载/kN	轴压比/%	峰值荷载/kN	破坏荷载/kN	裂缝数量	破坏类型
M1	0.1	10	4.0	+16.7(−16.8)	+13.4(−13.1)	1	钢筋拉断
M2	0.2	10	4.0	+23.4(−21.3)	+15.7(−17.2)	2	钢筋拉断
M3	0.3	12	4.0	+29.3(−29.8)	+22.3(−24.1)	3	钢筋拉断
M4	0.4	18	4.0	+35.6(−34.6)	+31.1(−31.9)	4	钢筋拉断
M5	0.5	18	4.0	+43.0(−43.6)	+33.3(−35.1)	5	钢筋拉断
M6	0.8	20	4.0	+52.4(−51.7)	+39.5(−43.4)	7	钢筋拉断
M7	1.0	27	4.0	+66.2(−63.5)	+53.0(−50.8)	9	纵筋屈曲
M8	0.1	10	6.0	+18.4(−20.4)	+14.8(−16.8)	1	钢筋拉断
M9	0.2	11	6.0	+25.2(−27.8)	+23.4(−23.5)	2	钢筋拉断
M10	0.3	14	6.0	+31.1(−32.0)	+26.4(−26.7)	3	钢筋拉断
M11	0.4	15	6.0	+40.8(−37.0)	+36.2(−29.7)	4	钢筋拉断
M12	0.5	17	6.0	+46.2(−44.3)	+30.7(−36.0)	5	钢筋拉断

注：破坏荷载为钢筋拉断时对应的荷载，钢筋未拉断时取峰值荷载的 85%。

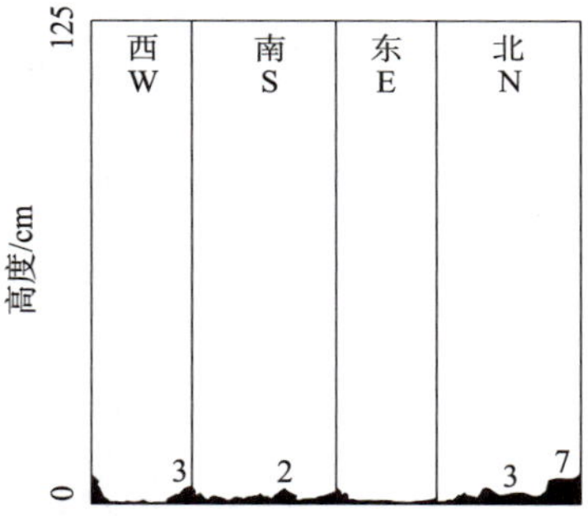

(a)试件 M1(ρ=0.1%，u=4.0%)

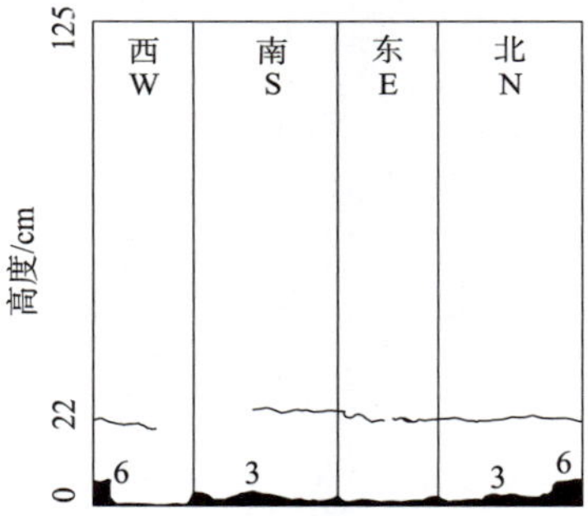

(b)试件 M2(ρ=0.2%，u=4.0%)

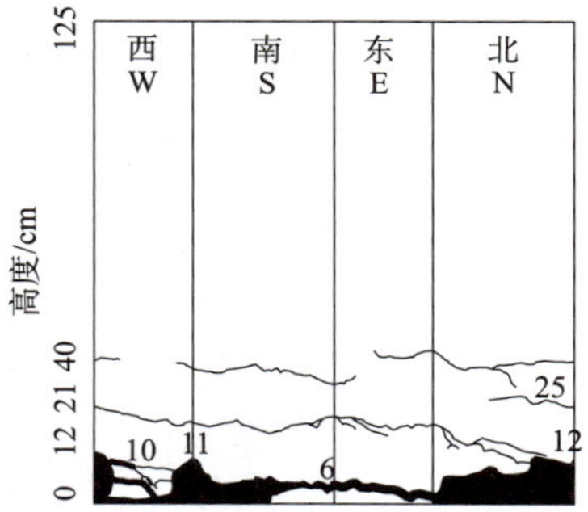

(c)试件 M3(ρ=0.3%，u=4.0%)

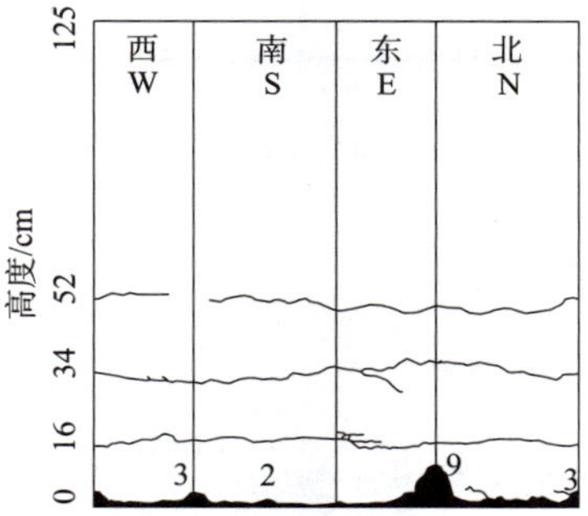

(d)试件 M4(ρ=0.4%，u=4.0%)

图　2-6

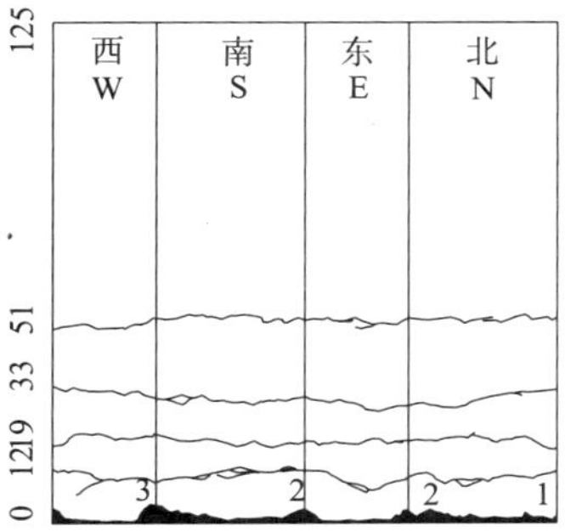

(e)试件 M5(ρ=0.5%,u=4.0%)

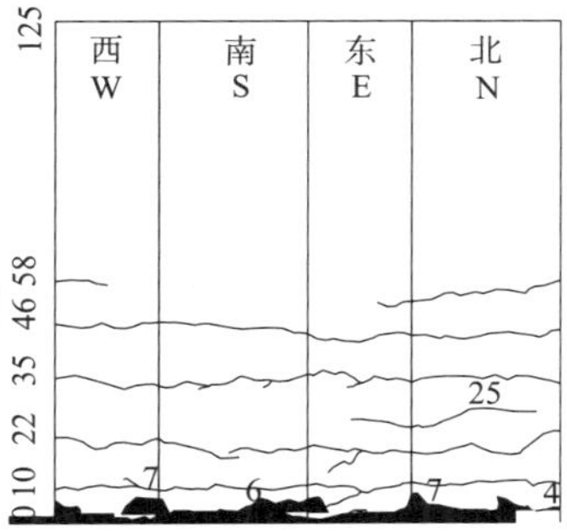

(f)试件 M6(ρ=0.8%,u=4.0%)

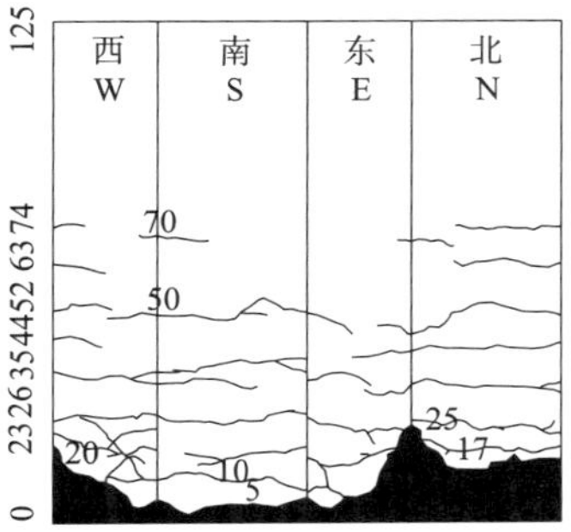

(g)试件 M7(ρ=1.0%,u=4.0%)

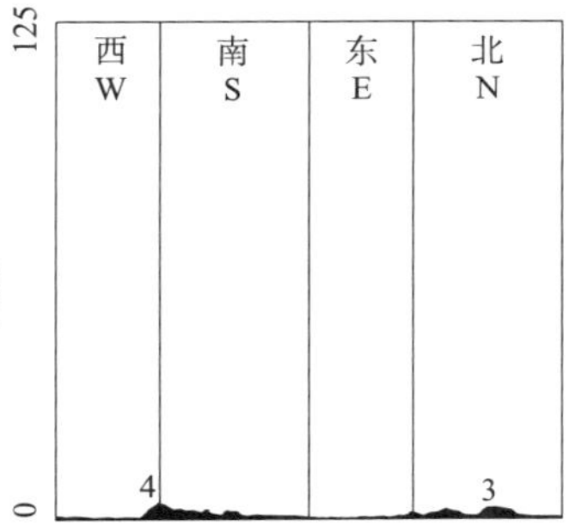

(h)试件 M8(ρ=0.1%,u=6.0%)

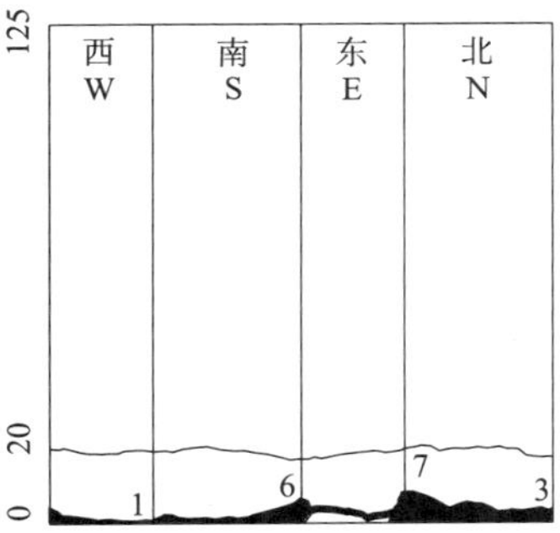

(i)试件 M9(ρ=0.2%,u=6.0%)

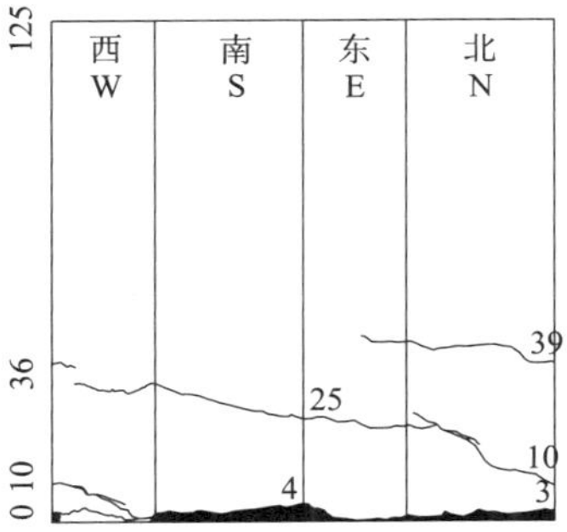

(j)试件 M10(ρ=0.3%,u=6.0%)

图　2-6

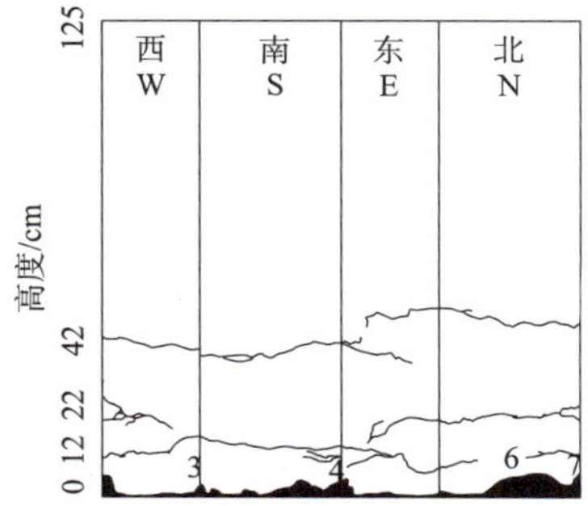

(k)试件 M11(ρ=0.4%,u=6.0%)

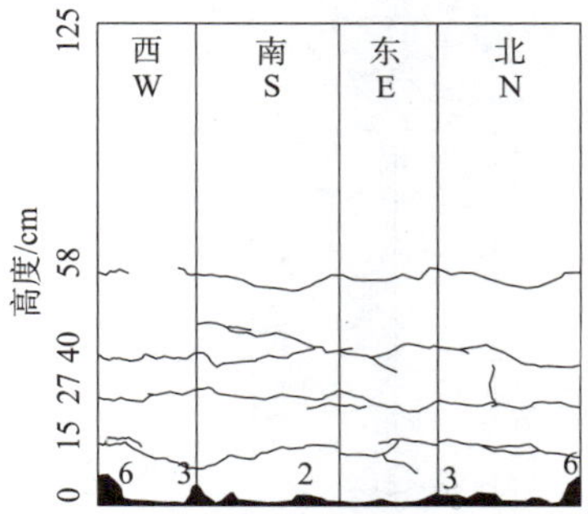

(l)试件 M12(ρ=0.5%,u=6.0%)

图 2-6　裂缝分布示意图

(a)试件 M1(ρ=0.1%,u=4.0%)

(b)试件 M2(ρ=0.2%,u=4.0%)

(c)试件 M3(ρ=0.3%,u=4.0%)

(d)试件 M4(ρ=0.4%,u=4.0%)

(e)试件 M5(ρ=0.5%,u=4.0%)

(f)试件 M7(ρ=1.0%,u=4.0%)

图 2-7　桥墩墩底最终破坏图

由表 2-4 可以看出：随着配筋率和轴压比的增加，桥墩的峰值荷载不断增大；当配筋率小于 0.8%时，桥墩的最终破坏形态均是纵向钢筋拉断而失去承载能力。墩身裂缝随着配筋率的增加而不断增多，从图 2-6 中也可以看出，配筋率为 0.1%的桥墩，加载到破坏的过程中，仅在墩底形成一条贯穿裂缝，其破坏特征与素混凝土桥墩相似，具有典型的脆性破坏特征；随着配筋率的增加，桥墩的墩身裂缝数量不断增大，配筋率小于等于 0.5%的桥墩破坏时虽不同于配筋率为 1.0%钢筋混凝土桥墩的延性破坏（纵筋屈服，墩底混凝土剥落严重，有明显的塑性铰区），但是也完全不同于素混凝土桥墩的脆性破坏，而是介于脆性破坏和延性破坏之间，表现出有限延性破坏特征（破坏时钢筋拉断，墩身出现裂缝，墩底混凝土剥落区域较小，未形成明显的塑性铰区，但形成了一定的塑性区域）。对于小轴压比的桥墩，轴压比的变化对桥墩的破坏形态影响较小。

依据以上 12 个模型桥墩的破坏过程可以发现，弯曲破坏型桥墩的破坏过程大致可以划分为 5 个阶段：①弹性阶段，桥墩完全处于弹性工作状态；②墩底混凝土出现裂缝；③墩身裂缝发展，墩底裂缝扩展加剧；④裂缝数量不再增加，已有裂缝继续扩展，钢筋屈服，墩底混凝土轻微剥落；⑤纵向钢筋断裂或压屈，桥墩达到极限状态。

由于配筋率较低的铁路重力式桥墩的破坏特征不同于钢筋混凝土桥墩，在桥墩底部并未形成明显的塑性铰区，因此墩底形成裂缝的区域长度不能称为等效塑性铰长度。为了与钢筋混凝土桥墩相区别，将铁路重力式桥墩产生主裂缝的区域长度称为塑性区长度。钢筋混凝土桥墩的塑性铰与铁路重力式桥墩的塑性区对比如图 2-8 所示。塑性铰的主要特征是在塑性铰区域内混凝土压碎严重，有明显的脱落，纵筋和箍筋屈曲；而塑性区的主要特征是在塑性区域内产生多条离散分布的横向贯穿裂缝，混凝土压碎不明显、无明显脱落现象，桥墩破坏时以纵筋拉断为主。

(a)塑性铰

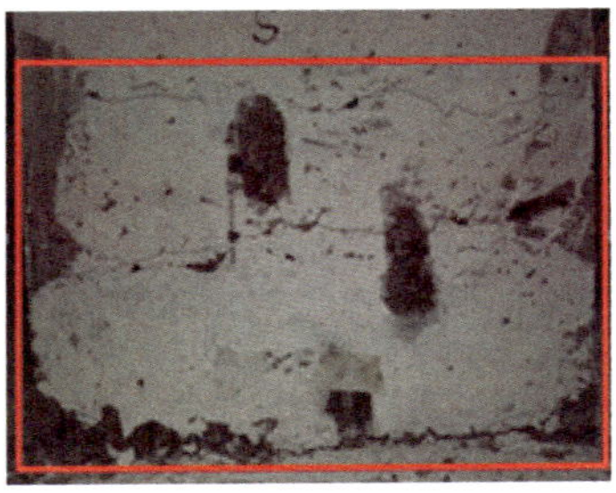

(b)塑性区

图 2-8　钢筋混凝土桥墩塑性铰与铁路重力式桥墩塑性区比较

依据塑性区的定义，从图 2-6 中还发现，随着配筋率的增加，裂缝不断增多，塑性区长度随着配筋率的增加逐渐增大。说明配筋率小于 0.5%的铁路重力式桥墩塑性区长度与配筋率的大小有关。现有的计算公式均是计算钢筋混凝土桥墩的等效塑性铰长度，且认为配筋率对等效塑性铰长度的影响较小，公式中均未考虑配筋率的影响。因此，需要对配筋率小于

0.5%的铁路重力式桥墩的塑性区长度计算公式进行研究。根据试验结果得到模型桥墩塑性区长度，见表2-5。

表2-5 模型桥墩塑性区长度

试件号	配筋率 ρ/%	轴压比 u/%	塑性区长度/cm
M1	0.1	4.0	0
M2	0.2	4.0	0
M3	0.3	4.0	9(0.072L)
M4	0.4	4.0	11(0.088L)
M5	0.5	4.0	15(0.12L)
M8	0.1	6.0	0
M9	0.2	6.0	0
M10	0.3	6.0	8(0.064L)
M11	0.4	6.0	12(0.096L)
M12	0.5	6.0	15(0.12L)

由表2-5可以看出，配筋率为0.1%和0.2%桥墩的塑性区长度为0，桥墩破坏部位主要集中在墩底截面；当配筋率达到0.3%时塑性区长度明显增加，且随着配筋率的增加，塑性区长度不断增大。配筋率相同的桥墩，小轴压比下，轴压比的变化对塑性区长度的影响较小。

为了研究配筋率低于0.5%的铁路重力式桥墩的塑性区长度计算公式，首先将模型桥墩塑性区长度与现有规范钢筋混凝土桥墩等效塑性铰长度进行了对比。因各国规范等效塑性铰长度计算公式不同[22,23]，本书以我国《公路桥梁抗震设计规范》(JTG/T 2231-01—2020)中等效塑性铰长度的计算公式为例分析：

$$\min\begin{cases} l_p = 0.08L + 0.022d_b f_y \\ l_p = \dfrac{2h}{3} \end{cases} \tag{2-1}$$

式中，l_p为等效塑性铰长度；L为墩高；d_b为钢筋直径；f_y为钢筋的屈服强度；h为计算方向截面的宽度。

模型桥墩若按式(2-1)计算，得到的等效塑性铰长度为15.9 cm，约为0.127L。根据表2-5数据，当配筋率为0.5%时，铁路重力式桥墩的塑性区长度已基本与规范计算等效塑性铰长度相同。通过表2-5中铁路重力式桥墩塑性区长度与规范计算等效塑性铰长度的对比，发现二者之间存在一定的关系，考虑配筋率对等效塑性铰长度的影响，可得到铁路重力式桥墩塑性区长度的计算公式。根据试验数据对规范计算公式进行修正，通过数据拟合分析得到配筋率小于0.5%的铁路重力式桥墩的塑性区长度计算公式，见式(2-2)，ρ为桥墩纵向配筋率。

$$\min\begin{cases} l_p = (0.08L + 0.022d_b f_y) \times \dfrac{\rho}{0.005} \\ l_p = \dfrac{2h}{3} \times \dfrac{\rho}{0.005} \end{cases} \quad 0.002 < \rho \leqslant 0.005 \tag{2-2}$$

根据修正式(2-2)计算得到桥墩的塑性区长度，见表2-6。

表 2-6　塑性区长度对比

试件号	配筋率 ρ/%	塑性区长度		
		试验值/cm	计算值/cm	误差/%
M3(M10)	0.3	9(8)	9.4	4.4(17.5)
M4(M11)	0.4	11(12)	12.5	13.6(4.2)
M5(M12)	0.5	15(15)	15.6	4.0(4.0)

由表 2-6 可以看出，计算值与试验值误差最大为 17.5%，且随着配筋率增加，误差逐渐减小。计算值与试验值基本吻合，所给公式能用于计算配筋率小于 0.5%的铁路重力式桥墩的塑性区长度。

2. 滞回曲线

滞回曲线是桥墩在低周往复循环荷载作用下抗震性能的综合体现，它的形状可以反映桥墩的破坏特点及变形特征。各模型桥墩的滞回曲线对比如图 2-9 所示，均为弯曲破坏。

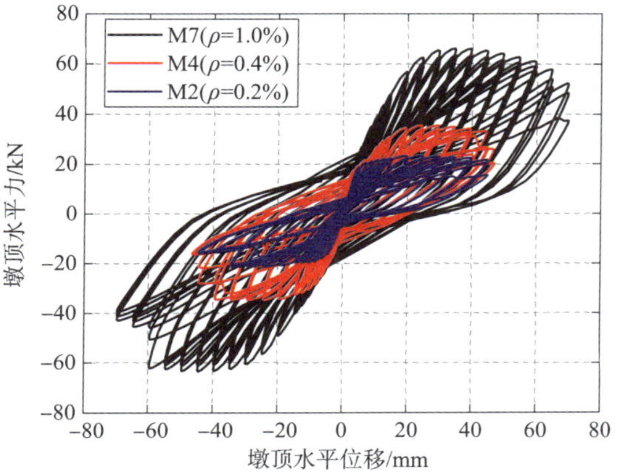

(a)不同配筋率桥墩对比(u=4.0%)

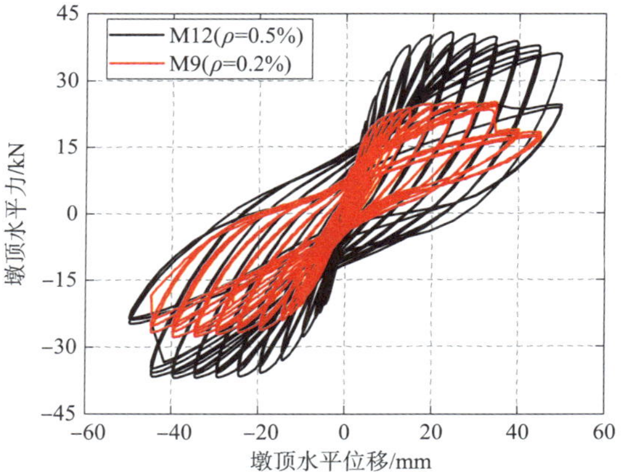

(b)不同配筋率桥墩对比(u=6.0%)

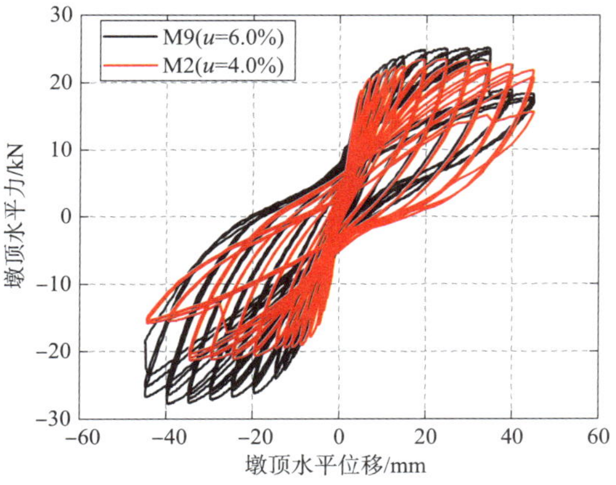

(c)不同轴压比桥墩对比(ρ=0.2%)

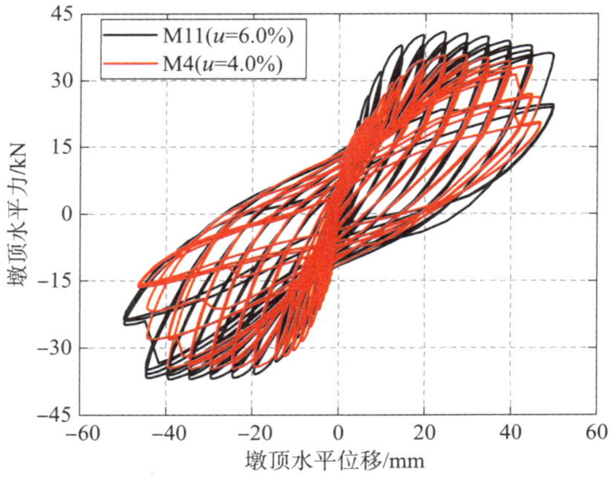

(d)不同轴压比桥墩对比(ρ=0.4%)

图 2-9　模型桥墩滞回曲线

由图 2-9 滞回曲线对比可以发现：

(1)配筋率的影响

对轴压比相同的桥墩进行对比分析发现，随着配筋率的增加，桥墩的滞回曲线越来越饱满，滞回环包含的面积越来越大，捏缩效应越来越不明显，表明桥墩的耗能能力随着配筋率的增加而增大。当配筋率小于 0.4%时，桥墩的极限位移随配筋率的增加变化不大，但是当配筋率大于 0.4%时，桥墩的极限位移随配筋率的增加变化较大。桥墩最大水平荷载随配筋率的增加而增大。

(2)轴压比的影响

对配筋率相同的桥墩进行对比分析发现，增大轴压比对桥墩滞回曲线的形状影响不大，但是对承载能力的影响较大，轴压比越大，承载能力越高。同时轴压比的变化对极限位移有一定的影响，增大轴压比会减小桥墩的极限位移。

3. 骨架曲线

骨架曲线是桥墩在低周往复循环荷载作用下滞回曲线的外包络线，模型桥墩的骨架曲线如图 2-10 所示，最大承载力对比见表 2-7。骨架曲线可以很好地反映桥墩的承载能力和变形能力等特征。

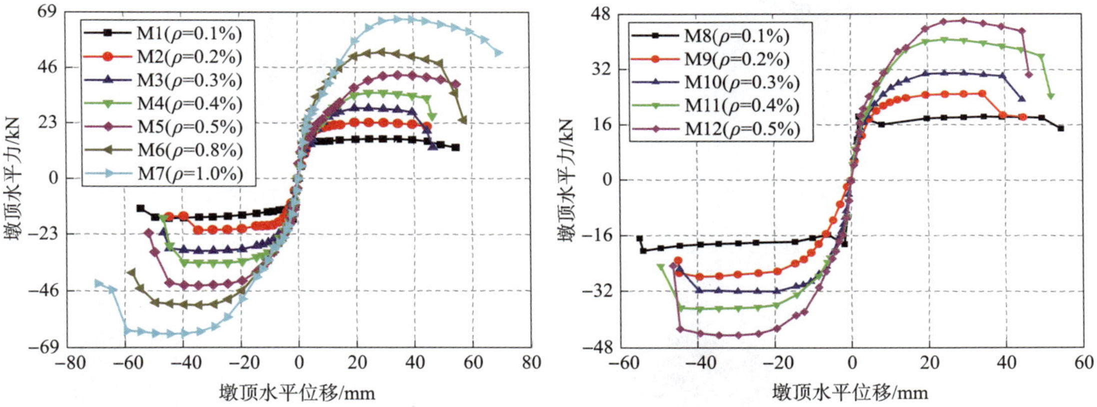

(a)不同配筋率时骨架曲线(u=4.0%)　　(b)不同配筋率时骨架曲线(u=6.0%)

图 2-10　模型桥墩骨架曲线

表 2-7　模型桥墩最大承载力对比

试件号	配筋率 ρ/%	轴压比 u/%	峰值荷载/kN	配筋率每增加 0.1%对承载力的影响/%	轴压比增大 50%对承载力的影响/%
M1	0.1	4.0	16.75	—	—
M2	0.2	4.0	22.35	33	—
M3	0.3	4.0	29.55	32	—
M4	0.4	4.0	35.10	19	—

续上表

试件号	配筋率 ρ/%	轴压比 u/%	峰值荷载/kN	配筋率每增加 0.1%对承载力的影响/%	轴压比增大 50%对承载力的影响/%
M5	0.5	4.0	43.30	23	—
M8	0.1	6.0	19.40	—	16
M9	0.2	6.0	26.50	37	19
M10	0.3	6.0	31.55	19	7
M11	0.4	6.0	38.90	23	11
M12	0.5	6.0	45.25	16	5

注:峰值荷载为正反加载方向平均值。

由图 2-10 可以看出,配筋率对桥墩的承载能力有很大的影响,随着配筋率的增加,桥墩的承载能力明显提高。桥墩的极限位移随着配筋率的增加也有所增大。但配筋率为 0.1%的桥墩除外,主要原因可能是配筋率 0.1%的桥墩采用的是光圆钢筋,钢筋与混凝土之间的黏结滑移较大,从而导致桥墩的极限位移较大。另外,配筋率小于 0.5%的桥墩在破坏时均为纵向钢筋断裂而承载力迅速下降,表现出典型的脆性破坏特征。由表 2-7 可以发现,配筋率较低的铁路重力式桥墩,配筋率每提高 0.1%,最大承载力提高基本不低于 20%,且配筋率越小,提高的倍数越大。

4. 位移延性

桥墩的延性性能是指桥墩达到屈服强度之后,随着位移的增加强度没有明显降低,也是评价桥墩抗震性能的一个重要指标。良好的延性可以使桥墩在地震作用下通过塑性变形来耗散大量的能量,确保桥墩不会发生倒塌。确定桥墩的位移延性系数首先要确定桥墩的屈服位移和极限位移,具体确定方法如下。

目前国内外定义屈服位移的方法主要有四种:第一种是规范规定的最外层的纵向钢筋首次屈服时桥墩墩顶的水平位移[4];第二种是根据 1989 年 Park 提出的计算方法,也称为 Park 法[24];第三种是能量等效法[25],即通过能量等效的原理,将得到的骨架曲线等效为双折线,从而确定桥墩的屈服位移;第四种是通用屈服弯矩法。在试验过程中,因钢筋应变测点数量有限,第一种方法测得钢筋发生屈服时并不能代表此处的钢筋是首次屈服,但可根据第一种方法进行理论计算得到桥墩的首次屈服位移。根据现有的计算方法,屈服位移由式(2-3)计算,墩底截面的屈服曲率由式(2-4)计算。

$$\delta_y=\frac{1}{3}\varphi_y h^2 \tag{2-3}$$

$$\varphi_y=\frac{\varepsilon_{sy}}{d_0-x_c} \tag{2-4}$$

式中,δ_y 为桥墩屈服位移;φ_y 为桥墩屈服曲率;h 为桥墩有效高度;ε_{sy} 为纵向钢筋的屈服应变;d_0 为截面的有效高度;x_c 为中性轴距离混凝土受压侧边缘的距离。

采用能量等效法和 Park 法计算桥墩的屈服位移比较常用。通用屈服弯矩法主要应用于骨架曲线上没有明显屈服点的情况。本书采用能量等效法和首次屈服法两种分析方法计算桥墩的屈服位移。

图 2-11 给出了能量等效法估算桥墩屈服位移的方法。用双折线 ODE 代替原来的力-位移曲线，使 S_{OABCEF} 的面积与 S_{ODEF} 的面积相等，可以计算出桥墩的屈服位移和屈服荷载，具体计算公式为

$$S_{OABCEF}=S_{ODEF}=\frac{(2\delta_{max}-\delta_y)F_{max}}{2} \tag{2-5}$$

式中，F_{max} 为峰值荷载；δ_{max} 为峰值荷载对应的位移。

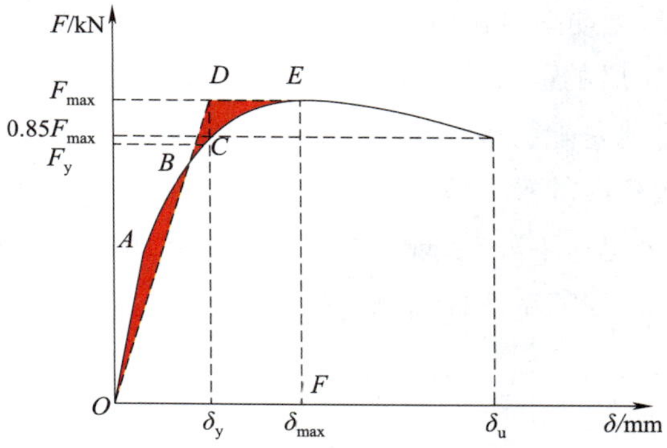

图 2-11　能量等效法计算图示

一般通过钢筋的应变是否达到极限应变、混凝土的压应变是否达到极限应变及桥墩的水平承载力是否下降到规定范围来确定极限位移。试验过程中，随着加载位移的增加，混凝土应变片和钢筋应变片可能发生破坏，因此实际判定中不建议采用混凝土极限压应变和钢筋极限拉应变来判定桥墩的极限状态，而是通过桥墩水平承载力的下降程度来判定其极限状态（如果水平承载力未下降到峰值荷载的 85%以下，则以试验中加载的最大位移作为极限位移），取水平峰值荷载的 0.85 倍作为桥墩的极限荷载 F_u，与 F_u 相对应的位移为极限位移 δ_u。

根据得到的极限位移 δ_u 和屈服位移 δ_y 可求得桥墩的位移延性系数，具体表示为

$$\mu_u=\delta_u/\delta_y \tag{2-6}$$

根据能量等效法和首次屈服法计算得到模型桥墩的屈服位移，极限位移取桥墩纵向钢筋首次拉断时的墩顶位移，见表 2-8。能量等效法计算得到的桥墩屈服位移，比实际桥墩的屈服位移偏大，采用能量等效法计算得到的屈服位移点在图 2-11 所示的 D 点，而桥墩实际在 B 点可能已经发生了屈服，此方法计算得到的桥墩屈服位移偏大，在极限位移相同的情况下，采用能量等效法得到的桥墩位移延性系数就会偏小。

规范中位移延性系数采用的是“首次屈服位移延性系数”，所得到的位移延性系数再考虑 2.5 倍的折减系数，作为容许位移延性系数。本书为了与规范进行衔接，也采用“首次屈

服位移延性系数”，计算得到模型桥墩的首次屈服位移延性系数后，再除以 2.5，得到模型桥墩的容许位移延性系数，见表 2-8。

表 2-8　位移延性系数

桥墩	能量等效法屈服位移/mm	首次屈服位移/mm	极限位移/mm	能量等效法位移延性系数	首次屈服位移延性系数	容许位移延性系数
M1	6.34	3.23	54.73	8.6	17.0	6.8
M2	8.67	3.34	37.50	4.3	11.3	4.5
M3	9.31	3.44	41.81	4.5	12.3	4.9
M4	10.52	3.52	45.03	4.3	12.8	5.1
M5	12.50	3.54	47.27	3.8	13.3	5.3
M6	12.59	3.60	53.30	4.2	14.8	5.9
M7	18.67	3.67	62.45	3.3	17.0	6.8
M8	6.31	3.23	53.78	8.5	16.8	6.7
M9	8.58	3.34	37.88	4.4	11.3	4.5
M10	9.32	3.44	42.73	4.6	12.5	5.0
M11	10.64	3.52	47.14	4.4	13.5	5.4
M12	12.34	3.54	45.53	3.7	12.8	5.1

由表 2-8 可以看出，桥墩配筋率从 0.1%增大到 0.5%时，采用能量等效法得到的屈服位移，配筋率 0.5%的桥墩约为配筋率 0.1%桥墩的 2 倍；而采用理论计算得到的屈服位移，配筋率 0.5%的桥墩仅是配筋率 0.1%桥墩的 1.1 倍。这两种计算方法得到的桥墩屈服位移变化趋势一致，但数值相差较大，首次屈服位移延性系数考虑 2.5 的折减系数之后，其大小与能量等效法得到的位移延性系数差别较小。

能量等效法和首次屈服法计算得到的桥墩位移延性系数随配筋率变化的规律不同，具体哪种计算方法结果更适用于配筋率较低的铁路重力式桥墩，做如下说明。

能量等效法计算得到的桥墩位移延性系数随着配筋率的增加基本呈下降趋势，说明随着配筋率的增加桥墩的延性逐渐降低，这与试验结果不吻合。试验中随着配筋率的增加，桥墩的极限位移不断增大，说明桥墩的变形能力在不断增强，且随着配筋率的增加，桥墩破坏时墩底出现的塑性区域不断增大，说明随着配筋率的增加，桥墩延性性能增强。显然采用能量等效法计算桥墩的位移延性系数，不能反映随着配筋率的增大桥墩延性的增强。而采用首次屈服法计算容许位移延性系数，随着配筋率的增大，桥墩的延性性能不断增强，且计算得到首次屈服位移延性系数与已有研究中得到的低配筋率铁路桥墩的位移延性系数基本相同，说明采用首次屈服法得到的桥墩位移延性系数能更好地体现出配筋率变化对铁路重力式桥墩延性的影响。因此，对于铁路重力式桥墩，建议采用首次屈服法计算桥墩的屈服位移，并取“首次屈服位移延性系数”折减之后得到的容许位移延性系数作为位移延性限值。

配筋率和轴压比对刚度退化和累积耗能等抗震性能的影响规律与钢筋混凝土桥墩相同，不再赘述。

此外，从表 2-8 中发现，采用首次屈服法计算时，配筋率为 0.2%的铁路重力式桥墩其位移延性小于规范规定的4.8。文献[7,8]中建议配筋率为0.1%的桥墩按弹性设计，而配筋率为0.2%的桥墩按首次屈服得到的位移延性最小为10.4，考虑折减系数后为4.1；文献[11]试验研究结果中配筋率为0.33%的高速铁路重力式桥墩的容许位移延性系数为4.66；文献[9]中配筋率为0.15%的桥墩，位移延性系数最小值为4.3，不同参数下配筋率0.4%的桥墩的最小位移延性系数为3.27。现有的研究结论表明，不同的参数对桥墩位移延性系数有较大的影响。为了安全考虑，铁路桥墩设计时可采用文献[14]中提出的有限延性取值：配筋率为0.5%的桥墩按延性设计时，位移延性系数限值为4.8；配筋率为0.1%时，按弹性设计，位移延性系数限值为1.0。配筋率在0.1%～0.5%之间的桥墩，其延性系数限值进行线性内插。不同配筋率下，建议的位移延性系数限值见表2-9。

表2-9　配筋率与位移延性系数限值关系

配筋率/%	0.1	0.2	0.3	0.4	0.5
位移延性系数限值[μ_u]	1.0	1.9	2.9	3.8	4.8

2.2.3　试验结论

对不同轴压比和配筋率的铁路重力式桥墩进行了拟静力试验，分析了轴压比和配筋率对桥墩的破坏特征、滞回曲线、骨架曲线和位移延性系数等参数的影响，得到如下结论：

(1)配筋率是影响桥墩破坏状态的主要因素。配筋率为0.1%的桥墩，其破坏特征与素混凝土桥墩相似，仅在墩底形成一条贯穿裂缝，具有典型的脆性破坏特征；配筋率在0.2%～0.5%之间的桥墩破坏时墩身裂缝随配筋率的增加而增多，塑性变形能力增强，最终破坏时没有出现明显的塑性铰，均为钢筋拉断失去承载能力，明显区别于钢筋混凝土桥墩的延性破坏(纵筋屈曲，有明显的塑性铰区)，仅表现出部分延性特征；现有的等效塑性铰计算公式因未考虑配筋率的影响而不适用于铁路重力式桥墩，建议采用修正后的计算公式计算铁路重力式桥墩的塑性区长度。

(2)弯曲破坏型铁路重力式桥墩的滞回曲线形状与钢筋混凝土桥墩的滞回曲线均为弓形，但由于配筋率不同，钢筋与混凝土之间呈现出黏结滑移的程度不同，尤其是当配筋率小于0.4%时，桥墩的捏缩效应更为明显；当配筋率大于0.4%时，铁路重力式桥墩的滞回曲线形状基本接近钢筋混凝土桥墩，表现出了钢筋混凝土桥墩的滞回特性。

(3)对于配筋率较低的铁路重力式桥墩建议采用首次屈服法计算桥墩的屈服位移。配筋率低于0.5%的铁路重力式桥墩，位移延性系数随配筋率的增加而增大。不同配筋率下的位移延性系数限值可按表2-9取值。

2.2.4　静力弹塑性分析模型

1. 纤维单元模型

纤维模型是将构件单元的连续截面划分为一定数目的离散小单元，每个小单元的力学特性用混凝土或钢筋的应力-应变关系表达。纤维模型可以很好地反映截面的材料特征及分布特点，同时各单元之间的变形协调满足平截面假定。

采用 OpenSEES 软件时，可选用非线性梁柱单元建立桥墩的数值分析模型，其单元划分可参考文献[26]中给出的方法，截面纤维数量划分可参考文献[27]中的划分方法。模型中混凝土和钢筋分别划分纤维单元。静力分析中，墩顶施加竖向力和水平推力，模型示意如图 2-12 所示，计算分析时选取的材料本构如图 2-13 所示，具体参数参考文献[26,27]。

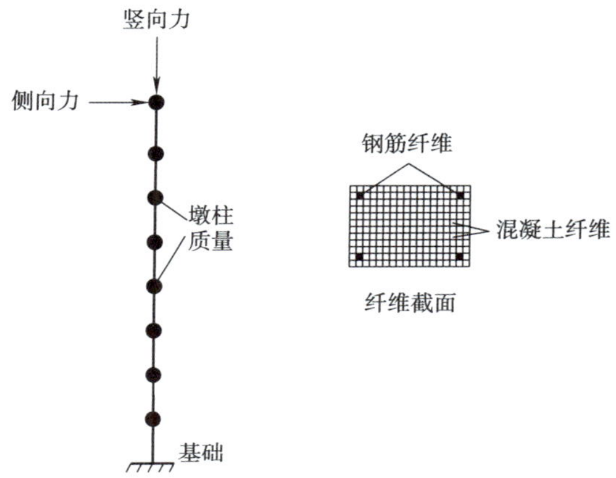

图 2-12　纤维单元分析模型

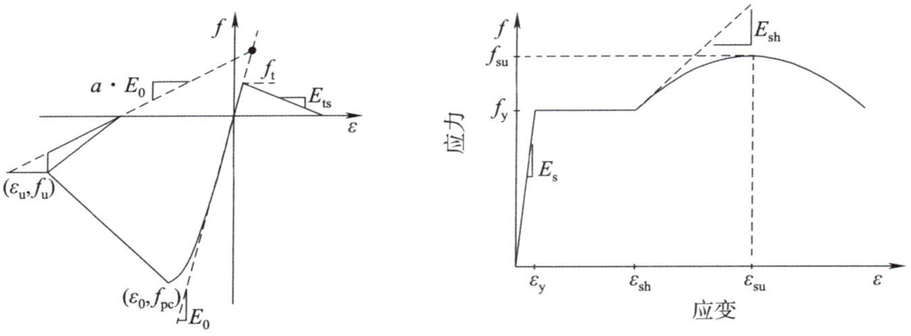

(a)Concrete02 材料的应力-应变关系　　(b)钢筋本构

图 2-13　材料本构模型

2. 集中塑性铰模型

弯曲破坏型桥墩实际破坏时在墩底形成一个塑性区域，为了简化计算，可在墩底等效塑性铰长度范围内设置非线性转动弹簧，模拟桥墩在荷载作用下的塑性状态，分析其产生的非线性变形[28-30]。该转动弹簧的性能控制参数为弯矩-转角关系。集中塑性铰模型主要由底部的塑性铰单元和墩身的线弹性杆单元两部分构成，具体计算示意如图 2-14 所示。

集中塑性铰模型的缺陷是，等效塑性铰长度沿杆长方向固定不变，不能很好地模拟塑性区长度随加载位移增大的变化情况。为了改善经典塑性铰理论存在的问题，LAI 等[31]提出了纤维塑性铰模型，该模型纤维铰单元由多个表示钢筋和受压混凝土的非线性弹簧组成，弹簧本构参数通过力与位移的平衡获得，并遵循 Takeda 滞回准则。在 OpenSEES 软件中也有学者采用纤维铰模型[32]，在墩底塑性铰长度范围内设置纤维单元，塑性铰以上采用线弹性杆单元，塑性铰长度及线弹性杆单元等效刚度按文献[33]中相关规定计算，具体计算模型如图 2-15 所示。

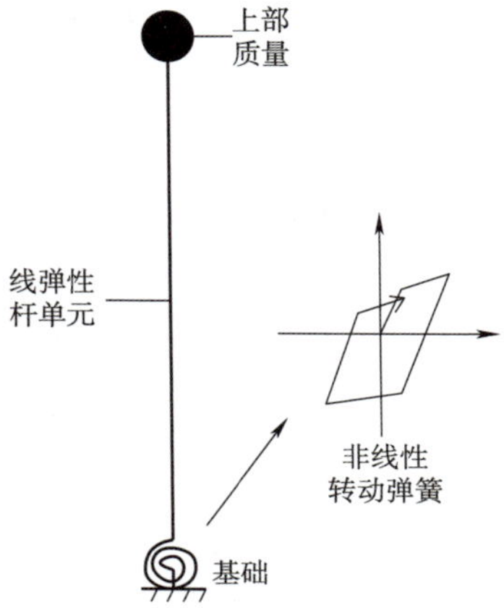

图 2-14　集中塑性铰模型

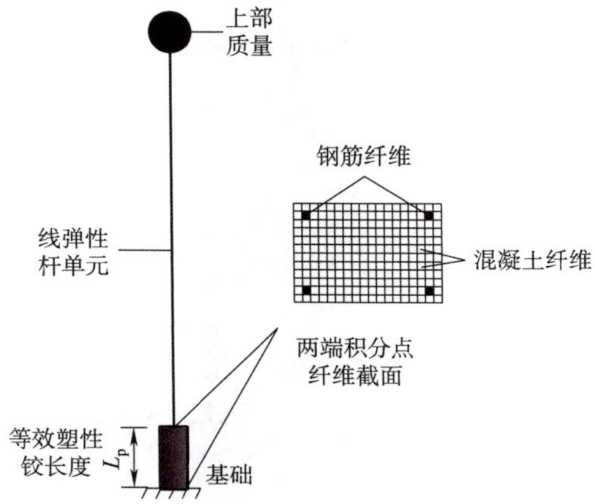

图 2-15　纤维塑性铰模型

3. 四弹簧模型

从拟静力试验中桥墩的破坏现象可以发现，铁路重力式桥墩配筋率较低时，仅在墩底产生一条主裂缝。基于桥墩的破坏特点，结合现有的自由摇摆桥墩的双弹簧模型[34]，提出考虑纵向钢筋约束的四弹簧模型。该模型中有两个受压弹簧和两个受拉弹簧，适用于墩底只产生一条裂缝且裂缝张开明显的铁路重力式桥墩。

现有模拟桥墩自由摇摆振动的双弹簧模型中，墩身采用弹性梁单元模拟，桥跨质量简化为墩顶集中质量，刚臂单元模拟墩身受力方向截面宽度，只受压不受拉的弹簧模拟自由摇摆时桥墩的提离，其力与位移关系如图 2-16 所示。依据文献[34]，受压弹簧的刚度 k 按式(2-7)～式(2-9)近似计算。

$$k=\frac{1}{2}k_v \tag{2-7}$$

$$k_v=\frac{4GR_0}{1-\nu} \tag{2-8}$$

$$R_0=\sqrt{A_0/\pi} \tag{2-9}$$

式中，k_v 为竖向刚度；R_0 为等效半径；A_0 为墩底扩大基础的截面积；G 为墩底材料的剪切模量；ν 为墩底材料的泊松比。

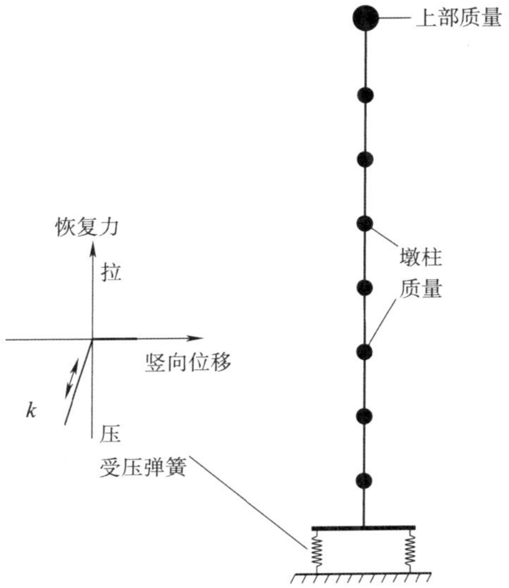

图 2-16　自由摇摆桥墩两弹簧模型

在自由摇摆桥墩双弹簧模型的基础上，考虑钢筋的受拉作用，采用非线性弹簧模拟只考虑受拉而不考虑受压的纵向钢筋，其力-位移关系如图 2-17 所示。受拉弹簧屈服前刚度按式(2-10)计算。

$$k_x=\frac{EA}{L} \tag{2-10}$$

式中，k_x 为钢筋屈服前刚度；E 为纵向钢筋的弹性模量；A 为纵向钢筋的截面积；L 为纵向钢筋计算长度。

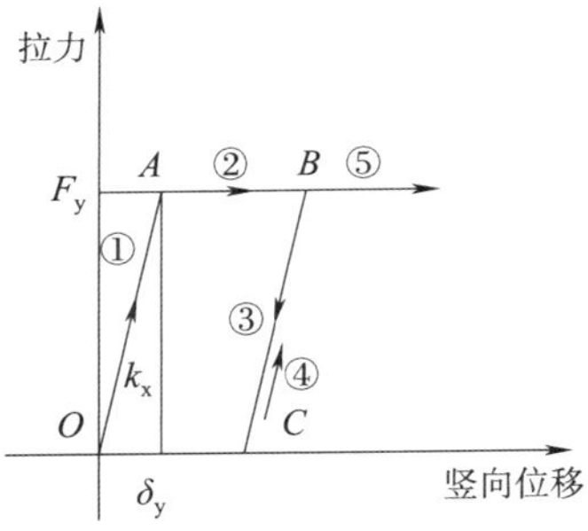

图 2-17　受拉弹簧本构关系

图 2-17 中，F_y为纵向钢筋的屈服力；A 点对应纵向钢筋屈服点；δ_y为屈服位移。

纵向钢筋受拉单元的滞回规则如下：①→②→③为加、卸载路径；④→⑤为钢筋屈服后再加载路径。其中钢筋计算长度的取值根据桥墩模型试验中钢筋应变的大小确定，模型桥墩试验中纵向钢筋应变片布置如图 2-18 所示，配筋率为 0.2%的不同位置应变如图 2-19 所示。可以看出随着测点高度的增加，钢筋的应变逐渐减小，距离墩底 20 cm（接近加载方向截面高度）处的钢筋应变很小。考虑到测量误差的影响，可取加载方向截面高度作为钢筋计算长度 L。

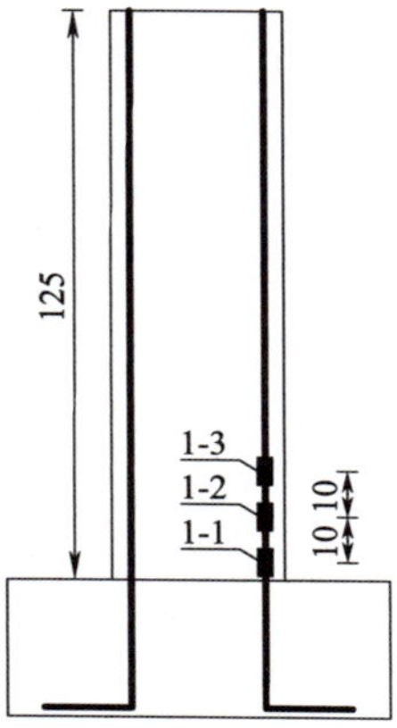

图 2-18　应变片布置图（单位：cm）

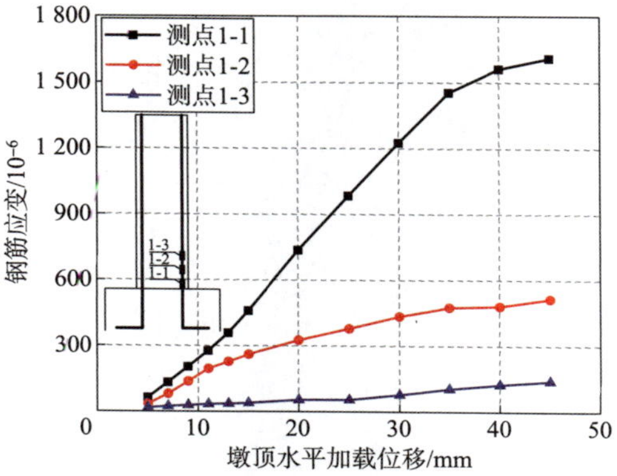

图 2-19　不同位置钢筋应变对比图

在自由摇摆桥墩的双弹簧模型的基础上，再考虑纵向钢筋的约束，提出适用于配筋率较低的铁路重力式桥墩的四弹簧模型，如图 2-20 所示。

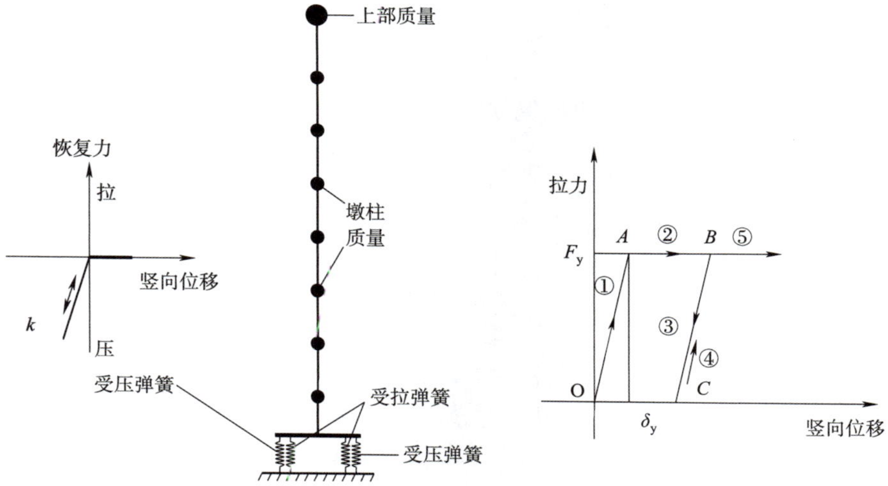

图 2-20　同时考虑纵筋受拉和桥墩摇摆的四弹簧模型

4. 模型验证

采用纤维模型和四弹簧模型对低配筋的模型桥墩进行计算，得到模型桥墩的计算结果与试验结果对比如图 2-21 所示。表 2-10 比较了模型桥墩最大承载力的试验值与四弹簧模型的计算值，其中 ρ 表示桥墩的纵向配筋率，u 表示轴压比。

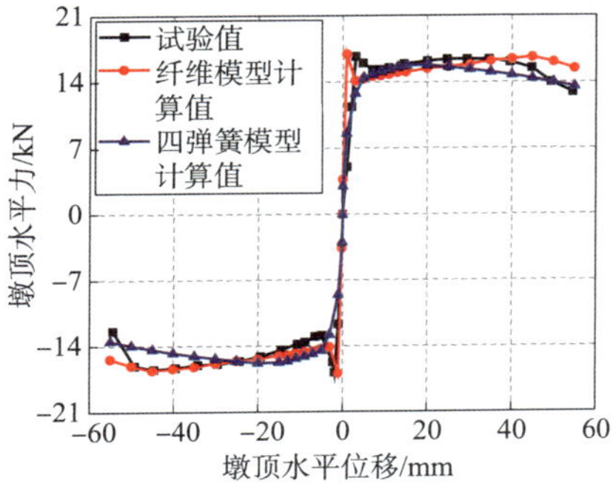

(a)M1 桥墩(ρ=0.1%;u=4.0%)

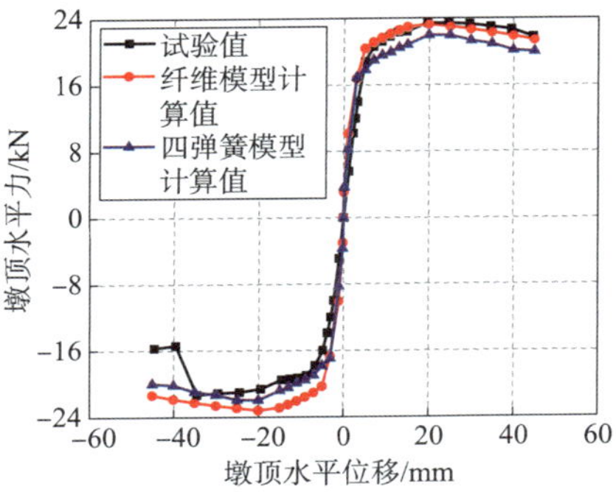

(b)M2 桥墩(ρ=0.2%;u=4.0%)

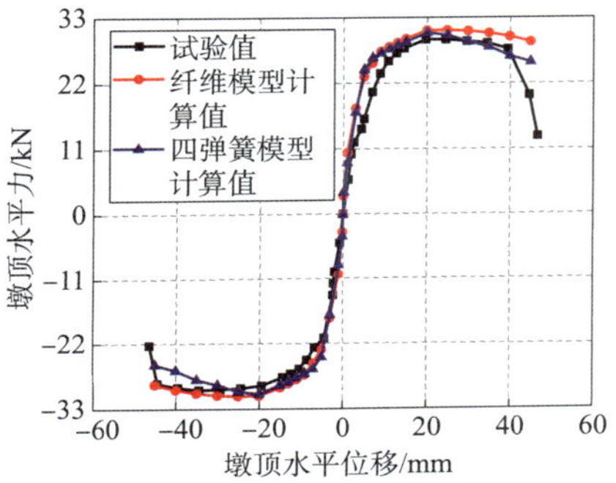

(c)M3 桥墩(ρ=0.3%;u=4.0%)

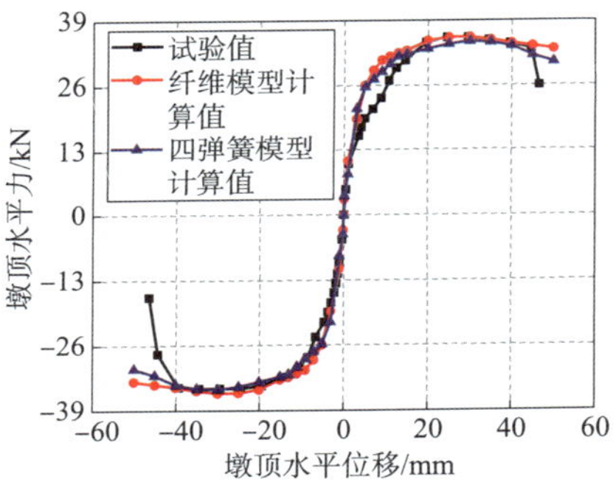

(d)M4 桥墩(ρ=0.4%;u=4.0%)

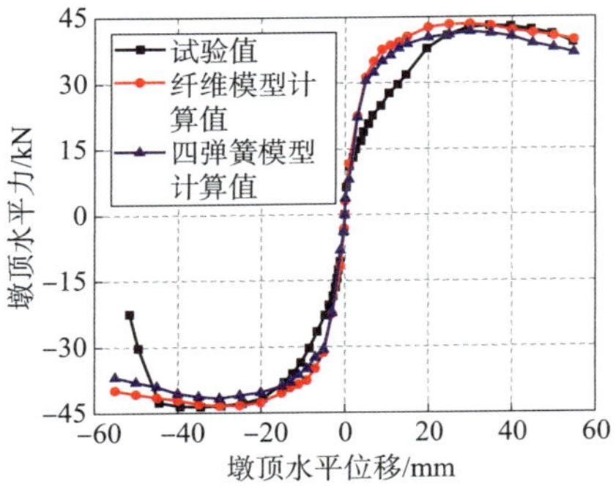

(e)M5 桥墩(ρ=0.5%;u=4.0%)

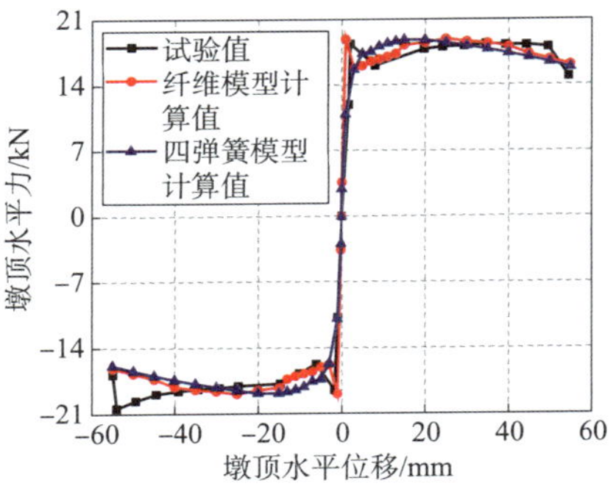

(f)M8 桥墩(ρ=0.1%;u=6.0%)

图　2-21

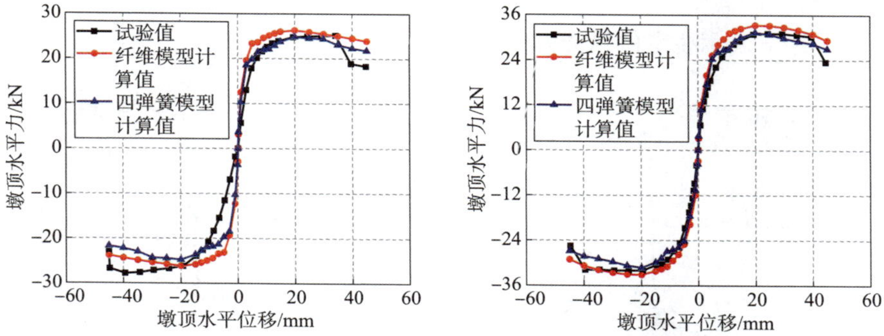

(g)M9 桥墩(ρ=0.2%;u=6.0%)　　(h)M10 桥墩(ρ=0.3%;u=6.0%)

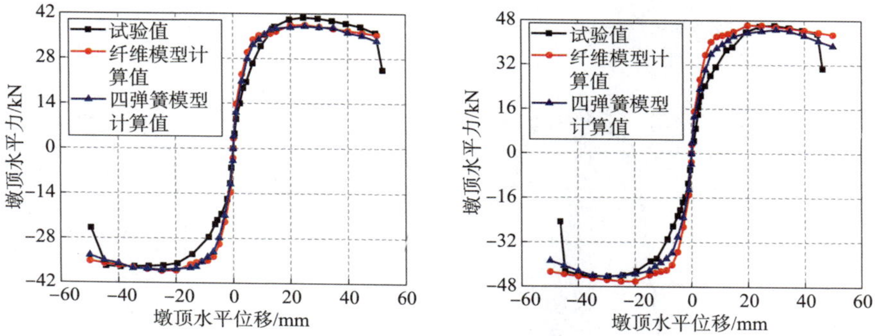

(i)M11 桥墩(ρ=0.4%;u=6.0%)　　(j)M12 桥墩(ρ=0.5%;u=6.0%)

图 2-21　模型桥墩骨架曲线计算值与试验值对比图

表 2-10　模型桥墩最大承载力计算值与试验值对比

桥墩编号	试验值/kN	纤维模型计算值/kN	四弹簧模型计算值/kN	四弹簧模型计算值与试验值差值/%	四弹簧模型计算值与纤维模型差值/%
M1	16.8	16.9	15.8	−5.95	−6.51
M2	22.4	23.2	22.0	−1.79	−5.17
M3	29.6	30.9	30.4	2.70	−1.62
M4	35.1	35.6	34.8	−0.85	−2.25
M5	43.3	43.4	41.7	−3.70	−3.92
M8	19.4	18.9	18.8	−3.09	−0.53
M9	26.5	26.2	24.8	−6.42	−5.34
M10	31.6	33.2	31.3	−0.95	−5.72
M11	38.9	38.4	38.0	−2.31	−1.04
M12	45.3	46.2	44.5	−1.77	−3.68

注:试验值取正反方向加载最大承载力平均值。

由图 2-21 可以看出,桥墩开裂前,四弹簧模型计算值与常用的纤维模型计算值以及试验值吻合均较好;开裂后,四弹簧模型计算得到的骨架曲线与试验骨架曲线走势开始出现一定偏差，但差值不大，与纤维模型计算的骨架曲线走势差别较小；纵筋屈服后偏差增大，达到峰值荷载之后，四弹簧模型计算的骨架曲线与试验以及纤维模型计算的骨架曲线偏差均减小，下降段曲线吻合较好。四弹簧模型计算得到的桥墩骨架曲线与纤维模型计算的骨架曲线以及试验值变化趋势均基本相同，说明四弹簧模型能有效地模拟桥墩在荷载作用下的受力特性。

2.2.5　重力式桥墩偏心验算方法探讨

现有的试验研究中发现铁路桥墩因配筋率较低，破坏特征与钢筋混凝土桥墩有明显的区别。《震规》规定了多遇地震下混凝土桥墩的偏心、强度和稳定性验算以及钢筋混凝土桥墩(配筋率大于 0.5%)的强度和稳定性验算，而对于配筋率低于 0.5%的少筋混凝土桥墩未作出明确的规定。因此，有必要对于多遇地震下少筋混凝土桥墩的验算方法进行探讨。

文献[35]研究了小震时少筋混凝土桥墩的验算指标，并提出了两种验算方法，一种是按容许应力法验算少筋混凝土桥墩的强度；另一种是按放大的偏心距验算少筋混凝土桥墩的偏心，这两种方法均可用于少筋混凝土桥墩小震时的抗震验算。

1. 容许应力法计算图式

《铁路桥涵混凝土结构设计规范》(TB 10092—2017)中规定，按容许应力法设计桥墩时，计算中不考虑混凝土的拉力，拉力完全由钢筋承受。容许应力法计算时还应满足平截面假定和弹性体假定，计算图式如图 2-22 所示。

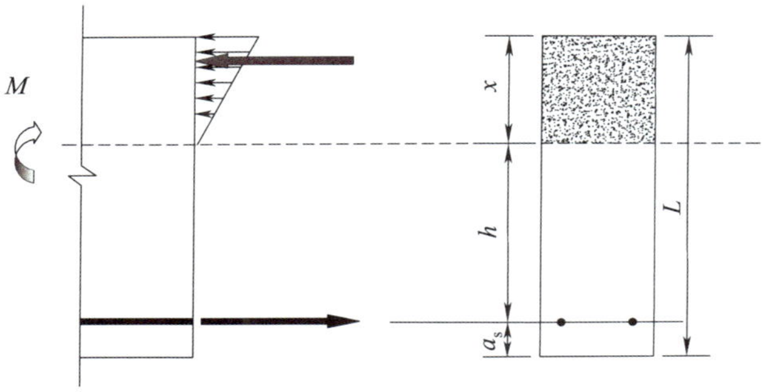

图 2-22　容许应力法计算图式

2. 容许合力偏心距的确定方法

对于少筋混凝土桥墩，首先按容许应力法计算得到桥墩的容许弯矩 M_1，然后根据规范容许偏心距计算素混凝土桥墩对应的容许弯矩 M_2，二者的比值 M_1/M_2 即为偏心放大系数。《震规》中规定素混凝土桥墩的容许偏心距为 0.8s，由此得到少筋混凝土桥墩的容许合力偏心距为 $[e]=\frac{M_1}{M_2}\cdot 0.8s$。

3. 试验验证

模型墩基本参数取值为：混凝土强度等级按取 C30；HRB335 钢筋的屈服应力取 335 MPa，容许应力取 180 MPa×1.5=270 MPa；混凝土容许压应力取 10.0 MPa×1.5=15 MPa。

桥墩按容许应力法控制设计，考虑纵向钢筋对桥墩墩身强度的提高，得到桥墩截面的容许合力偏心距，见表 2-11。

表 2-11　容许合力偏心距分析结果

配筋率/%	按规范容许偏心 0.8*s* 计算的弯矩/(kN·m)	按容许应力法计算的弯矩/(kN·m)	反算得到容许合力偏心距
0.1	7.95	11.62	1.17*s*
0.2	7.95	13.42	1.35*s*
0.3	7.95	15.51	1.56*s*
0.4	7.95	17.57	1.77*s*
0.5	7.95	19.60	1.97*s*

由表 2-11 可知，少筋混凝土桥墩在考虑受拉钢筋的作用后，容许合力偏心距相对于砌体或混凝土结构有明显的提高，且桥墩的容许合力偏心距随着配筋率的增加而增大。

模型桥墩按容许应力法计算得到墩顶水平力（即按容许合力偏心距计算墩顶的水平力）与模型桥墩试验骨架曲线的对比如图 2-23 所示。

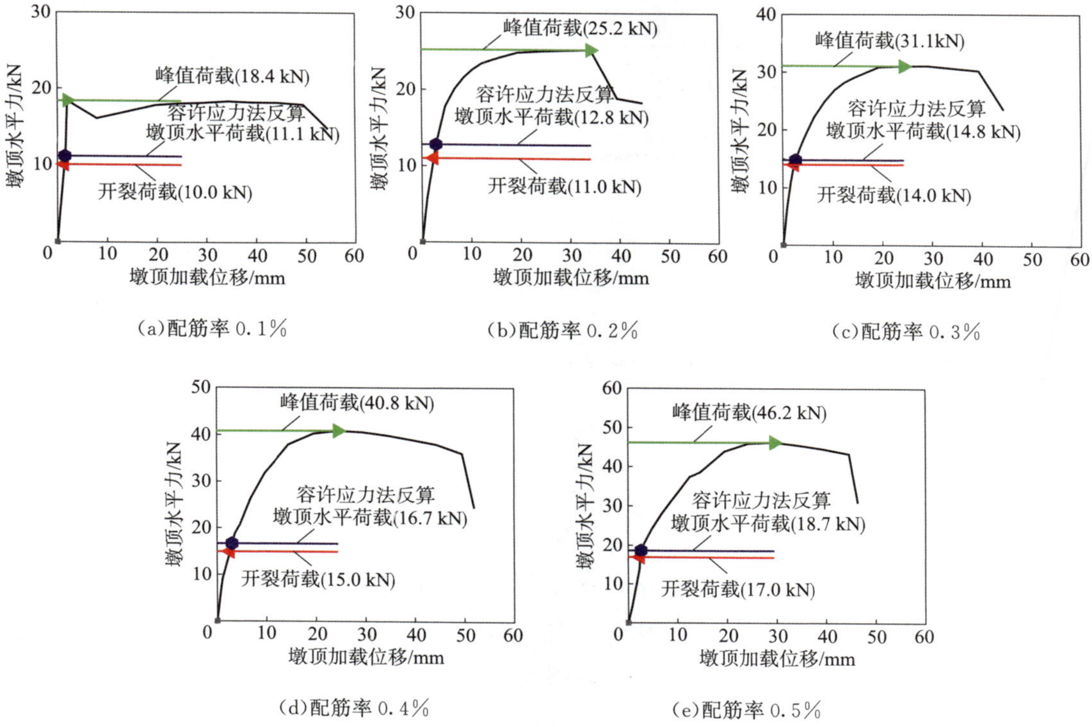

图 2-23　按容许应力法计算的墩顶水平力与试验骨架曲线对比图

由图 2-23 可知，采用容许应力法计算得到的墩顶水平力均略大于桥墩的开裂荷载，但远小于峰值荷载，即，满足偏心距验算的少筋混凝土桥墩，可能会发生轻微开裂，但距离破坏还有 1.6～2.5 倍的安全系数。因此采用容许合力偏心距验算少筋混凝土桥墩可确保桥墩满足“小震不坏”的要求。

4. 容许偏心距计算公式的提出

由表 2-11 计算结果可知，少筋混凝土桥墩的容许合力偏心距的大小受配筋率的影响，因此，在考虑配筋率对容许合力偏心距的影响后，提出少筋混凝土桥墩容许合力偏心距计算公式，容许合力偏心距计算公式为

$$[e]=C\cdot s \tag{2-11}$$

式中，C 为与配筋率有关的系数；s 为截面形心至混凝土受压边缘的距离。

偏心验算公式为

$$e\leqslant[e] \tag{2-12}$$

5. 容许合力偏心距计算公式中参数 C 的确定

以目前高速铁路中常用 32 m 双线简支梁桥为例，确定容许合力偏心距计算公式。桥墩截面形式为圆端形，截面尺寸 200 cm×600 cm，如图 2-24 所示。纵向钢筋采用“通桥(2017)4301”中使用的 HRB400 级钢筋，墩身混凝土强度等级均为 C35，采用上述分析方法分别计算配筋率为 0.1%～0.5%桥墩的容许合力偏心距，计算结果见表 2-12。配筋率与容许合力偏心距之间的关系如图 2-25 所示。

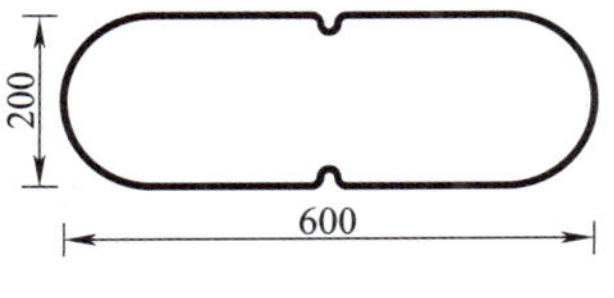

图 2-24　圆端形实体桥墩截面尺寸图(单位：cm)

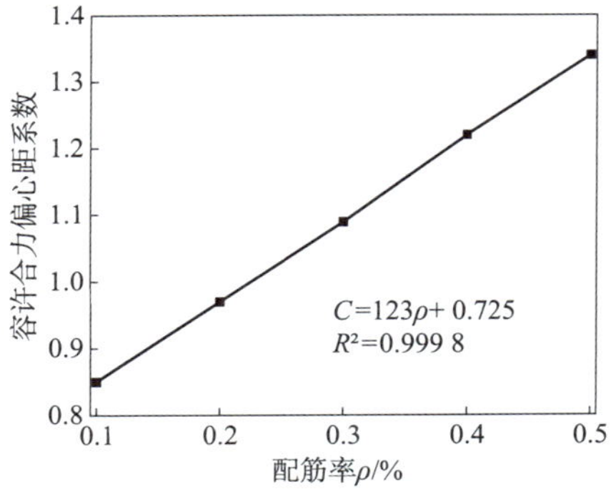

图 2-25　配筋率与容许合力偏心距系数之间的关系

表 2-12　圆端形实体桥墩容许合力偏心距分析结果(时速 350 km)

配筋率/%	规范 0.8s 计算弯矩/(kN·m)	容许应力法计算弯矩/(kN·m)	反算容许合力偏心距
0.1	14 248	15 103	0.85s
0.2	14 248	17 211	0.97s
0.3	14 248	19 437	1.09s

续上表

配筋率/%	规范 0.8*s* 计算弯矩/(kN·m)	容许应力法计算弯矩/(kN·m)	反算容许合力偏心距
0.4	14 248	21 691	1.22*s*
0.5	14 248	23 943	1.34*s*

由表 2-12 可知，高速铁路重力式桥墩容许合力偏心距随着配筋率的增加不断增大，相比《震规》中砌体或混凝土桥墩的容许合力偏心距有很大的提高。从图 2-25 中还发现，容许合力偏心距系数基本随着配筋率的增加呈线性增加，可按线性拟合得到少筋混凝土重力式桥墩容许合力偏心距与配筋率之间的关系，见式(2-13)，其中 ρ 为配筋率。

$$[e]=(123\rho+0.725)\cdot s \tag{2-13}$$

依据式(2-13)计算得到时速 350 km 双线跨径(32+32) m 组合下桥墩的容许合力偏心距，并与容许应力法反算容许合力偏心矩进行比较，见表 2-13。

表 2-13　容许应力法反算容许合力偏心距与公式计算值对比

配筋率 ρ/%	容许应力法计算值	公式计算值	误差/%
0.1	0.85*s*	0.848*s*	−0.24
0.2	0.97*s*	0.971*s*	0.10
0.3	1.09*s*	1.094*s*	0.37
0.4	1.22*s*	1.217*s*	−0.25
0.5	1.34*s*	1.340*s*	0

由表 2-13 对比分析发现，计算公式(2-13)得到的桥墩容许合力偏心距系数与容许应力法反算桥墩容许合力偏心距基本吻合，最大误差仅为 0.37%，因此该公式可用于计算高速铁路重力式桥墩的容许合力偏心距。

当钢筋强度发生变化时，桥墩的容许合力偏心矩也会发生改变，且与配筋率有关。依据规范采用的不同类型钢筋，计算得到桥墩的容许合力偏心距，拟合得到采用不同强度钢筋时的容许合力偏心距计算公式如图 2-26 所示。

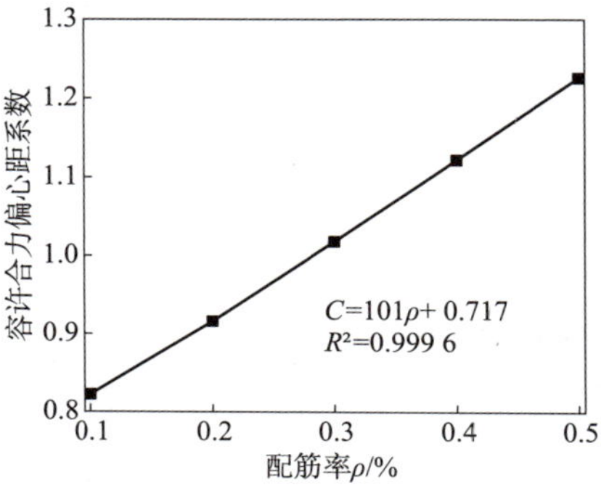

(a) HRB335 钢筋

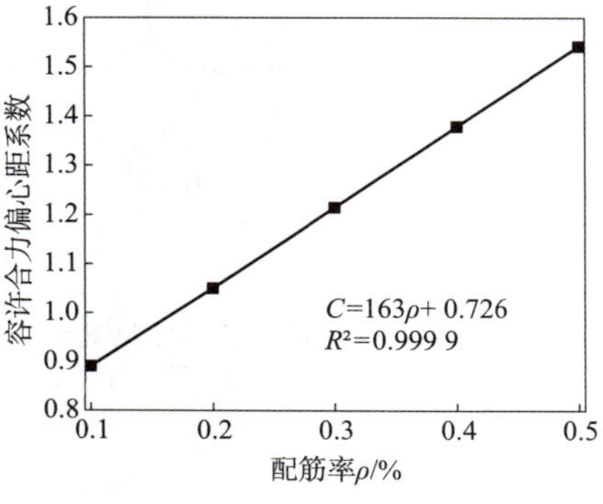

(b) HRB500 钢筋

图 2-26　桥墩的配筋率与容许合力偏心距系数之间的关系

依据上述分析，最终得到高速铁路重力式桥墩在不同钢筋强度下容许合力偏心距[e]的计算公式，见表 2-14。

表 2-14　高速铁路重力式桥墩容许合力偏心距[e]计算公式

钢筋强度	容许合力偏心距[e]计算公式
HRB335	$[e]=(101\rho+0.717)\cdot s$
HRB400	$[e]=(123\rho+0.725)\cdot s$
HRB500	$[e]=(163\rho+0.726)\cdot s$

注：公式适用于配筋率 $0.1\%\leqslant\rho\leqslant0.5\%$；配筋率小于 0.1%时，按规范取 0.8；配筋率大于 0.5%时，按钢筋混凝土桥墩验算。

2.3　桥墩振动台试验及分析

铁路重力式桥墩截面尺寸大、配筋率低的特点，使其力学性能不同于钢筋混凝土桥墩。为了更好地了解低配筋重力式桥墩在动力作用下的破坏模式和抗震性能，设计制作了配筋率为 0.2%、0.3%和 0.5%的三个模型桥墩，进行了振动台试验。根据地震作用下墩顶绝对加速度和相对位移响应，分析了配筋率变化对铁路重力式桥墩抗震性能的影响。

2.3.1　试验方案

选用与拟静力试验相同的原型桥墩，墩高为 10.0 m，截面为 2.0 m×2.88 m。按 1∶8 的缩尺比例进行设计，即几何相似常数为 1/8。由相似理论[36]得出模型与原型桥墩主要物理量的相似系数。考虑到实际配重条件，取加速度相似系数 1.5。

根据缩尺比例共设计三组不同配筋率的模型桥墩，设计参数见表 2-15，桥墩构造及墩身配筋如图 2-27 所示。

表 2-15　桥墩设计参数

桥墩编号	墩高/cm	截面/(cm×cm)	剪跨比	轴压比/%	配筋率/%	钢筋直径/mm	箍筋直径/mm
S1	125	36×25	5.0	1.7	0.2	8	6
S2	125	36×25	5.0	1.7	0.3	8	6
S3	125	36×25	5.0	1.7	0.5	8	6

混凝土强度等级为 C30。纵向钢筋为 HRB335，箍筋为 HPB300。配重装置选用 5 m 长的 I36 工字钢，工字钢内放置铅块。模型桥墩上部附加质量总和为 2.9 t。工字钢与墩顶之间采用角钢连接，模拟固定支座，另外一端采用钢棒支撑，模拟活动支座，如图 2-28 所示。

在墩顶和墩底各布置 1 个加速度传感器和 1 个位移传感器，台面加速度和位移通过振动台控制系统直接获取，具体布置如图 2-29 所示。

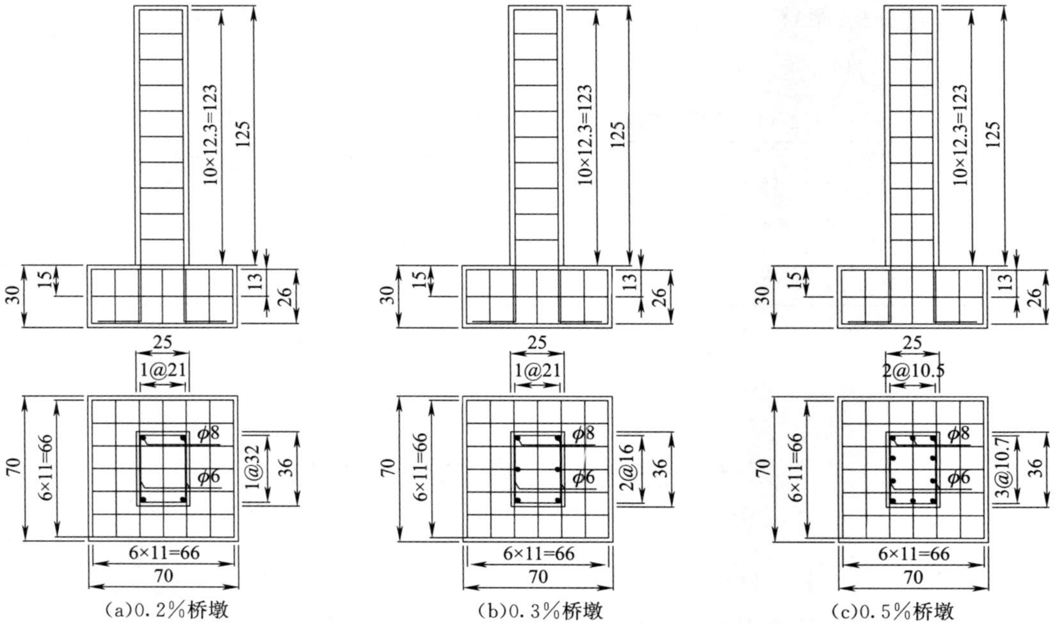

图 2-27　桥墩尺寸及配筋图(单位:cm)

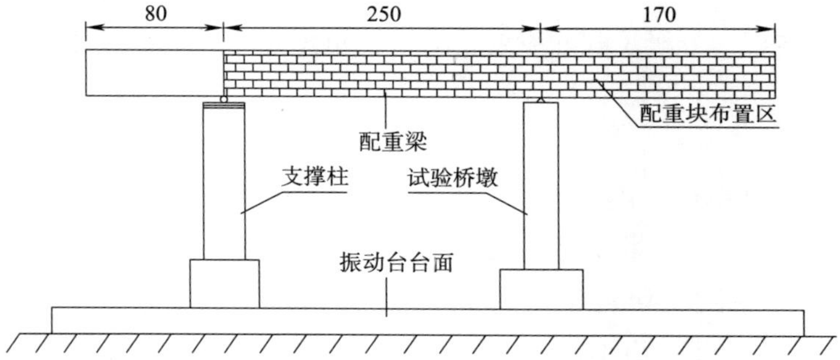

图 2-28　振动台模型试验布置图(单位:cm)

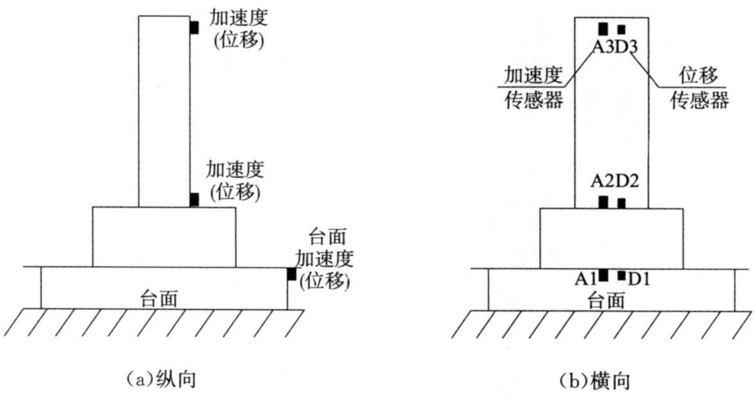

图 2-29　测点布置图

输入地震波采用 El-Centro 波(NS),该地震波最大加速度为 3.417 m/s^2,场地属于Ⅰ～Ⅱ类。本试验只作单向地震动输入,地震波按时间相似比 0.289 进行压缩,压缩后时间为 15.456 s,加速度峰值按相应地震动强度进行调整。模型桥墩台面输入加速度峰值 0.57g 时的加速度时程曲线及傅里叶谱分别如图 2-30、图 2-31 所示。由图 2-31 可以看出,输入地震波的周期范围为 0.05～0.9 s,卓越周期在 0.2 s 左右。

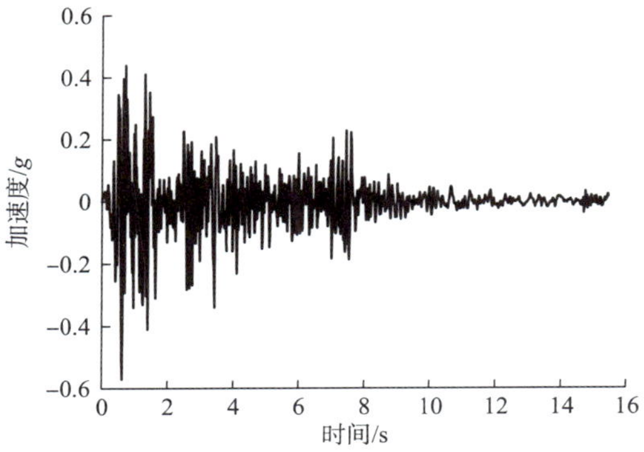

图 2-30　加速度时程曲线

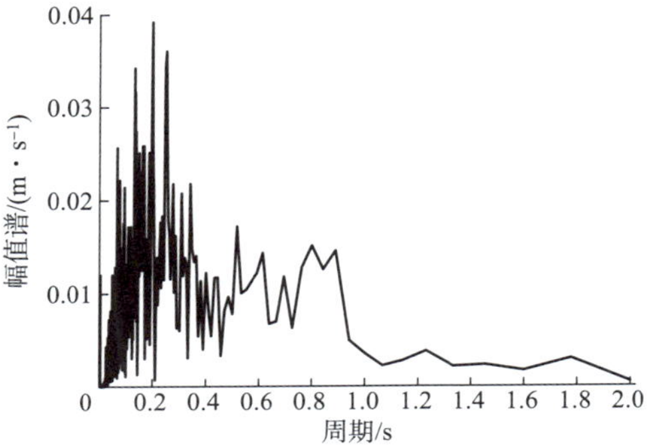

图 2-31　傅里叶谱曲线

对三种不同配筋率的铁路重力式桥墩在地震作用下的抗震性能及破坏机制进行试验研究,具体加载工况见表 2-16。

表 2-16　试验工况

加载工况	桥墩号	输入波	加速度及烈度	台面输入峰值/g	台面输出峰值/g
1	桥墩 S1(0.2%)	白噪声	0.04g(7 度多遇)	0.060	0.071
2		El-Centro	0.1g(7 度设计)	0.150	0.155
3		El-Centro	0.2g(8 度设计)	0.300	0.310
4		El-Centro	0.3g(8 度强设计)	0.450	0.490
5		El-Centro	0.38g(8 度罕遇)	0.570	0.565
6	桥墩 S2(0.3%)	白噪声	0.04g(7 度多遇)	0.060	0.075
7		El-Centro	0.1g(7 度设计)	0.150	0.164
8		El-Centro	0.2g(8 度设计)	0.300	0.334
9		El-Centro	0.3g(8 度强设计)	0.450	0.412
10		El-Centro	0.38g(8 度罕遇)	0.570	0.577
11		El-Centro	0.57g(8 度强罕遇)	0.855	0.828
12	桥墩 S3(0.5%)	白噪声	0.04g(7 度多遇)	0.060	0.073
13		El-Centro	0.1g(7 度设计)	0.150	0.162
14		El-Centro	0.2g(8 度设计)	0.300	0.338

续上表

加载工况	桥墩号	输入波	加速度及烈度	台面输入峰值/g	台面输出峰值/g
15	桥墩 S3(0.5%)	El-Centro	0.3g(8 度强设计)	0.450	0.435
16		El-Centro	0.38g(8 度罕遇)	0.570	0.590
17		El-Centro	0.57g(8 度强罕遇)	0.855	0.821

2.3.2 试验结果

1. 试验现象

配筋率为 0.2%的桥墩最终破坏时只在墩底形成一条贯穿裂缝，配筋率为 0.3%的桥墩共出现三条裂缝，配筋率为 0.5%的桥墩共出现五条裂缝，具体破坏过程描述见表 2-17，裂缝分布如图 2-32 所示。三个桥墩最终出现的均是水平状裂缝，未发现斜向裂缝，属于弯曲破坏。桥墩实际破坏情况如图 2-33 所示。

表 2-17 试验现象

设防烈度	桥墩 S1(配筋率 0.2%)	桥墩 S2(配筋率 0.3%)	桥墩 S3(配筋率 0.5%)
7 度设计(0.1g)	墩身未出现裂缝	墩身未出现裂缝	墩身未出现裂缝
8 度设计(0.2g)	南侧墩底出现明显裂缝	墩身底部出现轻微裂缝	墩身底部出现轻微裂缝
8 度强设计(0.3g)	4 个面墩底均出现裂缝，形成贯穿裂缝	北侧距离墩底 2 cm、20 cm 和 31 cm 处各出现一条裂缝，其他侧均出现两条裂缝	南侧和北侧距离墩底 14 cm 处各出现一条裂缝
8 度罕遇(0.38g)	墩顶摇摆明显，仅墩底一条裂缝，墩底混凝土出现轻微压碎	原有裂缝扩展并继续延伸，西侧距离墩底 31 cm 处出现裂缝	墩底裂缝开展加剧，距离墩底 14 cm、21 cm 和 36 cm 处各出现一条裂缝
8 度强罕遇(0.57g)	—	原始裂缝扩展，裂缝数量不再增加，墩底混凝土出现轻微压碎现象	距离墩底 55 cm 处出现新裂缝，原始裂缝扩展，墩底未出现混凝土压碎现象

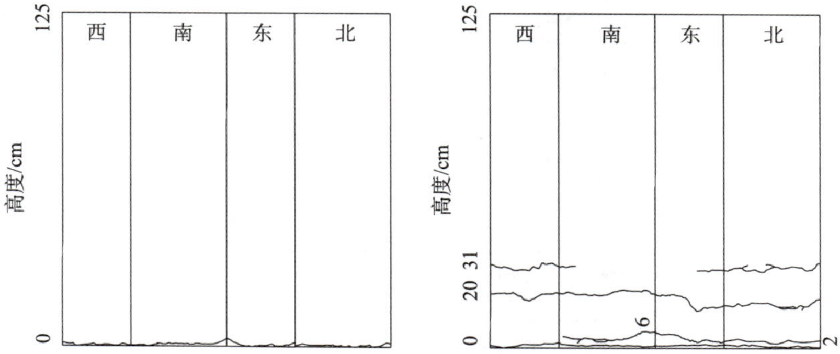

(a)桥墩 S1 (b)桥墩 S2

图 2-32

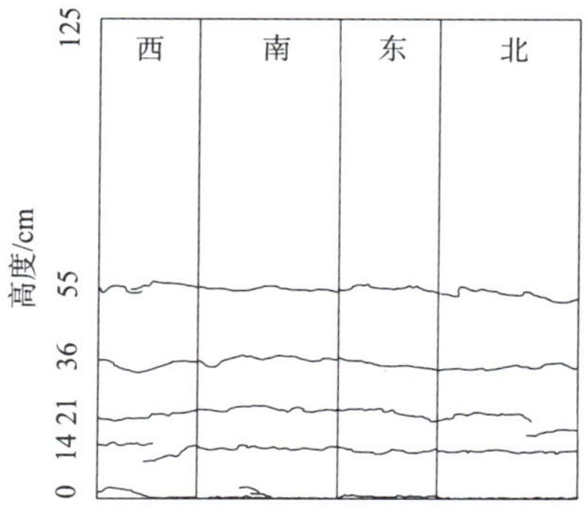

(c)桥墩 S3

图 2-32　桥墩四面裂缝分布示意图

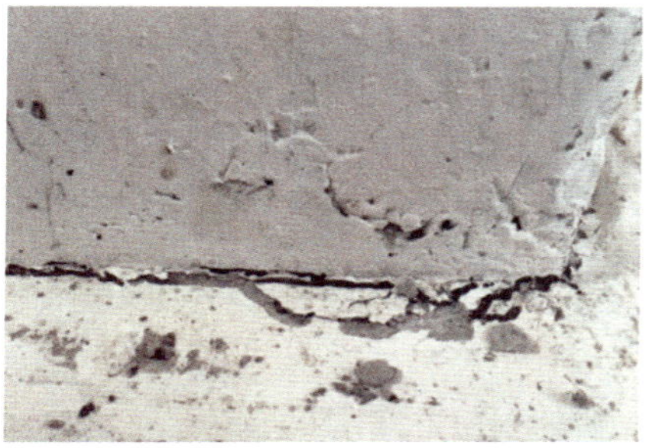

(a)桥墩 S1

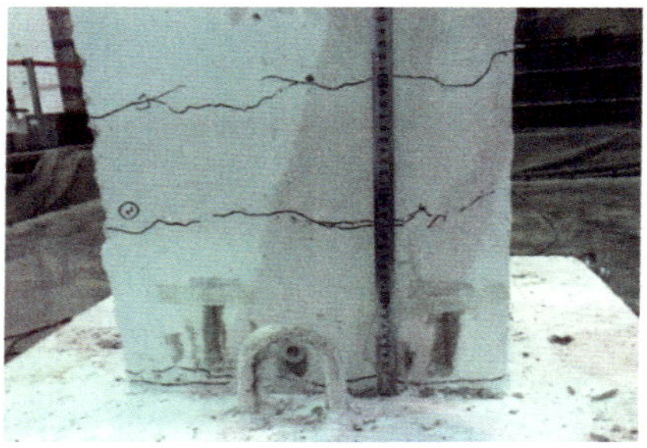

(b)桥墩 S2

(c)桥墩 S3

图 2-33　桥墩破坏状态图

2. 墩顶加速度响应

图 2-34 给出了模型桥墩 S1 在 0.45g 和 0.57g 及模型桥墩 S2 和 S3 在 0.57g 和 0.855g 下的墩顶绝对加速度(相对于地面)时程曲线。图 2-35 给出了三个模型桥墩墩顶绝对加速度随着台面输入加速度增加的变化曲线,从图 2-35 中可以更直观地观察墩顶绝对加速度的变化规律。

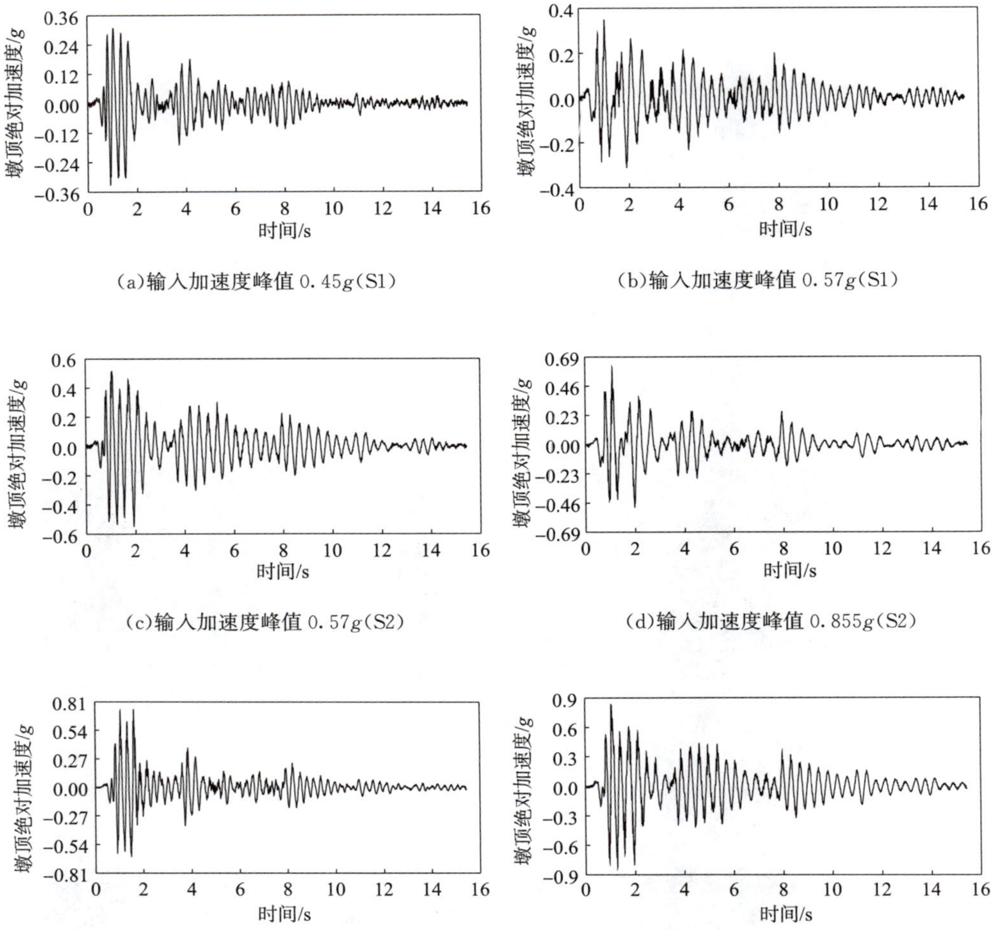

(a)输入加速度峰值 0.45g(S1)　(b)输入加速度峰值 0.57g(S1)

(c)输入加速度峰值 0.57g(S2)　(d)输入加速度峰值 0.855g(S2)

(e)输入加速度峰值 0.57g(S3)　(f)输入加速度峰值 0.855g(S3)

图 2-34　墩顶绝对加速度时程曲线

从图 2-34 中可以发现，随着台面输入加速度的增加，不同配筋率的桥墩墩顶绝对加速度时程曲线变得越来越疏，说明随着加速度的增加，桥墩的累积损伤不断加大，刚度越来越小。

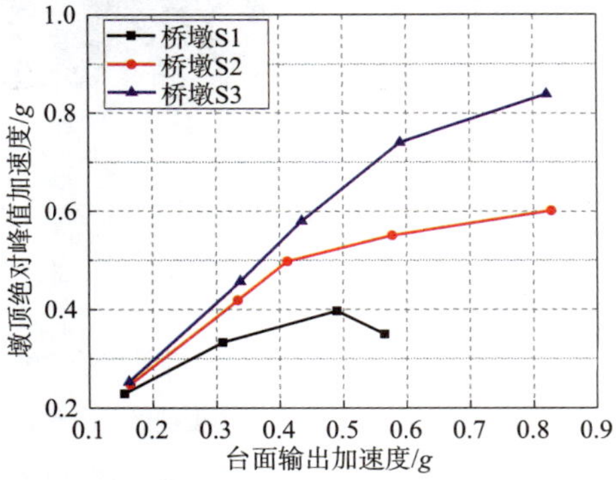

图 2-35　墩顶峰值绝对加速度峰值比较

从图 2-35 中可以发现，地震加速度为 0.15g 时，3 个桥墩的墩顶绝对加速度响应相差不大。当输入地震动强度达到 0.45g 时，配筋率为 0.2%的桥墩的墩顶绝对加速度响应小于台面输入加速度，说明桥墩出现了严重的破损。配筋率为 0.3%的桥墩在输入的地震动强度达到 0.57g 时出现了墩顶绝对加速度响应小于台面输入加速度的情况。配筋率为 0.5%的桥墩在输入的地震动强度达到 0.57g 之前，墩顶绝对加速度基本成线性增加，地震动强度从 0.57g 增加到 0.855g 时，墩顶绝对加速度增加变缓慢。说明配筋率对桥墩的抗震性能影响显著，桥墩抵抗地震的能力随着配筋率的增加而不断增强，抗震性能不断提高。

3. 墩顶位移反应

图 2-36 给出了模型桥墩 S1 在 0.45g 和 0.57g 及模型桥墩 S2、S3 在 0.57g 和 0.855g 下的墩顶相对位移(相对于台面)时程曲线。为了更直观地对比墩顶最大相对位移的变化规律，图 2-37 给出了三个模型桥墩墩顶相对位移随着台面输入加速度增加的时程曲线。

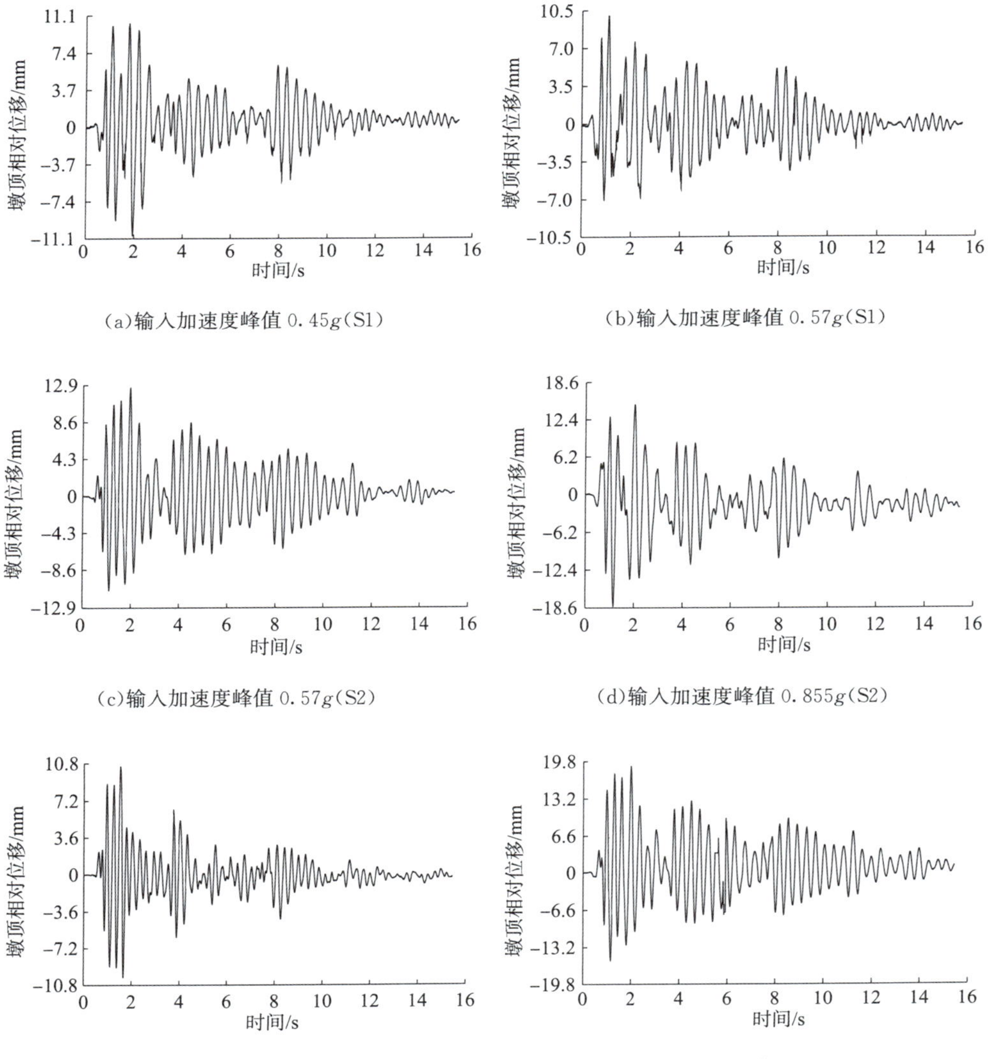

(a)输入加速度峰值 0.45g(S1)　　(b)输入加速度峰值 0.57g(S1)

(c)输入加速度峰值 0.57g(S2)　　(d)输入加速度峰值 0.855g(S2)

(e)输入加速度峰值 0.57g(S3)　　(f)输入加速度峰值 0.855g(S3)

图 2-36　墩顶相对位移时程曲线

从图 2-36 中可以发现：配筋率为 0.2%的桥墩在 0.45g 加速度下出现残余位移，说明此地震动强度下桥墩进入了屈服阶段；配筋率为 0.3%和 0.5%的桥墩在 0.855g 下墩顶出现了残余位移，桥墩进入屈服阶段。说明配筋率越高，随着地震动强度的增加，桥墩进入屈服阶段越慢，桥墩抵抗地震作用的能力越强。

从图 2-37 中可以发现，随着台面输入加速度的增加，桥墩的墩顶最大相对位移不断增大；桥墩的配筋率越低，相同台面输入加速度下，墩顶的最大相对位移越大。配筋率为 0.2%的桥墩在地震动强度达到 0.45g 之前，墩顶最大相对位移随台面输入加速度的增加基本成线性增加；当地震动强度达到 8 度区罕遇地震时，由于结构损伤较大，地震动传递到墩顶的作用较小，致使桥墩墩顶最大相对位移减小。配筋率为 0.3%和 0.5%的桥墩，当地震动强度达到 0.3g 之前，墩顶最大相对位移增加缓慢；当地震动强度大于 0.3g 时，墩顶最大相对位移随台面输入加速度的增加而增大；当输入地震动强度达到 0.855g 时，由于配筋率为 0.3%的桥墩损伤严重，墩顶位移响应增速减缓，致使墩顶最大相对位移小于配筋率为 0.5%的桥墩。

4. 动力放大系数

动力试验中，通过振动台输入的地震动作用到结构上时，加速度的响应会被放大。为了直观对比不同配筋率下桥墩墩顶绝对加速度被放大的变化规律，将模型桥墩墩顶绝对加速度峰值与台面输入地震动加速度峰值之比（动力放大系数）随台面输入加速度的变化曲线绘于图 2-38 中。

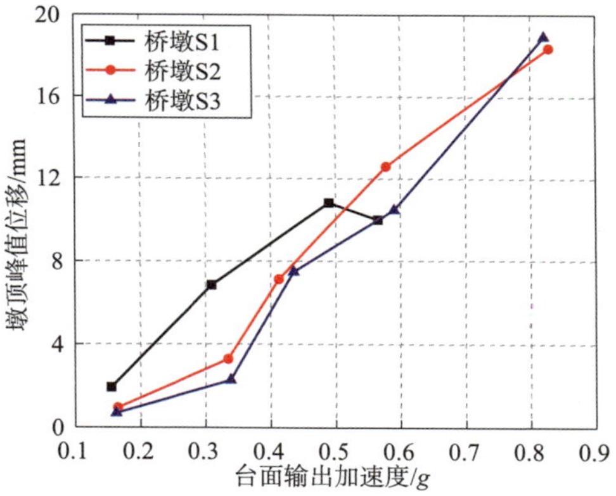

图 2-37 墩顶最大相对位移峰值比较

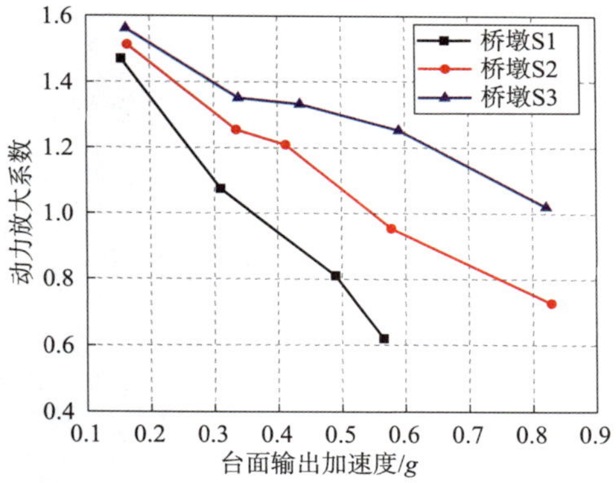

图 2-38 动力放大系数

由图 2-38 可以看出，随着台面输入加速度的增加，由于模型桥墩的刚度退化、阻尼比的增加，动力放大系数不断降低。台面输入加速度相同时，桥墩的配筋率越高，动力放大系数越大，说明桥墩的刚度越大。配筋率为 0.2%桥墩的动力放大系数随台面输入加速度的增加基本呈线性减小，且当输入地震动强度达到 0.45g 时，动力放大系数小于 1.0，说明此时桥墩损伤较为严重。配筋率为 0.3%和 0.5%的桥墩，随着台面输入加速度的增加，动力放大系数变化规律基本一致。桥墩开裂之时，由于刚度退化较快，动力放大系数下降速率较快；桥墩开裂之后，损伤增加缓慢，动力放大系数变化缓慢；随着损伤的加剧，阻尼增大，动力放大系数下降较快。配筋率为 0.3%的桥墩当台面输入地震动强度达到 0.57g 时，动力放大系数小于 1.0；配筋率为 0.5%的桥墩当台面输入地震动强度达到 0.855g 时，动力放大系数仍大于 1.0。说明配筋率对桥墩的抗震性能有很大的影响，配筋率越高桥墩抵抗地震作用的能力越强，抗震性能越好。

2.3.3　试验结论

通过对配筋率为 0.2%、0.3%和 0.5%的铁路重力式混凝土桥墩的振动台试验，分析了桥墩在不同地震加速度作用下的破坏特征、墩顶绝对加速度、墩顶相对位移和动力放大系数等参数，得到如下结论：

（1）模型桥墩 S1、S2 和 S3 均属于弯曲破坏，随着配筋率的增加，桥墩墩身裂缝不断增多。配筋率为 0.2%的桥墩在地震加速度达到 0.57g 时，墩底裂缝张开明显，墩身出现严重的摇摆现象，配筋率为 0.3%和 0.5%的桥墩在加载过程中未出现明显的摇摆，说明配筋率越高，桥墩抵抗地震动的能力越强。

（2）随着配筋率的增加，相同地震动加速度作用下，桥墩的墩顶绝对加速度越大，相对位移越小。配筋率为 0.2%的桥墩，当地震加速度达到 0.45g 时，墩顶绝对加速度峰值小于台面输入加速度峰值，加速度动力放大系数小于 1.0，说明桥墩损伤严重，刚度退化明显；配筋率为 0.3%的桥墩地震加速度达到 0.57g 时，加速度动力放大系数小于 1.0；而配筋率为 0.5%的桥墩当地震加速度达到 0.855g 时，加速度动力放大系数仍大于 1.0，说明配筋率的变化对桥墩的抗震性能影响显著，增加桥墩的配筋率可以有效地增强桥墩抵抗地震的能力，提高桥墩的抗震性能。

2.3.4　动力分析模型

采用纤维模型和简化的四弹簧模型对低配筋的模型桥墩进行动力分析，并将得到的计算结果与试验结果进行对比，来验证计算模型的准确性。

1. 墩顶相对位移时程曲线试验值与计算值对比

采用四弹簧模型和纤维模型，分别计算了模型桥墩 S1、S2 和 S3 的动力响应，得到 3 个桥墩在不同工况下的墩顶相对位移时程曲线并进行比较，同时将四弹簧模型计算值与试验值进行比较，如图 2-39～图 2-41 所示。从图 2-39～图 2-41 中可以看出四弹簧模型、纤维模型计算值和试验值的变化规律基本相同，尤其在 0～8 s 内计算值与试验值的波形吻合较好，随着地震动强度的增加，墩顶相对位移增大，但在 8 s 以后不同模型的计算值与试验值的波形均出现了一定的偏差。表 2-18 为模型桥墩墩顶最大相对位移试验值与计算值最大相对位移的对比。从表 2-18 也能看出，四弹簧模型与试验值的误差值多数小于与纤维模型的误差值，说明简化的四弹簧模型可有效模拟桥墩的摇摆振动。

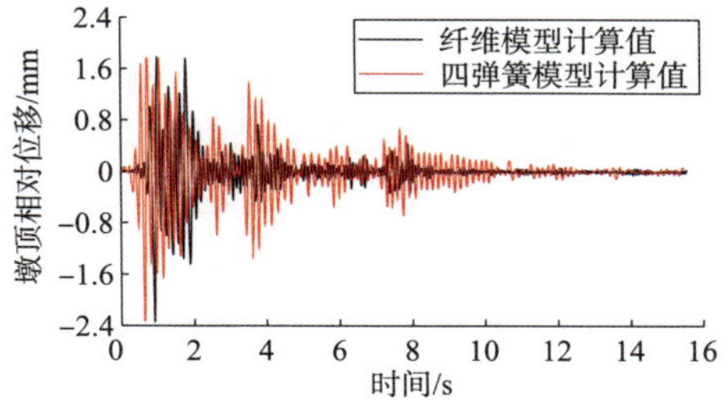

(a)加速度 0.15g 时四弹簧模型与纤维模型计算值对比

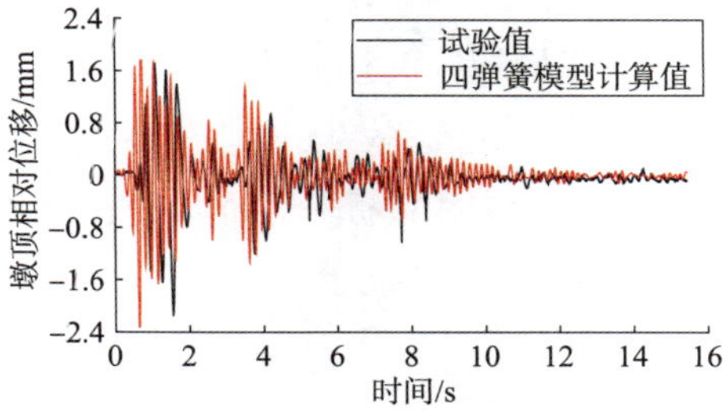

(b)加速度 0.15g 时四弹簧模型计算值与试验值对比

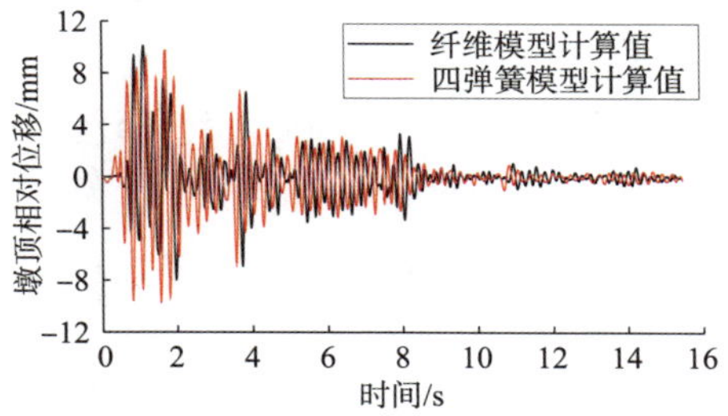

(c)加速度 0.57g 时四弹簧模型与纤维模型计算值对比

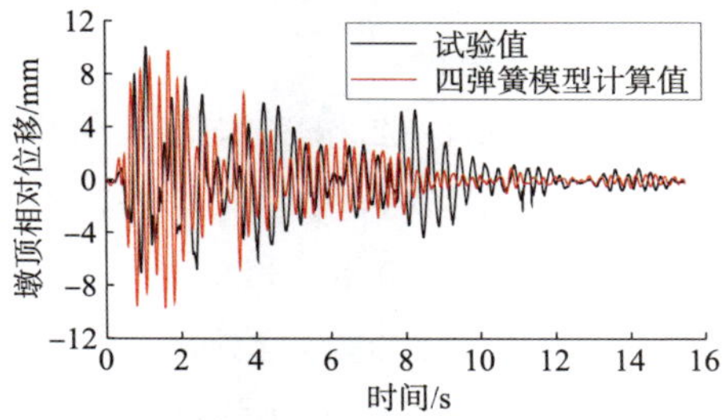

(d)加速度 0.57g 时四弹簧模型计算值与试验值对比

图 2-39　配筋率 0.2%桥墩墩顶相对位移时程曲线试验值与计算值对比图

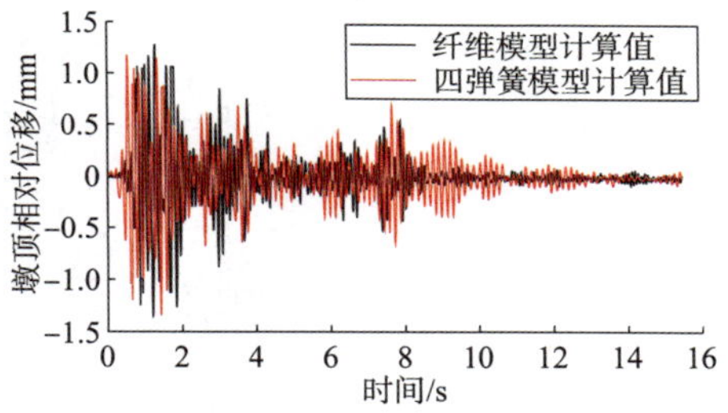

(a)加速度 0.15g 时四弹簧模型与纤维模型计算值对比

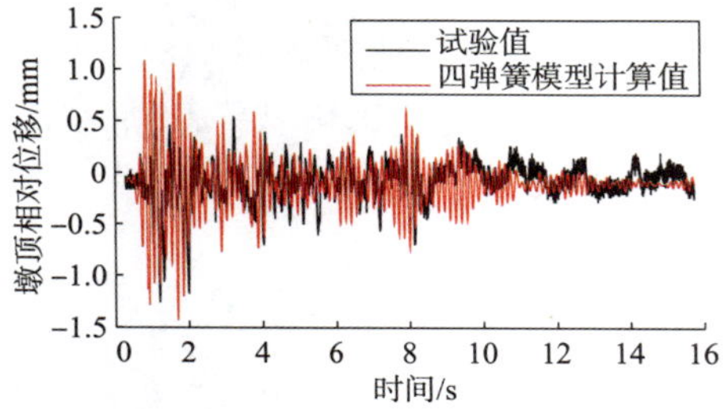

(b)加速度 0.15g 时四弹簧模型计算值与试验值对比

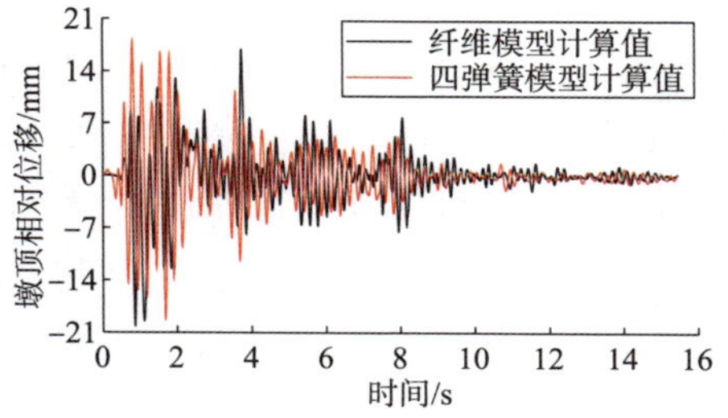

(c)加速度 0.855g 时四弹簧模型与纤维模型计算值对比

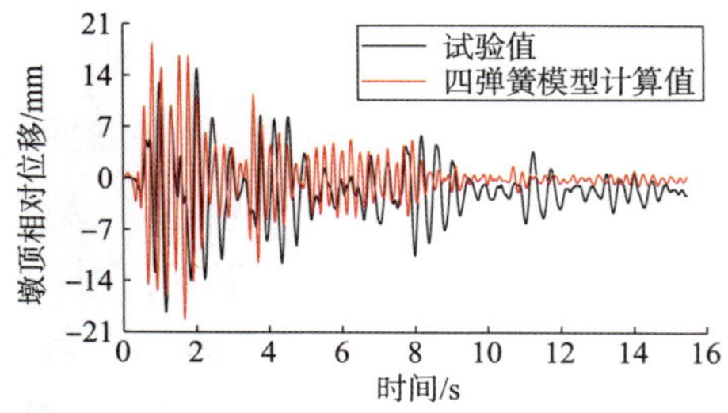

(d)加速度 0.855g 时四弹簧模型计算值与试验值对比

图 2-40　配筋率 0.3%桥墩墩顶相对位移时程曲线试验值与计算值对比图

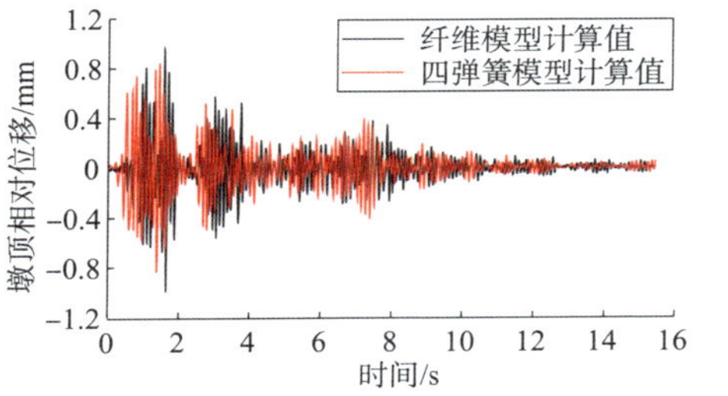

(a)加速度 0.15g 时四弹簧模型与纤维模型计算值对比

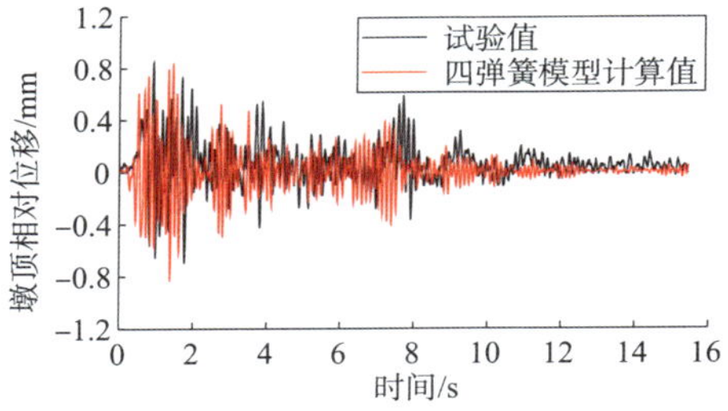

(b)加速度 0.15g 时四弹簧模型计算值与试验值对比

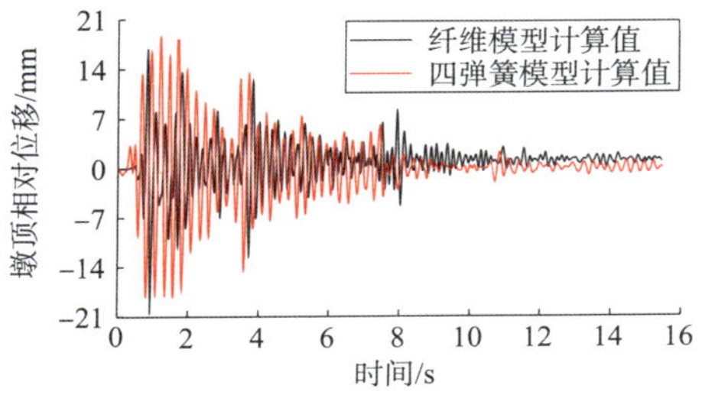

(c)加速度 0.855g 时四弹簧模型与纤维模型计算值对比

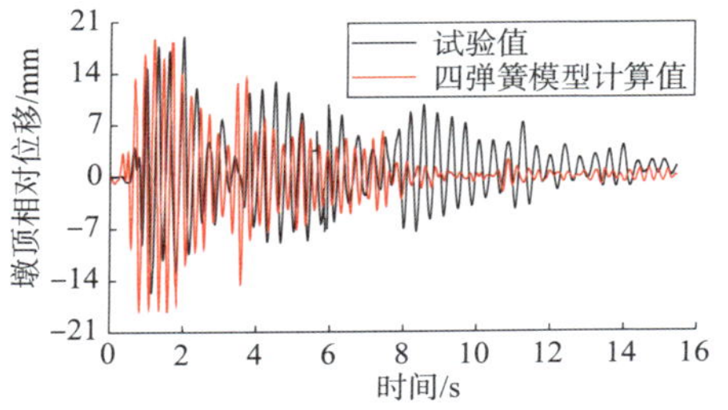

(d)加速度 0.855g 时四弹簧模型计算值与试验值对比

图 2-41　配筋率 0.5%桥墩墩顶相对位移时程曲线试验值与计算值对比图

表 2-18　模型桥墩墩顶最大相对位移试验值与计算值对比

配筋率/%	加速度/g	试验值/mm	纤维模型计算值/mm	四弹簧模型计算值/mm	四弹簧模型与试验值偏差/%	四弹簧模型与纤维模型偏差/%
0.2	0.15	2.14	2.34	2.32	8.41	−0.85
	0.57	10.00	10.96	9.76	−2.40	−10.95
0.3	0.15	1.17	1.34	1.31	11.97	−2.24
	0.855	18.36	20.22	19.13	4.19	−5.39
0.5	0.15	0.85	0.99	0.84	−1.18	−15.15
	0.855	18.96	20.63	18.21	−3.96	−11.73

注:试验值和计算值取振动过程中最大值。

2. 墩顶绝对加速度时程曲线试验值与计算值对比

采用四弹簧模型和常用的纤维模型分别计算了模型桥墩 S1、S2 和 S3 的动力响应，得到 3 个桥墩在不同工况下的墩顶绝对时程曲线并进行了对比，同时将四弹簧模型计算值与试验值进行比较，如图 2-42～图 2-44 所示。从图 2-42～图 2-44 可以看出四弹簧模型、纤维模型计算值和试验值的加速度时程曲线变化基本一致，且墩顶最大绝对加速度变化规律相似。随着地震动强度的增加，桥墩的墩顶绝对加速度不断增大(配筋率为 0.2%的桥墩 0.57g 下除外)。表 2-19 为墩顶最大绝对加速度的对比，从表 2-19 也能看出，简化的四弹簧模型可有效模拟桥墩的摇摆振动，且采用四弹簧模型的计算精度要高于纤维模型。

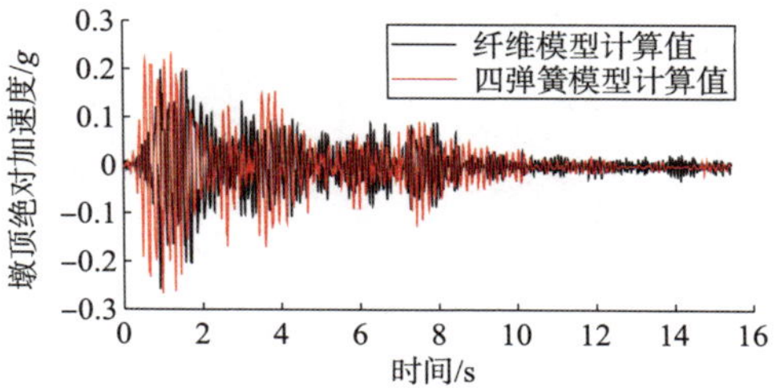

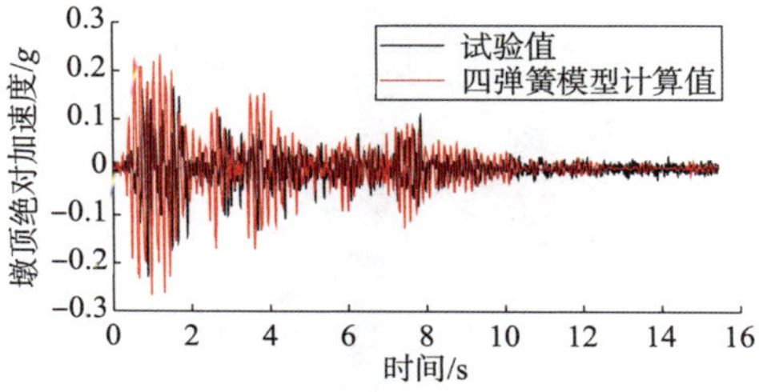

(a)加速度 0.15g 时四弹簧模型与纤维模型计算值对比　(b)加速度 0.15g 时四弹簧模型计算值与试验值对比

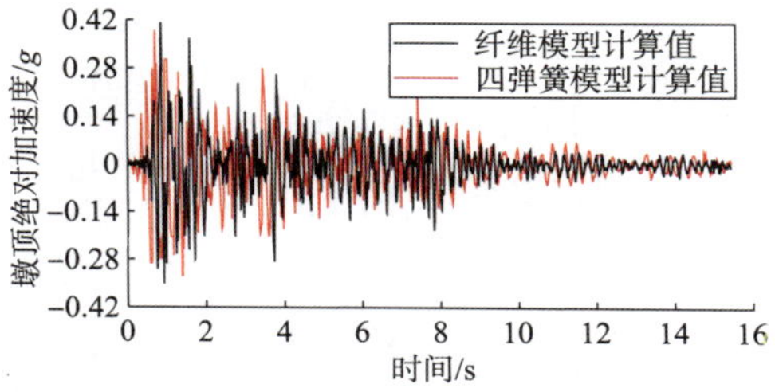

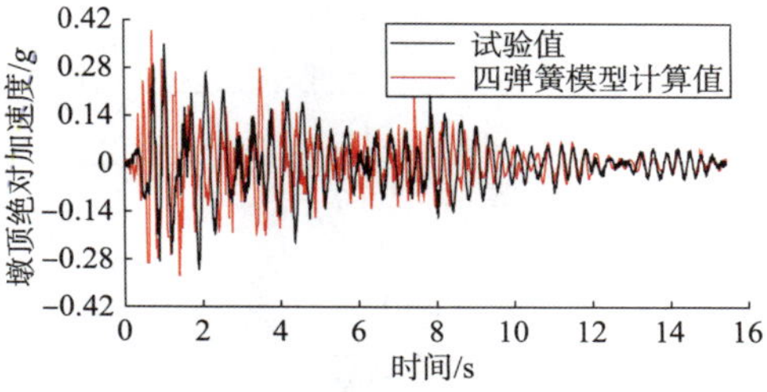

(c)加速度 0.57g 时四弹簧模型与纤维模型计算值对比　(d)加速度 0.57g 时四弹簧模型计算值与试验值对比

图 2-42　配筋率 0.2%桥墩墩顶绝对加速度时程曲线试验值与计算值对比图

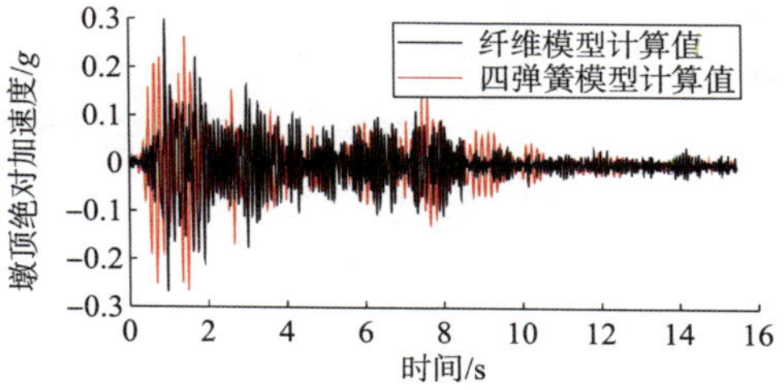

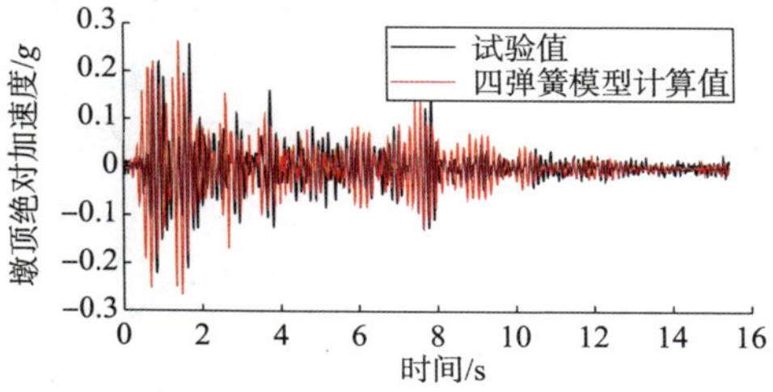

(a)加速度 0.15g 时四弹簧模型与纤维模型计算值对比　(b)加速度 0.15g 时四弹簧模型计算值与试验值对比

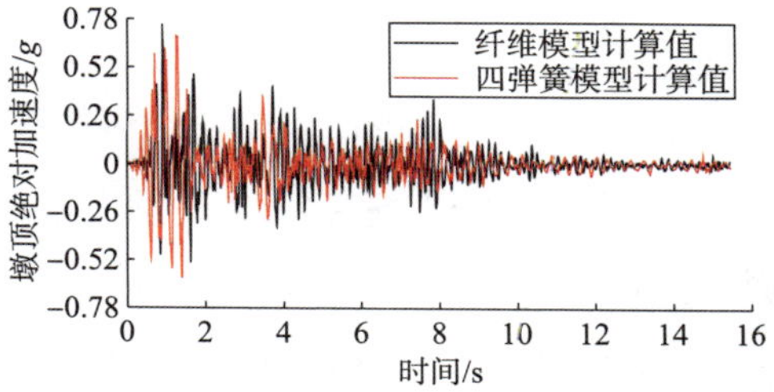

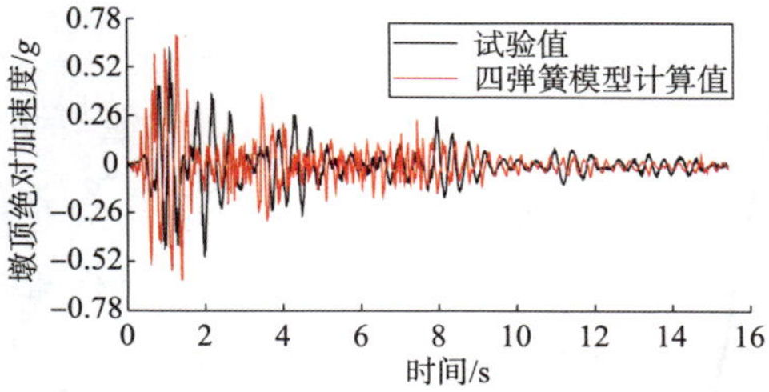

(c)加速度 0.855g 时四弹簧模型与纤维模型计算值对比　(d)加速度 0.855g 时四弹簧模型计算值与试验值对比

图 2-43　配筋率 0.3%桥墩墩顶绝对加速度时程曲线试验值与计算值对比图

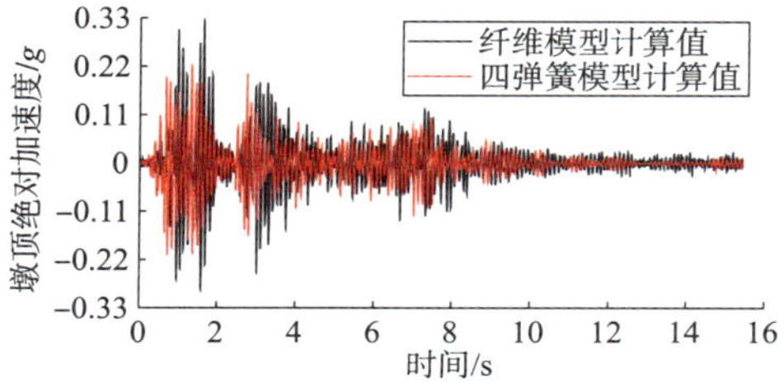

(a)加速度 0.15g 时四弹簧模型与纤维模型计算值对比

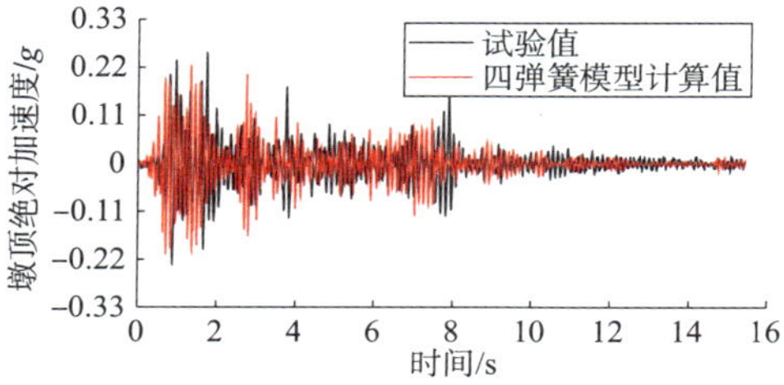

(b)加速度 0.15g 时四弹簧模型计算值与试验值对比

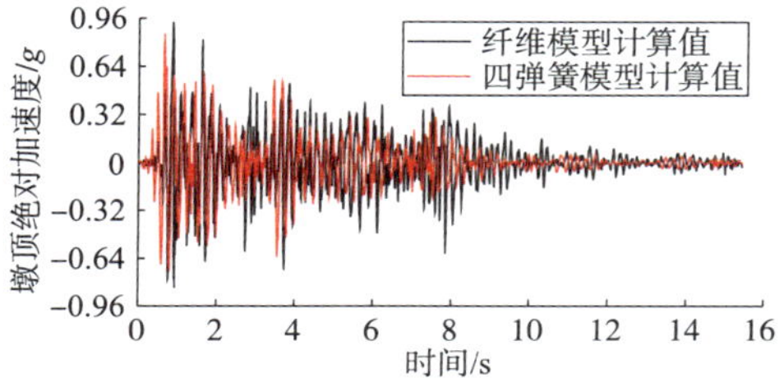

(c)加速度 0.855g 时四弹簧模型与纤维模型计算值对比

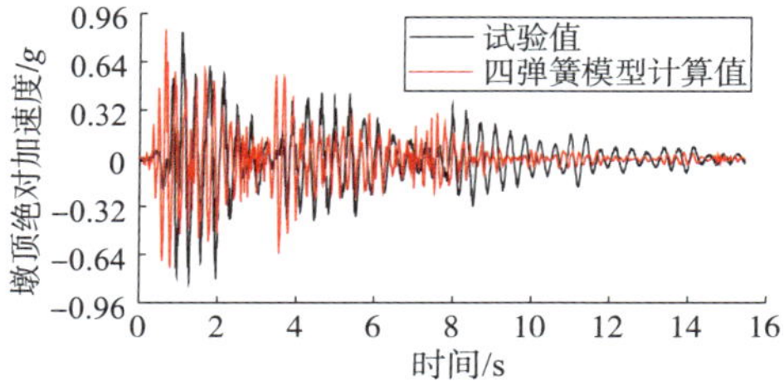

(d)加速度 0.855g 时四弹簧模型计算值与试验值对比

图 2-44　配筋率 0.5%桥墩墩顶绝对加速度时程曲线试验值与计算值对比图

表 2-19　模型桥墩墩顶最大绝对加速度试验值与计算值对比

配筋率/%	加速度/g	试验值/g	纤维模型计算值/g	四弹簧模型计算值/g	四弹簧模型计算值与试验值偏差/%	四弹簧模型计算值与纤维模型偏差/%
0.2	0.15	0.22	0.26	0.24	9.09	−7.69
	0.57	0.35	0.41	0.39	11.43	−4.88
0.3	0.15	0.26	0.30	0.27	3.85	−10.00
	0.855	0.60	0.75	0.67	11.67	−10.67
0.5	0.15	0.25	0.32	0.23	−8.00	−28.13
	0.855	0.84	0.94	0.86	2.38	−8.51

注:试验值和计算值取振动过程中最大值。

参考文献

[1] 陈克坚,李吉林,魏标,等.双线铁路简支梁桥的摩擦摆支座适用墩高范围研究[J].铁道科学与工程学报,2020,17(2):364-371.

[2] 孙树礼.高速铁路桥梁设计与实践[M].北京:中国铁道出版社,2011.

[3] 郑健.中国高速铁路桥梁[M].北京:高等教育出版社,2008.

[4] 中华人民共和国建设部.铁路工程抗震设计规范:2009 年版:GB 50111—2006[S].北京:中国计划出版社,2009.

[5] 鲁锦华,陈兴冲,丁明波,等.不同配筋率下铁路重力式桥墩抗震性能试验研究[J].中国铁道科学,

2021,42(3):47-54.
[6] 鲁锦华,陈兴冲,丁明波,等. 少筋混凝土重力式桥墩抗震研究现状[J]. 世界地震工程,2020,36(1):125-136.
[7] 鞠彦忠,阎贵平,李永哲. 低配筋铁路桥墩抗震性能的试验研究[J]. 铁道学报,2004,26(5):91-95.
[8] 鞠彦忠,阎贵平,刘林. 低配筋大比例尺圆端型桥墩抗震性能的试验研究[J]. 土木工程学报,2003,36(11):65-69.
[9] 蒋丽忠,邵光强,姜静静,等. 高速铁路圆端形实体桥墩抗震性能试验研究[J]. 土木工程学报,2013,46(3):86-95.
[10] 姜静静. 高速铁路圆端型实心桥墩抗震性能研究[D]. 长沙:中南大学,2012.
[11] 赵冠远,张同越,陈鑫. 低周反复荷载下高速铁路桥墩抗震试验研究[J]. 中国铁道科学,2014,35(4):38-44.
[12] 张同越. 高速铁路桥墩抗震性能试验与评估方法研究[D]. 北京:北京交通大学,2014.
[13] 刘庆华,阎贵平,陈英俊. 低配筋混凝土桥墩抗震性能的实验研究[J]. 北京交通大学学报,1996(5):517-521.
[14] 陈兴冲,张永亮,丁明波,等. 少筋混凝土重力式桥墩抗震设计方法研究[J]. 铁道工程学报,2016,33(3):76-80.
[15] 陈兴冲,张永亮,丁明波,等. 罕遇地震下少筋混凝土桥墩最低配筋率研究[J]. 桥梁建设,2016,46(5):24-28.
[16] 王欢. 配筋率对高速铁路圆端形实心桥墩地震响应影响研究[D]. 长沙:中南大学,2014.
[17] 周赞. 剪跨比对高速铁路圆端形实心桥墩地震响应的影响[D]. 长沙:中南大学,2014.
[18] 孙卓,李建中,阎贵平,等. 钢筋混凝土单柱式桥墩抗震性能试验研究[J]. 同济大学学报(自然科学版,2006,34(2):160-164.
[19] 李贵乾. 钢筋混凝土桥墩抗震性能试验研究及数值分析[D]. 重庆:重庆交通大学,2010.
[20] 司炳君,李宏男,王东升,等. 基于位移设计的钢筋混凝土桥墩抗震性能试验研究(Ⅰ):拟静力试验[J]. 地震工程与工程振动,2008,28(1):123-129.
[21] 卓卫东,范立础. 延性桥墩塑性铰区最低约束箍筋用量[J]. 土木工程学报,2002(5):47-51.
[22] 日本铁道综合技术研究所. 铁道构筑物等设计标准及解说Ⅴ抗震设计[S]. 东京:丸善株式会社.
[23] British Standards Institution. Eurocode 8: design of structures for earthquake resistance-part 5: foundations, retaining structures and geotechnical aspects [S]. Brussels: European Committee for Standardization, 2003.
[24] PARK R. Evaluation of ductility of structures and structural assemblages from laboratory testing [J]. Bulletin of the New Zealand National Society for Earthquake Engineering, 1989, 22(3): 155-166.
[25] 中华人民共和国住房和城乡建设部. 建筑抗震试验规程:JGJ 101—2015[S]. 北京:中国建筑工业出版社,2015.
[26] 杜轲,孙景江,许卫晓. 纤维模型中单元、截面及纤维划分问题研究[J]. 地震工程与工程振动,2012,32(5):39-46.
[27] 解琳琳. 基于 OPENSEES 的 RC 构件抗震性能数值模拟及验证[D]. 合肥:合肥工业大学,2012.

[28] CLOUGH R W, BENUSKA K L, WILSON E L. Inelastic earthquake response of tall building[C]//Proceeding of 3rd World Conference on Earthquake Engineering. Wellington, New Zealand, 1965.
[29] AOYOMA H. Inelastic analysis of RC structures[M]. Transaction of the Architectural Institute of Japan, 1967.
[30] ROUFAIEL M S L, MEYER C. Analytical modeling of hysteretic behavior of RIC frames[J]. Journal of Structural Engineering, ASCE, 1987, 113(3): 429-444.
[31] LAI S S, WILL G T, OTANI S. Model for inelastic biaxial bending of concrete members[J]. Journal of Structural Engineering, ASCE, 1984, 110(11): 2563-2584.
[32] 李贵乾，郑罡，高波．基于 OpenSees 的钢筋混凝土桥墩拟静力试验数值分析[J]．世界地震工程，2011，27(1)：110-114.
[33] MAZZONI S, MCKENNA F, SCOTT M H, et al. OpenSees command language manual[M]. Berkeley: PEER, University of California, 2007.
[34] 夏修身．铁路高墩抗震设计方法研究[D]．兰州：兰州交通大学，2012.
[35] 张永亮，陈兴冲，丁明波，等．多遇地震下少筋混凝土重力式桥墩验算指标研究[J]．铁道工程学报，2014，31(11)：72-76.
[36] 周颖，吕西林．建筑结构振动台模型试验方法与技术[M]．2 版．北京：科学出版社，2019.

第3章　基础抗震性能研究

本章首先介绍了我国铁路桥梁基础形式与结构特点，分析了国内外基础抗震研究现状；然后针对桩基础与挖井基础开展了拟静力试验；最后在试验研究基础上，提出了桩基础与挖井基础的非线性计算模型。

3.1　概　　述

基础是桥梁结构赖以存在的基本构件，其不仅承担着桥梁结构的全部静荷载，同时也是地震中桥梁与地基相互作用的直接构件。因此基础的安全与稳定直接影响整个桥梁体系的正常运营。基础在静力作用下通常具有较好的力学性能，设计和计算理论亦相对成熟，然而，在地震作用下力学行为较复杂。

与公路桥梁相比，铁路桥梁的列车活载大、车速快，对行车安全性和舒适性的要求较严格，因而铁路桥墩往往设计得"又粗又大"，基础设计也以尽可能加大结构横向刚度为原则。这就使得铁路桥梁基础的受力特征与公路桥梁有所不同。

高铁桥梁基础形式，主要取决于桥址处的水文及地质情况，一般采用明挖基础(或挖井基础)、桩基础及沉井基础。其中以桩基础应用最为广泛，其次为挖井基础，而沉井基础仅在跨越大江大河的大跨复杂桥梁中才采用。对于高铁桥梁，除满足地基强度与稳定性要求外，轨道平顺性要求为控制因素，对地基工后沉降的控制比较严格，因此非岩石地基的桥梁往往采用较明挖基础易于控制沉降的桩基础和挖井基础形式。故本章重点围绕桩基础及挖井基础的抗震性能与计算模型开展研究。

3.1.1　铁路桥梁基础形式与结构特点

1. 桩基础

高速铁路常用跨度桥梁在非岩石地基段一般采用桩基础，桩径大多为1.0 m、1.25 m与1.5 m。桩基础一般由承台与群桩组成，其典型构造如图3-1所示。承台用于联结桩顶，将外荷载传给桩基，并借以校正墩台身和桩设计位置因基础施工误差而产生的偏差。我国高铁桥梁的承台尺寸根据外力条件、桩基布置和桩径等条件而确定。同时承台刚性角需满足不小于 45°的规定及以下要求：承台桩间距按 2.5 倍成孔桩径进行布置；承台外边缘至最外一排桩的中心距，当桩径 1.0 m 时采用 1.0 m，桩径 1.25 m 时采用 1.15 m，桩径1.5 m 时采用 1.3 m；底层承台厚度对于简支梁为 2.0～2.5 m，连续梁为 2.0～3.5 m。对于旱桥，当地面平坦时尽量减小承台埋深，墩底处埋深控制在不小于 0.5 m。

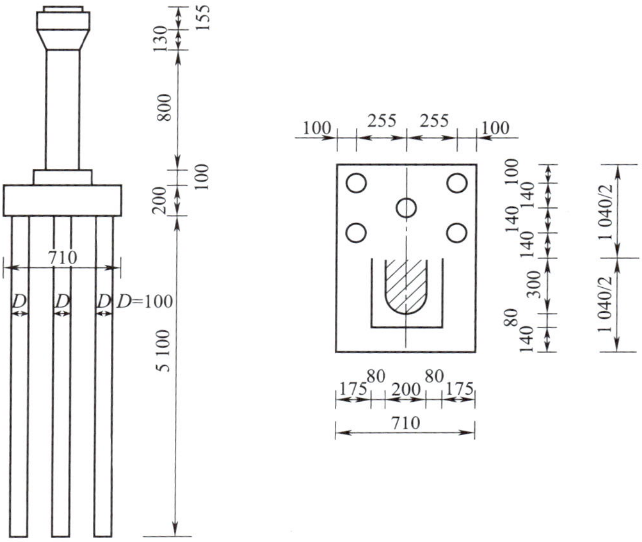

图 3-1　铁路桥梁群桩基础(单位：cm)

高铁桥梁首先须满足桥梁墩顶纵、横向水平线刚度的要求。横向刚度通过墩顶横向水平位移引起梁端的折角不大于 1‰来控制，同时尽可能大，因为较大的横向刚度是列车运行安全性和舒适性的保证。桩基础的平面布置形式应以尽可能加大下部结构横向刚度为原则。对于常用跨度简支梁桥，根据墩高及地质条件可采用直径 1.0 m 或 1.25 m 钻孔桩，一般桥墩采用 10 或 12 根直径 1.0 m 钻孔桩，当为水中桥墩或桥墩较高时可采用 8 根或10 根直径 1.25 m 钻孔桩。对于大跨度连续梁及其他特殊形式的桥梁，主跨 64 m 及以上时主墩及边墩均采用 1.5 m 桩径；主跨小于 64 m 时采用 1.25 m 桩径。桩基础的平面形式有行列式和梅花式之分。梅花式和行列式布桩如图 3-2 所示[1,2]。

我国铁路桥梁桩基一般采用刚性承台。桩基础采用位移法分析，基本假设为：承台为刚体，桩头与承台完全刚接，桩基结构物为二维结构，承台竖直、水平与转动刚度系数为与荷载无关的常数。桩基础的受力采用 m 法分析。桩基础抗震设计时主要确定桩长、桩径及桩身配筋。桩长在满足承载力要求后还需检查是否满足沉降限值要求，一般情况下由沉降控制桩长。依据规范要求无砟轨道墩台工后均匀沉降量不大于 20 mm，相邻墩台沉降差不大于 5 mm。通常情况下，桩身配筋由无车(主力＋纵向地震力荷载)或单线双孔重载(主力＋横向地震力)作用下控制，桩身配筋长度按照 25 m 进行布置。针对桩顶部分钢筋应力较大的情况，在承台底以下 6 m 范围内设置双筋以加强桩头的抗弯能力，同时保证桩身配筋长度范围内均满足最小配筋率 0.5%的要求。桩身箍筋在承台下 3 倍桩径范围内以 10 cm 间距布筋，其余部分按 20 cm 间距布置。

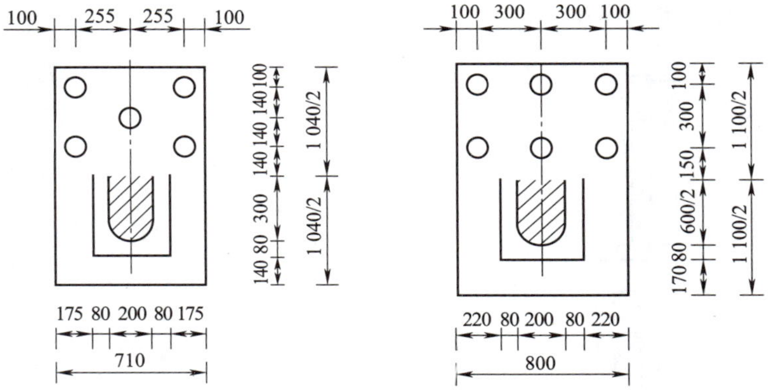

图 3-2 桩基础布置形式(单位:cm)

2. 扩大基础、挖井基础与沉井基础

扩大基础是铁路桥梁常用的一种基础形式，优点为埋置深度小、结构形式简单、施工方法简便、造价低廉、施工工期短等[3]。沉井基础是一种井筒状结构物，通过人工或机械从井内挖土，借助自重下沉而成。沉井基础以承载力高、刚度大、整体性好及横向抗力大等优点在铁路及公路大跨桥梁中得到应用。国内外许多大型桥梁就采用了沉井基础，例如美国塔科马海峡新桥，日本明石海峡大桥、多多罗大桥、东神户大桥，丹麦大贝尔特东桥，韩国傍花大桥，我国沪苏通长江公铁大桥和武汉鹦鹉洲长江大桥等[4]。

除大跨桥梁采用沉井基础外，另一类刚性基础——挖井基础在我国铁路桥梁中也得到一定的应用，我国西北黄土区多条铁路干线就使用了挖井基础[5,6]。图 3-3 所示为浩吉铁路采用的挖井基础，图 3-4 所示为朝凌高速铁路挖井基础施工现场图。此外杭绍台高速铁路也采用了大量的挖井基础。

图 3-3 浩吉铁路桑坪大桥挖井基础

图 3-4 朝凌高速铁路挖井基础施工现场图

挖井基础是介于扩大基础和桩基础之间的一种基础形式，其埋深一般较扩大基础大，可达 15 m。挖井基础开挖时通过混凝土护壁支护坑壁，待基坑开挖完毕后采用混凝土浇满基坑。由于挖井基础在外力作用下通常表现出刚体偏转的特征，因此该基础属于刚性基础的范畴。挖井基础具有施工简单、速度快、使用机具少等优点，与桩基础相比不但可以加快施工进度、降低成本而且施工质量易于保证，特别适合在覆盖层较浅的地区使用。挖井基础的横截面通常采用矩形、圆形或圆端形，截面尺寸由桥墩尺寸及承载力计算确定。挖井基础的配筋仅按构造要求配置。

3.1.2　土-结构相互作用研究现状

1. 桩-土相互作用研究现状

土是一种强烈非线性的介质。在基础变位很小的情况下，就表现出明显的非线性，而地基土的塑性耗能将明显降低桥墩的地震响应(结构内力)。但在传统抗震理念中，考虑到桩基础若在地震中发生损伤，通常很难检测且加固维修费用高，因此通常将桩基础按弹性设计。这种设计理念在公路桥梁中较易实现，但在铁路桥梁尤其在高铁桥梁中难以实现。由于桥墩本身的刚度大，地震时墩身一般不屈服，导致基础受到的内力就大，因而在大震时也要求基础保持弹性显然标准过高，不仅给基础设计增加了难度，也造成极大的浪费。由于铁路桥梁基础的上述特点，需要在现有理论基础上研究提出适合铁路桥梁基础的抗震分析方法。

基于性能的抗震设计(PBSD)理论是 20 世纪 90 年代由美国科学家和工程师首先提出的，是各国结构抗震设计规范未来的主要发展方向。基于性能的结构抗震设计思想实质上是对国际上长期以来公认的“小震不坏，中震可修，大震不倒”这一基本的抗震设防原则的细化和拓展。静力 Pushover 分析方法是实现基于性能抗震设计的一种重要方法，与弹塑性动力时程反应分析方法相比，也是评估结构非线性地震响应简单实用的方法之一。

鲁传安[7]及叶爱君等[8]分别于 2008 年及 2010 年采用 Pushover 方法研究了群桩基础的抗震性能，将桥梁桩基础作为一个整体构件，桩身采用弹塑性梁单元模拟，桩周土的约束作用采用基于 p-y 曲线的非线性弹簧模拟，如图 3-5(a)所示。在承台底施加给定的轴力和弯矩，同时施加不断增加的水平剪力进行分析，并提出了衡量群桩基础抗震性能的指标。但该分析模型中仅考虑了桩周土的水平方向抗力效应，未考虑桩侧土竖向摩擦力及桩尖土的竖向抗力效应。ANDREAS 等[9]在研究基础类型及柔度对钢筋混凝土桥梁地震响应的影响时，提出了两种静力推倒分析模型。模型 Ⅰ 如图 3-5(b)所示，以弹性二维梁单元及非线性转动弹簧组合模拟墩柱及桩构件的弹塑性，地基土的力学参数采用双线性化的曲线表达，并用非线性平动弹簧模拟。模型 Ⅱ 如图 3-5(c)所示，钢筋混凝土构件的模拟方法与模型 Ⅰ 相同，但地基土采用二维平面应变单元模拟，其力学本构关系采用 Drucker-Prager 模型。两种模型均采用 ANSYS 软件建模分析，但模型中均未考虑桩身变轴力的影响。LUO 等[10]对群桩基础的抗震性能评价时，提出了如图 3-5(d)所示的推倒分析模型，该模型在墩顶施加集中力考虑桩-土-结构的惯性相互作用，通过输入土层间的相对位移考虑桩-土-结构的动力相互作用。ASHFORD 等[11]在对液化砂土地基的群桩基础进行 Pushover 分析时，提出了如图 3-5(e)所示的分析模型，模型中将群桩等效为单桩，并在承台处施加转动弹簧，承台的平动约束效应采用平动弹簧模拟，桩侧地基土的水平抗力采用 p-y 曲线表达。

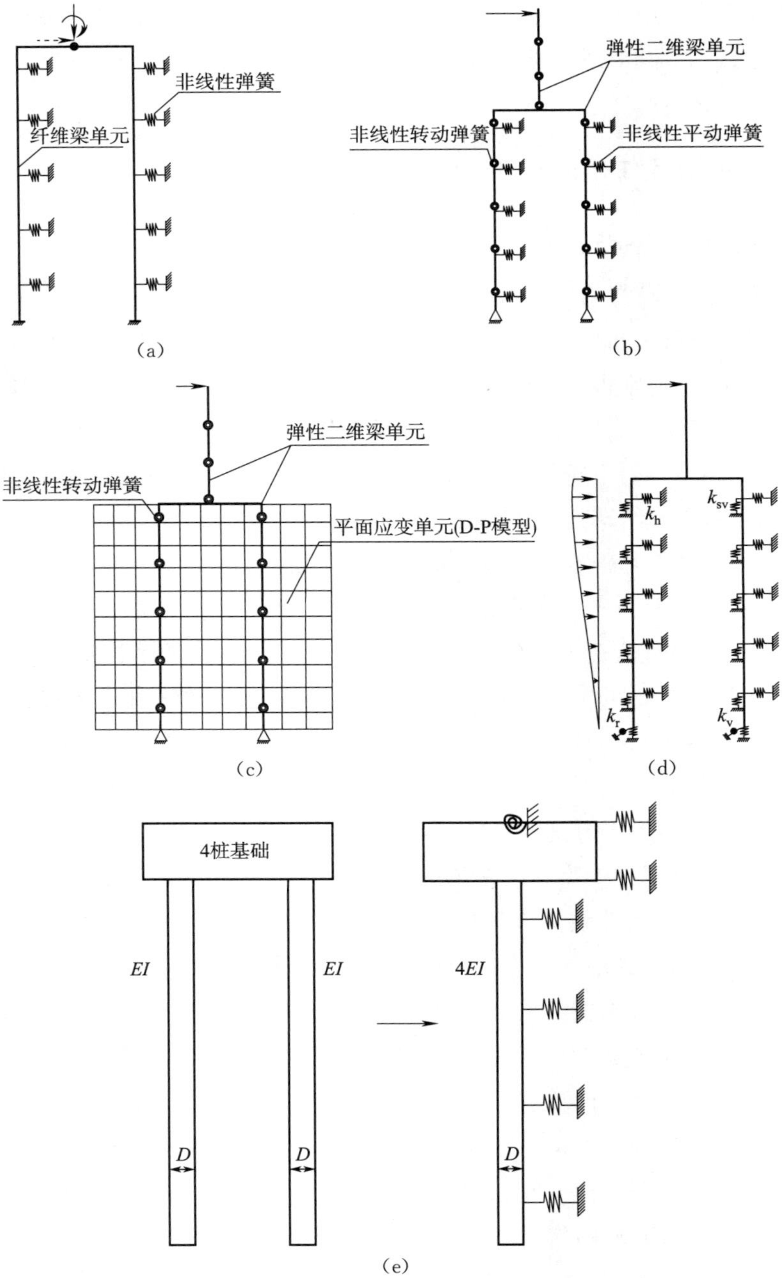

图 3-5　静力推倒分析模型

我国台湾学者邱俊翔等[12]针对单桩基础进行了静力推倒分析，模型中采用分布塑性铰模拟桩身的非线性，采用非线性弹簧模拟地基土的非线性，基于有限元软件研究了桩头受侧向力作用下的推倒分析模式、单桩桩身塑性铰的发生位置与范围，并对固定桩头单桩的位移延性进行了参数分析，提出了桩身塑性区最小发展范围的估算公式。

2. 扩大基础、沉井基础与土相互作用研究现状

目前，针对地震作用下挖井基础等刚性基础-土相互作用的静力计算模型及抗震分析方法的研究尚属空白。国内外学者提出过扩大基础-土相互作用的静力计算模型及抗震分析方法，例如李宇等[13]、朱晞等[14]以采用扩大基础的客运专线桥墩为研究对象，采用墩底线性三弹簧模型模拟扩大基础-土的相互作用，并提出了考虑扩大基础-土相互作用的能力谱法。但由于同属刚性基础的挖井基础和扩大基础的埋深不同，导致两者的计算模型存在显著差异，挖井基础不能像扩大基础那样忽略侧壁水平抗力及摩阻力的影响。因此，地震作用下扩大基础-土相互作用的计算模型和分析方法并不适用于解决挖井基础-土的相互作用问题。

相对于扩大基础，目前国内外针对深基础展开了大量的研究。例如，为计算深基础的极限承载力，HU[15]、DURGUIVOGLU 等[16]提出了几种半经验修正公式，这些公式通过利用土体基本参数和承载力系数来计算深基础极限承载力。邵国建等[17]根据刚塑性体的平衡条件，推导出了方形深基础地基极限承载力的理论解，再结合条形深基础地基极限承载力的理论解，叠加后得到矩形深基础地基极限承载力的通用解析解。刘贯飞等[18]通过分析地基土的颗粒移动、土体压密和土体剪切三者之间的关系，从理论上较完整地阐述了深基础下砂土地基破坏的全过程，并根据地基破坏隔离体的静力平衡条件，推导了圆形深基础下砂土地基的极限承载力计算表达式。另外，LIU 等[19]、BENMEBAREK 等[20]、邵国建等[21]对刚性深基础的极限承载力和偏心荷载作用下的稳定性问题进行了大量研究。从目前针对刚性深基础的研究现状来看，现有研究主要是解决刚性深基础持久或短暂状况下的安全性问题，即静力作用下的安全性问题。但地震作用下挖井基础-土相互作用的问题本质上属于动力问题，因此，针对地震作用下挖井基础的承载力及稳定性等重要指标的确定以及结构抗震性能的评价，最终还得依赖挖井基础-土相互作用静力计算模型及抗震分析方法的提出，而现有刚性深基础的研究成果无法解决这个问题。

3.2 地基土的本构关系

我国《震规》[22]规定，对跨度小于 120 m 的梁桥进行抗震计算时可采用单墩模型，如图 3-6 所示。图中 m_b 代表简化的上部结构质量，δ_{11}、δ_{22} 和 δ_{12} 代表基础（扩大基础、桩基础及沉井基础）-土相互作用的基础平动弹簧、转动弹簧柔度系数以及基础平动与转动之间的耦联柔度系数。规范给出了扩大基础、桩基础及沉井基础桥墩在承台底的地基柔度系数计算公式。桩基础承台底面的地基柔度系数参考现行行业标准《铁路桥涵地基和基础设计规范》(TB 10093—2017)规定的方法计算。

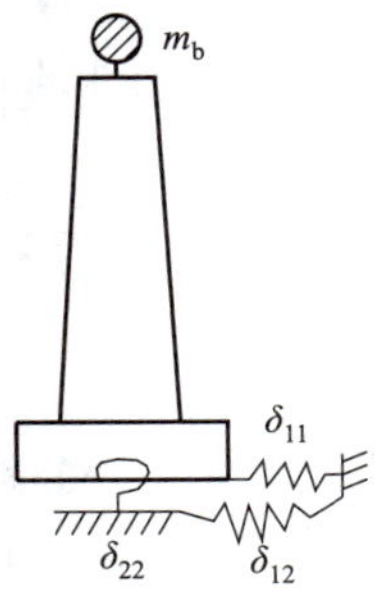

图 3-6 单墩模型

尽管《震规》在计算桥梁的地震响应时考虑了基础-土的相互作用,但由于在计算土弹簧柔度系数时采用了 m 法确定地基土的力学参数,因此这种处理方法只能解决多遇地震作用下基础-土的相互作用问题,无法合理模拟罕遇地震下基础的大位移及土体非线性问题。

本节介绍 3 种常用土体本构关系分析方法。

1. *p-y* 曲线

桩侧水平抗力-位移曲线又称为 p-y 曲线。自 1958 年 Mclelland 和 Focht 在研究桩身抗力时引入 p-y 曲线后,1970 年 Matlock 等提出非线性 BNWF 模型并将 p-y 曲线引入该模型中。自 Matlock 之后许多学者开展了针对 p-y 曲线的试验及理论研究。p-y 曲线反映了不同深度处单位桩长受到的侧向土反力与桩的侧向位移的关系,其概念可通过图 3-7 阐释。

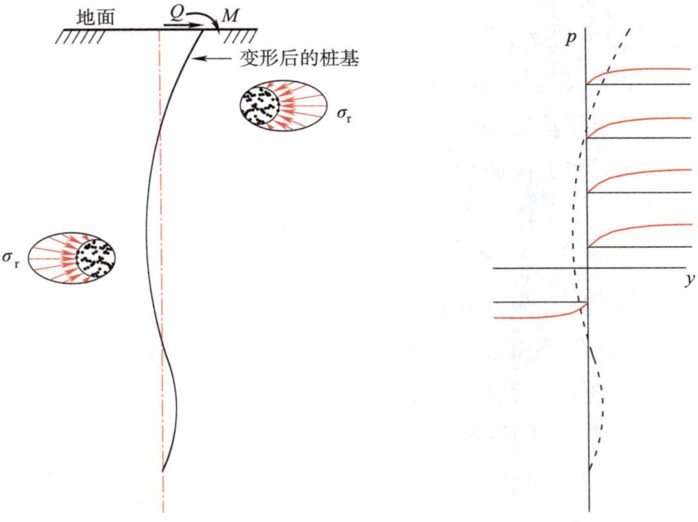

图 3-7 p-y 曲线概念

通过式(3-1)来确定短期静载作用下黏性土的 p-y 曲线,按式(3-1)确定的 p-y 曲线如图 3-8 所示。

$$\frac{p}{p_u}=\begin{cases}0.5\left(\dfrac{y}{y_c}\right)^{1/3} & y/y_c<8\\ 1.0 & y/y_c\geqslant 8\end{cases}\tag{3-1}$$

式中,y_c(即 y_{50})为土体抗力达到极限抗力一半时的桩基变形,可按公式(3-2)计算;p_u 为单位桩长的极限承载力，可表示为不排水抗剪强度和深度的函数，按式(3-3)计算：

$$y_c = 2.5\varepsilon_{50} d \tag{3-2}$$

$$p_u = \begin{cases} 3C_u + \gamma z + \dfrac{JC_u z}{d} & x < x_r \\ 9C_u & x \geqslant x_r \end{cases} \tag{3-3}$$

式中，C_u 为土体不排水抗剪强度；γ 为土体容重；d 为桩基直径；z 为土体深度；J 为常数，对于软黏土取 0.5，中等黏土取 0.25；ε_{50} 为对应土体最大理论应力一半的应变值，一般软黏土取 0.02，中等黏土取 0.01，硬黏土取 0.005。

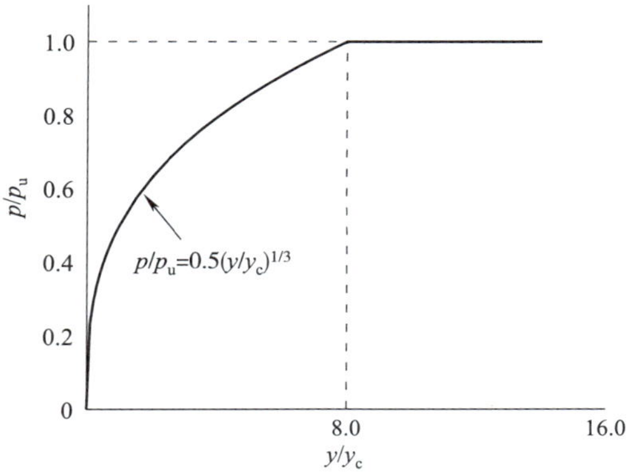

图 3-8　静力作用下 p-y 曲线

在循环荷载作用下，土体由于产生大应变而导致抗力退化，最终促使土体的刚度退化。因此循环荷载作用下土体的 p-y 曲线通过在短期静载 p-y 曲线的基础上引入折减系数和临界深度的概念来确定。其具体确定流程如下：

(1) $p \leqslant 0.72p_u$ 之前的部分按与短期静载 p-y 曲线相同的规则确定；

(2)按式(3-4)确定临界深度：

$$x_r = \frac{6C_u d}{\gamma d + Jc} \tag{3-4}$$

(3)当 $x \geqslant x_r$ 时，对于 $y \geqslant 3y_c$，$p = 0.72p_u$；

(4)当 $x < x_r$ 时，对于 $y \geqslant 15y_c$，$p = 0.72p_u\left(\dfrac{x}{x_r}\right)$；$y = 3y_c$ 时，$p = 0.72p_u$；$3y_c < y < 15y_c$ 时，p 值线性内插。

循环荷载作用下黏性土的 p-y 曲线如图 3-9 所示。

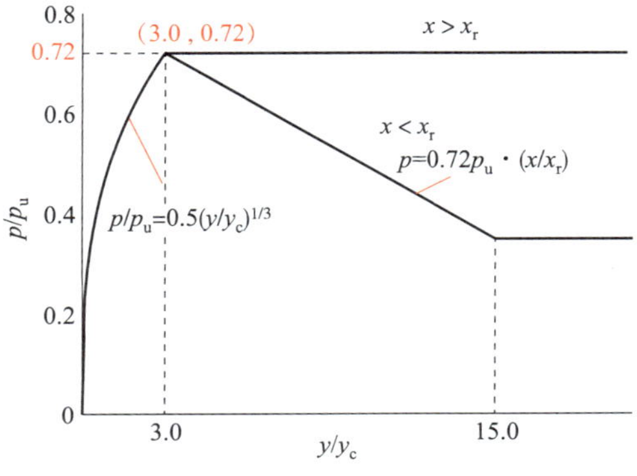

图 3-9　循环荷载下 p-y 曲线

2. t-z 曲线

桩侧竖向剪切摩阻力-位移关系曲线称为 t-z 曲线。1977 年 Vijayvergiya 研究并提出了砂土的 t-z 曲线，1984 年 Mosher 提出了黏性土的 t-z 曲线。图 3-10 所示为美国石油学会 API 规范[23]采用的黏性土 t-z 曲线。图中 z 为桩土剪切相对位移；D 为桩径；t 为桩周摩阻力；t_{max} 为桩周最大摩阻力，可通过式(3-5)计算得到。

$$t_{max} = \pi D \sum \tau_i h_i \tag{3-5}$$

式中，τ_i 为桩基础周围不同土层的极限摩阻强度，kPa；h_i 为与 τ_i 对应的土层厚度，m。

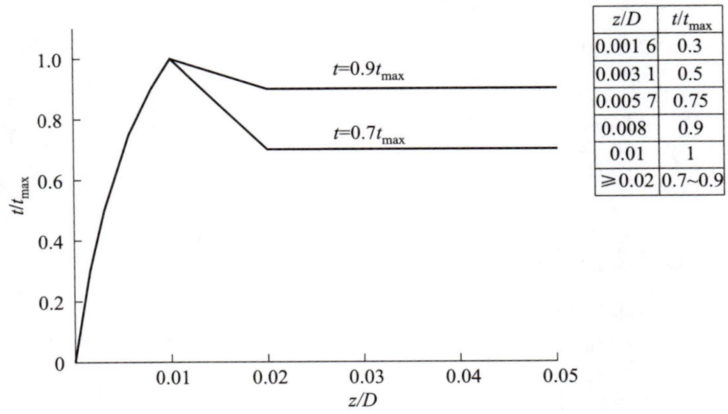

z/D	t/t_{max}
0.001 6	0.3
0.003 1	0.5
0.005 7	0.75
0.008	0.9
0.01	1
≥0.02	0.7~0.9

图 3-10　t-z 曲线

3. q-z 曲线

桩尖竖向阻力-位移关系曲线称为 q-z 曲线。1977 年 Vijayvergiya 研究并提出了砂土的 q-z 曲线。图 3-11 所示为美国石油学会 API 规范[23]采用的黏性土 q-z 曲线。

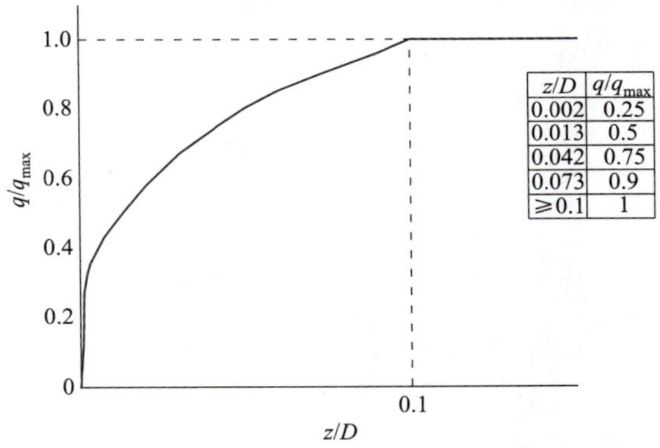

z/D	q/q_{max}
0.002	0.25
0.013	0.5
0.042	0.75
0.073	0.9
≥0.1	1

图 3-11　黏性土 q-z 曲线

3.3　桩基础拟静力试验及分析

3.3.1　桩基础拟静力试验

为研究铁路桥梁桩基桥墩-地基系统的非线性抗震性能，以常用跨度铁路桥梁的群桩基础桥墩为原型，依据相似原理进行了室内模型试验，通过在墩顶施加水平往复集中荷载对桩基础进行了拟静力试验研究[24]。

1. 桩基础试验模型及测点布置

以某高速铁路简支梁桥墩为研究对象，墩身横截面为圆端形，纵、横向尺寸为 260 cm×600 cm，钻孔灌注桩基础，地基土为黄土，8 根桩，桩径为 125 cm。模型相似比为 1∶8，墩高为 120 cm，将墩身截面等效为矩形，设置 14ϕ6 钢筋，配筋率为 0.19%。桩长为 240 cm，桩径为 15.6 cm，设置 14ϕ6 钢筋，配筋率为 0.88%，试验模型如图 3-12 所示。为了讨论桩-土相互作用，排除承台与地基土的相互作用，试验时将承台底面露出。

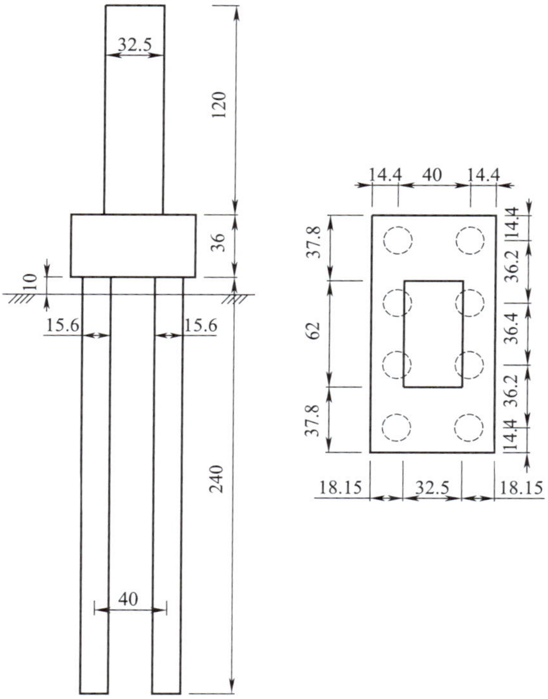

图 3-12 试验模型几何尺寸（单位：cm）

拟静力试验在兰州交通大学结构试验室进行。土工试验箱尺寸为 3 m×3 m×3 m，由有机玻璃制成，并用角钢加固。地基土为黄土。图 3-13 为土体粒度分布曲线。首先将土体破碎，然后以其最佳含水量（约为 14.5%）湿润。地基土在试验箱中分层压实。随后从试验箱中切下土样进行力学试验，土样的制备按照《土工试验方法标准》（GB/T 50123—2019）进行。根据土力学试验，不排水抗剪强度为 58.4 kPa。制作了两个直径 15.6 cm 高 40 cm 的长桩，通过竖向静载试验测试土体抗力。对于其中一根桩，底部使用柔性泡沫（易于变形）来确定竖向极限摩擦阻力。其他桩插入比桩直径更大的孔中，以确定桩尖阻力。每项试验重复三次，平均竖向极限摩擦阻力为 90 kPa，平均端阻力为 500 kPa。然后在实验室的土壤中钻孔，钻孔和桩的钢筋笼如图 3-14 所示。

电液伺服系统用于横向加载，如图 3-15 所示。横向往复加载采用力和位移混合控制方法。屈服前采用力控制，屈服后改为位移控制。在试验过程中，可以通过力-位移关系曲线观察屈服点，然后决定使用力或位移控制的加载方法。

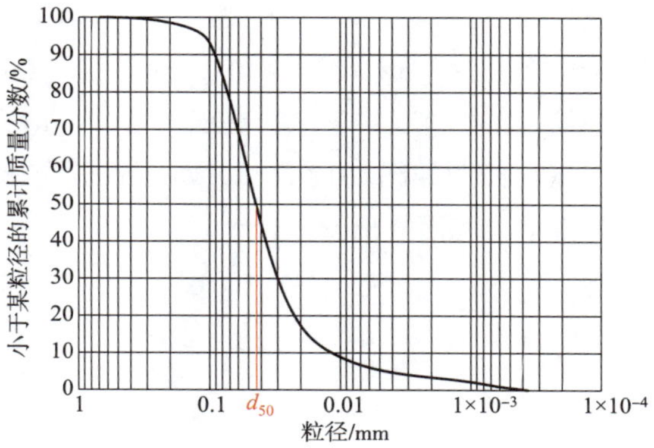

图 3-13　地基土粒径分布

图 3-14　制孔及钢筋笼

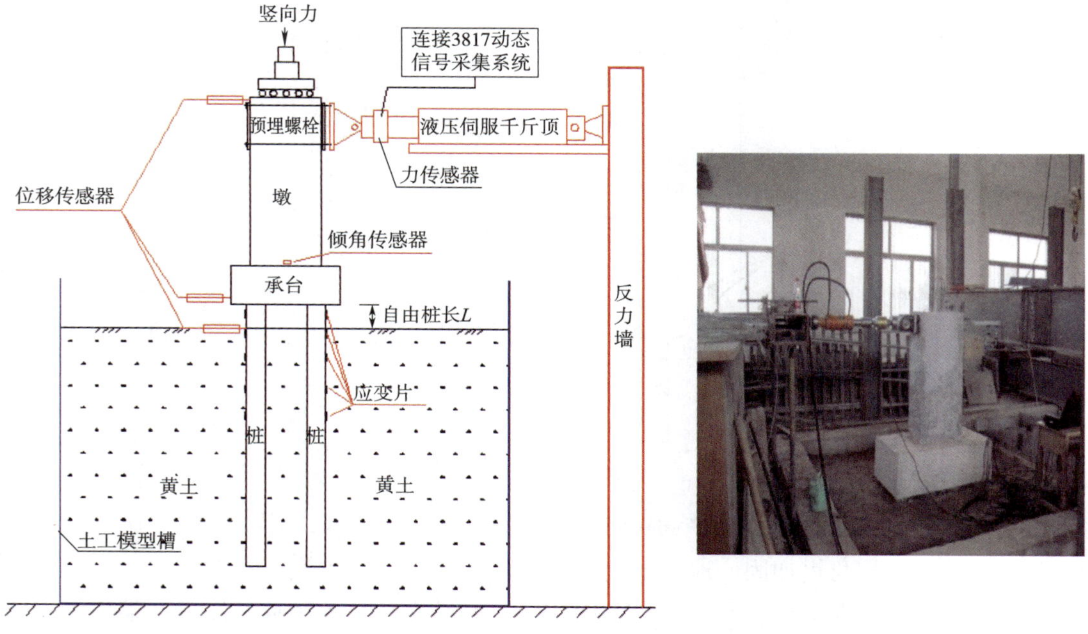

(a)加载系统及测点布置　　(b) 加载系统照片

图 3-15　模型加载系统

2. 试验现象及试验结果

在 45 kN 侧向力作用下土体出现了第一条裂缝，表明侧向力小于 45 kN 时，地基土主要处于弹性状态。随着侧向力(或位移)的增加，土体出现更多的裂缝，裂缝延伸至试验箱的侧边，试验期间裂缝的最大宽度达到 20 mm，如图 3-16 所示。当侧向位移增加到 20 mm 时，桩与周围土体发生明显分离。试验后测得土体最大分离深度接近 1 m(图 3-17)，约为桩径的 6 倍。测试后,清除桩周土体,发现桩身在距离桩顶 30～70 cm 深度处出现环向裂缝,如图 3-18 所示。可以看出,边桩的裂缝比中间两排桩的裂缝更明显。

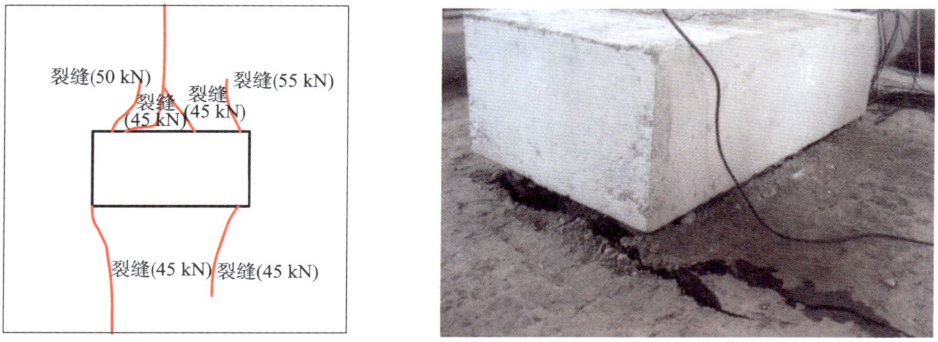

图 3-16　试验地基土裂缝分布

图 3-17　桩土发生分离

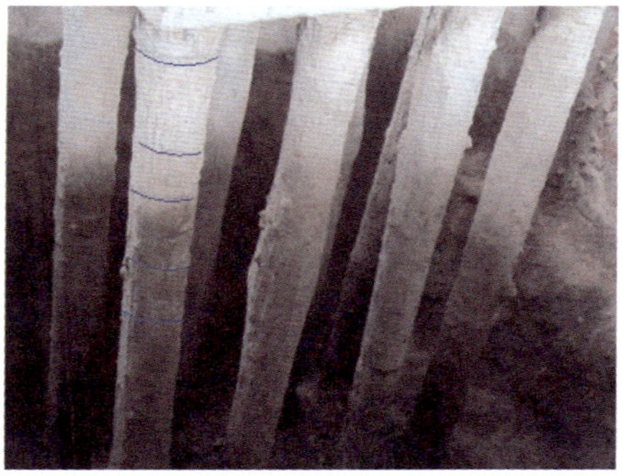

图 3-18　桩身裂缝分布

墩顶侧向力和位移的滞回曲线如图 3-19 所示。可以发现,滞回环表现出一定的捏缩现象。

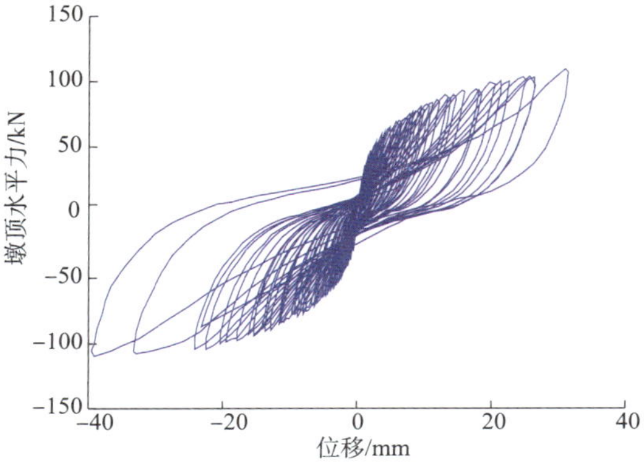

图 3-19　墩顶侧向力-位移滞回曲线

3.3.2 桩基础非线性计算模型

1. 非线性计算模型

对于群桩，墩顶横向荷载会在桩身产生动轴力。图 3-20 显示了横向力作用下单桩和群桩的力学特性。单桩的横向荷载效应通过桩侧土水平抗力进行平衡，从而在桩横截面上产生剪力和弯矩[图 3-20(a)]。而对于群桩，横向荷载效应通过桩侧土水平抗力、桩周土竖向摩阻力和桩尖土竖向抗力来平衡，这会在桩身中不仅产生剪力、弯矩还产生轴力[图 3-20(b)]。在上部结构重力和水平力作用下，一侧桩身轴力增大，另一侧桩身轴力减小。

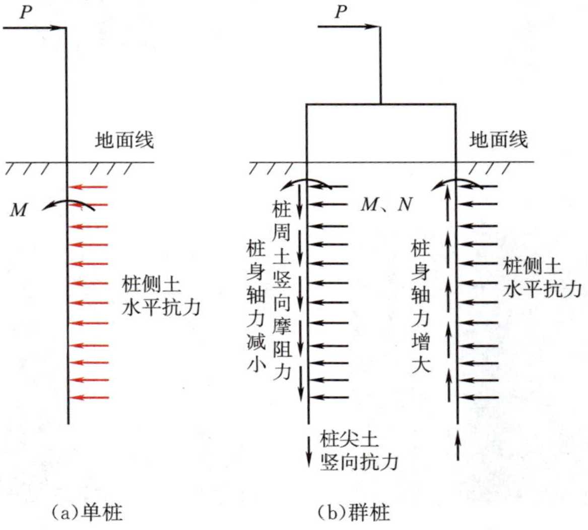

图 3-20 横向荷载作用下单桩与群桩受力特征

在水平集中荷载作用下，群桩基础的非线性静力计算模型与单桩的非线性静力计算模型有较大的差别，主要表现在如下几个方面：在水平集中荷载作用下，群桩基础的前排桩（在受力方向上最前排的桩）受压，而后排桩受拉。由于前、后排桩身所受到的轴力不同，其等效抗弯刚度不同，导致前、后排桩身所承担的荷载大小不同。群桩基础承担的水平荷载主要由两部分组成：一部分由桩身受弯及桩侧土横向抗力承担，另一部分为各桩的桩侧摩阻力与桩尖土竖向抗力共同形成一力偶，因此应合理考虑桩侧摩阻力及桩尖竖向土抗力的影响，同时还应考虑后排桩的土抗力折减效应。在水平荷载作用下，桩身可能进入塑性状态。

M 铰模型只能用于模拟具有恒定轴力的受弯构件，其弯矩-曲率(M-φ)曲线如图 3-21(a)所示。如果轴向力是可变的，PM 铰模型可用于模拟变轴力下的受弯构件，考虑轴向力与弯矩同时作用，M-φ 曲线如图 3-21(b)所示，称为屈服面模型。

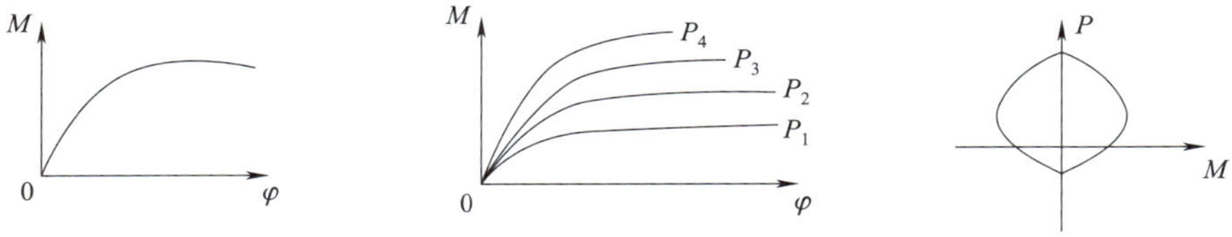

(a)M-φ 曲线　　(b)M-φ 曲线与 PM 铰模型

图 3-21　M 铰与 PM 铰本构关系

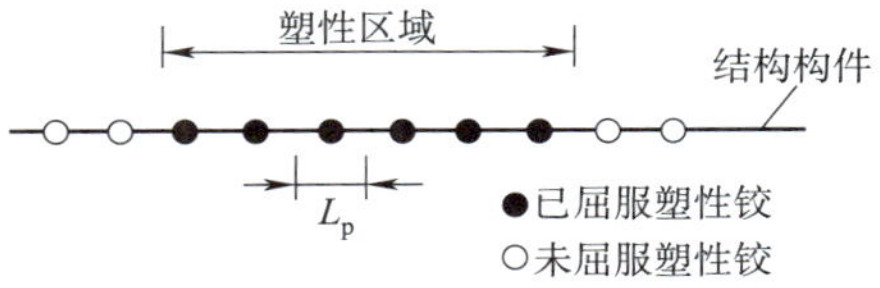

图 3-22　PM 铰设置

采用 PM 铰模拟桩身的非线性受力特性。沿着桩构件可能发生塑性的区域设置多个 PM 铰。将可能发生塑性的区域切割成多个相连的小区段，在每个小区段的中心位置设置一个塑性铰来代替整个小区段的非线性挠曲反应，如图 3-22 所示。当该位置的弯矩超过屈服弯矩时，代表该塑性铰所在的小区段已经屈服，并产生塑性转角。根据各区段塑性铰就可确定整个塑性铰区的范围。

在拟静力试验结果的基础上，同时借鉴《日本铁道构筑物抗震设计规范》[25]，提出了铁路桥梁群桩基础的静力推倒分析模型[26]，如图 3-23 所示。该模型主要考虑了如下因素：

(1)同时考虑了桩侧土横向抗力、桩周土竖向摩阻力以及桩尖地基土的竖向抗力，并采用目前研究较为成熟的 p-y 曲线、t-z 曲线及 q-z 曲线模拟桩周土的本构关系。

(2)考虑了在水平荷载作用下，桩身轴力的改变对桩身构件弹塑性的影响，并采用分布 PM 塑性铰模拟了内、外排桩身轴力变化对桩身受力性能的影响。

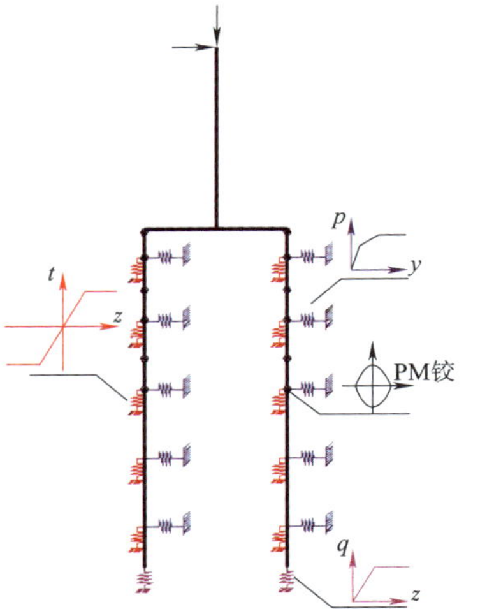

图 3-23　群桩基础静力非线性计算模型

(3)桩侧土横向抗力的本构关系中考虑了后排桩的土抗力折减效应，计算公式为

$$\lambda_h = \left[\left(\frac{s_0}{D} - 1\right) \Big/ 7\right]^{0.043\left(10 - \frac{z}{D}\right)} \tag{3-6}$$

2. 计算模型的试验验证

借助 SAP2000 软件进行有限元建模(图 3-24)，桩采用设置 PM 铰的梁单元模拟，桥墩采用弹性梁单元模拟，采用 p-y 曲线、t-z 曲线和 q-z 曲线模拟桩侧土体横向抗力、桩周土体竖向摩阻力和桩尖土体竖向抗力。

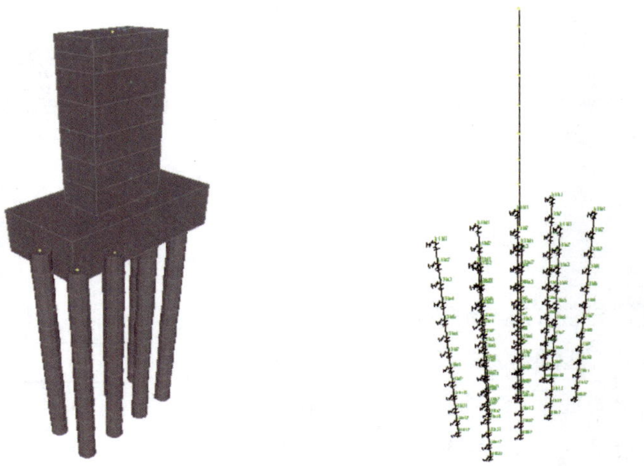

(a)有限元模型　　(b)桩基础的非线性弹簧单元

图 3-24　有限元计算模型

桩周土竖向极限摩阻力及不排水抗剪强度分别为 90 kPa 和 58.4 kPa，桩尖土体极限抗力为 500 kPa。前、后排桩的 p-y 曲线如图 3-25 所示。t-z 及 q-z 曲线根据实测土体抗力与 API 规范确定。采用分布 PM 铰模拟桩身的弹塑性，轴力-弯矩-曲率的关系见表 3-1。其中钢筋的本构关系采用抛物线模型，混凝土的本构关系采用 Mander 模型。

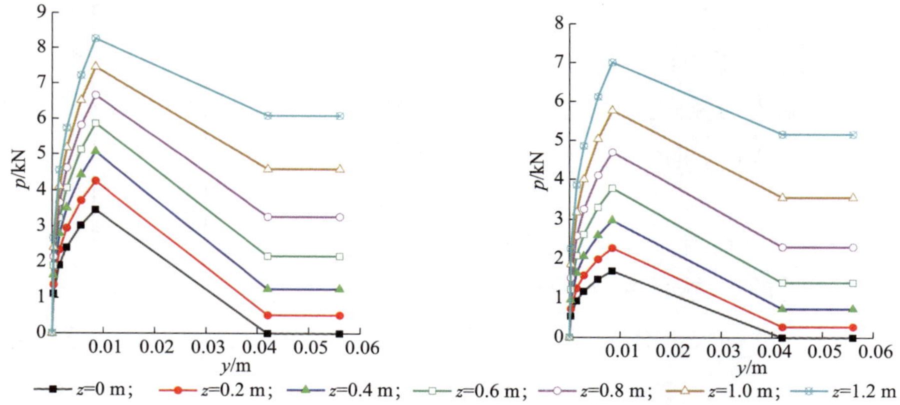

(a)前排桩　　(b) 后排桩

图 3-25　模型桩 p-y 曲线

表 3-1　轴力-弯矩-曲率关系

轴力/kN	屈服弯矩/(kN·m)	屈服曲率/m^{-1}	极限弯矩/(kN·m)	极限曲率/m^{-1}
−140	8.63	0.021	6.45	0.23
−120	8.39	0.023	6.47	0.25

续上表

轴力/kN	屈服弯矩/(kN·m)	屈服曲率/m^{-1}	极限弯矩/(kN·m)	极限曲率/m^{-1}
−90	7.74	0.024	6.40	0.30
−70	7.28	0.025	6.14	0.33
−50	6.63	0.024	5.95	0.37
−27	5.88	0.024	5.53	0.43
−1.86	4.74	0.023	5.12	0.57
21	3.91	0.026	4.50	0.69
45	2.56	0.028	4.16	0.91

Pushover 模型分析的骨架曲线与拟静力试验的骨架曲线吻合良好，如图 3-26 所示。计算的极限承载力和位移略大于实测值。

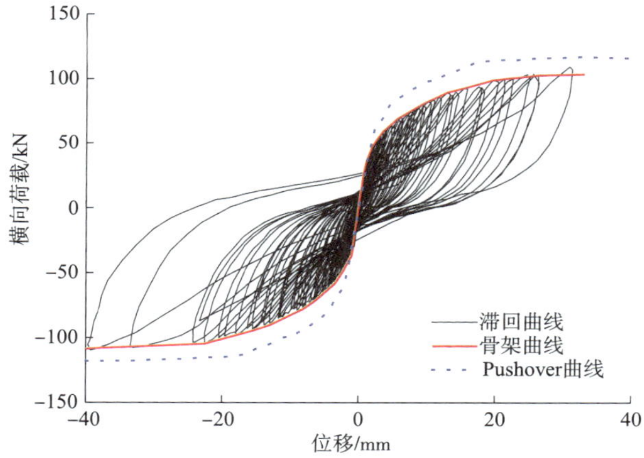

图 3-26　试验结果与有限元分析结果比较

沿桩身的弯矩分布如图 3-27 所示，纵轴 0 代表承台底，以下为负。靠近液压伺服作动器侧的桩定义为前排桩，远离侧定义为后排桩。结果表明，在较小的侧向位移作用下，前后排桩的弯矩比较接近。随着侧向位移的增加，由于轴向力不同，前后排桩的弯矩不同。前排和后排桩的第一屈服点深度范围为 0.6～0.8 m，相应弯矩分别为 2.75 kN·m 与 6.36 kN·m。图 3-28 表明前排桩所受到的轴力为拉力，受力特征为拉弯构件；而后排桩的轴力为压力，受力特征为压弯构件。轴力的改变将显著影响桩身的受弯承载力。拉弯构件的承载能力明显低于压弯构件，且最大弯矩的发生位置也不同。图 3-29 为不同加载条件下的桩身位移分布。结果表明，从桩顶至 3 倍桩径范围桩身塑性变形明显。图 3-27 与图 3-29 的计算结果表明当加载位移大于 10 mm 时，随着加载位移的增加，弯矩变化较小，但桩身的位移变化很快。

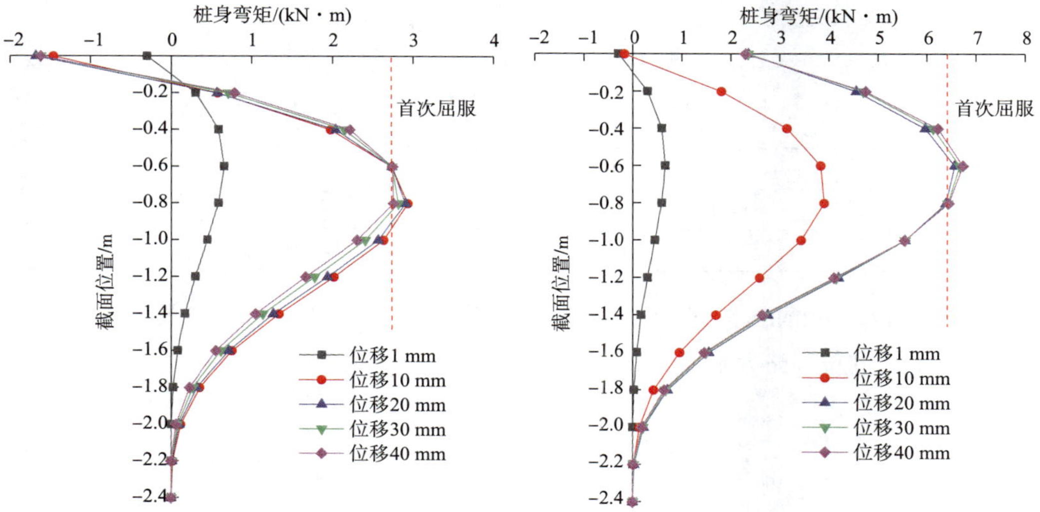

(a)前排桩　　(b)后排桩

图 3-27　桩身弯矩分布

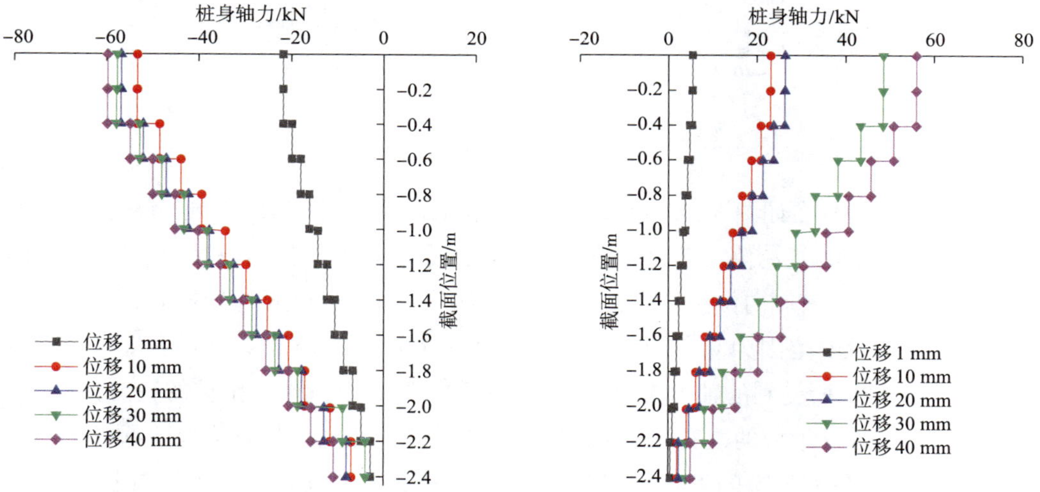

(a)前排桩　　(b)后排桩

图 3-28　桩身轴力分布

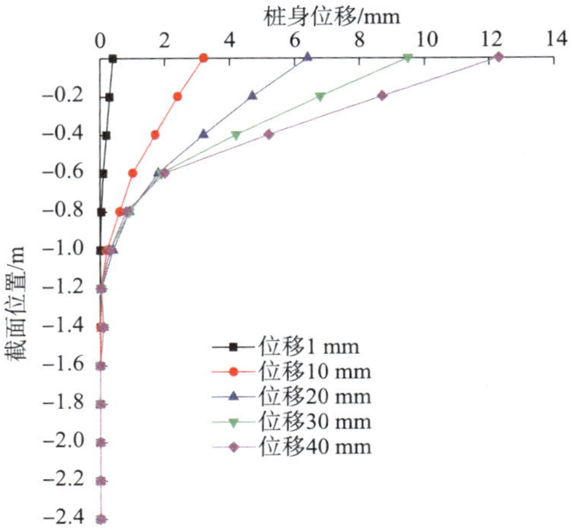

图 3-29　桩身位移分布

3.4　挖井基础拟静力试验及分析

3.4.1　挖井基础拟静力试验

1. 模型设计及测点布置

选择西北黄土地区某铁路挖井基础桥墩为原型，桥墩及基础尺寸如图 3-30 所示。桥墩采用圆端形截面，纵向及横向尺寸分别为 2.68 m、4.48 m，墩高为 13.9 m。基础采用 5.3 m×7.0 m 的矩形截面，厚度为 3.5 m，基础深宽比为 0.67。基础及桥墩均采用 C30 混凝土，桥墩配筋率为 0.38%。基于原型尺寸，依据相似原理设计了 1 组 1/8 的缩尺模型，模型的基础深宽比为 0.67。桥墩纵向钢筋采用 6ϕ12 的 HRB335 螺纹钢筋，配筋率为 0.38%。箍筋采用 ϕ8 的 HPB235 箍筋，间距 200 mm。混凝土 28 d 抗压强度平均值为 30.2 MPa。

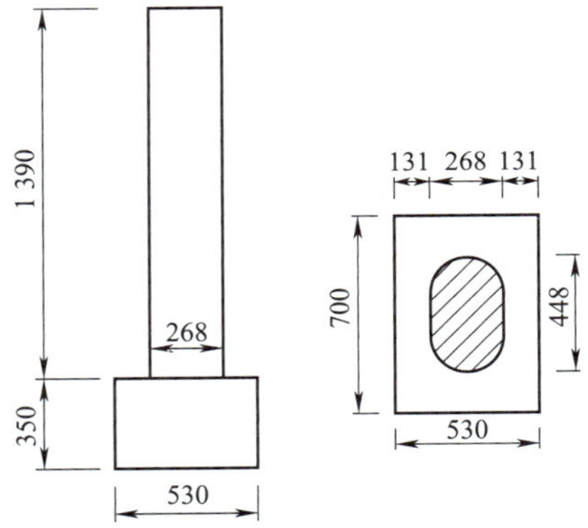

图 3-30　铁路挖井基础桥墩(单位:cm)

模型试验在钢制土工模型箱中进行。首先将土体碾压并洒水保湿 24 h。然后将土体按每层 20 cm 的厚度分层填筑于模型箱内。为确保模型制作过程尽可能还原实际的施工过程，待模型土夯填到设计高度后人工开挖基坑(图 3-31)并浇筑基础和桥墩混凝土(图 3-32)。

图 3-31　人工开挖基坑

图 3-32　基础及桥墩混凝土浇筑

试验加载由横向加载装置和竖向加载装置组成(图 3-33)。横向加载装置由固定于反力墙上的电液伺服加载系统和内置于加载系统的力、位移传感器组成。内置于加载系统的力传感器和位移传感器用于实时监测墩顶加载点的水平力和位移。竖向加载装置由加力架(H 形钢梁)、精轧螺纹钢、压力传感器及紧固螺栓组成。加力架采用 H 形钢梁,两根直径 25 mm 的精轧螺纹钢上端连接于水平加力架,下端连接于地锚螺栓,通过对称紧固地锚螺栓施加竖向力于墩顶。

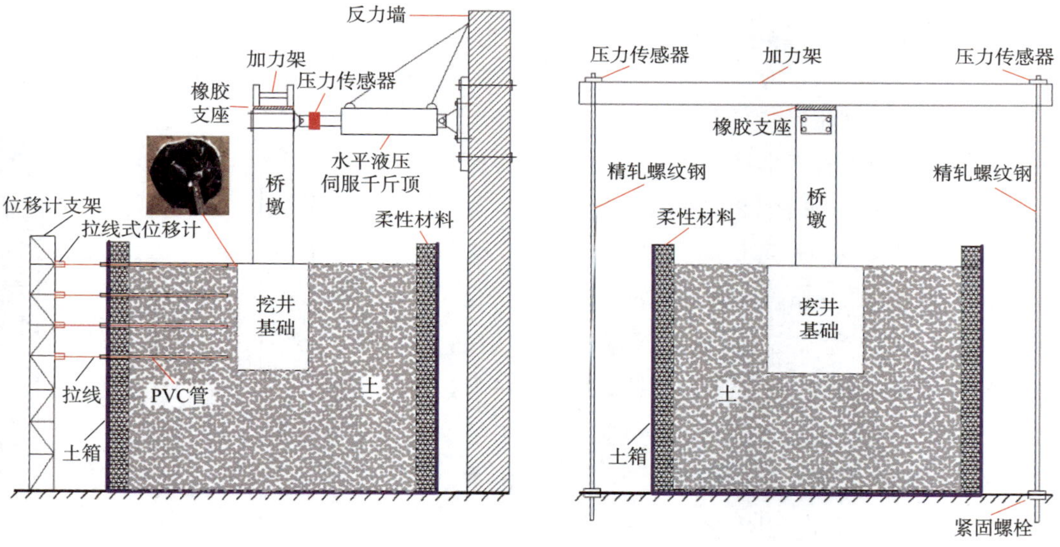

(a)横向加载装置　　(b) 竖向加载装置

图 3-33　加载装置

为测定挖井基础的水平位移,试验设计了一种测试装置,如图 3-33(a)所示。土体夯填过程中在设计位置埋设 PVC 管,PVC 管一端穿过模型箱伸到箱外,另一端埋设于土体内。基坑开挖完毕后将位移传感器拉线穿过 PVC 管连接到挖井基础侧壁上,另一端连接到拉线式位移传感器上,位移传感器水平固定于传感器支架上。PVC 管可在试验过程中消除位移计拉线与土体的摩擦，提高位移测定的精度。为确保位移计拉线与挖井基础侧壁混凝土的有效连接及避免拉线与 PVC 管壁摩擦，在基坑开挖后将伸入基坑内部的 PVC 管切割，采用柔性材料将一段长度为 8 cm、直径为 6 mm 的钢筋固定于 PVC 管中央位置[图 3-33(a)细部]。传感器拉线连接钢筋位于 PVC 管内部的一端，PVC 管另一端连接于位移传感器上。试验中共用 4 个位移计测定基础的水平位移，位移计间距为 147 mm。

2. 试验现象

试验过程中，模型在墩顶加载位移达到 4 mm 时，地基土产生轻微裂缝。随后随着加载位移的继续增大，裂缝的宽度和长度不断扩展，加载方向基础与土体发生明显的分离[图 3-34(a)]，说明地基土进入塑性状态。

试验结束后开挖基础，发现模型基础自身并未发生破坏，但基础侧壁与土体发生了分离，基础底部出现明显抬升现象[图 3-34(b)]。

(a)基础侧壁-土体分离

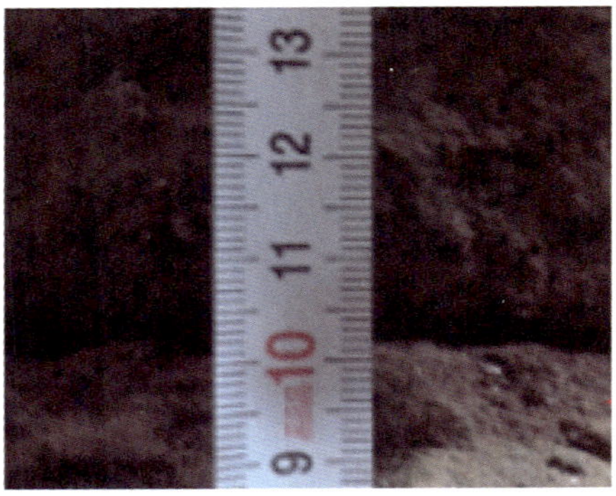

(b) 基础底部抬升

图 3-34　模型基础周围土体破坏

3. 试验结果

模型的滞回曲线及骨架曲线如图 3-35 所示，基础沿深度方向的水平位移如图 3-36 所示。

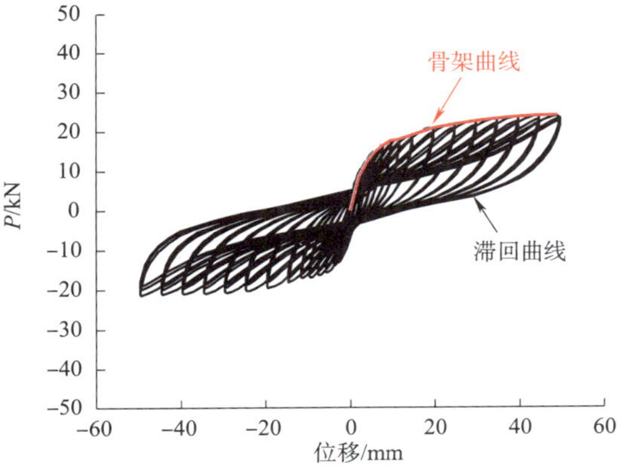

图 3-35　模型的滞回曲线和骨架曲线

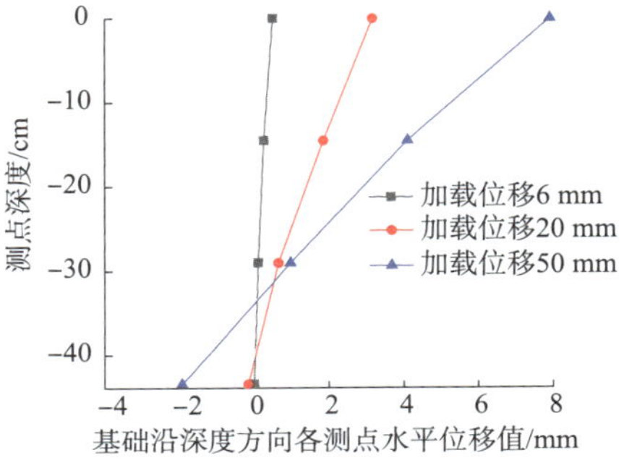

图 3-36　基础水平位移

3.4.2 挖井基础非线性计算模型

图 3-37 所示为本书作者团队提出的铁路桥梁挖井基础静力非线性计算模型。

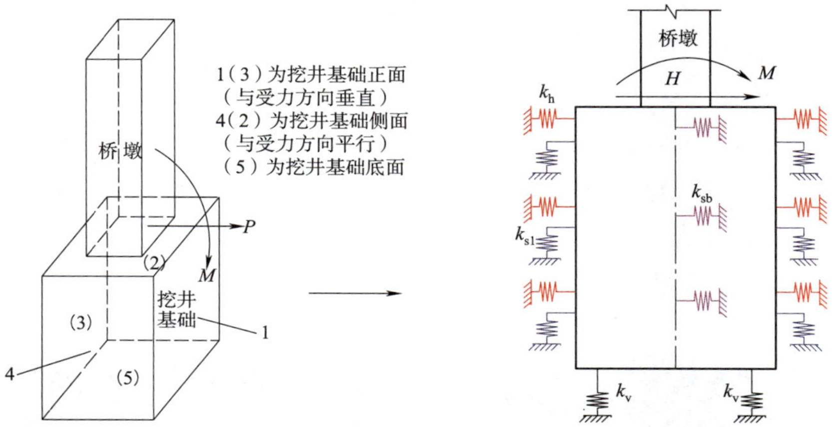

(a)三维图　　(b)平面图

图 3-37　挖井基础静力非线性分析模型

该分析模型的特点为：

(1)由于挖井基础截面尺寸大，因此不能像桩基础那样忽略基础侧面(平行于加载方向)水平摩擦效应的影响。所提出的挖井基础静力非线性分析模型采用水平支撑弹簧 k_h 模拟挖井基础正面(垂直于加载方向)土体对挖井基础水平抗力的影响；采用竖向摩擦弹簧 k_{sl} 模拟挖井基础正面(垂直于加载方向)土体对挖井基础竖向摩阻力的影响；采用水平摩擦弹簧 k_{sb} 模拟挖井基础侧面(平行于加载方向)土体对挖井基础水平摩阻力的影响；采用基础底部竖向支撑弹簧 k_v 模拟挖井基础底面土体对基础竖向支撑的影响。

(2)引入了美国 API 规范中的 p-y 曲线、t-z 曲线和 q-z 曲线来分别建立挖井侧壁水平支撑弹簧、侧壁摩擦弹簧及井底支撑弹簧的本构关系。该模型克服了现有基于 m 法建立沉井-土相互作用分析模型无法模拟基础周围地基土材料非线性及基础-土界面几何非线性的不足，同时克服了沉井-土相互作用非线性 Winkler 四弹簧模型中弹簧刚度需要求解动力平衡方程的缺点。

(3)该模型可以同时考虑地基土非线性和桥墩非线性(墩底集中塑性铰)的影响。由于模型在试验过程中挖井基础和桥墩均未开裂，因此基础和桥墩采用弹性梁单元模拟。挖井正面地基土水平抗力-位移关系采用 p-y 曲线建立、井底土竖向抗力-位移关系采用 q-z 曲线建立，挖井正面及侧面摩阻力-位移关系均采用 t-z 曲线建立。土弹簧采用非线性 link 单元模拟。为便于弹簧参数的计算及模拟挖井基础的偏转和抬升效应，分析中将挖井基础沿横向(与加载方向垂直)离散为 5 条等宽的条带确定土弹簧参数。墩底与挖井基础顶部采用刚性连接，为确保基础为刚性偏转，基础正面（与加载方向垂直）两侧同一深度处水平 p-y 弹簧节点刚性连接后再与挖井基础节点之间采用刚性连接。基础正面（与加载方向垂直）两侧竖向 t-z 弹簧与水平 p-y 弹簧共用同一节点。基础侧面（与加载方向平行）两侧相对应的水平 t-z 弹簧节点与挖井基础节点之间采用刚性连接。数值分析模型如图 3-38 所示。

图 3-38　数值分析模型

模型中挖井底竖向抗力通过竖向平板载荷试验测定，取 260 kPa。地基土黏聚力通过直剪试验测定，取 38 kPa。基础侧极限摩阻力通过直剪试验测定，取 4.2 kPa。

由挖井基础静力非线性分析模型计算得到的模型骨架曲线如图 3-39 所示，基础侧向水平位移如图 3-40 所示。从图 3-39、图 3-40 可以看出，数值模拟得到的骨架曲线及基础侧向水平位移与试验结果吻合较好，证明了所提出的数值分析模型的可靠性。

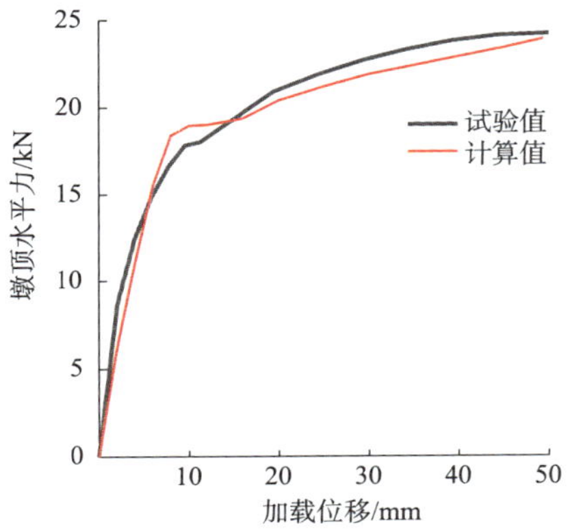

图 3-39　骨架曲线对比

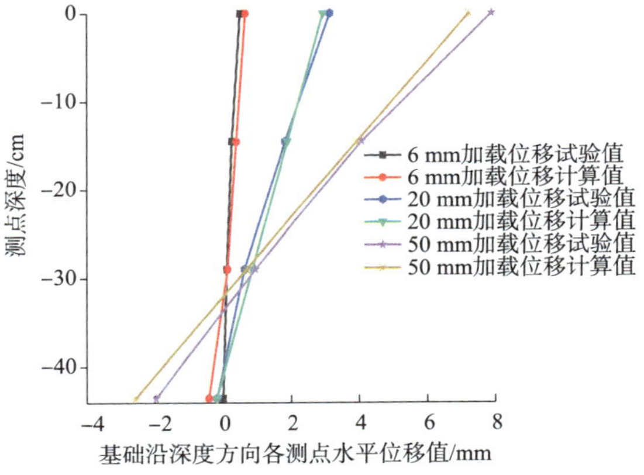

图 3-40　基础侧向位移对比

参 考 文 献

[1] 孙树礼．高速铁路桥梁设计与实践[M]．北京：中国铁道出版社，2011.

[2] 郑健．中国高速铁路桥梁[M]．北京：高等教育出版社，2008.

[3] 王礼武．地震作用下土-结构相互作用对浅基础桥结构响应的影响[D]．北京：北京交通大学，2017.

[4] 王义，陈兴冲，张熙胤，等．桥梁沉井基础抗震性能研究现状及展望[J]．世界地震工程，2020，36(1)：44-55.

[5] 李涛．黄土地区桥梁挖井基础设计方法研究[J]．岩土工程学报，1997，19(3)：47-54.

[6] 王笃实．黄土挖井基础浅析[J]．西部探矿工程，1992，5(4)：52-55.

[7] 鲁传安．桥梁群桩基础的抗震性能研究[D]. 上海:同济大学,2008.
[8] 叶爱君,鲁传安．基于 Pushover 分析的群桩基础抗震性能分析方法[J]. 土木工程学报,2010,43(2):88-94.
[9] ANDREAS J K,ANASTASIOS G S. Effect of foundation type and compliance on seismic response of RC bridge [J]. Journal of Bridge Engineering,2001,4(2):120-130.
[10] LUO X,MARONO Y,TANAMURA S. Seismic performance assessment of existing pile group foundation[J]. Quarterly Report of RTRI,2001,42(3):136-142.
[11] ASHFORD S A,JUIRNARONGRIT T. Push-over analyses of piles in laterally spreading soil [J]. Geotechnical Special Publication,2005,184(10):109-120.
[12] 邱俊翔,陈正兴．桩头受侧向力作用之侧推分析模式[R]. 台北:台湾地震工程研究中心,2007.
[13] 李宇,朱晞,杨庆山．考虑土-结构相互作用的能力谱法在铁路桥梁中的应用[J]. 铁道学报,2011,33(5):109-114.
[14] 朱晞,江成,李宇,等．考虑 SSI 的客运专线圆端形板式桥墩抗震性能研究[J]. 西安建筑科技大学学报(自然科学版),2013,45(2):153-157.
[15] HU G. Bearing capacity of foundations with overburden shear[J]. Sols-Soils,1965,4(13):11-18.
[16] DURGUNOGLU H T,MITCHELL J K. Static penetration resistance of soils. Ⅰ-analysis[C]//In-situ Measurement of Soil Properties. [S. 1.]:[s. n.],1975:151-171.
[17] 邵国建,周旋,胡丰．矩形深基础地基极限承载力的理论解[J]. 岩石力学与工程学报,2014,33(S2):4305-4311.
[18] 刘贯飞,雷胜友．考虑砂土地基轴对称压密变形的圆形深基础承载力研究[J]. 工程科学与技术,2017,49(4):26-36.
[19] LIU J,Ll M Z,HU Y X,et al. Bearing capacity of rectangular footings in uniform clay with deep embedment[J]. Computers and Geotechnics,2017,86(1):209-216.
[20] BENMEBAREK S,SAIF I,BENMEBAREK N. Depth factors for undrained bearing capacity of circular footing by numerical approach[J]. Journal of Rock Mechanics and Geotechnical Engineering,2017,9(4):761-766.
[21] 邵国建,周旋,胡丰．矩形深基础地基极限承载力的理论解[J]. 岩土力学与工程学报,2014,33(S2):4305-4311.
[22] 中华人民共和国建设部．铁路工程抗震设计规范:2009 年版:GB 50111—2006[S]. 北京:中国计划出版社,2009.
[23] American Petroleum Institute. Recommended practice for planning,designing,and constructing fixed offshore platforms:working stress design[M]. Washington D. C. :API Publishing Services,2005.
[24] 张永亮．铁路桥梁桩基础抗震设计方法研究[D]. 兰州:兰州交通大学,2013.
[25] 日本铁道综合技术研究所．铁道构筑物等设计标准及解说Ⅴ抗震设计[S]. 东京:丸善株式会社．
[26] ZHANG Y L,CHEN X C,ZHANG X Y,et al. Nonlinear response of the pile group foundation for lateral loads using pushover analysis[J]. Earthquakes and Structures,2020,19(4):273-286.

第4章 桥墩-地基系统的抗震设计方法

本章首先比较分析了《震规》、日本铁道构筑物抗震设计规范与 Eurocode 8 规范的相关条款；然后针对铁路桥梁重力式墩-地基系统的受力特点，介绍了墩身和基础协调设计问题，根据系统的抗震薄弱部位（桥墩屈服型、基础屈服型）采用不同的抗震设计方法；最后通过算例验证了设计方法的可行性，同时也探讨了桥墩与基础抗震设计中的有关问题。

4.1 概　　述

《震规》中规定了铁路桥梁采用三水准抗震设防，即"小震不坏、中震可修、大震不倒"的抗震性能目标：按多遇地震进行桥墩、基础的强度、偏心及稳定性验算，按设计地震验算上、下部连接结构的强度，按罕遇地震对钢筋混凝土桥墩进行延性验算或最大位移分析。

目前，《震规》中将桥墩分为混凝土桥墩与钢筋混凝土桥墩两种，其中混凝土桥墩指主筋配筋率低于 0.5%的桥墩，本书将其称为少筋混凝土桥墩。在多遇地震下，《震规》要求对钢筋混凝土桥墩进行强度及稳定性验算，对混凝土桥墩进行偏心、强度及稳定性验算。对于钢筋混凝土桥墩，采用容许应力法验算钢筋的拉应力及混凝土的压应力，使其不超过规范规定的容许值；对于混凝土桥墩，《震规》增加了偏心验算，以满足稳定性要求。由于《震规》没有明确给出少筋混凝土桥墩的抗震验算方法，在实际设计中，设计人员往往直接套用圬工结构的验算方法，或采用钢筋混凝土结构的验算方法，具有一定的随意性。在罕遇地震下，《震规》仅提出了钢筋混凝土桥墩的延性验算要求，未提出少筋混凝土桥墩的验算要求。因此《震规》虽提出了三水准抗震设防要求，但对少筋混凝土桥墩没有给出相应的验算方法，因而无法解决少筋混凝土桥墩的抗震安全性问题。为此，本书作者团队通过大量模型试验和理论研究提出了少筋混凝土桥墩在多遇地震下的偏心验算方法以及罕遇地震下的有限延性抗震验算方法。

我国高铁桥梁基础大量采用群桩基础，横向一般布置多排桩。因桥墩的横向宽度一般比纵向宽度大很多，导致桥梁横向刚度较大，横向的地震惯性力较大。这种情况下，横向桥墩的抗震薄弱部位可能出现在基础上。当然，在地基土质情况不良的条件下，纵向桥墩的抗震薄弱部位也有可能出现在基础上。本章依据《震规》中对混凝土桥墩及钢筋混凝土桥墩的相关规定,从桥墩-地基系统的整体受力出发,构建铁路桥梁的抗震设计方法。

4.2 各国抗震规范的相关规定及比较

地震作用是一种不规则的循环往复荷载,且具有很强的随机性,导致桥梁结构的地震破坏机制十分复杂。而设计规范作为抗震设计的基础性文件,直接影响工程的安全性和经济性;因此研究国外主要国家抗震规范的相关条文并与我国规范进行对比分析是十分有意义的。以下主要针对《震规》[1]、日本铁道构筑物抗震设计规范[2](简称日本规范)与 Eurocode 8 规范[3](简称欧洲规范)的相关条款进行比较。

4.2.1 抗震设防标准

1.《震规》

按多遇地震、设计地震、罕遇地震三个地震动水准进行抗震设计。多遇地震:地震重现期为 50 年的地震动(50 年超越概率 63.2%)。设计地震:地震重现期为 475 年的地震动(50 年超越概率 10%)。罕遇地震:地震重现期为 2 475 年的地震动(50 年超越概率 2%)。

铁路工程根据铁路等级及其在路网中的重要性和修复的难易程度,分为 A、B、C、D 四个抗震设防类别,见表 4-1。不同的工程类别通过重要性系数 C_i 来体现,见表 4-2。

表 4-1 各类梁桥抗震设防类型适用范围

A 类	跨越大江、大河,且技术复杂、修复困难的特殊结构桥梁
B 类	(1)客货共线铁路混凝土简支梁跨度大于等于 48 m,简支钢梁跨度大于等于 64 m,混凝土连续梁主跨大于等于 80 m,连续钢梁主跨大于等于 96 m;(2)高速铁路及客运专线(含城际铁路)跨度大于等于 40 m 的桥梁;(3)墩高大于等于 40 m 的桥梁;(4)常水位水深大于等于 8 m 的桥梁;(5)技术复杂、修复困难的特殊结构桥梁
C 类	(1)高速铁路及客运专线(含城际铁路)的普通桥梁;(2)墩高大于 30 m 小于 40 m 的桥梁;(3)常水位水深 5~8 m 的桥梁
D 类	属 A、B、C 类以外的其他铁路桥梁

表 4-2 各类工程的重要性系数 C_i

工程类别	多遇地震	设计地震	罕遇地震
A类	3.0*	1.0*	1.0*
B类	1.5	1.0	1.0
C类	1.1	1.0	1.0
D类	1.0	1.0	1.0

注:A 类工程的抗震设计应结合场地地震安全性评价结果进行专题研究,其设防标准不低于 B 类工程。表中 * 号标识数值为本书建议取值。

抗震设防的性能要求如下：性能要求Ⅰ：地震后不损坏或轻微损坏，能够保持其正常使用功能；结构处于弹性工作阶段。性能要求Ⅱ：地震后可能损坏，经修补，短期内能恢复其正常使用功能；结构整体处于非弹性工作阶段。性能要求Ⅲ：地震后可能产生较大破坏，但不出现整体倒塌，经抢修后可限速通车；结构处于弹塑性工作阶段。

铁路工程构筑物在不同地震动水准下的抗震设防标准见表 4-3。《震规》抗震设防标准可概括为“小震不坏、中震可修、大震不倒”。

表 4-3　铁路工程构筑物抗震设防标准

地震动水准	构　筑　物	抗震设防目标
多遇地震	桥梁	达到抗震性能要求Ⅰ
设计地震	路基、挡土墙、隧道、桥台、桥梁上/下部结构连接构造	达到抗震性能要求Ⅱ
罕遇地震	采用钢筋混凝土桥墩的桥梁	达到抗震性能要求Ⅲ

2. 日本规范

按照不同的地震动和结构物的重要性确定结构物的抗震性能。设计地震动分为小震和大震两个标准。L1 地震动（小震）：在结构物的设计使用期内可能会发生数次的地震动，其重现期约为 50 年，与我国的多遇地震对应。L2 地震动（大震）：在结构物的设计使用期内发生的概率很低，但强度非常大的地震动，相当于《震规》的罕遇地震。

对结构物的抗震性能标准规定如下：抗震性能Ⅰ：地震后不必修补即能保持其使用功能，且不产生过大的变形；抗震性能Ⅱ：地震后虽需修补，但能在短期内恢复其使用功能；抗震性能Ⅲ：结构物不会因地震而出现整体垮塌。

结构物的抗震性能要求为：对于 L1 地震动应满足抗震性能Ⅰ；对于 L2 地震动，重要结构应满足抗震性能Ⅱ，其他结构应满足抗震性能Ⅲ。重要结构物是指：新干线及大城市旅客铁路（指峰值时一小时的单向计划断面运送量超过一万人的线区）线上的结构物，以及明挖隧道等受灾后修复困难的结构物。日本抗震设防标准可概括为“小震不坏、一般结构大震不倒、重要结构大震可修”。

抗震性能包括构成结构物构件的损伤及基础的稳定，分别对损伤标准和稳定标准设定了抗震性能要求。其中构件的损伤水平分以下四级，如图 4-1 所示。

损伤水平 1：无损伤。不出现裂缝或有少量弯曲裂缝，不需要修补。

损伤水平 2：根据情况需作修补。裂缝扩大，混凝土保护层脱落。修补方法为：裂缝注浆，断面修复。

损伤水平 3：需作修补。混凝土保护层脱落，内部混凝土破坏；轴向钢筋压屈，箍筋变形。修补方法为：裂缝注浆，断面修复，必要时调整箍筋。

损伤水平 4：需作修补，根据情况更换构件。混凝土保护层脱落，内部混凝土破坏；轴向钢筋压屈或局部折断，箍筋变形或局部折断。修补方法为：裂缝注浆，断面修复，箍筋整修；轴向钢筋压屈明显时需更换构件。

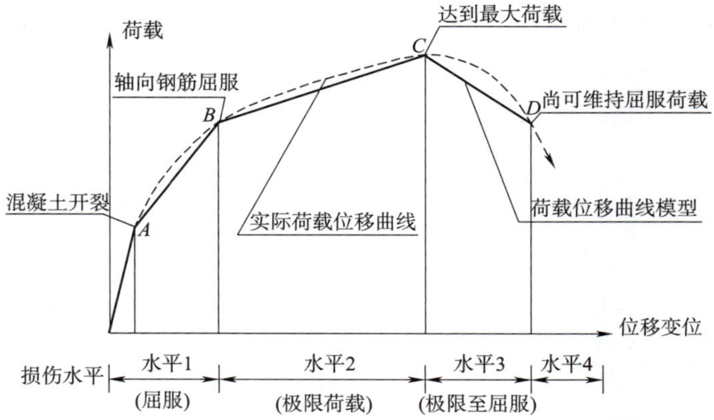

图 4-1　钢筋混凝土构件荷载-位移曲线

3. 欧洲规范

欧洲规范将桥梁按重要性分为三类：重要桥梁、一般桥梁和次要桥梁，其中重要桥梁需乘 1.3 的重要系数，一般桥梁乘 1.0 的重要系数，次要桥梁乘 0.85 的重要系数。欧洲规范采用一阶段抗震设计，其设计地震重现期为 475 年(与《震规》设计地震相同)。在设计地震作用下对桥梁结构性能要求为：设计地震作用后，虽然桥梁结构的局部可以发生严重的损伤，但应保证结构的整体性和足够的残留抗力；桥梁可以出现容许损伤，这些损伤部位应设计成在地震作用后能维持紧急救援车辆通过桥梁，损伤部位容易检查和修复；可以容许桥墩出现塑性铰，在高烈度地区，为了把地震作用减小到合理的经济设计水平，一般情况下有必要在桥墩上出现塑性铰；梁体应保持弹性，保证梁体在极端地震作用下不落梁。

4. 三个规范的比较

(1)日本规范采用两阶段设计，《震规》采用三阶段设计，欧洲规范采用一阶段设计。“小震不坏、大震不倒”是《震规》和日本规范共同遵守的原则。因此，从原则上来讲《震规》和日本规范的设防标准大致相同。

(2)日本规范采用基于性能的抗震设计，桥墩构件均具有明确的性能指标。《震规》与欧洲规范只规定了原则而没有具体的性能指标。

(3)重要性的表述不同。对于重要结构，日本规范采用大震时提高设防等级的方法，即采用大震可修设防标准；《震规》则在小震时采用一个重要性系数来表达，实际上是提高了小震时结构的抗震强度。欧洲规范将桥梁按重要性分为三类，分别采用不同的系数。

4.2.2 地震动荷载

1.《震规》

对于地震动的表述,《震规》仍以弹性反应谱为基础,只在少数情况下才需要输入地震波来进行分析。抗震设计反应谱为:当结构自振周期小于 2 s,且阻尼比 $\xi=0.05$ 时,动力放大系数 β 反应谱如图 4-2 所示。根据场地类别和地震动参数区划确定地震动反应谱特征周期。

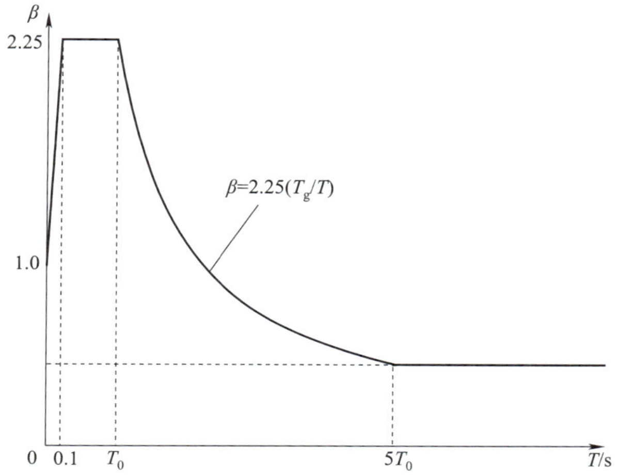

图 4-2 动力放大系数 β 曲线

2. 日本规范

设计地震动的一般规定为:设计地震动必须在水平方向及竖直方向设定;设计竖向地震动,其加速度反应谱或加速度波形取设计水平地震动值的 1/2。必须用基岩处的设计地震动计算地表面的设计地震动。但在计算地表面的竖向地震动时,可不考虑表层地基的影响。

(1)基盘(假想基岩)处地震动的设定

L1 地震动的设定:对 L1 地震动的抗震设计,以弹性设计为主。基盘(假想基岩)处的 L1 地震动的弹性加速度反应谱如图 4-3 所示。不同地区地震动,用上述的弹性加速度反应谱与地区系数的乘积表示。在对于 L1 地震动做动力分析时,可以使用适合设计地震动的地震动时程曲线。

L2 地震动的设定:L2 地震动分为海沟型地震(反应谱Ⅰ)、内陆活断层地震(反应谱Ⅱ)及断层型(反应谱Ⅲ)三种,地震动的弹性加速度反应谱如图 4-4、图 4-5 所示。

比较 L1、L2 地震动的反应谱可以看出,L2 地震动的谱加速度最大值为 L1 地震动的 4.4 倍(反应谱Ⅰ)~6.8 倍(反应谱Ⅱ)。《震规》中的罕遇地震加速度最大值约为多遇地震的 4.1 倍~6.4 倍。由此可以认为,《震规》中的罕遇地震与日本规范中的 L2 地震动的概率水准大致相当。

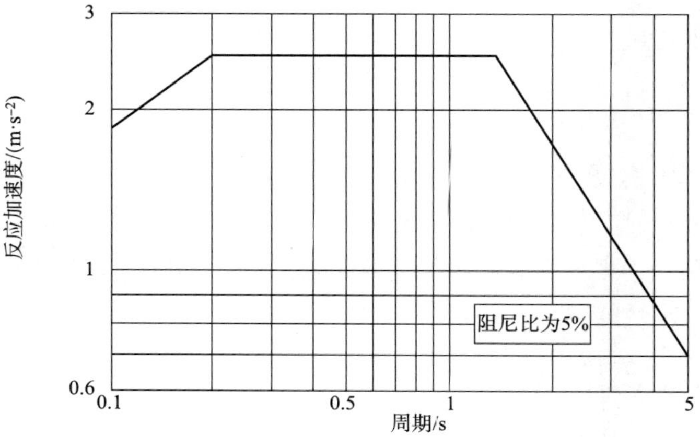

图 4-3　L1 地震动的弹性加速度反应谱

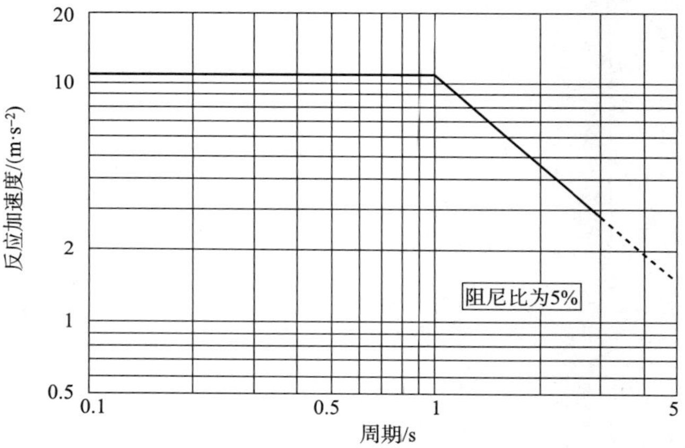

图 4-4　L2 地震动的弹性加速度反应谱Ⅰ

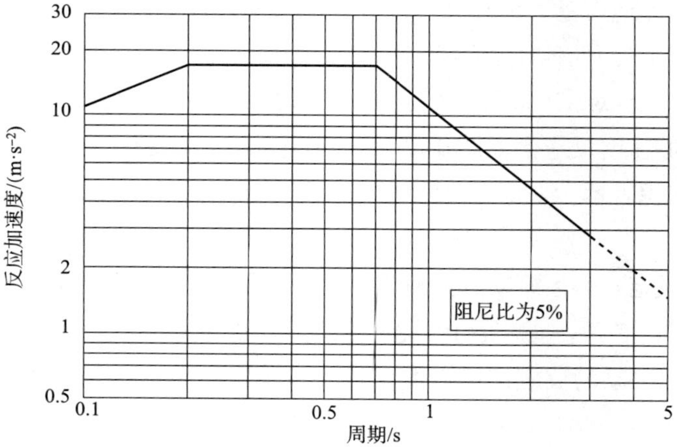

图 4-5　L2 地震动的弹性加速度反应谱Ⅱ

(2)地表面地震动的设定:地表面地震动的设定有两种方法。方法一:根据基盘地震动和地基土的参数计算表层地基的反应,将得到的地震加速度波形或反应谱作为对结构的输入。方法二:一般地基的动力分析,采用一维波动法进行求解;根据地基类别确定地表面的地震动。

将地基类别共分八类,具体划分见表 4-4。根据地基类别确定的地表面加速度反应谱如图 4-6～图 4-8 所示。在非线性分析中采用"所需屈服震度反应谱"。根据屈服位置发生在墩身上还是基础上分两种情况,即,墩身的抗力小于基础的抗力,地震时主要为墩身进入非线性的情况;以及基础的抗力小于墩身的抗力,地震时主要为基础进入非线性的情况。因此,将所需屈服震度反应谱设定为上部结构物用和基础用两种。典型的所需屈服震度反应谱(G3 地基上的钢筋混凝土结构用),如图 4-9 所示。

表 4-4　地基类别划分

地基类别	固有周期 T/s	地基条件
G0	—	基岩
G1	—	基盘
G2	<0.25	洪积层
G3	0.25～0.5	普通地基
G4	0.5～0.75	普通～软弱地基
G5	0.75～1.0	软弱地基
G6	1.0～1.5	软弱地基
G7	>1.5	极软弱地基

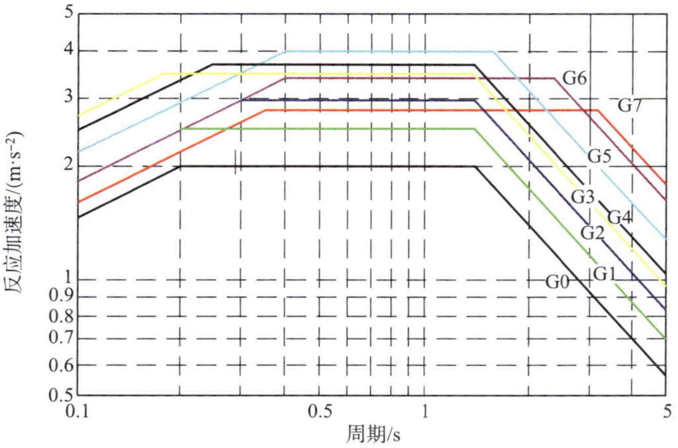

图 4-6　地表面设计地震动的弹性加速度反应谱(L1 地震动)

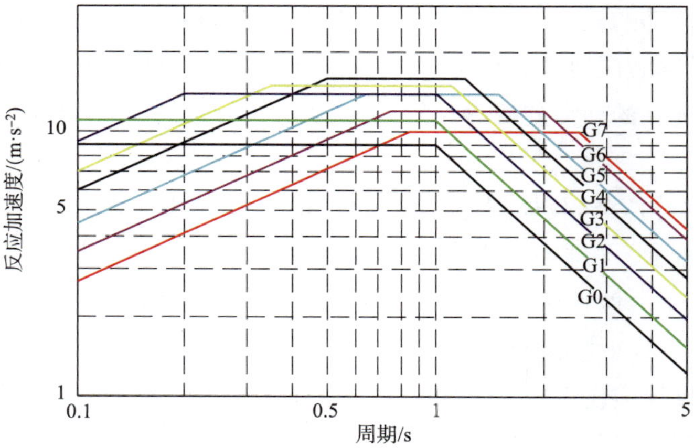

图 4-7　地表面设计地震动的弹性加速度反应谱(L2 地震动，反应谱Ⅰ)

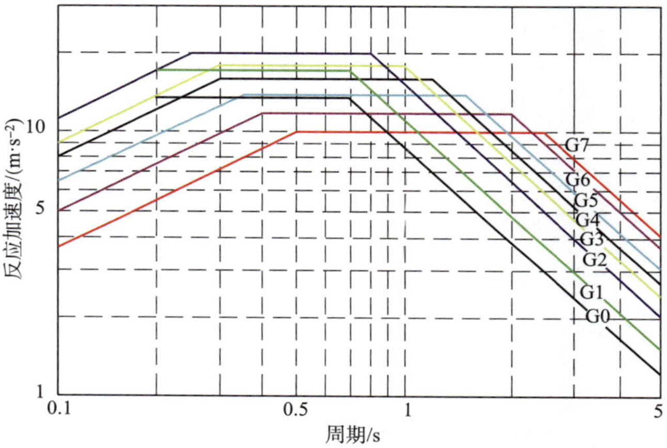

图 4-8　地表面设计地震动的弹性加速度反应谱(L2 地震动,反应谱Ⅱ)

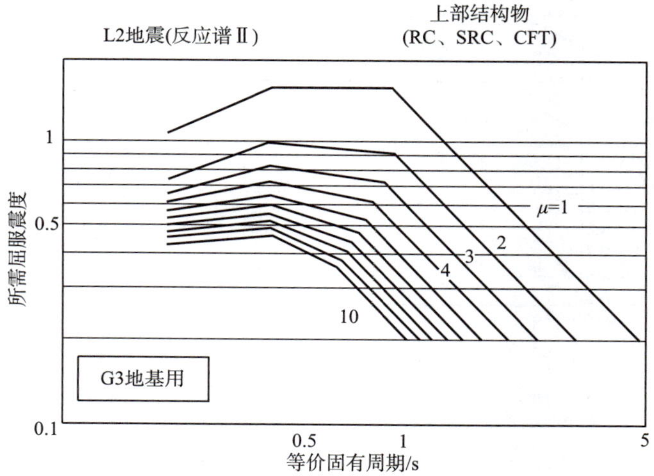

图 4-9　G3 地基上的钢筋混凝土结构用的所需屈服震度反应谱

3. 欧洲规范

欧洲规范给出的动力放大系数 β_T 计算公式为

$$\beta_T=\begin{cases} S\cdot\left[1+\dfrac{T}{T_B}(\eta\cdot\beta_0-1)\right] & 0\leqslant T<T_B \\ S\cdot\eta\cdot\beta_0 & T_B\leqslant T<T_C \\ S\cdot\eta\cdot\beta_0\cdot\left[\dfrac{T_C}{T}\right]^{k_1} & T_C\leqslant T<T_D \\ S\cdot\eta\cdot\beta_0\cdot\left[\dfrac{T_C}{T_D}\right]^{k_1}\cdot\left[\dfrac{T_D}{T}\right]^{k_2} & T\geqslant T_D \end{cases} \tag{4-1}$$

式中，T 为线性单自由度系统的振动周期；β_0 为 5%阻尼比的谱加速度放大系数；T_B、T_C 为常加速度段的上下限；T_D 为常位移段的起始周期；k_1、k_2 为分别为决定周期大于 T_C 和 T_D 段反应谱形状的指数；S 为考虑场地土类型的参数；η 为阻尼修正系数，阻尼比为 5%时 $\eta=1$，当结构阻尼比不等于 5%时按式(4-2)计算(若计算值小于 0.7，则取 0.7)：

$$\eta=\sqrt{7/(2+\xi)} \tag{4-2}$$

对于 A 类、B 类和 C 类下覆土层来说，参数 β_0、T_B、T_C、T_D、k_1、k_2 和 S 取值由表 4-5 给出。

表 4-5　欧洲规范弹性反应谱的参数取值

下覆土分类	S	β_0	k_1	k_2	T_B	T_C	T_D
A 类	1.0	2.5	1.0	2.0	0.10	0.40	3.0
B 类	1.0	2.5	1.0	2.0	0.15	0.60	3.0
C 类	0.9	2.5	1.0	2.0	0.20	0.80	3.0

图 4-10 给出了我国铁路规范二类场地和欧洲规范 B 类场地动力放大系数 β 值的比较，欧洲规范给出的动力放大系数 β 考虑阻尼修正系数、场地土类型修正系数等因素的影响，而《震规》没有考虑。《震规》中动力放大系数 β 值在周期大于 5 倍场地特征周期以后取常数，而欧洲规范则随周期增加继续衰减。欧洲规范中动力放大系数 β 峰值(2.5)比《震规》β 峰值(2.25)大约 10%；欧洲规范场地特征周期比中国规范给出的场地特征周期普遍偏大。欧洲规范反应谱分为四段，无长周期段适用范围限制，而《震规》反应谱分为四段，周期适用范围为 2 s。

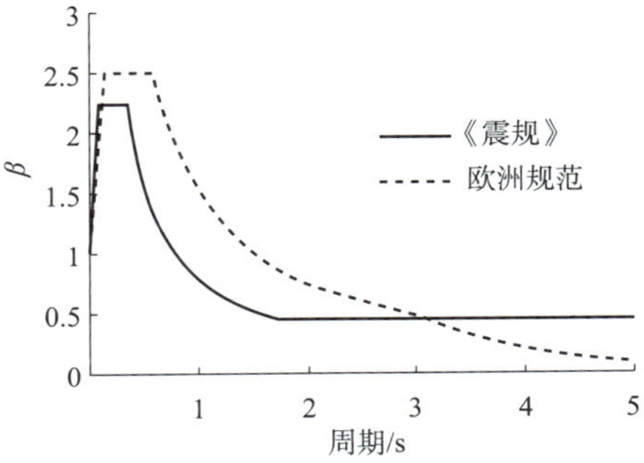

图 4-10　《震规》和欧洲规范动力放大系数 β 比较

4. 三个规范的比较

(1)日本规范与《震规》、欧洲规范中的动力放大系数 β 谱曲线不同。不同地基上的反应谱峰值在《震规》与欧洲规范中是一样的，日本规范则有很大不同，有时相差一倍。

(2)输入位置不同。日本规范同时给出了基岩处和地面处的地震动，《震规》与欧洲规范只给出了地面处。

(3)日本规范有非线性反应谱；欧洲规范对应延性设计思想，将弹性反应谱按性能系数 q 折减后给出了设计反应谱；《震规》没有考虑非线性影响。

4.2.3 计算模型及计算方法

1.《震规》

计算桥梁的地震作用时，应符合下列规定：计入地基变形的影响。桥梁抗震验算时，应分别计算纵向和横向的水平地震作用。对于抗震设防烈度为 9 度的悬臂结构和预应力混凝土刚构桥等，还应计入竖向地震作用的影响。竖向地震作用可按结构恒载和活载总和的 7%计入，或按水平地震基本加速度值的 65%进行动力分析。对跨度小于 120 m 的简支梁桥进行抗震计算时，可采用单墩力学模型计算，梁部应只计质量影响；也可采用全桥力学模型进行计算，并应计入梁部及桥面系刚度影响，如图 4-11、图 4-12 所示。

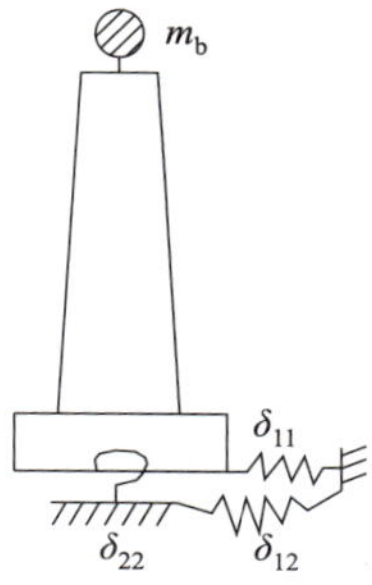

图 4-11　单墩模型

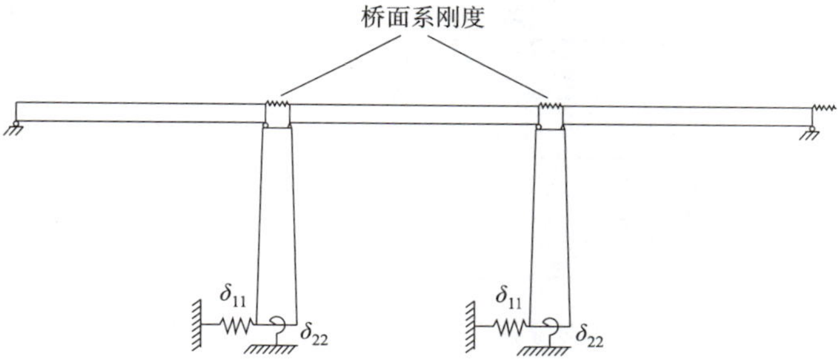

图 4-12　全桥模型

图 4-11 中 m_b 代表简化的上部结构质量，δ_{11} 和 δ_{22} 代表基础(扩大基础、桩基础及沉井基础)-土相互作用的基础平动弹簧和转动弹簧柔度系数，δ_{12} 为基础平动与转动之间的耦联柔度系数。

《震规》中给出了扩大基础、桩基础及沉井基础桥墩在承台底的地基柔度系数计算公式，桩基础承台底面的地基柔度系数参考现行行业标准《铁路桥涵地基和基础设计规范》规定的方法计算。根据承台底的内力按照静力方法反推单桩最不利内力，然后对基础的强度及稳定性进行验算。尽管《震规》在计算桥梁的地震响应时考虑了基础-土的相互作用，但由于在计算土弹簧柔度系数时采用了 m 法确定地基土的力学参数，因此这种处理方法只能解决多遇地震作用下基础-土的相互作用问题，无法合理模拟罕遇地震下基础的大位移及土体非线性问题。

多遇地震作用下，桥墩抗震计算一般情况下可采用反应谱法。对重要桥梁或采用减震、耗能装置的桥梁，除按反应谱法计算外，还应选用符合抗震设计要求的地震波，采用时程反应分析法进行分析。在罕遇地震作用下，采用非线性时程反应分析法，或按简化方法进行延性验算。在设计地震作用下，桥梁支座采用静力法计算。

我国《公路桥梁抗震设计规范》(JTG/T 2231-01—2020)[4]采用集中 6 弹簧模型模拟桩-土相互作用，如图 4-13 所示。该模型在承台底部施加 6 个方向的弹簧模拟基础对上部结构的作用，这6 个弹簧刚度分别为竖向刚度、纵向和横向的抗推刚度、绕竖轴的抗扭刚度以及绕两个水平轴的抗弯刚度。弹簧刚度根据土层状况和桩的布置形式按静力等效的原则确定，其中土的力学参数一般根据 m 法确定。动力计算时，土的抗力取值比静力大，一般取静力计算的 2～3 倍。该模型没有考虑各个方向刚度的耦合效应，同时无法模拟罕遇地震作用下地基和桩基础的非线性行为。桩基础的地震响应根据承台底的内力按照静力方法反推单桩最不利内力，然后对基础的强度及稳定性进行验算。

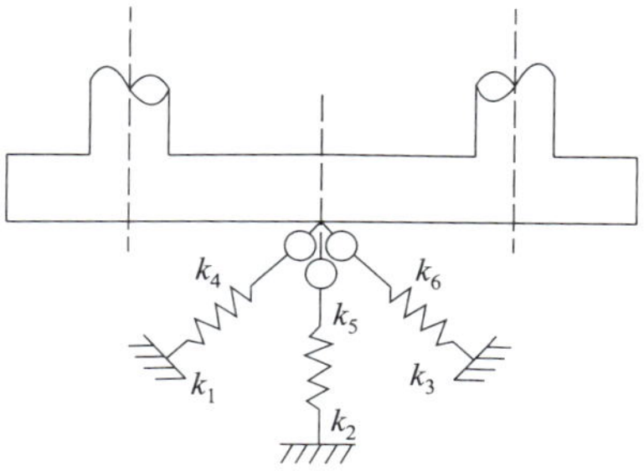

图 4-13　集中 6 弹簧模型

2. 日本规范

日本铁道构筑物抗震设计规范是在 1995 年日本兵库县南部地震之后，基于两阶段设计和性能设计思想发布的设计标准。对于 L1 地震动：结构物视作线性，采用时程分析法或反应谱法计算。对于 L2 地震动：应考虑结构物的非线性性能。以动力分析法为主，但对于普通桥梁也可采用非线性反应谱(所需屈服震度反应谱)法计算。基础结构物的屈服强度低于上部结构物时，应考虑基础的非线性，按动力分析法验算其安全性。所谓非线性反应谱法，是用不同地基设定的所需屈服震度反应谱，预测结构物非线性动态反应值的方法。非线性反应谱法的适用条件是：振型比较简单，结构反应以第一振型为主，而且塑性铰发生位置明确的场合。普通形式的桥梁，多适用非线性反应谱法。

按纵向和横向考虑地震的影响，也考虑竖直方向的地震动。一般情况下可采用整体模型。但当各个结构物的周期、破坏形态及水平抗力等大致相等时，也可以采用单墩模型，基础用支承弹簧模拟。但当结构物或地基构造复杂的场合，难以将基础置换为支承弹簧时，可以将结构物及地基作为整体予以模型化。支承弹簧通常为竖直弹簧、水平弹簧及旋转弹簧。支承弹簧模型中应考虑基础结构和地基相互作用产生的非线性恢复力特性。整体分析的基础结构物的模型，通常有质点系模型(Penzein 模型)和有限元模型。

钢筋混凝土构件的非线性恢复力特性通常采用双线性(Clough 模型)、三线性、四线性及滑动型滞回模型。地基反应值的计算采用一维波动法计算。

日本规范允许大震时基础进入塑性，震后对基础进行补强或对结构物进行纠偏后继续使用。桩基础抗震分析时采用分布弹簧模型(静力)或支承弹簧代替基础分析模型(动力)。分布弹簧模型和支承弹簧代替基础分析模型分别如图 4-14、图 4-15 所示。其中分布弹簧模型中,将桩基础的地基土抗力作为地基变形模量和桩径的函数,并假定为理想弹塑性模型。当地基反力达到上限值则进入塑性状态,如桩尖的竖直地基抗力达到桩尖地基土支承力、桩周的竖向地基抗力达到计算范围内的最大桩周摩阻力、桩侧的水平地基反力达到计算范围内有效土抗力的上限值后,均进入塑性状态。地基土的抗力与位移关系曲线如图 4-16 所示。图 4-16 中,R 为桩尖竖向地基反力,f 为桩周摩阻力,R_h 为水平地基反力,δ、δ_v 和 δ_h 分别为桩端变位、竖向变位和水平变位。

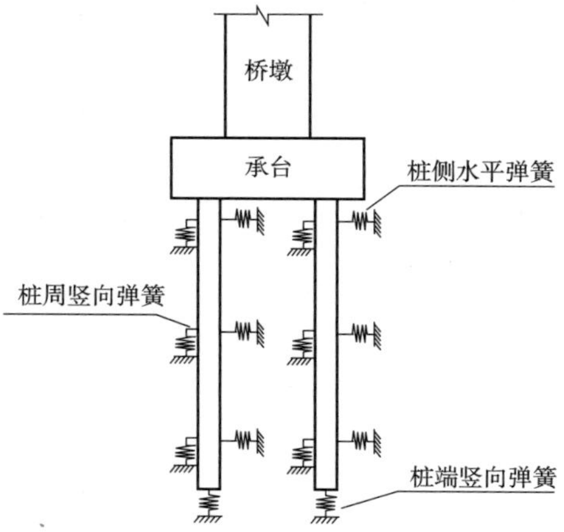

图 4-14　分布弹簧模型

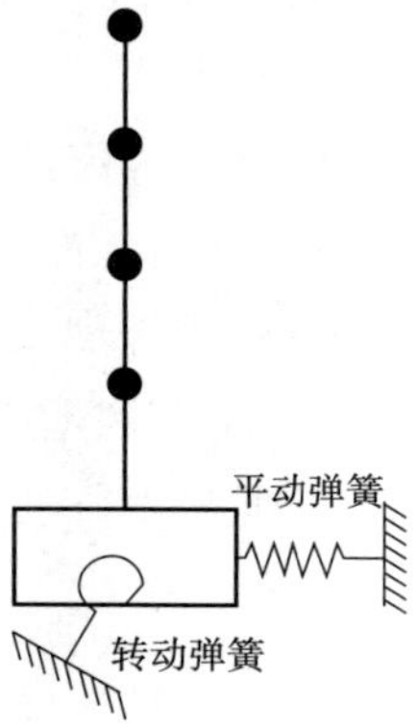

图 4-15　支撑弹簧模型

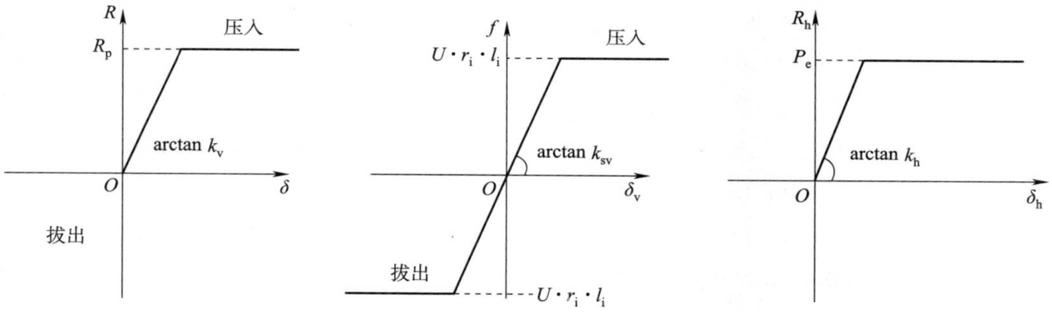

(a)桩尖竖直弹簧　　(b)桩周剪切弹簧　　(c)桩侧水平弹簧

图 4-16　地基土抗力模型

考虑到强震下桩基础和地基土可能呈现的非线性状态,该规范以多个指标(反应塑性率、构件的损伤水平及反应位移量)综合评定桩基础的稳定水平,体现了性能设计的基本思想。以灌注桩基础为例,其抗震性能见表 4-6。其中,桩基础的反应塑性率定义为 δ_d/δ_y,δ_d 为桩基础的反应位移,δ_y 为桩基础的屈服位移。桩基础荷载-位移曲线如图 4-17 所示,桩构件荷载与位移关系如图 4-18 所示。

表 4-6　桩基础的抗震性能

抗震性能	稳定水平	桩基础塑性率限值	桩构件损伤水平
性能Ⅰ	水平 1	1	1
性能Ⅱ	水平 2	5	2
性能Ⅲ	水平 3	8	3

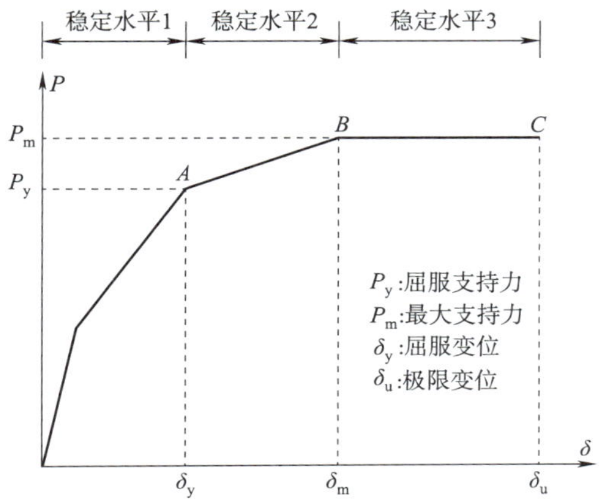

图 4-17　桩基础荷载-位移曲线

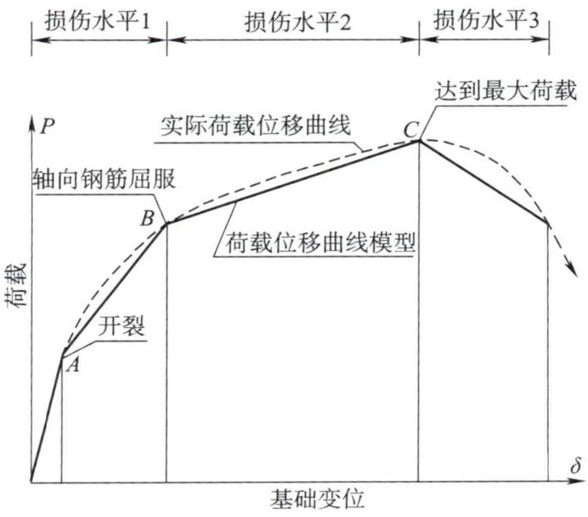

图 4-18　桩构件荷载-位移关系

3. 欧洲规范

欧洲规范对桥梁抗震设计采用一阶段设计法，其推荐的抗震分析方法主要为反应谱法。而非线性时程分析方法只能与反应谱分析联合使用，以便更准确获得结构的弹塑性响应。除了减隔震体系桥梁和特殊桥梁外，非线性分析的结果不能代替反应谱分析结果。欧洲规范虽然没有给出具体的简化动力计算模型，但对桥梁动力模型的建模原则，如墩柱的有效刚度、P-δ 效应的考虑、集中质量的等效和支座的模拟等都给出了具体的规定。

欧洲规范将结构分为完全延性、有限延性及基本弹性三类，并给出了反映结构整体延性及塑性铰区局部延性的目标限值，其中整体延性用位移延性系数表示，局部延性以塑性铰区的曲率延性系数表示。对于钢筋混凝土弯曲破坏型桥墩，基本弹性的位移延性系数为 1.0；有限延性最小位移延性系数为 1.5；完全延性最小位移延性系数为 3.0。有限延性的曲率延性系数为 7.0，完全延性的曲率系数为 13.0。

欧洲规范使用等效线性化方法，用性能系数 q 来折减弹性地震力。为使弹性地震力的折减具有足够的延性保证，对塑性铰区范围内的最小配箍率提出了明确要求。欧洲规范指出：

(1)设计地震作用下，推荐桥梁桩基础保持弹性，不损伤。

(2)在设计地震下，如避免桥梁桩基础出现局部塑性铰有困难，桩基础的延性和整体性一定要保证，应在桩头附近 5 倍桩径范围内布置约束箍筋，箍筋的构造要求同桥墩塑性铰要求；如塑性铰预计发生在桩基上，对于直桩可以采用 2.5 的性能系数，对斜桩采用 1.5 的性能系数。

(3)桩身潜在的塑性铰主要发生在以下两个位置：当上部土层的力学性能较差时，塑性铰产生于桩头附近；当存在不均匀土层时，塑性铰产生于土体剪切变形明显不同的土层交界面处。

4.2.4 抗震验算

1.《震规》

《震规》对设防烈度为7、8、9度的桥梁均应按下列要求进行抗震验算：按多遇地震进行桥墩、基础的强度、偏心及稳定性验算，按设计地震验算上、下部结构连接构造的强度，按罕遇地震对钢筋混凝土桥墩进行延性验算或最大位移分析。不同结构桥梁的抗震设计、验算内容具体要求见表4-7规定。

表4-7 桥梁抗震设计验算内容

结构形式		多遇地震	设计地震	罕遇地震
简支梁桥	混凝土桥墩	墩身及基础：强度、偏心及稳定性验算	验算连接构造	一般不验算，但应增设护面钢筋
	钢筋混凝土桥墩	墩身及基础：强度及稳定性验算	验算连接构造	可按简化法进行延性验算
其他梁式桥及重要桥梁		墩身及基础：强度、偏心及稳定性验算	验算连接构造	钢筋混凝土桥墩：按非线性时程反应分析法进行下部结构延性验算或最大位移分析

2. 日本规范

日本规范采用基于性能的抗震设计方法。根据结构物的类型及设计地震动检验结构物是否具有其所需要的抗震性能。桥梁是否达到设定的损伤标准通过检验构成结构物各构件的损伤及基础的稳定是否满足设定的标准进行检验。另外，对于L1地震动还要求通过位移的检算，保证列车行驶的安全性。

日本规范的构件损伤标准按式(4-3)进行检验：

$$\begin{cases}\gamma_i \cdot S_d/R_d \leqslant 1.0 \\ S_d=\gamma_a \cdot S(F_d) \\ R_d=R(f_d)/\gamma_b\end{cases} \tag{4-3}$$

式中，S_d为设计反应值；R_d为对应构件损伤标准的设计构件性能，是综合了对应损伤标准的抗力、变形性能的表达式；$S(F_d)$为对应设计荷载F_d的反应值，它是在考虑了材料系数的构件非线性的基础上计算出来的构件截面内力、位移量等；$R(f_d)$为对应设计材料强度f_d的构件性能；γ_i为结构物系数，取1.0；γ_a为结构分析系数，取1.0；γ_b为构件系数，取1.0。

3. 欧洲规范

欧洲规范采用单级设防标准，采用基于强度的抗震设计方法，主要是对设计地震作用下结构的强度进行验算。为了使桥梁抗震既经济又安全，欧洲规范建议，在中等和高烈度地震地区优先选择延性抗震设计，利用塑性铰耗散地震能量。一般情况下，塑性铰应设计出现在桥墩等易于检查和修复的部位，地震下塑性铰应具有稳定的塑性变形能力。

在进行桥梁墩柱抗震设计时，欧洲规范采用性能系数 q 考虑结构墩柱的弹塑性反应，对墩柱弹性地震力进行折减。欧洲规范所采用的性能系数不但与墩柱的类型有关，还与结构在设计地震作用下的反应性能有关。设计地震作用下，桥梁墩柱的地震响应性能可能为弹性、有限延性、延性。欧洲规范对桥墩构件地震力的性能系数计算方法为：对于刚度大、地震作用下在弹性范围内工作的桥墩进行强度验算时，地震力性能系数 q 不能大于 1.2。根据桥墩在地震作用下的性能(有限延性、延性)，地震力可按表 4-8 给出的地震性能系数进行折减。

表 4-8　钢筋混凝土墩最大地震性能系数

构件类型	地震响应性能	
	有限延性	延　性
直桥墩抗弯(长细比大于等于 3.5)	1.5	3.5
矮墩(长细比小于等于 1)	1.0	1.0
斜柱抗弯	1.2	2.0

注：当墩柱长细比在 1 到 3.5 之间时，性能系数可按线性插值法得到。

一般情况下，对于墩柱地震响应性能为延性的桥梁，盖梁、墩柱抗剪和固定支座等应采用能力保护原则设计，即，桥梁基础、盖梁、墩柱抗剪和固定支座墩柱的设计力应根据墩柱可能出现塑性铰处的实际配置钢筋，采用材料标准强度值和相应轴压力来计算。如在设计地震作用下，结构的屈服程度较小(没有明显的屈服台阶)，称为有限延性，此时地震折减系数 $q<1.5$。对于有限延性的桥梁，盖梁、墩柱抗剪和固定支座可以不采用能力保护方法，但其各截面应具有足够的强度抵抗设计地震作用。

4.2.5　抗震构造

1.《震规》

7 度及以上地区桥墩宜设置护面钢筋，竖向钢筋直径不宜小于 16 mm，间距不宜大于 20 cm，竖向钢筋应伸入承台并留有足够的锚固长度；箍筋配置不应低于表 4-9 的要求，圆形箍筋的接头必须采用焊接，焊接长度不应小于 10 倍箍筋直径；矩形箍筋端部应有 135°弯钩，弯钩伸入核心混凝土的直段长度不应小于 20 cm。

表 4-9　桥墩箍筋配置

设防烈度	圆形桥墩		矩形桥墩	
	箍筋直径/mm	箍筋间距/cm	箍筋直径/mm	箍筋间距/cm
7	12	20	10	20
8	12	20	10	20
9	12	15	12	15

7 度及以上地区的钻孔桩基础，在桩顶 2.5d～3.0d（d 为设计桩径）长度范围内，应适当加强箍筋配置。

2. 日本规范

对于钢筋混凝土桥墩，其细部构造应符合下列规定。

纵向钢筋的接头与锚固：受拉钢筋一般应锚固在不受拉的混凝土中。从桥墩底部至截面高度的 1.5 倍范围内一般不设纵向钢筋接头。但也存在必须在此范围内设纵向钢筋接头的情况，如在反复应力的作用下，纵向钢筋即使进入塑性也能确保所需的接头性能时，就允许在此范围内设钢筋接头。

横向钢筋：用于桥墩墩身的横向钢筋应使用箍筋或螺旋钢筋。从桥墩墩身底部至截面高度 2 倍的范围内应配置与塑性铰区间相同的横向钢筋。

箍筋的配置及锚固：箍筋端部采用焊接时应能传递箍筋的抗拉强度或做成连续的螺旋箍形式，但如果把箍筋端部弯折 135°以上并锚固在混凝土中时，可不受此限制。箍筋间距为构件截面短边长度的 1/2 以下，且为轴向钢筋直径的 12 倍以下。矩形截面使用箍筋时，箍筋在横向的间距应在箍筋直径的 48 倍以内，如箍筋间距超过此数则应设置中间箍筋。箍筋的设置如图 4-19 所示。

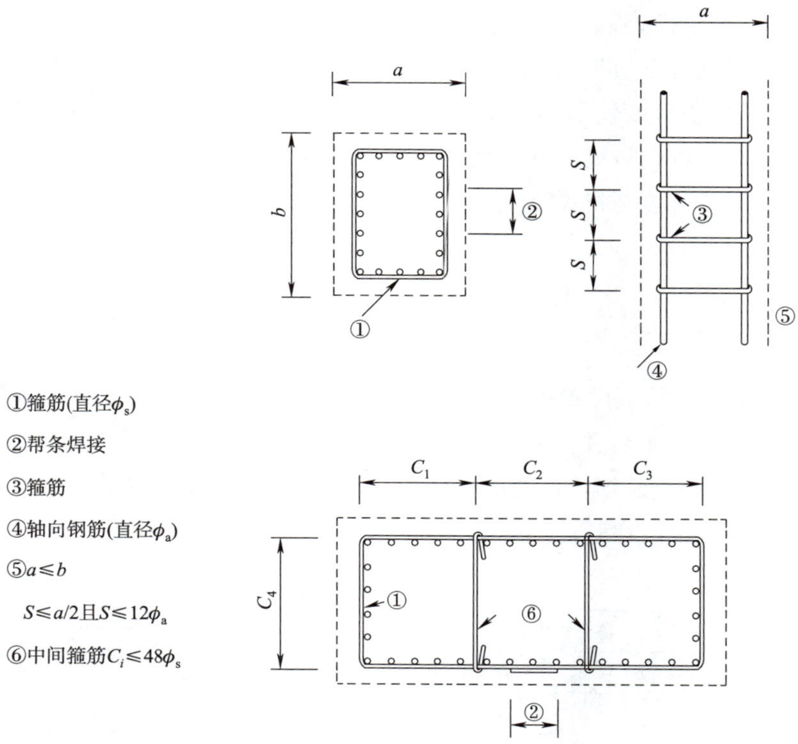

图 4-19　箍筋的配置图示

3. 欧洲规范

欧洲规范在抗震构造措施方面规定得比较具体，给出了梁体与墩台最小搭接长度的计算公式、连梁装置的具体设计方法和计算公式。

欧洲规范对塑性铰区域箍筋配置形式、最小配箍率、防止纵向受压钢筋的屈曲等保证塑性铰区域延性的配筋构造措施给出了具体要求，表 4-10 为欧洲规范对于塑性铰区域配筋构造的具体规定。

表 4-10 欧洲规范对横向箍筋构造的规定

箍筋类型	螺旋箍筋或圆形箍筋	矩形箍筋
最小配筋率	$w_{wd} \geqslant 1.90(0.15+0.01\mu_{\varphi})\dfrac{A_g}{A_{he}}(\eta_k-0.08)$ 或 $w_{wd} \geqslant 0.18$	$w_{wd} \geqslant 1.30(0.15+0.01\mu_{\varphi})\dfrac{A_g}{A_{he}}(\eta_k-0.08)$ 或 $w_{wd} \geqslant 0.12$
箍筋最大间距	$\mathrm{Min}(6d_{bl}, D_s/5)$	$\mathrm{Min}(6d_{bl}, b_{cmin}/5)$
箍筋加密区高度	D_s或立柱上弯矩超过最大极限弯矩 80%的范围	b_{cmax}或柱上弯矩超过最大极限弯矩 80%的范围

注：w_{wd}为力学含箍率；μ_{φ} 为截面曲率延性；A_g、A_{he}分别为立柱横截面的面积和核心混凝土面积（按箍筋外围边长计算）；η_k为截面轴压比；f_{cd}为混凝土圆柱体强度；$f_{yd,h}$为箍筋的设计强度；d_{bl}为纵向主筋的直径；D_s为圆截面立柱直径；b_{cmin}、b_{cmax}分别为矩形截面短边和长边尺寸。

4.3 桥墩-地基系统的抗震设计方法

4.3.1 桥墩-地基系统的抗震设计理念

在多遇地震作用下，桥墩和基础均应满足抗震强度要求，使桥墩和基础保持弹性或基本弹性，以满足“小震不坏”的设计准则。但在罕遇地震下，桥墩-地基系统存在塑性机制的选择问题。在公路桥梁上一般将塑性铰设置在墩柱上，基础按能力保护构件设计。但由于铁路重力式桥墩截面尺寸大、刚度大，地震时不易形成塑性铰，有可能在基础上形成塑性区，因此存在墩身和基础的协调设计问题。为便于讨论，下面将按纵向与横向分别进行讨论。

1. 罕遇地震下的纵向检算

由于高铁桥梁为双线或多线桥，其纵向尺寸小而横向尺寸大，故对于墩身而言往往由纵向控制设计。在罕遇地震作用下，桥梁抗震设计的原则是允许结构进入塑性（非线性）状态，但根据塑性主要发生在墩身还是基础中，可以有以下三种选择方案。

（1）选择方案一：墩身进入塑性，而基础仍保持弹性——墩身屈服型设计（图 4-20）。

此时，在计算模型中可将基础视作弹性，用线性的平动和转动弹簧模拟（按现行规范计算）地基的约束作用。墩身按弹塑性弯曲单元模拟，对于钢筋混凝土桥墩，可选用武田模型

（考虑刚度退化的三线性模型或克拉夫双线性）。对于普通桥梁可采用静力弹塑性分析法进行抗震性能校核，对于大跨度桥梁可采用弹塑性时程分析法进行延性校核。

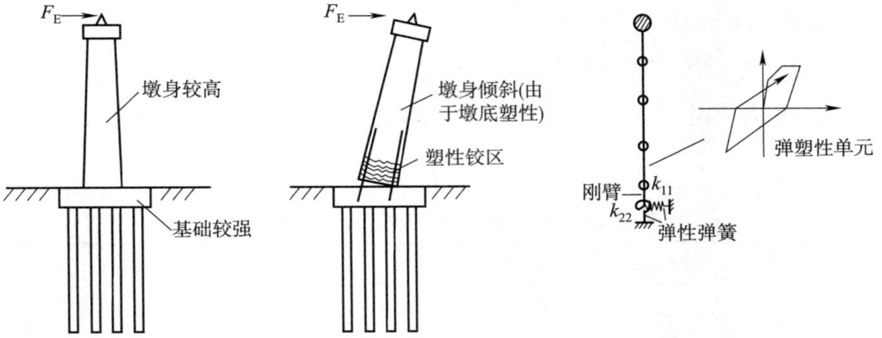

图 4-20　墩身破坏型设计示意图

墩身屈服型设计的步骤是在弹塑性分析结果基础上，对墩身进行延性校核，使其满足大震不倒的延性或位移要求；对基础进行强度校核，使基础保持在弹性（或基本弹性）范围内。墩身屈服型设计是钢筋混凝土桥墩抗震设计中常常采用的情况，其优点是塑性铰位置明确，便于震后修复。

（2）选择方案二：墩身保持弹性，而基础（地基）进入塑性——基础屈服型设计（图 4-21）。

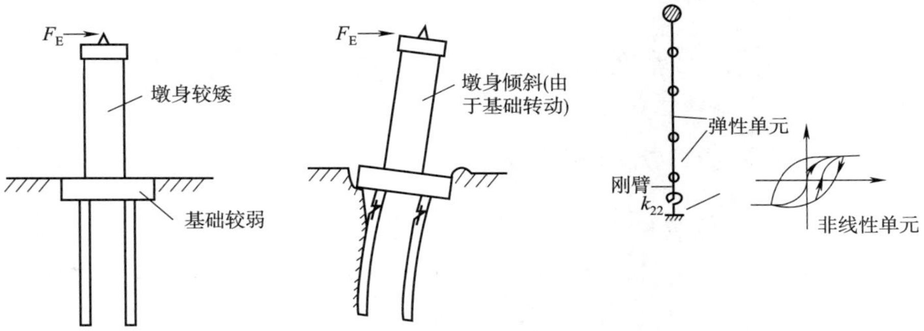

图 4-21　基础屈服型设计示意图

当选择方案一存在困难，即为使基础保持弹性需要将基础设计得十分庞大而很不经济时，也可选择采用基础屈服型的设计。允许基础（地基）进入塑性（非线性），可以发挥基础的耗能作用，大大地减小桥梁结构的地震作用，使传到基础的地震力减小，从而使基础的设计更为经济。但其代价是基础的塑性（非线性）使基础产生倾斜，墩顶位移增大。

（3）选择方案三：墩身及基础（地基）均进入塑性——混合屈服型（图 4-22）。

这种情况发生的可能性较小。即便对墩身和基础采用等强度设计，但由于土体力学性能的离散性很大，使得混合屈服型发生的可能性很小。桥梁震害中墩身与基础同时破坏的例子很少。对于混合屈服型情况，建议按照墩身和基础（地基）各有侧重的设计方法进行设计。

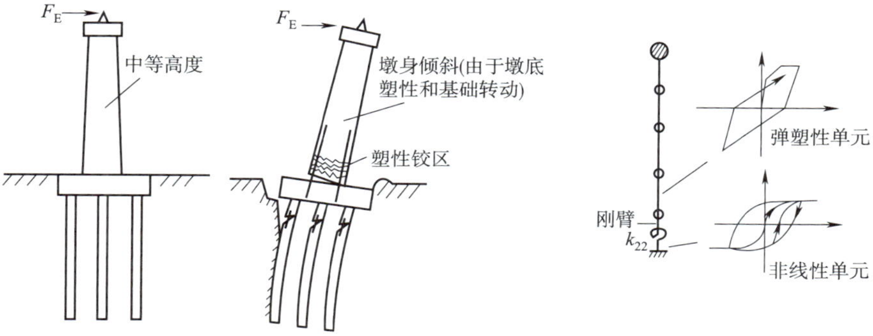

图 4-22　混合屈服型设计示意图

侧重墩身的设计：当基础(承台)埋入土中较深，基础周围土体较密实时，基础的强度往往较墩身要强，此时基础较强而墩身较弱，破坏将发生在墩身，即变成墩身屈服型。可按选择方案一进行设计。

侧重基础(地基)的设计：当基础(承台)埋入土中较浅，基础周围土体较疏松或受到河水冲刷时，基础的强度可能较墩身要弱，此时基础较弱而墩身较强，破坏将发生在基础(地基)中，即变成基础屈服型，可按选择方案二进行设计。

综上所述，对于混合屈服型情况(墩身和基础的抗震强度相当)，可以分别按墩身屈服型和基础屈服型进行设计。按照上述思路设计的桥梁，在罕遇地震时无论发生墩身屈服、基础(地基)屈服还是混合型屈服，均能保证桥梁结构的安全。

日本规范在处理此类问题时也采用类似的思路。在桥梁结构物地震响应计算中，引入了基础承载力系数 a_f，该系数是基于基础结构物强度计算误差和上部结构安全性的考虑而引进的。在验算上部结构物的场合，该值取 2.0(即考虑基础的承载力上限)；而在验算基础结构时，该值取 1.0。当有必要时也可对基础承载力系数 a_f 分别取 1.0 和 2.0，对桥梁进行结构物整体的非线性分析，同时验算上部结构和基础结构物的抗震性能。

2. 罕遇地震下的横向检算

由于高铁桥梁的横向尺寸较纵向尺寸大，墩身的横向屈服荷载也远比纵向要大，因此对于横向，采用墩身屈服型的设计必然使得基础的设计过于浪费。因此，在罕遇地震下基础的横向检算时可采用选择方案二。即采用在地震时墩身保持弹性，而基础(地基)进入塑性的基础屈服型设计方案。具体检算方法与纵向相同。

4.3.2　多遇地震下的抗震设计方法

1. 抗震计算模型

《震规》中给出了单墩计算模型，该模型适用于简支梁桥及连续梁桥的抗震分析，如图 4-23 所示，模型中具体参数含义可查阅《震规》。采用反应谱法或时程反应分析法计算结构的反应。

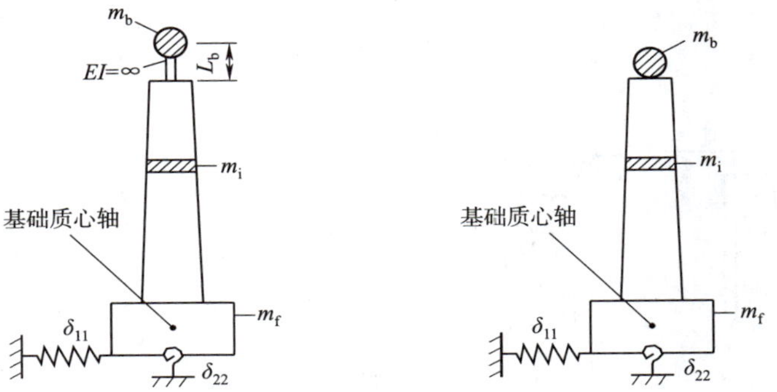

图 4-23　单墩计算模型

2. 少筋混凝土桥墩偏心验算

在《震规》规定砌体及混凝土墩身矩形及其他形状截面合力偏心距 $e \leqslant 0.8s$ 的基础上考虑配筋率对容许合力偏心距的影响，为了便于应用，提出少筋混凝土桥墩容许合力偏心距计算公式，偏心验算公式为

$$e \leqslant [e] \tag{4-4}$$

偏心计算公式为

$$e=\frac{M}{N} \tag{4-5}$$

容许合力偏心距计算公式为

$$[e]=C \cdot s \tag{4-6}$$

式中，C 为与配筋率有关的系数；s 为截面形心至混凝土受压边缘的距离；M、N 分别为计算截面的弯矩与轴力。

C 值的大小与配筋率及纵筋强度有关，本书经统计分析，给出了高速铁路重力式桥墩在不同钢筋强度下 C 值的计算公式，见表 4-11。

表 4-11　C 值计算公式

钢筋强度	C 值计算公式
HRB335	$C=101\rho+0.717$
HRB400	$C=123\rho+0.725$
HRB500	$C=163\rho+0.726$

注：ρ 为截面纵筋配筋率。公式适用于配筋率 $0.1\% \leqslant \rho \leqslant 0.5\%$；配筋率小于 0.1%时，按规范取值 0.8；配筋率大于 0.5%时，按钢筋混凝土桥墩验算。

3. 钢筋混凝土桥墩强度验算

多遇地震作用下，要求桥墩基本处于弹性状态，可采用强度破坏准则校核。采用容许应

力法按偏心受压构件对墩底控制截面的钢筋拉应力及混凝土压应力进行验算，验算公式为

$$\sigma_c \leqslant \xi[\sigma_c] \qquad \sigma_g \leqslant \xi[\sigma_g] \tag{4-7}$$

式中，σ_c、σ_g 为地震作用下控制截面混凝土的最大压应力及钢筋最大拉应力；$[\sigma_c]$、$[\sigma_g]$为混凝土及钢筋的容许应力；ξ 为地震时的容许应力修正系数，取 1.5。

对于少筋混凝土桥墩，可以采用容许应力法进行验算，也可以采用放大容许偏心距的方法进行偏心验算。

4. 桩基础强度验算

地震作用下桩基础的抗震性能目标为处于弹性状态，桩基础的抗震计算模型可以选择集中三弹簧模型，也可选择改进分层文克尔弹簧模型(图 4-24)。二者区别在于：集中三弹簧模型首先需要计算地震作用下承台底的轴力、剪力与弯矩，然后与恒载效应组合，最后再根据 m 法计算桩身内力；改进分层文克尔弹簧模型，因计算模型中采用等代土弹簧模拟地基土的横向抗力效应，因此可以直接获得桩身内力。相同之处在于：桩侧地基土的横向抗力均需用 m 法计算。

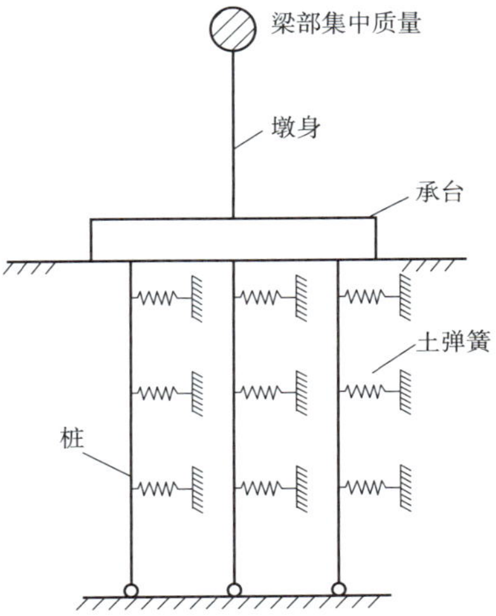

图 4-24　改进分层文克尔弹簧模型

桩侧地基土的等代土弹簧计算基于弹性地基梁假定，弹簧刚度计算公式为

$$k = amb_0 z \tag{4-8}$$

式中，a 为土层厚度；b_0 为桩的计算宽度；z 为计算深度。

地震作用下若要求桩基础处于弹性状态，可采用强度破坏准则校核。根据 m 法计算得到的桩身最大、最小轴力分别与桩身最大弯矩进行组合，按偏心受压(或偏心受拉)构件用容许应力法对桩身控制截面的纤维应力进行验算，具体公式为

$$\sigma_g \leqslant \xi[\sigma_g] \tag{4-9}$$

$$\sigma_c \leqslant \xi[\sigma_c] \tag{4-10}$$

参数含义同上。

4.3.3　罕遇地震下桥墩屈服型抗震设计方法

1. 抗震计算模型

为便于设计人员使用，对于简支梁或连续梁桥，弹塑性地震响应分析时可采用单墩计算模型，如图 4-25 所示。塑性铰单元骨架曲线可通过截面弯矩-曲率分析得到，滞回模型采用 Clough 双线性模型。

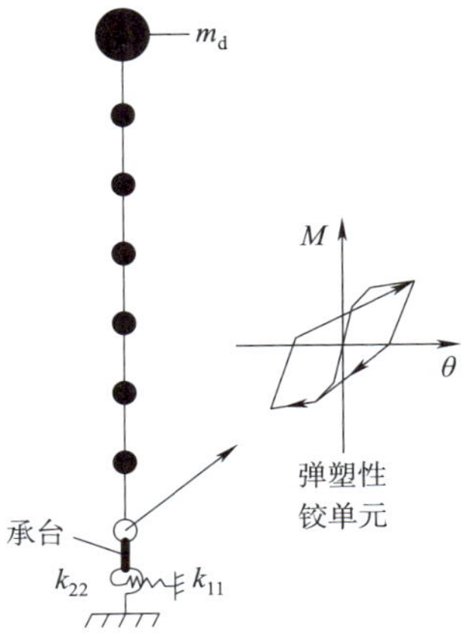

图 4-25　计算模型

《震规》中未给出桥墩塑性铰区长度的计算方法。本书根据试验数据，参考《公路桥梁抗震设计规范》(JTG/T 2231-01—2020)中给出的塑性铰长度计算公式，考虑桥墩纵向钢筋配筋率 ρ 的影响对其进行了修正，通过数据拟合分析提出了铁路重力式桥墩的塑性区长度计算公式。

$$\min\begin{cases} l_p=(0.08L+0.022d_b f_y)\times\dfrac{\rho}{0.005} \\ l_p=\dfrac{2h}{3}\times\dfrac{\rho}{0.005} \end{cases} \quad 0.002<\rho\leqslant 0.005 \tag{4-11}$$

式中，ρ 为纵向钢筋配筋率；L 为墩高；h 为墩身弯曲方向截面厚度；d_b为纵向钢筋直径；f_y为纵向钢筋屈服强度。

2. 位移延性验算

在罕遇地震作用下的弹塑性变形分析，宜采用非线性时程反应分析法，延性验算应满足式(4-12)的要求。

$$\mu_u=\frac{\delta_{max}}{\delta_y}<[\mu_u] \tag{4-12}$$

式中，μ_u为非线性位移延性比；$[\mu_u]$为允许位移延性比；δ_{max}为桥墩的非线性响应最大位移；δ_y为桥墩的屈服位移。

当桥墩配筋率低于 0.1%时，按弹性设计，$[\mu_u]=1.0$；当配筋率大于 0.5%时，按延性设计，$[\mu_u]=4.8$；当配筋率在 0.1%～0.5%之间时，按有限延性设计，$[\mu_u]$在 1～4.8 之间线性内插。不同配筋率下，建议的$[\mu_u]$限值见表 4-12。

表 4-12　不同配筋率下位移延性系数限值

配筋率/%	0.1	0.2	0.3	0.4	0.5
$[\mu_u]$	1.0	1.9	2.9	3.8	4.8

3. 设计基本流程

重力式桥墩的截面尺寸大，配筋率低，本书作者团队的相关研究结果表明重力式桥墩的配筋一般由罕遇地震作用控制[5,6]，因此抗震设计流程可按以下步骤进行。

(1)步骤 1：采用简化分析方法估算桥墩配筋。

对于中等周期单自由度体系，系统总地震输入能量保持不变，即弹性体系和相应的非弹性体系所吸收的能量相同，可得到弹性地震力折减系数 R 与容许位移延性系数$[\mu_u]$的简单关系为[7]

$$R=\sqrt{2[\mu_u]-1} \tag{4-13}$$

对于具有有限延性的少筋混凝土重力式桥墩，罕遇地震作用下抗震性能简化分析方法的具体步骤如下：

①输入罕遇地震动反应谱，采用振型分解反应谱法计算桥墩墩底截面弯矩 M_s；

②计算桥墩墩底截面屈服弯矩 M_y；

③根据桥墩的配筋率，确定位移延性系数$[\mu_u]$的限值；

④由$[\mu_u]$计算 R，当满足$\frac{M_s}{R}<M_y$时，墩身的有限延性满足要求。反之，需增加配筋后重新进行验算。

当配筋率及位移延性系数按表 4-12 取值时，地震力折减系数 R 与配筋率 ρ 关系如图 4-26 所示。

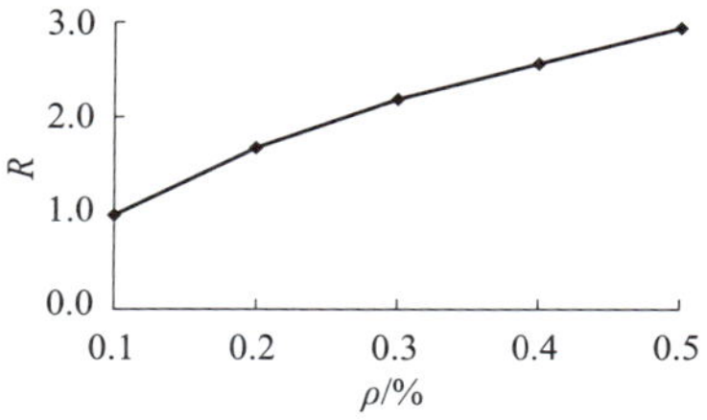

图 4-26　R-ρ 关系曲线

(2)步骤 2：根据桥墩的估算配筋，进行多遇地震下的偏心、应力验算复核。

(3)步骤 3：根据桥墩的估算配筋，进行罕遇地震下的位移延性能力验算复核。

4.3.4　罕遇地震下基础屈服型抗震设计方法

1. 桩基础性能指标

桥梁结构基于多水准、多性能的抗震设计原则在业内已得到共识。作为与墩身共同构成抵抗水平地震作用的结构构件，桩基础的抗震设计方法及计算模型将影响桥梁工程的整体抗震性能。目前，桩基础的抗震设计有两种理念：一种是由于桩基础通常位于地面以下，一旦在地震中发生损伤或破坏，检测与修复较为困难，因此从抗震角度讲通常应对其进行能力保护设计或保持弹性状态，即基于强度的抗震设计方法；另一种方法认为桩基础若采用能力保护设计，会导致桩身构件配筋率明显增大(高达 2.0%以上)，个别情况甚至导致桩身难以设计，此时可以考虑基于性能的抗震设计方法。

针对我国铁路桥梁结构形式特点以及三水准抗震设防目标，从桩身构件的损伤水平及桩-土相互作用体系的位移延性能力两个角度，提出了相应的抗震性能目标，见表 4-13、表 4-14。抗震性能Ⅰ——结构处于弹性状态或轻微损伤，不需要修复可正常使用；抗震性能Ⅱ——结构中等损伤，经一般修复可恢复正常使用；抗震性能Ⅲ——结构严重损伤，经抢修后可在一定限制下使用。

表 4-13　桩基础桥梁抗震性能水平

地震动水平	普通桥梁	重要桥梁
多遇地震	抗震性能Ⅰ	抗震性能Ⅰ
罕遇地震	抗震性能Ⅲ	抗震性能Ⅱ

表 4-14　桩基础抗震性能与评价指标

抗震性能	整体位移延性水平	桩构件损伤水平
抗震性能Ⅰ	1	1

续上表

抗震性能	整体位移延性水平	桩构件损伤水平
抗震性能Ⅱ	2	2
抗震性能Ⅲ	3	3

(1)桩构件损伤水平的限值指标

基于性能的抗震设计思想，结合铁路桥梁桩基础震后难于修复的特点并参考文献[8]的研究结果(表 4-15 中带 * 号标识)，以桩身截面等效屈服曲率及桩身截面材料纤维应变为指标，确定了桩构件在不同损伤状态下的受力状态，见表 4-15。

表 4-15　构件损伤水平与材料应变限值

性能水平	状态描述	桩身材料应变	
		混凝土	主　筋
1	基本弹性	$\mu_\phi \leqslant 1.0$	
2	中等损伤	$\mu_\phi > 1.0$ 且 $\varepsilon_c \leqslant 0.004$	$\mu_\phi > 1.0$ 且 $\varepsilon_g \leqslant 0.015$
3	严重损伤	$0.004 < \varepsilon_c \leqslant 0.006^*$	$0.015 < \varepsilon_g \leqslant 0.03^*$

注：ε_c 为混凝土压应变；ε_g 为钢筋拉应变；μ_ϕ 为桩身截面等效屈服曲率延性系数。

(2)桩基础位移延性控制指标

桩基础位移延性水平的定义如图 4-27 所示。墩顶允许的塑性位移限值[δ]表达式[9]为

$$[\delta]=\delta_y+\alpha\frac{\delta_u-\delta_y}{k} \tag{4-14}$$

式中，δ_y 为基础屈服状态时对应的墩顶位移，用等能量法确定；δ_u 为基础极限状态时对应的墩顶位移；k 为基础的塑性安全系数，取 2.0；α 为基础的性能等级系数，表征基础进入非线性后的塑性变形占允许屈服平台段的比例，桩基础的位移延性水平为 2 时，α 取 0.4；位移延性水平为 3 时，α 取 1.0。因此对应位移延性水平 2 和延性水平 3 时的墩顶位移限值为

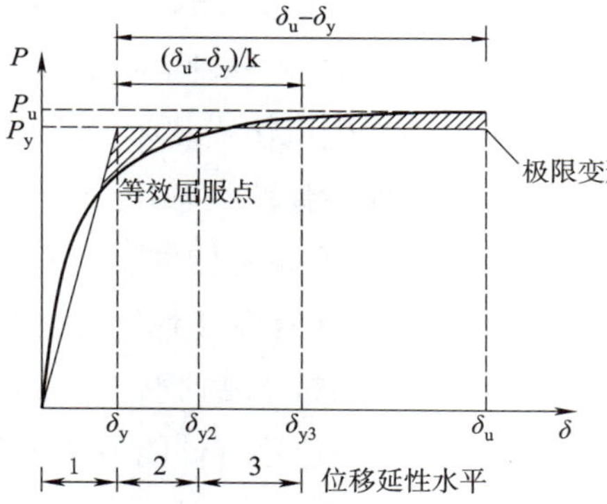

图 4-27　桩基础位移延性水平

$$\delta_{y2}=\delta_y+\frac{\delta_u-\delta_y}{5} \tag{4-15}$$

$$\delta_{y3}=\delta_y+\frac{\delta_u-\delta_y}{2} \tag{4-16}$$

当墩顶位移 $\delta<\delta_y$ 时，桩基础的位移延性水平为 1；当 $\delta_y \leqslant \delta < \delta_{y2}$ 时，位移延性水平为 2；当 $\delta_{y2} \leqslant \delta < \delta_{y3}$ 时，位移延性水平为 3。

2. 抗震计算模型

静力非线性计算模型(也称静力 Pushover 分析模型)如图 4-28 所示。该模型主要功能

是为桩基础抗震性能等级评价指标的划分及动力 SR 分析模型的参数取值提供依据。动力 SR 分析模型如图 4-29 所示。基底转动及平动弹簧的骨架曲线如图 4-30、图 4-31 所示，滞回规则采用双线性退化 Clough 模型，如图 4-32 所示。

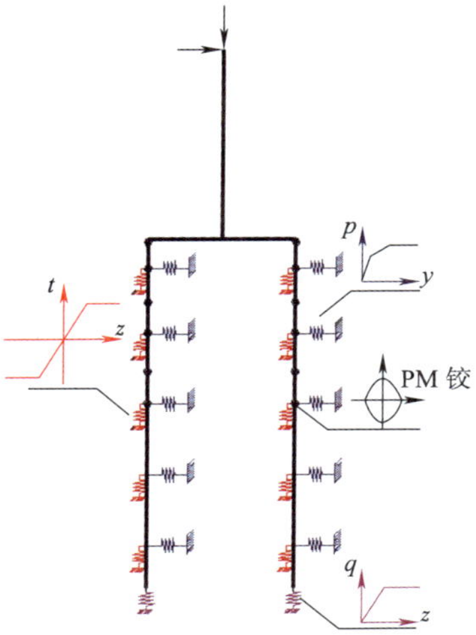

图 4-28　静力 Pushover 分析模型

图 4-29　动力 SR 分析模型

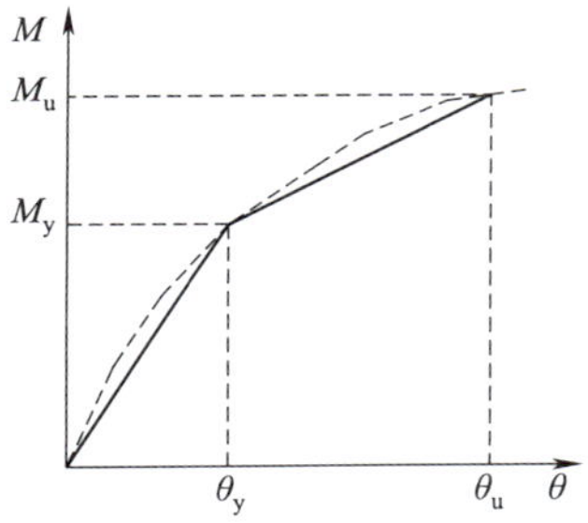

图 4-30　基底转动弹簧骨架曲线

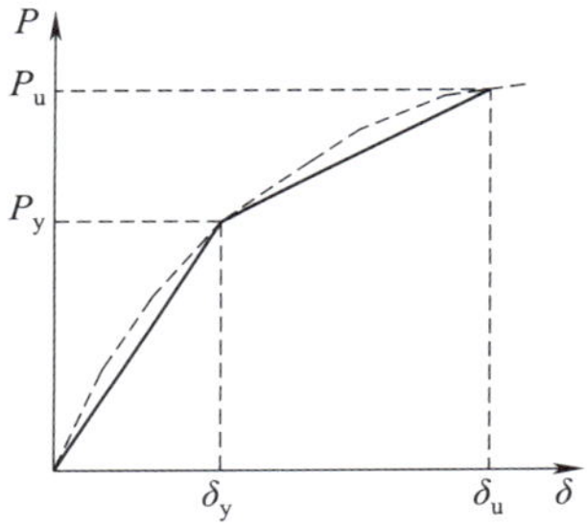

图 4-31　基底平动弹簧骨架曲线

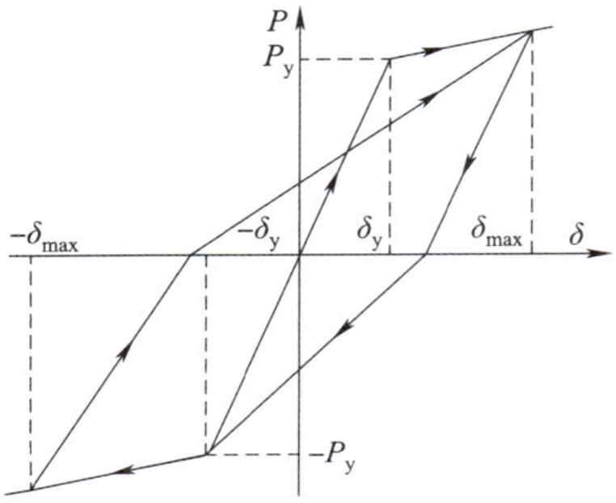

图 4-32　Clough 滞回模型

静力 Pushover 分析方法是实现基于性能抗震设计的一种重要方法，也是评估结构非线性地震响应的简单而实用的方法之一。分析过程实质是一种非线性静力分析过程，能计算出结构从弹性、屈服直至倒塌极限状态的整个变形过程，找出结构的抗震薄弱部位。弹塑性动力时程反应分析方法是实现基于性能抗震设计的另一种手段。与静力 Pushover 分析方法相比，弹塑性动力时程反应分析方法能获得更多结构地震响应的数据与信息。除了能够反映地震动的振幅和频谱特性外，还能反映地震动的持时，这一点是静力 Pushover 分析方法无法实现的。但动力时程反应分析方法往往运算工作量大，对工程设计人员的要求高，且存在收敛问题。

图 4-30～图 4-32 中，δ_y 为屈服点的水平变位值，δ_u 为极限状态对应的水平变位值，θ_y 为屈服点的转角，θ_u 为极限状态对应的转角。

3. 分析流程

基于性能设计方法的分析流程如图 4-33 所示，具体算例见 4.4.5。

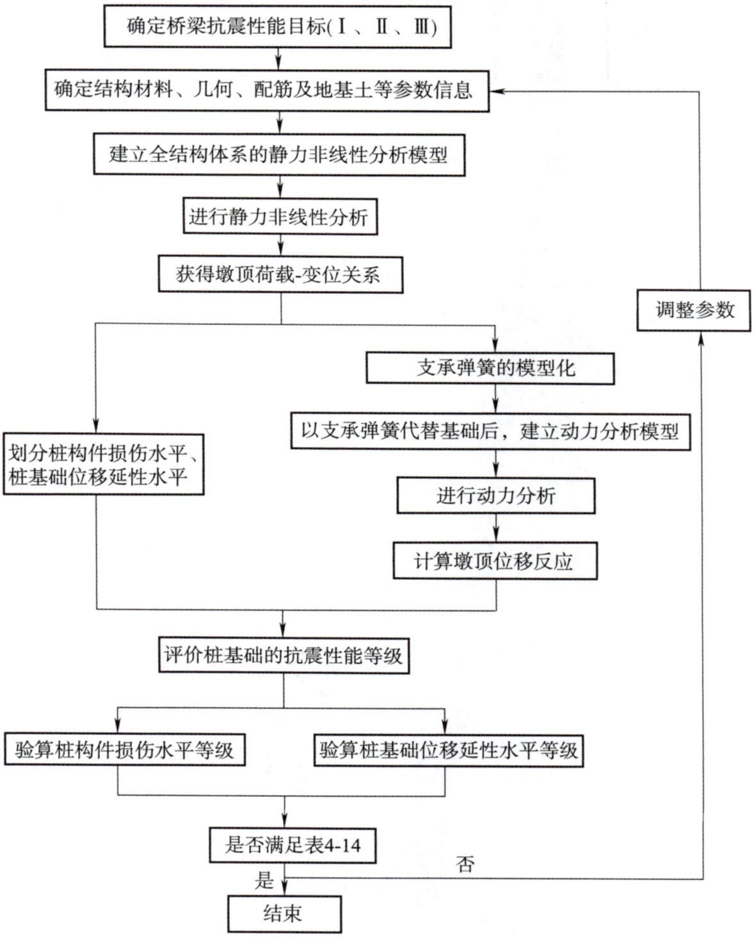

图 4-33　桩基础抗震性能评价流程

4.4　算例分析

4.4.1　基于有限延性的桥墩抗震设计

1. 工程概况

选取高速铁路桩基础桥墩为研究对象，上部结构为常用的 32 m 双线简支箱梁，桥墩下部结构形式为高承台桩基础，桥墩截面形式为圆端型，截面尺寸为 2.0 m×6.0 m，主梁和二期恒载合计 1 345.2 t，桩基础、承台和桥墩混凝土强度等级均为 C35，纵向钢筋为 HRB400，箍筋为 HPB300，桩径为 1.25 m。上层地基土为新黄土，下层地基土为老黄土，基本承载能力分别为 150 kPa 和 280 kPa，桩尖伸入基岩中。桥墩所在地为地震烈度 8 度区，对应的罕遇地震下地面运动峰值加速度为 0.38g，场地为Ⅱ类，特征周期 T_g=0.4 s。桥墩及基础尺寸如图 4-34 所示。

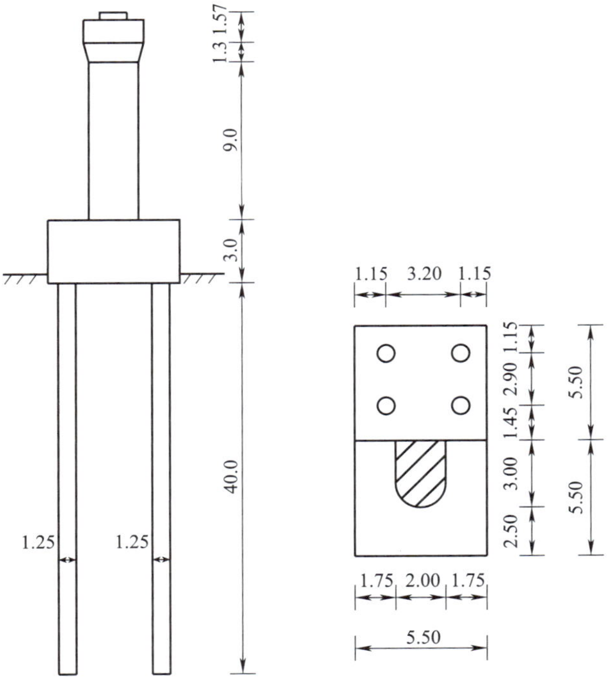

图 4-34　桥墩尺寸图(单位:m)

经计算，在地基土抗剪强度取 30 kPa，桩周摩阻力取 60 kPa，桩尖地基土承载力取 1 000 kPa，桩身配筋率为 1.0%、配箍率为 0.4%的情况下，桩基础等效屈服力为 4 900 kN，极限承载力为 5 150 kN[9]。而墩身在配筋率为 0.4%的情况下，墩底截面屈服弯矩 M_y= 31 550 kN·m，相应的墩顶水平屈服力为 2 657 kN。墩身的水平屈服力小于桩基础的等效屈服力，因此该桥在纵向判断为桥墩屈服型。

2. 采用简化分析方法估算桥墩配筋

输入罕遇地震动反应谱，采用振型分解反应谱法计算，得到桥墩墩底截面弯矩 $M_s=$ 80 812 kN·m。通过计算，得到桥墩墩底截面屈服弯矩 $M_y=31\ 550$ kN·m。初步估算桥墩配筋率为 0.4%，依据表 4-12 选取$[\mu_u]$为 3.8，则折减系数 $R=\sqrt{2[\mu_u]-1}=2.57$。

则：$\dfrac{M_s}{R}=\dfrac{80\ 812}{2.57}=31\ 444$ kN·m$<M_y=31\ 550$ kN·m，墩身有限延性满足要求。

3. 多遇地震下偏心验算

通过反应谱法分析得到该桥墩在多遇地震下的墩底弯矩为 15 070 kN·m，轴向力为 16 490 kN。依据公式(4-5)得到多遇地震下桥墩的偏心距为 $e=\dfrac{M}{N}=\dfrac{15\ 070}{16\ 490}=0.914$(m)。

根据表 4-11 可知，配筋率为 0.4%的 HRB400 级钢筋桥墩的容许偏心距$[e]=C\times s=(123\times 0.004+0.725)\times 1.0=1.217$(m)。则：$e<[e]$，多遇地震下桥墩满足小震不坏的设计要求。

4. 罕遇地震下位移延性能力验算

依据公式(4-11)计算得到桥墩的塑性区长度为 0.844 8 m。

$$\min\begin{cases} l_p=(0.08L+0.022d_b f_y)\times\dfrac{\rho}{0.005}=(0.08\times 11+0.022\times 0.02\times 400)\times\dfrac{0.004}{0.005}=0.844\ 8(\text{m}) \\ l_p=\dfrac{2h}{3}\times\dfrac{\rho}{0.005}=\dfrac{2\times 2}{3}\times\dfrac{0.004}{0.005}=1.07(\text{m}) \end{cases}$$

建立集中塑性铰模型。选取三条安评地震波，调整地面运动峰值加速度为 $0.38g$，地震波加速度时程曲线如图 4-35 所示，计算结果见表 4-16。

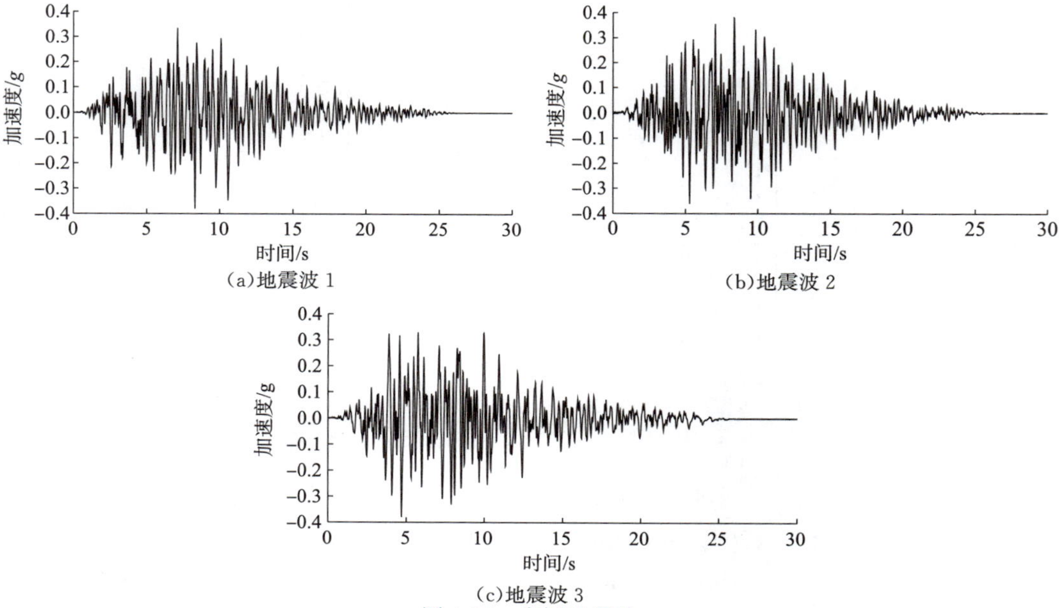

图 4-35 安评地震波

表 4-16　桥墩地震响应结果

地面运动峰值加速度/g	地震波	墩顶位移/cm	位移延性系数	位移延性限值
0.38	地震波 1	6.28	2.85	3.8
	地震波 2	6.65	3.02	3.8
	地震波 3	6.45	2.93	3.8

由表 4-16 可知，桥墩的位移延性性能满足要求。墩顶位移时程曲线如图 4-36 所示。

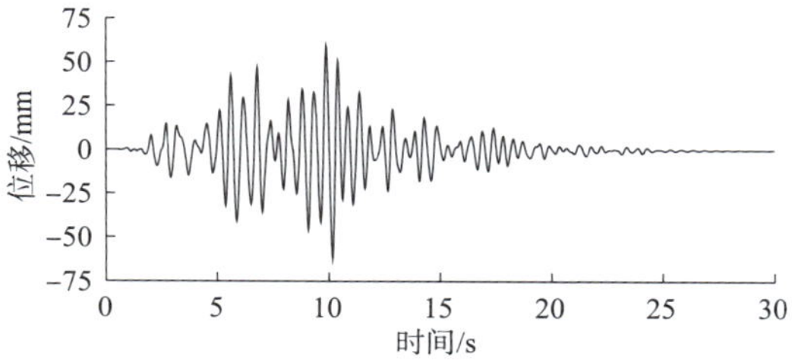

(a)地震波 1

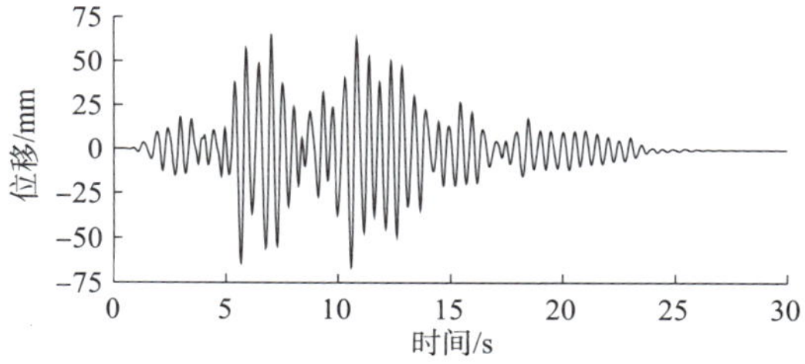

(b)地震波 2

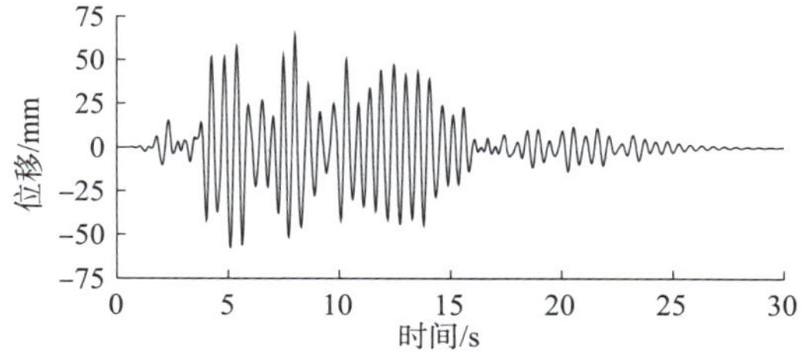

(c)地震波 3

图 4-36　墩顶位移时程曲线

4.4.2 桥墩最小配筋率研究

1. 工程概况

以高速铁路 32 m 双线简支箱梁桥圆端形实体重力式墩为研究对象，墩高 h 取 10 m，墩身横截面尺寸(直坡)为 2.6 m×6.0 m。主筋 HRB335，钻孔灌注桩基础由 8 根桩径为 1.25 m 桩组成，桩长为 40 m，如图 4-37 所示。计算模型采用单墩计算模型。考虑地基土的柔性效应作用，在承台底施加平动及转动弹簧，桥跨结构的总质量为 1 430 t。

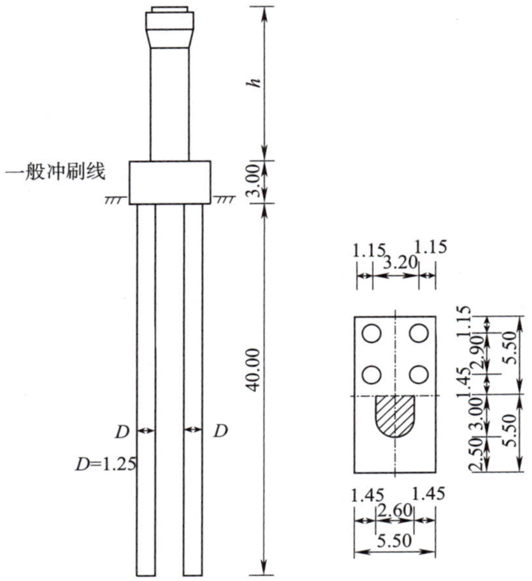

图 4-37 桥墩尺寸(单位：m)

2. 简化分析方法与非线性时程反应分析方法计算结果的比较

分别采用非线性时程反应分析法及简化分析方法重点对桥墩纵向抗震性能进行了分析。采用简化分析方法时，罕遇地震下结构的弹性地震响应采用反应谱法分析，输入的谱曲线采用《震规》中规定的Ⅱ类 2 区(T_g=0.4 s)β 曲线。采用非线性时程反应分析时，输入的地震动波形采用通过规范谱曲线生成的人工波，地震波的地面运动峰值加速度分别取 0.21g、0.32g、0.38g，分别对应规范中的 7 度、7 度强、8 度罕遇地震动。相应的分析结果见表 4-17、表 4-18。

表 4-17 简化分析方法的计算结果

配筋率/%	$[\mu_u]$	R	加速度峰值/g	墩底弯矩 M_s/(kN·m)	$\frac{M_s}{R}$	墩底屈服弯矩 M_y/(kN·m)	是否满足延性要求
0.2	1.9	1.67	0.21	52 966	31 716	34 500	满足

续上表

配筋率/%	[μ_u]	R	加速度峰值/g	墩底弯矩 M_s /(kN·m)	$\frac{M_s}{R}$	墩底屈服弯矩 M_y/(kN·m)	是否满足延性要求
0.3	2.9	2.19	0.32	80 987	36 980	39 600	满足
0.4	3.8	2.57	0.38	96 173	37 421	43 170	满足

表 4-18　非线性时程反应分析方法的计算结果

配筋率/%	加速度峰值/g	墩顶位移反应/cm	墩顶屈服位移/cm	位移延性系数 μ_u	[μ_u]	是否满足延性要求
0.2	0.21	3.8	2.9	1.3	1.9	满足
0.3	0.32	4.68	3.0	1.6	2.9	满足
0.4	0.38	6.5	3.1	2.1	3.8	满足

由表 4-17、表 4-18 中的计算结果可知：对于中低墩，在 7 度区罕遇地震作用下，配筋率为 0.2%～0.3%的桥墩已进入塑性，但考虑墩身有限延性下的耗能作用，桥墩可满足大震不倒的设防要求。在 8 度区罕遇地震作用下，配筋率为 0.4%的桥墩已进入塑性，但考虑墩身有限延性下的耗能作用，桥墩也可满足大震不倒的设防要求。两种分析方法尽管数值略有差异，但结构总体反应的趋势基本一致。

3. 少筋混凝土桥墩的最小配筋率研究

考虑了两种墩高与三种场地条件，两种墩高 h 分别为 10 m、20 m(假设桥墩截面尺寸不变)。三种场地条件中的Ⅰ类 2 区(T_g=0.3 s)：m=80 000 kN/m^4，m_0=80 000 kN/m^4；Ⅱ类 2 区(T_g=0.4 s)：m=40 000 kN/m^4，m_0=80 000 kN/m^4；Ⅲ类 2 区(T_g=0.55 s)：m=10 000 kN/m^4、m_0=40 000 kN/m^4，其中 T_g为场地特征周期，m、m_0分别为桩侧土及桩尖地基土抗力系数的比例系数。采用简化分析方法对桥墩纵向抗震性能进行分析评价。采用单墩模型，应用反应谱法计算罕遇地震下桥墩弹性地震响应，谱曲线采用《震规》规定的 β 曲线。地面运动峰值加速度取 0.11g、0.21g、0.32g、0.38g、0.57g，分别对应规范中的 6 度、7 度、7 度强、8 度、8 度强罕遇地震动。桥墩的抗震性能分析结果见表 4-19，表中 * 号表示验算结果不满足要求。

表 4-19　桥墩抗震性能分析

墩高/m	配筋率/%	R	墩底屈服弯矩 M_y/(kN·m)	加速度峰值/g	Ⅰ类 2 区场地$\frac{M_s}{R}$/(kN·m)	Ⅱ类 2 区场地$\frac{M_s}{R}$/(kN·m)	Ⅲ类 2 区场地$\frac{M_s}{R}$/(kN·m)
10	0.1	1.00	27 740	0.11	22 882	27 743	37 326*
	0.2	1.67	34 500	0.21	26 157	31 716	42 670*
	0.3	2.19	39 600	0.32	30 395	36 980	49 582*
	0.4	2.57	43 170	0.38	30 757	37 421	50 173*
	0.5	2.93	47 014	0.57	40 467	49 235	66 013*

续上表

墩高/m	配筋率/%	R	墩底屈服弯矩 M_y/(kN·m)	加速度峰值/g	Ⅰ类2区场地$\frac{M_s}{R}$/(kN·m)	Ⅱ类2区场地$\frac{M_s}{R}$/(kN·m)	Ⅲ类2区场地$\frac{M_s}{R}$/(kN·m)
20	0.1	1.00	34 790	0.11	23 724	30 566	40 581*
	0.2	1.67	40 640	0.21	27 120	34 942	46 390*
	0.3	2.19	46 220	0.32	31 514	40 602	53 905*
	0.4	2.57	52 110	0.38	31 889	41 086	54 547*
	0.5	2.93	57 700	0.57	41 957	54 057	71 768*

从表4-19的计算结果可知：

(1)场地条件对桥墩地震响应的影响显著，如场地条件为Ⅲ类2区时墩底弯矩约为Ⅰ类2区时的1.6～1.7倍。而墩高的变化(从10 m变至20 m)对墩底弯矩的影响较小。原因如下：当墩高较小时，由于桥墩的自振周期较短，谱曲线在该区段变化较陡，桥墩自振周期的微小变化都会导致结构动力放大系数β的较大变化。而当墩高相对较大时，由于桥墩的自振周期较长，谱曲线在该区段变化较平缓，结构的动力放大系数β随桥墩自振周期的变化不显著。结构动力放大系数β与结构自振周期的关系如图4-38所示。

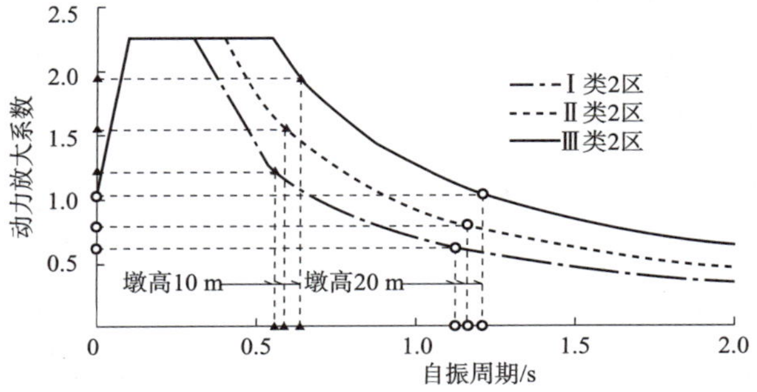

图4-38 β与桥墩自振周期关系曲线

(2)在场地条件较好时(如Ⅰ类2区、Ⅱ类2区)，对于中低墩，在6度区罕遇地震作用下，配筋率为0.1%的桥墩基本保持在弹性状态。在7度区罕遇地震作用下，配筋率为0.2%～0.3%的桥墩已进入塑性，但考虑墩身有限延性下的耗能作用，桥墩可满足大震不倒的设防要求。在8度区罕遇地震作用下，配筋率为0.4%～0.5%的桥墩已进入塑性，但考虑墩身有限延性下的耗能作用，桥墩也可满足大震不倒的设防要求。对于铁路重力式中低桥墩(墩高h=10～20 m)，不同烈度区的墩身配筋率下限建议值见表4-20。

表4-20 不同烈度区墩身配筋率下限建议值

地震烈度	加速度峰值/g	墩身配筋率ρ下限建议值/%
6度	0.11	0.1
7度	0.21	0.2

续上表

地震烈度	加速度峰值/g	墩身配筋率 ρ 下限建议值/%
7 度强	0.32	0.3
8 度	0.38	0.4
8 度强	0.57	0.5

(3)当场地条件为Ⅲ类 2 区时，表 4-20 中的配筋率不能满足桥墩在罕遇地震下的抗震性能要求，应提高墩身配筋率。通过计算，墩高 10 m 时配筋率应提高约 0.15%，墩高为 20 m 时，配筋率应提高约 0.1%。

4.4.3　耦联弹簧在有限元软件中的实现方法

《震规》对桥墩进行抗震计算时，所规定的计算图式如图 4-39 所示，适用于弹性地基上的扩大基础、沉井(挖井)或桩基础桥墩。反映地基弹性变形影响的三个弹簧系数中，耦联项 δ_{12} 表示了基础平动与转动之间的耦联效应，忽略耦联项 δ_{12} 有时会导致较大误差。对于深基础桥墩，忽略耦联项常会得到不能接受的错误结果。为此提出了在通用程序中实现耦联弹簧的模拟方法[10]。

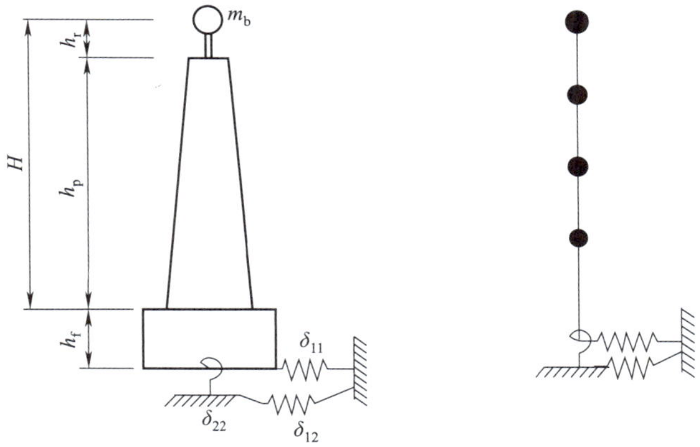

图 4-39　桥墩计算模型

1. 等价模型参数的推导

基底的平动、转动及平转动耦合三个弹簧，可以用两个平动弹簧 δ_A 和 δ_B 及一根长度为 L_{AB} 的无重刚性杆所构成的体系表示。它们在刚度和惯性特性上是完全等效的(图 4-40)。其等效参数 δ_A、δ_B 及 L_{AB} 按两步推导如下。

(1)当在基底作用单位水平力时，体系 a 所产生的水平位移为 δ_{11}，转角为 δ_{12}。为了使两种体系在刚度上等效，体系 b 也应产生相同的位移。当在体系 b 的基底作用单位水平力时[图 4-41(a)]，所产生的平动位移为 δ_A，所产生的转角为 δ_A/L_{AB}。为使两体系等效，要求

$$\delta_A=\delta_{11} \tag{4-17}$$

$$\delta_A/L_{AB}=\delta_{12} \tag{4-18}$$

由式(4-17)和式(4-18)可得

$$L_{AB}=\delta_{11}/\delta_{12} \tag{4-19}$$

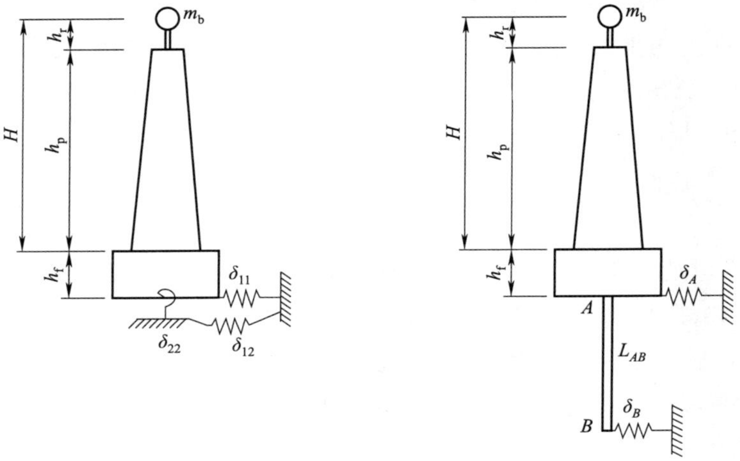

(a)体系 a　　(b)体系 b

图 4-40　等价模型

(2)当基底作用单位弯矩时,体系 a 所产生的转角为 δ_{22},水平位移为 δ_{12},为使两种体系在刚度上等效,体系 b 也应产生相同的位移。当在体系 b 的基底作用单位弯矩时[图 4-41(b)],所引起的基底水平位移为 δ_A/L_{AB},转角为$(\delta_A+\delta_B)/L_{AB}^2$。根据两体系等效原则,要求:

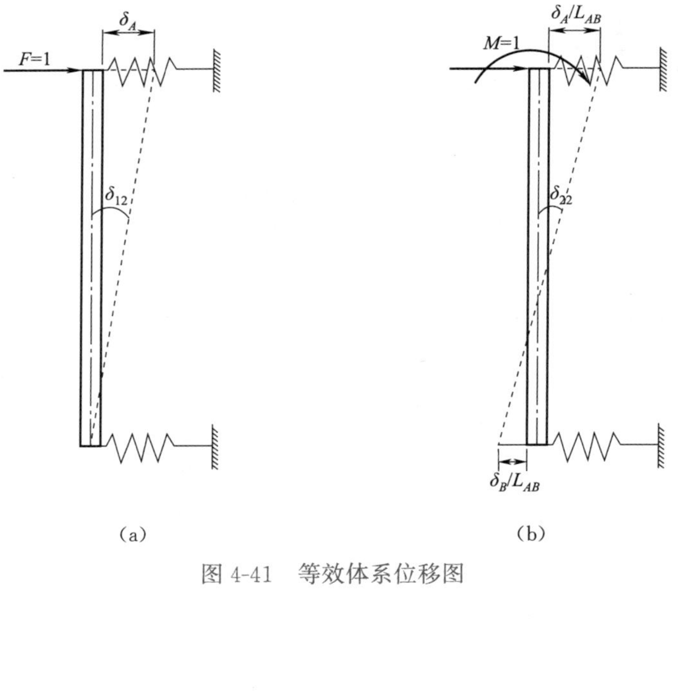

(a)　　(b)

图 4-41　等效体系位移图

$$\delta_A/L_{AB}=\delta_{12} \tag{4-20}$$

$$(\delta_A+\delta_B)/L_{AB}^2=\delta_{22} \tag{4-21}$$

由式(4-20)可得：$L_{AB}=\delta_A/\delta_{12}=\delta_{11}/\delta_{12}$，与式(4-19)相同。由式(4-21)可得：

$$\delta_B=L_{AB}^2\delta_{22}-\delta_A=L_{AB}^2\delta_{22}\delta_{11} \tag{4-22}$$

由于式(4-17)、式(4-19)及式(4-22)给出了等效体系的有关参数，从而避免了耦联弹簧的输入问题。与柔度系数 δ_A、δ_B对应的弹簧刚度系数为

$$k_A=1/\delta_A \tag{4-23}$$

$$k_B=1/\delta_B \tag{4-24}$$

当 δ_{12}为负值时(沉井基础非嵌固时)，L_{AB}也为负值。这时无重刚性杆应从基底向上放置。

2. 算例

为了说明当 L_{AB}为负值时的计算方法，举一个沉井基础桥墩的例子。矩形沉井基础桥墩，墩顶纵向尺寸为 2.3 m，横向尺寸为 3.6 m，纵向坡度为 30∶1，横向坡度为 70∶1。墩高 $h_p=15$ m，墩顶刚臂长度 $h_r=0.5$ m，墩顶集中质量 $m_b=245$ t。沉井高度为 $h_f=8$ m，质量为 520 t，地基比例系数为 20 000 kPa /m^2，井底非嵌固。按《震规》计算所得的沉井底三个柔度系数为：$\delta_{11}=0.510\ 8\times10^{-6}$ m/kN，$\delta_{12}=-0.985\ 5\times10^{-7}$ rad/kN，$\delta_{22}=0.369\ 6\times10^{-7}$ rad/(kN·m)，等效体系参数的计算结果为：$\delta_A=\delta_{11}=0.510\ 8\times10^{-6}$ m/kN，$L_{AB}=\delta_{11}/\delta_{12}=-5.183$ m，$\delta_B=L_{AB}^2\delta_{22}-\delta_{11}=0.482\ 1\times10^{-6}$ m/kN。等效体系的计算简图及单元划分如图 4-42 所示。

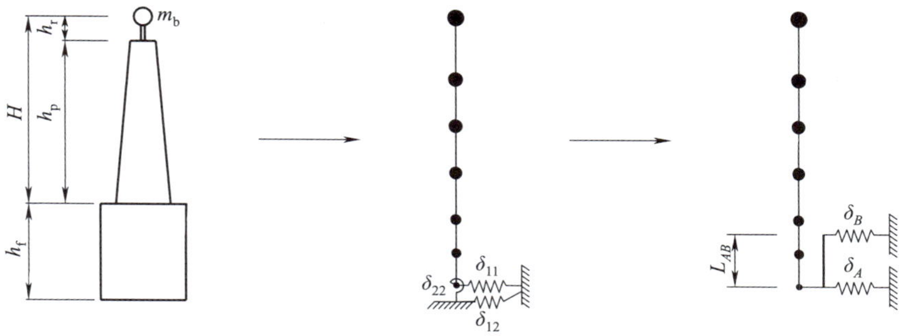

(a)结构简图　　(b)《震规》计算简图　　(c)等价模型

图 4-42　沉井基础桥墩计算简图

采用有限元分析通用程序计算所得的前三阶自振圆频率为 $\omega_1=11.26$ rad/s，$\omega_2=69.2$ rad/s，$\omega_3=117.2$ rad/s，对应的前三阶振型示于图 4-43。

3. 结论

探讨了桥墩抗震计算中耦联弹簧的处理方法，提出了在有限元通用程序中处理耦联弹

簧的一种等价模型,所提出的用两个平动弹簧及一个刚性无重杆的等价模型能够合理地模拟桥墩基础的平动、转动及平转动耦合三个弹簧系数,为在通用程序或自编程序中处理耦联弹簧提供了一种等效处理方法。

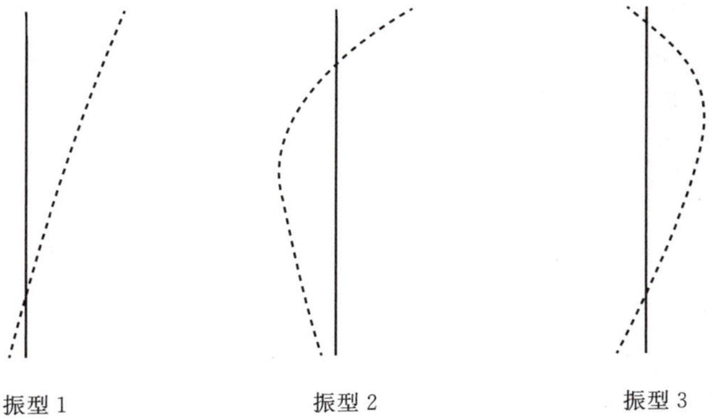

图 4-43　前三阶振型图

4.4.4　群桩基础简化抗震计算模型的比较

对桩基边界条件进行精确模拟需要涉及复杂的桩土相互作用问题,获得解析解十分困难,因此桩基础的计算模型大多基于规范 m 法的假设,提出了多种简化分析模型。目前桥梁桩-土相互作用的简化分析模型有集中 6 弹簧模型、考虑耦联效应的集中 3 弹簧模型和分层文克尔弹簧模型。本节首先分析了 m 法和分层文克尔弹簧模型在计算桥梁群桩基础承台底地基柔度系数时的差异。鉴于分层文克尔弹簧模型没有考虑桩侧竖向摩阻力与桩底土抗力作用对承台底地基柔度系数的影响,提出了改进的分层文克尔弹簧模型。然后研究了常用的桩-土相互作用抗震简化计算模型:集中 6 弹簧模型、考虑平动-转动耦合效应的 3 弹簧模型以及提出的改进分层文克尔弹簧模型,探讨了反映承台底平转耦合效应的耦联弹簧刚度对桥墩动力特性及地震响应的影响。最后研究了改进的分层文克尔弹簧模型中桩身等效面积的影响因素[11]。

1. 分层文克尔弹簧模型

因集中 6 弹簧模型、考虑平动-转动耦合效应的 3 弹簧模型在前面章节中已有介绍,下面重点介绍分层文克尔弹簧模型。文克尔假定是考虑桩土相互作用的一种简化方法,分层文克尔弹簧模型桩底通常约束竖向自由度,如图 4-44 所示。分层文克尔弹簧模型仅考虑了桩侧横

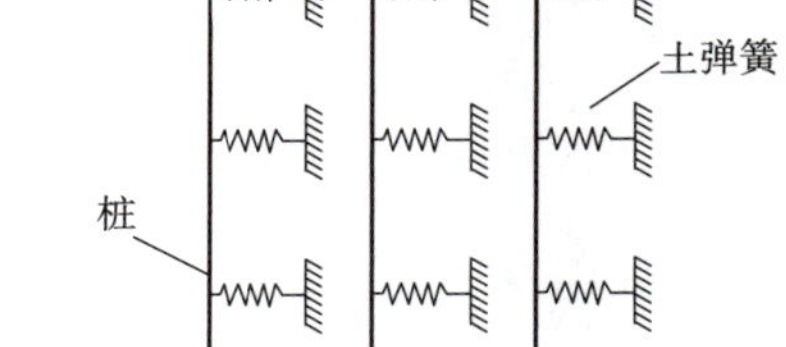

图 4-44　分层文克尔弹簧模型

向土抗力的作用，假设桩-土之间的相互作用力与深度及桩身水平位移的乘积成正比。将群桩基础中每排桩视为弹性地基梁，桩侧横向土抗力采用等代水平土弹簧模拟，弹簧刚度可采用规范 m 法计算。

2. 提出的改进分层文克尔弹簧模型

桥梁群桩基础可视为具有刚性承台座板的空间刚架。根据桥墩的实际受力特点，通常将群桩基础沿对称面简化为平面刚架。首先通过结构力学的位移法求解承台坐标原点的变位（竖向位移、水平位移及转角），见式（4-25），然后求出任一根桩顶处的内力（弯矩 M、剪力 H 及轴力 N），再按单桩的计算方法求解。

$$b=\frac{N}{\gamma_{\mathrm{bb}}}\qquad a=\frac{\gamma_{\beta\beta}H-\gamma_{\alpha\beta}M}{\gamma_{\mathrm{aa}}\gamma_{\beta\beta}-\gamma_{\alpha\beta}^{2}}\qquad \beta=\frac{\gamma_{\mathrm{aa}}M-\gamma_{\alpha\beta}H}{\gamma_{\mathrm{aa}}\gamma_{\beta\beta}-\gamma_{\alpha\beta}^{2}} \tag{4-25}$$

γ_{bb}、γ_{aa}、$\gamma_{\beta\beta}$及$\gamma_{\alpha\beta}$按式（4-26）计算。

$$\gamma_{\mathrm{bb}}=\sum n_i\rho_1,\gamma_{\mathrm{aa}}=\sum n_i\rho_2,\gamma_{\beta\beta}=\sum n_i\rho_4+\rho_1\sum n_ix_i^2,\gamma_{\alpha\beta}=\gamma_{\beta\alpha}=-\sum n_i\rho_3 \tag{4-26}$$

式中，ρ_1、ρ_2、ρ_3、ρ_4 为桩顶的刚度系数；ρ_1 为引起承台底面沿构件轴线方向产生单位位移时构件顶面处的轴向力，可按式（4-27）计算。

$$\rho_1=\frac{1}{\dfrac{\xi L}{EA}+\dfrac{1}{C_0A_0}} \tag{4-27}$$

对于钻孔灌注摩擦桩，假定桩侧摩阻力均匀分布，即 $\xi=0.5$，且单桩桩顶轴向荷载 N_i 由桩侧摩阻力和桩底土阻力共同承担，因此自地面以下桩身上轴力逐渐减小。可见，ρ_1 的大小与桩侧摩阻力及桩底土阻力刚度大小有关，且影响着承台底坐标原点的平动位移 α 及转角 β，进而影响群桩基础单桩的受力及变形。但分层文克尔弹簧模型通常仅关注桩侧水平土弹簧刚度的取值，而忽略桩顶竖向刚度 ρ_1 的影响。尽管改进的分层文克尔弹簧模型表面形式上与分层文克尔弹簧模型相同，但改进的分层文克尔弹簧模型通过“桩身等效面积”间接地考虑了桩侧竖向摩阻力以及桩底土阻力的影响，即根据 ρ_1 的大小按“桩身轴向刚度相等的原则”调整桩身的截面面积，但桩惯性矩及桩长保持不变。桩身等效面积 A_1 按式（4-28）计算：

$$A_1=\frac{L\rho_1}{E}=\frac{L}{E\left(\dfrac{\xi L}{EA}+\dfrac{1}{C_0A_0}\right)} \tag{4-28}$$

式中，C_0 为桩底竖向地基系数，$C_0=m_0L$，若 $L\leqslant 10$ m，取 $L=10$ m；对于摩擦钻孔桩 ξ 取 0.5；A 为桩身截面面积；A_0 为桩底处地基的受力面积，对于摩擦桩为桩侧四周自地面或局部冲刷线按 $\varphi/4$（φ 为土层的内摩擦角）向下扩散至桩尖处的面积。

3. 不同分析模型计算承台底柔度系数的差异

某 32 m 铁路桥梁重力式桥墩，采用钻孔灌注桩群桩基础，桩径为 1.25 m，如图 4-45 所示。地基土为新黄土，内摩擦角为 22°，基本承载能力 $\sigma_0=150$ kPa，上部结构恒载质量为 1 400 t。不计承台侧向土的作用。

采用 ANSYS 软件建立群桩基础单墩模型，墩顶自由，如图 4-46 所示。通过在承台底施加单位水平力或单位弯矩的方式，计算承台底群桩的柔度系数。模型中桩构件采用梁单元 beam3 模拟，桩侧地基土采用弹簧单元 combin14 模拟，地基土弹簧的刚度采用 m 法计算。为了验证所提出模型的有效性，桩侧及桩底地基土的地基系数按以下两种工况进行分析取值。工况 1：$m=m_0=10\ 000\ \text{kN/m}^4$；工况 2：$m=10\ 000\ \text{kN/m}^4$，$m_0=40\ 000\ \text{kN/m}^4$。同时采用如下的三种计算模型进行了对比分析。模型 1：规范 m 法，即采用结构力学中的位移法取承台座板为隔离体，建立位移法典型方程，并通过幂级数法求解弹性桩的变位及内力；模型 2：分层文克尔弹簧模型；模型 3：改进的分层文克尔弹簧模型。桩径 1.25 m 的桩身横面积 $A_0=1.23\ \text{m}^2$。对于改进的分层文克尔弹簧模型，应按公式(4-28)计算桩身的等效面积 A_1。工况 1：$A_1=1.407\ \text{m}^2$；工况 2：$A_1=2.069\ \text{m}^2$。承台底地基柔度系数的计算结果见表 4-21。

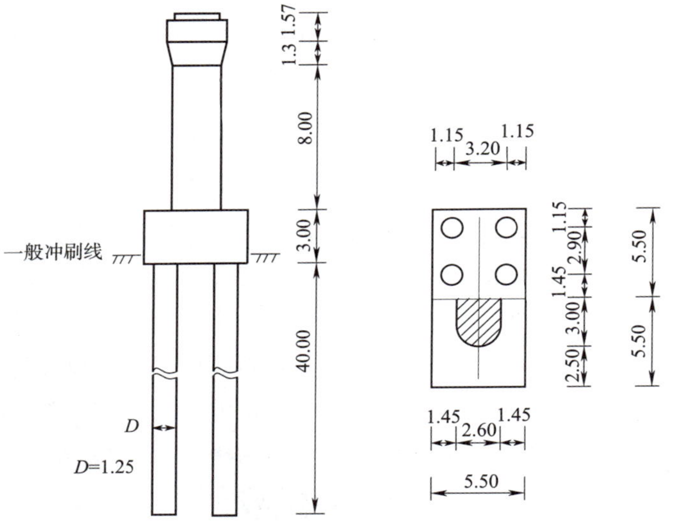

图 4-45　桥墩结构图(单位：m)

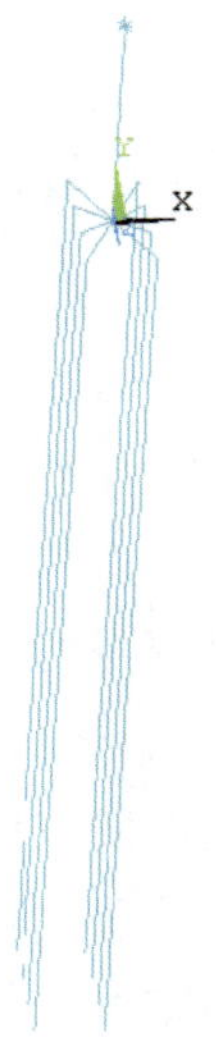

图 4-46　改进的分层文克尔有限元模型

表 4-21　承台底地基柔度系数

分析工况	计算模型	平动柔度 $\delta_{11}/(\text{m}\cdot\text{kN}^{-1})$	转动柔度 $\delta_{22}/(\text{rad}\cdot\text{kN}^{-1}\cdot\text{m}^{-1})$	耦联柔度 $\delta_{12}/(\text{m}\cdot\text{kN}^{-1}\cdot\text{m}^{-1})$
工况 1	模型 1	1.126×10^{-6}	3.567×10^{-8}	9.416×10^{-8}
	模型 2	1.110×10^{-6}	3.830×10^{-8}	10.580×10^{-8}
	模型 3	1.070×10^{-6}	3.440×10^{-8}	9.430×10^{-8}
工况 2	模型 1	1.057×10^{-6}	2.572×10^{-8}	6.790×10^{-8}
	模型 2	1.110×10^{-6}	3.830×10^{-8}	10.580×10^{-8}
	模型 3	0.993×10^{-6}	2.510×10^{-8}	6.870×10^{-8}

根据表 4-21 中的计算结果，可以得到如下结论：刚度系数 ρ_1 的大小对承台底平动柔度影响较小，三种模型计算结果相差不大；刚度系数 ρ_1 的大小对于承台底的转动及耦联柔度影响较大，模型 3 与模型 1 的计算结果基本一致，但与模型 2 的计算结果差异较大。对于工况 2，模型 2 的转动柔度及耦联柔度约为模型 1 的 1.5 倍。应用分层文克尔弹簧模型模拟群桩基础的桩土相互作用时，应考虑桩侧摩阻力的影响，否则计算结果将出现较大的误差。

4. 不同分析模型对桥墩动力特性及地震响应的影响

为了研究不同的计算模型对桥墩动力特性及地震响应的影响，对不同的计算模型分别进行了模态及反应谱分析。桩侧及桩底地基土的地基系数取 $m=m_0=10\ 000\ \mathrm{kN/m^4}$。承台底集中支承弹簧单元采用 ANSYS 软件中的 matrix27 单元模拟，matrix27 单元为 12×12 的弹簧阻尼矩阵单元，该单元连接两个节点，每个节点有 6 个自由度，沿节点坐标系 x、y、z 方向的平动和绕节点坐标系 x、y、z 的转动。以矩阵元素 $C_1=C_{58}=-C_7$ 模拟承台底的平动刚度，以 $C_{51}=C_{78}=-C_{57}$ 模拟承台底的转动刚度，以 $C_6=C_{12}=C_{63}$ 模拟承台底的耦联刚度。地震动反应谱特征周期取规范Ⅱ类场地二区，水平地震动加速度峰值取 $0.07g$。

考虑了如下 3 种计算模型：模型 1：集中 6 弹簧模型，根据承台底的内力按照静力方法反推单桩最不利内力；模型 2：考虑耦联效应的集中 3 弹簧模型，根据承台底的内力按照静力方法反推单桩最不利内力；模型 3：改进的分层文克尔弹簧模型，直接从分析模型中提取单桩最不利内力。不同计算模型对桥墩自振特性及结构地震响应的影响见表 4-22、表 4-23。

表 4-22　桥墩自振特性分析

计算模型	纵向 1 阶/Hz	纵向 2 阶/Hz
模型 1	1.783	15.918
模型 2	1.414	14.707
模型 3	1.425	13.678

表 4-23　桥墩及桩基础的地震响应分析

计算模型	墩底内力		桩身最大内力		墩顶位移/cm
	弯矩/(kN·m)	剪力/kN	弯矩/(kN·m)	剪力/kN	
模型 1	17 830	1 857	439	232	0.910
模型 2	14 209	1 487	350	186	1.115
模型 3	14 504	1 520	390	185	1.115

从表 4-22 及表 4-23 的分析结果可以看出：模型 2、模型 3 分析得到的桥墩动力特性、墩底内力、桩身内力以及墩顶位移的计算结果基本一致，再次验证了本书提出的改进的文克尔弹簧模型的准确性。模型 1 分析得到的桥墩动力特性、墩底及桩底截面内力明显高于模型 2、模型 3 的计算结果，约为模型 2、模型 3 内力的 1.25 倍，但墩顶位移小于模型 2、模型 3 的计

算结果。以上计算结果表明：由于集中 6 弹簧模型没有考虑耦联弹簧的影响，导致桩基础的等效刚度与实际情况不符，与考虑耦联效应的集中 3 弹簧模型相比，人为地增加地基刚度，导致墩身及桩基础的地震内力偏大，而墩顶位移偏小。

5. 改进的分层文克尔弹簧模型中桩身等效面积的影响因素分析

为了研究桩长、桩径及桩底土竖向地基系数对改进的分层文克尔弹簧模型中桩身等效面积的影响规律，进一步进行了参数分析。将桩长 L 分别取为 20 m、40 m、60 m，桩径 D 取为 1.0 m、1.25 m、1.5 m，桩底土竖向地基系数 m_0 取为 10 000、20 000、40 000、80 000 kN/m^4。为讨论方便，定义桩身截面的等效面积比 η 为

$$\eta = A_1 / A_0 \tag{4-29}$$

式中，A_1 为桩身的等效面积；A_0 为桩身的截面面积。

桩身截面的等效面积比 η 随着 m_0、桩径 D 及桩长 L 的变化曲线如图 4-47～图 4-50 所示。

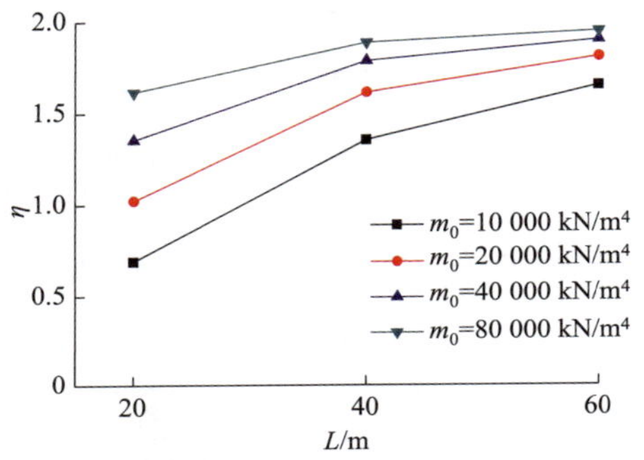

图 4-47　D=1.0 m 时 η 变化曲线

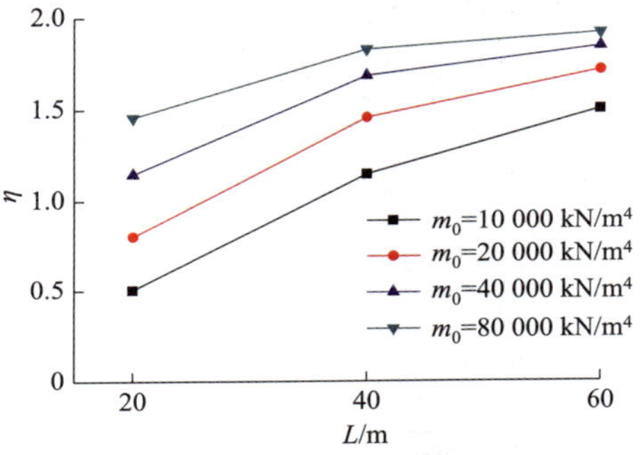

图 4-48　D=1.25 m 时 η 变化曲线

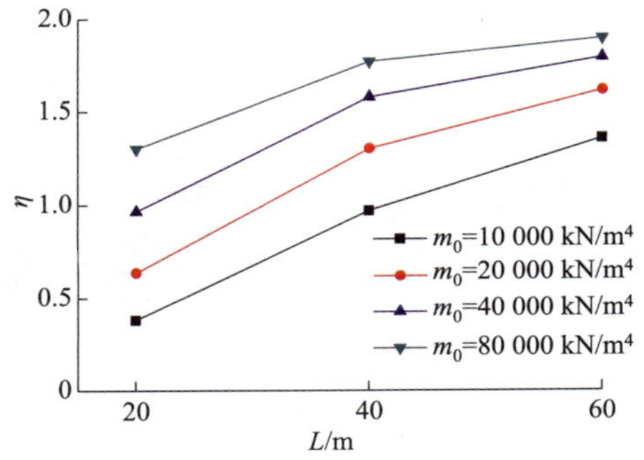

图 4-49　D=1.5 m 时 η 变化曲线

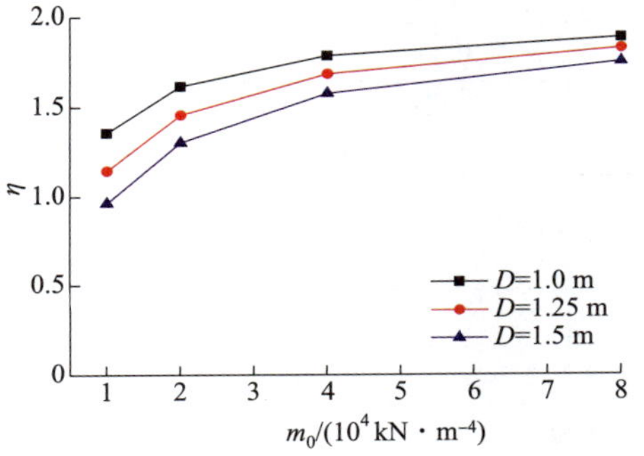

图 4-50　L=40 m 时 η 变化曲线

从图 4-47～图 4-50 可以看出：桩身的等效面积比 η 与桩径 D、桩长 L 及桩底竖向地基系数 m_0 有关，其值可能小于 1.0，也可能大于 1.0。在 m_0（或 L）不变的条件下，桩身的等效面积比 η 随桩长 L（或 m_0）的增加而增大，但随着 L（或 m_0）的逐渐增大，η 值的变化趋于平

缓。在桩长不变的条件下，桩身的等效面积比随桩径的增加而减小。桩身的等效面积比越大，对结构反应的影响越大。只有桩身的等效面积比接近 1.0 时，才可以不考虑刚度系数 ρ_1 的影响。

6. 研究结论

（1）应用分层文克尔弹簧模型模拟群桩基础的桩土相互作用效应时，应考虑桩侧摩阻力和桩底土阻力的影响，否则计算结果将出现较大的误差。

（2）在承台底施加集中弹簧模型模拟桩基础的柔性约束效应时，应考虑耦联弹簧的影响，耦联弹簧的刚度对墩身及桩基础的地震内力影响较大。

（3）提出的改进分层文克尔弹簧模型，采用桩身的等效面积考虑刚度系数 ρ_1 的影响，承台底地基柔度系数的计算结果与规范 m 法吻合较好，桥墩的地震响应与考虑耦联效应的集中 3 弹簧模型计算结果吻合较好，证明了本书所提出模型的正确性。

（4）桩身的等效面积比 η 与桩径 D、桩长 L 及桩底竖向地基系数 m_0 有关，其值可能小于 1.0，也可能大于 1.0。η 随桩长 L 及 m_0 的增加而增大，随桩径的增加而减小。随着 L 及 m_0 的增大，η 值的变化趋于平缓。

（5）桩身的等效面积比 η 越大，对桥墩及桩基础地震响应的影响越大。只有当 η 接近 1.0 时，才可以不考虑刚度系数 ρ_1 的影响，即可直接采用分层文克尔弹簧模型进行抗震分析。

4.4.5　基于性能的桩基础抗震设计

针对我国铁路桥梁结构形式特点以及三水准抗震设防目标，从桩身构件的损伤水平及桩-土相互作用体系的位移延性能力两个角度，提出了相应的抗震性能目标，见表 4-13、表 4-14。基于性能的抗震设计理念，研究了高铁桥梁桩基础的抗震性能，给出了明确的评价指标及各指标的参数取值范围。提出了采用群桩基础静力 Pushover 分析模型划分桩基础的抗震性能等级，然后将 Pushover 分析模型与动力 SR 分析模型相结合来分析桩基础的地震响应的方法[12]。

1. 工程概况

以高速铁路常用跨度 32 m 双线简支箱梁桥为研究对象，墩身为圆端形重力式桥墩（纵向×横向尺寸为 2.60 m×6.0 m），墩高 11 m。基础为 8ϕ1.25 m（桩长 40 m）的钻孔灌注群桩基础，桩基行列式布置，纵向 2 排，横向 4 排。地基土为粉质黏土。桥墩、承台及桩基均采用 C30 混凝土。桥跨为 32 m 后张法预应力混凝土简支箱梁，上部结构总重为 14 300 kN。

推倒分析模型中，桩身截面配筋率及配箍率分别取为 1.0%、0.4%，钢筋的本构关系（应力-应变关系）采用考虑强化段的抛物线模型，保护层及核心混凝土的本构关系采用 Mander 模型。桩身截面的弯矩-曲率关系采用 Ucfyber 软件计算。黏土抗剪强度取 30 kPa，桩周摩阻力取 30 kPa，桩端地基土承载力取 1 000 kPa，考虑承台侧向土的抗力。

经计算，桩基础等效屈服力为 2 550 kN，极限承载力为 3 148 kN[9]。而墩身在配筋率为0.4%的情况下,墩底截面屈服弯矩 M_y=43 170 kN·m,相应的墩顶水平屈服力为3 926 kN。墩身的水平屈服力大于桩基础的等效屈服力,因此该桥在纵向判断为基础屈服型。

2. 基于静力Pushover分析的桩基础性能水平的划分

建立的群桩基础非线性静力计算模型,如图4-51所示,图中红色标识为土弹簧单元。采用 p-y 曲线、t-z 曲线和 q-z 曲线模拟桩侧土体横向抗力、桩周土体竖向摩阻力和桩端土体竖向抗力。

根据桩身构件的损伤水平对应的截面纤维应变限值(表4-15)及桥墩整体的位移延性水平限值(图4-27)可分别得到相应的墩顶位移限值,如图4-52所示。详细分析结果见表4-24。

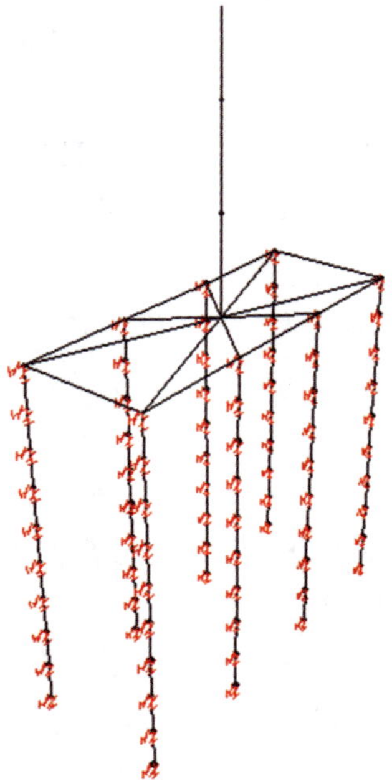

图4-51 群桩基础计算模型

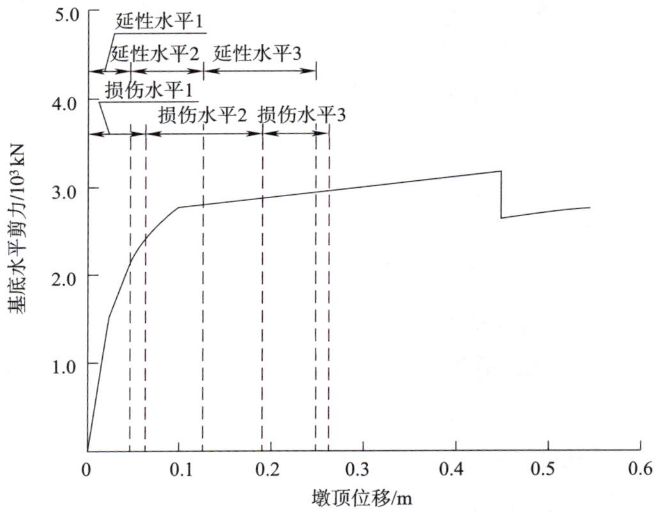

图4-52 Pushover分析曲线性能水准划分

表4-24 桩基础的抗震性能等级划分

性能等级	桩构件损伤水平对应的墩顶位移值/m		桩基础位移延性水平对应的墩顶位移值/m	
Ⅰ	损伤水平1	0~0.063	延性水平1	0~0.046
Ⅱ	损伤水平2	0.063~0.194	延性水平2	0.046~0.126
Ⅲ	损伤水平3	0.194~0.262	延性水平3	0.126~0.248

3. 基于动力SR模型的地震响应分析

采用群桩基础非线性静力计算模型,通过静力Pushover分析,获得承台底的平动、转动弹簧基本参数,见表4-25。

表 4-25　弹簧基本参数

弹簧类型	等效屈服位移/m (等效屈服转角/rad)	等效屈服水平力/kN [等效屈服弯矩/(kN·m)]	极限位移/m (极限转角/rad)	极限水平力/kN [极限弯矩/(kN·m)]
平动弹簧	0.02	2 400	0.148	3 144
转动弹簧	0.003 5	27 500	0.030	35 898

沿纵向输入实桥处的 3 条安评地震波，调整 PGA 分别取 0.38g、0.57g 及 0.64g。采用动力 SR 分析模型，进行非线性时程反应分析，计算结果见表 4-26。第一条安评地震波作用下的承台底水平及转动支承弹簧的滞回曲线如图 4-53、图 4-54 所示，墩顶位移及承台底弯矩、剪力时程曲线如图 4-55～图 4-57 所示。

表 4-26　非线性时程分析计算结果

地面运动峰值加速度/g	墩顶最大位移/m			
	第 1 条波	第 2 条波	第 3 条波	3 条波中最大值
0.38	0.119	0.108	0.112	0.119
0.57	0.198	0.159	0.165	0.198
0.64	0.229	0.185	0.177	0.229

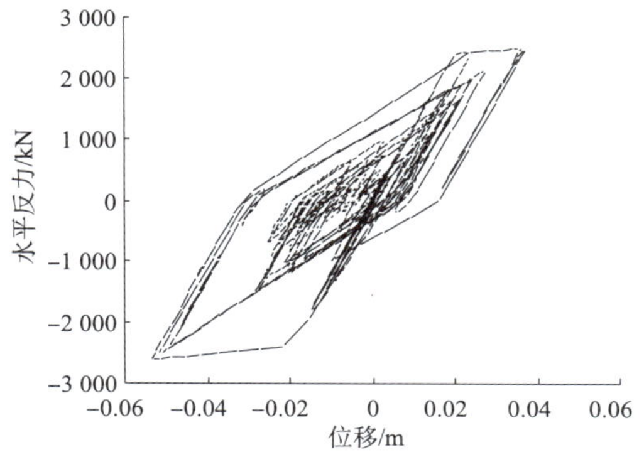

图 4-53　PGA 为 0.38g 时平动弹簧滞回曲线

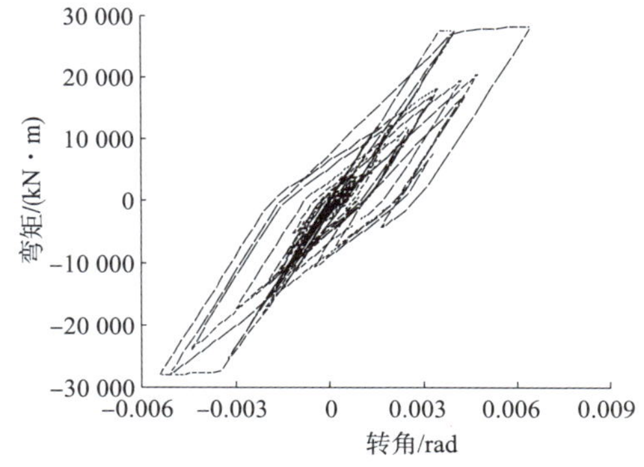

图 4-54　PGA 为 0.38g 时转动弹簧滞回曲线

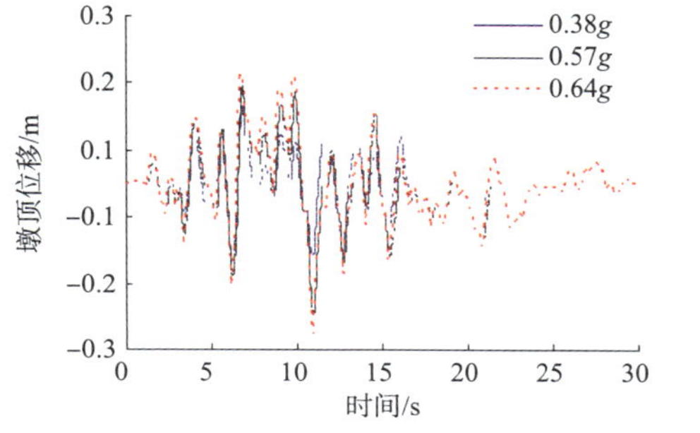

图 4-55　不同地震动强度下墩顶位移时程曲线

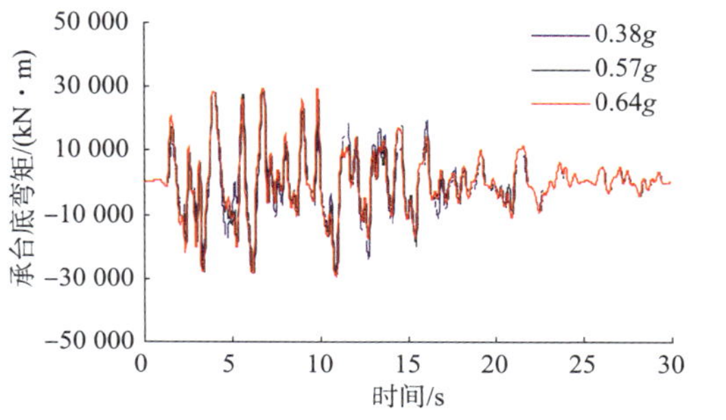

图 4-56　不同地震动强度下承台底弯矩时程曲线

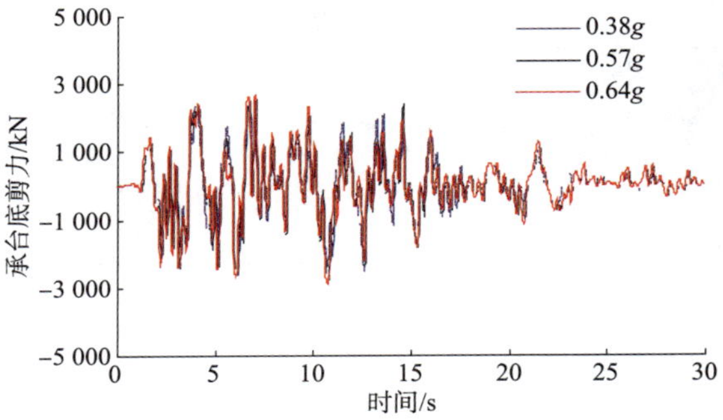

图 4-57　不同地震动强度下承台底剪力时程曲线

从图 4-53～图 4-57 可知，当地基土进入非线性后，尽管地面运动峰值加速度是原来的 1.68 倍(0.64/0.38)，但对墩底弯矩及剪力的幅值变化影响较小。即考虑基础的非线性影响后，桩身及墩身的结构内力将大大减小。当地基土进入非线性后，墩顶位移明显增大。

4. 桩基础的抗震性能评价

当 PGA 取 0.38*g* 时，墩顶最大位移为 0.119 m，在 0.063～0.194 m 之间，桩身处于损伤状态 2；在 0.046～0.126 m 之间，桩身处于位移延性水平 2，综合评价桩基础处于抗震性能Ⅱ。

当 PGA 取 0.57*g* 及 0.64*g* 时，墩顶最大位移分别为 0.198、0.229 m，在 0.194～0.262 m 之间，桩身处于损伤状态 3；在 0.126～0.248 m 之间，桩身处于位移延性水平 3，综合评价桩基础处于抗震性能Ⅲ。

5. 研究结论

基于静力-动力分析相结合方法，探讨了桥梁桩基础地震响应分析及抗震性能评价方法，得到的结论如下：

(1)提出了基于位移及基于应变的安全评价指标控制桩基础的抗震性能。通过控制桩身钢筋及混凝土纤维应变大小限制桩身的损伤水平，通过墩顶位移延性系数限值控制桩基础体系的塑性反应程度，为定量评价桩基础的抗震性能提供了基本思路及方法。

(2)提出了通过静-动力分析相结合的方法对桥梁桩基础进行非线性地震响应分析及抗震性能评价，该法优点是计算代价相对较小。

(3)考虑桩构件及地基土的非线性影响后，桩身及墩身的结构内力将大大减小，但墩顶位移将明显增大。

4.4.6　基于性能的挖井基础抗震设计

通过一具体算例说明挖井基础基于能力谱法的抗震性能评价方法的流程。

1. 工程概况

某铁路挖井基础桥墩，墩高为 9.0 m，基础采用 5.3 m×7.0 m 的矩形截面，埋深为3.2 m，基础深宽比为0.6。桥墩纵向及横向尺寸分别为2.68 m、4.48 m，桥墩纵筋配筋率0.38%，混凝土强度等级C30，轴心抗压强度30 MPa。主筋和箍筋分别采用HRB335和HPB235钢筋。挖井基础底部土体竖向抗力260 kPa，地基土黏聚力40 kPa，基础侧极限摩阻力取4.2 kPa。

2. 反应谱的选择与弹性需求谱的建立

采用我国《震规》建议的弹性反应谱。地面运动峰值加速度分别取0.38g(8度区)和0.64g(9度区)，场地特征周期T_g=0.45 s。反应谱曲线如图4-58所示。

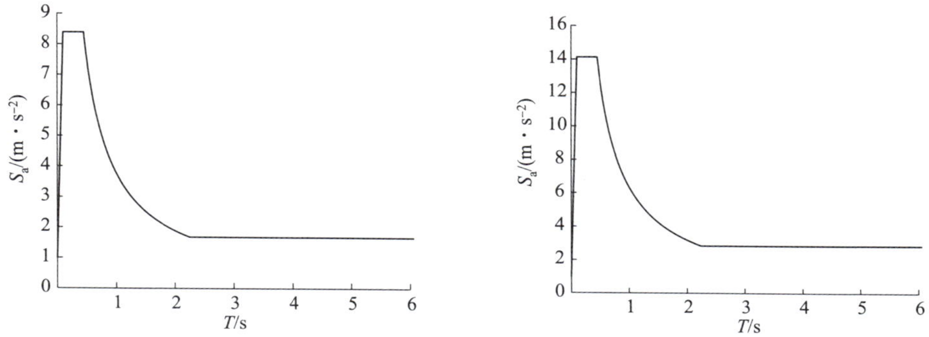

(a)PGA为0.38g　　(b)PGA为0.64g

图4-58　反应谱曲线

按式(4-30)将上述反应谱曲线(阻尼比为0.05的加速度反应谱)转化为弹性需求谱(加速度位移谱)。相应于PGA取0.38g和0.64g的弹性需求谱如图4-58所示。

$$S_d=\frac{T^2}{2\pi^2}S_a \tag{4-30}$$

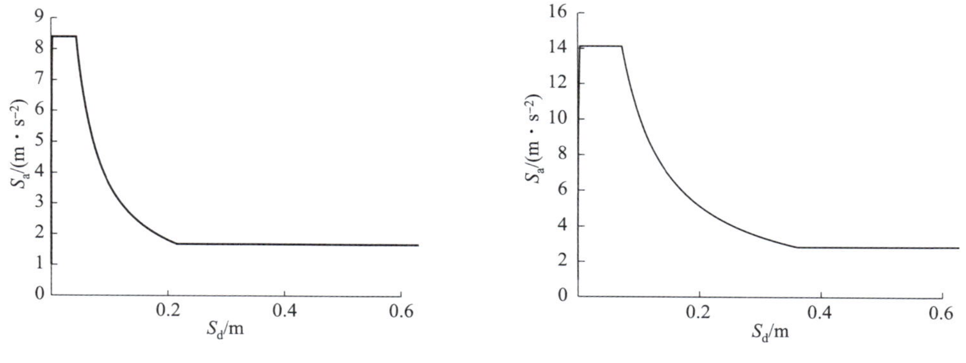

(a)PGA取0.38g　　(b)PGA取0.64g

图4-59　弹性需求谱

3. 能力曲线的计算及能力谱的构建

采用SAP2000建立挖井基础-土-桥墩相互作用有限元模型，桥墩采用纤维梁单元，单元划分长度为0.2 m。挖井正面地基土水平抗力-位移关系采用p-y曲线建立、井底土竖向抗力-位

移关系采用 q-z 曲线建立，挖井正面及侧面摩阻力-位移关系均采用 t-z 曲线建立。土弹簧采用非线性 Link 单元模拟。基础与水平 p-y 弹簧之间也采用刚性连接。对模型进行 Pushover 分析，得到的挖井基础桥墩能力曲线如图 4-60 所示。将得到的能力曲线转化为能力谱，如图 4-61 所示。

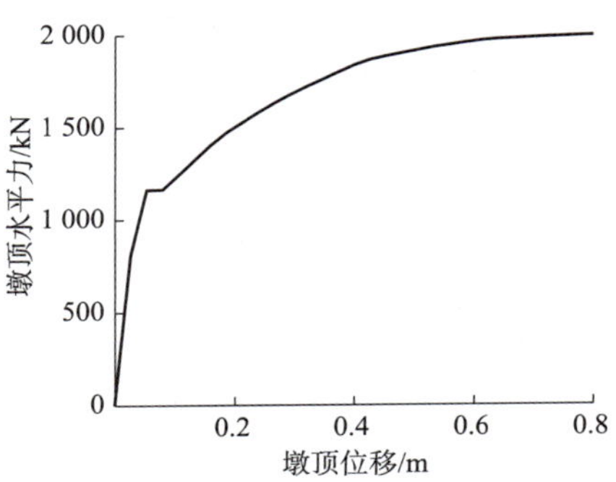

图 4-60　能力曲线

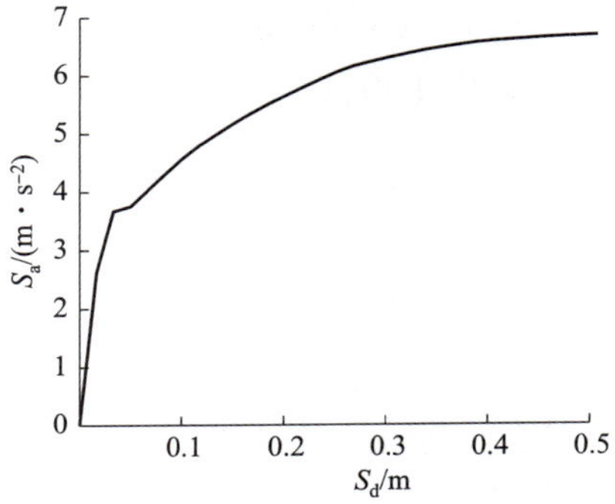

图 4-61　能力谱

通过考察 Pushover 分析过程中桥墩的塑性铰演变过程可以发现，桥墩未产生塑性铰，结构的破坏类型为地基屈服型破坏。

4. 弹塑性需求谱的建立及性能点求解

由于结构的破坏类型为地基屈服型破坏，因此采用 FEMA440 中地基非线性需求谱的构建方法对已建立的弹性需求谱进行折减，建立同时考虑地基柔性效应、运动学效应和地基阻尼效应的弹塑性需求谱。其中地基柔性效应在静力非线性推倒分析模型中予以考虑。

土体剪切波速为 200 m/s，地基土泊松比为 0.22。对应于基阶振型的有效质量为 303.8 t，基础等效平动刚度 $K_x=1.69\times10^5$ kN/m，基础等效平动半径 $r_x=3.44$ m，基础等效转动刚度 $K_\theta=3.08\times10^6$ kN·m/rad，基础等效转动半径 $r_\theta=4.34$ m，基础等效刚度 $K'_{\text{fixed}}=7.49\times10^4$ kN/m。对应于刚性地基和柔性地基的基阶周期 $T=0.4$ s、$T'=0.75$ s。基础宽度为 5.3 m，长度为 7 m，埋深为 3.2 m。

计算得到的由基础运动学效应引起的反应谱比率因子 RRS 为 0.91。需求谱折减过程中对应于延性系数 $\mu=2\sim6$ 的相关参数见表 4-27。

表 4-27　需求谱折减相关参数

延性系数 μ	基础辐射阻尼 β_f/%	基础整体阻尼 β_0/%	等效周期 T_{eff}/s	等效阻尼 β_{eff}/%	$B(\beta_{\text{eff}})$	T_{sec}/s	谱修正系数 M
2	6.14	7.61	0.49	11.41	1.26	0.58	0.71
3	3.98	5.99	0.63	16.79	1.44	0.79	0.64
4	2.94	5.34	0.70	20.30	1.52	0.91	0.59
5	2.33	5.04	0.76	20.32	1.54	1.00	0.58

续上表

延性系数 μ	基础辐射阻尼 β_f/%	基础整体阻尼 β_0/%	等效周期 T_{eff}/s	等效阻尼 β_{eff}/%	$B(\beta_{eff})$	T_{sec}/s	谱修正系数 M
6	1.92	4.88	0.81	20.48	1.55	1.07	0.57

计算得到谱修正系数 M 后，对弹性需求谱进行折减，并采用性能点轨迹法求解结构性能点，如图 4-62 所示。

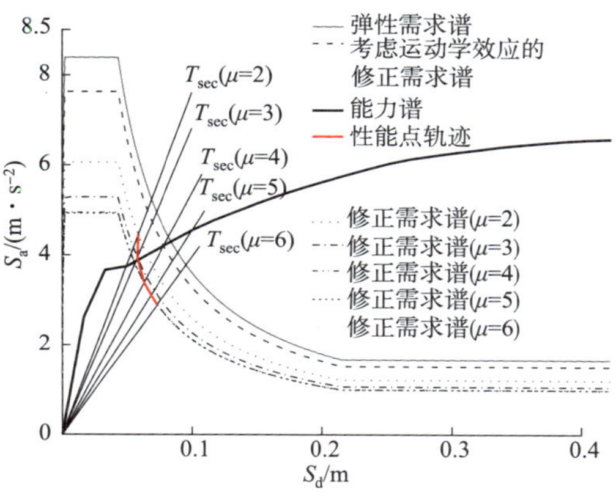

(a)PGA 为 0.38g

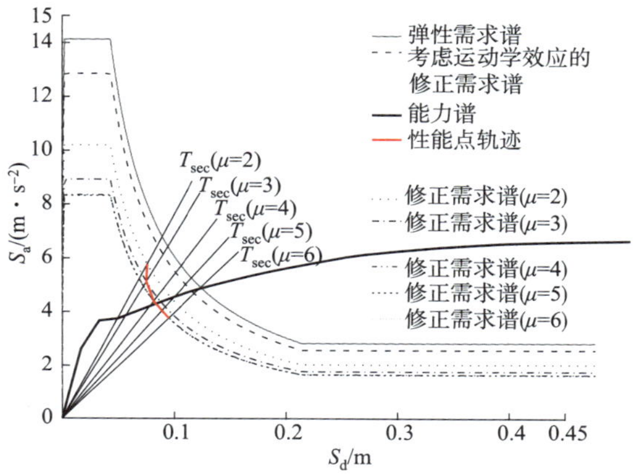

(b)PGA 为 0.64g

图 4-62　性能点轨迹法求解结构性能点

5. 结构位移目标的确定

由图 4-62 所示的性能点轨迹法计算得到两种情况下挖井基础桥墩墩顶目标谱位移、谱加速度及反算至实际桥墩墩顶的位移，见表 4-28。

表 4-28　结构性能点数据

PGA/g	S_a/(m·s^{-2})	S_d/m	墩顶位移/m	结构的屈服位移/m	地基塑性率 μ_L
0.38	3.89	0.06	0.094	0.028	3.36
0.64	4.30	0.09	0.146	0.028	5.21

6. 挖井基础桥墩抗震性能评价

参考日本铁道抗震设计规范提出的沉井基础抗震设防标准及性能目标，结合挖井基础的结构特点（一般为实体刚性基础，基础自身不会发生材料破坏，深宽比沉井基础小）提出了挖井基础的抗震设防标准及相应的性能目标，分别见表 4-29、表 4-30。当 PGA 取 0.38g 时结构的抗震性能水平为Ⅱ，当 PGA 为 0.64g 时结构的抗震性能水平为Ⅲ。

表 4-29　铁路桥梁挖井基础抗震性能水准

地震动水平	普通桥梁	重要桥梁
多遇地震	抗震性能Ⅰ	抗震性能Ⅰ
罕遇地震	抗震性能 Ⅲ	抗震性能Ⅱ

表 4-30　铁路桥梁挖井基础抗震性能指标

抗震性能水平	性　能　指　标
抗震性能Ⅰ	地基塑性率 $\mu_L \leqslant 1$
抗震性能Ⅱ	地基塑性率 $1 < \mu_L \leqslant 5$
抗震性能 Ⅲ	地基塑性率 $\mu_L > 5$ 或基础残余变位倾斜角≤1/100

参 考 文 献

[1] 中华人民共和国建设部. 铁路工程抗震设计规范:2009 年版:GB 50111—2006[S]. 北京:中国计划出版社,2009.

[2] 日本铁道综合技术研究所. 铁道构筑物等设计标准及解说Ⅴ抗震设计[S]. 东京:丸善株式会社.

[3] British Standards Institution. Eurocode 8: design of structures for earthquake resistance-part 5: foundations, retaining structures and geotechnical aspects [S]. Brussels: European Committee for Standardization, 2003.

[4] 中华人民共和国交通运输部. 公路桥梁抗震设计规范:JTG/T 2231-01—2020[S]. 北京:人民交通出版社, 2020.

[5] 陈兴冲,张永亮,丁明波, 等. 少筋混凝土重力式桥墩抗震设计方法研究[J]. 铁道工程学报,2016, 33(3): 76-80.

[6] 陈兴冲,张永亮,丁明波, 等. 罕遇地震下少筋混凝土桥墩最低配筋率研究[J]. 桥梁建设,2016,46(5): 24-28.

[7] 姜静静. 高速铁路圆端型实心桥墩抗震性能研究[D]. 长沙:中南大学,2012.

[8] CALVI G M. A displacement-based approach for vulnerability evaluation of classes of buildings[J]. Joumal of Earthquake Engineering, 1999, 3(3):411-438.

[9] 张永亮. 铁路桥梁桩基础抗震设计方法研究[D]. 兰州:兰州交通大学,2013.

[10] 陈兴冲. 有限元通用程序中耦联弹簧的处理方法[J]. 兰州铁道学院学报,1998,17(4):1-3.

[11] 张永亮,王培山,陈兴冲. 桥梁群桩基础抗震简化计算模型的适用性研究[J]. 铁道学报, 2015,37(2):111-117.

[12] 张永亮, 冯鹏飞, 陈兴冲,等. 基于静-动力分析相结合方法的桥梁桩基础地震反应分析及抗震性能评价[J]. 工程力学, 2018,35(S1):325-329.

第5章　减隔震设计

本章结合减隔震设计基本原理及分析方法，首先对各国减隔震设计规范的相关规定进行了总结；其次介绍了减隔震装置的类型、构造、作用机制及力学模型；然后对减隔震装置的适用条件，铁路桥梁中减隔震装置的选择和布置，以及设计流程进行了分析归纳；在此基础上，通过建立考虑各种非线性因素的减隔震桥梁分析计算模型，选择合理的地震动记录，开展地震响应分析，评价减隔震装置在铁路桥梁的适用性及减隔震效果。

5.1　概　　述

下部结构作为承重及抗侧力构件，在历次地震中的损伤最为严重。2008年汶川地震之后，桥梁减隔震技术得到了相关部门的重视。减隔震基本原理为通过延长结构周期或增加阻尼，实现结构抗震性能的提升。

目前，在强震地区新建桥梁已大量采用减隔震技术。经统计，铁路桥梁应用比较多的减隔震装置有摩擦摆减隔震支座、钢阻尼支座、黏滞液体阻尼器、速度锁定装置及减震榫等[1]。其中黏滞液体阻尼器只提供附加阻尼而不增加刚度，减震效果好，已广泛应用于柔性大跨结构桥梁及多跨一联的连续梁桥中。速度锁定装置可使固定墩与活动墩共同承担地震力，主要用于多跨一联的连续梁桥，但速度锁定装置也可能增加桥梁的纵向振动基频，使用时需比选。摩擦摆减隔震支座、钢阻尼支座既可用于大跨桥梁中也可用于简支梁桥，其中摩擦摆减隔震支座是目前铁路桥梁中应用最多的减隔震装置[2]。摩擦摆减隔震支座采用剪力销使支座的正常使用功能与减隔震功能分离。当地震引起的横向力超过给定值时，抗剪螺栓剪断，支座限位约束被解除，大半径球面摩擦副可自由滑动，利用滑动面的设计延长结构的振动周期，同时通过支座的滑动面与滑块之间的摩擦阻力及上部结构抬高产生势能，来消耗地震能量[3]。摩擦摆减隔震支座的主要特点为：承载力大、耐久性好，具有自复位功能，能纵、横向双向同时减隔震。摩擦摆减隔震支座已应用在福厦铁路乌龙江特大桥(80＋3×144＋80)m混凝土连续梁、玉蒙铁路曲江大桥3×98 m简支钢桁梁[4]、蒙西至华中地区铁路三门峡黄河公铁两用大桥(84＋9×108＋84)m连续钢桁结合梁[5]、宿淮铁路京杭运河特大桥(62＋132＋62)m连续梁拱组合结构、宿淮铁路徐洪河特大桥(66＋2×108＋66)m混凝土连续梁桥[6]、包西铁路黄河特大桥 48 m 简支箱梁桥等。但摩擦摆减隔震支座滑动曲面摩擦系数一般在 0.03～0.05 之间，支座位移量较大，滑动过程中将引起主梁的竖向位移，在超静定结构中会产生次内力。为了兼顾桥梁对地震力的减震效果及有效控制墩梁相对位移，隔震与减震的组合技术得到了学者及工程师们的认可。西安市渭河特大桥(50＋8×100＋50)m 混凝土连续梁、宝兰铁路社棠渭河大桥(80＋2×128＋80)m 混凝土连续梁，均采用了黏滞液体阻尼器配合双曲面球形支座的减隔震方案，研究结果表明具有明显的减震效果，还能有效控制墩梁之间的相对位移[7,8]。东平水道特大桥(96＋176＋96)m 双塔双索面预应力混凝土部分斜拉桥，也采用了双曲面球形减隔震支座、具有熔断功能的速度锁定装置及黏滞液体阻尼器组合减隔震技术[9]。

弹塑性钢阻尼支座主要利用弹塑性钢阻尼元件具有稳定的滞回特性、饱满的滞回曲线，良好的低周疲劳性能等特点，在地震时通过元件滞回塑性变形来消耗、衰减传递地震能量，从而达到减震的目的[10]。其结构形式为弹塑性钢阻尼元件＋常规支座。常规支座一般为普通盆式橡胶支座或球形钢支座。目前弹塑性钢阻尼元件有 E 型钢、C 型钢和非线性辐阻尼器等。其中 E 型钢阻尼力大、安装方便，应用最多。弹塑性钢阻尼元件既可与桥梁支座结合为一体使用(整体式)，也可以作为减震耗能元件单独使用(分离式)。整体式受安装空间限制，弹塑性钢阻尼支座在一个位移方向只能装两个阻尼元件，因此提供的阻尼力较小，主要用于中小跨桥梁。分离式可以安装数量较多弹塑性钢阻尼元件，提供较大的阻尼力。可适用于大跨桥梁[11]。目前已应用在贵广铁路北江、思贤窖特大桥、大瑞铁路漾濞江特大桥及厦深铁路尚书特大桥等桥梁中。李承根等[12]基于支座功能分离的构思，提出了活动支座＋减震榫的减隔震体系。该设计理念是将桥梁固定支座改为活动支座，在正常使用状态下，梁体传来的竖向反力及梁端的转角仍由支座实现，但梁体的水平反力及水平位移则由减震榫支撑和控制，简支箱梁的工作状态变为两端弹性约束。地震发生后，梁体地震水平力将通过减震榫传至桥墩。通过对减震榫构造的精细化设计，在正常运营下满足列车对桥梁刚度的使用要求，在强震下能够产生足够的延性变形，达到降低地震力的目的[13]。目前该装置已应用于兰乌第二双线、西宝高速铁路的 32 m 简支梁桥及宝兰高速铁路 48 m 简支梁桥中。其优点为传力路径明确、各部件功能单一、横向和竖向变形不耦联、震后易于更换，不足之处在于为了锚固减震榫构件，需在主梁和墩台处进行专门的构造和配筋设计。

5.2 减隔震基本原理及分析方法

5.2.1 减隔震基本原理

减隔震技术的本质和目的就是将结构与可能引起破坏的地面运动尽可能地分离开来，通常利用柔性支承来延长结构的自振周期、降低地震作用。地震作用下结构的损坏情况主要取决于桥梁结构的自振频率与地震的卓越频率的耦合程度。延长结构的自振周期可以避开地震的卓越周期范围，从而有效地减小结构的地震加速度反应。通常采用减隔震技术，在桥梁上部结构和下部结构之间设置减隔震装置，以减隔震装置较大的相对变形来减小上部结构的加速度反应，从而改善结构的受力状态[14]。

延长结构周期虽然可以降低地震力，但也会导致结构位移反应增大。引入阻尼装置后，可以在增加结构阻尼的同时，降低结构的加速度响应和上部结构的相对位移，使位移控制在允许的范围内。这时大部分地震能量将由减隔震装置的大变形来吸收，使得能量在支座处释放（切断或消耗），从而提高了结构整体的抗震性能。此外，减隔震装置也需要一定的刚度、屈服力，以保证在正常使用荷载（尤其是列车制动力）下结构刚度等方面的要求，减隔震装置的基本原理如图 5-1 所示[15]。

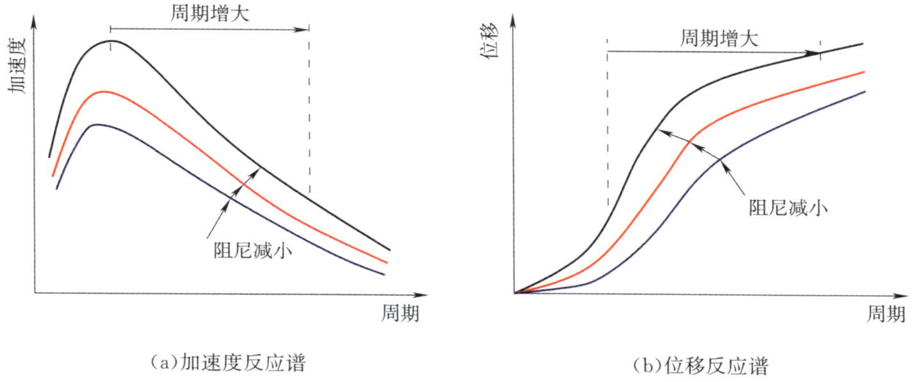

图 5-1　减隔震基本原理

5.2.2　减隔震分析方法

减隔震桥梁的非线性行为复杂，等效线性化分析方法作为一种非线性地震响应的简化分析手段，可以与非线性时程分析方法计算结果对比校核。

1. 等效线性化分析方法

等效线性化分析方法是一种计算结构非线性地震响应的有效方法，适用于一阶振型占主导作用的规则桥梁，减隔震装置等效阻尼比不超过 30%的情况。首先根据设计者对结构受力模式和合理损伤机制的判断，预设结构的预期损伤机制和损伤程度，然后为预期损伤部位赋予等效刚度，并为结构赋予等效阻尼比，建立结构的等效线性化模型，最后将该等效线性化模型的地震峰值响应作为原非线性模型的近似，该方法以等效线弹性结构为分析对象，可以直接利用反应谱法计算结构的地震响应。因此，等效线性化可以避免选用不同的地震动记录而引起分析结果差异较大的问题，同时降低了计算工作量。另外，隔震结构采用等效线性化设计时，由于隔震结构的隔震层较早进入屈服，设计者可以较为准确地判断结构受力模式，进一步降低了等效线性化的难度[16]。

2. 非线性时程分析方法

减隔震桥梁中使用的减隔震装置，其力学性能大多数是非线性的，同时采用减隔震装置的桥梁还应考虑梁体间的碰撞、挡块与梁体的碰撞及防落梁装置的作用。因此，与普通桥梁相比，在地震响应分析中，需要建立考虑多种非线性效应的地震响应分析模型，并采用非线性时程分析方法进行地震响应分析[17]。需要注意的是，在减隔震桥梁非线性时程分析时，应考虑隔震桥梁中结构阻尼的耗能作用，经典的瑞利阻尼会低估减隔震支座的地震需求，采用初始刚度比例阻尼来模拟隔震桥梁的结构阻尼更为合理[18]。

5.3 各国减隔震设计规范

5.3.1 日本规范

1. 设防目标

日本《道路桥示方书・同解说(耐震设计篇)》采用两水准抗震设防及基于性能的抗震设计框架，地震设防水准包括两级：L1 地震作用对应加速度反应谱平台值为 $0.2g \sim 0.3g$，L2 地震作用对应加速度反应谱平台值为 $1.0g \sim 3.0g$，并区分板块边缘型和内陆直下型2 类。隔震桥梁设计一般在 L1 地震下要求结构基本弹性并进行设计，随后进行 L2 地震下的等效线性分析或延性校核，此时桥墩容许发生损伤，但容许延性系数对应的安全系数约为非隔震桥梁的 2 倍，即容许的塑性损伤要小于非隔震桥梁[19]。

2. 性能要求

日本《道路桥示方书・同解说(耐震设计篇)》规定隔震桥梁的基本周期较非隔震桥梁(支座假定为铰接)基本周期的延长倍数或比值为隔震度，且要求隔震度为 2。在设计位移范围内隔震支座不得出现负刚度；在设计地震动作用下主梁应能回复原位；当变形达到设计位移时，在缓慢释放条件下，残余位移应小于设计位移的 0.1 倍。隔震支座的连接材料及与连接的上、下部结构之间的抗力必须大于按等效水平地震系数计算的惯性力[19]。

5.3.2 美国规范

1. 设防目标

AASHTO 规范采用单水准设防，重现期为 1 000 年(75 年超越概率 7%)，其设防目标是在中小地震中结构处于弹性范围，不会造成较大的损坏；而在大地震下可能遭受破坏但倒塌的可能性很小，可以要求部分或整体更换[20]。

2. 性能要求

AASHTO 规范强调了“设计位移”和“总设计位移”的概念，前者用于计算隔震支座的有效刚度，后者用于设计和确定隔震支座的试验要求。支座与上、下部结构连接构件的强度与桥梁所处的地震分区有关，其设计承载力为

$$F_A=\begin{cases}K_{eff}d_a & \text{地震 1 区}\\ K_{eff}d_t & \text{地震 2～4 区}\end{cases} \tag{5-1}$$

式中，d_a为由 S_{D1} 计算的谱加速度对应的位移值，S_{D1} 为周期 1 s 时的加速度谱值；d_t 为总设计位移；当地震在 1 区时，F_A不小于最小间隙时支座恢复力（$F_A \geqslant K_{eff}d_{min}$）；当地震在 2～4 区时，桥梁墩柱的设计承载力不应小于弹塑性系统的屈服力、滑移系统的滑动力或牺牲装置的能力，且基础设计应保持弹性（$R=1.0$）；同样，连接件的承载力不应小于位移为最小间隙时支座恢复力（$F_A \geqslant K_{eff}d_{min}$），$K_{eff}$ 为支座和桥墩的等效线性刚度之和[20]。

5.3.3　中国规范

1. 设防目标

我国《公路桥梁抗震设计规范》（JTG/T 2231-01—2020）采用了两水准设防两阶段设计方法，但对于采用减隔震设计的桥梁，条文要求可只进行 E2 地震作用下的抗震设计和验算[21]，《城市桥梁抗震设计规范》（CJJ 166—2011）（以下简称《城规》）也采用了两水准设防两阶段设计的方法[22]，要求进行 E2 地震作用下的抗震设计和校核。

2. 性能要求

《公路桥梁抗震设计规范》（JTG/T 2231-01—2020）指出，减隔震设计桥梁在 E2 地震作用下，桥墩、桥台、基础可发生局部轻微损伤，但仍处于弹性状态，震后不需要修复或经简单修复可继续使用。纵向和横向 E2 地震作用效应和永久作用效应组合后，应按现行公路桥涵设计规范相关规定验算桥墩、桥台、基础的强度，抗震验算可采用材料的强度标准值。当环境温度累年最冷月平均温度的平均值低于 0 ℃时，应验算低温工况下桥梁的抗震性能。在《公路桥梁抗震设计规范》（JTG/T 2231-01—2020）及《城规》中均强调了设置合理的间隙和防落梁的重要性。

相比之下，《震规》仅在抗震措施中提到有条件时可采用铅芯橡胶支座或其他减震、耗能装置，以减小梁部的地震作用[23]。

5.4　减隔震装置力学模型

由于铁路桥梁对高速行车平稳性有严格的限制，因此要求支座具备较大的刚度。常用的板式橡胶支座、高阻尼橡胶支座等变形能力过大且承载能力有限，无法满足正常使用情况

下高速列车的行车安全需求，因此在铁路桥梁中的应用受限。结合铁路桥梁质量大、刚度大的特点，国内外学者研发了适用于铁路桥梁的各种减隔震支座、阻尼器，并进行了模型试验及理论分析，建立了相应的力学模型，同时对其在铁路桥梁中的适用性进行了验证，并逐步将成果转化为实际应用。

5.4.1 减隔震支座

1. 铅芯橡胶支座

铅芯橡胶支座是在叠层橡胶支座中插入提供耗能作用的铅芯的一种支座，由支座顶连接板、底连接板、橡胶层、钢板层、铅芯和螺栓等部分组成，如图 5-2 所示。通过叠层橡胶来承担上部结构传递的竖向力，利用铅芯耗散地震能量实现地震作用下桥墩的保护作用。但因存在竖向承载力有限及初始刚度较低等不足，在铁路桥梁中使用时，必须采取可靠的横向限位措施，以满足正常行车的安全需求。

铅芯橡胶支座具有很强的材料非线性和大变形的特点，经过理论分析及试验验证，铅芯橡胶支座的抗震性能可采用等效双线性模型来反映[24]。图 5-3 为铅芯橡胶支座的等效双线性模型，其中(d_y，F_y)为铅芯橡胶支座的屈服点，k_2为铅芯橡胶支座的屈服后刚度，硬化比为 $\alpha=k_2/k_1$，铅芯橡胶支座的屈服位移为 $d_y=F_y/k_1$。

图 5-2　铅芯橡胶支座

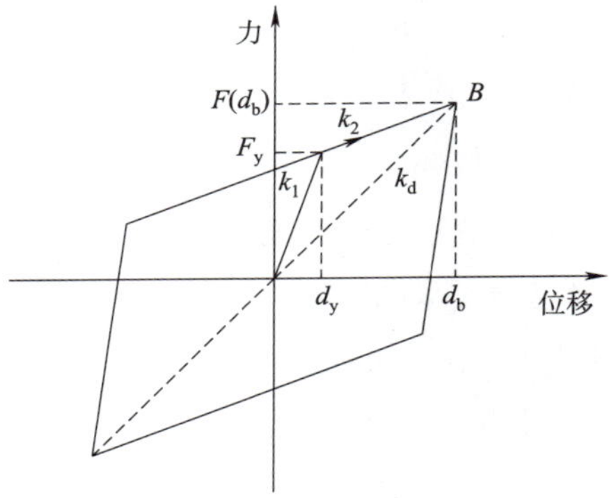

图 5-3　铅芯橡胶支座的力学模型

2. 摩擦摆支座

摩擦摆支座是一种将钟摆概念与滑动支座结合的隔震装置，由上座板，底座、球冠衬板、球摆、抗剪栓钉等部分组成，如图 5-4 所示。当地震发生时，水平滑动有效地延长隔震结构的周期，减小结构因地震作用产生的振动效应，同时，滑块做成钟摆运动时与滑动面之间的摩擦也耗散了一部分地震能量，有效地减小了地震力的输入。支座的转动依靠滑块的滑动，转动力矩也只与滑动面的摩擦系数和支座的曲率半径有关，能满足大转角的要求。当桥梁在正常使用状态下，剪力键和初始摩擦力共同抵抗列车的水平荷载，支座不发生滑动；当中震发生时，经合理设计，剪力键被剪断，摩擦摆开始滑动，发挥其减隔震作用[25]。

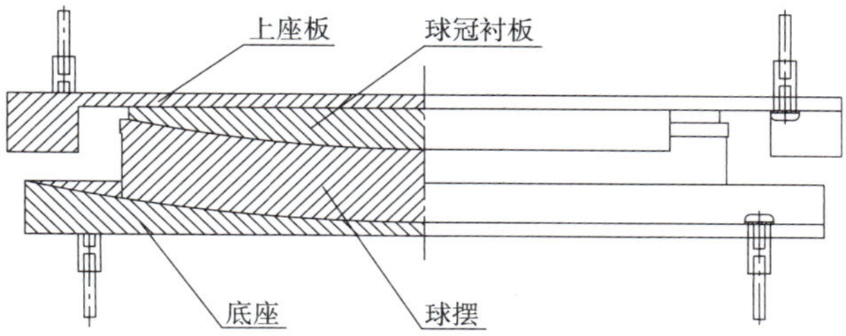

图 5-4　摩擦摆支座

摩擦摆支座可采用双线性力学模型来模拟，如图 5-5 所示。k_i为初始刚度；D_y、D 分别为屈服位移与隔震位移，D_y通常取为 0.001 m。摩擦摆支座的初始刚度 k_i按照式 $k_i = \mu W / D_y$计算。

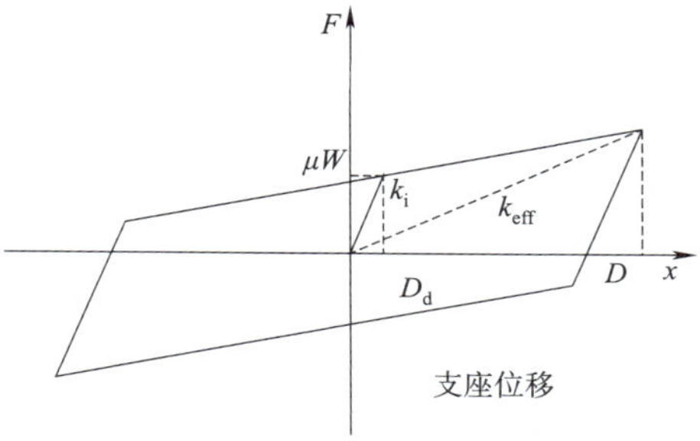

图 5-5　摩擦摆支座的力学模型

3. 双曲面减隔震支座

双曲面减隔震支座由上支座板、下支座板、滑块、抗剪栓钉等部分组成，滑块的凸面分别与上支座板、下支座板的凹面相吻合，如图 5-6 所示。双曲面减隔震支座通过滑块与上支座板、下支座板的往复滑动摩擦耗能，减小上部结构的地震力。双曲面减隔震支座最大的优点是双向减震，即同时减小纵向和横向的地震响应，可以通过选取合适的滑动表面曲率半径、接触面摩擦系数来控制支座的减震效果，有效地限制结构的位移，其特有的圆弧滑动面具有自动复位功能，使其震后恢复原位[26]。

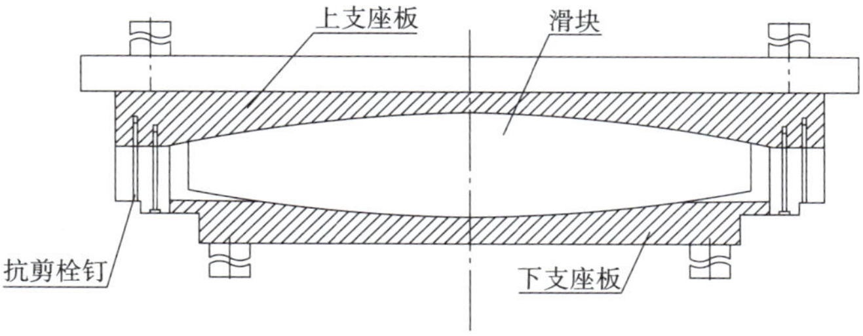

图 5-6　双曲面减隔震支座

活动双曲面球形减隔震支座的非线性恢复力模型与摩擦摆减隔震支座的相同，固定双曲面球形减隔震支座由于螺栓的存在，剪断前类似普通盆式橡胶支座，剪断后就是摩擦摆支座。固定、活动支座滞回曲线如图 5-7、图 5-8 所示。其中，K_0为屈服前刚度，K_1为屈服后刚度，F_y为屈服力。

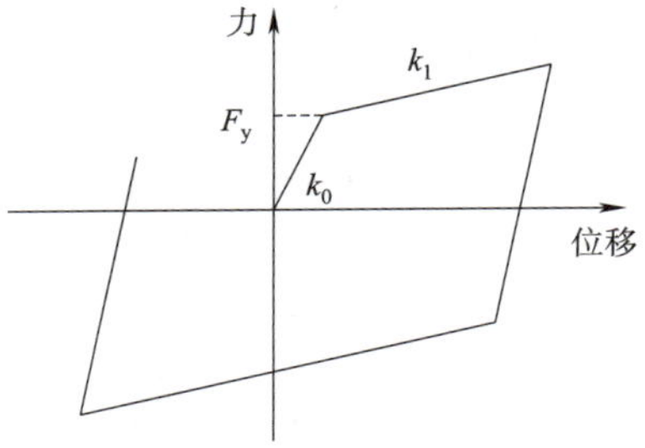

图 5-7　双曲面固定支座滞回曲线

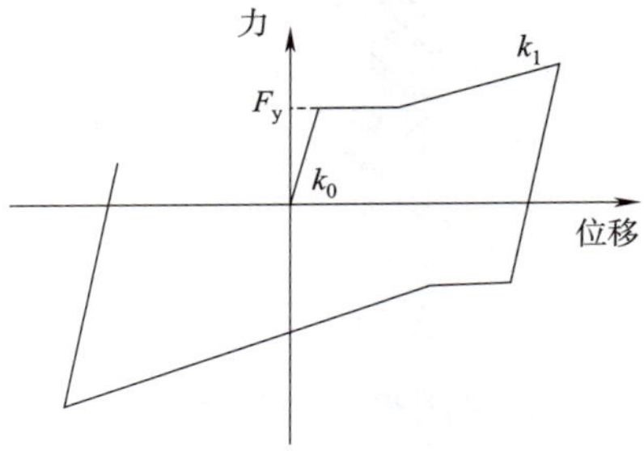

图 5-8　双曲面活动支座滞回曲线

5.4.2　软钢阻尼器

1. 减震榫

减震榫属于悬臂式软钢阻尼器，在强震作用下具有良好的延性变形能力和耗能性能，可有效降低结构的地震响应。欲使减震榫提供较大的延性变形，可通过改变减震榫截面的尺寸使构件在较大范围内同时进入屈服状态来实现，即按照等强度梁的原理设计减震榫的结构尺寸。减震榫全构件等强度设计时，其悬臂端直径为 0，会造成构件刚度大幅度降低。为了避免出现这种情况，可将靠近悬臂端部分的截面直径设计为线性变化或等直段，称之为过渡段。过渡段与等强段在交点处相切以保证减震榫表面状态的圆滑，减小应力集中。减震榫主体结构形式如图 5-9 所示。

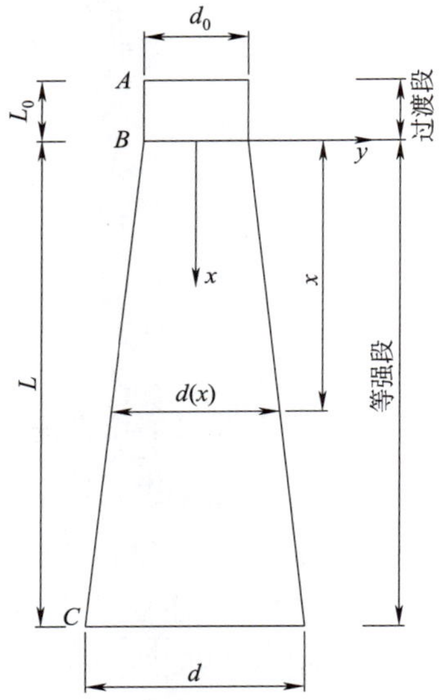

图 5-9　减震榫几何形状

减震榫的主要尺寸有：榫顶直径 d_0、榫底直径 d、等强段高度 L、过渡段高度 L_0。减震榫的力学计算模型为悬臂梁模型，如图 5-10 所示。

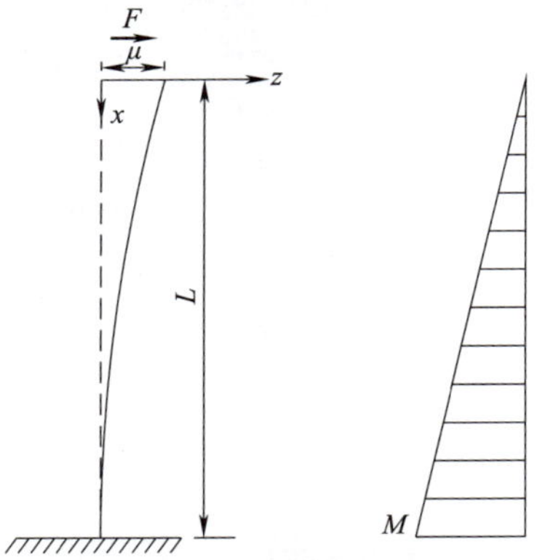

图 5-10　简化力学计算模型

根据材料力学知识，任一截面（x 处）边缘处的最大弯曲正应力如式(5-2)。

$$\sigma_{\max}(x)=\frac{32Fx}{\pi d^3(x)} \tag{5-2}$$

式中，$\sigma_{\max}$为截面最大正应力；$d(x)$为截面直径。在榫顶水平力 F 作用下，若要 BC 段内任一截面同时发生屈服，则截面直径应满足

$$d(x)=a\cdot x^{1/3} \tag{5-3}$$

式中，a 为截面常数。由式(5-3)可知，在等屈服段 BC 内，截面直径 $d(x)$ 应按 1/3 次抛物线规律变化。减震榫的具体结构尺寸可由榫顶直径 d_0、过渡段高度 L_0、等强段高度 L 这 3 个独立的形状参数确定，以形状参数 d_0、L_0 和 L 表示的减震榫截面直径变化函数表达式为

$$d(x)=\begin{cases} d_0 & 0\leqslant x\leqslant L_0 \\ d_0\cdot x^{1/3} & L_0\leqslant x\leqslant L \end{cases} \tag{5-4}$$

双线性本构关系如图 5-11 所示。

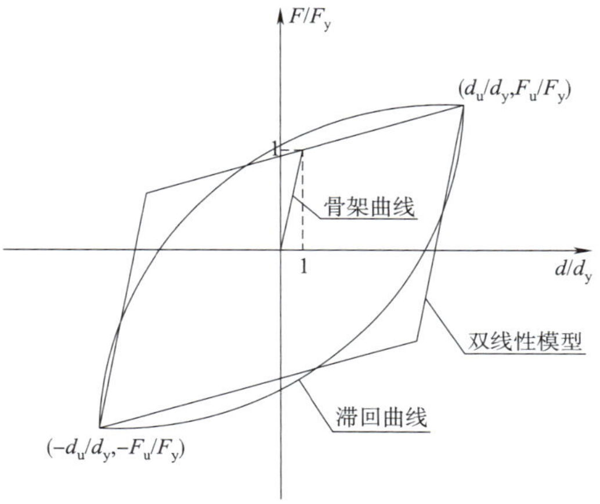

图 5-11 双线性本构关系

2. 滞变型钢[14]

滞变型钢主要是利用低碳钢构件进入塑性状态后其弯曲应力、剪切应力、扭转应力或其组合应力的滞变特征，在塑性滞回变形过程中吸收大量地震能量，可控制地震引起结构产生大位移的一种减震装置。滞变型钢合理的构件形状，可使其应力分布均匀，有效耗散地震能量，同时最大限度地发挥低周疲劳抗力。滞变型钢主要有 C 型钢、E 型钢等。

试验研究表明，大多数滞变型钢的滞回曲线可采用双线性来近似模拟。不同类型滞变型钢的选择取决于其放置的位置、可利用的空间、连接的结构以及力和位移的大小，其力学模型类似于图 5-11。

5.4.3 速度型阻尼器

1. 黏滞液体阻尼器

黏滞液体阻尼器是在一个专用的油缸内，注入以有机硅为基础的黏性液体传力介质，通过油缸壁与活塞之间的间隙（或在活塞上设置导流孔），组成的一种连接装置。当结构受到外荷载（如风、地震等）冲击时，活塞杆在液压缸内做往复运动，阻尼介质在液压缸 2 个分隔

腔体内迅速流动，阻尼介质的分子间、介质与活塞杆、介质与液压缸体间产生剧烈的摩擦，介质在通过活塞孔时产生巨大的节流阻尼，这些作用产生的合力即为阻尼力。阻尼介质把传递给活塞杆的机械能转化成热能（散发），从而吸收能量，减少位移量，如图 5-12 所示。

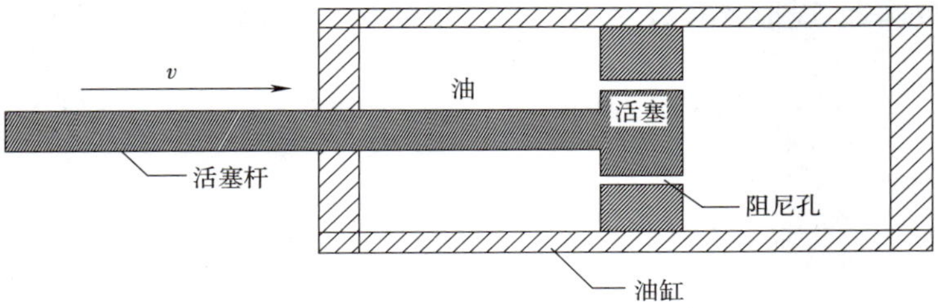

图 5-12　黏滞液体阻尼器

影响阻尼力的因素有：活塞有效面积、阻尼孔面积、阻尼孔长度、活塞运动速度、温度、阻尼材料黏度、激振频率和位移变化幅值等。

黏滞液体阻尼器的力学计算模型如下：

$$F=Cv^{\alpha} \tag{5-5}$$

式中，C 为阻尼系数；v 为相对运动速度，mm/s；α 为阻尼指数，是表示液压阻尼器特性的参数。结构抗震中通常取 $\alpha=0.2\sim1.0$。α 值越小，输出的阻尼力越小，对锚固系统和相邻结构的作用力就越小。

非线性黏滞液体阻尼器采用 Maxwell 模型模拟，该模型中阻尼单元与弹簧单元串联，如图 5-13 所示。其力学模型为

$$F=k_{\mathrm{d}}d_{\mathrm{k}}=C\times\mathrm{sgn}(v)\times|v|^{\alpha} \tag{5-6}$$

阻尼器变形为

$$d=d_{\mathrm{k}}+d_{\mathrm{c}} \tag{5-7}$$

式中，d_{k}、d_{c}分别为弹簧和阻尼器变形；k_{d} 为弹簧刚度；C 为阻尼器阻尼系数；v 为阻尼器变形速率。

2. 速度锁定装置

典型的速度锁定（Lock-up）装置如图 5-14 所示，由一个圆柱形油缸和传力杆、活塞等组成，油缸内是特殊的硅介质。硅介质具有反复触变特性，在由温度、收缩、徐变作用引起的缓慢运动下，硅介质受挤压后可以通过活塞上的小孔或活塞与油缸间的间隙。通过调整间隙或油孔尺寸，得到不同特性的装置。突加动力荷载引起传力杆加速挤压油缸内的硅介质，当加速导致硅介质不能够快速通过活塞时，装置瞬间被锁定。

速度锁定装置与黏滞液体阻尼器的结构相似，从某种意义上说，是一种特殊的液体阻尼器，只是它的孔道非常小以至于在最大荷载作用下不能快速移动。在实际应用中，速度锁定装置发生非常小的位移以至于不吸收和耗散能量，而仅仅作为一种动力锁使用。而黏滞液

体阻尼器在地震作用下，要使其尽可能发生较大的位移以便吸收和耗散能量。

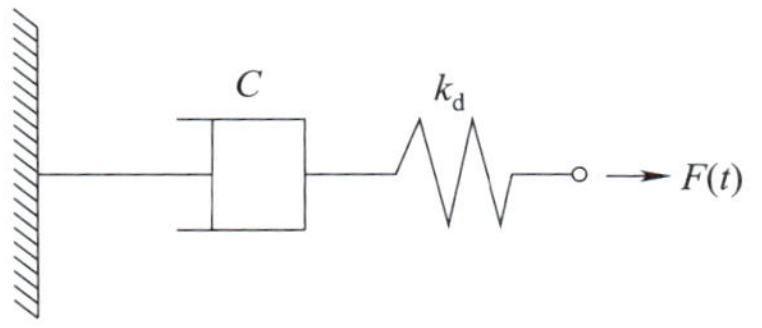

图 5-13　Maxwell 模型

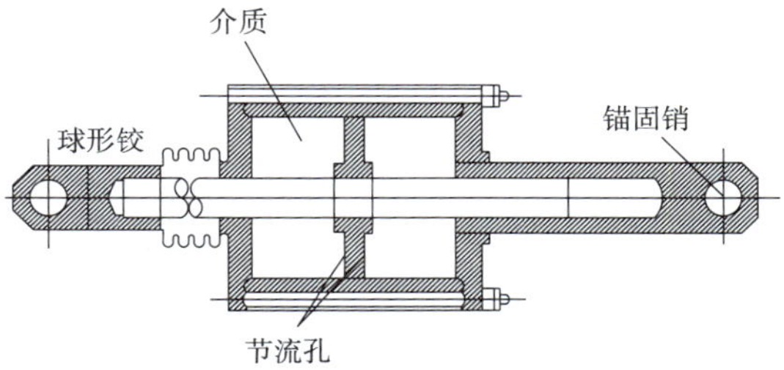

图 5-14　速度锁定装置构造

速度锁定装置可以用式(5-8)来模型化。设计人员要预先设定一个速度开关 v_0，当墩、梁间的相对运动速度 $v>v_0$ 时该装置可按一个刚性连杆计算。

$$F=\begin{cases}0 & v\leqslant v_0\\ 0\sim F_{\max} & v>v_0\end{cases} \tag{5-8}$$

式中，v_0 为锁定速度；$F_{\max}$ 为最大锁定力。

5.5　减隔震桥梁设计方法

减隔震桥梁整体的受力特征及地震响应，与减隔震装置的选用、安装位置及力学参数等有关，其计算模型的建立方法、非线性单元的布设等与传统延性抗震体系有着明显的不同。

5.5.1　减隔震装置的适用条件

桥梁的结构特征及所处地理条件情况与减隔震装置的适用性有关。大量的研究表明，比较适宜采用减隔震装置的几类情况如下[14]：

(1)桥梁下部结构较矮，桥梁的基本周期较短；

(2)桥梁下部结构高度相差较大，刚度不均匀；

(3)场地以坚硬土或岩石、中硬土为主，预期地面运动具有较高的卓越频率。

原则上不可采用减隔震设计的情况：

(1)桥梁的正常使用功能对墩梁相对位移的增加较敏感；

(2)地震作用下基础土层不稳定、易液化的场地；

(3)下部结构较柔、桥梁的基本周期长；

(4)支座中出现较大的负反力。

5.5.2　减隔震装置的选择及布置

铁路桥梁因高速行车对整体的刚度有较严格的要求，在进行减隔震设计时，减隔震装置不仅要实现减震耗能，还应具备满足正常运营荷载的承载和刚度要求，因此其选择应遵循如下规定[14]：

(1)在不同水准的地震作用下，减隔震装置都应保持良好的竖向荷载支承能力；

(2)减隔震装置应具有较高的初始水平刚度，使得桥梁在风荷载、制动力等作用下不发生过大的变形和有害的振动；

(3)当温度、徐变等引起上部结构缓慢的伸缩变形时，减隔震装置仅产生较小的抗力；

(4)减隔震装置应具有较好的自复位能力，使桥梁震后能够基本恢复到原来的位置，或较易恢复到原来位置；

(5)采用阻尼器或能量耗散装置时，其引起的上部结构相对位移在合适的设计范围内；

(6)在高烈度地震区，减隔震装置应考虑延长结构自振周期与消能相结合；

(7)在桥墩刚度相差较大的同一桥梁上，或相邻桥墩场地条件相差较大时，减隔震装置应使桥墩所受的地震作用与其设计抗力较好匹配，梁体位移较为均匀。

桥梁的减隔震装置主要布置在两个位置：布置在墩顶，起到降低上部结构惯性力、延长结构自振周期、调配结构刚度和消耗地震能量等作用；设置在桥墩底部，类似于建筑结构隔震，能大幅度地降低整个结构的动力响应。

5.5.3 减隔震桥梁的设计流程

目前减隔震桥梁主要采用基于位移的抗震设计方法[17]，主要的设计分析流程如下：

(1)选择与结构形式相匹配的减隔震装置，确定布置方式；

(2)依据结构的抗震需求确定减隔震装置的设计参数；

(3)建立考虑非线性效应的桥梁结构动力分析模型；

(4)选择合适的地震动强震记录进行减隔震桥梁的地震响应分析；

(5)选取合理的指标评价减隔震效果；

(6)对减隔震装置的地震位移与允许位移进行比较，判断其合理性。

5.6 减隔震桥梁地震响应分析算例

5.6.1 大跨连续梁桥减隔震方案比选

1. 工程背景

某高铁桥梁一联为(60＋4×106＋60)m 预应力混凝土连续梁桥。主梁截面采用单箱单室变高度变截面直腹板形式，箱梁顶宽 12.6 m，底宽 6.7 m。中支点梁高 7.85 m，跨中及边跨直线段梁高 4.85 m，梁底下缘按二次抛物线变化。主梁采用 C55 混凝土。桥墩采用重力式桥墩，其中 1 号、7 号过渡墩采用圆端形截面，主墩均采用矩形截面，4 号制动墩墩底尺寸为 11 m×7 m。1 号、2 号、6 号、7 号墩墩高在 21～22 m 之间，3 号～5 号墩墩高在 25.5～26.5 m 之间。过渡墩及主墩均采用钻孔灌注桩，桩径分别为 1.5 m、2.0 m。墩身及桩基均采用 C35 混凝土。二期恒载为 140 kN/m。

2. 减隔震装置力学参数取值及分析工况

非减隔震连续梁桥全桥均布置普通盆式橡胶支座，其中 4 号墩支座为固定支座，其余均为活动支座。黏滞液体阻尼器有提供阻尼力的作用，速度锁定装置可以实现对活动墩的锁定，重新分配地震力，双曲面减隔震支座有较好的自复位能力。鉴于此，针对高速铁路大跨长联连续梁桥提出以下三种减隔震方案，见表 5-1。

表 5-1　减隔震方案

方　案	墩梁连接方式	
	4 号(制动墩)	1 号、2 号、3 号、5 号、6 号、7 号(活动墩)
非隔震方案	固定支座	活动支座
方案一	固定支座	活动支座＋黏滞液体阻尼器
方案二	固定支座	活动支座＋速度锁定装置
方案三	双曲面固定支座	双曲面活动支座

减隔震效果分析中，普通盆式橡胶支座设计参数：过渡墩支座竖向承载力 W＝8 000 kN，其余各墩支座竖向承载力 W＝45 000 kN，纵向位移 0.25 m，摩擦系数均取 μ＝0.02。黏滞液体阻尼器取如下力学参数：阻尼系数取 C＝4 000、6 000、8 000、10 000 kN·$(s/m)^{\alpha}$，阻尼指数取 α＝0.1、0.3、0.5，共引入 12 组力学参数的减震效果分别计算，经对比 C＝6 000 kN·$(s/m)^{\alpha}$，α＝0.3 时减震效果最佳。双曲面减隔震支座设计参数：过渡墩支座竖向承载力为 W＝8 000 kN，球心距 H＝2.3 m，其余各墩支座竖向承载力 W＝45 000 kN，球心距 H＝5.3 m，摩擦系数均取 μ＝0.08。

3. 有限元模型及地震动输入

采用 MIDAS/Civil 建立全桥三维空间有限元模型，纵向为 x 轴，横向为 y 轴，竖向为 z 轴。主梁、桥墩、承台、桩基均采用梁单元模拟。桩土作用采用线性弹簧模拟，弹簧刚度采用 m 法计算，本书中取 m＝20 000 kN/m^4。二期恒载以质量单元施加于主梁，邻跨质量置于交界墩上。其中普通盆式橡胶支座根据支座活动类型采用弹性连接模拟，黏滞液体阻尼器采用黏滞阻尼器单元模拟，速度锁定装置采用大刚度连杆模拟，双曲面减隔震支座采用摩擦摆单元模拟。分析中未考虑 P-δ 效应对结构的影响。全桥有限元模型如图 5-15 所示。

该桥位于 8 度区，设计地震加速度峰值 0.2g，罕遇地震加速度峰值 0.38g，工程场地类别为Ⅱ类，特征周期分区 3 区，反应谱特征周期 0.45 s。罕遇地震下，非线性时程分析选用三条安评地震波，纵向输入，图 5-15 为一条典型的加速度时程曲线。

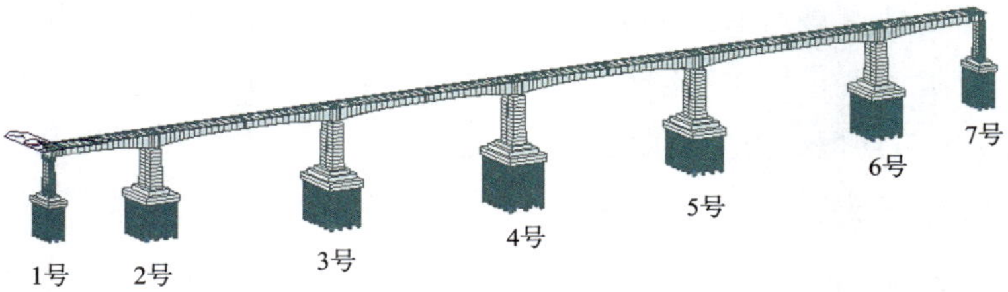

图 5-15　有限元模型

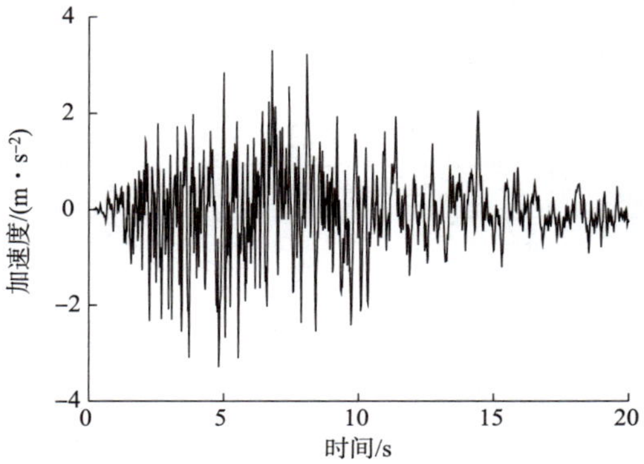

图 5-16　罕遇地震波

4. 减隔震效果分析

三种减隔震方案对应的墩底弯矩、剪力、墩梁相对位移及对应的减震率计算结果见表 5-2～表 5-4。

表 5-2　墩底弯矩比较

墩号	墩底弯矩/(MN · m)				减震率/%		
	非隔震	方案一	方案二	方案三	方案一	方案二	方案三
1 号	92.9	173.3	159.5	87.5	−86	−72	6
2 号	198.4	503.1	924.7	461.8	−54	−366	−133
3 号	335.9	613.0	908.8	674.5	−83	−171	−101
4 号	2 397.1	1 359.2	1 207.2	436.8	43	49	82
5 号	342.5	624.4	946.0	678.9	−82	−176	−98
6 号	215.1	520.2	1 104.7	442.3	−142	−430	−105
7 号	95.4	176.7	204.9	89.1	−85	−125	7

表 5-3　墩底剪力比较

墩号	墩底剪力/MN				减震率/%		
	非隔震	方案一	方案二	方案三	方案一	方案二	方案三
1 号	6.9	10.1	9.7	6.4	−46	−41	7
2 号	17.7	30.4	48.2	23.1	−72	−72	−31

续上表

墩号	墩底剪力/MN				减震率/%		
	非隔震	方案一	方案二	方案三	方案一	方案二	方案三
3 号	23.2	31.6	41.7	35.5	−36	−80	−53
4 号	94.7	54.9	53.5	26.4	42	44	72
5 号	23.3	31.7	42.4	35.4	−36	−82	−51
6 号	17.1	30.1	60.0	23.5	−76	−251	−37
7 号	7.1	9.8	7.7	6.5	−38	−8	8

表 5-4 墩梁相对位移比较

墩号	墩梁相对位移/cm				减震率/%		
	非隔震	方案一	方案二	方案三	方案一	方案二	方案三
1 号	7.39	0.74	0	15.65	90	100	−112
2 号	8.51	2.78	0	16.02	67	100	−88
3 号	7.30	1.96	0	14.95	73	100	−104
4 号	0	0	0	16.11	—	—	—
5 号	7.32	1.97	0	14.94	73	100	−104
6 号	8.45	2.69	0	16.08	68	100	−90
7 号	7.36	0.72	0	15.64	90	100	−113

注：表 5-2～表 5-4 及以下分析中减震率负值均表示地震响应放大。

由表 5-2～表 5-4 计算结果可知：

(1)采用三种不同的方案对于制动墩墩底弯矩及剪力均有较好的减震效果。全桥布置黏滞液体阻尼器(方案一)和速度锁定装置(方案二)时，制动墩墩底弯矩和剪力的减震率相近，均在 40%～50%之间；全桥布置双曲面减隔震支座(方案三)时，制动墩墩底弯矩减震率为 82%，剪力减震率为 72%。

(2)采用全桥布置黏滞液体阻尼器(方案一)和速度锁定装置(方案二)的方案时，各活动墩墩底弯矩及剪力增大。各活动墩墩底弯矩减震率在−54%～−430%之间，墩底剪力减震率在−8%～−251%之间，墩底弯矩的地震响应放大效应更明显。

(3)采用全桥布置双曲面减隔震支座(方案三)的方案时，过渡墩墩底弯矩和剪力的减震率在 6%～8%之间，其余各活动墩墩底弯矩减震率在−98%～−133%之间，墩底剪力减震率在−31%～−53%之间。

(4)采用全桥布置黏滞液体阻尼器(方案一)和速度锁定装置(方案二)的方案均可较好地控制墩梁相对位移，采用全桥布置双曲面减隔震支座(方案三)对墩梁相对位移的放大效应明显，减震率可达到−113%。

结合地震反应分析结果，三种减隔震方案对墩底弯矩、剪力和墩梁相对位移大小的整体控制均有不足。因此，针对大跨长联连续梁桥，提出采用黏滞液体阻尼器+速度锁定装置联合使用的优化方案，在墩高相近的 3 号、5 号墩墩梁连接处布置速度锁定装置，在较矮的 1 号、2 号、

6 号、7 号墩墩梁连接处布置黏滞液体阻尼器。经试算，黏滞液体阻尼器取 $C=6\ 000\ kN\cdot(s/m)^{\alpha}$，$\alpha=0.5$，联合减震效应最明显，具体优化布置方案在图 5-17 中已示出。优化方案减震率曲线如图 5-18 所示。优化方案制动墩剪力、弯矩时程曲线如图 5-19、图 5-20 所示。

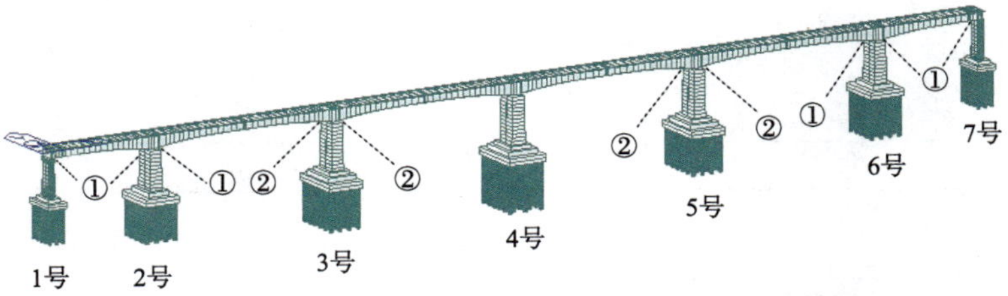

注：①代表此处布置黏滞液体阻尼器；②代表此处布置速度锁定装置。

图 5-17 优化后的有限元模型

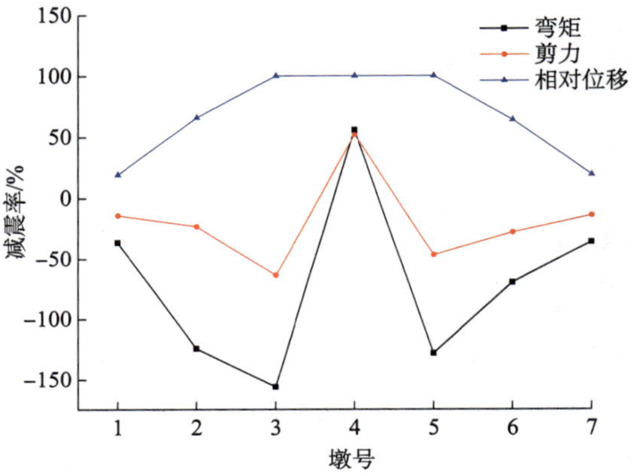

图 5-18 优化方案减震率曲线

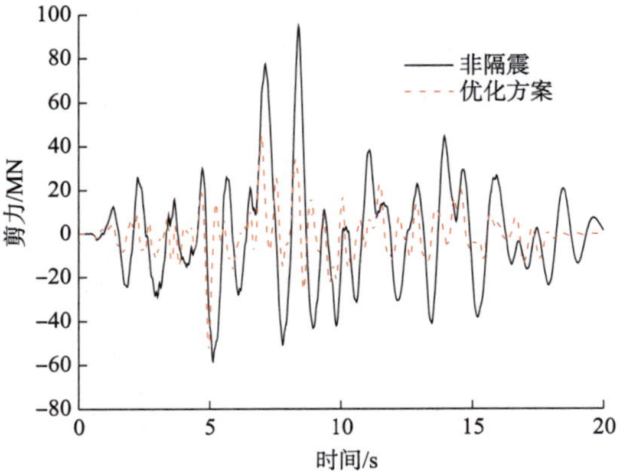

图 5-19 4 号制动墩剪力时程曲线

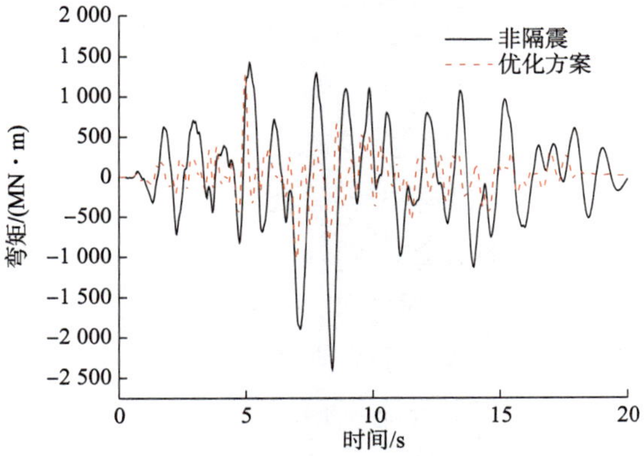

图 5-20 4 号制动墩弯矩时程曲线

从图 5-18 计算结果可得到：

(1)采用优化方案时，4 号制动墩墩底弯矩和剪力的减震效果优于方案一和方案二。墩底弯矩的减震率为 56%，墩底剪力的减震率为 52%。

(2)采用优化方案时，各活动墩墩底弯矩减震率在−35%～−160%之间，剪力减震率在−13%～−60%之间。相比方案一和方案二，墩底弯矩及剪力的放大效应减弱。

(3)与方案三中墩梁相对位移的减震率相比，优化方案中全桥的墩梁相对位移得到了较好的控制，墩梁相对位移的减震率在 23%以上。

5. 结论

通过对高速铁路大跨长联连续梁桥进行减隔震方案研究，得到如下结论：

(1)全桥布置黏滞液体阻尼器、速度锁定装置和双曲面减隔震支座均可减小制动墩的墩底弯矩和剪力，但会使各活动墩的地震响应产生不同程度的放大。采用双曲面减隔震支座时，制动墩墩底内力减震效果最好，但墩梁相对位移的放大效应明显。

(2)与全桥分别布置黏滞液体阻尼器和速度锁定装置的方案相比，采用黏滞液体阻尼器＋速度锁定装置的优化方案提高了各墩墩底弯矩和剪力的减震率。与全桥布置双曲面减隔震支座的方案相比，优化方案提高了墩梁相对位移的减震率。

(3)对桥墩存在高度差的大跨长联连续梁桥，建议通过合理布置黏滞液体阻尼器和速度锁定装置形成组合减隔震设计方案。

5.6.2　减隔震混合装置

结合大跨长联连续梁桥的地震响应特点，要求通过减隔震设计，使结构在罕遇地震下纵横向墩梁最大相对位移可控，桥墩及基础处于弹性状态。针对某特大连续梁桥(50＋8×100＋50)m，拟采用摩擦摆减隔震支座＋黏滞液体阻尼器组合的减隔震措施。设计要求，多遇地震作用下，固定墩承受地震力并保证固定支座剪力键不被剪断；地震效应大于多遇地震时，固定支座剪力键剪断，阻尼器与摩擦摆支座均发挥作用，阻尼器耗散地震能量，摩擦摆支座起隔震与耗能作用，同时发挥使结构震后复位的作用。

1. 工程概况

跨度布置为(50＋8×100＋50)m 的连续梁桥，主梁采用变高度、直腹板的单箱单室预应力混凝土箱形截面，C50 混凝土；连续梁桥墩采用等截面圆端形实体墩，墩身采用 C45 混凝土，当墩高 $H\leqslant 15$ m，墩身截面尺寸为 3.0 m×7.0 m，当墩高 $H>15$ m，墩身截面尺寸为 3.4 m×7.0 m；连续梁固定墩采用 3.4 m×7.0 m。承台采用 C40 混凝土；桩基础采用钻孔灌注桩，桩身直径 1.5 m；支座采用摩擦摆支座，主墩支座承载力为 25 000 kN，边墩支座承载力为 4 000 kN，二期恒载按照 90 kN/m 施加。其中固定墩为 24 号墩，如图 5-21 所示。该连续梁桥位于 8 度区，根据地震安评报告，桥址区在多遇地震、设计地震、罕遇地震下的特征周期分别为 0.53 s、0.65 s、0.92 s。

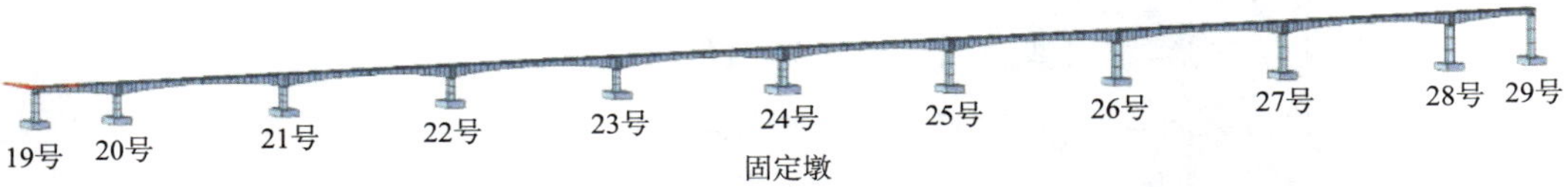

图 5-21 (50+8×100+50) m 连续梁桥立面图

2. 有限元模型及地震动输入

罕遇地震该桥的减震方案为摩擦摆支座+黏滞液体阻尼器，其中仅在主墩(20 号～28 号)设置摩擦摆支座和黏滞液体阻尼器，黏滞液体阻尼器按照与桥墩轴线成 45°方向布置，边墩采用普通支座，同时考虑支座摩擦作用。主梁、桥墩、承台均采用 Frame 单元模拟，摩擦摆支座采用 Friction Isolator 单元模拟，黏滞液体阻尼器采用 Maxwell 模型模拟，桩土相互作用通过弹簧来模拟，弹簧施加在承台底部，用来模拟地基对承台底部的约束，各弹簧的刚度根据《震规》求得。

该桥位于 8 度区，桥址为Ⅱ类场地，特征周期为 0.45 s，结合场地地震安全性评价提供的地震动相关参数，罕遇地震下非线性时程反应分析采用 50 年超越概率为 2% 的安评波，加速度峰值为 0.39g，图 5-22 为罕遇地震下三条加速度谱曲线。采用 Newmark-β 法进行非线性动力时程分析，结构自振周期 1.94 s，结构阻尼比取 5%，采用瑞利阻尼，地震波分别按纵横向输入。

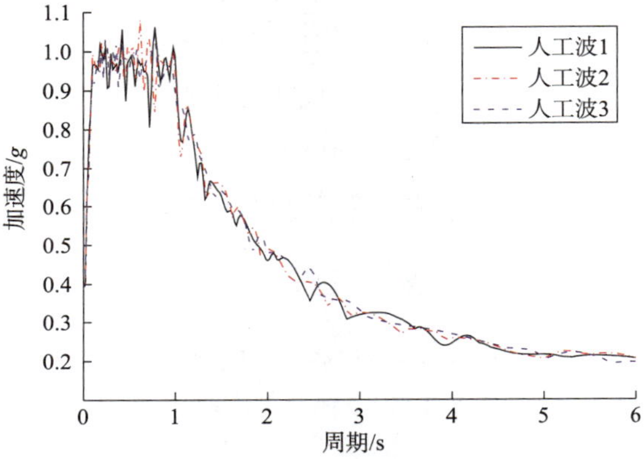

图 5-22 罕遇地震加速度谱

3. 分析工况及减震效果分析

分 3 个工况进行大跨长联连续梁桥减隔震研究，见表 5-5，其中，工况 1、2 为对比方案，工况 3 为设计方案。减隔震装置具体的布置示意图如图 5-23 所示，时程反应分析结果如图 5-24 所示。其中，黏滞液体阻尼器的参数取值为：阻尼系数 $C=2\ 000\ \mathrm{kN\cdot(s/m)^{\alpha}}$，阻尼指数 $\alpha=0.4$；摩擦摆支座参数取值：摩擦摆半径$R=4$ m，摩擦系数 $u=0.03$。

表 5-5 分析工况

工况	19 号墩	20 号墩	21 号墩	22 号墩	23 号墩	24 号墩	25 号墩	26 号墩	27 号墩	28 号墩	29 号墩
1	○	[○]	[○]	[○]	[○]	△	[○]	[○]	[○]	[○]	○
2	●	●	●	●	●	▲	●	●	●	●	●
3	●	[●]	[●]	[●]	[●]	▲	[●]	[●]	[●]	[●]	●

注：○/△代表普通活动/固定支座；●/▲代表摩擦摆活动/固定支座；[ ]代表阻尼器。

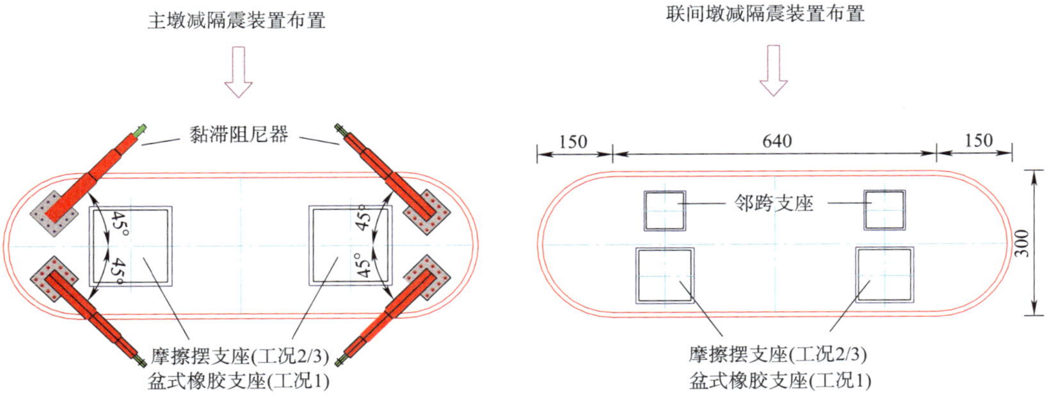

图 5-23　减隔震装置布置示意图(单位:cm)

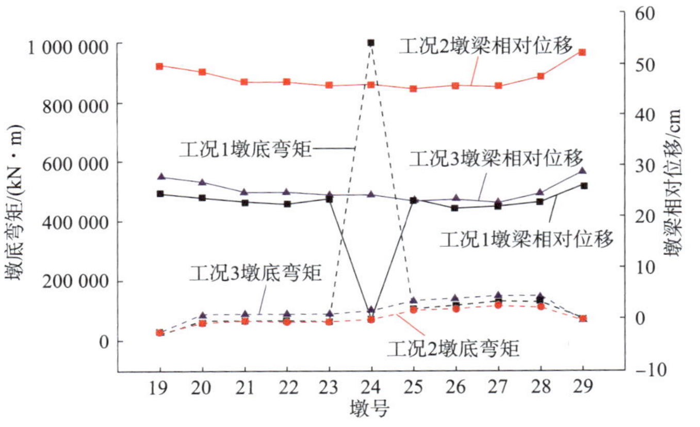

(a)纵向地震响应结果

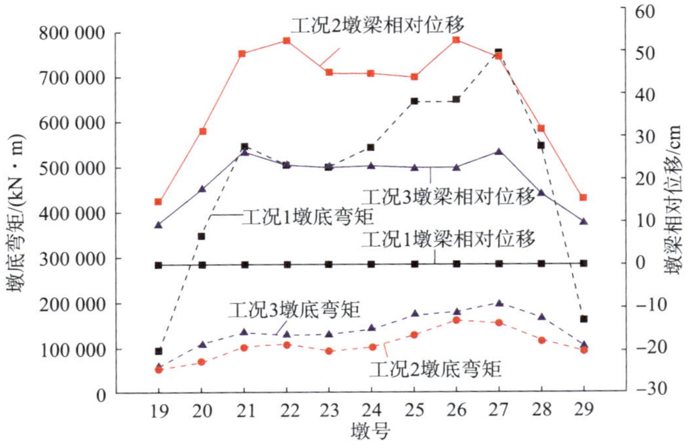

(b)横向地震响应结果

图 5-24　墩底弯矩及墩梁相对位移的计算结果

工况 1～工况 3 的各墩墩底弯矩及墩梁相对位移计算结果列于图 5-24，从图 5-24 可得到：

(1)纵向地震作用下，工况 1 中 24 号固定墩墩底弯矩值较大，其余各墩的墩底弯矩在 3 种工况下基本相当。工况 1 中 24 号固定墩墩底弯矩值约为工况 2 和 3 中固定墩墩底弯矩值的 14 倍。

(2)纵向地震作用下，工况 1 与工况 3 相比，除 24 号固定墩外，其余各墩的墩梁相对位移基本相当，工况 2 计算得到的墩梁相对位移明显大于工况 1 和工况 3 的墩梁相对位移量。工况 2 中各墩墩梁连接处的约束程度相近，因此同一工况中下各墩墩梁相对位移较为接近，工况 3 中各墩墩梁相对位移也呈现相似的变化特征。

(3)横向地震作用下，工况 1 与工况 2 和工况 3 相比，墩底弯矩较大。工况 1 中，27 号墩的墩底弯矩达到 760 000 kN · m，且因各墩的横向刚度不同，弯矩大小有较为显著的差异。

(4)横向地震作用下，工况 3 与工况 2 相比，墩梁相对位移较小，但均大于工况 1 计算得到的墩梁相对位移。工况 1 中，支座横向活动被约束，因此墩梁间无相对滑动，工况 2 中摩擦摆支座滑动仅受支座本体的约束，而工况 3 中摩擦摆支座滑动还受到黏滞液体阻尼器的约束，故工况 3 对应的减隔震方案在地震作用下表现出了较好的位移控制能力。

4. 结论

(1)对于大跨长联连续梁桥，全桥使用黏滞液体阻尼器减震效果相对较差，尤其是固定墩的纵向墩底弯矩难以得到较好的控制。

(2)若仅使用摩擦摆支座进行减隔震设计，纵向和横向地震作用下墩底弯矩减隔震效果较好，但会产生较大的墩梁相对位移，桥梁整体的地震响应控制不足。

(3)摩擦摆支座配合黏滞液体阻尼器是大跨长联连续梁桥推荐的减隔震方案，摩擦摆支座和黏滞液体阻尼器可联合减弱桥墩墩底的弯矩及剪力，同时黏滞液体阻尼器还能很好地控制墩梁相对位移。

参考文献

[1] 胡连军，杨吉忠．高墩铁路桥梁减震技术进展研究[J]．铁道工程学报，2016，33(6)：72-76.

[2] 宁响亮，夏俊勇，卜继玲．高铁桥梁典型减隔震装置及其减隔震效能研究[J]．机车电传动，2017(6)：6-10.

[3] 顾正伟，钟铁毅，张贞阁．双曲面球型减隔震支座曲线连续梁桥的减隔震[J]．中国铁道科学，2011，32(3)：47-51.

[4] 陈兴冲，商耀兆，张永亮，等．高墩大跨度铁路简支钢桁梁桥的减震性能分析[J]．世界地震工程，2008，24(1)：6-11.

[5] 刘俊锋，宁伯伟，李华云．三门峡黄河公铁两用大桥总体设计及创新[J]．铁道标准设计，2019，63(1)：

65-69.
[6] 李涛．宿淮铁路(江苏段)桥梁设计技术创新[J]．铁道标准设计,2012,56(10):25-28.
[7] 刘彦明．轨道交通中长联大跨连续梁桥抗震设计分析[J]．兰州交通大学学报,2015,34(6):49-54.
[8] 冯亚成．高速铁路大跨连续梁桥减隔震方案讨论[J]．地震研究,2015,38(1):167-172.
[9] 陈永祁,赵前进,马良喆．铁路桥梁减震设计与应用[M]．北京:中国铁道出版社,2018.
[10] 张常勇,钟铁毅,季文刚．铁路连续梁桥横向减隔震支座参数研究[J]．中国铁道科学,2011,32(4):19-23.
[11] 刘军,宁响亮,李文斌,等．弹塑性钢阻尼元件在桥梁减震中的应用[J]．铁道建筑,2012(2):22-24.
[12] 李承根,高日．高速铁路桥梁减震技术研究[J]．中国工程科学,2009,11(1):81-86.
[13] 冯亚成.减震榫在宝兰客专 48 m 简支梁桥中的设计应用[J]．铁道工程学报,2017,34(12):57-62.
[14] 陈列,胡京涛．桥梁减隔震技术[M]．北京:中国铁道出版社,2014.
[15] 范立础,王志强．桥梁减隔震技术[M]．北京:人民交通出版社,2001.
[16] 王克海．桥梁抗震研究[M]．2版．北京:中国铁道出版社,2014.
[17] 石岩．减隔震桥梁性能设计方法及环境影响因素研究[D]．大连:大连海事大学,2015.
[18] 夏修身,陈兴冲,李建中．隔震桥梁合理结构阻尼模型[J]．东南大学学报(自然科学版),2016,46(1):140-145.
[19] 日本道路协会.道路桥示方书・同解说:耐震设计篇[S].2002.
[20] American Association of State Highway and Transportation officials. Guide specifications for seismic isolation design [S]. 3rd ed. Washington D.C.: American Association of State Highway and Transportation Officials, 2010.
[21] 中华人民共和国交通运输部．公路桥梁抗震设计规范:JTG/T 2231-01—2020[S]．北京:人民交通出版社,2020.
[22] 中华人民共和国住房和城乡建设部．城市桥梁抗震设计规范:CJJ 166—2011[S]．北京:中国建筑工业出版社,2012.
[23] 中华人民共和国建设部．铁路工程抗震设计规范:2009年版:GB 50111—2006[S]．北京:中国计划出版社,2009.
[24] 贾俊峰．桥梁三维隔震分析与试验研究[D]．哈尔滨:哈尔滨工业大学,2011.
[25] 石岩．基于响应面法的摩擦摆隔震高铁桥梁易损性分析[D]．广州:广州大学,2018.
[26] 贾毅,赵人达,廖平,等．罕遇地震作用下连续梁桥双曲面摩擦摆支座参数优化及减震效果研究[J]．中国铁道科学,2018,39(3):31-40.

第6章 自复位桥墩的抗震设计

本章基于摇摆设计理念提出了铁路自复位桥墩的构造细节要求及结构形式，在自复位桥墩的拟静力试验与振动台试验研究基础上，建立了自复位桥墩的抗震计算简化分析模型，并形成了一套完整的自复位桥墩抗震设计方法及流程。最后针对桥梁实例进行了设预应力钢筋的自复位抗震设计和分析，评价了其抗震性能。本章的内容可为铁路桥墩的自复位抗震设计提供借鉴。

6.1 概　　述

合理释放局部约束、形成摇摆体系是实现结构可恢复功能的主要方式。目前，国内外学者关于桥墩的自复位抗震设计主要围绕如何提高自复位能力和耗能能力展开。通常采用对桥墩施加预应力钢筋协同桥墩自重提高自复位能力，在摇摆界面设置各种耗能元件不但可以解决桥墩耗能能力差的问题，还能实现墩身提离时墩顶位移可控的目标。因结构及构造差异，公路及铁路桥墩的自复位抗震设计及研究有所区别，以下分别展开研究现状的概述。

1. 公路桥梁的自复位抗震设计

早在1997年，国际抗震专家Mander和Cheng基于摇摆结构提出了钢筋混凝土桥墩免损伤设计的概念，并设计了如图6-1所示的桥墩试验模型进行了试验验证，该试验中采用预应力筋提供桥墩的自复位能力，利用摇摆切断地震传播途径，试验发现这种摇摆桥墩能保证桥墩处于弹性状态，但耗能能力严重不足[1]。张哲熹等[2]、WANG等[3]提出一种采用SMA拉索的摇摆-自复位桥墩，CHENG等[4]将SMA碟簧引入摇摆桥墩的抗震设计中，旨在通过SMA碟簧实现桥墩的自复位和耗能，结果表明，SMA材料的超弹性性能可以使桥墩的残余变形及桥墩本身的损伤得到降低。为提高自复位桥墩的震后快速修复能力，HAN等[5]在墩底区域外置可更换屈曲耗能板作为耗能装置，如图6-2所示。何铭华等[6]将滞回性能稳定的黏滞液体阻尼器作为摇摆桥墩的外置耗能器。GUO等[7]、CAO等[8]采用了改性铝棒作为氯盐环境下摇摆桥墩的外置耗能器。MARRIOTT等[9]引入软钢阻尼器等耗能装置。这些装置均联合预应力自复位技术实现了摇摆桥墩抗震性能水平的整体提升。孙治国等[10]还将摇摆隔震技术应用至双层排架墩，在接缝处设置耗能角钢和耗能钢筋作为耗能元件，并设置预应力钢筋实现双层排架墩自复位，通过拟静力和动力时程分析，研究了新型摇摆-自复位墩的抗震性能及设计方法。

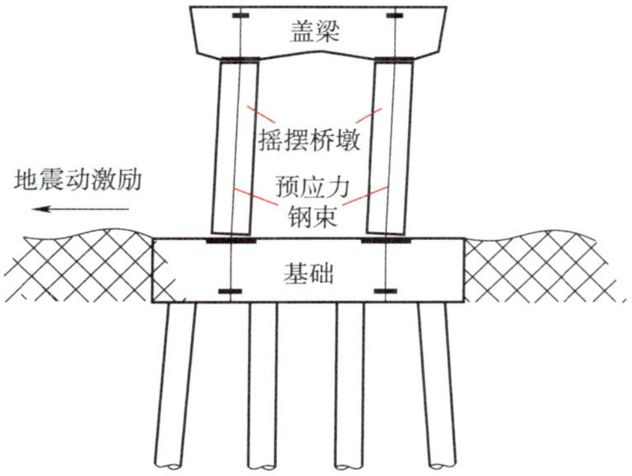

图 6-1　预应力自复位桥墩

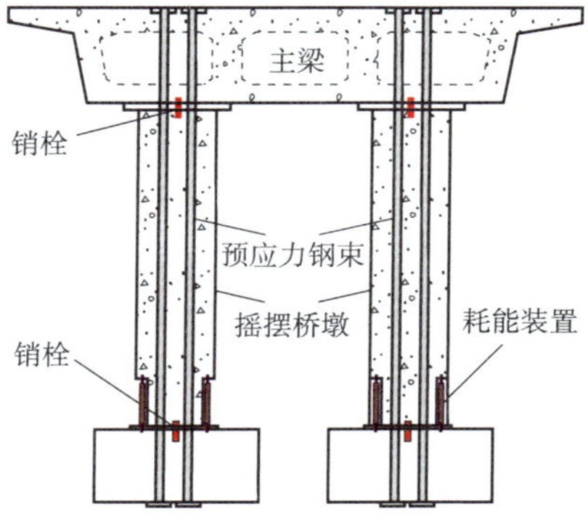

图 6-2　布置耗能构件的自复位桥墩

摇摆结构体系的研究中，Palermo 等学者提出了采用无黏结预应力技术与内置耗能钢筋进行组合的摇摆设计方案，内置耗能钢筋施工简洁，可提高摇摆桥墩的水平承载力，同时在摇摆过程中能达到能量耗散的目的，不同程度地减轻了桥墩的位移需求，但内置耗能元件往往会在耗能过程发生损伤，震后很难更换[11]。LEITNER 等[12]针对自由摇摆桥墩滞回耗能不足的问题，提出将软钢及形状记忆合金两种耗能装置进行内外布置的方案，通过试验分析发现，桥墩滞回耗能增加，残余位移的变化受消能钢筋长度、直径的变化等因素影响。无论是内置还是外置耗能装置，均可通过耗能达到有效控制结构的残余位移的总体目标。

上述公路桥墩可恢复抗震设计可用图 6-3 进行概括，从图 6-3 可以看出，震后存在损伤的延性设计桥墩耗能强但可修复性差，具备耗能能力和自复位功能的可恢复抗震设计桥墩地震损伤小、耗能大且残余位移小。以上结论和认识有助于在设计阶段最大限度地提高桥墩的抗震性能和节约成本。

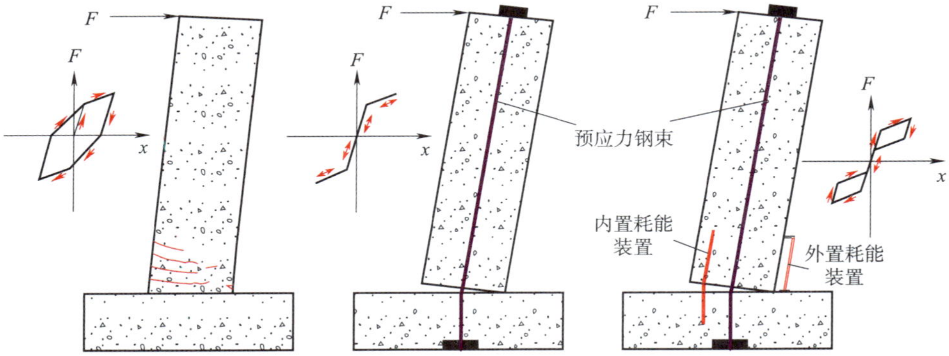

图 6-3　公路桥墩的摇摆可恢复抗震设计

节段预制拼装桥墩与设置预应力钢筋及耗能装置的摇摆桥墩具有相似之处。Petros 等人充分利用预制拼装桥墩多接缝的结构特点，巧妙地提出了新型滑移-摇摆桥墩，采用预应力钢筋为桥墩提供自复位能力，在墩身接缝处设置滑移节点，墩底设为提离面[13]，如图 6-4 所示。但研究表明，这种结构不但残余位移较难控制，且耗能能力存在明显的不足。Roh 等人则对这种摇摆抗震结构提出了进一步的改进措施[14]，如图 6-5 所示，具体为将墩身接缝加强设计，在墩底预制桥墩部分内置 SMA 以提高自复位和耗能能力，实现对桥墩残余位移的控制，试验结果表明这种设计可达到预期的目标。围绕预制拼装桥墩，葛继平等[15]提出了灌浆套筒与预应力筋连接拼装桥墩技术、布占宇等[16]提出了基于位移的拼装桥墩抗震设计方法，李宁等[17]提出了一种内置耗能钢筋的预制拼装钢管混凝土自复位桥墩，以上研究有力推动了摇摆桥墩在桥梁抗震中的应用和发展。

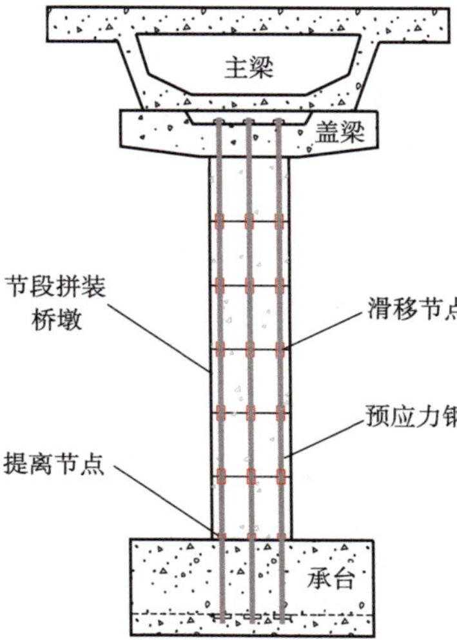

图 6-4 Petros 等提出的拼装摇摆墩

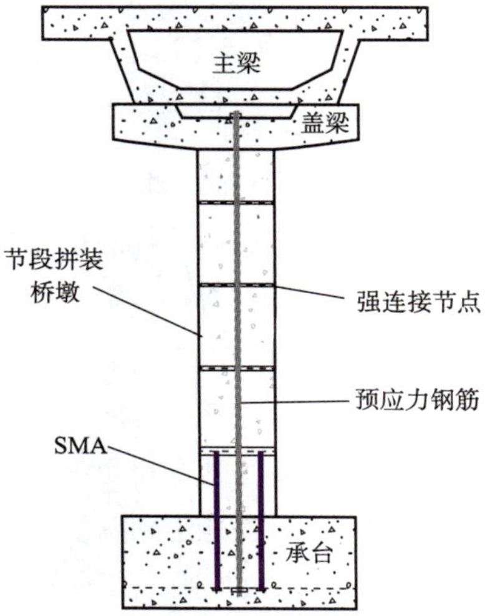

图 6-5 Roh 等提出的拼装摇摆墩

2. 铁路桥墩的自复位设计

新西兰 South Rangitikei 铁路高架桥通过在墩底设置摇摆提离界面并附加阻尼器[18]，实现了摇摆结构在新桥抗震设计中的应用。陈兴冲、夏修身等人将预应力技术引入我国铁路高墩的摇摆隔震设计中，通过模型试验、理论分析和数值模拟系统地提出了铁路高墩的自复位隔震机制、抗震计算分析模型及铁路高墩的摇摆提离抗震设计方法[19-21]。我国铁路重力式桥墩自重大，在提离摇摆过程中会产生较强的自复位能力，结合浅基础铁路桥墩在坚硬地基上的实际工程应用，陈兴冲、马华军等人又发展了中等高度铁路重力式桥墩的摇摆抗震设计，包括自由摇摆桥墩、设预应力钢筋的摇摆桥墩以及设置耗能钢筋的摇摆桥墩，通过模型试验分析，明确了三种不同摇摆桥墩的隔震机制，并通过振动台试验验证了隔震效果[22]。

6.2　抗震设计原则

自复位桥墩抗震设计的原则为正常使用及多遇地震作用下不发生提离，此时桥墩与基础看成一个不分离的整体。多遇地震下的内力可与传统桥墩一样，按反应谱法或时程分析法进行计算；罕遇地震下，桥墩发生提离摇摆，不但要实现震后自复位，还应具有一定的耗能能力，达到地震中的墩顶位移控制和自复位功能的双重实现。铁路自复位桥墩的结构形式如图 6-6 所示。

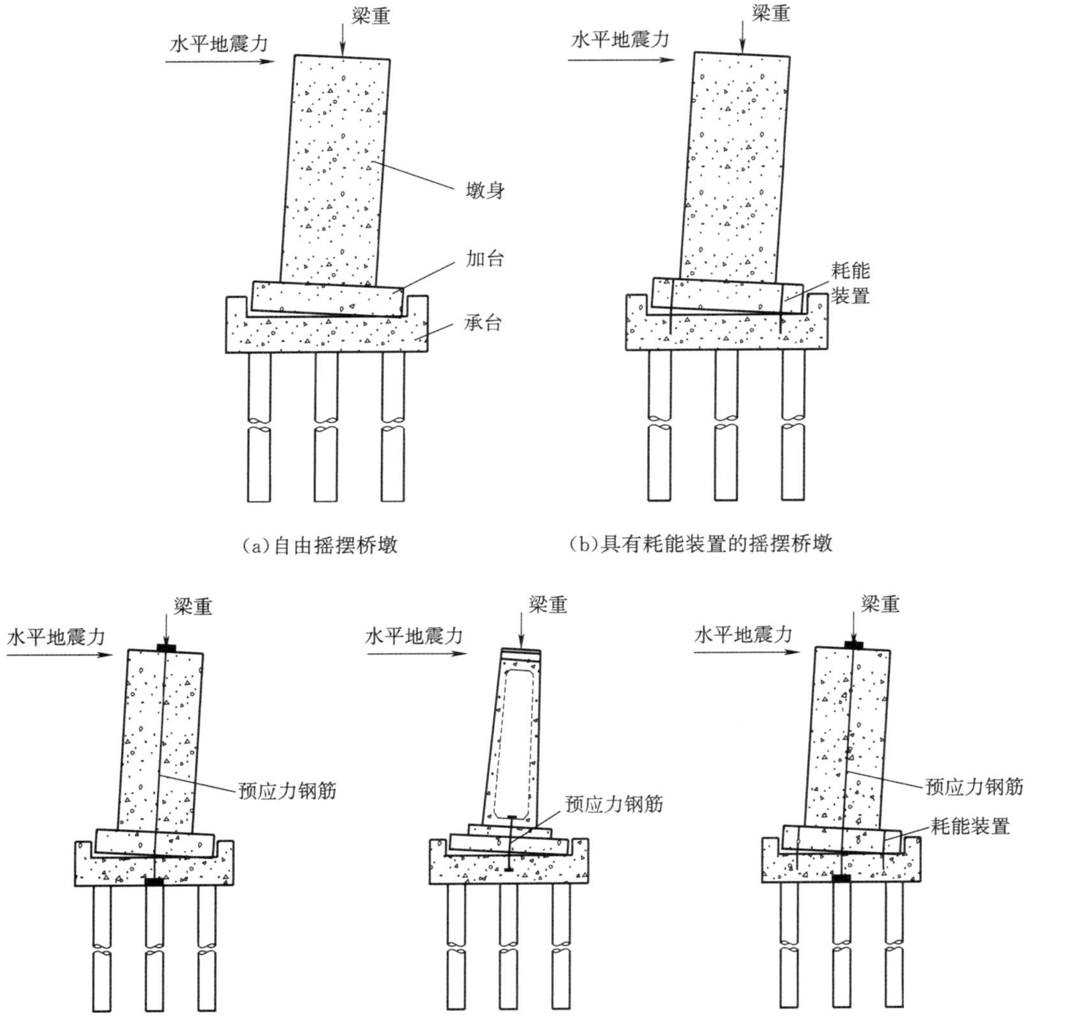

(a)自由摇摆桥墩　(b)具有耗能装置的摇摆桥墩

(c)具有预应力钢筋的摇摆桥墩

图 6-6　自复位桥墩的几种形式

1. 构造细节

因高速行车对桥墩侧向刚度有严格的限制，要求铁路桥梁在正常使用下桥墩不出现大的变形。摇摆隔震设计时，通过在墩底设置加台以满足刚度要求，并将加台底面作为摇摆提离面，以提高抗倾覆能力。承台设计凹槽是防止桥墩的水平移位。而公路桥墩在正常使用时，对桥墩侧向刚度的要求相对较低，可将墩底直接设置为提离摇摆面。铁路桥墩的加台设计应满足岩石地基上扩大基础设计的相关规定，按照《震规》验算基础抗压强度、墩底合力偏心与稳定性。

铁路桥梁对支座的竖向及横向刚度有严格的要求，因而在墩梁连接处不宜设置摇摆界面。在公路桥梁中通过在墩梁连接处引入销栓等连接键并配合橡胶垫块，可作为摇摆界面的连接构造措施。

2. 耗能装置

加台与承台之间的耗能装置在桥墩提离摇摆过程中产生耗能，可减小墩顶位移。设计原则为：在多遇地震作用下，耗能装置不发挥作用；在罕遇地震作用下，耗能装置进入耗能状态，耗散地震能量，确保结构处于稳定摇摆状态。最新研究成果表明，在自复位摇摆桥墩的设计中，耗能装置应易于安装且震后易于更换，同时还应具备减缓接触面碰撞的功能。耗能装置布置位置示意如图 6-7 所示。

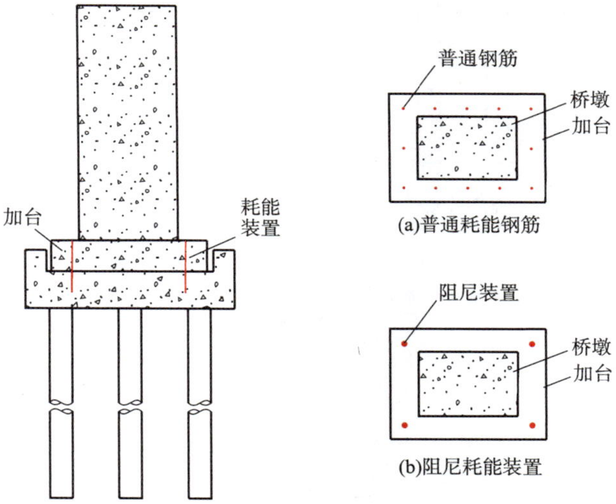

图 6-7　耗能装置的布置示意图

3. 自复位预应力钢筋

预应力钢筋能够增加基础与墩身之间的连接，提高桥墩的自复位能力，同时限制墩身产生过大的水平位移。设计原则为：在多遇地震作用下，预应力钢筋不发挥作用；罕遇地震作用下，预应力钢筋可有效控制桥墩的墩顶位移。预应力钢筋在桥墩中的布置形式及位置如

图 6-8 所示。

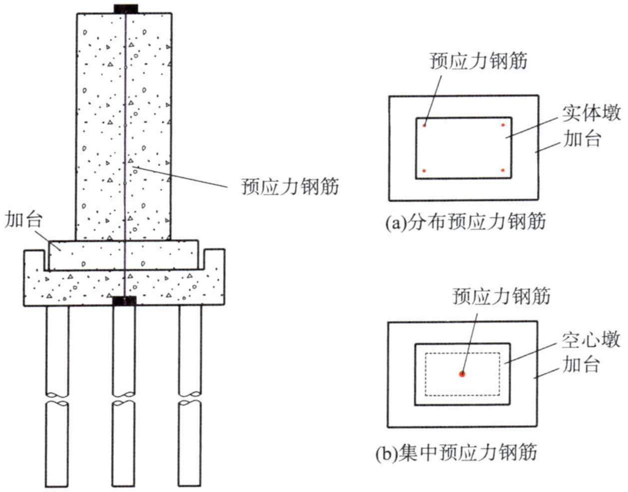

图 6-8　预应力钢筋布置示意图

4. 摇摆桥墩的形式选择

结合桥墩的场地条件、地震需求以及结构形式等因素，自复位桥墩可采用自由摇摆形式、设置耗能装置的摇摆桥墩以及设置预应力钢筋的摇摆桥墩。对于重要桥梁，当抗震性能要求高时，还可选用组合形式进行摇摆桥墩的抗震设计，即既能提高耗能又能提高自复位功能的桥墩，具体组合方式如图 6-9 所示。

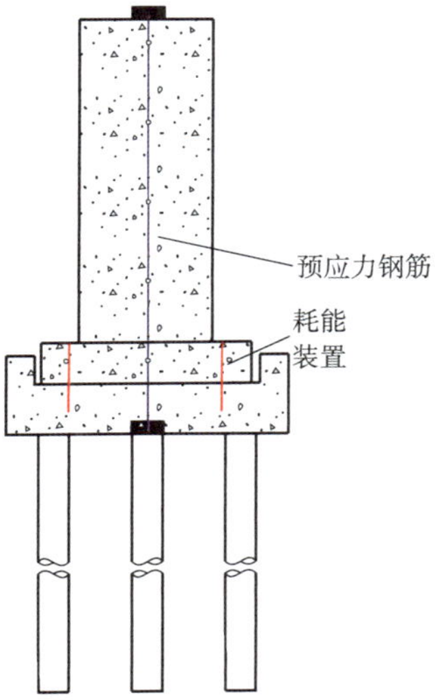

图 6-9　预应力钢筋＋耗能装置的摇摆桥墩

6.3 自复位桥墩的抗震计算模型

兰州交通大学课题组[22,23]分别设计了自由摇摆隔震桥墩(模型一)、耗能钢筋约束摇摆隔震桥墩(模型二)及设置预应力约束摇摆隔震桥墩(模型三)。其中,耗能装置选择普通钢筋,利用其塑性变形实现能量耗散作用;预应力钢筋起到协助自复位和控制墩顶位移的作用。通过拟静力试验及振动台试验分析,得到如下结论:

(1)通过滞回曲线分析发现,自由摇摆隔震桥墩(模型一)与预应力约束摇摆隔震桥墩(模型三)的滞回曲线都是典型的反Z形;而耗能钢筋约束摇摆隔震桥墩(模型二)的滞回曲线先是梭形之后出现"捏缩",变化成弓形和反Z形。通过三者骨架曲线对比分析发现,自由摇摆隔震桥墩的初始刚度、提离荷载、最终荷载都比较小,抗倾覆性较差,耗能钢筋约束后其抗倾覆性能相比自由摇摆有所改善,预应力钢筋约束后桥墩自复位性能明显提升。

(2)自由摇摆桥墩的墩顶水平加速度反应较小,有利于降低梁部的加速度反应,而设置耗能钢筋和预应力钢筋后墩顶加速度反应有所放大。

(3)设置耗能钢筋和预应力钢筋后的摇摆桥墩在小震作用下产生的提离摇摆反应不显著,输入地面运动峰值加速度增加到一定值后桥墩出现提离现象,且提离位移随着地面运动峰值加速度的增加而增大。设置耗能钢筋和预应力钢筋均可减小墩顶水平位移,但是预应力值的大小对墩底提离位移的影响较大。三种不同摇摆自复位桥墩的位移反应随着输入地震动加速度值的增加而增大。墩底竖向提离位移与墩顶水平位移呈正相关,墩顶水平位移越大,墩底提离位移也越大。

(4)对三种不同摇摆自复位桥墩的振动台试验结果对比发现,自由摇摆隔震桥墩在大震作用下摇摆幅度难以控制,极易使邻梁产生碰撞效应,同时加台对承台产生冲击,提离加速度成倍放大;设置耗能钢筋和预应力钢筋后具有明显的约束效应,能够在一定程度上控制摇摆反应幅度。

以上试验结果为摇摆自复位桥墩抗震计算模型的提出奠定了基础。

6.3.1 两弹簧模型

两弹簧模型主要用于模拟自由摇摆桥墩。通过拟静力试验和振动台试验可以观察到,自由摇摆桥墩始终在桩顶的承台上摇摆提离,加台本身的变形很小,承台接近刚性。根据以上所述的摇摆提离特点,可以利用两个竖向弹簧模拟桩基础桥墩在强震下的摇摆提离,如图 6-10 所示。图 6-10 中,桥墩用弹性梁单元模拟,上部结构及桥面铺装用集中质量模拟,墩底加台用刚臂单元模拟,基础质量堆聚于加台的重心,自由摇摆隔震桥墩的提离用只受压不受拉的弹簧单元模拟,模型采用瑞利阻尼,各阶振型采用相同的阻尼比。图 6-10 中示出了提离弹簧的力与位移关系[23]。

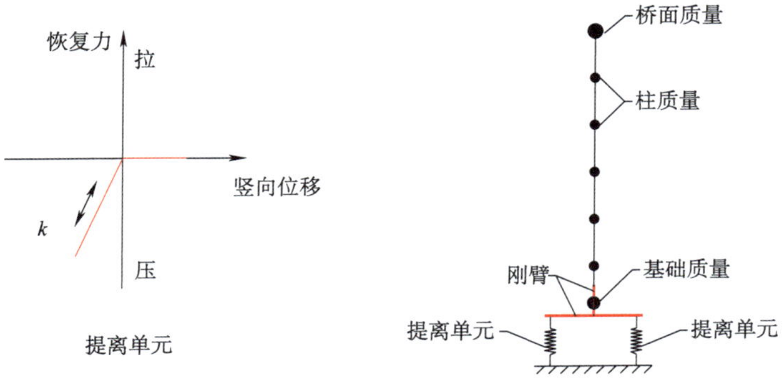

图 6-10　自由摇摆分析模型

假定刚度与自振频率不相关，置于半空间地基上矩形刚性基础的竖向刚度近似表示为

$$k=\frac{1}{2}k_{\mathrm{v}} \tag{6-1}$$

$$k_{\mathrm{v}}=\frac{4GR_0}{1-\nu} \tag{6-2}$$

$$R_0=\sqrt{A_0/\pi} \tag{6-3}$$

式中，k_{v}为竖向刚度；G 为加台材料的剪切模量；R_0为等效半径；ν 为加台材料的泊松比；A_0为墩底加台的截面积。

6.3.2　三弹簧模型

三弹簧模型主要用于模拟设预应力钢筋的摇摆桥墩。对于设置了预应力钢筋的摇摆桥墩，桥跨部分集中质量、桥墩、加台、承台的模拟以及提离弹簧形式均与两弹簧模型相同。在加台底中心位置增加了可以模拟预应力效应的弹簧模型，如图 6-11 所示。

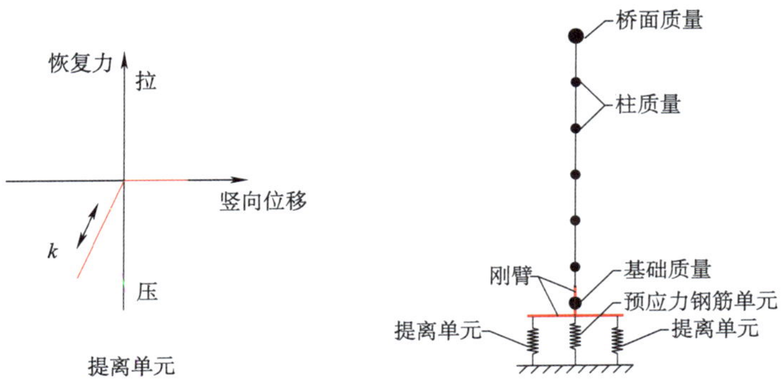

图 6-11　设预应力筋摇摆分析模型

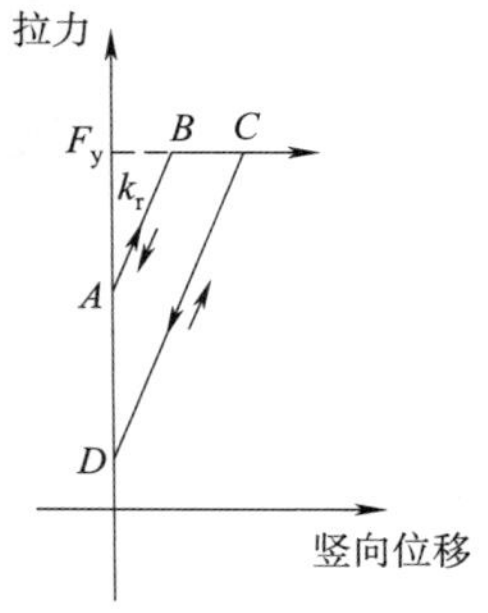

图 6-12　预应力钢筋单元

桥墩中预应力效应可分解为三部分:预应力钢筋、初始预加力及钢筋屈服引起的预加力损失[24]。提离摇摆中预应力效应的作用,主要表现为以下几点:

(1)预应力钢筋增大了桥墩底的竖向抗拉刚度,预应力钢筋中的初始预加力提高了桥墩的提离弯矩,改变了桥墩的初始提离条件,这会影响桥墩的摇摆反应。

(2)桥墩提离会引起预应力钢筋的受拉变形,在预应力钢筋中产生相应的拉力。预应力钢筋中的总拉力由预加力及钢筋变形拉力组成,随桥墩的提离而变化,会对桥墩的后续提离产生影响。

(3)预应力钢筋屈服前,其总拉力随提离量(钢筋变形)的变化而变化。此时,初始预加力保持不变,总拉力的变化由桥墩提离量(钢筋变形)的改变引起。

(4)预应力钢筋屈服后会产生一定的残余变形,残余变形会引起预加力的损失。此时,预应力钢筋中的总拉力变化由预加力变化及钢筋变形拉力变化引起。

为了准确模拟摇摆隔震桥墩中的预应力钢筋,弹性阶段可忽略预应力损失,屈服后本构关系采用双线性力-位移曲线模型。由于本章中对于预应力钢筋的模拟不考虑其受压情况,因此采用的钢筋单元力-位移曲线,如图 6-12 所示。

图 6-12 中预应力钢筋单元的初始刚度按式(6-4)计算:

$$k_r=\frac{EA}{L} \tag{6-4}$$

式中,E 为预应力钢筋的弹性模量;A 为预应力钢筋的截面积;L 为预应力钢筋的非约束长度。

图 6-12 中,F_y为预应力钢筋的屈服力;A 点对应预应力钢筋的初拉力 F_A;B 点对应预应力钢筋屈服点;D 点对应预应力钢筋中的最终拉力 F_D。

图 6-12 中预应力钢筋的加载-卸载路径如下:

(1)$A\rightarrow B\rightarrow C$ 表示的是加载路径,塑性阶段之后加载力不变,位移持续增大;

(2)若钢筋不屈服,即在弹性阶段,则卸载路径($B\rightarrow A$)与加载相同;

(3)钢筋屈服后,有残余变形,卸载路线($C\rightarrow D$)平行于加载路线($A\rightarrow B$)。

(4)加载过程 $A\rightarrow B\rightarrow C$,钢筋发生屈服,$C\rightarrow D$ 卸载,A 点与 D 点加载力差值定义为预应力损失。

6.3.3　四弹簧模型

四弹簧模型主要用于模拟设耗能装置的摇摆桥墩。带耗能装置的摇摆隔震桥墩地震响应分析模型如图 6-13 所示。图 6-13 中,墩柱为弹性梁单元,刚臂单元模拟承台及墩底加台,只受压弹簧模拟桥墩提离。桥墩、桥跨质量及桥墩提离的模拟方法、提离弹簧承压刚度均与两弹簧模型相同。耗能装置采用对应的非线性单元模拟,如耗能钢筋可采用只受拉不受压的非线性单元模拟，只受拉不受压非线性单元的力与位移关系示于图 6-14。

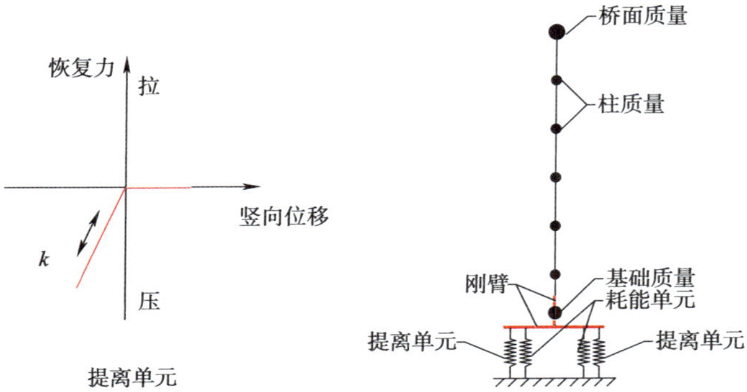

图 6-13　设耗能装置的摇摆分析模型

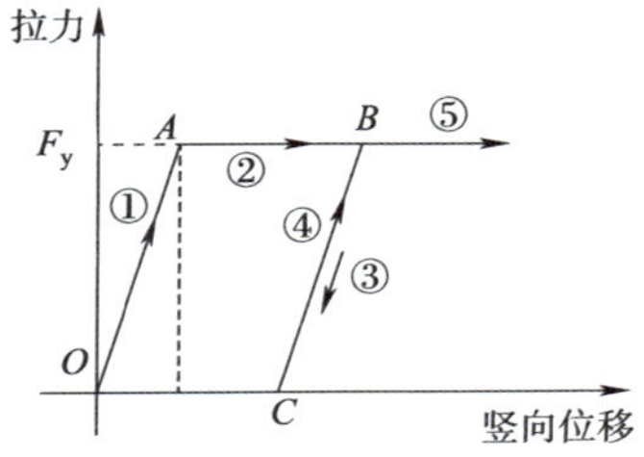

图 6-14　耗能钢筋单元

图 6-13 中耗能钢筋屈服前刚度按式(6-5)计算：

$$k_x = \frac{EA}{L} \tag{6-5}$$

式中，E 为耗能钢筋的弹性模量；A 为耗能钢筋的截面积；L 为耗能钢筋长度。

图 6-14 中，F_y 为耗能钢筋的屈服力，A 点对应耗能钢筋屈服点。耗能钢筋单元的加卸载路径如下：

(1)$O \to A \to B$ 表示的是加载路径，塑性阶段之后加载力不变，位移持续增大；

(2)屈服后卸载 $B \to C$，再加载路径 $C \to B$，表明有残余变形；

(3)弹性阶段卸载路径 $A \to O$ 与加载路径 $O \to A$ 相同。

6.3.4　五弹簧模型

五弹簧模型用于模拟同时设预应力钢筋和耗能装置的摇摆桥墩，对应的计算分析模型如图 6-15 所示。图 6-15 中各单元的滞回关系与上述模型相同。

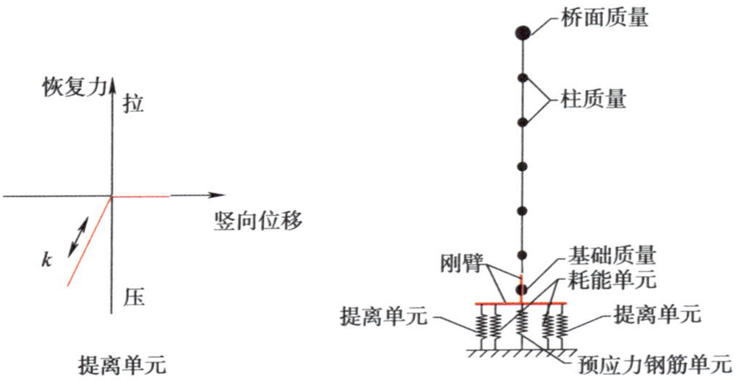

图 6-15　设有预应力钢筋及耗能装置的摇摆分析模型

6.4 自复位桥墩的抗震设计方法及流程

6.4.1 自复位装置的选择及布置

按照铁路桥墩的结构形式、地震需求及抗震能力要求，可选择仅设置加台的自由摇摆桥墩、提高结构整体耗能能力的附加阻尼装置和提高自复位能力的预应力钢筋。对于重要性系数和抗震性能要求较高的桥墩，可采用预应力钢筋与阻尼耗能装置的组合形式，常见的阻尼耗能装置有滞变型钢、阻尼橡胶等。需要注意的是，附加装置的选择应易于连接和安装，便于震后更换，通常布置在加台与承台之间，起到连接和耗能作用；预应力钢筋的布置可按照桥墩的截面形式选用，对于实体桥墩，可环绕桥墩四周布置若干预应力钢筋，也可在桥墩的中心布置，对于空心高墩，通常在墩的中心布置预应力钢筋。

6.4.2 分析模型的确定

按照附加装置的选择及布设位置，常见的分析模型有两弹簧模型（自由摇摆）、三弹簧模型（自由摇摆＋预应力钢筋）、四弹簧模型（自由摇摆＋耗能装置）、五弹簧模型（自由摇摆＋耗能装置＋预应力钢筋）如图 6-16 所示，不同单元对应的力-位移关系见 6.3 节所述，针对具

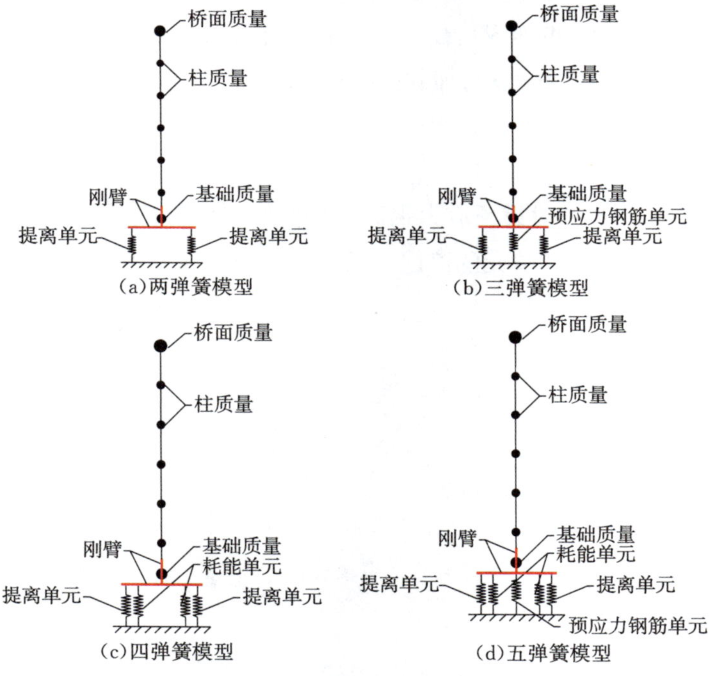

图 6-16　自复位桥墩的分析模型

体的分析模型，在加台与承台之间，按照选用的附加装置类型选择对应的单元。

6.4.3　分析方法及性能验算

1. 多遇地震下桥墩的抗震设计方法

墩底摇摆隔震桥墩应满足正常使用及符合多遇地震作用下桥墩不发生提离的原则。桥墩-桩基础体系具有较大初始侧向刚度，正常使用及多遇地震作用下桥墩不会发生提离、其与基础之间始终处于粘连状态，此时可不考虑桥墩与基础间存在的分离面，按传统桥墩与基础为一个整体的方法进行相关计算。为了使墩底摇摆隔震桥墩能满足正常使用功能、能抵抗多遇地震作用，需要按扩大基础进行墩底合力偏心验算、基础的强度验算与稳定性验算。

2. 抗震性能分析

建立墩底摇摆桥墩的抗震分析模型，选择合适的地震波，分别进行设计地震及罕遇地震下的抗震性能分析，重点关注摇摆桥墩的墩底弯矩、墩顶位移及加台的提离位移等动力响应，同时分析地震动强度与地震响应之间的关系。

3. 抗震性能验算

选取摇摆隔震桥墩的墩底作为验算截面，主要针对混凝土的受压强度和钢筋的受拉强度进行验算，计算过程考虑恒载和地震力的组合效应。预应力的损失在设计地震作用下较少，因此可在计算过程中考虑全部的初始预加力；而罕遇地震作用下初始预加力存在严重损失，因此忽略初始预加力。

6.5　算例分析

1. 工程概况

选取某单线铁路 32 m 简支箱梁，下部结构采用桩基础圆端形桥墩，桥型立面布置如图 6-17 所示，以编号⑰的桥墩为计算对象，其高度是 56 m，桥墩墩底为 9.1 m×7.0 m 的圆端形截面。无隔震措施条件下⑰号桥墩的纵向自振周期为 0.92 s。

2. 自复位装置的选择

56 m 的铁路高墩在地震作用下具有相对较大的变形，为提高其自复位能力和桥墩的限位功能，选择预应力钢筋作为自复位装置，并将其布置在墩底截面的中心位置。因此需要对传统的设计方案进行改进，按墩底摇摆隔震桥墩进行设计(提离设计局部方案如图 6-18 所示)。与原设计方案相比，墩底摇摆隔震桥墩在墩底增加了一层尺寸 10 m×12 m×2 m 的加台，该加台已满足明挖扩大基础(浅基础)的构造要求。加台采用 C30 混凝土、宽 B=10 m，截面积 A_0=120 m^2。

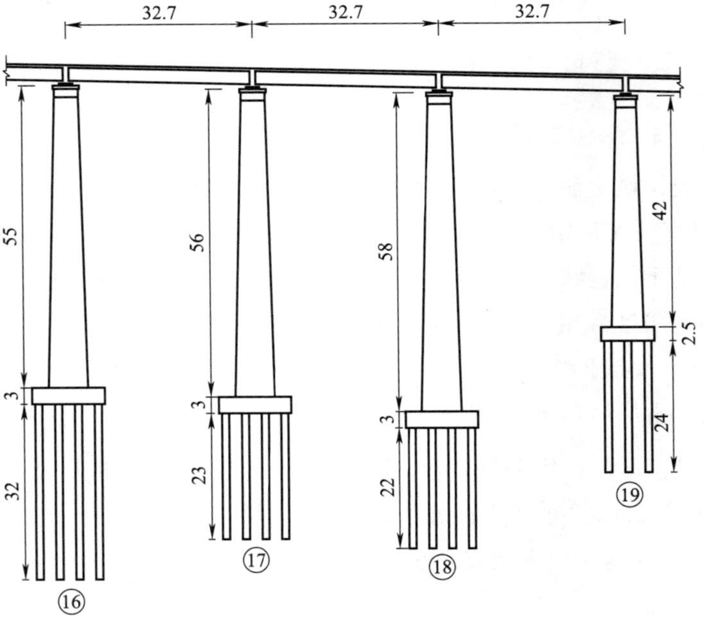

图 6-17　某铁路桩基础桥梁的立面布置(单位:m)

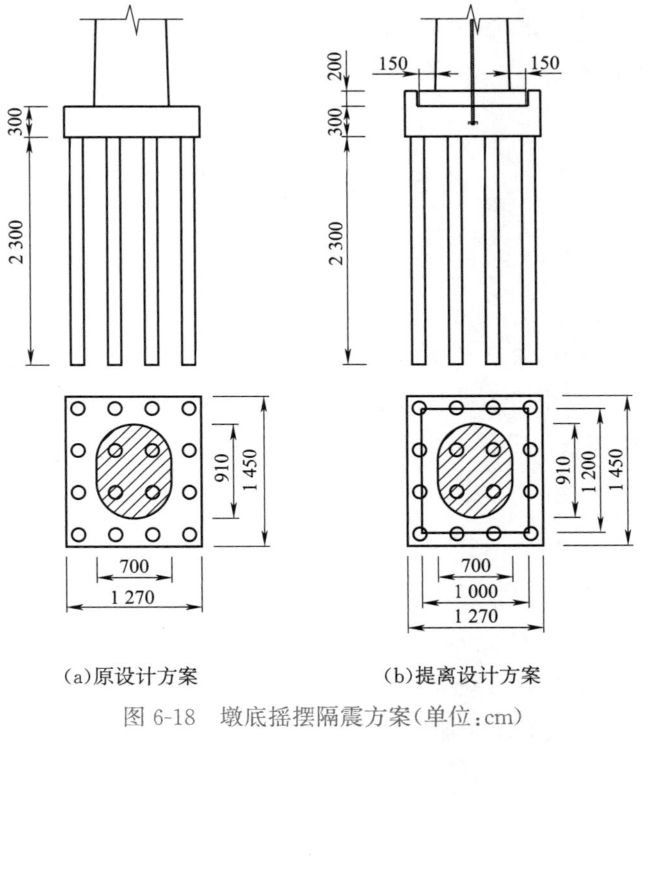

(a)原设计方案　　(b)提离设计方案

图 6-18　墩底摇摆隔震方案(单位:cm)

3. 摇摆隔震桥墩的地震响应分析模型

利用 OpenSEES 软件建立基础摇摆隔震桥墩的地震响应分析模型。用弹性梁单元模拟桥墩，加台采用刚臂形式，与普通梁单元相比，刚度增加 100 倍；提离弹簧不考虑长度，采用只受压的零长度单元，软件里中有弹性非受拉材料可以实现；用桁架单元来模拟预应力钢筋，可以通过对材料本构参数的设置实现预应力钢筋中的初始拉力、预加力的损失，其应力-应变关系如图 6-19 所示。

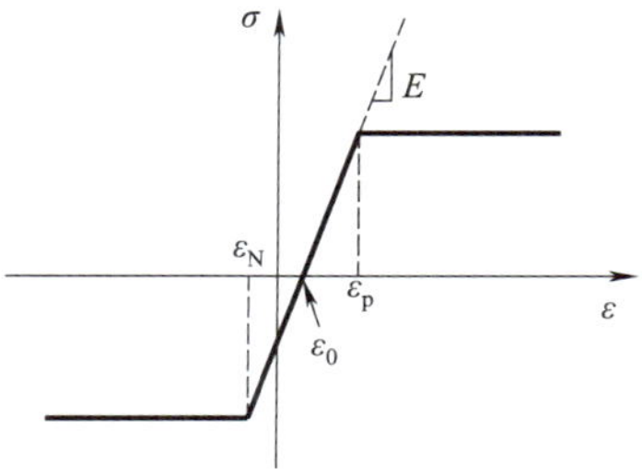

图 6-19　Elastic PP 本构关系

图 6-19 中，ε_0 为材料的初应变；ε_p 为材料受拉屈服对应的应变；ε_N 为材料受压屈服对应的应变；E 为材料的弹性模量。

通过取受压屈服应变 $\varepsilon_N=0$ 来实现预应力钢筋的仅受拉。通过不同的初应变 ε_0 来实现预应力钢筋的不同初拉力 N_t，ε_0 按式(6-6)进行计算。预加力损失与预应力钢筋屈服后的残余应变相对应。ε_0 为负则预应力钢筋中为初拉力。参考美国加州抗震设计规范，取 $\varepsilon_p=0.008\,6$，$E=1.96\times10^8$ kPa。根据预应力钢筋中的初拉力计算其对应的初应变为 $\varepsilon_0=-0.007\,2$。

$$\varepsilon_0=-\frac{N_t}{EA} \tag{6-6}$$

4. 多遇地震作用下的抗震设计

与其他正常使用阶段的水平荷载相比，8 度(0.3g)的多遇地震作用控制桥墩设计。首先，计算得出加台底的恒载轴力为 $N=36\,302$ kN。然后，通过按弹性反应谱法进行抗震设计计算，求得多遇地震作用下($a_g=0.1g$)桥墩加台底纵向的地震力为：$M=95\,942$ kN·m，$Q=2\,260$ kN。假定布置的预应力钢绞线面积为 $A=0.003\,2$ m^2，取初始预加力为恒载竖向力的 12%。以《震规》为依据，倾覆稳定系数取 1.3，滑动稳定系数取 1.1，摩擦系数 μ 取 0.6，硬质岩石地基的容许偏心距取 2ρ，ρ 为基础底面计算方向的核心半径。

通过计算发现，此处所选取的铁路桩基础桥墩，采用有约束的摇摆隔震设计方案后能够满足小震下的抗震设防要求，即在 8 度区(0.3g)多遇地震下隔震桥墩不发生提离。

当以上验算不能满足多遇地震作用下不提离的抗震性能要求时，可以采取两种措施进行改进设计：第一种措施是增加竖向荷载的方法，可通过增加预应力钢筋中的初始预加力来实现；第二种是增加提离转动弯矩的方式，可以通过增大加台尺寸(增加转动力臂)来实现。

5. 抗震性能分析

从美国 PEER 中心选取了 1940 年 El-Centro、1994 年 Northridge 和 1952 年 Taft 地震波记录作为输入地震动，如图 6-20 与表 6-1 所示。

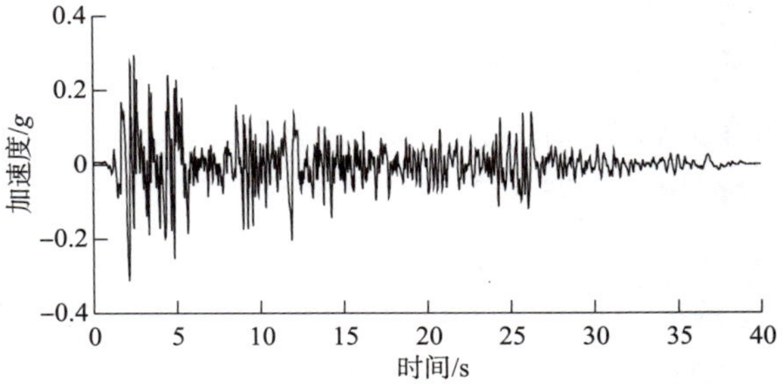

图 6-20 El-Centro 波的强震记录

表 6-1 地震波信息

地震记录	震级	峰值位移/cm	地面运动峰值加速度/g	峰值速度/(cm・s^{-1})
Taft	7.4	8.99	0.178	17.5
El-Centro	7.0	13.32	0.313	29.8
Northridge	6.7	11.08	0.516	62.8

(1)设计地震作用下的地震响应分析

地震波按纵向的水平方向输入,加速度幅值统一调整到 8 度设计地震加速度峰值 0.3g 进行地震响应分析,结果列于表 6-2,示于图 6-21～图 6-24。

表 6-2 桥墩的地震响应

地震记录	墩底弯矩/(kN・m)	预应力钢筋的最大拉力/kN	墩顶水平位移/cm	墩底竖向提离位移/mm
Taft	210 064	4 471	8.3	0.88
El-Centro	214 617	4 823	12.8	5.61
Northridge	237 350	5 052	19.7	10.46

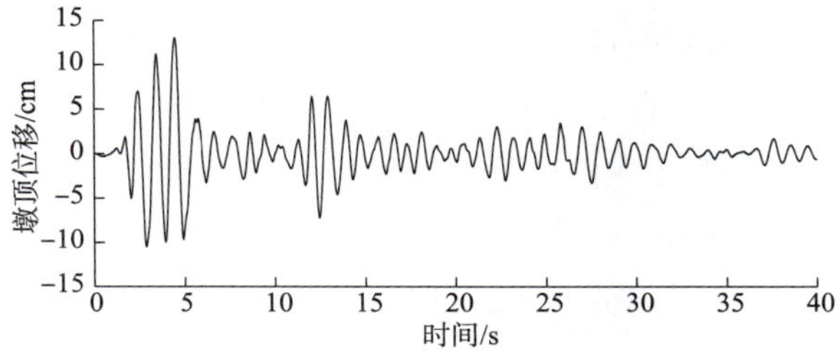

图 6-21 墩顶水平位移时程曲线(El-Centro)

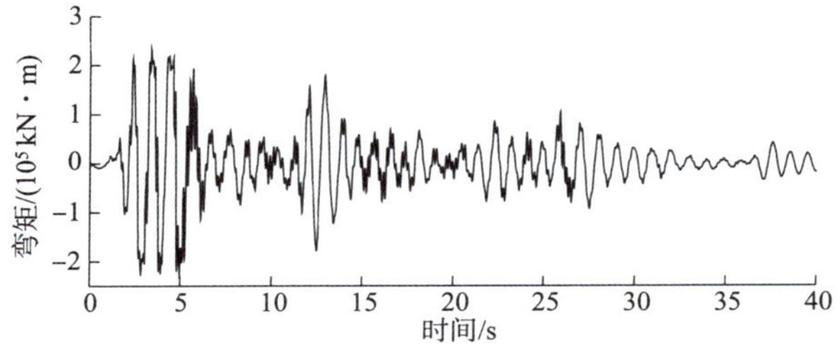

图 6-22　墩底弯矩时程曲线(El-Centro)

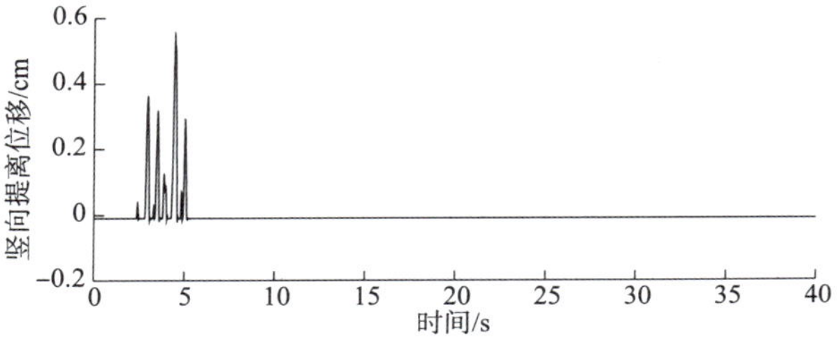

图 6-23　加台的提离位移(El-Centro)

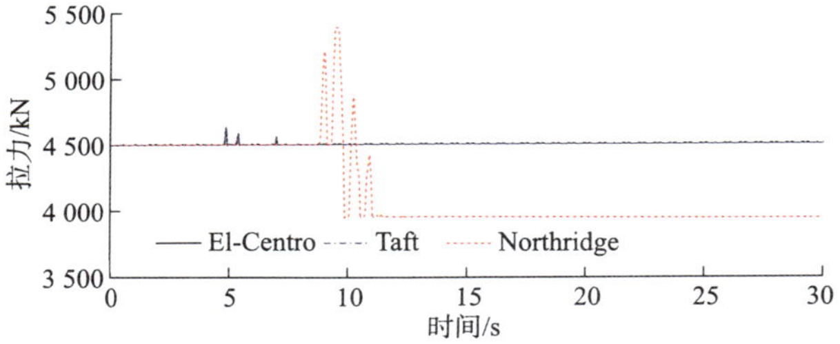

图 6-24　预应力钢筋拉力时程曲线

(2)罕遇地震作用下的地震响应分析

三条地震波的加速度幅值统一调整到 8 度罕遇地震加速度峰值 0.57g,进行地震响应分析,结果列于表 6-3,示于图 6-25～图 6-29。

表 6-3　桥墩的地震响应

地震记录	墩底弯矩/(kN · m)	预应力钢筋最大拉力/kN	墩顶水平位移/cm	墩底竖向提离位移/mm
Taft	227 178	5 208	15.3	6.95
El-Centro	239 382	5 208	25.3	15.31
Northridge	308 936	5 208	35.1	25.28

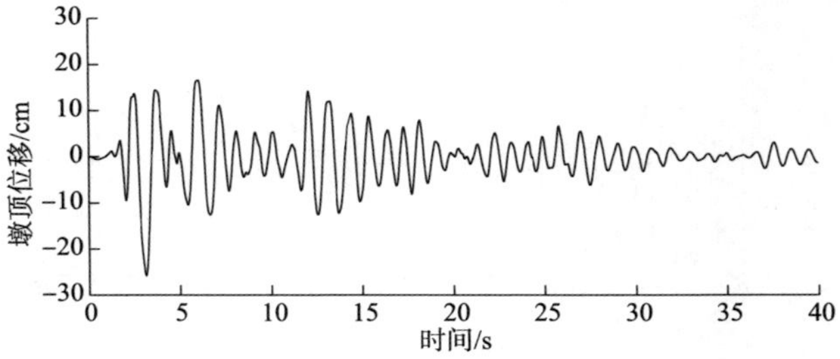

图 6-25　墩顶水平位移时程曲线(El-Centro)

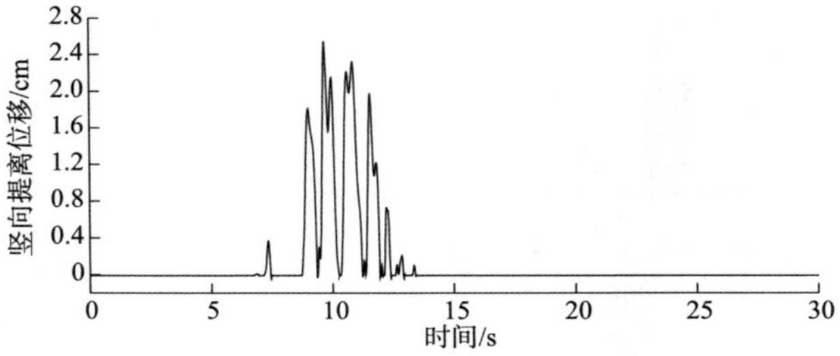

图 6-26　桥墩加台的提离位移(Northridge)

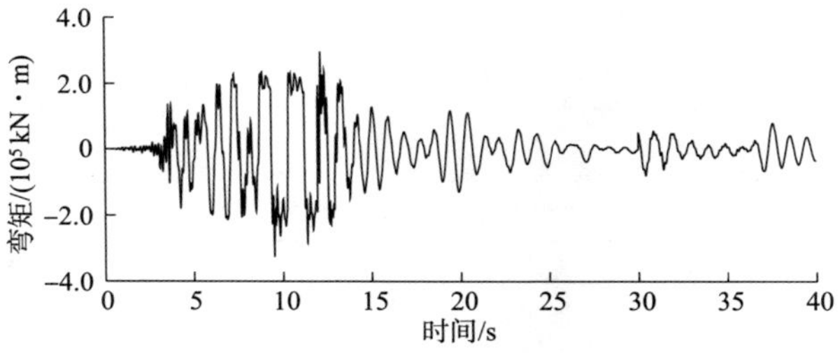

图 6-27　加台底弯矩时程曲线(El-Centro)

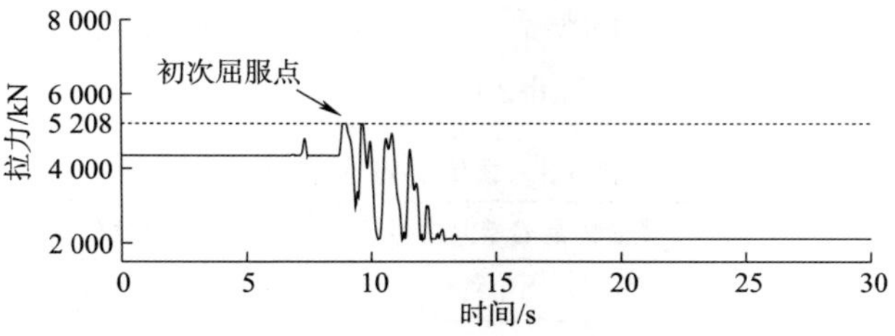

图 6-28　预应力钢筋拉力时程曲线(Northridge)

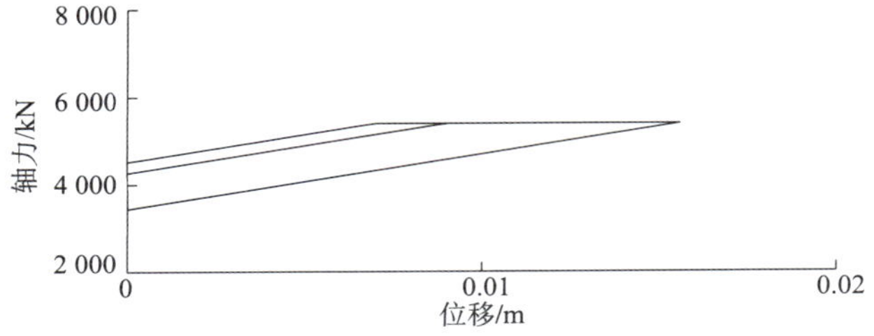

图 6-29　预应力钢筋滞回曲线(El-Centro)

(3)地震响应结果分析

设计地震及罕遇地震作用下,墩底摇摆隔震桥墩在三条强震记录下的地震响应比较列于表 6-4。

表 6-4　桥墩地震响应比较

地震记录	墩底弯矩/(kN·m)		预应力钢筋最大拉力/kN		墩顶水平位移/cm		竖向提离位移/mm	
	设计	罕遇	设计	罕遇	设计	罕遇	设计	罕遇
Taft	210 064	227 178	4 471	5 208	8.3	15.3	0.88	6.95
El-Centro	214 617	239 382	4 823	5 208	12.8	25.3	5.61	15.31
Northridge	237 350	308 936	5 052	5 208	19.7	35.1	10.46	25.28

由表 6-4 可以看出,桥墩的墩顶水平位移与地震动强度呈正相关关系,即地震动强度的增加必然导致墩顶位移增大,罕遇地震下的墩顶位移明显大于设计地震下的位移,数值接近 2 倍。地震动强度相同的条件下,不同地震动输入下的墩顶位移也呈现出较大差异,表明地震动频谱特性显著影响地震作用下摇摆隔震桥墩的墩顶位移响应。同时表 6-4 中墩顶水平位移反应与桥墩的竖向提离位移有较大的相关性,桥墩的竖向提离位移大、墩顶的水平位移也大。

由表 6-4 可以发现,桥墩的墩底弯矩与地震动强度也呈正相关关系,不同罕遇地震波下的墩底弯矩也大于设计地震,约为设计地震的 1.1～1.3 倍,与墩顶位移的 2 倍相比,增幅较小。分析其原因可以发现,设计地震强度下的竖向已有提离位移,说明桥墩在设计地震作用下已发生摇摆提离反应,提离后加台与基础之间的连接约束作用减小,地震动强度对墩底弯矩的影响程度也进一步减弱。

由图 6-28 可以看出,设计地震下三条波作用时预应力钢筋均处于弹性阶段。在罕遇地震中,三条波作用下的预应力钢筋都发生了屈服。从表 6-4 还可得到,对于 Northridge 地震波,设计地震作用下桥墩底中心处的最大提离位移约为 10.46 mm,罕遇地震作用下桥墩底中心处的最大提离位移约为 25.28 mm。

综上,桥墩通过发生较小的竖向提离位移可以有效地降低墩底的地震弯矩,这有利于桥墩与其桩基础的抗震设计。

6. 抗震性能验算

预应力的损失在设计地震作用下较小，因此可在计算过程中考虑全部的初始预加力；而罕遇地震作用下初始预加力存在严重损失，因此此时忽略初始预加力。普通钢筋配筋率分别取 0.5%、0.6%、0.8%时，对桥墩的抗震性能进行验算分析，桥墩地震响应见表 6-5。

表 6-5　桥墩地震响应

类　别	墩底弯矩/(kN·m)			恒载轴力/kN
	Taft	El-Centro	Northridge	
设计地震	210 064	214 617	237 350	36 302
罕遇地震	227 178	239 382	308 936	36 302

假定桥墩采用 C30 混凝土、抗震强度取 15 MPa，钢筋类别为 HRB400、屈服强度为 400 MPa。对不同配筋率的墩底钢筋混凝土截面进行混凝土的最大压应力与钢筋最大拉应力计算，列于表 6-6。

表 6-6　桥墩的抗震验算

类别	Taft 波			El-Centro 波			Northridge 波		
	纵筋率/%	应力/MPa		纵筋率/%	应力/MPa		纵筋率/%	应力/MPa	
		σ_c	σ_s		σ_c	σ_s		σ_c	σ_s
设计地震	0.50	10.1	343.6	0.50	10.1	353.8	0.50	10.9	361.7
罕遇地震	0.50	10.6	376.6	0.60	10.9	356.2	0.80	12.1	388.3

由表 6-6 可以看出：

设计地震作用下，全截面纵筋率约为 0.5%的桥墩在三条波作用下混凝土最大压应力小于 15 MPa、钢筋最大拉应力基本上满足了小于 400 MPa，这表明桥墩的抗震性能达到了设计地震不坏的水平。

罕遇地震作用下，全截面的纵筋率约为 0.5%、0.6%和 0.8%的桥墩分别在 Taft 波、El-Centro 波和 Northridge 波作用下，混凝土最大压应力均小于 15 MPa、钢筋最大拉应力均满足了小于 400 MPa，这表明三种波作用下桥墩的抗震性能达到了罕遇地震不坏的水平。

综上，摇摆桥墩具有较好的抗震性能，可使罕遇地震作用下桥墩处于弹性状态，达到了不坏的设防水平。

参 考 文 献

[1] MANDER J B,CHENG C T. Seismic resistance of bridge piers based on damage avoidance design[R]. Buffalo,USA:National Center for Earthquake Engineering Research,1997.

[2] 张哲熹，梁栋，方成，等. 采用 SMA 拉索的摇摆自复位桥墩试验研究与动力分析[J]. 世界地震工程，2020,36(4):138-146.

[3] WANG B, JIANG H J, WANG J J. Numerical simulation and behavior insights of steel columns with SMA bolts towards earthquake resilience[J]. Journal of Constructional Steel Research, 2019, 161: 285-295.

[4] CHENG F, DONG L, ZHENG Y, et. al. Rocking bridge piers equipped with shape memory alloy (SMA) washer springs[J]. Engineering Structures, 2020, 214: 110651.

[5] HAN Q, JIA Z L, XU K, et. al. Hysteretic behavior investigation of self-centering double-column rocking piers for seismic resilience[J]. Engineering Structures, 2019, 188: 218-232.

[6] 何铭华,辛克贵,郭佳,等. 自复位桥墩的内禀侧移刚度和滞回机理研究[J]. 中国铁道科学,2012,33(5):22-28.

[7] GUO T, CAO Z L, XU Z K, et. al. Cyclic load tests on self-centering concrete pier with external dissipators and enhanced durability[J]. Journal of Structural Engineering, 2016, 142(1): 04015088.

[8] CAO Z L, WANG H, GUO T. Fragility analysis of self-centering prestressed concrete bridge pier with external aluminum dissipators[J]. Advances in Structural Engineering, 2016, 20(8): 1-13.

[9] MARRIOTT D, PAMPANIN S, PALERMO A. Quasi-static and pseudo-dynamic testing of unbonded post-tensioned rocking bridge piers with external replaceable dissipaters[J]. Earthquake Engineering and Structural Dynamics, 2009, 38(3): 331-354.

[10] 孙治国,谷明洋,司炳君,等. 外置角钢摇摆-自复位双柱墩抗震性能分析[J]. 中国公路学报,2017,30(12):40-49.

[11] PALERMO A, PAMPANIN S. Enhanced seismic performance of hybrid bridge systems: comparison with traditional monlithic solutions[J]. Journal of Earthquake Engineering, 2008, 12(8): 1267-1295.

[12] LEITNER E J, HAO H. Three-dimensional finite element modelling of rocking bridge piers under cyclic loading and exploration of options for increased energy dissipation[J]. Engineering Structures, 2016, 118: 74-88.

[13] PETROS S, AMJAD J A, ANDRE F. Experimental seismic performance of a hybrid sliding-rocking bridge for various specimen configurations and seismic loading conditions[J]. Journal of Bridge Engineering, 2015, 20(11): 04015009.

[14] ROH H, REINHORN A M. Hysteretic behavior of precast segmental bridge piers with superelastic shape memory alloy bars[J]. Engineering Structures, 2010, 32(10): 3394-3404.

[15] 葛继平,闫兴非,王志强. 灌浆套筒和预应力筋连接的预制拼装桥墩的抗震性能[J]. 交通运输工程学报,2018,18(2):42-52.

[16] 布占宇,叶晗晖,葛胜良,等. 直接基于位移的预制拼装墩柱抗震设计[J]. 中国公路学报,2018,31(12):250-257.

[17] 李宁,张双城,李忠献,等. 预制拼装钢管混凝土自复位桥墩变形分析模型及验证[J]. 工程力学,2020,37(4):135-143.

[18] CHEN Y H, LIAO W H, LEE C L, et. al. Seismic isolation of viaduct piers by means of a rocking mechanism[J]. Earthquake Engineering and Structural Dynamics, 2006, 35(6): 713-736.

[19] CHEN X C, XIA X S, ZHANG X Y, et. al. Seismic performance and design of bridge piers with

rocking isolation[J]. Structural Engineering and Mechanics,2020,73(4):447-454.
[20] WU S W, XIA X S, SHI J, et. al. Seismic response of rocking isolated railway bridge piers with sacrificial components[J]. Earthquake Engineering and Engineering Vibration,2020,19(4):1005-1015.
[21] 夏修身,陈兴冲,李建中．高墩自复位隔震机理[J]. 中南大学学报(自然科学版),2015,46(7):2549-2557.
[22] 马华军．铁路桩基础桥墩墩底摇摆隔震机理及抗震设计方法研究[D]. 兰州:兰州交通大学,2019.
[23] 夏修身．铁路高墩抗震设计方法研究[D]. 兰州:兰州交通大学,2012.
[24] 夏修身,陈兴冲,赵扬．预应力效应对自复位高墩地震反应的影响[J]. 铁道学报,2017,39(12):124-130.

第7章 大跨度桥梁抗震设计

本章首先介绍了我国高速铁路大跨度桥梁的结构形式、抗震概念设计、动力分析模型及地震动输入，基于《震规》对采用延性抗震体系的大跨连续梁桥以及刚构桥进行了地震响应分析及抗震性能评价，然后针对某铁路大跨度钢桁拱桥的高阶振型影响以及行波效应进行了专题分析，最后对某铁路大跨斜拉桥的减隔震体系及弹性约束体系进行了地震响应分析及装置力学参数优化研究。

大跨度桥梁建设投资巨大，其修建一般关系整个地区的社会经济发展。当大跨度桥梁遭受到严重破坏时，不可避免地会切断震区的交通生命线，造成救灾工作的巨大困难，加重次生灾害，从而产生更大的经济损失。我国现行的《震规》仅适用于跨度小于 150 m 的钢梁及跨度小于 120 m 的铁路钢筋混凝土和预应力混凝土等梁式桥的抗震设计。《公路桥梁抗震设计规范》(JTG/T 2231-01—2020)适用于单跨跨径不超过 150 m 的圬工或混凝土拱桥、下部结构为混凝土结构的梁桥。《公路桥梁抗震设计规范》(JTG/T 2231-01—2020)及《城规》对于大跨度特殊桥梁均给出了一般规定、建模与分析原则及性能要求与抗震验算方法。比较而言，《震规》对大跨度桥梁的抗震设计相关规定较少。美国加利福尼亚州的桥梁抗震设计规范(2013 年版)和美国国家公路与运输协会的 AASHTO 规范(2005 年版)也仅适用于跨径 150 m 以下的桥梁。日本铁道抗震设计规范适用于跨径 200 m 以下的桥梁。欧洲桥梁抗震设计规范对跨径没有限制，适用于斜拉桥与拱桥，但不适于悬索桥。以上桥梁抗震规范表明对于大跨度桥梁，其抗震设计均需要进行专门的抗震研究。

与中等跨径普通桥梁相比，大跨度桥梁的地震响应比较复杂，相应地抗震设计也比较复杂，如高阶振型的影响比较明显、需要考虑多点激振和行波效应、各种复杂的非线性因素以及桩土结构相互作用等；而另一方面，又没有可遵循的抗震设计规范。因此，大跨度桥梁的抗震设计目前还比较困难。

7.1 大跨度桥梁的主要形式

高速铁路的桥梁，应能在列车运行达到最高设计速度的条件下，满足行车安全和旅客乘坐舒适度的要求。因而桥梁结构必须具有足够的强度、刚度、稳定性和耐久性，并且保持桥上轨道的稳定和平顺状态。高铁桥梁一般采用的结构形式主要有:梁桥、拱桥、梁拱组合体系桥、斜拉桥、悬索桥等。

7.1.1 梁　　桥

梁式桥构造简单、施工方便、工期短、造价低,且容易维修,除特大跨度桥梁外,梁式桥是设计中优先考虑的结构体系,应用甚广。大跨度梁式桥主要包括连续梁桥与连续刚构桥。预应力混凝土连续梁桥具有受力明确、动力性能好、形式简洁、外形美观、跨越能力大等优点。目前我国高速铁路大跨度连续梁桥标准设计跨度主要有:(32+48+32)m 连续梁、(40+64+40)m 连续梁、(48+80+48)m 连续梁、(60+100+60)m 连续梁与(80+128+80)m 连续梁。福州至厦门铁路乌龙江特大桥混凝土连续梁主跨达到了 144 m。厦门至深圳铁路九龙江西溪大桥,主跨达 154 m,最大支座承载力为 80 000 kN。

大跨度预应力混凝土连续刚构桥由于主墩不设置支座,不受大吨位支座研发的限制,桥墩和梁体可以协调受力。湘渝铁路牛角坪特大桥主桥跨度达 192 m,是跨度最大的铁路混凝土连续刚构桥。广珠城际容桂水道大桥主桥跨度达 185 m,是目前跨度最大的无砟轨道预应力混凝土连续刚构桥。广深港客运专线上的跨径为(104+2×168+112)m 沙湾水道大桥,为目前时速 350 km 无砟轨道最大跨度。

7.1.2 拱　　桥

我国西部地区不仅地震活动频繁、强度大,而且地形、地质条件复杂,表现为地面高差大,冲沟发育、横坡陡直等特点。拱桥因其经济、实用、美观、耐久而成为山区最常用的桥型之一,在保证安全畅通的公、铁路运输中具有十分重要的地位和作用。拱桥一般适用于地质条件较好、河谷较深的地区,通常采用一孔跨越,可布置成上承式或下承式。拱桥的拱圈主要承受轴向压力,截面应力均匀,材料利用率较高,若采用钢材(钢桁拱、钢箱拱)建造,自重轻,跨越能力大,尤其适用于 V 形峡谷地区。近年来修建的典型大跨度钢拱桥有重庆朝天门大桥(钢桁拱、主跨 552 m、2009 年)、南广铁路肇庆西江大桥(钢箱拱、主跨 450 m、2012 年)、大瑞铁路怒江特大桥(钢桁拱、主跨 490 m、2020 年,图 7-1)、贵州林织铁路纳界河特大桥

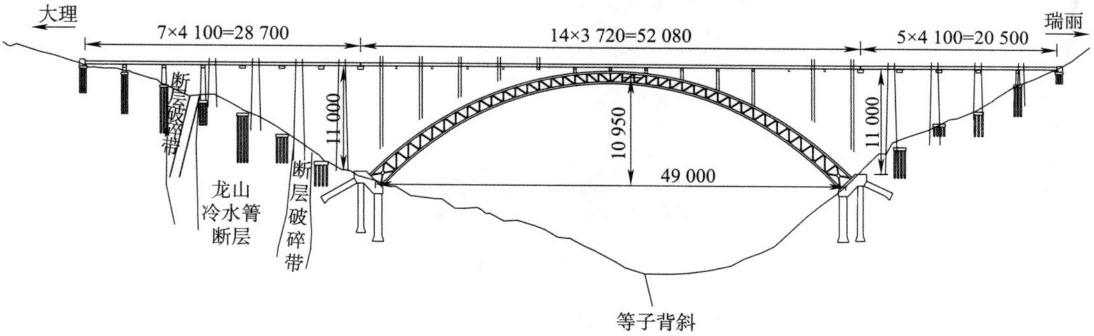

图 7-1　怒江大桥(单位:cm)

（钢桁拱，主跨 352 m、2015 年）、东平水道大桥（钢桁拱，主跨 286 m）、南京大胜关长江大桥[1]（连续钢桁架拱、主跨 336 m、2006 年，图 7-2）等。

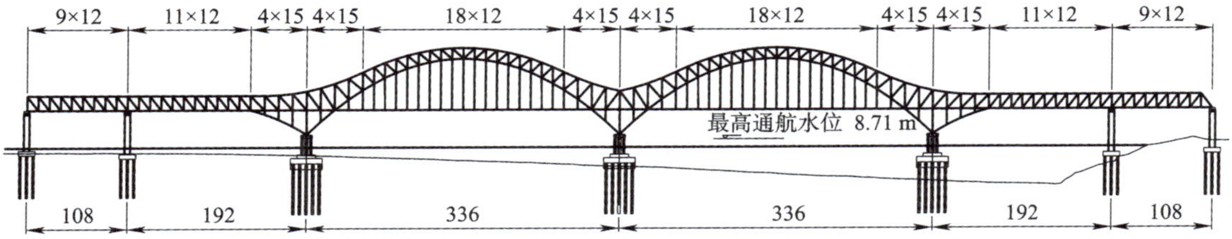

图 7-2　南京大胜关长江大桥（单位：m）

7.1.3　梁拱组合体系桥

梁拱组合体系桥由于有拱的存在，梁体主要承担轴向拉力，而弯矩和剪力主要受吊杆间荷载的影响，弯矩整体较小，大部分剪力通过吊杆转换为拱轴压力来平衡。组合体系桥梁与一般简支、连续梁桥相比，更能有效地满足较大跨度和较小结构高度的需求。应用较多的组合体系桥梁主要有：简支梁拱组合桥、连续梁拱组合桥、连续刚构柔性拱组合桥。具有代表性的主要有[2]：金台铁路某 156 m 单线简支系杆拱（图 7-3）、徐盐高速铁路徐洪河特大桥（100＋200＋100）m 连续梁拱组合结构（图 7-4）、商合杭铁路淮河特大桥（112＋228＋112）m 连续刚构-柔性拱组合结构（图 7-5）。

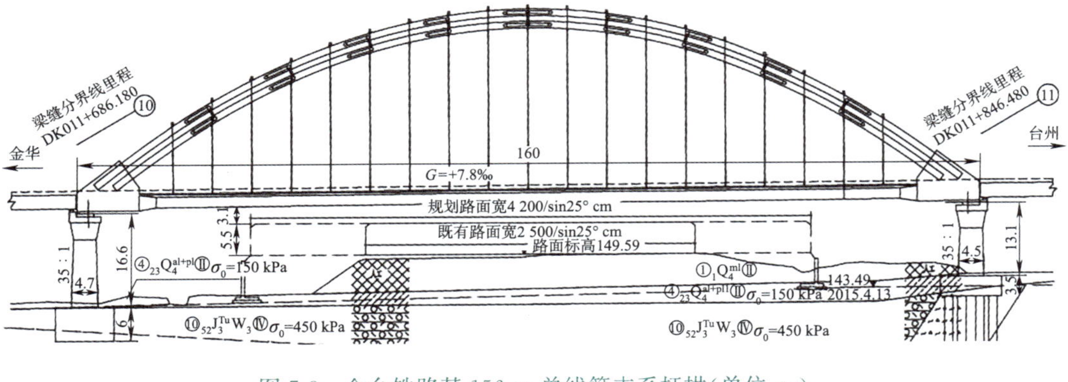

图 7-3　金台铁路某 156 m 单线简支系杆拱（单位：m）

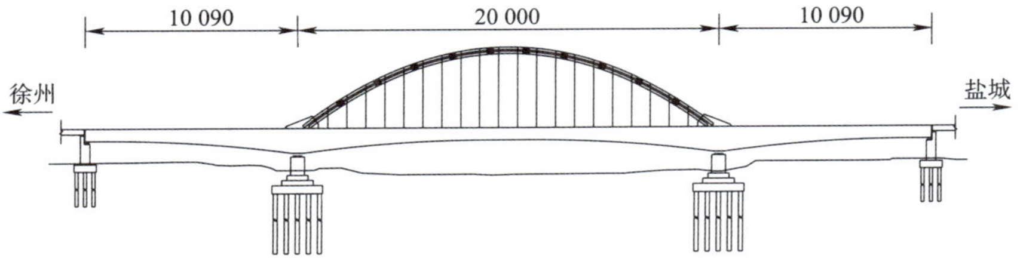

图 7-4　徐洪河特大桥（单位：cm）

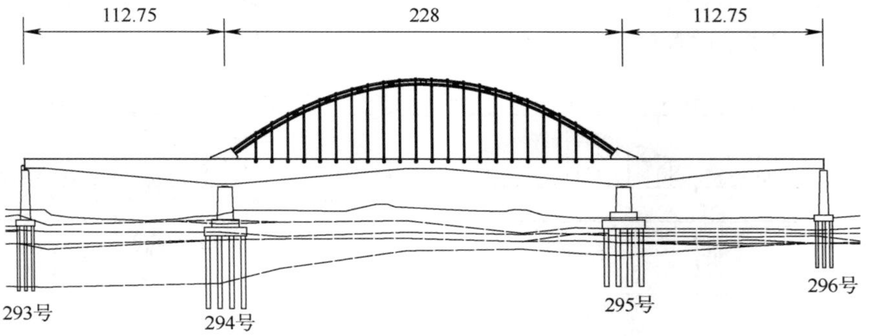

图 7-5 商合杭铁路淮河特大桥(单位:m)

7.1.4 斜 拉 桥

斜拉桥是将主梁用许多拉索直接拉在桥塔上的一种桥梁,由承压的塔、受拉的索和受弯的梁体组合起来的一种组合体系。借助斜拉索的预张力,可以有效对主梁内力进行调整。斜拉桥是一种自锚体系,不需要昂贵的地锚基础;防腐技术要求较低,还可在通车情况下换索;刚度较大,抗风能力较好;采用悬臂施工不妨碍通航。具有代表性的斜拉桥主要有:渝黔铁路新白沙沱长江大桥,主桥采用(81+162+432+162+81)m 六线铁路双塔双索面钢桁梁斜拉桥[3](图 7-6),采用双层桥面,上层桥面布置四线客运专线铁路(设计行车速度 200 km/h);下层桥面布置双线货运铁路(Ⅰ级铁路,设计行车速度 120 km/h)。武汉天兴洲公铁两用长江大桥主桥为(98+196+504+196+98)m 双塔三索面钢桁梁斜拉桥[2](图 7-7),上层 6 车道公路、下层 4 线铁路,是目前世界上主跨跨度、设计荷载最大的公铁两用钢桁梁斜拉桥。徐盐高速铁路新洋港大桥采用(72+96+312+96+72)m 双塔双索面钢桁梁斜拉桥,结构采用带纵向阻尼约束的半漂浮体系;主梁采用双主桁、三角形桁式,桥面系采用正交异性钢桥面。

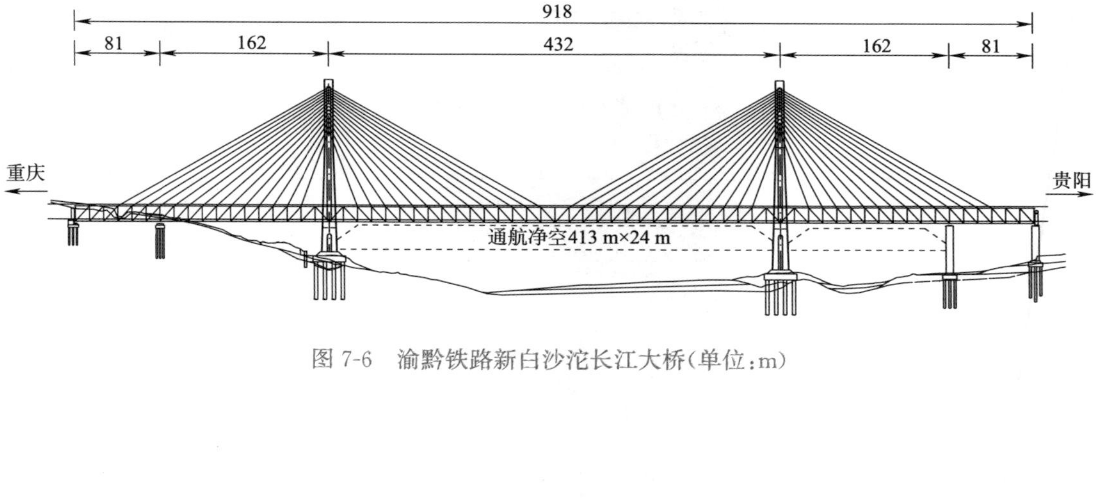

图 7-6 渝黔铁路新白沙沱长江大桥(单位:m)

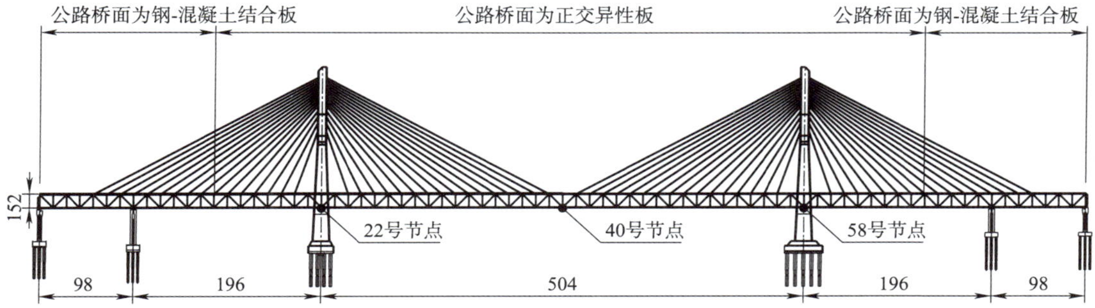

图 7-7　武汉天兴洲大桥(单位:m)

7.1.5　悬 索 桥

悬索桥具有跨越能力强、受力明确、布局合理等优点,已逐渐成为特大跨桥梁的主要桥型之一。大跨悬索桥以高强钢丝制作的缆索为主要承重构件,属于柔性结构体系,自振周期长。连镇铁路五峰山长江大桥[4](图 7-8)是八车道高速公路与四线高速铁路过江的大运量综合铁路通道,主桥跨度布置为(84+84+1092+84+84)m,采用钢桁梁,主缆矢跨比1/10,主缆采用预制平行高强钢丝索股结构(PPWS),直径为 1.3 m。悬索桥的刚度问题仍是制约其向大跨度发展的主要因素,影响悬索桥刚度的主要因素包括主缆垂跨比、主梁边中跨比、主梁高跨比和宽跨比、支承体系等。五峰山长江大桥加劲梁采用五跨连续支承体系大大减小了梁端竖向和横向折角,保证了列车平稳通过梁端,上层公路桥面和下层铁路桥面均采用板桁结合整体桥面,从而进一步加大了结构横向刚度。大桥纵向采用阻尼约束体系,在满足温度变形的同时很好地限制了制动力、脉动风或地震力等冲击荷载作用下的梁体纵向变位[5]。

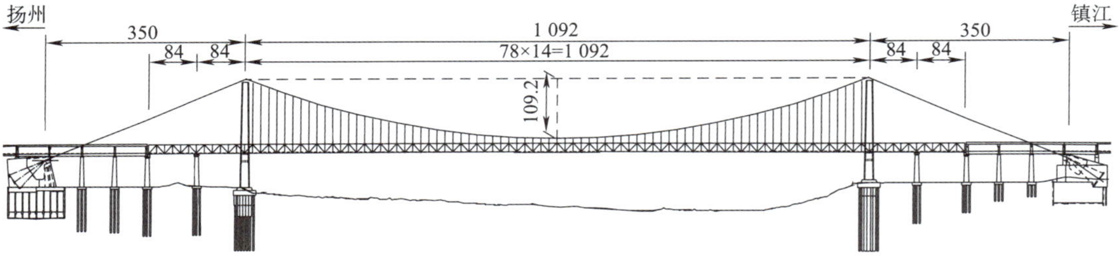

图 7-8　五峰山长江大桥主桥孔跨布置(单位:m)

7.2　大跨度桥梁的抗震概念设计

概念设计是工程设计的核心,也是整个工程设计阶段最重要和最困难的部分。概念设计体现了设计者对总体目标的洞察力,对设计任务的驾驭能力,以及在技术创新、工程思维和综合处理等方面的能力。抗震概念设计是指工程师根据结构地震破坏的形态和长期积累的实际工程经验等总结形成的符合工程师专业知识的基本设计原则和设计思想。

结构抗震设计是一项非常复杂的工作，涉及地震活动、结构及其在地震作用下的反应等问题。由于所涉及因素的复杂性与不确定性以及限于对地震工程科学的认知水平，单纯依靠精细的计算理论和计算方法无法得到经济合理的抗震设计方案。对结构抗震设计来说，概念设计比计算设计更为重要。结构抗震性能良好的决定因素是有良好的概念设计。大跨度桥梁抗震设计应“选择有利场地、避开不利场地、远离危险场地”，选择结构简单、形体对称、传力路径明确、计算模型简单的桥梁结构体系和布置方案。大跨度桥梁结构构件的地震破坏应该是分层次的，且结构构件的损伤应易于发现、可修复或损伤构件震后可更换。

《震规》[6]要求抗震设计方案符合下列原则：

(1)线路应选择在设防烈度较低和对抗震有利的地段通过。

(2)构筑物体形简单、受力明确、自重轻、刚度和质量匀称、重心低。

(3)采用有利于提高结构整体性的连接方式。

(4)条件允许时，可采用隔震、耗能装置，减小构筑物的地震响应。

(5)采用技术先进、经济合理、便于修复加固的抗震措施。

(6)采用对抗震有利的延性结构或材料。

(7)对非岩石地基，尤其是砂土液化地区，应对基础采取加强措施。

7.2.1 抗震概念设计原则

1. 梁桥

以抗震设防基本原则为出发点，从概念上把握总体设计决策，并注重局部构造细节，选择合理的结构体系对获得结构相应设计水平的良好抗震性能至关重要。大跨度连续梁桥抗震设计时需注意以下方面：

(1)在抗震设计中，一般跨径不大、主梁质量相对较小的情况下，桥梁结构能够获得相对较好的抗震性能。因此，在同等条件下，当采用钢主梁或者组合梁时，上部结构质量相对混凝土主梁小，能够有效减小下部结构的地震响应[7]。

(2)尽量保证桥梁结构体系的整体性。整体性可防止结构构件在地震时被震散掉落。在地震区桥梁的概念设计中，由于简支梁易落梁，上部结构应尽可能连续，尽可能减少伸缩缝的数量[8]。

(3)在不增加重量、不改变刚度的前提下，提高结构和构件的强度和延性。选择小跨径方案，使桥墩承受的轴压水平较低，从而获得更佳的延性。

(4)保证刚度和质量平衡，这是桥梁抗震概念设计中最重要的一条。对于连续梁桥，同一联内各桥墩的高度应尽可能相近。对于因相邻桥墩高度不同而导致刚度相差较大的情况，水平地震力在各墩间的分配一般不均匀，刚度大的墩将承受较大的水平地震力，影响了结构的整体抗震能力。为保证桥梁刚度和质量的平衡，设计时应优先考虑采用等跨径、等墩高、等桥面宽度的结构形式。

(5)采用能力设计原则，通过强度安全度差异，确保结构在大地震下以延性形式反应，不发生脆性的破坏模式。明确结构体系中的延性构件和能力保护构件，使地震破坏发生在延性构件的塑性铰区，避免结构的整体倒塌破坏。

(6)采用减隔震方案时必须重视相对位移的验算及预留变形空间的构造设计。根据桥梁结构特性及所采用减隔震系统的特点，合理确定减隔震装置的目标位移。此项内容反映桥墩顶帽结构尺寸设计方面，墩顶平面空间在满足减隔震系统布置的同时，亦需满足减隔震系统发生最大目标位移时的构造要求。梁底设置横向防落梁挡块，挡块与支承垫石间设置缓冲橡胶垫块，且其间距满足减隔震系统最大目标位移要求。

(7)设置多道抗震防线，加强构造措施，提高结构对地震动不确定性的适应能力。

2. 拱桥

对于大跨度拱桥，拱肋、主梁、吊杆及其基础为主要受力构件，其余构件为次要构件。大跨度拱桥抗震设计时需注意以下方面[9-11]：

(1)总体设计时，尽量将桥布置于直线上，采用对称、简洁的孔跨及结构形式，上、下部结构之间的连接构造应尽量均匀对称。

(2)拱肋等主要构件采用高强材料，主拱肋及拱桥基础按基本弹性设计。大跨度拱桥横向拱脚为抗震薄弱部位之一。拱脚截面的轴压比较高，欧洲规范指出，轴压比大于 0.3 时塑性铰区的延性不可靠，抗震设计时不能利用其完全的延性。拱肋抗震设计时，其截面的地震弯矩应小于等效屈服弯矩，处于基本弹性状态。拱肋可采用钢材或钢管混凝土等高强材料。

(3)加劲主梁全跨采用连续梁，尽可能地延伸至相邻引桥。相邻引桥为简支梁时，地震中易发生落梁。例如，1989 年美国洛马・普里埃塔地震中，旧金山-奥克兰海湾大桥相邻跨简支梁桥发生了落梁；1995 年日本阪神大地震中，大跨度钢拱桥(Nishinomiya Port 大桥)的相邻跨简支梁桥也发生了落梁。

(4)拱肋间的横向风撑(次要构件)、辅助墩、拱上立柱等，按延性设计。横撑也是大跨度拱桥的抗震薄弱部位之一，如 1995 年日本阪神大地震中，Rokko Island 大桥(双层桥面钢拱桥)两拱肋之间的横撑发生了屈曲。拱上立柱也是抗震薄弱部位。将横撑、拱上立柱及辅助墩(次要构件)与拱肋(主要构件)的抗震能力设计得层次分明，主要构件的抗震能力远高于次要构件。地震中，次要构件先于主要构件破坏，以此来延长结构周期、耗散地震能量，从而保护主要构件。

(5)拱桥的墩梁之间、拱肋与梁之间设置减隔震装置。加劲梁与墩(台)之间、拱肋与加劲梁之间采用减隔震支座，可以减小拱肋与辅助墩及其基础中的地震作用，还可以减小索支撑加劲梁横向的跨中地震弯矩。设置黏滞液体阻尼器可以减小墩梁位移。

3. 斜拉桥

斜拉桥的结构杆件较多，受力及传力复杂。大跨度斜拉桥抗震设计时需注意以下方面[9,12]：

(1)总体设计时，尽量将桥布置于直线上，采用对称、简洁的孔跨及结构形式，上、下部结构之间的连接构造应尽量均匀对称。

(2)优先选择漂浮体系，高烈度地震区时尽量考虑弹性约束体系或阻尼约束体系。斜拉桥各体系之间的抗震性能差异较大，漂浮体系斜拉桥的抗震性能较好。

(3)加劲梁采用钢梁或结合梁，可提高加劲梁的材料强度，减小自重。

(4)桥塔采用高强度材料，索塔的塔柱及其基础按基本弹性设计。斜拉桥的桥塔轴压比相对较高且高阶振型影响显著，故欧洲规范指出，其塑性铰区的位置不确定且延性也不可靠，不能按完全延性设计。

(5)桥塔横梁按延性抗震设计。桥塔的中、上横梁为次要构件，可以设计为延性构件，利用横梁的延性来延长结构周期、耗散地震能量。

(6)辅助墩及边墩采用减隔震技术或按延性抗震设计。当满足支座减隔震技术的使用条件时，辅助墩及边墩顶设置减隔震支座，通过减隔震降低桥墩及其基础中的地震响应，提高桥墩及其基础的抗震能力，同时设置防落梁装置作为第二道抗震防线。当不满足支座减隔震技术的使用条件时，辅助墩及边墩按延性抗震设计。

4. 悬索桥

悬索桥的自振周期较长，地震内力通常不控制设计，地震位移较大。大跨度悬索桥抗震设计时需注意以下方面[13,14]：

(1)整体设计时，尽量将桥布置于直线上，采用对称、简洁的孔跨及结构形式，上、下部结构之间的连接构造应尽量均匀对称。

(2)加劲梁采用钢梁或结合梁，可提高加劲梁的材料强度，减小自重。

(3)索塔采用高强材料，索塔及其基础按基本弹性设计。与斜拉桥的桥塔相似，悬索桥的索塔轴压比相对较高且高阶振型影响显著，其塑性铰区的位置不确定且延性也不可靠。

(4)增加结构阻尼以减小地震作用。大跨度悬索桥结构的主要构件大多为钢材，钢材弹性时阻尼较小。对于阻尼较小的结构，增加阻尼可以有效地减小地震作用。因此，对于大跨度钢悬索桥，在墩梁与塔梁之间设置阻尼器可以减小地震作用。

(5)桥塔横梁按延性抗震设计。

7.2.2 抗震概念设计实例

1. 黄韩侯铁路纵目沟特大桥

黄韩侯铁路纵目沟特大桥主桥位于湿陷性黄土沟壑区，采用(79＋2×136＋79)m 连续刚构桥。5 号主墩墩高 105 m，如图 7-9 所示。地面运动峰值加速度为 0.109g，相当于地震基本烈度 7 度，反应谱特征周期为 0.51 s。

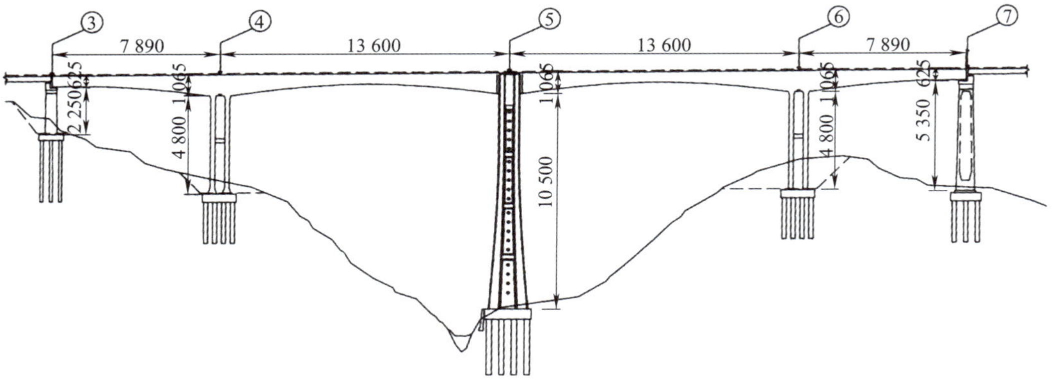

图 7-9　纵目沟大桥主桥布置(单位：cm)

既有的超过 100 m 的高墩结构，其截面主要采用圆端形空心墩、矩形空心墩，传统墩型具有结构整体性好、受力性能优越等优点。不足之处在于：高墩墩身主要受刚度条件控制，桥墩截面尺寸与圬工量均较大，在罕遇地震状态下，墩身结构处于弹性工作状态时，基础往往受力过大而设计困难。综合国内外高墩研究方向和思路，文献[15] 提出了一种新型铁路桥墩形式——柱板式空心墩。以 4 根刚度较大的钢筋混凝土墩柱作为主要受力构件，墩柱间布置薄壁板将桥墩连成整体，沿墩高方向布置数道横梁增强墩柱及板的横向联系，如图 7-10 所示。在正常运营及多遇地震状态下，新型柱板式空心墩作为整体结构受力，可提供足够的刚度。在罕遇地震状态下，薄壁板由于刚度最小率先开裂，结构刚度迅速下降，周期延长，可大幅度消减地震作用。同时，由于横梁的刚度相对墩柱较弱，本身轴力较小，梁端弯矩大于柱端弯矩，在罕遇地震作用下，横梁容易形成塑性铰，通过横梁的变形消耗地震能量，达到了保护主体墩柱及基础安全的目的。

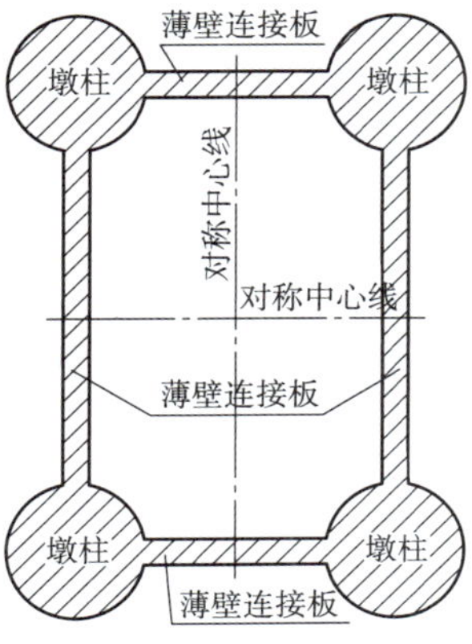

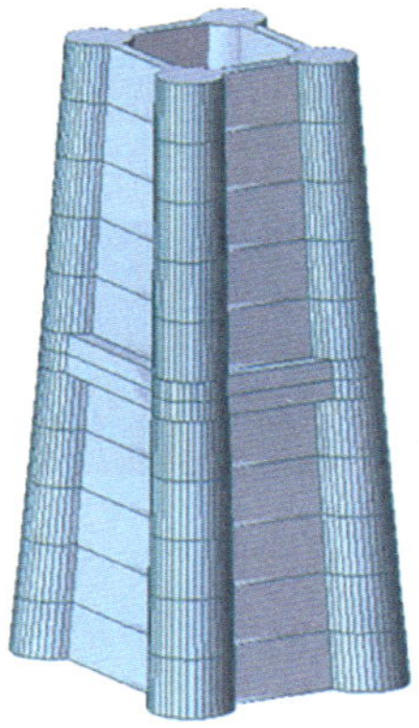

图 7-10　柱板式空心墩概念设计横截面及构造

2. 希腊 Rion-Antirion 大桥

希腊 Rion-Antirion 大桥跨越科林斯海湾，主桥为(286＋3×560＋286) m 斜拉桥(图 7-11)，建设条件较为复杂，主要体现在水深 65 m、深厚的软弱土层、强烈的地震运动。抗震设计时考虑了 2 000 年重现期的地震动，海床位置加速度峰值为 0.48g，地面位置加速度峰值约 1.2g。

图 7-11 希腊 Rion-Antirion 大桥

Rion-Antirion 大桥采用了较好的概念设计，主要体现在[9,16,17]：

(1)为了避免较大的地震力，采用全漂浮结构体系。

(2)采用立体桥塔方案代替传统的倒 Y 形桥塔方案(图 7-12)，增大了桥塔刚度，有效控制桥塔承受的地震力及上部结构位移。

图 7-12 基础隔震措施

(3)采用基础隔震技术。采用直径 2 m、长度 25～30 m、间距 7～8 m 的钢管桩对地基加固，上面铺设 3 m 厚的砂砾层，将桥梁基础置于砂砾层之上。基础和砂砾层之间没有连接，地震时桥墩可以相对基础发生滑动起到隔震作用。

(4)采用阻尼约束体系。每个塔座上装有 4 只液压阻尼器，在大地震时产生的桥面横向运动将由其进行缓冲。每只阻尼器在拉、压两个方向上的最大承载能力大约各为 3 500 kN。

(5)设计一个附属系统使桥面在大风的作用下能够保持其位置。在每个塔座处安装了一个能承受 10 000 kN 的水平撑杆(图 7-13)，将主塔与桥面连接起来。当发生强烈地震时，撑杆将会屈曲破坏，其作用相当于阻尼器。

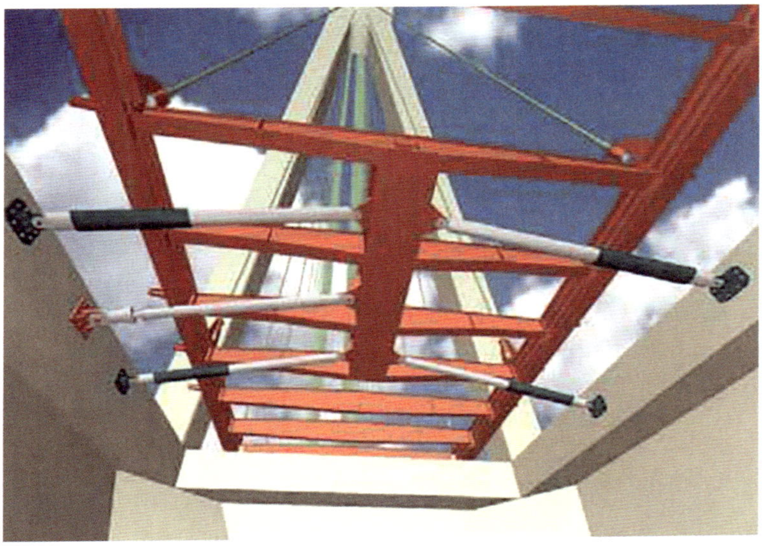

图 7-13　附加阻尼器及限位装置

7.3　动力分析模型及地震动输入

7.3.1　建模与分析原则

大跨桥梁的建模与分析原则主要包括[13,14]：

(1)大跨度桥梁的地震响应分析可采用时程分析法和多振型反应谱法。

(2)地震响应分析时，采用的计算模型应真实模拟桥梁结构的刚度和质量分布及边界连接条件，并应满足下列要求：

①计算模型应考虑相邻引桥对主桥地震响应的影响；

②墩、塔、拱肋及拱上立柱可采用空间梁单元模拟；斜拉桥拉索、悬索桥主缆和吊杆、拱桥吊杆和系杆可采用空间桁架单元；

③应考虑恒载作用下结构初应力刚度，拉索垂度效应等几何非线性影响；

④当进行非线性时程分析时，支承连接条件应采用能反映支座力学特性的单元模拟，应选用适当的弹塑性单元进行模拟。

（3）当采用桩基时，应考虑桩-土-结构相互作用对桥梁地震作用效应的影响。

（4）反应谱分析应满足下列要求：

①当墩、塔、锚碇基础建在不同土质条件的地基上时，可采用包络反应谱法计算；

②当进行多振型反应谱法分析时，振型阶数在计算方向给出的有效振型参与质量不应低于该方向结构总质量的 90%，振型组合应采用 CQC 法。

（5）当采用时程分析时，时程分析最终结果：当采用 3 组地震加速度时程计算时，应取 3 组计算结果的最大值；当采用 7 组地震加速度时程计算时，可取 7 组结果的平均值。

（6）一般情况下阻尼比可按下列规定确定：混凝土拱桥的阻尼比取为 0.05，斜拉桥的阻尼比取为 0.03，悬索桥的阻尼比取为 0.02。

7.3.2 地震动输入

地震动输入应满足以下基本原则[13,14]：

（1）地震响应分析所采用的地震加速度时程、反应谱的频谱含量应包括结构第一阶自振周期在内的长周期成分。

（2）抗震设防烈度为 8 度和 9 度的拱式结构、长悬臂桥梁结构和大跨度结构，以及竖向作用引起的地震效应很重要时，应同时考虑纵向 X、横向 Y 和竖向 Z 的地震作用。

（3）当采用时程分析法时，应同时输入三个方向分量的一组地震动时程计算地震作用效应。

（4）地震作用分量组合。采用反应谱法或功率谱法同时考虑三个正交方向（水平向 X、Y 和竖向 Z）的地震作用时，可分别单独计算 X 向地震作用产生的最大效应 E_X、Y 向地震作用产生的最大效应 E_Y 与 Z 向地震作用产生的最大效应 E_Z。总的设计最大地震作用效应 E 按下式求取：$E=\sqrt{E_X^2+E_Y^2+E_Z^2}$。

（5）桥址存在地质不连续或地形特征可能造成各桥墩的地震动参数显著不同，以及桥梁一联总长超过 600m 时，宜考虑地震动的空间变化，包括行波效应、相干效应和场地效应。对反应谱法或功率谱法应取场地包络反应谱或包络功率谱。

7.4 连续梁桥的抗震设计

7.4.1 工程概况

京沪高速铁路某特大桥主桥为（80＋128＋80）m 双线连续箱梁桥，引桥为 32 m 预应力混凝土简支梁桥。地震基本烈度 7 度，场地类别为Ⅲ类，场地特征周期为 0.5 s，设计地震下地面运动峰值加速度为 0.13g。主梁采用单箱单室箱梁，跨中梁高为 5.6 m，中支点处梁高为 9.6 m，采用二次抛物线形。箱梁顶板总宽 13.4 m，底板总宽 7.0 m。下部结构为圆端形实体桥墩（纵向尺寸及横向尺寸分别为 4.5 m、11.6 m），基础为钻孔灌注桩，地基土以粉质黏土及黏土为主，经初步判定可不考虑液化影响。38 号及 39 号桥墩及桩基础均采用 C30 混凝土，桩径为 1.5 m，桩长为 73 m 采用行列式布置，共计 24 根。采用盆式橡胶支座，39 号墩为固定墩。全桥总体布置图如图 7-14 所示。

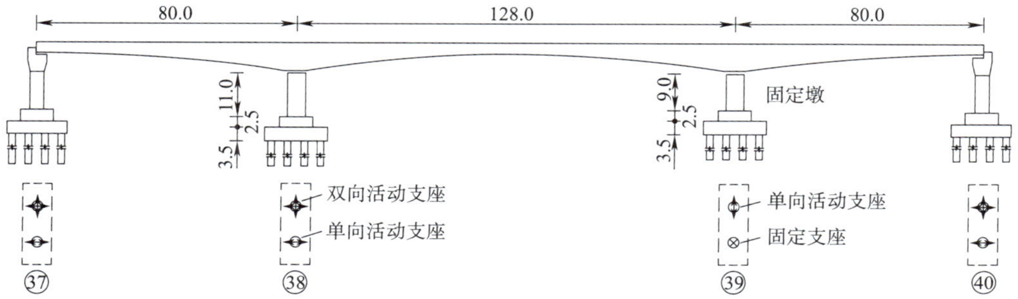

图 7-14　沧德特大桥总体布置图(单位:m)

由于本桥主跨为 128 m 的预应力混凝土连续梁，已经超出了《震规》的适用范围，仅能参考该规范进行抗震设计。根据该铁路等级在路网中的重要性及桥梁的修复难易程度，确定该桥的抗震设防类别为 B 类。多遇地震作用重要性系数 C_i=1.5，设计及罕遇地震作用重要性系数 C_i=1.0。

7.4.2　抗震设防水准及验算指标

《震规》采用“三水准设防”的多级抗震设防理念，即在多遇地震（50 年超越概率 63.2%）作用下桥梁的抗震性能应达到性能水准Ⅰ（地震后不损坏或轻微损坏，能够保持其正常使用功能）；在设计地震（50 年超越概率 10%）作用下桥梁的抗震性能应达到性能水准Ⅱ（地震后可能损坏，经修补短期内能恢复其正常使用功能）；在罕遇地震（50 年超越概率 2%～3%）作用下桥梁的抗震性能应达到性能水准Ⅲ（地震后可能产生较大破坏，但不出现整体倒塌，经抢修后可限速通车）。在实际工程的具体抗震设计中，三水准设防目标主要通过两阶段的抗震设计实现，即在多遇地震作用下对桥梁进行强度验算，在罕遇地震作用下对桥梁进行变形能力验算，从而达到“小震不坏，大震不倒”的设防目标。

大跨度连续梁桥是我国高速铁路建设中广泛使用的桥型之一，这种桥型大多采用“多跨一联”的结构形式，在一联桥跨中通常仅设置一个固定墩。在地震荷载作用下，由于上部结构的惯性力主要由固定墩承担，固定墩必须满足强度及延性的要求，因此大跨连续梁桥固定墩大多采用钢筋混凝土重力式桥墩[18,19]。对于钢筋混凝土重力式桥墩，结合两阶段的抗震设计，具体的验算指标如下：

(1)应力验算

在多遇地震作用下,要求桥墩基本处于弹性状态,可采用强度破坏准则校核。采用容许应力法按偏心受压构件对墩底控制截面的钢筋拉应力及混凝土压应力进行验算,验算公式为

$$\sigma_c \leqslant \xi[\sigma_c];\quad \sigma_g \leqslant \xi[\sigma_g] \tag{7-1}$$

式中,σ_c、σ_g 为地震作用下控制截面的混凝土最大压应力及钢筋最大拉应力;$[\sigma_c]$、$[\sigma_g]$为混凝土及钢筋的容许应力;ξ 为地震时的容许应力修正系数,取 1.5。

(2)变形验算

在罕遇地震作用下,由于桥墩此时已处于塑性状态,此时强度破坏准则失效,应采用变形破坏准则进行校核。规范采用位移延性系数作为指标,验算公式为

$$\mu \leqslant [\mu] = \frac{\delta_{max}}{\delta_y} \tag{7-2}$$

式中,μ 为非线性位移延性比;$[\mu]$为允许位移延性比;δ_{max}、δ_y 分别为桥墩的非线性响应最大位移及屈服位移。

7.4.3 动力计算模型

结构动力特性及弹性地震响应分析采用有限元软件 ANSYS 建模,梁、墩及承台均采用空间梁单元 beam4 模拟。考虑邻跨简支梁质量的影响,利用集中质量单元 mass21 实现,纵向施加在边墩墩顶,质量大小为邻跨简支梁的质量与二期恒载质量之和,横向施加在边墩主梁横截面中心处,质量大小为邻跨简支梁的质量与二期恒载质量之和的一半,二期恒载集度为 210 kN/m。考虑桩-土相互作用的影响,将地基土柔性变形效应简化成线性弹簧施加在承台底,同时考虑平动、转动及耦联弹簧刚度的影响,用弹簧单元 combin14 模拟,地基系数比例系数取 20 000 kPa/m²。支座采用主从自由度模拟。全桥动力计算模型如图 7-15 所示。

图 7-15 全桥动力计算模型

7.4.4 动力特性分析

前 6 阶振型的动力特性见表 7-1 与图 7-16。

表 7-1 结构前 6 阶振型及描述

振型	频率/Hz	周期/s	振型描述
1	1.091	0.917	主梁竖向对称振动
2	1.288	0.776	主梁、桥墩横向对称振动

续上表

振　　型	频率/Hz	周期/s	振型描述
3	1.349	0.741	主梁、固定墩纵向弯曲振动
4	2.107	0.475	主梁竖向反对称振动
5	2.124	0.471	主梁、桥墩横向振动
6	2.237	0.447	主梁、桥墩横向振动

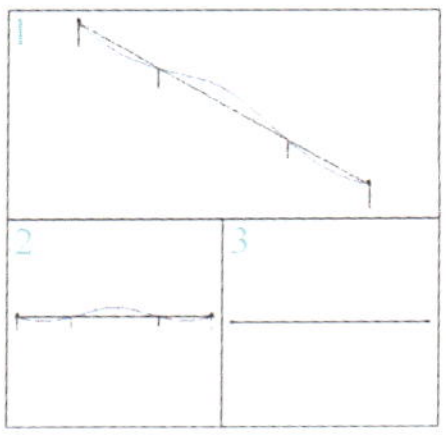
(a)第 1 阶振型

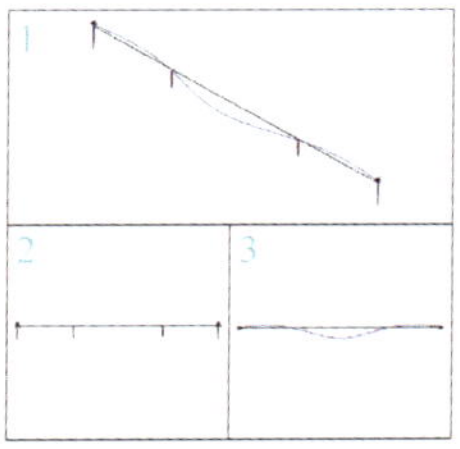
(b)第 2 阶振型

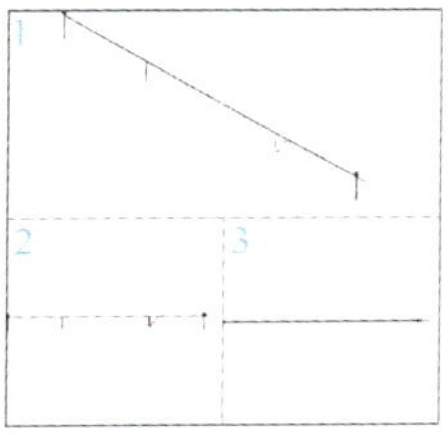
(c)第 3 阶振型

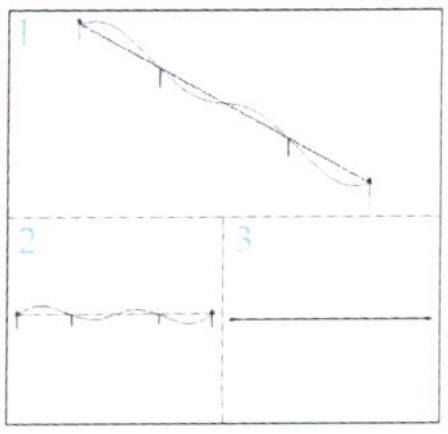
(d)第 4 阶振型

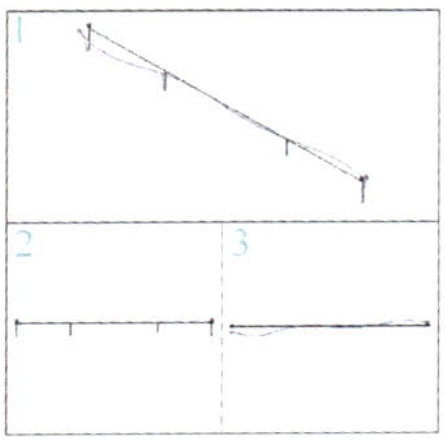
(e)第 5 阶振型

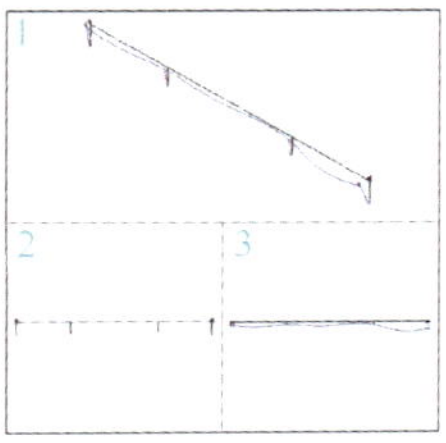
(f)第 6 阶振型

图 7-16　结构前 6 阶振型

从前三阶振型可以看出,该桥纵、横向第一阶自振周期均小于 0.8 s,与地震动的主要周期范围 0.1～1.0 s 存在共振成分,因此桥梁的地震响应较大。

7.4.5　多遇地震响应分析

1. 地震动输入

分别输入安评谱及安评地震波进行反应谱和线性时程反应分析计算,取二者计算结果

中的较大值进行抗震性能验算。其中,安评谱 $\beta(T)$ 取如下形式:

$$\beta(T)=\begin{cases}1+10(\beta_{\max}-1)T & 0<T\leqslant 0.1\\ \beta_{\max} & 0.1<T\leqslant T_g\\ \beta_{\max}\left(\dfrac{T_g}{T}\right)^{\gamma} & T_g<T\leqslant 5T_g\\ 0.45 & T>5T_g\end{cases} \tag{7-3}$$

式中,T 为反应谱周期;T_g 为反应谱特征周期;$\beta_{\max}$ 为反应谱最大值。多遇地震下,$\beta_{\max}=2.5$,$T_g=0.5$ s,γ 取 1.07。地面运动峰值加速度 0.038g,地震影响系数 $\alpha_{\max}=0.095$。三条 50 年超越概率 63%的场地地面加速度时程曲线,如图 7-17 所示。

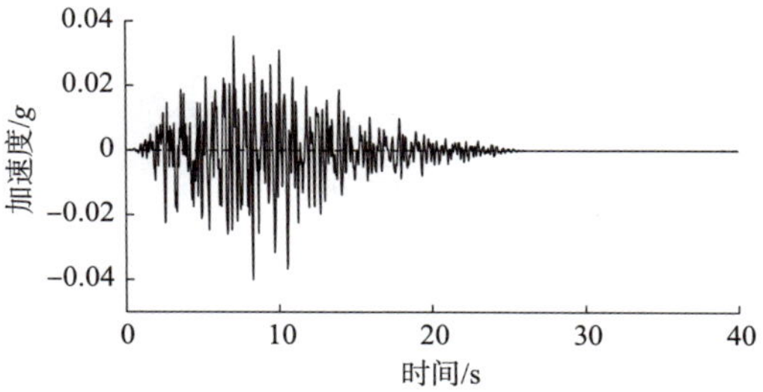

(a)第 1 条波

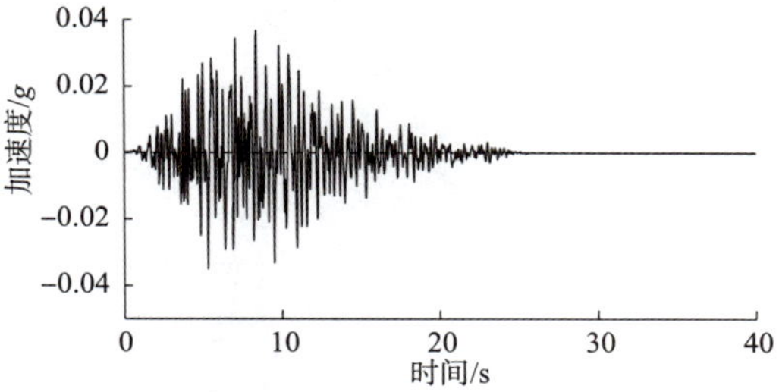

(b)第 2 条波

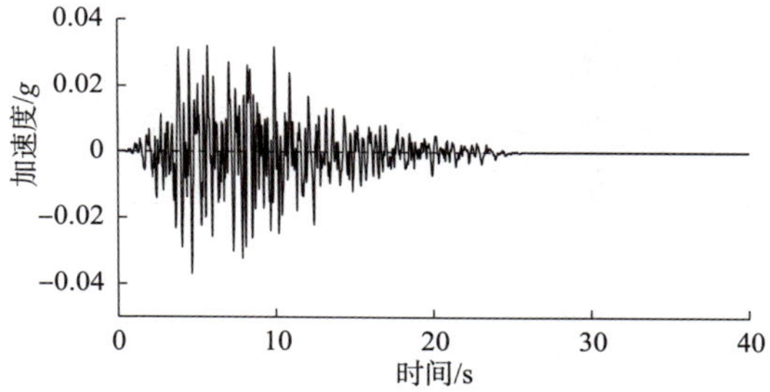

(c)第 3 条波

图 7-17　多遇地震地面加速度时程曲线

2. 地震响应计算结果

由于该桥主跨跨度为 128 m,大于 40 m,根据《震规》,多遇地震下重要性系数 C_i 应取 1.5。将反应谱与地震波分别沿纵、横向输入,得到的桥梁面内、面外弯矩分布规律如图 7-18 所示,具体计算结果见表 7-2。从图 7-18 可以看出,39 号固定墩地震响应最大,控制该桥的抗震设计。

(a)面内弯矩分布

(b)面内剪力分布

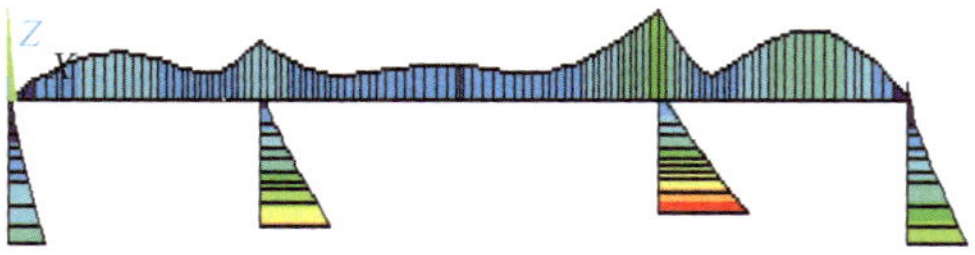

(c)面外弯矩分布

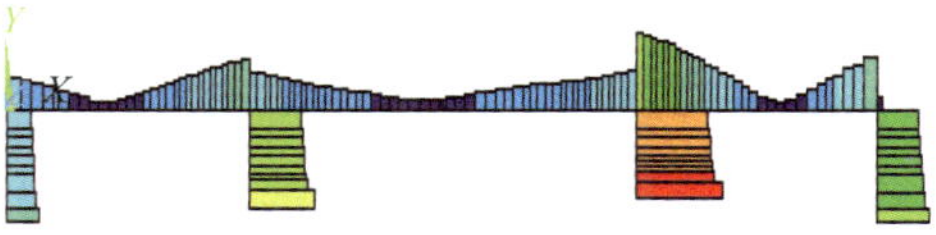

(d)面外剪力分布

图 7-18　多遇地震桥梁内力分布

表 7-2　固定墩地震响应分析结果

激励方向与截面位置		内　力	反应谱	地震波			
				第一条	第二条	第三条	均值
纵向	墩底	弯矩/(kN·m)	215 477	215 874	242 068	190 447	216 130
		剪力/kN	22 944	23 018	25 689	20 029	22 912
	承台底	弯矩/(kN·m)	357 265	358 452	399 263	311 902	356 539
		剪力/kN	24 090	23 919	25 670	20 998	23 530
横向	墩底	弯矩/(kN·m)	166 566	132 548	138 109	126 617	132 425
		剪力/kN	12 071	9 583	10 085	9 277	9 648
	承台底	弯矩/(kN·m)	245 029	195 123	205 217	189 138	196 493
		剪力/kN	13 768	10 432	11 843	10 832	11 036

3. 抗震性能验算

将多遇地震作用下分析得到的结构地震响应量值与恒载作用下的反应进行组合，得到墩底截面的组合内力及验算结果，见表 7-3。

表 7-3　桥墩地震响应及验算

计算方向	轴力/kN	剪力/kN	弯矩/(kN·m)	配筋率/%	σ_c/MPa	σ_g/MPa
纵向	107 060	22 944	216 130	0.3%	13.8	226
横向	107 060	12 017	166 566	—	4.3/−0.1*	—

注：* 表示假设墩身为素混凝土时，截面的最大拉应力。

从表 7-3 分析结果可以看出：对于大跨度连续梁桥而言，支座纵、横向约束方式的不同，导致固定墩纵向的抗震性能控制桥梁的抗震设计；在多遇地震作用下，39 号固定墩的配筋率为 0.3%时，σ_c=13.8 MPa<15.0 MPa，σ_g=226 MPa<270 MPa，表明墩身处于弹性工作状态，能满足“小震不坏”的抗震设防目标。

根据多遇地震作用下 37 号墩及 39 号墩承台底的地震力，采用 m 法计算桩基础的最不利桩身内力。37 号墩及 39 号墩承台底的地震力见表 7-4。

表 7-4　37 号墩及 39 号墩承台底地震力

墩　号	纵向输入		横向输入		恒载轴力/kN
	弯矩/(kN·m)	剪力/kN	弯矩/(kN·m)	剪力/kN	
37 号墩承台底	56 470	3 713	106 836	5 496	46 645
39 号墩承台底	357 265	24 090	245 029	13 768	143 090

根据表 7-4,按照设计图纸,地基系数 m=20 000 kPa/m²,桩径为 1.5 m,37 号墩桩长为 70.0 m,考虑承台埋深 3.0 m,39 号墩桩长为 73.0 m,考虑承台埋深 3.5 m。依 m 法基本原理,桩身最大内力见表 7-5。由于 37 号墩的桩基对称布置,且横向最不利,表 7-5 中仅列出桩基础横向内力分析结果。

表 7-5　桩身内力

墩　号	输入方向	桩身最大内力		桩身最小内力	
		轴力/kN	弯矩/(kN·m)	轴力/kN	弯矩/(kN·m)
37 号	横向输入	4 629	285	821	285
39 号	纵向输入	10 478	752	1 445	752
	横向输入	8 296	879	412	879

采用表 7-5 桩身内力,对桩基进行配筋计算,计算结果见表 7-6。从以上计算结果可知,多遇地震不控制 37 号边墩的基础设计,39 号固定墩的桩身配筋率为 0.3%时,也能满足小震不坏的抗震设防要求。

表 7-6　桩身截面配筋计算

墩　号	输入方向	工　况	配筋率/%	钢筋拉应力/MPa	混凝土压应力/MPa
37 号	横向输入	最大内力	—	—	3.5
		最小内力	—	—	1.3
39 号	横向输入	最大内力	—	—	7.3
		最小内力	0.3	262.5	7.9

7.4.6　设计地震响应分析

设计地震下应验算支座的承载能力,以确保上、下部地震力的合理传递。纵向支座剪力按照下式计算:

$$F_{hE} = 1.5A_g \cdot m_d - \sum \mu R_a \tag{7-4}$$

式中,F_{hE}为固定支座的水平地震力,kN;A_g 为设计地面运动峰值加速度,m/s²;m_d 为取一联梁体及桥面质量之和,t;$\sum \mu R_a$ 为活动支座摩阻力之和(kN),且应不大于 $0.75A_g \cdot m_d$,

R_a 为活动支座反力，kN，μ 为活动支座的摩擦系数，盆式橡胶支座 $\mu=0.05$。

该桥 39 号墩固定支座的水平地震剪力最大，控制支座的设计。39 号墩固定支座的水平剪力为：$F_{hE}=(1.5\times0.13\times9.8\ \text{m/s}^2\times22\ 482\ \text{t}-0.05\times123\ 821\ \text{kN})/2=18\ 386\ \text{kN}$。固定支座的水平承载力大于该值。

7.4.7　罕遇地震响应分析

1. 桥墩位移延性能力分析

为了保证罕遇地震下桥墩的延性变形能力，实际设计中，39 号墩的纵筋配筋率为 0.55%（规范规定钢筋混凝土桥墩的最小配筋率为 0.5%），主筋采用 HRB335，钢筋应力-应变关系采用曲线强化模型，约束混凝土应力-应变关系采用 Mander 模型。采用墩底的恒载轴力，先用截面条分法，可求得墩底截面的弯矩-曲率关系全过程曲线，再利用等能量法可求得三线性骨架曲线。39 号墩墩底截面纵向的弯矩-曲率控制点分析结果见表 7-7，全过程曲线如图 7-19 所示。

表 7-7　39 号墩底截面弯矩-曲率

屈服弯矩/(kN·m)	屈服曲率/(rad·m^{-1})	极限弯矩/(kN·m)	极限曲率/(rad·m^{-1})
3.89×10^5	6.67×10^{-4}	4.01×10^5	12.3×10^{-3}

在墩底截面刚刚屈服时，可认为曲率沿墩高成线性分布，则墩顶屈服位移为

$$\delta_y=\frac{1}{3}\phi_y H^2 \tag{7-5}$$

根据等效塑性铰长度的概念，在墩底截面达到极限状态时，墩顶允许的极限位移为

$$\delta_u=\frac{1}{3}\phi_y H^2+L_p(\phi_u-\phi_y)(H-0.5L_p)/K \tag{7-6}$$

等效塑性铰长度由式(7-7)的经验公式确定：

$$L_p=\left(0.5+0.05\frac{H}{B}\right)B \tag{7-7}$$

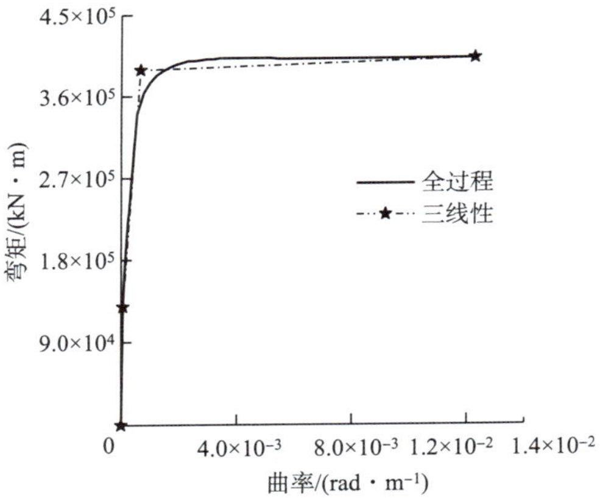

图 7-19　39 号墩墩底截面弯矩-曲率曲线

式中，H 为桥墩高度；B 为墩底截面的高度；系数 K 可取 2.0；ϕ_y、ϕ_u 分别为墩底截面屈服曲率及极限曲率。

由上式可计算得 $\delta_y=0.029\ 1$ m，$\delta_u=0.195$ m，桥墩的位移延性能力为$[\mu]=6.70$。

2. 桥墩位移延性需求分析

罕遇地震作用下结构进入弹塑性工作阶段，发生较大的非弹性变形，但应控制在规定的

范围内，可能产生较大的破坏，但不出现整体倒塌，经抢修后可限速通车。输入桥址场地安评报告提供的 50 年超越概率为 2%的 3 条地震波，地面运动峰值加速度为 0.2g，如图 7-20 所示。在 39 号固定墩墩底沿纵向设置塑性铰，塑性铰的滞回规则采用 Clough 模型，应用 Newmark-β 法逐步积分求解。罕遇地震作用下墩底剪力-墩顶位移的滞回曲线如图 7-21 所示，墩顶位移的时程反应曲线如图 7-22 所示，桥墩的延性能力验算结果见表 7-8。

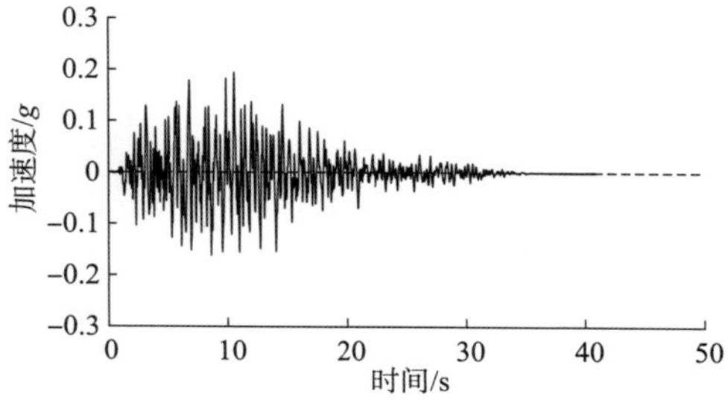

(a)第 1 条波

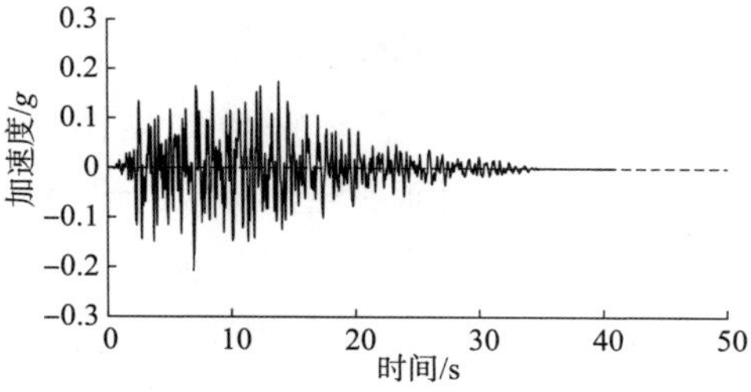

(b)第 2 条波

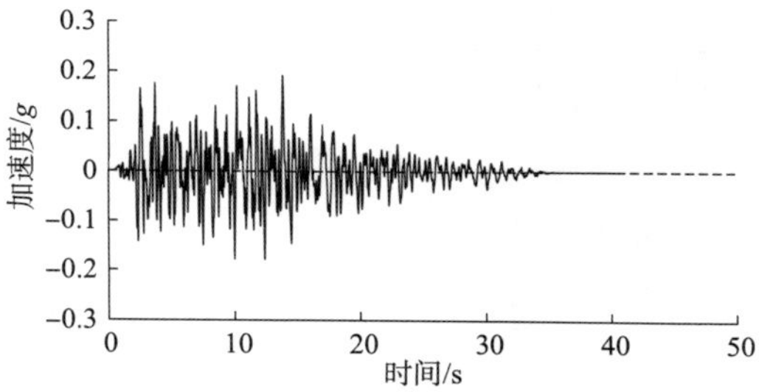

(c)第 3 条波

图 7-20 罕遇地震地面加速度时程曲线

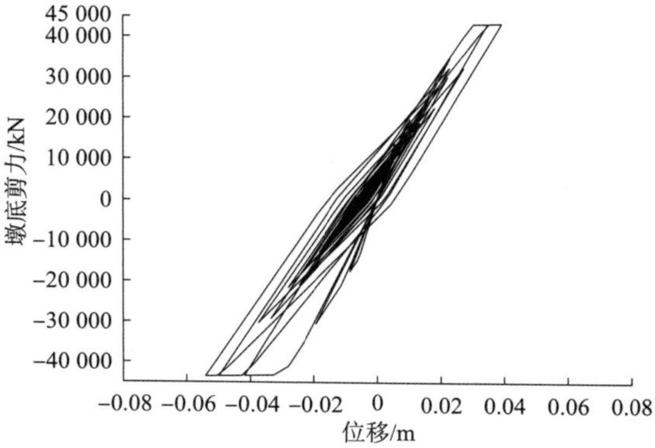

(a)第 1 条波

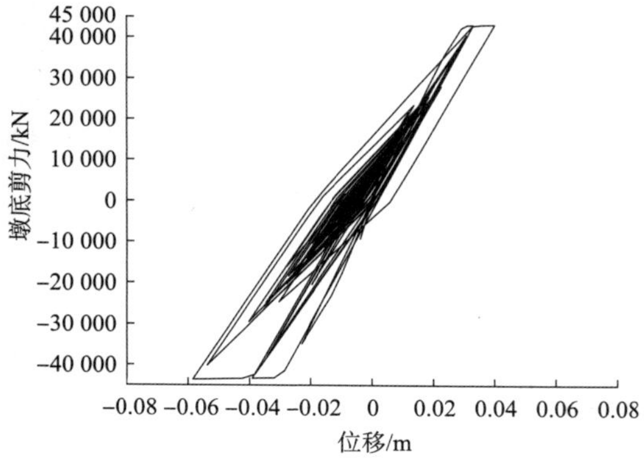

(b)第 2 条波

图 7-21

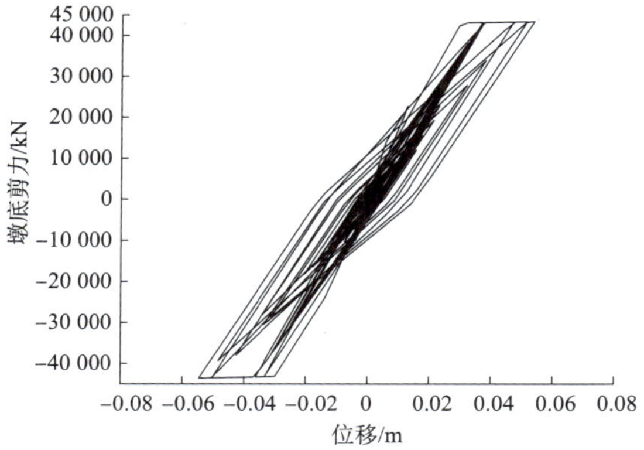

(c)第 3 条波

图 7-21　墩底剪力-位移滞回曲线

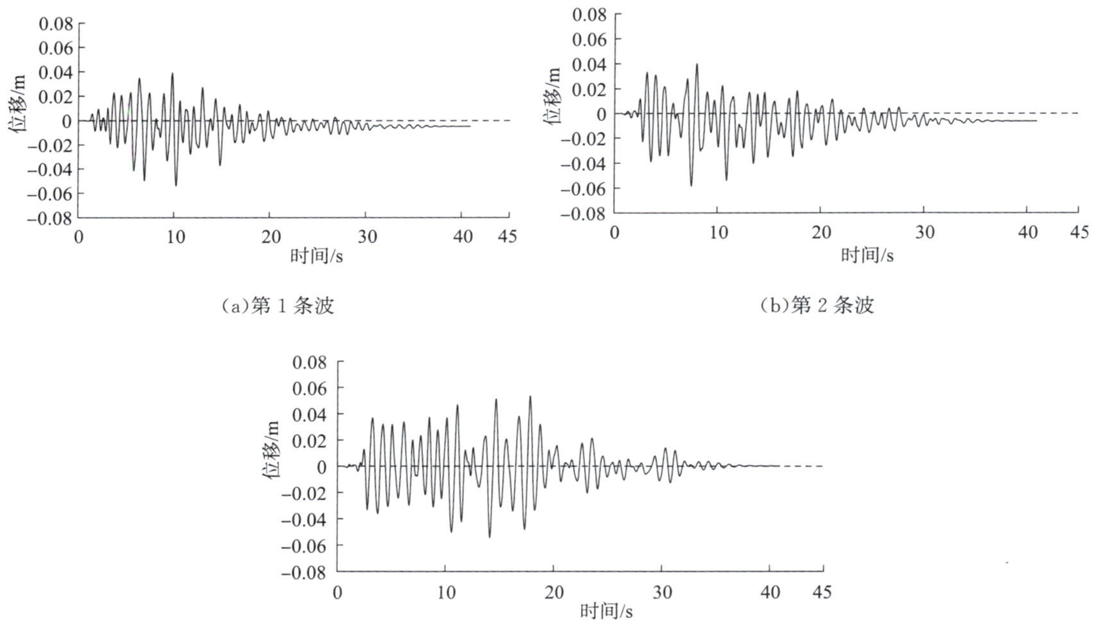

(c)第 3 条波

图 7-22　墩顶位移时程曲线

表 7-8　39 号墩延性能力验算

地震波	δ_{max}/m	μ	[μ]
第一条	0.067	2.30	6.70
第二条	0.062	2.13	6.70
第三条	0.064	2.22	6.70

从表 7-8 可知，罕遇地震作用下，墩身纵向已进入屈服阶段，但墩顶的最大位移值均小于相应的容许位移，桥墩尚有足够的抗震安全储备，可满足规范“大震不倒”的抗震设防目标。

7.4.8 分析结论

以京沪高速铁路一座大跨度连续梁桥为实际工程背景，针对重力式钢筋混凝土桥墩的结构特点，采用反应谱法及时程反应分析方法进行了弹性及弹塑性地震响应分析，并根据《震规》对连续梁固定墩的抗震性能进行了评估。分析结果表明，固定墩控制该桥的抗震设计。在多遇地震作用下，桥梁结构处于弹性状态；在罕遇地震作用下，固定墩纵向进入塑性状态，但墩顶最大位移量值均在能力容许范围内，具有较高的延性储备，该桥能够满足三水准抗震设防目标。

7.5 连续刚构桥的抗震设计

连续刚构桥主墩的结构形式主要有两种：单薄壁墩与双薄壁墩。当桥墩较高时，单薄壁墩与双薄壁墩需经过方案比选才能确定；但当桥墩较矮时，实体矩形双薄壁墩是采用较多的桥墩形式。实体矩形双薄壁墩是在墩位上有两个相互平行的墩壁与主梁固结的桥墩，因墩梁固结，节省了大吨位支座，且在悬臂浇筑施工过程中无支座转换施工阶段。双薄壁墩纵向抗弯刚度大，但抗推刚度较小，可有效适应温度、混凝土收缩徐变时桥梁上部结构的位移需求。因此当桥墩较矮时，双薄壁墩是预应力混凝土连续刚构桥中理想的柔性墩。

7.5.1 工程概况与动力计算模型

某连续刚构桥跨径布置为（60＋100＋60）m，主梁为单箱单室直腹板箱形截面，箱梁顶板宽为 12.2 m，底板宽 6.7 m。中墩处梁高 7.8 m，边支座处梁高 4.8 m，梁底按二次抛物线变化。桥梁主墩采用双薄壁矩形实体墩，墩顶与梁部刚接，桥墩宽度为 6.7 m，主墩中心距为 4.8 m，墩高 15.0 m，墩壁厚度 b 初拟为 1.0 m、1.2 m、1.5 m 三种尺寸进行比较。基础为钻孔灌注桩（24 根 ϕ1.5 m、桩长 60 m），纵向 4 排，横向 6 排，行列式布置，桩身中心距为 4 m。桥墩及桩身混凝土强度等级分别采用 C50、C40，主筋采用 HRB500。桥上二期恒载为 140 kN/m。桥址为Ⅱ类场地，特征周期 0.45 s。多遇及罕遇地震水平基本加速度 a 分别为 $0.1g$、$0.36g$。桥梁立面布置图如图 7-23 所示。

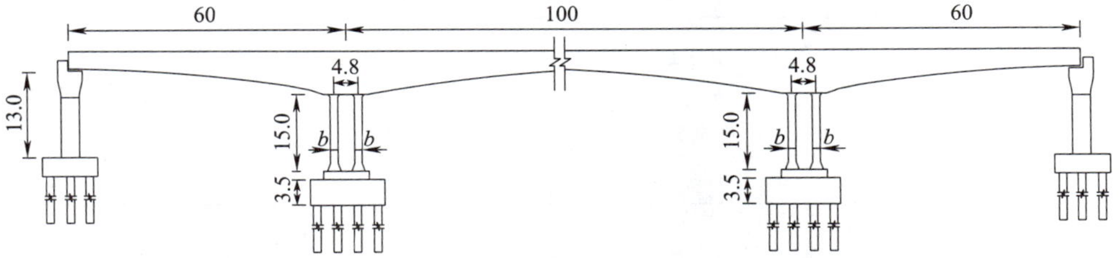

图 7-23 桥梁立面布置图（单位：m）

采用 Midas/Civil 软件建立有限元动力计算模型，主梁、桥墩及承台采用空间梁单元模拟。主墩在承台底施加 6 个线性弹簧模拟地基土的柔性效应，其中弹簧参数采用 m 法计算，$m=5\ 000\ \text{kN/m}^4$，边墩在承台底固结。二期恒载采用质量单元模拟。边墩与主梁之间设置的纵向活动支座采用主从约束模拟。有限元动力计算模型如图 7-24 所示。

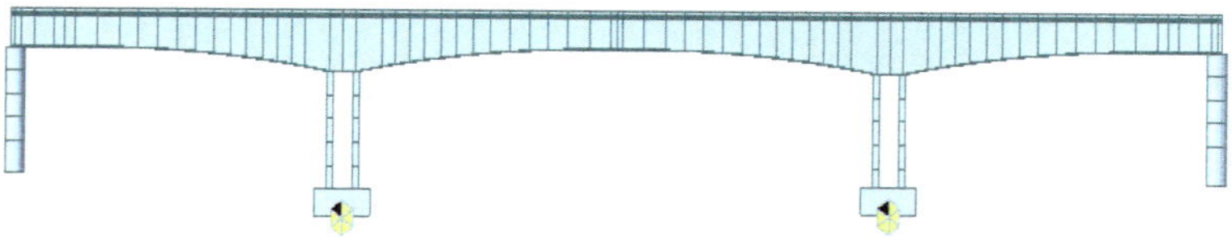

图 7-24　动力计算模型

7.5.2　抗震设防水准及抗震体系选择

连续刚构桥抗震设防目标为：多遇地震作用下，震后结构不损坏或轻微损坏，可正常使用；设计地震作用下，震后结构可能损坏，经修补短期内能恢复使用；罕遇地震作用下，震后可产生较大破坏，但不出现整体倒塌，经抢修后可限速通车。

目前，桥梁抗震体系主要有两种：减隔震体系与延性抗震体系。双薄壁墩连续刚构桥主要采用延性抗震体系，即利用桥梁墩柱发生塑性变形，延长结构周期，耗散地震能量。其中，延性抗震体系包括完全延性结构、有限延性结构和完全弹性结构。双薄壁墩为具有明显强轴、弱轴之分的墙式墩，因此在纵、横向的延性抗震体系类型不同。利用墩柱的剪跨比判断桥墩的破坏类型。对于剪跨比小于 2.5 的矮墩，认为主要发生剪切破坏，应对桥墩进行抗弯与抗剪强度验算，即采用完全弹性结构。当剪跨比大于 2.5 时，认为发生弯剪或弯曲破坏，应对桥墩进行变形与抗剪强度验算，即采用有限延性或完全延性结构[20]。本桥罕遇地震作用下延性抗震类别选择见表 7-9。

表 7-9　延性抗震类别选择

方向	墩高/m	截面尺寸/m	剪跨比	罕遇地震延性类别
纵向	15	1.2	12.5	桥墩采用完全延性体系，墩柱抗剪及桩基础采用能力保护设计
横向	15	6.7	2.2	桥墩，桩基础采用完全弹性结构

7.5.3　多遇地震下纵向弹性地震响应分析

多遇地震作用下桥梁的地震响应采用反应谱分析。结构重要性系数 C_i 取 1.5，抗震性能目标要求桥墩基本处于弹性状态，采用强度破坏准则校核。按偏心受压构件用容许应力法对桥墩控制截面的纤维应力进行验算，具体公式为

$$\sigma_g \leqslant \xi[\sigma_g] \tag{7-8}$$

$$\sigma_c \leqslant \xi[\sigma_c] \tag{7-9}$$

式中，σ_c、σ_g 为控制截面混凝土最大压应力及钢筋最大拉应力；$[\sigma_c]$、$[\sigma_g]$为混凝土及钢筋的容许应力；ξ 为容许应力修正系数，地震作用时取 1.5。

桥墩不同壁厚时主墩控制截面弯矩、剪力计算结果如图 7-25～图 7-27 所示。当墩壁厚度分别为 1.0 m、1.2 m、1.5 m 时，对应的纵筋配筋率分别为 3.5%、2.5%、1.8%，主墩控制截面混凝土最大压应力及钢筋最大拉应力如图 7-28、图 7-29 所示。桩基础的应力验算结果见表 7-10。

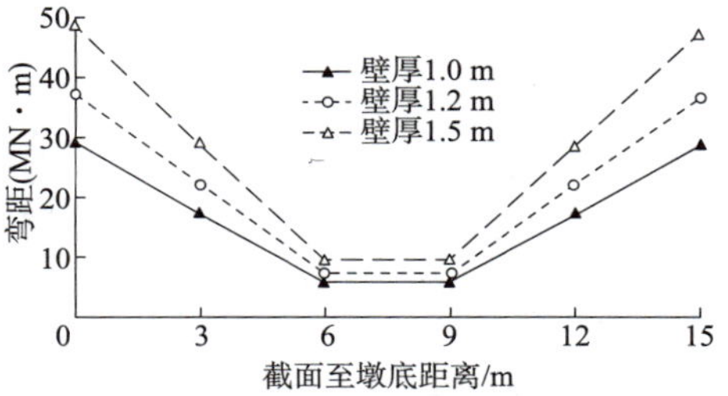

图 7-25　不同壁厚时主墩控制截面弯矩

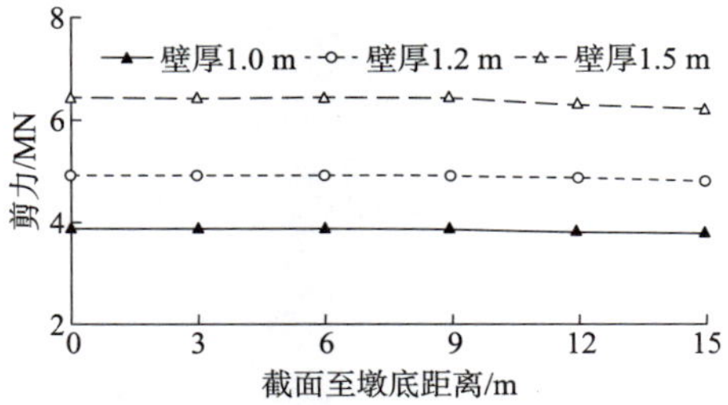

图 7-26　不同壁厚时主墩控制截面剪力

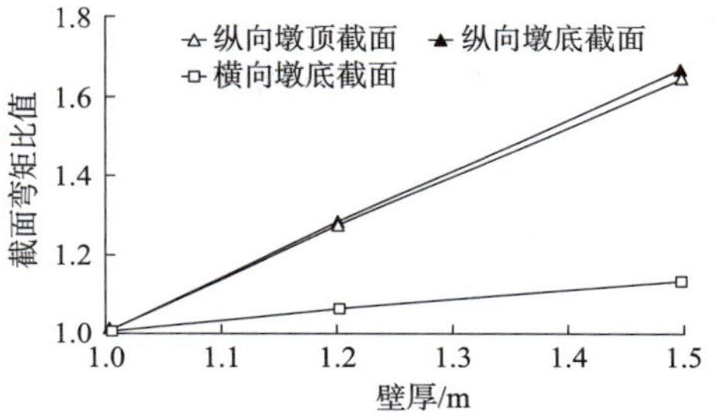

图 7-27　不同壁厚时主墩控制截面弯矩比值

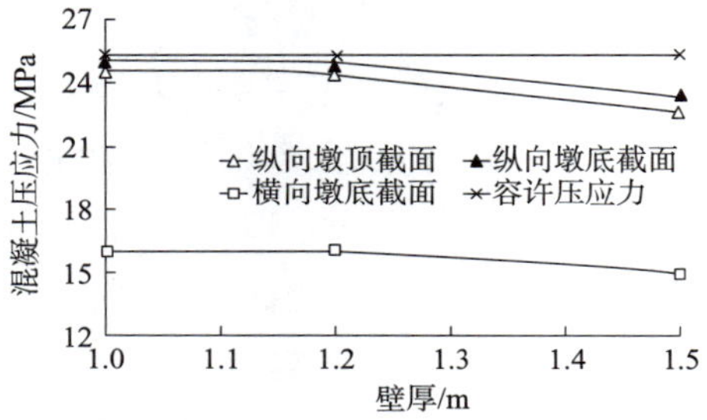

图 7-28　主墩控制截面混凝土最大压应力

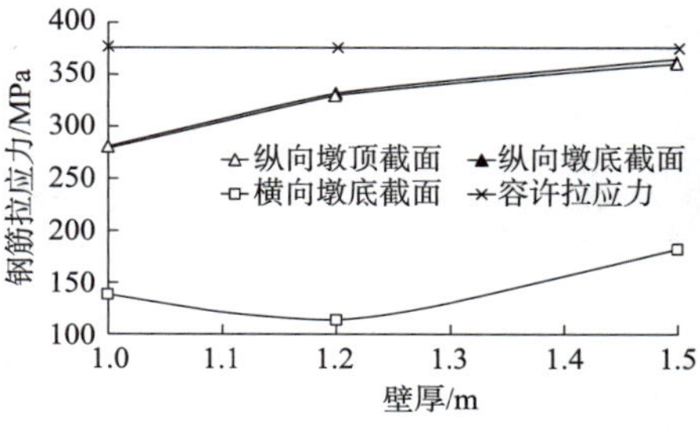

图 7-29　主墩控制截面钢筋最大拉应力

表 7-10　多遇地震下桩基础应力验算结果

壁厚/m	配筋率/%	钢筋应力/MPa	混凝土应力/MPa
1.0	1.5	71	7.6
1.2	1.5	84	7.8
1.5	1.5	86	9.5

从图 7-25～图 7-28 以及表 7-10 中可知：

(1)在多遇地震作用下，随着墩壁厚度的增加，主墩控制截面纵向弯矩显著增大，且增幅显著大于横向激励的结果。当墩壁厚度从 1.0 m 增大至 1.5 m 时，主墩控制截面纵向弯矩增大 1.66 倍，横向弯矩仅增大 1.14 倍。

(2)在多遇地震作用下，主墩截面尺寸及配筋设计由纵向地震响应控制。当壁厚较大时，因配筋率较低，桥墩承载能力由钢筋拉应力控制；反之，由混凝土压应力控制。

7.5.4 罕遇地震下横向弹性地震响应分析

《震规》要求罕遇地震作用与永久作用组合后，在验算桥墩抗弯强度时，截面抗弯能力可采用材料强度标准值。多遇地震时，C50、C40 混凝土容许压应力分别为 25.2 MPa、20.3 MPa，HRB500 容许拉应力为 375 MPa。罕遇地震时，C50、C40 混凝土压应力可分别提高至 33.5 MPa、27 MPa，HRB500 容许拉应力提高为 500 MPa。罕遇地震作用下，结构横向地震响应仍采用反应谱法分析。桥墩及桩基础的应力验算结果见表 7-11、表 7-12。

表 7-11　罕遇地震横向激励时主墩应力验算结果

壁厚/m	配筋率/%	钢筋应力/MPa	混凝土应力/MPa
1.0	4.0	456	33.5
1.2	3.1	499	32.9
1.5	2.6	491	29.8

表 7-12　罕遇地震横向激励时桩基础应力验算结果

壁厚/m	配筋率/%	钢筋应力/MPa	混凝土应力/MPa
1.0	1.5	437	14.7
1.2	1.5	470	15.4
1.5	1.6	467	16.1

从表 7-11、表 7-12 中可知：在横向罕遇地震激励下，若桥梁下部结构保持完全弹性或基本弹性工作状态，桥墩配筋率显著增大，甚至超过了多遇地震纵向作用下的配筋率；罕遇地震作用下，桩基础的配筋率也显著增大，纵筋配筋率需求约 1.5%。

7.5.5 罕遇地震下纵向弹塑性地震响应分析

为达到“大震不倒(或可修)”的设防目标，需要考虑弹塑性变形的耗能影响，对结构进行延性设计分析。实体双薄壁墩连续刚构桥由于在墩顶与梁底处固结，在墩顶与墩底均应设置塑性铰。利用 PM 集中塑性铰单元及 Takeda 武田三线性滞回模型进行非线性时程地震响应分析。结构阻尼采用 Rayleigh 阻尼矩阵，应用 Newmark-β 法逐步积分求解，分析时间步长为 0.01 s。沿桥梁纵向输入三条罕遇安评地震波，地面运动峰值加速度取 0.36g，其中一条典型的加速度时程曲线如图 7-30 所示。

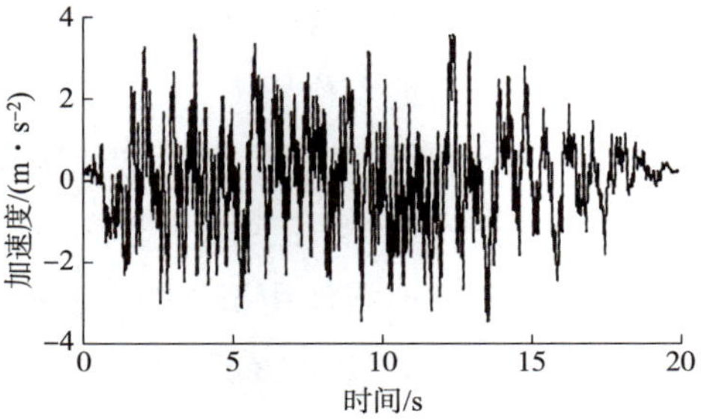

图 7-30　典型的加速度时程曲线

文献[20]指出，《震规》采用非线性位移延性比控制潜在塑性铰区的变形能力，即要求 $u_u=\delta_{max}/\delta_y\leqslant4.8$。该式的适用条件是对于悬臂墩，在满足主筋及箍筋最小配筋率的条件下，结构的非线性位移延性比偏保守取 4.8，但连续刚构桥主墩受力特点与悬臂墩不同，不能套用该值[21]。参考文献[13]，在罕遇地震下，一般要验算潜在塑性铰区的塑性转动能力 $\theta_p\leqslant\theta_u$。对于规则桥梁，也可验算墩顶位移 $\delta_p\leqslant\delta_u$，但 δ_p、δ_u 均可通过 θ_p、θ_u 进行换算，二者本质上是一样的。桥墩潜在塑性铰区域沿纵向的塑性转动能力验算公式为

$$\theta_p\leqslant\theta_u \tag{7-10}$$

$$\theta_u=L_p(\phi_u-\phi_y)/K \tag{7-11}$$

式中，ϕ_y 为截面的等效屈服曲率；ϕ_u 为极限破坏状态的曲率；K 为延性安全系数，取 2.0；L_p 为等效塑性铰长度。

取三条罕遇安评地震波激励下墩顶与墩底塑性转角的平均值与其塑性转动能力比较，计算结果见表 7-13。

表 7-13　主墩墩底塑性铰转动能力验算

壁厚/m	配筋率/%	截面	转角需求/rad	转角能力/rad	需求比
1.0	3.5	墩顶	0.008 9	0.038	4.27
		墩底	0.010 7	0.025	2.34
1.2	2.5	墩顶	0.008 8	0.038	4.32
		墩底	0.011 0	0.038	3.45
1.5	1.8	墩顶	0.006 1	0.027	4.43
		墩底	0.008 3	0.024	2.89

基于能力保护设计原理，对桩基础进行抗震设计。其中超强因子取 1.2，桥墩能传递的最大弯矩取其等效屈服弯矩。此时，桩基础的配筋与应力验算结果见表 7-14。

表 7-14　罕遇地震纵向激励时桩基础应力验算结果

壁厚/m	配筋率/%	钢筋应力/MPa	混凝土应力/MPa
1.0	1.5	247	11.6
1.2	1.5	338	13.5
1.5	1.7	324	14.9

从表7-13、表7-14可知：随着壁厚的增加，主墩塑性转角需求减小。在壁厚与纵筋配筋率的三种组合条件下，主墩塑性铰区截面塑性转动能力均能达到“大震不倒”的抗震性能需求，且其变形能力安全储备基本相当；罕遇地震纵向激励下桩基础采用能力保护设计时，随着壁厚的增加，纵筋配筋率略有增大。

在多遇及罕遇地震激励下，桥墩及桩基础的配筋情况见表7-15。

表7-15 罕遇地震纵向激励时桩基础应力验算结果

地震激励	构件	设计方法	不同壁厚时配筋率		
			1.0 m	1.2 m	1.5 m
多遇纵向	桥墩	强度设计	3.5%	2.5%	1.8%
罕遇横向		强度设计	4.0%	3.1%	2.6%
罕遇纵向	桩	能力保护	1.5%	1.5%	1.7%
罕遇横向		强度设计	1.5%	1.5%	1.6%

7.5.6 分析结论

以某高烈度区实体双薄壁矮墩连续刚构桥为研究对象，系统探讨了双薄壁墩身截面尺寸、配筋率与抗震性能之间的关系，得到的研究结论如下：

(1)对于高烈度区连续刚构桥实体双薄壁矮墩，应根据桥墩的剪跨比判断其破坏模式，并选择相应的延性抗震类别和设计方法。

(2)多遇地震激励下，主墩截面尺寸及配筋设计由纵向地震响应控制。随着墩壁厚度的增加，主墩控制截面纵向弯矩显著增大，且增幅显著大于横向激励的结果。

(3)横向罕遇地震激励下，因实体双薄壁矮墩横向的剪跨比较小，横向只能采用完全弹性或基本弹性结构，导致桥墩及桩基的配筋率显著增大，成为控制桥梁下部结构设计的主要因素。

(4)纵向罕遇地震激励下，壁厚增大，主墩塑性转角需求减小。在壁厚与纵筋配筋率的三种组合条件下，主墩塑性铰区截面塑性转动能力均能达到“大震不倒”的抗震性能需求，且其变形能力安全储备基本相当。

7.6 大跨钢桁拱桥的抗震设计

7.6.1 工程概况

某1-490 m上承式钢桁拱桥，拱轴线采用悬链线，拱轴系数2.0，矢跨比1/4.475，如

图 7-31～图 7-37 所示。该桥为有推力结构体系，拱肋内倾 3.65°形成提篮拱。主拱圈由 4 片桁拱组成，每 2 片组成 1 肋，2 片桁拱间距 3.4 m，并通过横杆连成整体。拱圈上设置 13 个立柱，拱上立柱由刚架墩、柱顶横梁、立柱及柱间横梁组成。拱上立柱及拱肋弦杆均采用带肋钢箱截面，上、下弦杆采用高、宽均为 2.0 m 的变厚度带肋钢箱截面。上部梁体为钢箱梁，每侧相邻 2 个钢箱通过正交异性钢桥面板、横梁和横肋形成分离式双主钢箱梁结构形式。从左到右按 1 号～7 号对拱上立柱进行编号，其中 5 号～7 号拱上立柱设中间立柱。交界墩采用 C35 混凝土，拱肋弦杆、腹杆采用 Q370qE 钢材，其余构件采用 Q345qE 钢材或 Q345qD 钢材。桥址区工程场地类别为Ⅱ类，罕遇地震地面运动峰值加速度为 0.44g(2 475 年一遇)，场地特征周期为 0.45 s。

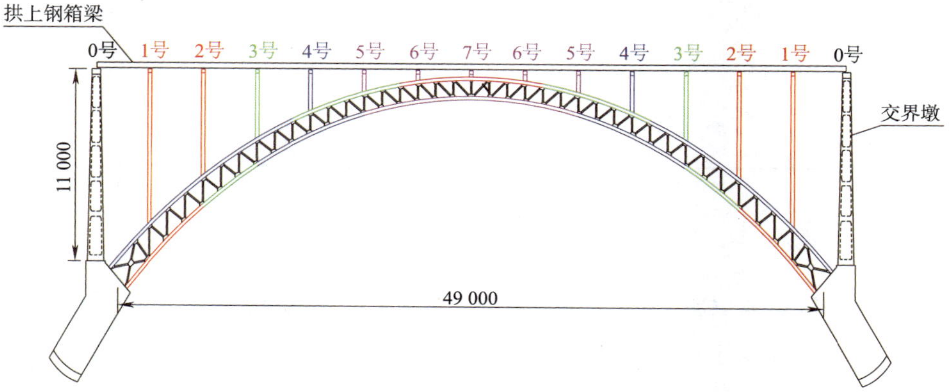

图 7-31　大跨钢桁拱桥结构布置图(单位:cm)

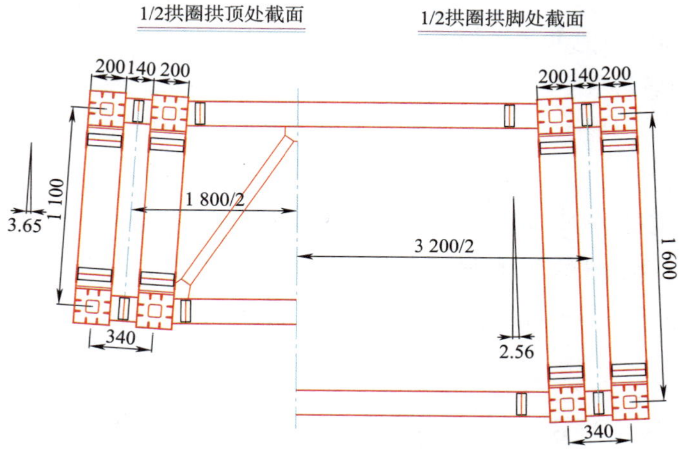

图 7-32　主桁横断面图(单位:cm)

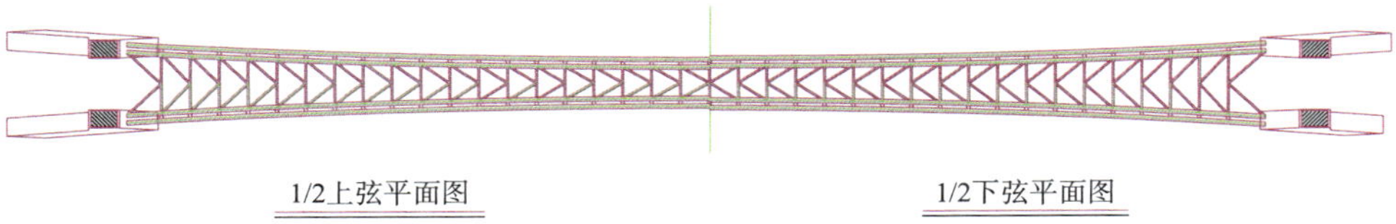

图 7-33　主桁俯视图

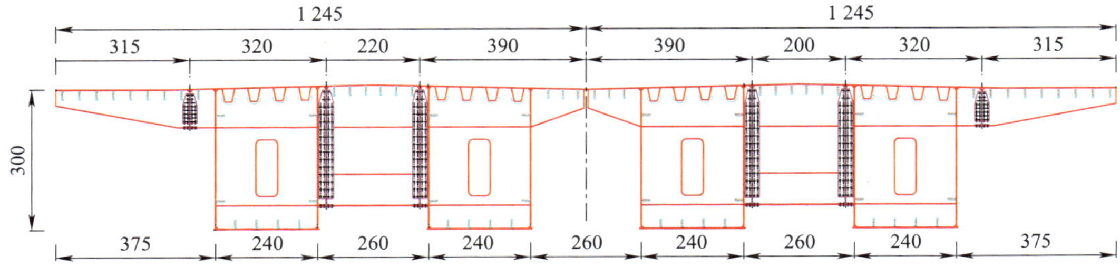

图 7-34　钢箱梁横断面(单位:cm)

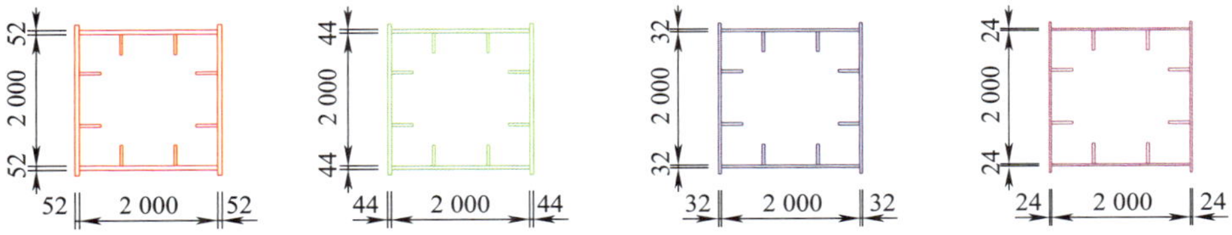

图 7-35　拱肋横断面图(单位:mm)

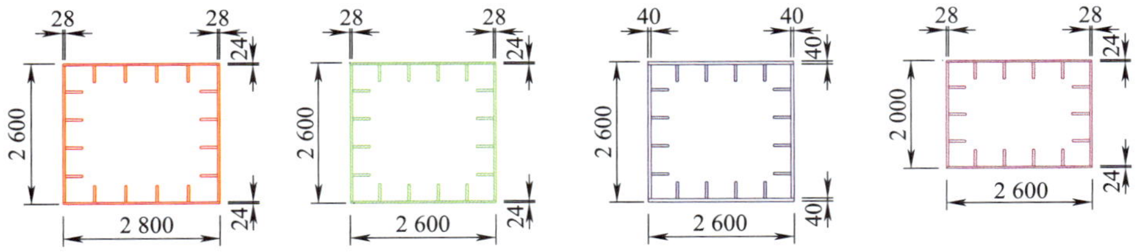

图 7-36　立柱横断面图(单位:mm)

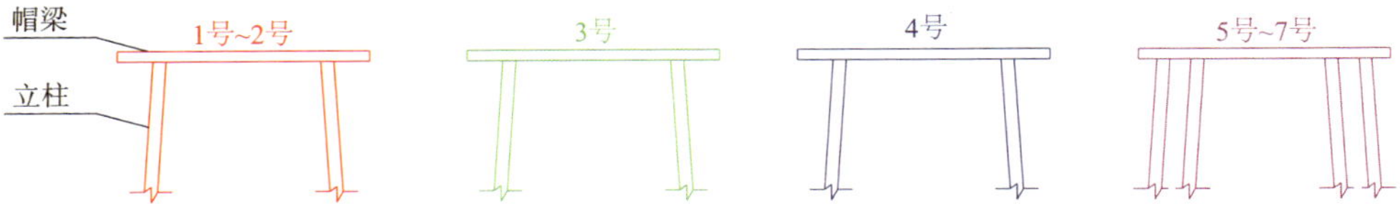

图 7-37　立柱侧视图

7.6.2　高阶振型的影响

现行《公路桥梁抗震设计规范》(JTG/T 2231-01—2020)[13]对梁桥高墩的高阶振型有明确规定:对于墩高超过 40 m,墩身第 1 阶振型有效质量低于 60%,且结构进入塑性的高墩桥梁应作专项研究。但关于高阶振型对大跨度拱桥的影响在现行规范中并没有相关规定。以某 1-490 m 上承式钢桁拱桥为背景桥，依据振型分解反应谱法基本原理，通过动力分析与静力分析相结合的方法，提出了大跨度钢桁拱桥高阶振型地震响应的分离方法，在此基础上分析了主控振型对大跨度钢桁拱桥主拱圈纵向地震响应的影响规律，揭示了其地震响应机制。

1. 与振型相关的几个重要参数

j 阶振型的振型参与质量 H_j 表达式为

$$H_j=\left(\frac{\boldsymbol{\phi}_j^{\mathrm{T}}\boldsymbol{MI}}{\boldsymbol{\phi}_j^{\mathrm{T}}\boldsymbol{M}_j\boldsymbol{\phi}_j}\right)^2\times\boldsymbol{\phi}_j^{\mathrm{T}}\boldsymbol{M}_j\boldsymbol{\phi}_j=\frac{(\boldsymbol{\phi}_j^{\mathrm{T}}\boldsymbol{MI})^2}{\boldsymbol{\phi}_j^{\mathrm{T}}\boldsymbol{M}_j\boldsymbol{\phi}_j} \tag{7-12}$$

式中，$\boldsymbol{\phi}_j$ 为结构振型列向量；$\boldsymbol{M}$ 为结构质量矩阵；$\boldsymbol{I}$ 为单位振型列向量。

将 j 阶振型的振型参与质量 H_j 除以结构的总质量 M_t，即得 j 阶振型的质量参与系数 V_j，表达式为

$$V_j=H_j/M_t \tag{7-13}$$

某一阶振型的质量参与系数随该阶振型在总动力响应中的贡献大小在 0 和 1 之间变化，所有振型的质量参与系数之和为 1。

为了直观地了解各阶振型对结构反应的影响程度，定义振型反应贡献率 ρ_j 来表示第 j 阶振型对结构的贡献率。其表达式为：

$$\rho_j=\frac{X_j^2}{X_{总}^2}\ (1\leqslant j\leqslant N) \tag{7-14}$$

式中，X_j 为在地震作用下第 j 阶振型所引起的结构反应；$X_{总}$ 为在地震作用下结构总的反应，可通过 SRSS 法计算，即 $X_{总}=\sqrt{\sum_{j=1}^{N}X_j^2}$；$N$ 为地震响应分析所选的振型组合阶数。

2. 动力特性分析

采用 Midas/Civil 软件建立全桥有限元模型。拱肋及其连接系、拱上立柱及立柱间横撑、钢箱梁、交界墩及墩间系梁均采用空间梁单元模拟。拱上立柱与主梁间的支座根据其活动特性采用主从自由度模拟，交界墩墩底及拱脚均固结，模型总共 1 037 个节点、2 032 个单元，全桥有限元模型如图 7-38 所示[22]。

采用子空间迭代法进行特征值分析。在前 300 阶振型中，质量参与系数大于 0.5%的纵弯振型有 6 阶振型为拱圈和拱上立柱纵弯振动，质量参与系数之和为 58.24%；有 5 阶振型为交界墩纵弯振动，质量参与系数之和为 34.13%。因交界墩的纵弯振动为其自身的振动，与主拱的振动耦合性很小，这些振型对拱圈的内力贡献可忽略。因此重点考察引起拱圈和拱上立柱纵弯振型中质量参与系数较大的 5 阶主控振型，其具体振型特征见表 7-16。表 7-16 中的振型阶数为全桥空间分析时对应的振型数，为了后续表达方便，将其重新编号为振型 1～5。前 3 阶振型形状见图 7-39～图 7-41 所示，前 120 阶振型纵向累计质量参与系数如图 7-42 所示。

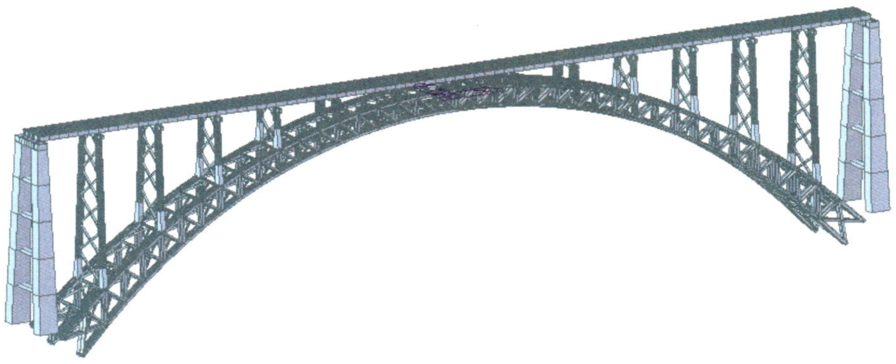

图 7-38　全桥动力计算模型

表 7-16　拱肋主控振型

振型阶数	振型重新编号	频率/Hz	质量参与系数/%
3	1	0.424	24.9
15	2	1.212	10.3
19	3	1.362	2.0
20	4	1.451	12.6
64	5	3.374	8.0

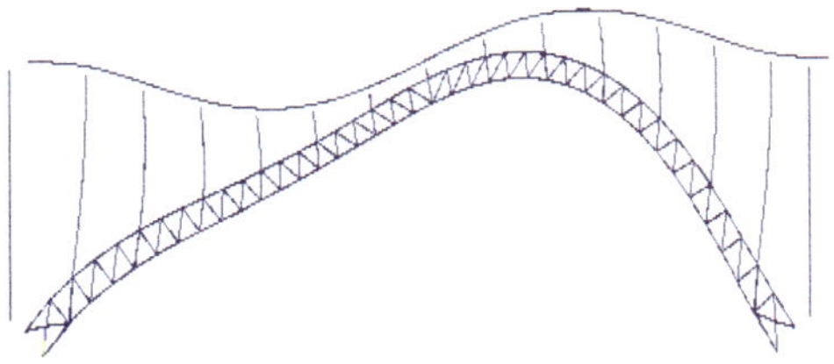

图 7-39　第 1 阶振型

图 7-40　第 2 阶振型

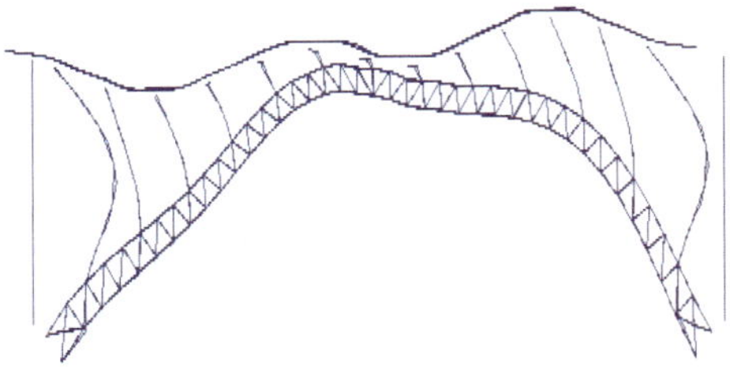

图 7-41　第 3 阶振型

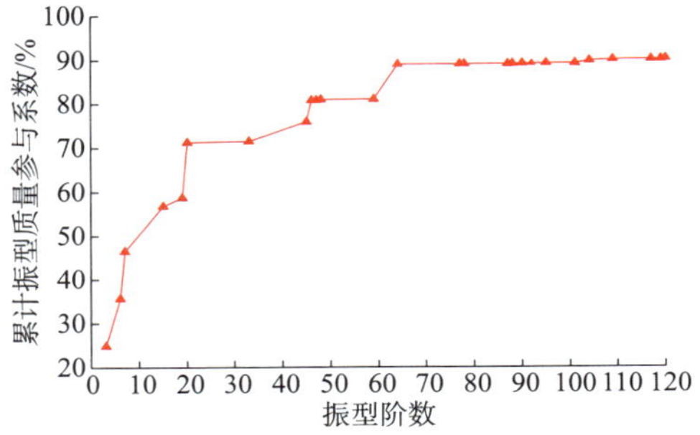

图 7-42　纵向累计振型质量参与分布

根据表 7-16、图 7-39～图 7-42 中的结果可知：第 1 阶振型为纵向反对称振动，自振周期为 2.358 s；与梁式桥高墩地震响应特征相比，钢桁拱桥第 1 阶振型质量参与系数的主导作用被削弱，高阶振型的贡献增大，如表 7-16 中的第 1 阶振型的质量参与系数与第 2 阶及第 4 阶的振型参与系数之和基本相当；若要求纵向累计振型质量参与系数大于 90%，至少应选前 70 阶振型。

3. 各振型引起的地震响应分离方法

基于振型分解反应谱法原理，巧妙采用动力与静力分析相结合的方法，提出了高阶振型引起结构地震响应的分离方法[23]。实施步骤如下：

(1)采用有限元软件，建立全桥动力分析模型，进行动力特性分析，根据振型质量参与系数，识别主控振型。

(2)输入反应谱激励函数，进行反应谱分析。

(3)提取某一主控振型对应的节点惯性力。在软件中定义对应的静力荷载工况，通过自编数据转化程序，将各节点惯性力以静力的形式施加至结构上，进行静力分析，从而得到该阶振型引起的结构地震响应。

(4)根据结构主控振型的特征，依次重复第(3)步，完成其他振型的地震响应分离计算。

4. 纵向地震作用下拱圈高阶振型反应分析

沿桥纵向输入反应谱进行地震响应分析。根据结构对称性，取 1/2 跨主拱圈的右 1 桁拱下弦杆的结构内力为关注对象，提取结构总内力以及主控振型引起的内力，同时根据振型贡献率指标分析各振型对结构反应的贡献大小。为了更好地总结各振型对结构内力的影响规律，本文将主拱划分了 5 个区域，依次为跨中、3L/8、L/4、L/8 及拱脚区域，如 L/4 区域指拱肋坐标 90～150 m。主控振型引起的右 1 桁拱下弦杆的轴力、弯矩、剪力以及对应的振型反应贡献率如图 7-43～图 7-48 所示。

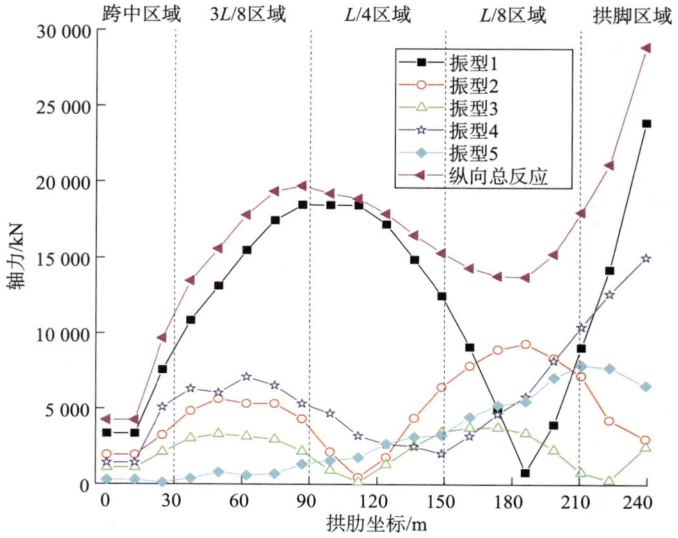

图 7-43 下弦杆轴力

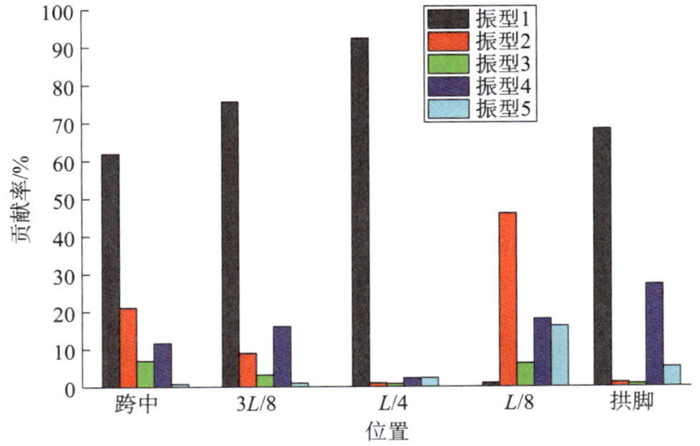

图 7-44　主控振型对拱圈轴力的贡献率

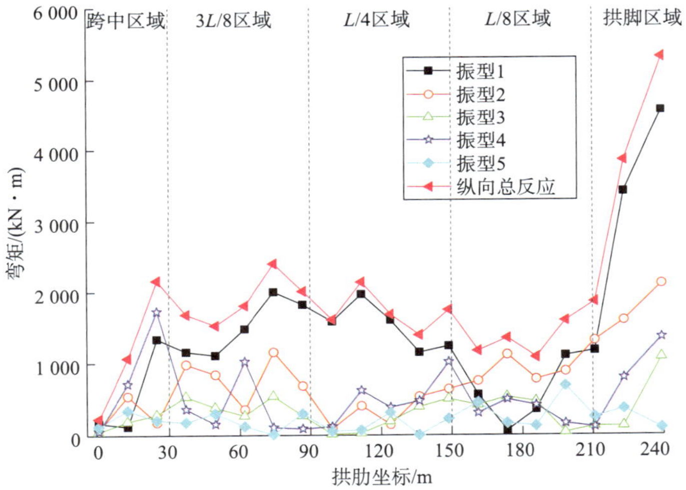

图 7-45　下弦杆弯矩

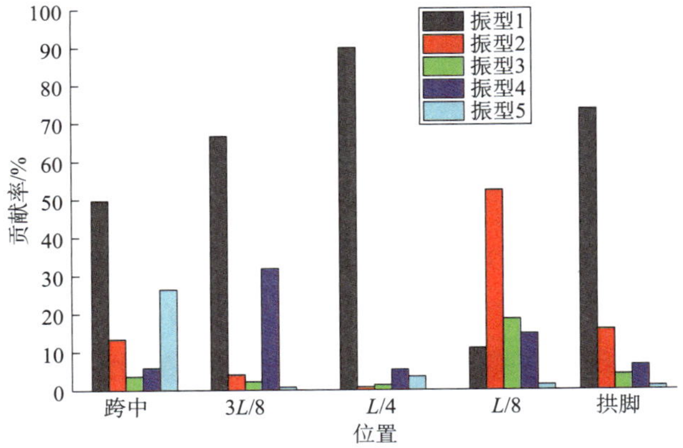

图 7-46　主控振型对拱圈弯矩的贡献率

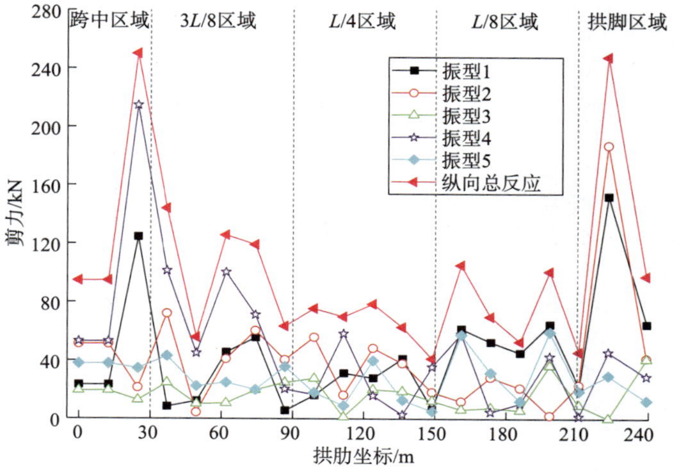

图 7-47　下弦杆剪力

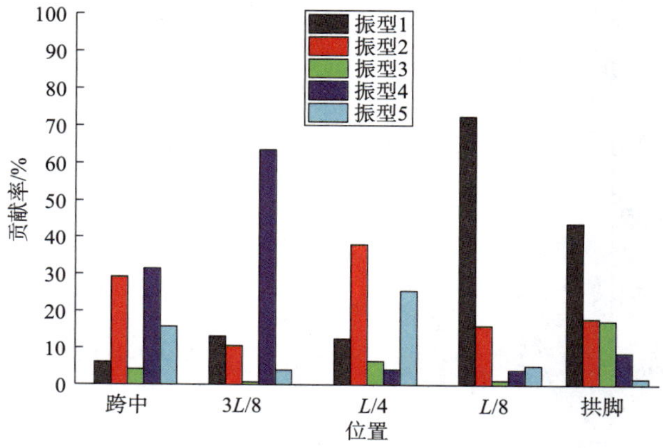

图 7-48　主控振型对拱圈剪力的贡献率

根据图 7-43～图 7-48，从主桁下弦杆整体内力分布看，各阶振型对下弦杆的轴力、弯矩影响规律较为接近，但对剪力的影响明显不同。地震响应特征具体表现在如下几个方面：

（1）同一振型对主桁下弦杆同一位置不同内力分量的影响程度不同。以 $3L/8$ 截面为例，第 1 振型对轴力、弯矩及剪力的贡献率分别约为 75%、66%及 13%；第 4 阶振型对轴力、弯矩的贡献率分别约为 16%、32%，剪力的贡献率却达到了 64%。

（2）同一振型对主桁下弦杆不同区域同一内力分量的影响程度不同。以第 1 振型引起的轴力为例，在跨中区域～$L/4$ 区域，第 1 振型的贡献率在 62%～93%之间，但在 $L/8$ 区域～拱脚区域，其贡献率明显降低，尤其在 $L/8$ 截面，第 1 振型引起的贡献率仅为 2%。

（3）对于轴力和弯矩，在 $L/8$ 区域～拱脚区域内，高阶振型对结构地震响应的影响显著。以 $L/8$ 截面的轴力为例，第 1～5 阶振型的贡献率分别约为 2%、47%、6%、16%、15%；第 2 阶振型占主导作用，但 4、5 阶振型的贡献依然很大。在跨中区域～$L/4$ 区域，第 1 振型占主导作用且较为明显。

(4)对于剪力，在跨中区域～$L/4$ 区域，高阶振型对结构地震响应的影响显著，且呈现多阶振型共同作用效果明显，相反第 1 振型的贡献率相对较小。如 $L/4$ 截面的剪力，第 1～5 阶振型的贡献率分别约为 12%、37%、6%、3%、25%，第 2 振型的贡献率最大，但也只有 37%。跨中截面的剪力，第 1～5 阶振型的贡献率分别约为 6%、30%、4%、31%、16%，第 2 振型与第 4 阶振型的贡献率较大，但二者数值较接近，再次表明多阶振型共同作用效果明显。

5. 分析结论

以 1-490 m 上承式钢桁拱桥为研究对象，基于振型分解反应谱法的基本原理，系统研究了高阶振型对结构地震响应的影响机制，得到的研究结论如下：

(1)基于振型分解反应谱法原理，采用动力与静力分析相结合的方法，提出了高阶振型引起结构地震响应的分离方法，并通过定义振型反应贡献率衡量其对结构总反应的贡献大小。

(2) 同一振型对主桁下弦杆同一位置不同内力分量的影响程度不同，同一振型对主桁下弦杆不同区域同一内力分量的影响程度不同。从主桁下弦杆整体内力分布看，各阶振型对下弦杆的轴力、弯矩影响规律较为接近，但对剪力的影响明显不同。

(3)对于轴力和弯矩，在 $L/8$ 区域～拱脚区域内，高阶振型对结构地震响应的影响显著。

(4)对于剪力，在跨中区域～$L/4$ 区域，高阶振型对结构地震响应的影响显著，且多阶振型共同作用效果明显。

7.6.3　行波效应的影响

由于地震波以有限的速度经由不同的路径传播导致地面各点地震动到时存在时滞，称为行波效应。行波效应是描述地震动时空变化的方法之一，因其简便性，通常被用于大跨结构的多点激励分析[24,25]。分析行波效应的地震动激励方法主要有：相对运动法(RMM)、大质量法(LMM)和位移输入法(DM)。在行波效应激励下，拱桥的地震响应不仅与结构惯性力引起的动力项反应量有关，还与两端拱脚处的拟静力分量(即差动位移大小)相关。因此在研究行波效应对大跨度拱桥的地震响应影响时，不仅应关注结构的总反应大小，还应研究拟静力分量及动力分量的相互关系。文献[26,27]论证了 DM 法在分析大跨结构行波效应的可行性及分析精度。文献[28,29]分别以超大跨斜拉桥及三塔两跨悬索桥为研究对象，采用 DM 法，通过分离结构的拟静力分量与动力分量，研究了行波效应激励下结构的地震响应规律。

以某 1-490 m 铁路上承式钢桁拱桥为研究对象，选取 7 种视波速，首先基于 DM 法研究了行波效应对拱肋总地震响应的影响规律。然后采用忽略结构惯性力及阻尼影响的时程反应分析法获得了拱肋的拟静力反应。在此基础上，详细探讨了拟静力分量与动力分量对大跨度钢桁拱桥拱肋地震响应的影响过程[30]。

1. 行波效应的运动方程及拟静力/动力分量的分离

提出了一种分离行波效应作用下拟静力分量和动力分量的可行方法，步骤如下：

(1)基于位移输入，应用逐步积分法求解结构总反应。

(2)基于位移输入，忽略结构质量及阻尼效应，应用逐步积分法求解结构拟静力项。该方法在 SAP2000 软件中易于实现。

(3)利用 RMM 法的基本理论，从结构总反应中减去拟静力项即可得到动力项。

2. 地震动及视波速的确定

DM 法要求输入结构的地面位移时程时必须消除零线漂移效应，因此应对其加速度时程进行校正，才能获得合适的地面位移时程。根据本桥的场地特征，从太平洋地震工程研究中心(PEER 网站)选取有代表性的 El-Centro 波、Taft 波及 San Fernando 波的加速度及位移时程作为输入地震动。对所选取的地震波采用 SeismoSignal 软件进行了滤波和基线调整来消除零线漂移效应，从而得到对应的位移波，同时与 PEER 下载得到的位移波进行校核。限于篇幅，仅给出 El-Centro 波的加速度及位移时程，如图 7-49 所示。经分析验证，该地震波的位移时程曲线满足 DM 法的基本要求。

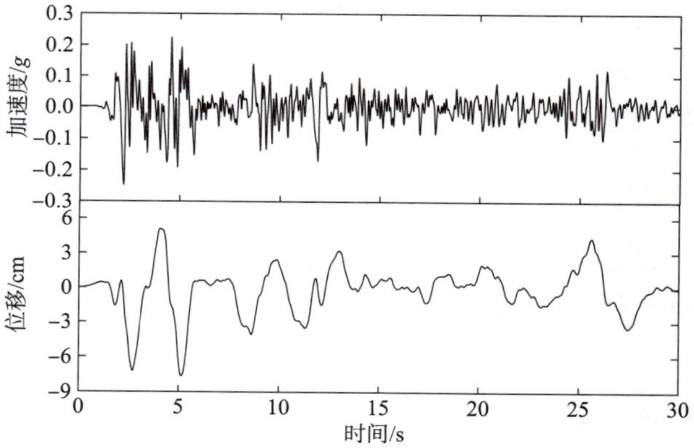

图 7-49　El-Centro 波的加速度及位移时程

假设地震动从左向右传播，由于结构地震响应受表面视波速度的影响未知，同时考虑到地震波传播速度的不确定性，选取了 7 种视波速，分别为 300、500、700、1 000、1 500、2 000 m/s 及 ∞(即一致激励)进行分析，以考察结构地震响应的变化。El-Centro 波 7 种视波速下，两拱脚处的滞时及位移差动峰值见表 7-17。其中，滞时 t 等于两拱脚处的距离除以视波速 v。位移差动峰值为两拱脚输入的位移时程曲线相减得到的曲线峰值，该值与行波激励下的拟静力反应量大小密切相关。

表 7-17　不同视波速下的滞时及位移差动峰值

工　况	工况 1	工况 2	工况 3	工况 4	工况 5	工况 6	工况 7
视波速 $v/(m \cdot s^{-1})$	300	500	700	1 000	1 500	2 000	∞
滞时 t/s	1.63	0.98	0.70	0.49	0.33	0.25	0
位移差动峰值 d/cm	11.77	12.66	10.99	7.76	6.16	5.41	0

3. 行波效应对拱肋内力的影响

为了便于描述行波效应对拱肋上弦杆内力的影响，引入一内力比变量 r，r 定义为考虑多组视波速效应的拱肋上弦杆内力最值与一致激励下的最值之比。其中，r_{max}、r_{min} 分别表示行波效应下的最大值、最小值与一致激励下的最大值之比，$r=1$ 代表一致激励的分析结果。由于三条波的内力比值包络图和位移包络图规律相似，故只给出 El-Centro 波的内力比值包络图和位移包络图。拱肋上弦杆的轴力及弯矩内力比变量 r 的计算结果如图 7-50、图 7-51 所示。

根据图 7-50、图 7-51 的计算结果，可以得到：

(1)对比一致激励，行波效应对拱肋上弦杆内力影响程度随拱肋部位的变化较大。以轴力比值 r 为例，考虑行波效应的影响，在 $L/8$ 区域、拱顶区域范围 r 值均大于 1.0，表明行波效应将导致这些区域的结构内力有不同程度的放大。但在其他区域，r 值可能大于 1.0，也可能小于 1.0，在某种意义上说行波效应可能还会导致结构内力的减小。

(2)行波效应对拱肋上弦杆轴力的影响较弯矩显著，主要体现在内力比值 r 和影响区域范围两个方面。轴力比值 r 较大，最大值为 4.8，且影响的区域范围较大、集中(尤其在拱顶)。但弯矩比值 r 较小，最大值仅为 2.4，且影响的区域范围较分散，在整个拱肋范围内弯矩比 r 值可能大于 1.0，也可能小于 1.0。

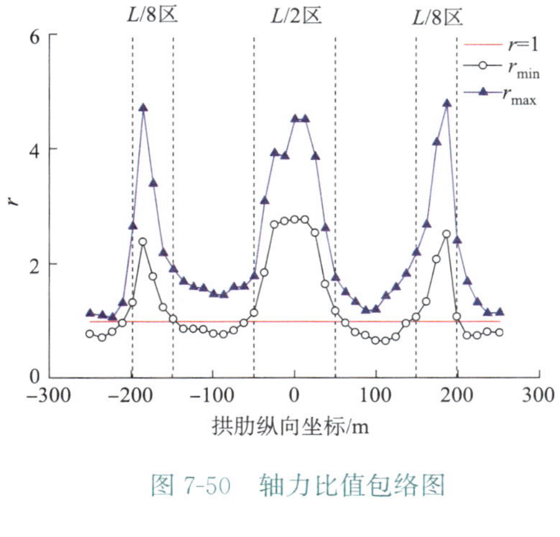

图 7-50　轴力比值包络图

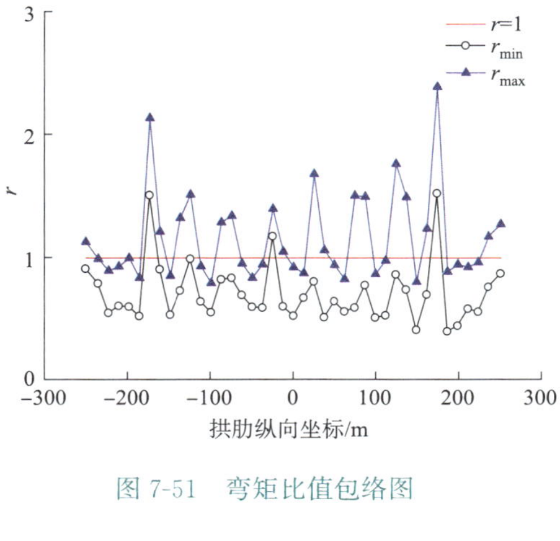

图 7-51　弯矩比值包络图

4. 行波效应对拱肋位移的影响

考虑多种视波速的影响，即输入 El-Centro 波在工况 1～7 时拱肋上弦杆的竖向及纵向位移包络图如图 7-52、图 7-53 所示。

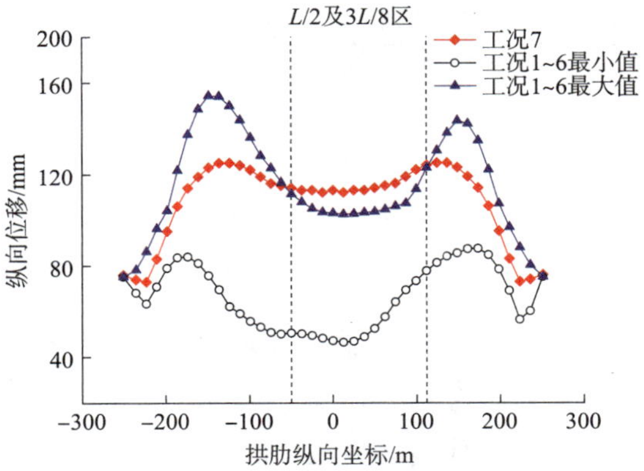

图 7-52 拱肋纵向位移包络图

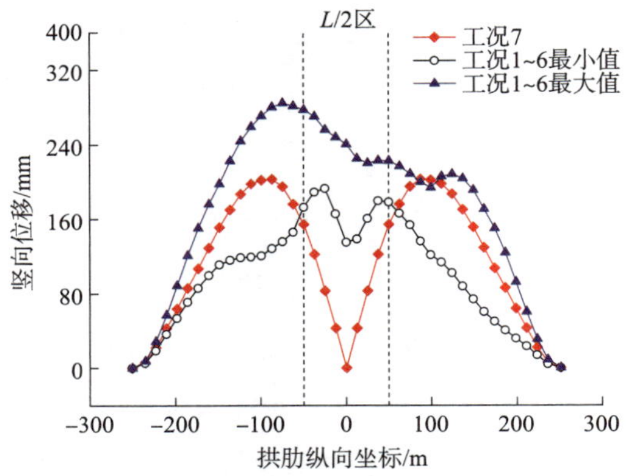

图 7-53 拱肋竖向位移包络图

根据图 7-52、图 7-53 的计算结果，可以得到：

(1)行波效应对拱顶区域的竖向位移影响显著。考虑行波效应的影响后，拱顶截面的竖向位移从 0 增大至 240 mm。但在此区域之外，与一致激励相比，竖向位移有增有减。

(2)在拱顶区域及拱肋 $3L/8$ 区域，行波效应引起的纵向位移均小于一致激励的计算结果。尤其行波激励的最小位移包络明显小于一致激励，如拱顶截面的纵向位移从一致激励的 120 mm 下降为 42 mm。在此区域之外，对比一致激励，行波激励的位移有增有减。

(3) 在一致激励及行波激励下，主拱圈的纵向及竖向最大位移均出现在 $L/4$ 处。

5. 拟静力/动力内力分量

行波效应作用下结构总反应由结构支撑处位移差动引起的拟静力项及惯性力引起的动力项两部分组成。研究行波效应对结构的影响规律，需要有效分解结构在行波效应激励下的反应过程，即拟静力项和动力项反应过程。在 7 种工况下，输入 El-Centro 波时拱脚及拱顶处上弦杆轴力的总反应、动力分量及拟静力分量的最大值分析结果如图 7-54、图 7-55 所示，在工况 1(视波速为 300 m/s)时，拱脚及拱顶处上弦杆的总反应、动力分量及拟静力分量之间的关系如图 7-56、图 7-57 所示。输入 Taft 波和 San Fernando 波时的计算结果变化趋势

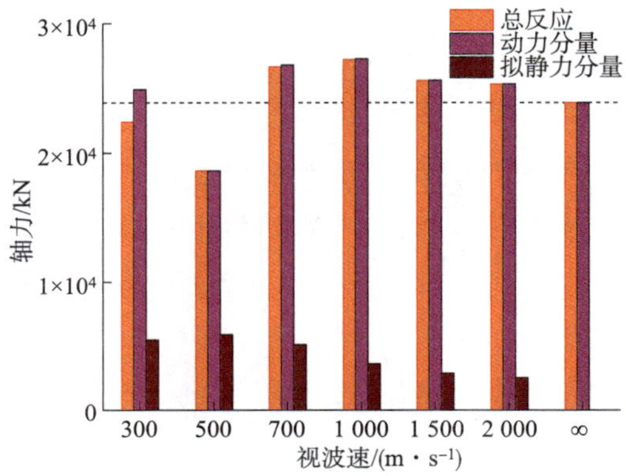

图 7-54 El-Centro 波拱脚处上弦杆轴力

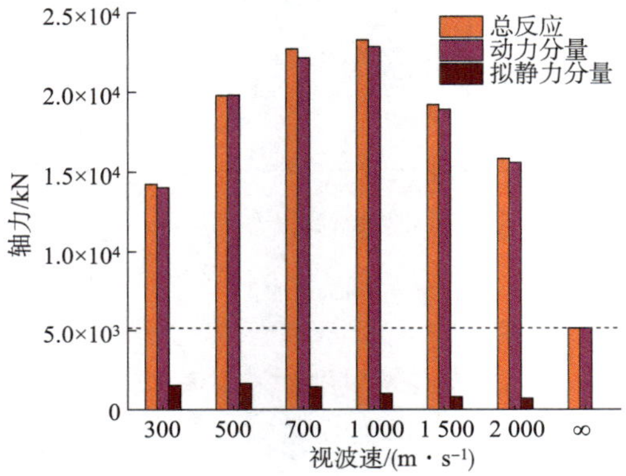

图 7-55 El-Centro 波拱顶处上弦杆轴力

较为接近，以 Taft 波为例，输入该波时拱脚及拱顶处上弦杆轴力的总反应、动力分量及拟静力分量的最大值分析结果如图 7-58、图 7-59 所示。

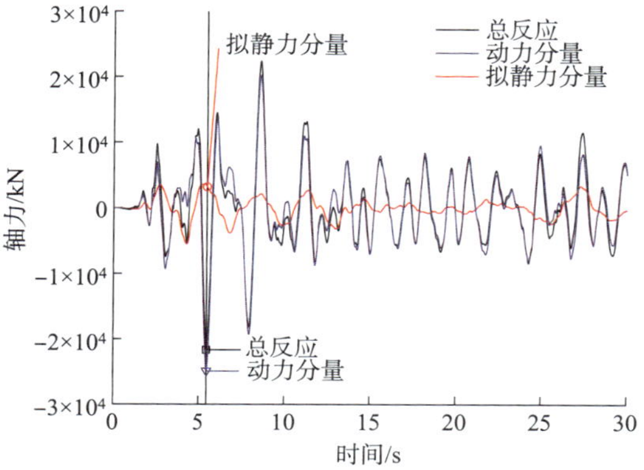

图 7-56　El-Centro 波拱脚轴力时程曲线

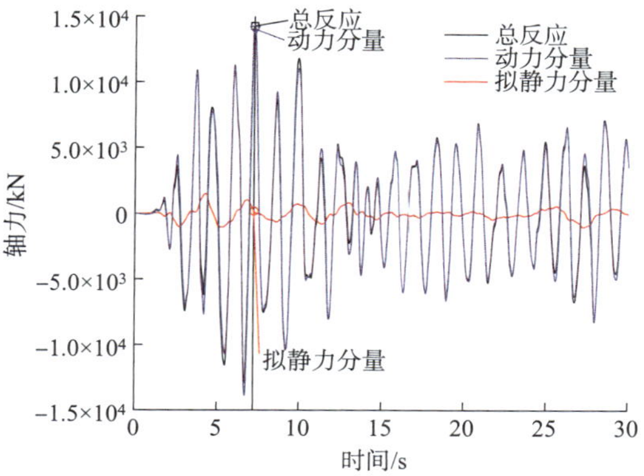

图 7-57　El-Centro 波拱顶轴力时程曲线

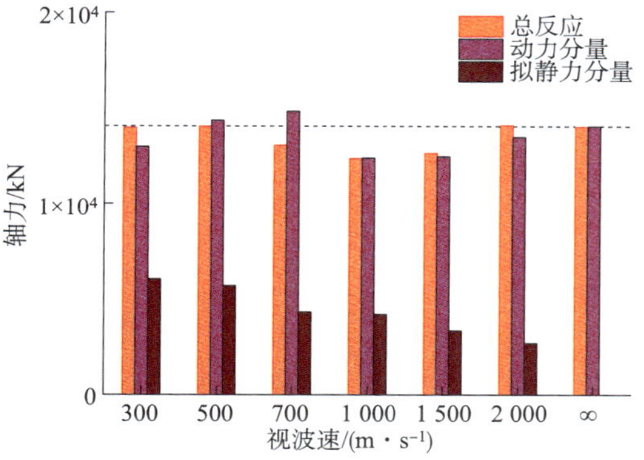

图 7-58　Taft 波拱脚处上弦杆轴力

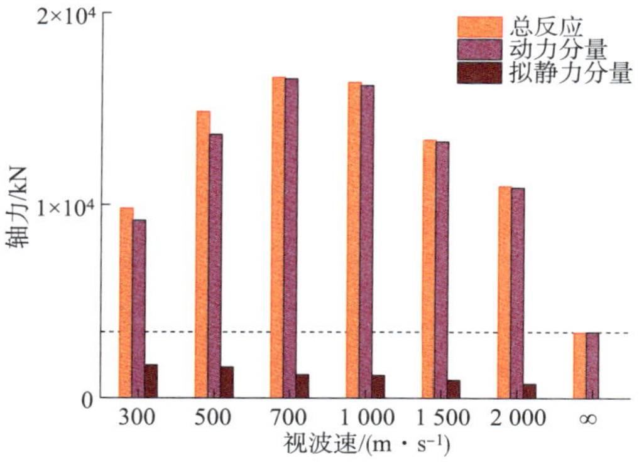

图 7-59　Taft 波拱顶处上弦杆轴力

从图 7-54～图 7-59 的计算结果，可知：

(1) 行波效应对拱顶及拱脚处上弦杆轴力的影响程度不同，对拱顶上弦杆轴力影响更为显著。与一致激励相比，考虑行波效应后拱顶处上弦杆轴力增大 2.8～4.5 倍，且在视波速为 700～1 000 m/s 时响应最大。行波效应激励下，拱顶处上弦杆轴力的拟静力分量所占比例较小，其响应增大的主要原因在于非一致激励激起了结构的正对称振型效应。若不考虑行波效应，将严重低估拱顶杆件的内力响应。

(2) 行波效应引起的拟静力分量对拱脚处上弦杆轴力影响较大，且随着视波速的减小，拟静力分量最大值逐渐增大。比较一致激励与视波速为 300 m/s 的计算结果可知，输入 El-Centro 波时轴力的拟静力分量与总反应之比从 0%增加至 32%，而输入 Taft 波时，轴力的拟静力分量与总反应之比从 0%增加至 43%。

(3) 结构总反应大小取决于动力分量与拟静力分量的叠加或消减。尽管拟静力分量最大值较大，但若动力分量与拟静力分量二者最大值不在同一时刻且同一方向发生，拟静力分量对结构反应的影响有限。只有二者同号同步的情况下结构的总反应才能大于动力分量项。对于本文算例，输入 El-Centro 波时，拱脚处上弦杆轴力拟静力分量在视波速为 300 m/s 时取得最大值，且与动力分量方向相反。而拱顶处上弦杆轴力拟静力分量在视波速为 700 m/s 时取得最大值，但与动力分量方向同向。

6. 拟静力/动力位移分量

地震动激励下，结构绝对位移可分解为拟静力位移和动力位移。其中，拟静力位移是忽略惯性力及阻尼力影响后地震动激励下地面运动引起的结构位移，动力位移是惯性力及阻尼力引起的上部结构与地面之间的动力相对位移。一致激励下，结构拟静力位移与地震动激励下的地面运动位移相同，结构内力只与动力位移有关，而多点激励下结构内力与结构拟静力位移及动力位移均有关。行波效应对拱顶位移的影响非常显著，输入 El-Centro 波时拱顶处总位移、拟静力位移分量及动力位移分量在不同工况下的计算结果如图 7-60、图 7-61 所示，三者在工况 1(视波速为 300 m/s)时的关系如图 7-62、图 7-63 所示。输入 Taft 波时拱顶

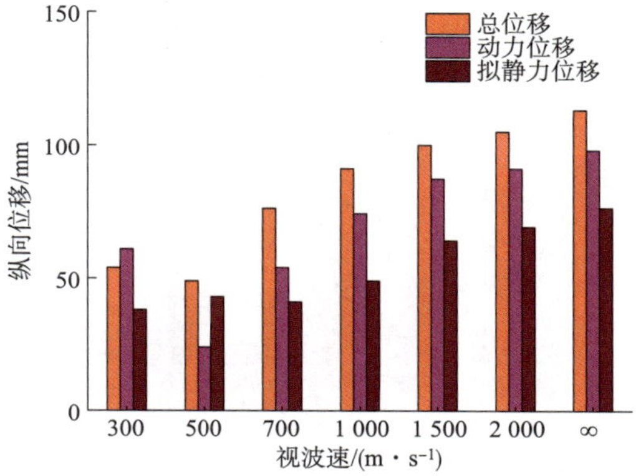

图 7-60 El-Centro 波拱顶纵向位移

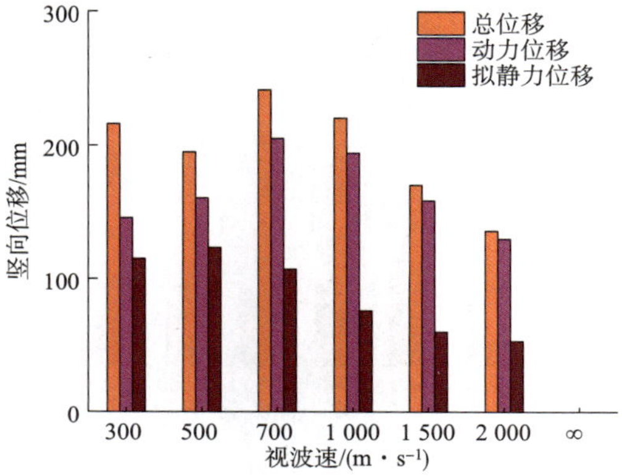

图 7-61 El-Centro 波拱顶竖向位移

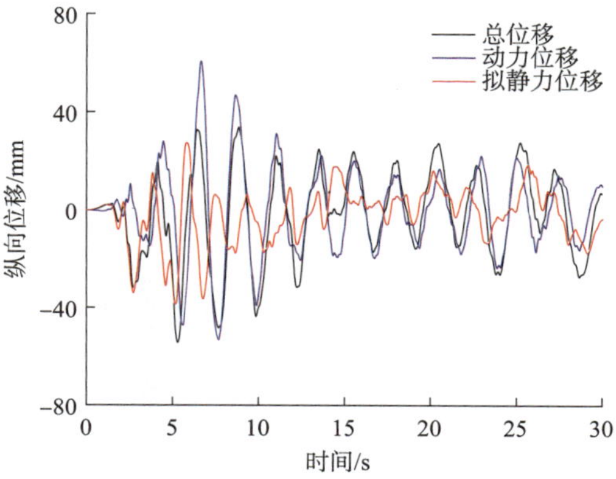

图 7-62 El-Centro 波拱顶纵向位移时程

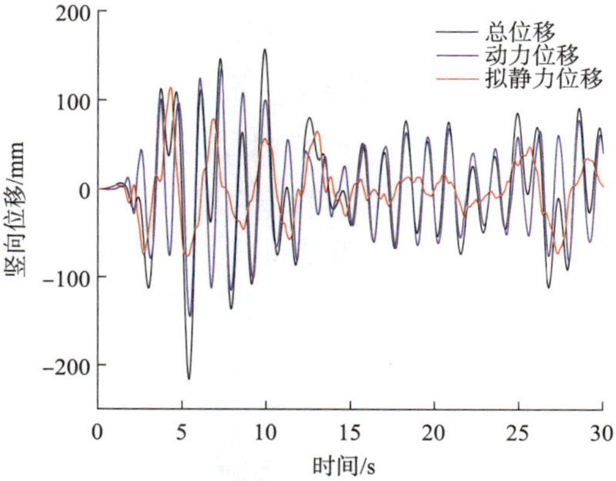

图 7-63 El-Centro 波拱顶竖向位移时程

处总位移、拟静力位移分量及动力位移分量不同工况下的计算结果如图 7-64、图 7-65 所示。

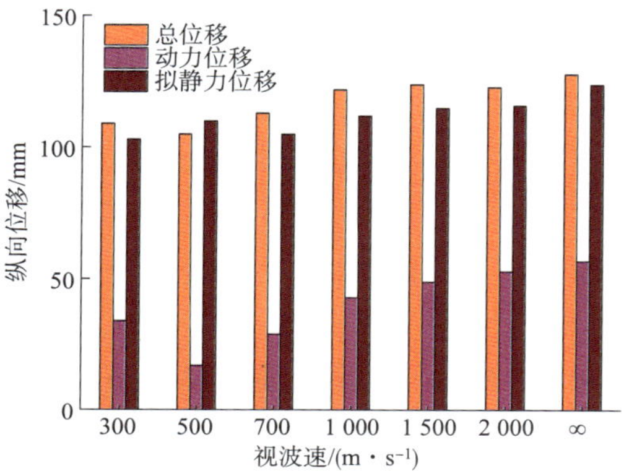

图 7-64　Taft 波拱顶纵向位移

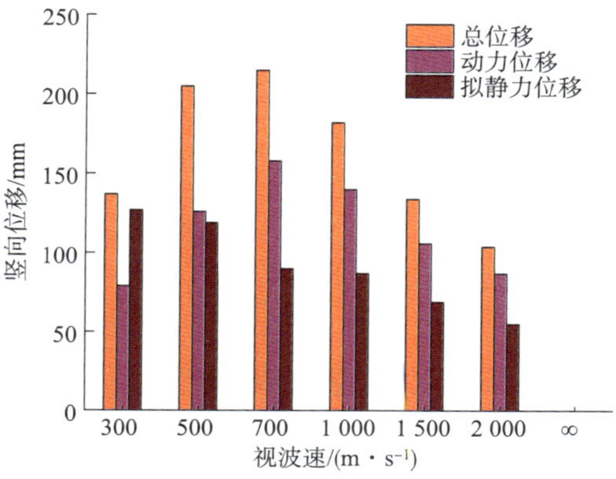

图 7-65　Taft 波拱顶竖向位移

根据图 7-60～图 7-65 的计算结果，可以得到：

(1)拟静力分量对拱顶纵向及竖向位移影响显著，尤其对拱顶纵向位移。当视波速从 300 m/s 变化至∞时，输入 El-Centro 波时拱顶纵向位移的拟静力分量与动力分量之比分别为 0.62、1.79、0.76、0.66、0.74、0.76、0.78，其中在 500 m/s 时，结构的拟静力位移大于动力位移；而输入 Taft 波时拱顶纵向位移的拟静力分量与动力分量之比分别为 3.03、6.47、3.62、2.60、2.35、2.19、2.18，结构的拟静力位移均大于动力位移。

(2)随着视波速的增加，拱顶纵向位移拟静力分量呈逐渐增大趋势，而竖向位移拟静力分量呈逐渐减小趋势。拱顶纵向位移及竖向位移的拟静力分量均与动力项同向，导致 Taft 波总位移均明显大于对应的动力位移，El-Centro 波总位移大于对应的动力位移(视波速 300 m/s 时除外)。

7. 分析结论

基于位移输入法分析了非一致激励对某 1-490 m 大跨上承式铁路钢桁拱桥地震响应的影响，探讨了拟静力分量/动力分量对拱圈内力及位移的影响规律。研究结果表明：

(1) 行波效应对铁路大跨上承式钢桁拱桥的地震响应影响显著，从影响杆件区域范围及影响量值两个角度衡量，行波效应对拱圈弦杆轴力的影响明显大于对应弯矩的影响。

(2)行波效应将使拱顶弦杆轴力显著增大，主要原因在于非一致激励激起了结构的正对称振型效应。若不考虑行波效应，将严重低估拱顶杆件的内力响应。

(3) 与一致激励相比，行波效应使拱顶区域的竖向位移显著增大，使拱顶区域的纵向位移减小。

(4)拟静力分量对拱顶纵向及竖向位移影响显著，尤其对拱顶纵向位移。拱顶纵向位移的拟静力位移可能大于动力位移，也可能小于动力位移，这与地震动的频谱特性有关。

(5)随着视波速的增加，拱顶纵向位移拟静力分量呈逐渐增大趋势，而竖向位移拟静力分量呈逐渐减小趋势。拱顶纵向位移及竖向位移的拟静力分量均与动力项同向，导致 Taft 波总位移均明显大于对应的动力位移，El-Centro 波总位移大于对应的动力位移（视波速 300 m/s 时除外）。

7.7 大跨斜拉桥的抗震设计

7.7.1 工程概况

某铁路斜拉桥主桥桥跨布置为(81＋135＋432＋135＋81)m，设计时速 200 km，设计荷载为中-活载，结构体系采用半漂浮体系。主梁采用 N 形桁架梁，桁宽 18 m，桁高 14 m，节间距为 13.5 m。钢桁梁上、下弦杆采用带加劲肋的焊接箱形截面，梁端及辅助墩顶横梁采用倒 Π 形截面，其他主次横梁以及纵梁均采用倒 T 形截面，其余杆件均采用 H 形或箱形截面。杆件最大板厚 44 mm，主桁杆件连接采用整体节点构造形式。主塔采用花瓶形，10 号主塔总高 185 m，11 号主塔总高 190 m。斜拉索布置为平行的扇形双索面，全桥共56 对斜拉索。斜拉索采用高强平行钢丝索，梁上索距为 13.5 m，塔上索距为 2.5～4 m，最外侧斜拉索倾角为 26.5°。斜拉索规格型号为：PES7-211、PES7-223、PES7-253、PES7-283、PES7-301。斜拉索采用双层 PE 护套，索体外部采用 HDPE 材质的可更换的 HALF 护套防护，锚具采用冷铸锚，斜拉索一端锚固于主塔箱体内，一端锚固于主梁的锚箱上，并考虑在主塔侧单端张拉。主桥桥址位于 7 度地震区，地面运动峰值加速度为 0.1*g*，工程场地类别为Ⅱ类，特征周期分区 2 区。主桥结构布置及横截面图如图 7-66、图 7-67 所示。

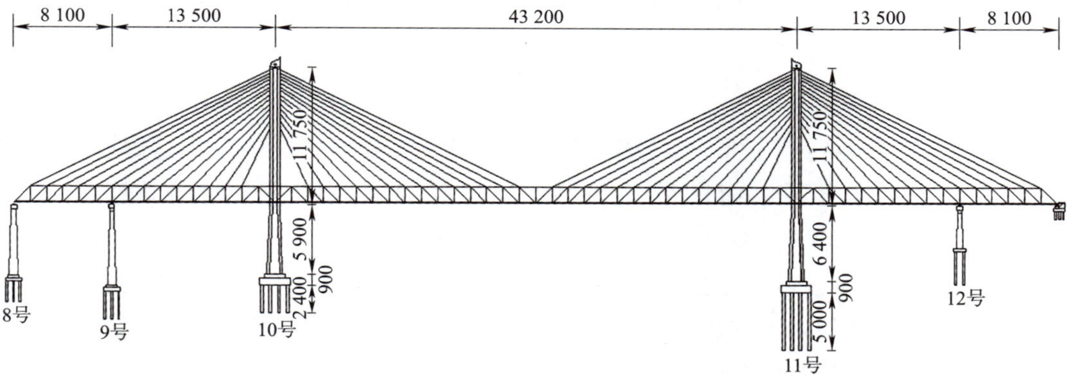

图 7-66　总体布置图（单位：cm）

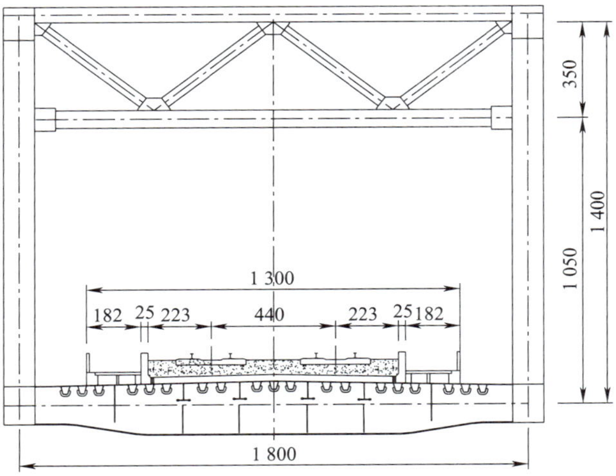

图 7-67　横截面图(单位:mm)

在上弦平面,设置上平面纵向联结系。在节点处设置横撑,在每个节间设交叉形斜撑。在每个节间的竖杆平面设置横向联结系,由上下横撑杆及 V 形斜杆组成,形成横向框架结构。横联的各杆件也都为工字形截面杆件。各杆件截面见表 7-18。

表 7-18　主桁杆件截面

类型	编号	截面形式	截面组成	材料	备注
上弦杆	①	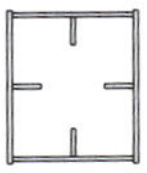	2-□1 002×36 2-□1 300×40　4-□240×32	Q370qD	
	②		2-□1 002×32 2-□1 300×36　4-□240×28	Q370qD	
	③		2-□1 002×28 2-□1 300×32　4-□240×24	Q370qD	
	④		2-□1 002×24 2-□1 300×28　4-□240×20	Q370qD	
下弦杆	⑤	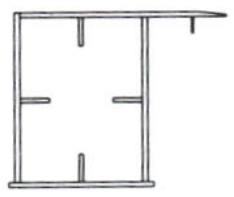	1-□1 700×40　1-□1 188×40　1-□140×12 1-□1 440×44　1-□1 400×44　4-□240×36	Q370qD	
	⑥		1-□1 700×36　1-□1 180×36　1-□140×12 1-□1 436×40　1-□1 400×40　4-□240×32	Q370qD	
	⑦		1-□1 700×32　1-□1 172×32　1-□140×12 1-□1 432×36　1-□1 400×36　4-□240×28	Q370qD	
	⑧		1-□1 700×28　1-□1 164×28　1-□140×12 1-□1 428×32　1-□1 400×32　4-□240×24	Q370qD	
	⑨		1-□1 700×24　1-□1 156×24　1-□140×12 1-□1 424×28　1-□1 400×28　4-□240×20	Q370qD	

续上表

类型	编号	截面形式	截面组成	材料	备注
腹杆	⑩		2-□1 000×40　2-□920×36	Q370qD	
	⑪		2-□900×32　2-□936×39	Q370qD	
	⑫		2-□800×32　2-□936×30	Q370qD	
	⑬		2-□900×36　1-□928×32	Q370qD	
	⑭		2-□900×32　1-□936×30	Q370qD	
	⑮		2-□760×36　1-□928×32	Q370qD	
纵梁	⑯		1-□700×12　1-□400×16	Q370qD	
主横梁	⑰		1-□1 400×24　1-□600×32	Q370qD	横梁端部截面
			1-□1 968×16　1-□600×32	Q370qD	横梁跨中截面
次横梁	⑱		1-□1 400×16　1-□600×24	Q370qD	
端横梁	⑲	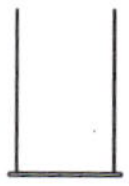	1-□940×32　2-□1 400×20	Q370qD	
上平联	⑳		2-□560×16　4-□488×12	Q345qD	w=560 mm
	㉑		2-□560×14　4-□492×12	Q345qD	w=560 mm
横联	㉒		2-□400×16　4-□488×12	Q345qD	w=400 mm
	㉓		2-□400×14　4-□492×12	Q345qD	w=400 mm

本桥主塔纵向为单柱式、横向为花瓶形(折线 H 形)。塔柱采用空心矩形截面,纵向尺寸上中塔柱为 7.5 m,下塔柱由 7.5 m 渐变到 13 m,横向尺寸上中塔柱为 5.0 m,下塔柱由 5.0 m 变化到 10 m。横向两塔柱中心距为 18 m。为增加横向刚度桥面以上设弧形中横梁,为空心矩形截面,跨中梁高 5 m,端部梁高 6.2 m。下横梁设计为预应力混凝土结构,采用双室空心矩形截面,梁高 5.0 m,宽 8.0 m,顶板厚 1.0 m,边腹板厚 1.0 m,中腹板厚 0.8 m。下横梁内布置 24 束规格为 19-15.2 的预应力钢绞线。主塔构造如图 7-68 所示。

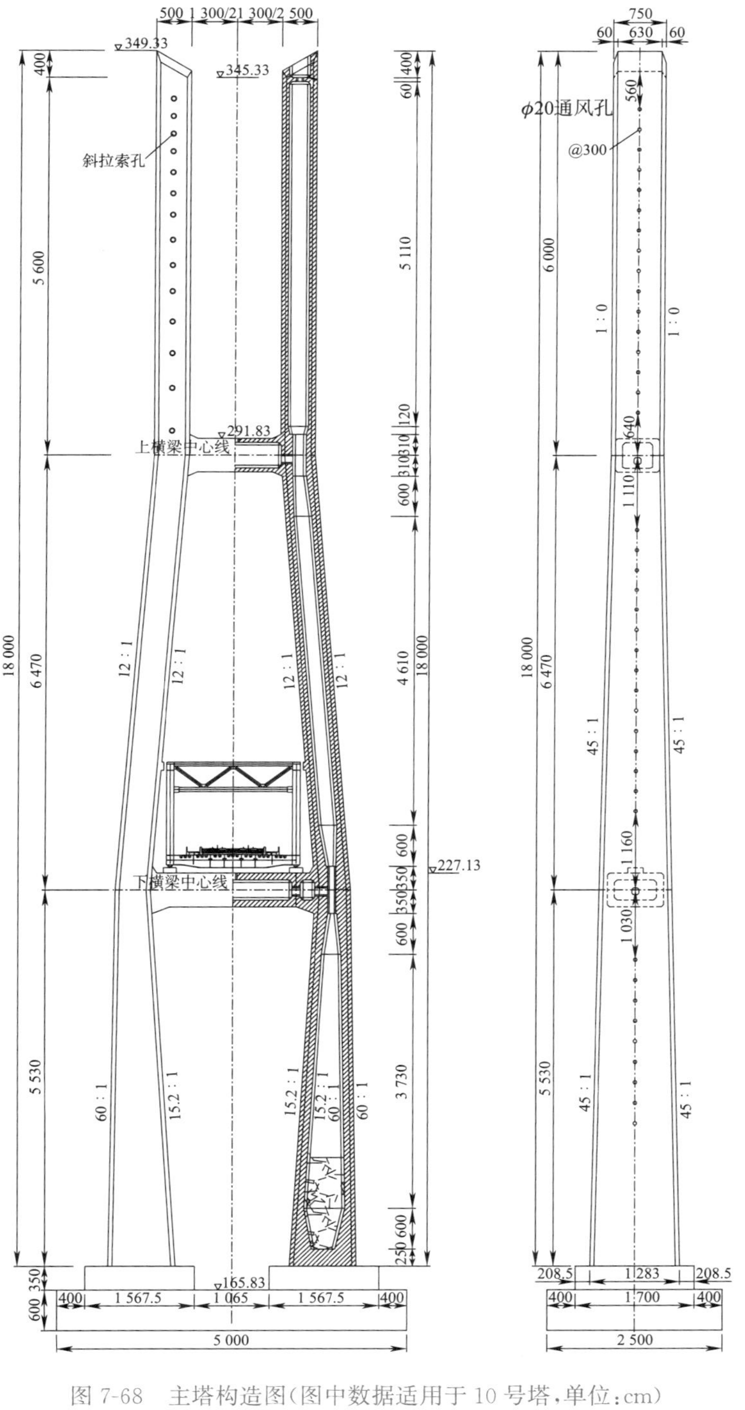

图 7-68　主塔构造图(图中数据适用于 10 号塔,单位:cm)

7.7.2 设置黏滞液体阻尼器

与普通公路斜拉桥相比，客运专线铁路斜拉桥具有交通流量大、行车密度高、车速快、造价高等特点，因此要求具有更高的抗震安全性。斜拉桥主塔与普通梁桥的桥墩不同，其一由于主塔一般相对较高，轴压比较大，导致其延性能力较低，同时受高阶振型的影响，使主塔延性设计比较困难；其二由于主塔的抗震薄弱部位通常位于塔底截面，若塔底一旦进入塑性，将导致塔顶产生较大的残余变位，震后难于修复。因此欧洲规范规定设计地震下斜拉桥的主塔应保持弹性状态[31]。我国《城规》也要求，在 E2 地震作用下主塔仅能发生局部轻微的损伤[13]。另一方面，由于大跨度斜拉桥多采用漂浮体系或半漂浮体系，在强震作用下梁端及塔顶将产生较大的纵向位移，导致伸缩装置发生剪切破坏，一旦主梁与相邻跨引桥发生碰撞，引桥极易发生落梁震害[32]。由于漂浮或半漂浮体系的斜拉桥纵向一阶自振周期一般较长，该体系本身就是一种隔震结构体系，因此通常只能采用增加结构附加阻尼的方式来减小斜拉桥的地震响应。黏滞液体阻尼器为速度相关型附加阻尼减震装置，该装置的使用并不显著增加结构的受力，因此在大跨斜拉桥体系中得到了广泛的应用。

针对斜拉桥的地震响应特点，以某客运专线铁路斜拉桥为工程背景，从地震响应控制的基本原理出发，系统研究了黏滞液体阻尼器在铁路大跨度斜拉桥纵向减震体系中的布置方式、力学参数取值对桥梁地震响应的影响规律。优化了阻尼器的力学参数，给出了该桥减震控制的最优方案。

1. 黏滞液体阻尼器的力学模型

黏滞液体阻尼器的基本构造由活塞、油缸及节流孔组成，基本构造如图 7-69 所示。黏滞液体阻尼器的阻尼力取决于速度，对温度变化、较小风速和车辆等缓慢作用的荷载不起作用，对地震荷载起耗能减震作用。黏滞液体阻尼器的阻尼力与相对变形的速度关系可表达为

$$F=Cv^{\xi} \tag{7-15}$$

式中，F 为阻尼力；C 为阻尼系数；v 为速度；ξ 为速度指数(取值范围在 0.1～2.0，从抗震角度看，常用值一般在 0.2～1.0 范围内)。当阻尼器参数 C=1.0 时，阻尼器滞回曲线的形状为椭圆。

黏滞液体阻尼器常用 Maxwell 模型模拟(图 7-70)，由弹簧和阻尼器两部分组成。对于黏滞液体阻尼器应使 K 值取一较大值，以忽略其弹性变形的影响[33,34]。相应的力学模型为 $F=C\cdot \mathrm{sgn}(v)\cdot|v|^{\xi}$，$C$ 为阻尼器阻尼系数；v 为阻尼器的变形速率。

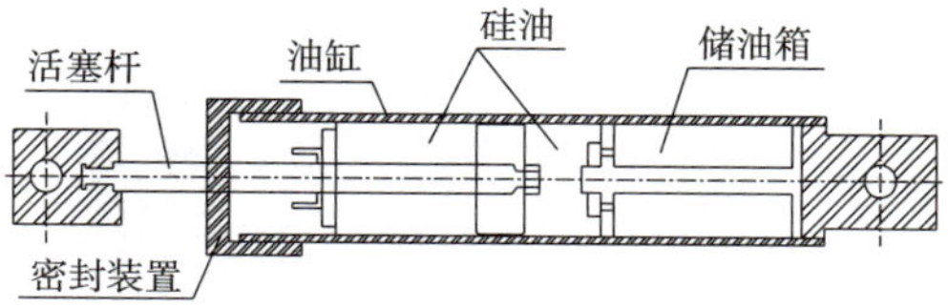

图 7-69　黏滞液体阻尼器基本构造

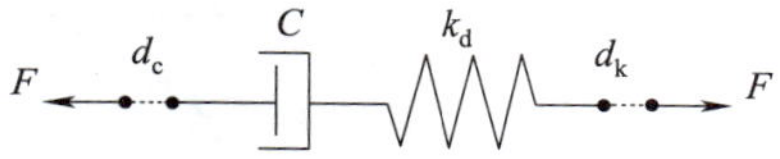

图 7-70　Maxwell 模型

2. 动力计算模型

根据桥梁结构的总体构造布置，本文采用有限元程序 Midas/Civil 建立了空间动力有限元分析模型，如图 7-71 所示。其中，主梁、塔、过渡墩及辅助墩用空间梁单元模拟；斜拉索采用只受拉空间桁架单元模拟，但考虑了拉索的垂度效应及恒载初始内力引起的几何刚度影响；桥面板采用板单元模拟，考虑了 U 形加劲肋的影响；地基土的柔度效应采用集中 6 弹簧模拟，并将弹簧施加于承台底，其中弹簧刚度系数采用 m 法计算；支座采用主从自由度约束模拟；黏滞液体阻尼器采用专门的阻尼器单元（Maxwell 模型）模拟。边墩及主塔的编号从左至右依次为 8 号过渡墩、9 号辅助墩、10 号桥塔、11 号桥塔及 12 号过渡墩。

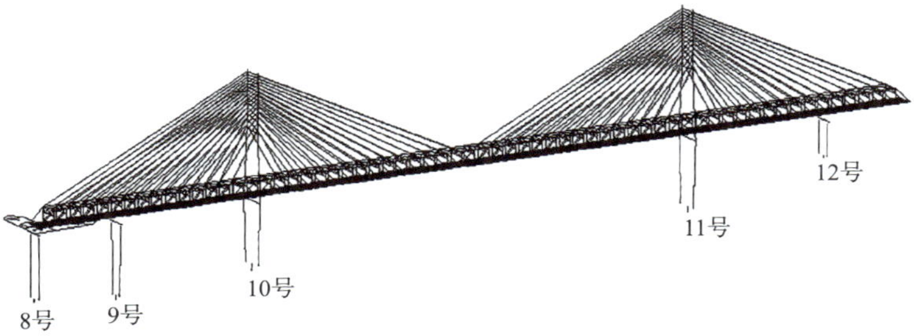

图 7-71　动力分析模型

时程分析选用该桥址处地震安全性评价中给出的三条罕遇地震波（50 年超越概率为 2%～3%），其加速度峰值为 0.21g，图 7-72 为一典型地震动时程曲线。在结构地震响应分析中，不同地震波的频谱特性不同，导致结构中阻尼器发挥的减震效果不同。为了合理地描述阻尼器的减震效果，本文采用三条罕遇地震波作用下结构关键部位响应的均值来衡量，主塔的控制截面如图 7-73 所示。

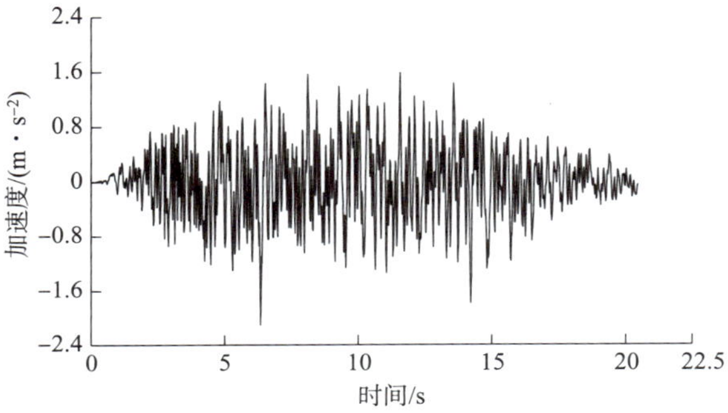

图 7-72　罕遇地震波

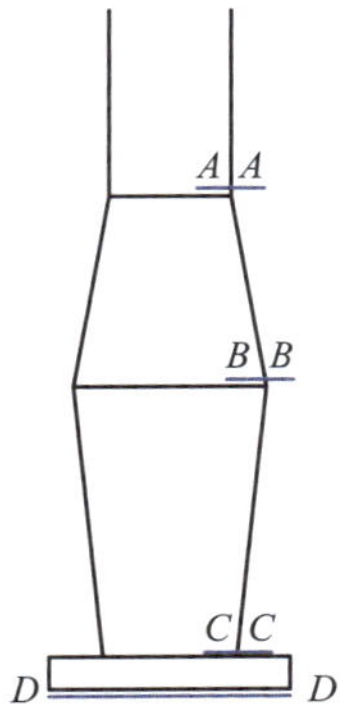

图 7-73　主塔控制截面

3. 纵向减震方案及阻尼器力学参数优化

对于大跨度斜拉桥的纵向减震体系，阻尼器的布置位置主要考虑两种方案：方案 1 为仅在 10 号、11 号主塔与主梁的连接处布置（共计 4 个阻尼器）；方案 2 为在方案 1 的基础上，同时还在 9 号、12 号辅助墩处布置(共计 8 个阻尼器)。

减震方案 1:为了讨论阻尼器力学参数对结构减震性能的影响,分别取 ξ=0.3、0.4、0.5、0.6、1.0,阻尼系数 C=2 000、3 000、4 000、5 000、7 000 kN·s/m。经组合共 25 种工况,进行了非线性时程反应分析,相关计算结果如图 7-74～图 7-83 所示。

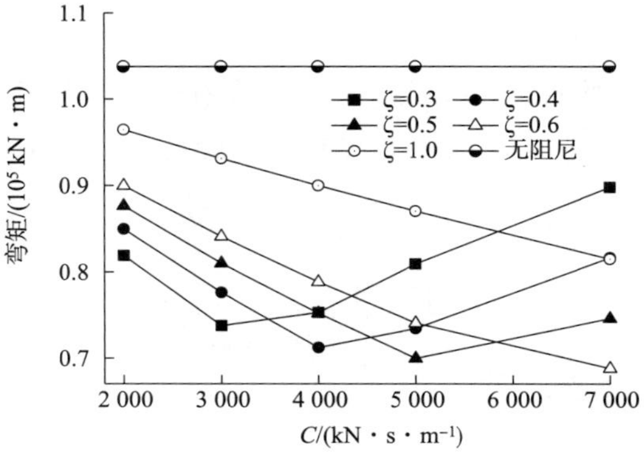

图 7-74　11 号主塔 A-A 截面弯矩

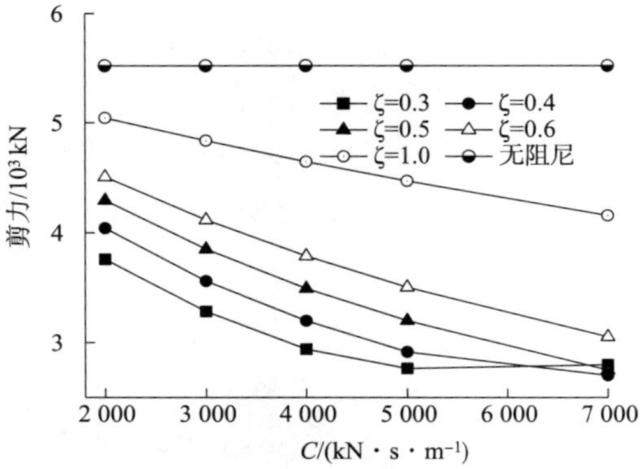

图 7-75　11 号主塔 A-A 截面剪力

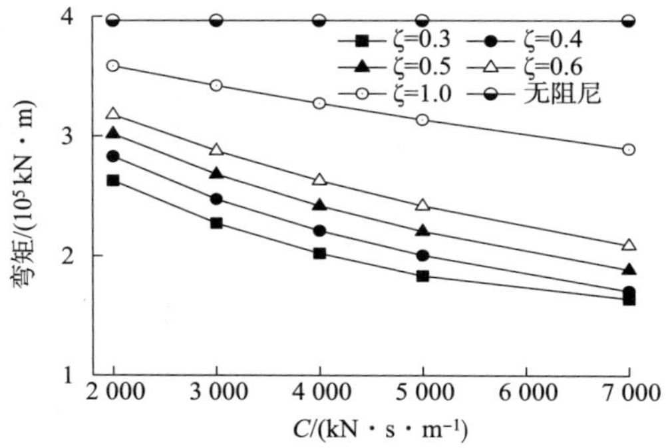

图 7-76　11 号主塔 B-B 截面弯矩

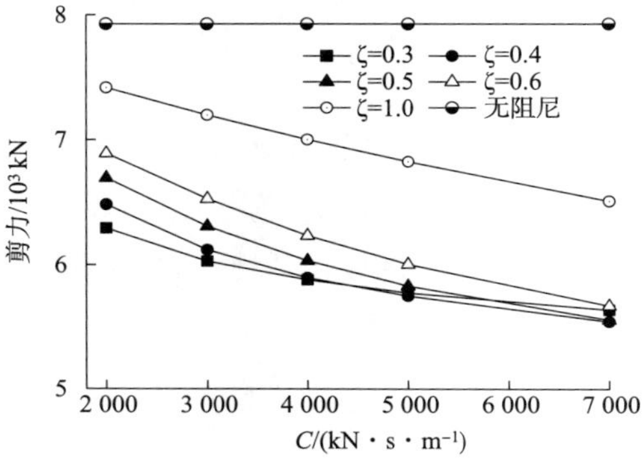

图 7-77　11 号主塔 B-B 截面剪力

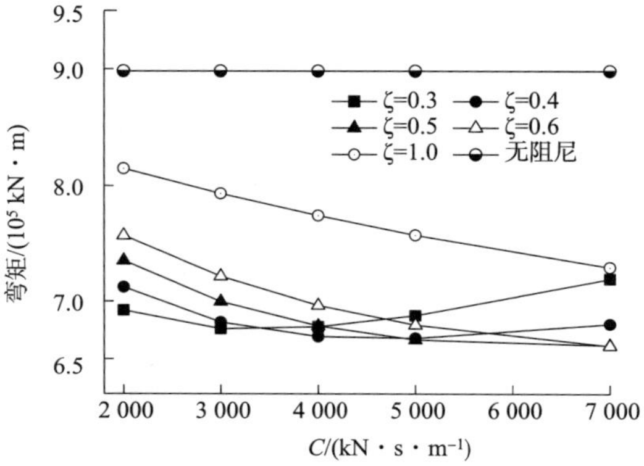

图 7-78　11 号主塔 C-C 截面弯矩

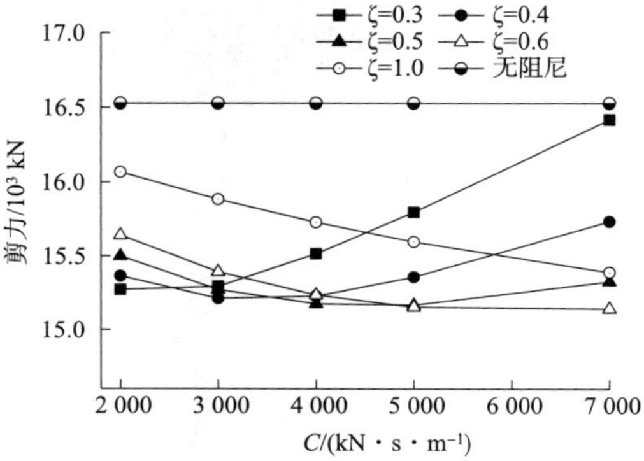

图 7-79　11 号主塔 C-C 截面剪力

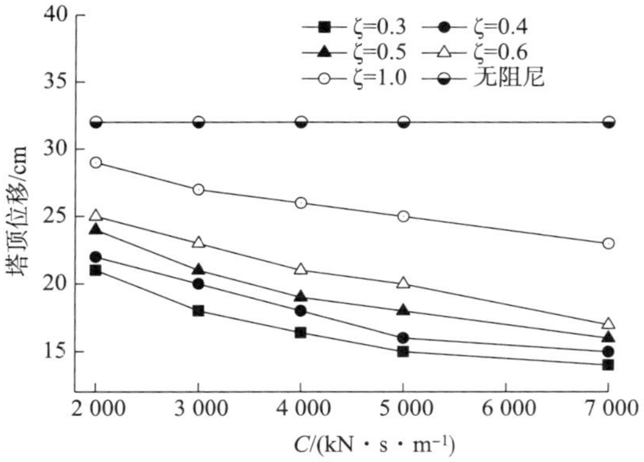

图 7-80 塔顶纵向位移

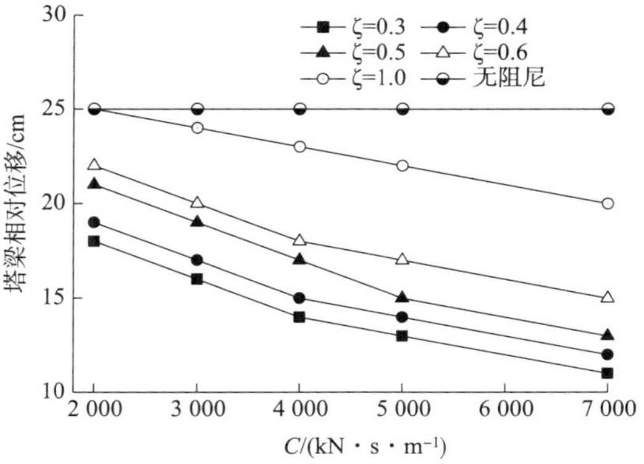

图 7-81 塔、梁纵向相对位移

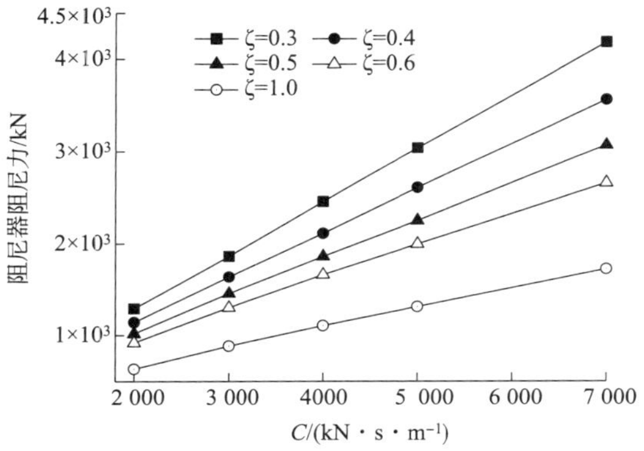

图 7-82 阻尼器最大阻尼力

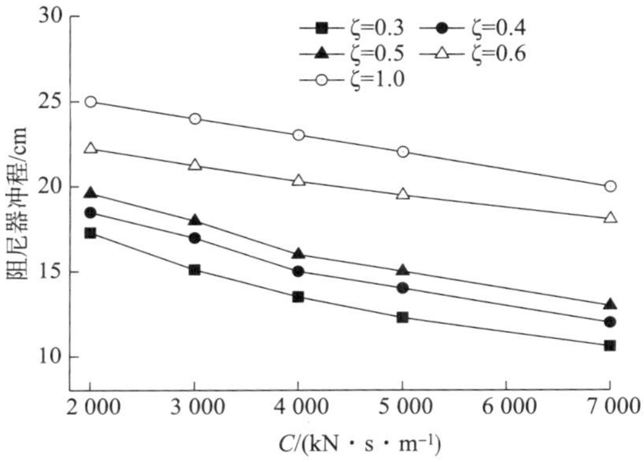

图 7-83 阻尼器冲程

从图 7-74～图 7-83 分析结果可知：当速度指数 ξ 一定时，主塔 *B-B* 截面的弯矩、剪力以及 *A-A* 截面的剪力随阻尼系数 *C* 值的增加而减小，但主塔 *C-C* 截面塔底弯矩、剪力以及 *A-A* 截面的弯矩随阻尼系数 *C* 值的增加呈先减小后增大的趋势；塔顶位移、塔梁间相对位移以及阻尼器冲程随着阻尼系数 *C* 值的增加而减小，但阻尼器最大阻尼力随阻尼系数 *C* 值的增加而增大。

从结构减震效果以及阻尼器局部连接构造设计（应尽量选择较小的阻尼器输出力）两方面综合考虑，阻尼器的最优力学参数为 $C=4\ 000$ kN · s/m，$\xi=0.4$。此时阻尼器的最大输出力为 2 100 kN，冲程为 15.1 cm，结构减震前、后的地震响应见表 7-19。表 7-20 中，减震率定义如下：减震率＝（无阻尼器时的地震响应－有阻尼器时的地震响应）/无阻尼器时的地震响应×100%。

表 7-19　结构减震效果

地震响应	减震后	减震前	减震率/%	地震响应	减震后	减震前	减震率/%
A-A 截面弯矩	71 198	103 749	31.3	*B-B* 截面弯矩	221 339	396 478	44.2
A-A 截面剪力	3 199	5 521	42.1	*B-B* 截面剪力	5 896	7 928	25.6
C-C 截面弯矩	669 481	898 120	25.5	塔顶位移	0.18	0.32	43.8
C-C 截面剪力	15 231	16 526	7.8	墩、梁相对位移	0.15	0.25	40.0

注:弯矩单位为 kN·m,剪力单位为 kN,位移单位为 cm。

从表 7-19 分析结果可知:黏滞液体阻尼器对客运专线铁路大跨度斜拉桥的塔顶纵向位移以及墩、梁间相对位移减震效果较为显著;黏滞液体阻尼器对主塔结构内力的减震效果较为明显,但对主塔各控制截面的减震效果有一定的差异,对 *C-C* 截面(塔底)弯矩的减震效果明显低于 *A-A* 截面、*B-B* 截面的减震效果。笔者认为各截面减震效果产生差异的原因在于:未设置阻尼器时,桥面系的地震作用主要通过最外侧倾角较小的斜拉索传到塔顶;当设置阻尼器后,将有一部分桥面系的地震作用通过阻尼器传递给主塔。由于二者传力路径不同,对主塔各截面产生的力臂不同,进而导致主塔各截面的减震效果发生变化。

减震方案 2:塔、梁连接处阻尼器的力学参数保持 $C=4\ 000$ kN·s/m,$\xi=0.4$ 不变,将辅助墩处阻尼器的力学参数分别取 $C=2\ 000$、4 000、6 000 kN·s/m,$\xi=0.4$、0.6、1.0,经组合共计 9 种工况。表 7-20 给出了减震效果较好两种工况的计算结果。工况 1 为 $C=4\ 000$ kN·s/m,$\xi=0.4$;工况 2 为 $C=2\ 000$ kN·s/m,$\xi=1.0$。

表 7-20　结构减震效果

工况 1	减震后	减震前	减震率/%	工况 2	减震后	减震前	减震率/%
C-C 截面弯矩	615 610	898 120	31.5	*C-C* 截面弯矩	659 219	898 120	26.6
C-C 截面剪力	14 894	16 526	9.9	*C-C* 截面剪力	15 202	16 526	8.0
2 号墩底截面弯矩	136 296	159 407	14.5	2 号墩底截面弯矩	95 736	159 407	39.9
2 号墩底截面剪力	4 873	4 394	−10.9	2 号墩底截面剪力	3 896	4 394	11.3
塔顶位移	0.14	0.32	56.3	塔顶位移	0.17	0.32	46.9
墩、梁相对位移	0.11	0.25	56.0	墩、梁相对位移	0.15	0.25	40.0

注:弯矩单位为 kN·m,剪力单位为 kN,位移单位为 cm。

表 7-19 与表 7-20 对比可以看出:在辅助墩处设置阻尼器,不仅可以改善辅助墩的受力状态,还可有效降低主塔的塔顶位移以及塔梁纵向相对位移;仅从降低主塔的纵向地震响应角度考虑,辅助墩处阻尼器的力学参数宜按工况 1 取值,但值得注意的是 2 号墩底截面剪力较减震前有所增大;仅从降低 2 号辅助墩的纵向地震响应角度考虑,辅助墩处阻尼器的力学参数宜按工况 2 取值,但对主塔的减震效果不及工况 1。在实际工程中,辅助墩处阻尼器的力学参数应视具体情况而定。

4. 小结

通过对客运专线铁路大跨度斜拉桥纵向减震优化分析,可得到如下结论:

(1)在塔、梁间纵向设置黏滞液体阻尼器对铁路大跨度斜拉桥的塔顶纵向位移以及墩、梁间相对位移减震效果较为显著；对主塔结构内力的减震效果较为明显，但对主塔各控制截面的减震效果存在一定的差异。

(2)在塔、梁间纵向设置黏滞液体阻尼器时，主塔塔底截面内力随阻尼系数 C 值的增加呈先减小后增大的趋势，塔顶位移、塔梁间相对位移以及阻尼器最大冲程随着阻尼系数 C 值的增加而减小，但阻尼器最大阻尼力随阻尼系数 C 值的增加而增大。

(3)黏滞液体阻尼器最优力学参数的选取应综合结构的受力及变形减震效果，同时还应尽量降低阻尼器的最大阻尼力，以降低阻尼器的造价，且便于阻尼器的局部连接构造设计。

(4)对于斜拉桥纵向减震体系，在辅助墩处纵向设置黏滞液体阻尼器，不仅可以改善辅助墩及主塔的受力状态，还可有效地提高主塔的塔顶位移以及塔梁纵向相对位移的减震效果。

7.7.3 塔梁间设置弹性连接装置

为斜拉桥选择合理的抗震结构体系尤为重要。漂浮体系或半漂浮体系由于具有良好的抗震性能，因此在高烈度地震区得到了较多的应用。从斜拉桥的地震响应看，采用漂浮体系或半漂浮体系时，主塔的内力反应较小，但梁端、塔顶的纵向位移较大，通常不能满足设计要求。为了减小大震下斜拉桥过大的位移响应，通常需要采用纵向弹性约束装置或阻尼器等减震措施。在国内外已建和在建的大跨度斜拉桥中，弹性约束装置得到了广泛的应用[35]。如日本多多罗斜拉桥在塔、梁间设置了刚度为 3.92×10^4 kN/m 的大型橡胶支座；日本名港中大桥在主塔两侧设置由钢绞线组成的弹性拉索，一端固定在主塔的下横梁上，另一端固定在主梁；我国的武汉白沙洲大桥和广东汕头海湾二桥也采用了设置弹性拉索对主梁纵向位移进行控制。丹麦的大海带桥在梁端与锚锭之间设置了液压缓冲装置，香港昂洲大桥在桥塔处也设置了液压缓冲装置。

本节以某双塔铁路斜拉桥为工程背景，研究塔、梁间纵向弹性约束对铁路大跨斜拉桥动力特性及主塔地震响应的影响，并提出了塔、梁间纵向弹性约束装置刚度的合理取值。经优化抗震设计，显著改善了主塔的抗震能力，提高了大跨度铁路斜拉桥在高烈度地震区的适用性。

1. 纵向弹性约束对铁路斜拉桥地震响应的影响机制

塔、梁间纵向弹性约束对结构地震响应的影响源于以下两个方面[36]：一方面，随着弹性约束装置刚度的变化，斜拉桥体系纵漂振型的周期发生改变。漂浮及半漂浮体系的第一阶纵漂振动具有长周期隔震性能，在结构所受的纵向水平地震作用中，这一振型的贡献占有绝对优势。结构振动特性的改变将导致结构地震响应发生变化。另一方面，由于弹性约束装置的设置，水平地震作用的传递路径发生改变。在塔、梁间未设纵向弹性约束时，桥面系的大部分地震作用主要通过最外侧几对倾角较小的拉索传到塔顶，引起塔底根部控制截面较大的地震响应。在塔、梁间设置纵向弹性约束后，桥面系的惯性力很大一部分通过弹性约束传递给主塔，导致主塔控制截面剪力和弯矩的计算图示发生了改变。两种传递路径的变化导致传给主塔水平地震作用的力臂大小不同，前者的力臂大，后者的力臂小，将导致主塔控制截面的地震响应产生变化。塔、梁间设置纵向弹性约束前后，桥面系水平地震作用的传递路径如图 7-84 所示。

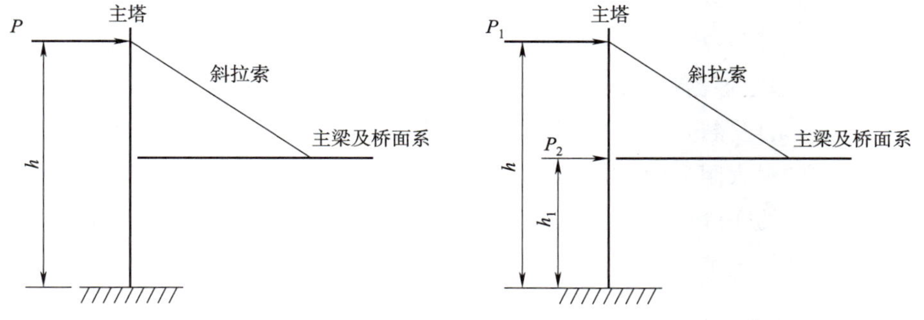

(a)塔梁间未设弹性约束　　(b)塔梁间设置弹性约束

图 7-84　桥面系水平地震作用的传递路径

2. 弹性约束对主塔地震响应的影响

沿桥纵向输入该桥址处的 3 条多遇安评地震波，以主塔控制截面内力及塔顶纵向位移为研究对象，以塔、梁间弹性约束刚度的常用对数为横坐标，以主塔各控制截面(图 7-73)在 3 条地震波中的的结构内力最大反应值为纵坐标绘图，计算结果如图 7-85 所示。

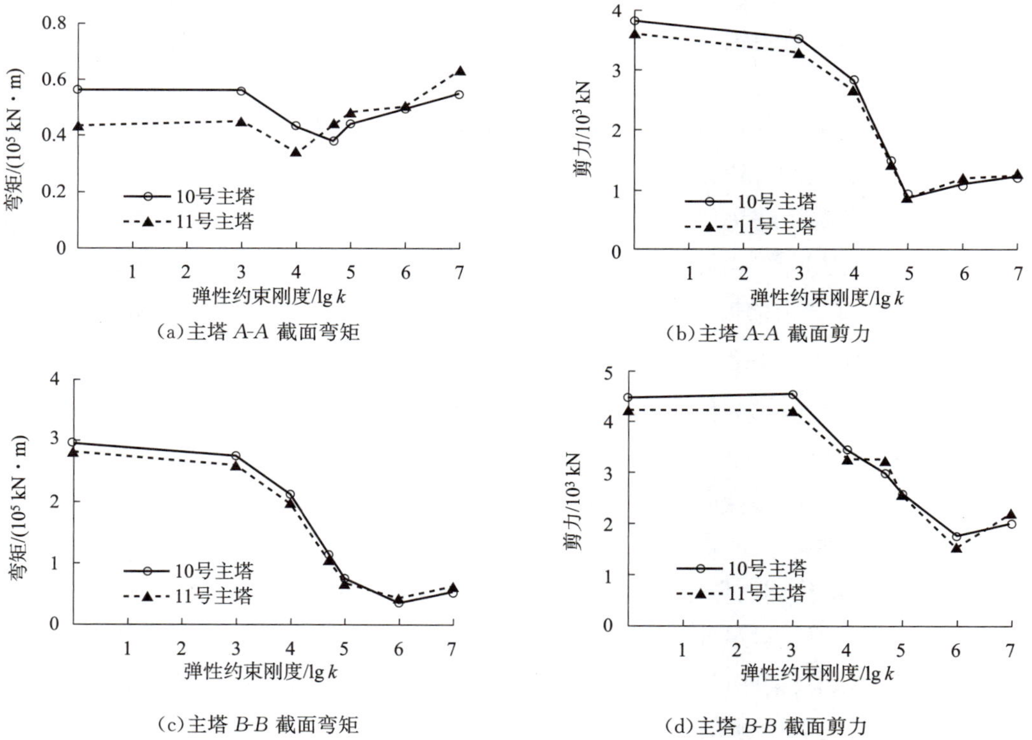

(a)主塔 *A-A* 截面弯矩　　(b)主塔 *A-A* 截面剪力

(c)主塔 *B-B* 截面弯矩　　(d)主塔 *B-B* 截面剪力

图　7-85

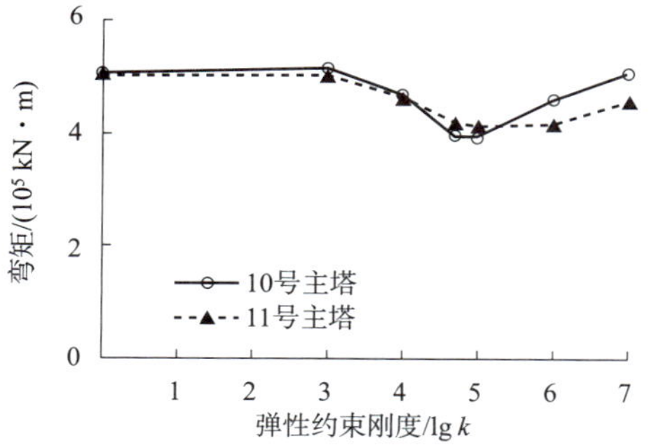

(e)主塔 C-C 截面弯矩

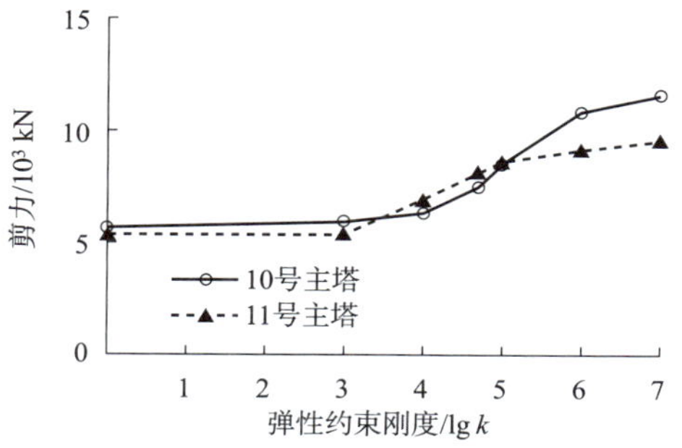

(f)主塔 C-C 截面剪力

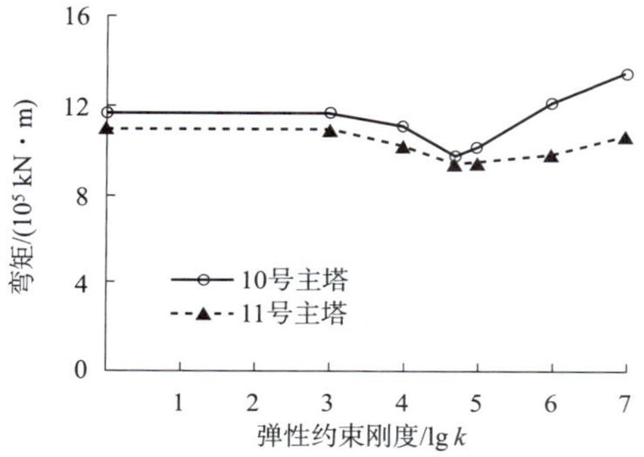

(g)主塔 D-D 截面弯矩

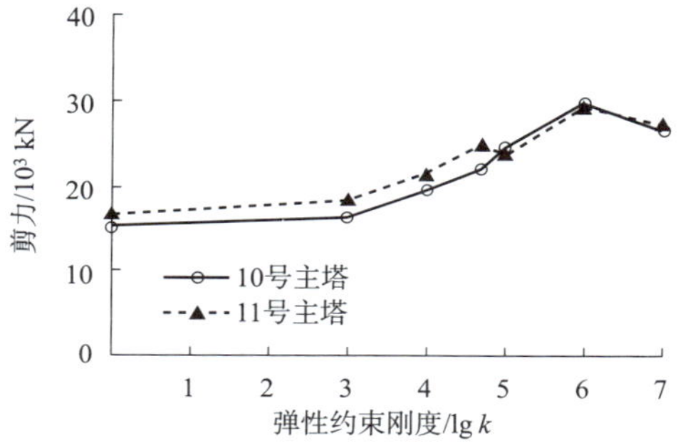

(h)主塔 D-D 截面剪力

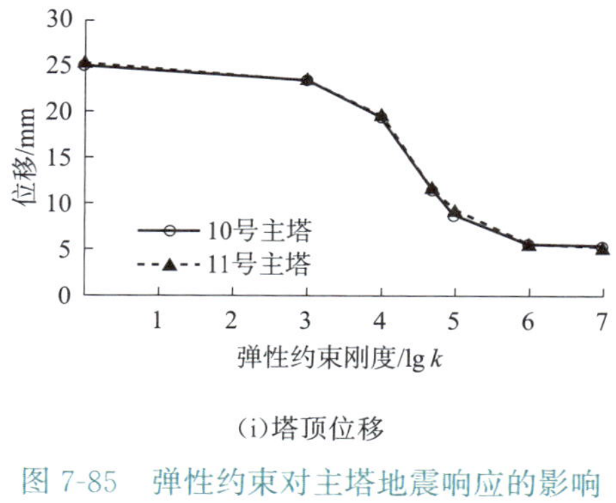

(i)塔顶位移

图 7-85　弹性约束对主塔地震响应的影响

从图 7-85 中的(a)～图 7-85(h)可以看出，随着塔梁间弹性约束刚度的增加，主塔 *A-A*、*B-B* 截面的弯矩、剪力呈先减小后增大趋势，中间明显存在一个低谷。而主塔 *C-C* 截面、*D-D* 截面的弯矩呈先减小后增大趋势，总体上变化较为平缓，但剪力基本呈逐渐增大趋势。从图 7-85(i)可以看出，随着塔梁间的弹性约束刚度的增大，主塔塔顶的纵向位移逐渐减小。但当其刚度在 $1.0\times10^4 \sim 1.0\times10^6$ kN/m 之间时，塔顶位移减小较为显著。对本文算例，从控制主塔塔顶位移及控制截面的弯矩角度讲，塔梁间的弹性约束刚度取值取为 1.0×10^5 kN/m 时，主塔的抗震性能较好。

当弹性约束刚度为 1.0×10^5 kN/m 时，11 号主塔控制截面的地震响应与不设弹性约束时的对比结果见表 7-21。从表 7-21 中可以看出，除主塔 *A-A* 截面弯矩、*C-C* 截面及 *D-D* 截面的剪力增大外，其余控制截面的内力及塔顶纵向位移均有较大幅度的降低，大大改善了主塔的抗震能力。

表 7-21　弹性约束合理取值时的主塔地震响应

控制截面	内力分量	不设置弹性约束	设置弹性约束	比　值
A-A 截面	纵向弯矩/(kN·m)	129 570	144 654	1.12
	纵向剪力/kN	10 752	2 622	0.24
B-B 截面	纵向弯矩/(kN·m)	843 240	201 282	0.24
	纵向剪力/kN	12 684	7 737	0.61
C-C 截面	纵向弯矩/(kN·m)	1 516 320	1 237 794	0.82
	纵向剪力/kN	15 498	25 113	1.62
D-D 截面	纵向弯矩/(kN·m)	3 291 342	2 834 940	0.86
	纵向剪力/kN	49 956	72 105	1.44
塔顶纵向位移	纵向位移/cm	76.2	27.9	0.37

研究塔梁间纵向弹性约束对某铁路斜拉桥地震响应的影响，得到的主要结论有：

(1)随着塔梁间弹性约束刚度的增加，塔顶纵向位移逐渐减小，但其刚度在 1.0×10^4～1.0×10^6 kN/m 时，塔顶位移变化显著。

(2)从有效减小主塔控制截面内力的角度讲，塔梁间弹性约束刚度的合理取值为 1.0×10^5 kN/m。在此条件下，主塔控制截面的弯矩及塔顶纵向位移有较大幅度的降低，但部分截面的剪力增大。

7.7.4　分析结论

半漂浮体系是我国铁路大跨度斜拉桥广泛采用的结构体系，该体系在强震作用下梁端及塔顶将产生较大的纵向位移，导致伸缩装置发生剪切破坏，一旦主梁与相邻跨引桥发生碰撞，引桥极易发生落梁震害。由于漂浮或半漂浮体系的斜拉桥纵向一阶自振周期一般较长，该体系本身就是一种隔震结构体系，因此通常只能采用增加结构附加阻尼或改变上部结构惯性力传递路径的方式来减小斜拉桥的地震响应。

参 考 文 献

[1] 夏超逸，钟铁毅．高速铁路南京大胜关长江大桥地震响应分析[J]．中国铁道科学，2009，30(5)：39-45.
[2] 孙树礼．高速铁路桥梁设计与实践[M]．北京：中国铁道出版社，2011.

[3] 刘岩，杜萍，徐伟．六线铁路斜拉桥双层双桁钢桁梁设计[J]．桥梁建设，2020，50(S2)：75-81.
[4] 唐贺强，徐恭义，刘汉顺．五峰山长江大桥主桥总体设计[J]．桥梁建设，2020，50(6)：1-7.
[5] 陈良江，周勇政．我国高速铁路桥梁技术的发展与实践[J]．高速铁路技术，2020，11(2)：27-32.
[6] 中华人民共和国建设部. 铁路工程抗震设计规范：2009 年版：GB 50111—2006[S]. 北京：中国计划出版社，2009.
[7] 贺金海，王江波，袁万城. 连续梁桥的抗震能力概念设计[J]. 结构工程师，2012，28(5)：75-81.
[8] 闫冬，袁万城. 多跨连续梁桥横桥向抗震的概念设计[J]. 同济大学学报(自然科学版)，2003，31(11)：1275-1279.
[9] 夏修身，戴胜勇．大跨度桥梁抗震设计理论与方法[M]. 北京：科学出版社，2020.
[10] 夏修身，戴胜勇，刘尊稳. 大跨度拱桥抗震概念设计方法[J]. 地震工程与工程振动，2017，37(2)：90-96.
[11] 赵真，谢礼立. 从欧洲抗震设计规范的一般规定浅谈结构抗震概念设计的重要性[J]. 地震工程与工程振动，2011，31(5)：190-195.
[12] 闫冬，袁万城. 大跨度斜拉桥的抗震概念设计[J]. 同济大学学报(自然科学版)，2004，32(10)：1344-1348.
[13] 中华人民共和国交通运输部．公路桥梁抗震设计规范：JTG/T 2231-01—2020[S]. 北京：人民交通出版社，2020.
[14] 中华人民共和国住房和城乡建设部．城市桥梁抗震设计规范：CJJ 166—2011[S]. 北京：中国建筑工业出版社，2012.
[15] 李宗建．基于抗震设计的新型高墩构造比选：以黄韩侯铁路纵目沟特大桥 105 m 高主墩为例[J]. 铁道标准设计，2020，64(6)：98-103.
[16] 李建中，管仲国. 桥梁抗震设计理论发展：从结构抗震减震到震后可恢复设计[J]. 中国公路学报，2017，30(12)：1-9.
[17] 袁万城，王思杰，李怀峰，等. 桥梁抗震智能与韧性的发展[J]. 中国公路学报，2020，34(2)：98-117.
[18] 张永亮，徐家林，孙建飞．京沪高速铁路沧德特大桥地震反应分析[J]. 世界桥梁，2013，41(6)：43-47.
[19] 张永亮，孙建飞，徐家林．高速铁路大跨连续梁桥地震反应分析及抗震校核[J]. 地震工程学报，2013，35(2)：226-231.
[20] 张永亮，卢肖素，陈兴冲，等．高烈度区实体双薄壁矮墩连续刚构桥抗震设计[J]. 铁道工程学报，2017，34(11)：45-50.
[21] 张永亮，王云，陈兴冲，等．双薄壁墩连续刚构桥地震反应影响参数分析[J]. 桥梁建设，2018，48(4)：17-21.
[22] 张永亮，刘海波，陈兴冲，等．地震激励下铁路钢桁拱桥拱圈内力及应力分布[J]. 铁道工程学报，2021，38(3)：35-40.
[23] 张永亮，冯鹏飞，陈兴冲，等．高阶振型对大跨度钢桁拱桥地震反应的影响[J]. 振动与冲击，2020，39(6)：225-229.
[24] 张永亮，刘聪聪，虞庐松，等．行波效应对大跨钢桁拱桥地震易损性的影响[J]. 中国铁道科学，2021，42(4)：60-68.

[25] 刘聪聪，张永亮，汪振新，等．基于优化串-并联模型的钢桁拱桥系统易损性研究[J]．铁道科学与工程学报，2021，18(6)：1496-1503.
[26] 唐堂，钱永久．大跨度钢筋混凝土拱桥地震行波效应分析[J]．地震工程与工程振动，2016，36(2)：111-116.
[27] 陈代海，郭文华．大跨度钢桁架拱桥的空间地震响应分析[J]．中南大学学报（自然科学版），2010，41(4)：1590-1596.
[28] 王再荣，孙利民，程纬．超大跨斜拉桥地震行波效应分析[J]．同济大学学报（自然科学版），2016，44(10)：1471-1481.
[29] 闫聚考，李建中，彭天波，等．三塔两跨悬索桥行波效应振动台试验及数值研究[J]．振动与冲击，2016，35(7)：44-48.
[30] 张永亮，王云，虞庐松，等．行波效应对大跨上承式铁路钢桁拱桥地震反应的影响[J]．振动与冲击，2020，39(12)：213-220.
[31] British Standards Institution. Eurocode 8：design provisions for earthquake resistance of structures-part 2：bridges[S]Brussels：European Committee for Standardization，1998.
[32] 叶爱君，胡世德，范立础．超大跨度斜拉桥的地震位移控制[J]．土木工程学报，2004，37(12)：38-43.
[33] 张永亮，陈兴冲．客运专线大跨斜拉桥减震方案优化分析[J]．应用基础与工程科学学报，2014，22(1)：160-169.
[34] 张永亮，陈兴冲，郭永强．刚构连续梁体系铁路矮塔斜拉桥的减震研究[J]．铁道学报，2011，33(10)：79-85.
[35] 宋鑫，邱文亮．吉林兰旗松花江大桥抗震分析与研究[J]．公路交通科技，2006，23(3)：93-96.
[36] 张永亮，陈兴冲，郭永强．塔梁间纵向弹性约束对铁路斜拉桥动力特性及地震反应的影响[J]．铁道科学与工程学报，2011，8(2)：21-26.

第 8 章　冻土对桥梁地震响应的影响

本章针对冻土的特殊性及其对桥梁地震响应的影响展开讨论，首先探讨了冻土场地及地震动传播特点；以冻土区广泛使用的桩基础为例，通过拟静力试验方法获得冻土与基础相互作用效应并进行了冻土区桥梁桩基础地震破坏特征分析；然后在此基础上建立了考虑冻土效应的桥梁桩基础非线性分析模型及地震响应分析有限元模型；最后对冻土区桥梁地震响应进行有限元分析，研究了冻土对桥梁地震响应的影响特征，为冻土区桥梁抗震设计提供了理论基础和参考依据。

8.1　概　　述

8.1.1　我国冻土分布与地震特点

在全球范围内，冻土主要分布在俄罗斯、加拿大、中国以及美国的阿拉斯加等地，统计表明多年冻土占据了北半球地表面积的 20%以上[1]，而季节冻土则占全球陆地面积的 50%以上[2]。我国是世界第三冻土大国，冻土分布广泛。根据文献[3,4]针对我国冻土分布特征的统计(数据来源:国家青藏高原科学数据中心)，季节冻土占据我国国土面积超过 50%，多年冻土面积则占据了国土面积的 18%以上，主要分布在西部青藏高原地区，少数分布在东北大小兴安岭地区。在冻土区尤其是多年冻土区进行工程建设是包括我国在内的大多数北半球国家共同面临的问题，冻土工程建设被誉为世界性难题。

历史上，国内外冻土区均发生过震级较高的地震，以我国青藏高原冻土区为例，该地区同时也是我国地质构造最为活跃的地带之一，地震活动频繁，且震级较高[5,6]，图 8-1 是我国青藏高原及周边地区 8 级地震分布，可以看出青藏高原地区处于大地震高风险区。

统计数据表明，1900 年到 2015 年在我国青藏高原及边邻地区发生 8 级地震约 20 次[7]，位于冻土区的包括 2001 年我国青藏高原 8.1 级的昆仑山地震[8]、2010 年青海玉树的 7.1 级地震[9]。2021 年，青海玛多曾发生 7.4 级地震[10]。震害调查显示，冻土区地震均给包括桥梁在内的各类工程结构造成了不同程度的损伤，例如青海玛多地震导致共玉高速野马滩大桥发生较为严重的落梁震害，如图 8-2 所示[10]。除我国青藏高原冻土区外，1964 年和 2018 年发生在美国阿拉斯加冻土区的 8.5 级和 7.0 级大地震[11,12]，均引起了极大的关注。

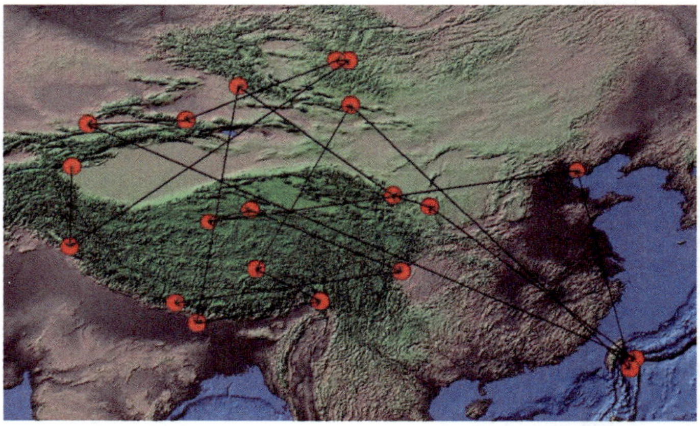

图 8-1　我国青藏高原及周边地区 8 级地震分布[7]

图 8-2　青海玛多地震中野马滩大桥落梁震害[10]

8.1.2　冻土区桥梁地震响应特点

由于冻土动力学特性的温度敏感性和冻土场地的特殊性，冻土区桥梁地震响应与非冻土区相比具有显著差异，因此只有在冻土区桥梁抗震设计中考虑了冻土的影响效应后，才能够有效保障冻土区桥梁工程的地震安全和稳定运营。尽管包括中国、日本和美国等在内的众多国家地震频发区存在着季节或多年冻土层，也有早期研究探讨过冻土层对结构地震响应及破坏特征的影响[13,14]，但冻土对结构地震响应的具体影响在很长一段时间内并未得到足够的重视，导致结构抗震设计中未能充分考虑冻土的影响效应。对于桥梁工程而言，土体冻结后力学性质的改变会进一步改变地震作用下桥梁基础的土体约束条件。SRITHARAN等[15,16]的研究表明，即便是厚度较小的冻土层也会对桥梁地震响应产生显著的影响。2001 年青藏高原昆仑山口 8.1 级大地震发生后，为了评估青藏铁路桥梁工程在建设和后期运营过程中的抗震性能，原铁道部科技司委托兰州交通大学陈兴冲教授率领的桥梁抗震团队对青藏铁路常用跨度桥梁的地震响应和抗震性能进行了立项研究，主要包括季节和多年冻土层对不同基础形式（浅平基础、挖井基础和桩基础）青藏铁路典型桥墩地震响应的影响，结果表明桥墩的地震响应在有无冻土情况下具有显著区别，建议抗震设计中考虑冻土层的影响[17-21]。青藏铁路建成通车之后，冻土区桥梁抗震的研究热潮褪去，但仍有部分学者针对冻土区桥梁面临的其他抗震问题进行了研究，包括全球气候变暖导致的冻土退化对青藏铁路桥梁地震响应的影响[22]、冻土层对多跨简支梁桥行波效应的影响[23]以及冻土区高桩承台桥梁抗震性能[24]等问题。吴志坚、车爱兰等[25-27]以青藏铁路典型桥梁桩基础为例进行了地震响应数值分析，结果表明冻土层温度对青藏铁路桥梁桩基础地震稳定性起到关键性作用。ZHANG 等[28]同样以青藏铁路桥梁桩基础为例，通过数值模拟方法研究发现冻土地基不同的温度分布对地震作用下桥梁桩基础的位移、剪力和弯矩变化都具有显著的影响。在国外，PLOTNIKOVA 等[29]利用阿拉斯加冻土区坎贝尔溪大桥的现场监测资料研究了季节冻融对桥梁固有频率、模态等动力特性的影响，并通过数值分析发现近地表土体的冻结对跨度不同的桥梁振型影响有显著差异，认为有必要对地震活跃区域且存在季节冻土的桥梁进行专门的抗震性能评估。YANG 等[30]学者针对阿拉斯加季节冻土区的一座倾斜 H 形群桩基础公路桥梁进行了长期监测，发现土的季节冻融过程对这类桩基础桥梁的动力响应影响最为显著；WOTHERSPOON 等[31,32]则建立了考虑季节性冻土的桩基础桥梁地震响应分析数值模型，研究了不同强度地震动下桩柱式桥墩结构的地震响应，认为在基于性能的抗震设计和多级设防水准条件下，只有考虑冻土影响才能得到冻土区桩基础桥梁合理的抗震性能评价指标。FEI 等[33]通过数值分析和拟静力试验方法研究了土体冻结对桩-土体系性能的影响，发现土体冻结能使桩-土体系由延性向脆性转变。为了比较土体冻结和融化条件下桩基础桥梁地震响应的差异，XIONG 等[34]建立了桥墩-桩基-土体系的弹塑性有限元模型，将冻结和融化状态下的桩-土相互作用等效处理为不同的基础弹簧系数，分析研究了季节冻土层对桥梁桩-土系统的刚度和阻尼系数的改变以及对桥墩动力响应的影响。

另外，为了最大程度降低热扰动，以保护脆弱的多年冻土，如图 8-3 所示的高承台桩基础形式被广泛应用于多年冻土区桥梁工程，这也是冻土区桥梁下部结构的典型特征之一。已有研究表明地震作用下高承台桩基础中的桩身属于地震易损部位[35]，而多年冻土层的存在对地面以下桩基础部分的塑性铰发展及破坏模式会产生显著的影响，季节活动层的冻融作用也会反复改变地基土对基础的侧向约束作用，增加了地震损伤规律的不确定性。

目前，我国现有公路和铁路桥梁抗震设计规范中均没有考虑冻土效应对桥梁地震响应的影响。为了保证冻土区桥梁抗震设计的合理性以及地震安全性，需要针对冻土场地地震动传播特性、地震作用下冻土与基础相互作用等问题开展研究，从而确定冻土区桥梁抗震设计方法，保障冻土区桥梁工程的地震安全性和可靠性。

图 8-3　多年冻土区高承台桩基础铁路桥梁

8.2　冻土场地及地震动传播特点

8.2.1　冻土场地特征

土体冻结后其动力学参数会随着温度变化而发生显著变化，冻土参数的变化对冻土动本构关系、动弹性模量、动阻尼比和动强度参数（动黏聚力和动内摩擦角）等动力学参数均有显著影响。随着温度的降低，动弹性模量增加，冻土的动强度参数也显著增大，在水-冰剧烈相变区（温度−5～0 ℃），以上参数随地温的变化尤为显著，甚至是灾变性的[36]。冻土动力学参数的改变致使场地特性发生较大变化，包括冻土的剪切波速远远高于未冻土、动剪切模量比增大且阻尼比变小、冻土的剪应变远小于未冻土等[37]。高峰等[38]研究表明，季节冻土层使自由场地的地面运动峰值加速度减小，且随着冻土地温降低（剪切波速增大）、冻土厚度增加，地面运动峰值加速度减小，即在季节性冻土区，冬季时的地面运动峰值加速度小于夏季时的地面运动峰值加速度；多年冻土上限以上为融土时，地表面的加速度峰值比上限以上为季节性冻土时大，即在多年冻土区，冬季时的地面加速度小于夏季时的地面加速度。根据 YANG 等[39]的研究，暖季和冷季时期不同多年冻土上限场地条件下的场地周期与放大系数关系均会产生较大变化，随着多年冻土层的上限从 0 m 下降到 35 m，卓越周期从 0.25 s 增大到 0.85 s，且其峰值放大系数介于 4～5 之间，相同条件对于冷季而言其峰值放大系数总是小于 1.5，这充分说明冻土场地条件的改变导致了地震动特性的变化[40]。季节冻土层（或多年冻土活动层）在冻结期和非冻结期的动力学特征参数及地震动也具有较为明显的差异。齐吉琳等[41]的研究表明场地土近地表处的连续冻层足以提高土层的刚度，从而使场地的脉动卓越频率提高，同时场地刚度的变化也改变了脉动的频谱特性。师黎静等[42]的研究表明冻结土层使地脉动水平分量卓越频率增大，对竖向分量卓越频率的影响不明显；冻结土层使地脉动水平、竖向分量峰值减小，并且水平、竖向峰值减小比例无明显差别；冻结土层使场地卓越频率增大，场地放大因子减小。

我国《震规》通过覆盖土层厚度和土层剪切波速评定场地土以及场地类型，并未考虑冻土的存在及其对场地特性的影响。冻土区桥梁抗震设计过程中，在确定冻土场地地震动特征及参数时，应预测设计基准期内冻土的变化情况，在此基础上综合确定场地地震动参数，以便在抗震设计时充分考虑冻土场地效应的影响。

8.2.2　冻土中地震动的传播特点

现有研究已经明确场地条件对地震动的传播影响显著，地震波在不同的地层或地形结构中传播会对其强度和频率成分产生显著的影响，进而影响该区域内工程结构的地震响应[43]。土层波速是各类抗震规范中对场地土类型和场地类别进行划分的主要依据，通过上覆土层厚度及波速分布特征能够确定对结构抗震有利、不利和危险地段。而现场测得的土层剪切波速是进行场地地震响应计算的必要基础资料。为了明确冻土与非冻土波速变化的差异，以陈拓等[44]收集的青藏铁路沿线冻土区 14 个剖面的实测剪切波速数据为例进行简要说明。表 8-1 是对收集到的剪切波速特征按照青藏高原冻土区典型土层（粉质黏土、泥岩、泥灰岩和细砂土）和埋置深度分别进行统计分析。从表 8-1 可以看出，土体冻结后剪切波速明显增大，但增大程度与土体类型和埋深均有关系。

表 8-1　青藏铁路沿线冻土区钻孔波速测试统计结果[44]

岩　性	深度/m	冻结状态	剪切波速 v_s/(m·s^{-1})	剪切波速平均值/(m·s^{-1})
粉质黏土	0～4	未冻结	15～242	128.5
		冻结	20～420	220.0
	4～10	冻结	395～740	567.5
	10～15	冻结	780～943	861.5
泥岩	0～4	未冻结	21～328	174.5
		冻结	29～532	280.5
	4～10	冻结	545～869	707.0
	10～15	冻结	910～1 043	976.5
泥灰岩	0～4	未冻结	52～644	348.0
		冻结	75～890	482.5
	4～10	冻结	878～1 050	964.0
	10～15	冻结	1 121～1 184	1 152.5
细砂土	0～4	未冻结	12～263	137.5
		冻结	20～400	210.0
	4～10	冻结	251～456	353.5
	10～15	冻结	465～550	507.5

为了进一步探究冻土场地地震效应及地震动特征，马巍等[45]围绕我国青藏工程走廊多年冻土区这一特殊区域开展现场调研与理论分析，分别针对完全冻结场地、季节融化场地和多年冻土夹层场地地震动特性进行分析，得到的主要结论如下：

1. 完全冻结场地地震动特征

完全冻结场地地震动特征主要受冻土层温度和厚度影响。随着冻土温度的升高，场地放大系数谱（场地地表加速度反应谱与基岩加速度反应谱的比值）普遍增大，冻土场地地震效应逐渐增强。场地温度越低，越有利于降低地震破坏风险；场地温度越高，场地地震动放大效应越明显，这可能会增加结构的地震破坏风险，不利于冻土场地建构筑物的抗震安全性。

随冻土层厚度的增加，场地地震动放大效应敏感段周期逐渐增大，场地对中短周期地震动的放大效应先增强后减弱，对长周期段的放大效应逐渐增强。当冻土层厚度大于 30 m 后，场地效应表现出抑制与放大并存，即中短周期地震动受到抑制，而中长周期地震动得到放大，这有利于刚性构筑物的抗震安全性，但不利于柔性构筑物的抗震安全性。冻土层厚度对地震动的影响程度与冻土温度有关，温度对抑制效应的影响较小，对放大效应的影响较明显，温度越高，冻土层厚度影响越大，场地效应越强烈。

2. 季节融化场地地震动特征

季节融化场地地震动特征主要受季节融化层厚度和多年冻土层厚度影响。随季节融化层厚度的增加，场地对中短周期地震动的放大效应逐渐增强，对中长周期地震动的影响则较小，可以忽略不计。同时，季节融化层厚度对场地地震动的影响程度又与下覆多年冻土层厚度有关，当季节融化层较厚、下覆多年冻土层较薄时，季节融化层对场地地震动的放大效应相对较明显，而当下覆多年冻土层较厚时，场地地震动特征逐渐接近完全冻结场地，季节融化层对场地地震动的影响趋于减弱。

下覆多年冻土层的存在对中短周期地震动起到了抑制效应，对中长周期地震动则起到了放大效应。随下覆多年冻土层厚度的增加，冻土层对中短周期地震动的抑制效应逐渐增强，冻土层的抑制效应部分抵充了融化层的放大效应，逐渐抑制了季节融化层对中短周期地震动的放大效应，表现为场地对中短周期地震动的放大效应减弱，甚至起到抑制作用；但场地对中长周期地震动的放大效应逐渐增强，放大效应敏感段周期逐渐增大，场地地震动特征逐渐接近完全冻结场地。

3. 多年冻土夹层场地地震动特征

在部分河谷及断陷盆地内，松散沉积层厚度较大，基岩面埋置较深，基岩面之上存在未冻结的松散沉积层，多年冻土层则位于季节融化层和下覆未冻结松散层之间，以夹层的形式存在，其对场地地震效应及地震动特征会产生影响。

多年冻土夹层场地地震动特征主要受冻土夹层厚度及其埋深影响。随着冻土夹层厚度的增加，场地对中短周期地震动的抑制效应先增强后减弱，对中长周期地震动的放大效应逐渐减弱。随冻土夹层上限埋深的增加，冻土夹层对场地地震动的抑制效应趋于减弱，当埋深大于 20 m 后，上部融化层对地震动的放大效应占据主导作用，冻土夹层的抑制效应受到压制。多年冻土夹层场地对长周期地震动的放大效应主要受冻土夹层厚度或下覆未冻层厚度影响，受季节融化层的影响较小，随着冻土夹层厚度的增加或下覆未冻层厚度的减小，场地对长周期地震动的放大效应趋于减弱。相对于完全融化场地，松散沉积层中发育的冻土夹层有助于抑制地震作用。

高峰等[38]对季节冻土区和多年冻土区Ⅰ、Ⅱ类场地在不同地震波作用下的反应进行计算，采用一维波动法分析了冻土层变化对场地地震响应的影响。

(1)无论对于Ⅰ类场地还是Ⅱ类场地，季节冻土层使自由场地的地面加速度减小，且随着冻土温度降低(剪切波速增大)、冻土厚度增加，地面的加速度减小，即在季节性冻土区，冬季时的地面加速度小于夏季时的地面加速度。在多年冻土区亦有此规律，即无论对于Ⅰ类场地还是Ⅱ类场地，冬季时的地面加速度小于夏季时的地面加速度。

(2)在多年冻土区，冻土层厚度越大，Ⅱ类场地的地面加速度越小。而在Ⅰ类场地上没有此规律，多年冻土层厚度对于Ⅰ类场地地面加速度的影响不大。

总之，无论是季节性冻土区还是多年冻土区，冻土层的存在使自由场地表面的加速度峰值趋于减小，但地面加速度与基岩相比有可能放大也有可能缩小。

8.3　冻土区桩基础拟静力试验研究

桩基础是桥梁工程中广泛采用的一种深基础形式，能够较好适应包括多年冻土在内的各种复杂地质条件[46]。本章以冻土区桥梁桩基础为例开展拟静力试验研究，主要研究了季节冻土层和多年冻土层对桥梁桩基础地震破坏特点的影响，为建立考虑冻土效应的桥梁地震响应分析模型提供依据。

8.3.1　季节冻土区

基于 ZHANG 等[47]开展的季节冻土区桥梁桩基础拟静力模型试验，主要分析了季节冻土区桥梁桩基础在水平往复荷载作用下的破坏特征、滞回特性及耗能能力等。

1. 模型试验概况

以典型的冻土区铁路桥梁桩基础为原型，制作了 1/8 缩尺试验模型，模型桥墩和桩基础的尺寸和配筋如图 8-4 所示。

基于已有试验条件和设备，张熙胤等[48]设计开发了可实现土体冻融功能的拟静力模型试验系统，包括水平加载系统、竖向加载系统和冻融系统，如图 8-5 所示。

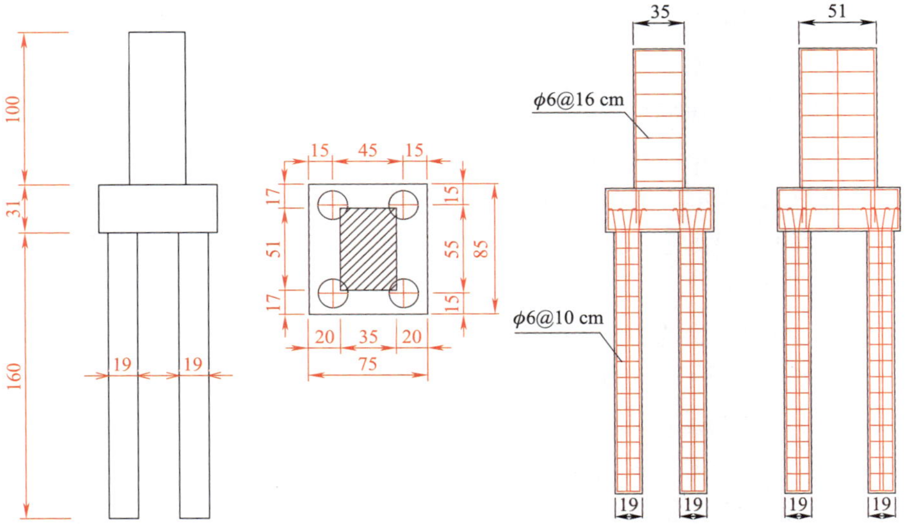

(a)尺寸信息　　(b)配筋信息

图 8-4　模型桥墩和桩基础尺寸及配筋情况(单位:cm)

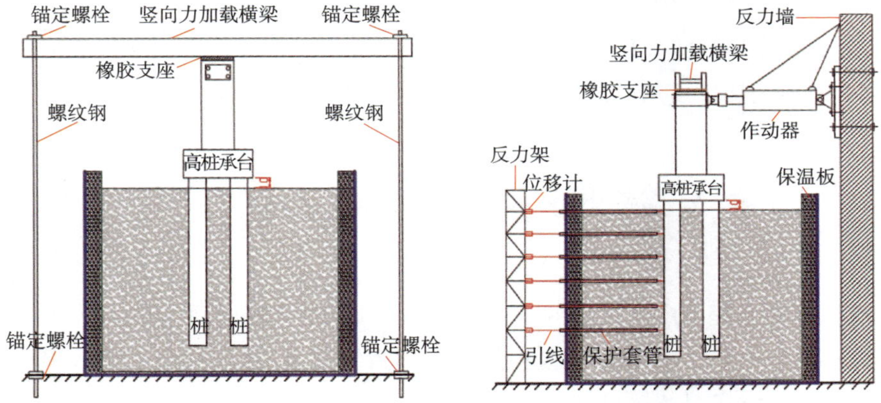

(a)竖向加载系统　　(b)水平加载系统

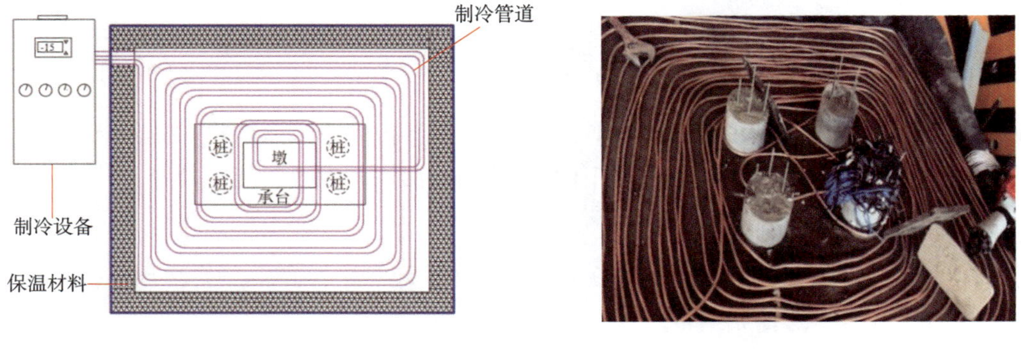

(c)冻融系统

图 8-5　具备冻融功能的模型试验系统

模型试验中采用了高承台桩基础形式，承台底面距离土体表面 10 cm。模型试验中设计一组无冻土情况作为对比模型，冻土情况下通过冻融系统在模型箱上部形成 50 cm 厚度的冻土层，模拟季节冻土状况，冻土情况下模型箱中土体温度沿深度的分布及剖面如图 8-6 所示。

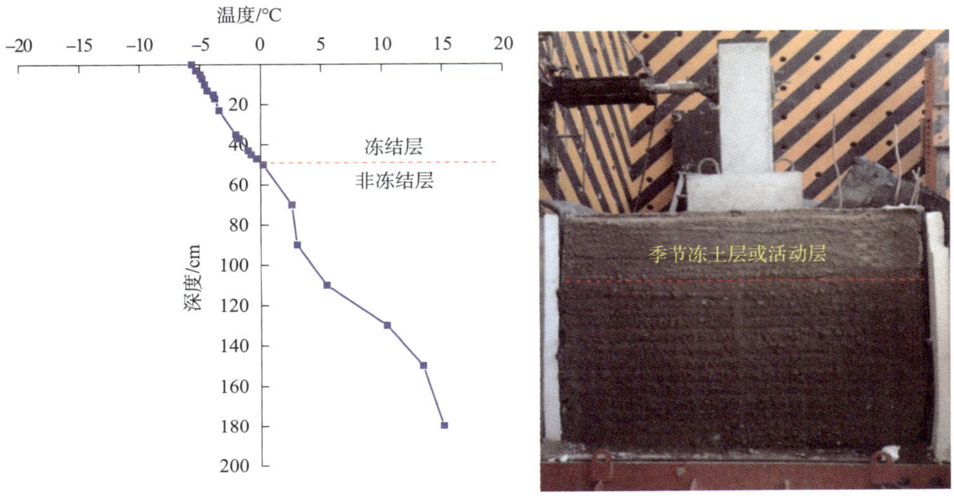

图 8-6　季节冻土情况下土体温度沿深度分布及土体剖面

2. 桩土体系破坏特征

试验采用的是高承台桩基础形式，在有无冻土两种情况下桥墩均未发生破坏。因此，只分析桩土体系的破坏特征。

图 8-7 为无冻土情况下的土体表面开裂情况，随着水平加载位移的增加，无冻土情况下的桩侧土体表面垂直加载方向出现裂缝。与无冻土情况不同的是，当表层土体冻结（冻深 50 cm）后，桩侧土体表面始终没有出现明显裂缝，这是因为土体冻结后整体刚度有明显增大。

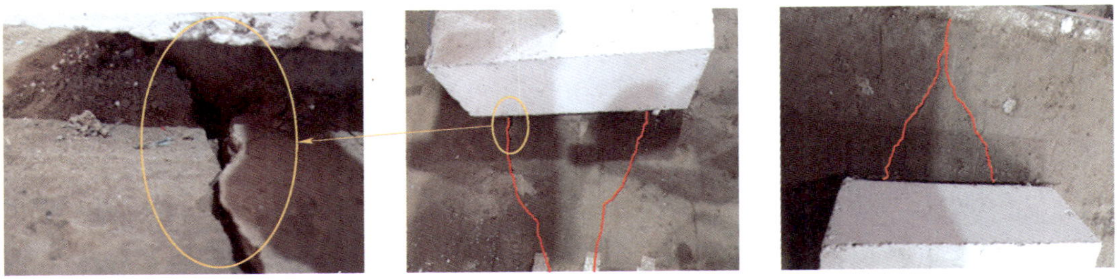

（a）桩周土体开裂情况　（b）模型北侧土体开裂情况　（c）模型南侧土体开裂情况

图 8-7　无冻土表面开裂情况

图 8-8 对比了有无冻土情况下桥梁桩基础的破坏形态差异。可以看出，在无冻土层情况下桩基础在承台底面向下约 1.7 倍和 2.3 倍桩径处出现环向贯通裂缝，而当表层土体冻结后裂缝出现的位置向上转移到承台底面向下约 0.3 倍和 0.8 倍桩径的位置，且有一条裂缝基本上处于土层顶面处(模型为高承台桩基础)。因此，可以认为季节冻土层的存在会让水平往复荷载作用下桩-土相互作用体系的薄弱部位发生转移，从而改变了其破坏特征。

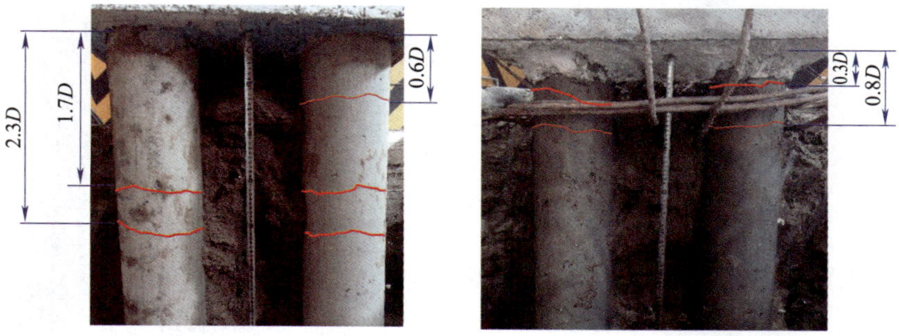

(a)无冻土桩基础破坏形态　　(b)表层冻土桩基础破坏形态

图 8-8　有无季节冻土情况下的桥梁桩基础破坏形态(*D* 为桩径)

3. 滞回特性

图 8-9 是有无冻土情况下整个模型体系的滞回曲线和骨架曲线。通过水平往复荷载作用下的墩顶力-位移曲线(滞回曲线)可以发现，相比于无冻土情况，当有季节冻土层存在时，桩-冻土体系的水平承载能力明显提高，相同位移条件下的极限水平力提高了约 50%。当加载位移较大时，无冻土情况下的滞回曲线出现了明显的捏缩效应，而有季节冻土层存在时滞回曲线较为饱满。未冻土情况下滞回曲线出现捏缩的主要原因是加载后期地面以下一定深度范围内桩土界面分离较为严重，从图 8-7(a)中可以看出明显的桩土分离情况，而当土体冻结后，有效抑制了土体裂缝的开展和桩土界面分离现象。

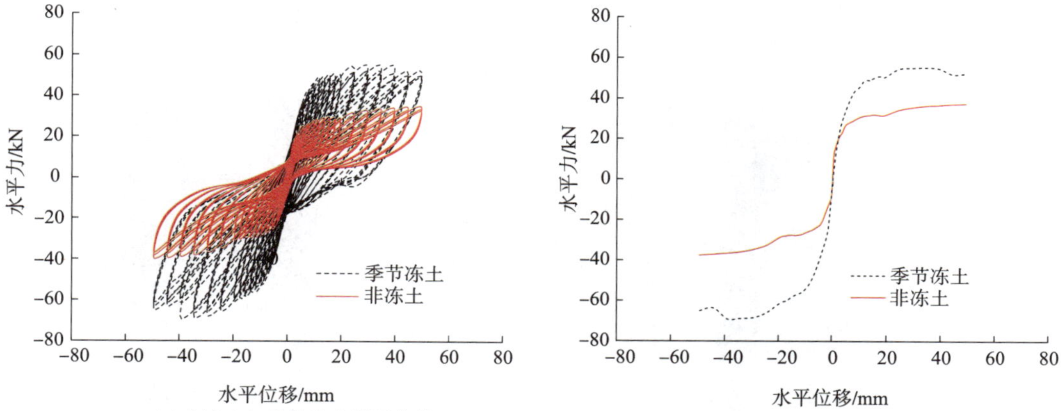

(a)非冻土与季节冻土滞回曲线　　(b)非冻土与季节冻土骨架曲线

图 8-9　有无季节冻土情况下的滞回曲线和骨架曲线

4. 耗能能力

通过滞回曲线包围面积可以计算获得桩-土体系的耗能能力。有无季节冻土条件下的耗能能力如图 8-10 所示。计算结果表明，有冻土层存在时桩-土体系的耗能能力要高于无冻土情况。分析其原因可以发现，无冻土情况下，桩-土界面分离后间隙较大，在水平往复荷载作用下虽然桩基础产生较大的水平位移，但其水平力较小，桩基础开裂后钢筋应力较小，滞回曲线捏缩严重，包围的面积较小，耗能能力低于有冻土层情况。

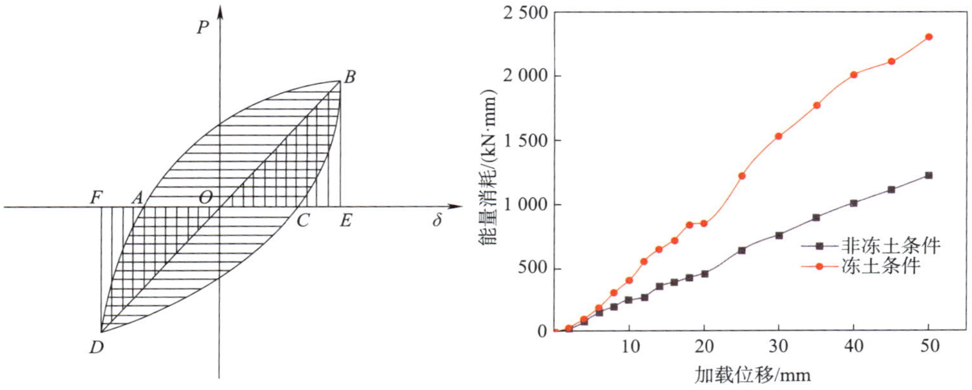

(a)耗能计算方法　　(b)耗能能力曲线

图 8-10　有无季节冻土条件下的耗能能力

8.3.2　多年冻土区

1. 模型试验概况

多年冻土区桥梁桩基础拟静力模型采用了与季节冻土区相同的试验设计，包括采用的试验设备、模型桥墩和桩基础的尺寸与配筋等，在此不作重复介绍。

多年冻土情况下的模型试验中通过冻融系统形成的多年冻土层厚度为 130 cm，活动层厚度为 50 cm，活动层处于融化状态，模拟多年冻土在暖季时的状态。模型试验土层分布和温度沿深度分布如图 8-11 所示。

2. 桩土体系破坏特征

图 8-12 是无冻土和多年冻土情况下土体表面开裂情况，可以看出，两种情况下土体均有开裂，且裂缝延伸规律相似，从桩基础周围开始向两侧延伸并在靠近模型箱边缘处呈相交趋势。但多年冻土情况下，土体表面裂缝延伸长度明显小于无冻土情况。

图 8-13 是无冻土和有多年冻土情况下桩基础混凝土在水平往复荷载作用下的开裂情况。可以看出，多年冻土中的桩基础破坏形态和无冻土中相比具有如下显著的差异：首先，开裂位置发生了显著变化。与无冻土情况相比，有多年冻土层存在时，普通环向贯通裂缝出

现位置有所降低，在承台底部向下 2.1 倍和 3.2 倍桩径(D)处出现裂缝。另外，在承台底部向下约 0.5～0.7 倍桩径处(地面附近)出现了严重破坏。

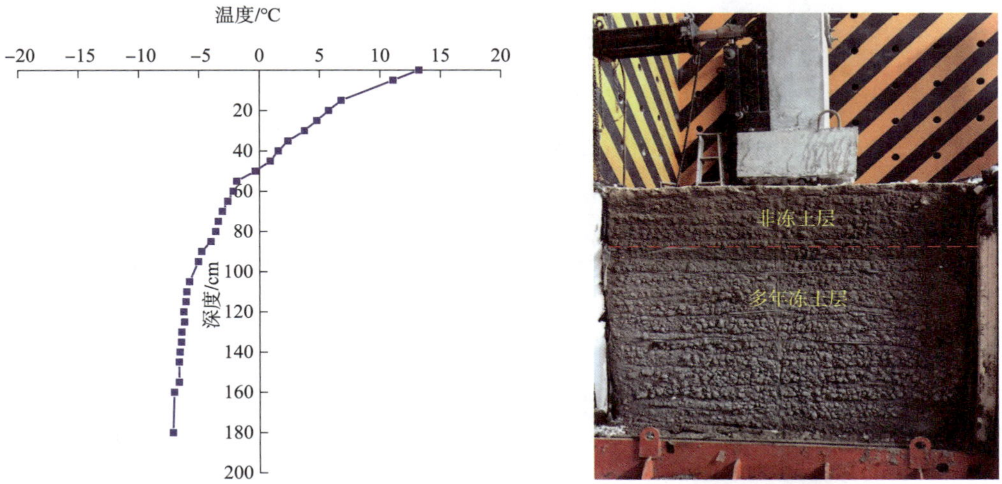

图 8-11　多年冻土情况下土体温度沿深度分布及土体剖面

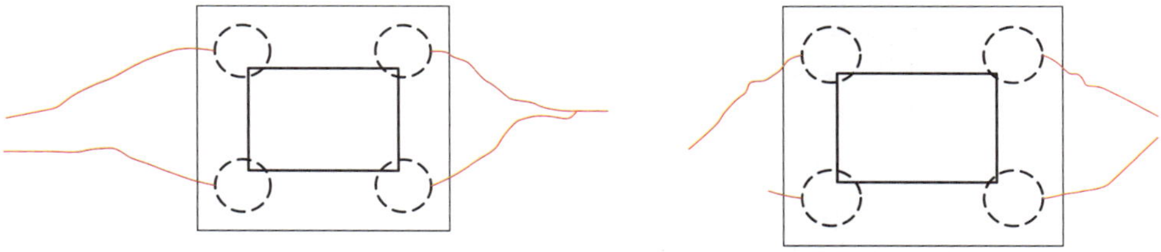

(a)无冻土情况下土体表面裂缝　　(b)多年冻土情况下土体表面裂缝

图 8-12　土体表面裂缝情况

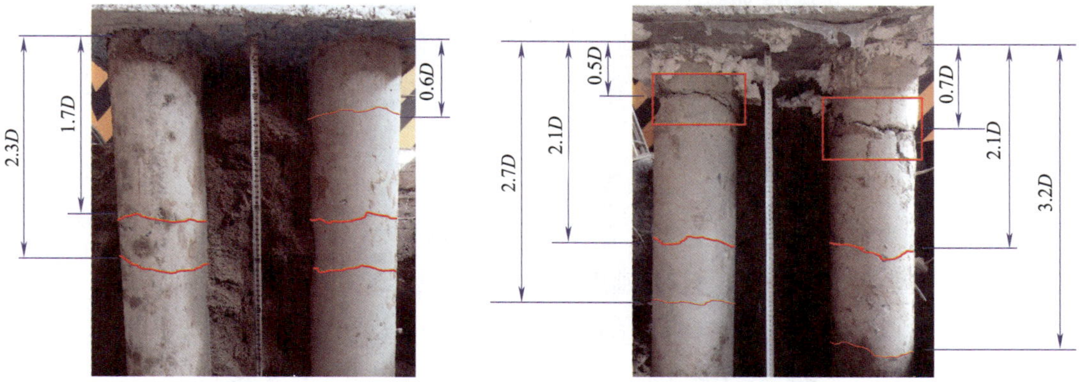

(a)非冻土条件桩基础开裂情况　　(b)多年冻土条件桩基础开裂情况

图 8-13　桩基础开裂及破坏情况

其次,无冻土情况下桩基础的裂缝较小,桩基础并未形成塑性铰区,而多年冻土中的桩基础裂缝开展充分,且在地面附近处形成了塑性铰区(0.5～0.7 倍桩径处),钢筋屈服并部分拉断,混凝土压碎脱落情况明显。

图 8-14 是无冻土和有多年冻土情况下桩基础混凝土在水平往复荷载作用下的滞回曲线和骨架曲线。可以看出,存在多年冻土情况下,桥梁桩基础-冻土体系在水平荷载作用下的承载能力有大幅提高,最大水平承载力提高超过 80%,后期变形能力略有降低,但并不明显。由于多年冻土情况下桩基础出现塑性铰并产生严重破坏,因此最后加载阶段骨架曲线正向出现断崖式下降,表明桩基础中钢筋被拉断,桩基础发生断裂。

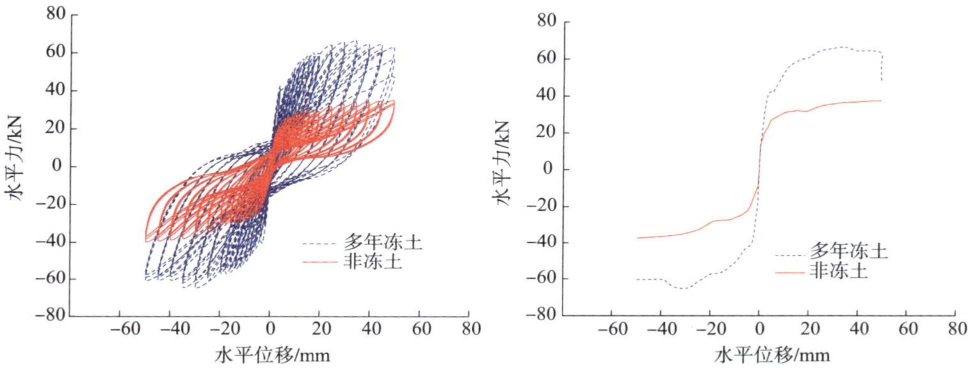

(a)多年冻土与非冻土滞回曲线　　(b)多年冻土与非冻土骨架曲线

图 8-14　滞回曲线和骨架曲线

图 8-15 是多年冻土和无冻土情况下桩土体系耗能能力的比较,可以看出,加载初期(水平位移 20 mm 以下)两种情况下的耗能能力比较接近,这是因为加载初期桩土体系尚处于弹性变形阶段。多年冻土情况下桩土体系的耗能能力在加载后期急剧增大,首先是多年冻土较大的土抗力作用,其次是多年冻土情况下桩基础进入塑性变形,混凝土压溃、钢筋屈服直至拉断会产生大量能量耗散。

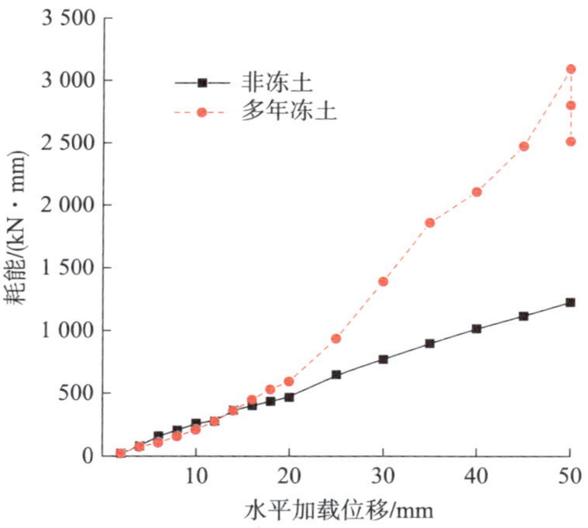

图 8-15　多年冻土与无冻土耗能能力比较

8.3.3 分析结论

由拟静力模型试验结果分析可知，季节冻土层和多年冻土层对桥梁桩基础的水平荷载反应均有显著影响，主要包含以下几个方面：

(1)季节冻土层或多年冻土层均会显著改变高承台桥梁桩基础的破坏形态，包括水平荷载作用下桩基础混凝土开裂位置、塑性铰的出现等；

(2)季节冻土层或多年冻土层的存在会显著提高桩土体系的水平承载能力，而桩土体系变形能力的变化并不显著；

(3)季节冻土层或多年冻土层的存在会显著影响桩土体系的滞回特性和耗能能力，加载后期的耗能能力均明显高于无冻土情况。

8.4 冻土区桥梁地震响应分析模型

8.4.1 简化弹簧模型

基于李永波[49]的桩-冻土相互作用模型思想，结合多年冻土拟静力试验现象，提出了一种能够考虑多年冻土效应的桩-土相互作用静力非线性分析计算模型，如图 8-16 所示，该模型具有以下特点：

(1)考虑土体水平向接触作用以及桩、土材料非线性特性，用水平弹簧考虑土体对桩基础的抗力作用；

(2)考虑桩基与周围土体的竖向摩擦作用，用双线性准则的竖向摩擦非线性弹簧进行模拟；

(3)考虑桩底与土体的挤压作用，并以无拉力弹簧模拟；

(4)考虑了上部结构荷载对桩-土相互作用的影响以及群桩效应；

(5)基于拟静力模型试验结果，设定桩基础的分布塑性铰区域，即多年冻土区季节活动层深度范围内。

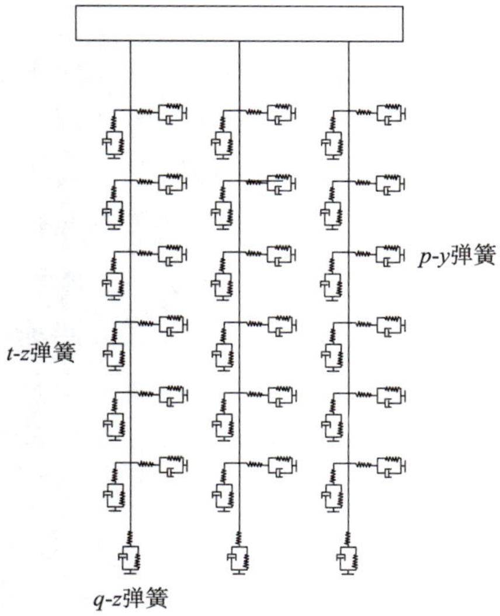

图 8-16　桩-土相互作用分析模型[49]

图 8-17 中，桩-冻土相互作用效应通过冻土弹簧来模拟，冻土对桩基础的作用可以分为三种：水平抵抗作用、竖向摩擦作用、底部支撑作用。因此，在分析模型中，土体采用三种弹簧模拟，桩周水平弹簧模拟桩周土体的水平抵抗作用；桩侧竖向弹簧模拟桩侧土体的竖向摩擦作用；桩底支撑弹簧模拟桩底竖向支撑作用；并在模型中设定塑性铰区域，其长度

通过拟静力试验确定。以多年冻土区桩基础拟静力试验为例，确定塑性铰区域的长度为 3.2D，其中 D 为桩径；群桩效应根据我国《码头结构设计规范》(JTS 167—2018)中土体抗力折减系数来考虑，以上各种弹簧均通过各自的荷载-位移曲线来表示，即水平弹簧通过 p-y 曲线来表示，竖向摩擦弹簧通过 t-z 曲线来表示，桩底支撑弹簧通过 q-z 曲线来模拟。以下对各弹簧参数的取值进行说明。

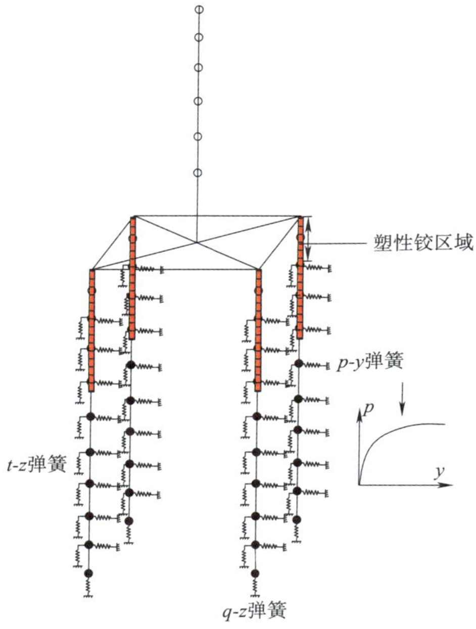

图 8-17　改进的桩-冻土相互作用分析模型

1. 土体水平弹簧参数

所谓 p-y 曲线，是指在水平荷载作用下，土面以下某一深度处的土体水平反力与该点桩位移之间的关系曲线。研究表明，土体冻结时的刚度约为其非冻结时的两个数量级倍，当土体的含冰量够大，有足量的冰晶填充于土颗粒间隙时，冻土的强度较高与弱岩相似[50,51]。因此，可以对弱岩 p-y 曲线进行修正代替冻土的非线性 p-y 曲线[49]，如图 8-18 所示。

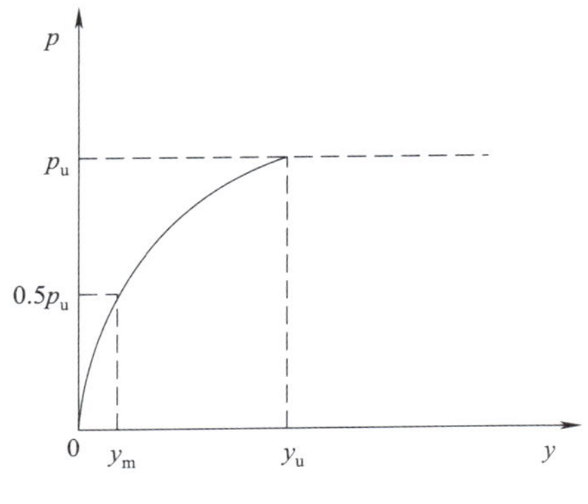

图 8-18　冻土 p-y 曲线关系图

由图 8-18 可知，冻土 p-y 曲线关系可以分为两部分，第一部分为三次函数，第二部分为常值函数，其表达式如下：

$$\begin{cases} p = p_u \left(\dfrac{y}{y_m}\right)^{\frac{1}{3}} & y \leqslant y_u \\ p = p_u & y \geqslant y_u \end{cases} \tag{8-1}$$

式中，p_u 为冻土的极限阻力；y_m 为冻土所受荷载压力为 p_u 值一半时的桩身变形，$y_m=k_m d$。

p_u 可通过公式(8-21)求解：

$$\begin{cases} p_u=q_u d\left(1.5+0.25\dfrac{x_{fs}}{d}\right) & 0\leqslant x_{fs}\leqslant 12d \\ p_u=4.5q_u d & x_{fs}>4.5q_u d \end{cases} \quad (8\text{-}2)$$

式中，q_u 为冻土的压缩强度，由冻土静三轴试验所得；d 为桩基直径或宽度；x_{fs} 为地表以下冻土深度；k_m 为冻土极限强度 50%相应的应变，冻土的压缩强度曲线如图 8-19 所示。

由冻土静三轴试验数据拟合出围压为 50 kPa 时冻土的压缩强度公式如下：

$$q_u=-30.36T^2-600T-353.6 \quad (8\text{-}3)$$

式中，T 为冻土负温。

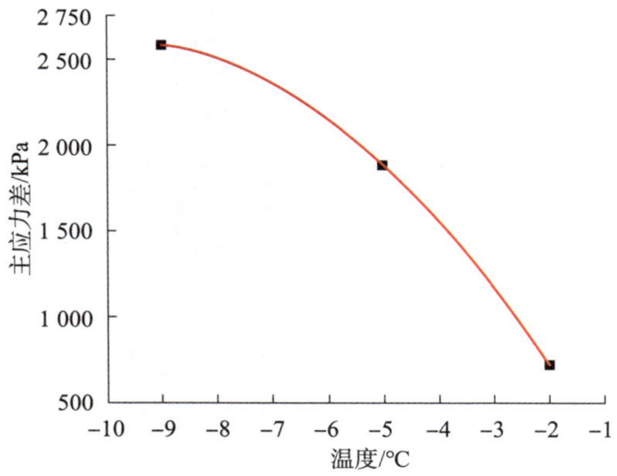

图 8-19　冻土压缩强度拟合曲线

2. 桩周及桩底弹簧参数

实际工程中，桩基础要承受各种不同形式的荷载，即使只在水平荷载作用下，土体的竖向作用对桩基础的受力尤其是桩身轴力有很大的影响。工程中通常将桩分为摩擦桩和端承桩，其中摩擦桩只考虑桩侧土体的摩擦作用，忽略桩底的端承作用；端承桩则相反，只考虑桩底的支承作用而忽略桩侧土体的摩擦作用。严格意义上讲，不存在纯粹的摩擦桩和端承桩，因此，采用 t-z 曲线和 q-z 曲线来描述桩基础的竖向力学行为。

日本铁道抗震设计规范将桩基础的地基土抗力作为地基变形模量和桩径的函数，并假定为理想弹塑性模型。当地基反力达到上限值则进入塑性状态，如桩尖的竖向地基抗力达到桩尖支承力、桩周的竖向地基抗力达到计算范围内的最大桩周摩阻力、桩侧的水平地基反力达到计算范围内有效土抗力的上限值后均进入塑性。地基土的抗力与位移关系曲线如图 8-20 所示。

桩侧面的竖直地基抗力的初始斜率 k_v 为桩侧面的设计剪力弹簧系数，设计剪力弹簧系数达到计算范围内的最大桩周侧摩阻力上限值，此时为弹塑性；桩尖的竖直地基抗力的初始斜率 k_{sv} 为设计竖直弹簧刚度系数，达到标准桩间支撑力(即上限值)为弹塑性。

《鉄道構造物等設計標準・同解説—基礎構造物・抗土圧構造物》规定桩间的设计竖向地基反力系数如下。

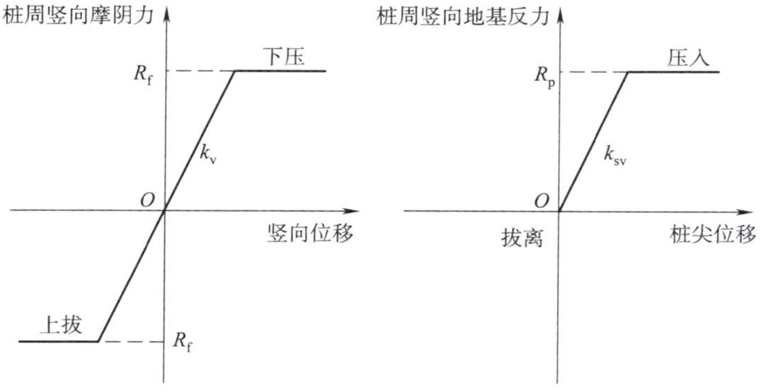

(a)桩周摩擦弹簧　　　　(b)桩尖竖直弹簧

图 8-20　桩周及桩底弹簧力-位移关系图

(1)桩尖闭口的打入桩

$$k_v = f_{rk}(3.5\alpha E_0 D^{-3/4}) \tag{8-4}$$

式中,k_v 为桩尖设计竖向地基反力系数;f_{rk} 为地基抗力系数;α 为对 E_0 计算方法的修正系数;E_0 为地基的变形模量;D 为桩尖的直径。

(2)现场灌注桩

$$k_v = f_{rk}(0.6\alpha E_0 D^{-3/4}) \tag{8-5}$$

(3)深基础桩

$$k_v = f_{rk}(1.7\alpha E_0 D^{-3/4}) \tag{8-6}$$

根据日本《鉄道構造物等設計標準・同解説—基礎構造物・抗土圧構造物》规定桩间的设计桩侧设计剪切地基反力系数如下:

(1)桩尖闭口的打入桩

$$k_{sv} = \begin{cases} f_{rk}(0.16\alpha E_0 D^{-3/4}) & \text{砂性土} \\ f_{rk}(0.3\alpha E_0 D^{-3/4}) & \text{黏性土} \end{cases} \tag{8-7}$$

式中,k_{sv} 为桩尖设计竖向地基反力系数;f_{rk} 为地基抗力系数;α 为对 E_0 计算方法的修正系数;E_0 为地基的变形模量;D 为桩尖的直径。

(2)现场灌注桩

$$k_{sv} = f_{rk}(0.09\alpha E_0 D^{-3/4}) \tag{8-8}$$

群桩基础的反力系数应根据考虑群桩效应后计算。

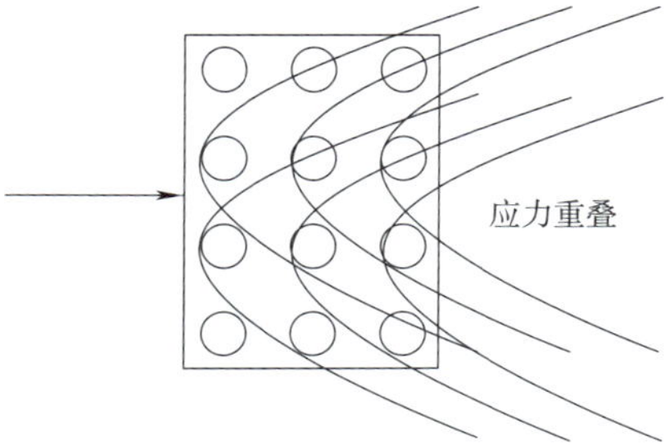

图 8-21　群桩效应示意图

3. 群桩效应

水平荷载作用下,桩间距较小(一般小于 8 倍桩径)的群桩由于应力重叠现象而导致各桩受力不均,承载力小于相应的单桩承载力之和，这种现象称为群桩效应。群桩效应可通过图 8-21 解释，在荷载作用下，前排桩对后排桩有遮挡作用，导致的结果是前排桩的受力明显大于后排桩。这种效应受到桩距、桩数等多种因素的影响。

ZHANG 等[52]的研究表明，根据我国《码头结构设计规范》(JTS 167—2018)中土体抗力折减系数来考虑群桩效应(黏性土)是合理的，如下式：

$$\lambda_h=\left[\left(\frac{s_0}{D}-1\right)/7\right]^{0.043\left(10-\frac{z}{D}\right)} \tag{8-9}$$

式中，λ_h为土体抗力折减系数；s_0为桩距；D为桩径。

4. 模型的建立及验证

模型中桥墩、承台、桩基础均采用梁单元模拟，桥墩与承台之间采用共节点连接，桩基础与承台采用刚性连接。约束及无约束混凝土的应力-应变关系采用 Mander 模型，塑性铰为分布塑性铰类型，采用三折线模型。按照拟静力试验温度监测数据，准确确定沿桩基础深度土体的温度变化，进一步得到相应位置冻土的 p-y 曲线。冻土 p-y 曲线采用修正的弱岩 p-y 曲线建立，桩周竖向摩阻力-位移关系以及桩尖土体抗力-位移关系通过日本铁道抗震设计规范得到，所建模型如图 8-22 所示。

对模型进行 Pushover 分析，墩顶施加水平力及替代上部结构的自重，通过位移控制的方式进行推倒分析，得到其骨架曲线与拟静力模型试验对比结果如图 8-23 所示，拟静力试验桩基础开裂位置与数值模拟桩基础应力最大位置对比如图 8-24 所示。

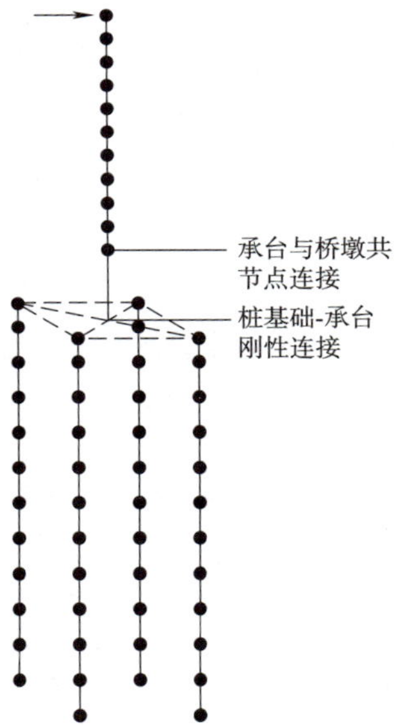

图 8-22　有限元模型

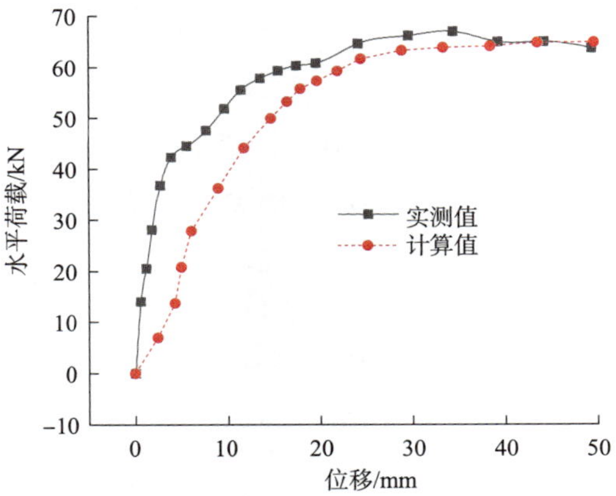

图 8-23　试验与模拟骨架曲线对比

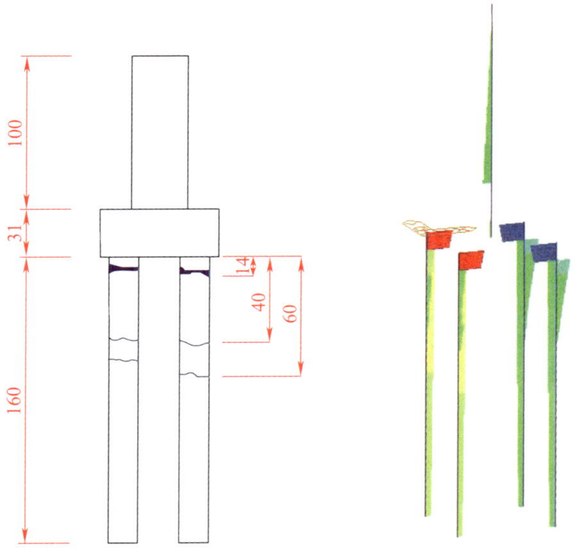

图 8-24　拟静力试验桩基础开裂位置与数值模拟桩基础应力最大位置对比(单位:cm)

通过提取的模型骨架曲线与试验进行对比可知,其最大水平承载力吻合较好,模型桩基础最大应力位置与试验桩基础开裂位置一致,表明简化弹簧模型能够较好地模拟冻土区桩基础在水平往复荷载作用下的力学性能。

8.4.2　有限元实体模型

1. 材料本构模型

(1)混凝土本构模型

在拟静力试验过程中,伴随着刚度的退化和反复的拉伸压缩,混凝土材料性能的变化是一个复杂的过程,所以在有限元分析中,材料的本构关系是否能够正确地反映结构的应力-应变关系显得至关重要。本书中选取 ABAQUS 软件中常用的混凝土塑性损伤模型(CDP 模型),其最大特点是考虑了拉伸与压缩过程中的损伤效应,在进行单向加载、循环加载和动态加载的模拟计算中可以更好地让计算结果收敛。混凝土的单轴应力-应变关系采用《混凝土结构设计规范》(GB 50010—2010)中定义的应力-应变曲线,如图 8-25 所示,其受拉与受压应力-应变曲线绘制于同一图中,但取不同比例,符号取“受压为正,受拉为负”。

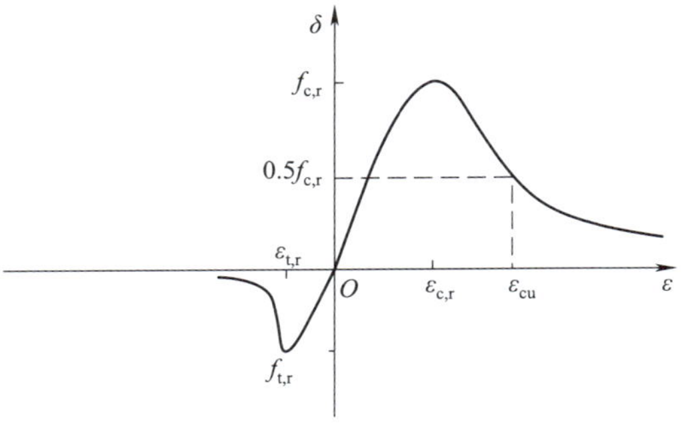

图 8-25　混凝土单轴应力-应变曲线

混凝土单轴受拉的应力-应变曲线可按下

列公式确定：

$$\sigma=(1-d_t)E_c\varepsilon \tag{8-10}$$

$$d_t=\begin{cases}1-\rho_t[1.2-0.2x^5] & x\leqslant 1\\ 1-\dfrac{\rho_t}{\alpha_t(x-1)^{1.7}+x} & x>1\end{cases} \tag{8-11}$$

$$x=\frac{\varepsilon}{\varepsilon_{t,r}} \tag{8-12}$$

$$\rho_t=\frac{f_{t,r}}{E_c\varepsilon_{t,r}} \tag{8-13}$$

式中，α_t 为混凝土单轴受拉应力-应变曲线下降段的参数；$f_{t,r}$为混凝土的单轴抗拉强度代表值，其值可根据实际结构分析需要分别取 f_t、f_{tk}、f_{tm}；$\varepsilon_{t,r}$为与单轴抗拉强度代表值 $f_{t,r}$相应的混凝土峰值拉应变；d_t 为混凝土单轴受拉损伤演化参数。

混凝土单轴受压的应力-应变曲线可按下列公式确定：

$$\sigma=(1-d_c)E_c\varepsilon \tag{8-14}$$

$$d_c=\begin{cases}1-\dfrac{\rho_c n}{n-1+x^n} & x\leqslant 1\\ 1-\dfrac{\rho_c}{\alpha_c(x-1)^2+x} & x>1\end{cases} \tag{8-15}$$

$$\rho_c=\frac{f_{c.r}}{E_c\varepsilon_{c,r}} \tag{8-16}$$

$$n=\frac{E_c\varepsilon_{c,r}}{E_c\varepsilon_{c,r}-f_{c,r}} \tag{8-17}$$

$$x=\frac{\varepsilon}{\varepsilon_{c,r}} \tag{8-18}$$

式中，α_c 为混凝土单轴受压应力-应变曲线下降段的参数值；$f_{c,r}$为混凝土的单轴抗压强度代表值，其值可根据实际结构分析需要分别取 f_c、f_{ck}、f_{cm}；$\varepsilon_{c,r}$为与单轴抗压强度代表值 $f_{c,r}$相应的混凝土峰值压应变；d_c 为混凝土单轴受压损伤演化参数。

获得混凝土本构模型曲线之后，还需计算混凝土损伤因子，SIDOROFF[53]根据能量等价原理，提出了混凝土损伤因子计算方法，其计算公式为

$$d=1-\sqrt{\frac{\sigma}{E\varepsilon}} \tag{8-19}$$

式中，d 为混凝土损伤因子；σ 为混凝土真实应力；ε 为混凝土真实应变；E 为混凝土初始弹性模量。

(2)钢筋本构模型

钢筋的本构模型可以分为三种，理想弹塑性模型、二折线模型（弹性-强化模型）、三折线模型（弹塑性-强化模型）。理想弹塑性模型适用于结构破坏时钢筋应力-应变曲线未进入强

化阶段的状况，二折线模型多用于高强钢筋或钢丝的模拟，三折线模型可以很好地表达钢筋的大变形性能。钢筋的三种本构曲线如图 8-26 所示。

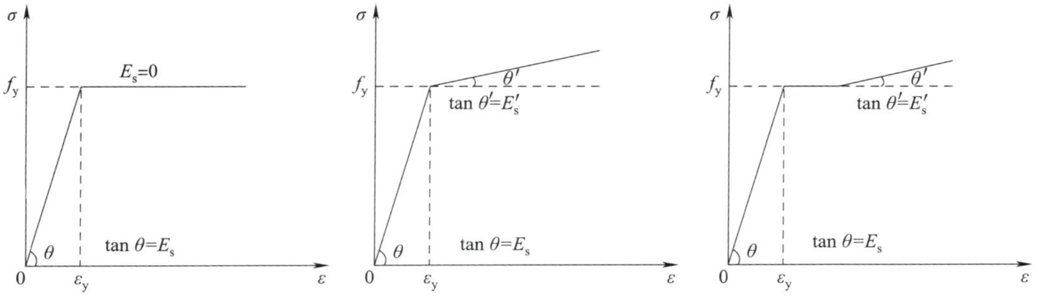

(a)弹塑性本构模型　　(b) 二折线本构模型　　(c) 三折线本构模型

图 8-26　钢筋的三种本构关系图

本书中选用二折线模型来描述钢筋的材料属性，即弹性强化模型，屈服前为完全弹性的，屈服后的应力-应变关系简化为很平缓的斜直线，为提高计算的收敛速度，将此阶段的应力和应变关系取为一一对应，使 $E_s'=0.001E_s$，数学表达式为

$$\begin{cases}\sigma_s=E_s\varepsilon_s & 0\leqslant\varepsilon_s\leqslant\varepsilon_y\\ \sigma_s=f_y+E_s'(\varepsilon_s-\varepsilon_y) & \varepsilon_s\geqslant\varepsilon_y\end{cases} \tag{8-20}$$

式中，σ_s 为钢筋应力；ε_s 为钢筋应变；E_s 为钢筋弹性模量；ε_y 为钢筋屈服应变；f_y 为钢筋屈服应力；E_s'为钢筋屈服后的弹性模量。

(3)土体本构模型

目前有三种常用的土体本构模型，分别是摩尔-库伦模型、扩展 D-P 模型和修正的剑桥模型。本书选用摩尔-库伦模型进行模拟，其屈服准则是：作用在某个点上的剪应力等于该点此时的抗剪强度，若材料发生屈服破坏，此时该点的剪应力和正应力的比值为最大。摩尔-库伦模型的表达式为

$$\tau_n=C+\sigma_n\tan\varphi \tag{8-21}$$

式中，C 为土的黏聚力；φ 为土的内摩擦角，σ_n 为切面正应力。

2. 有限元模型的建立

(1)单元建立与模型装配

借助 ABAQUS 软件平台，有限元模型中混凝土采用三维实体单元(C3D8R)，对于桥墩和基础的钢筋，采用三维桁架单元(T3D2)。纵筋和箍筋分别根据不同的材料和直径赋予截面属性后，在装配过程中通过布尔运算合并成钢筋笼，通过内置区域命令嵌入混凝土中，地基土模型采用三维实体单元(C3D8R)。

(2)桩-土相互作用属性设置

桩土体相互作用涉及桩和土之间的接触问题，桩-土接触是具有高度非线性的行为，这

类接触问题存在单边约束和未知接触区域。在多数情况下，需考虑桩-土交界面的相对滑动、脱离以及周期性的闭合和张开。由于桩基刚度较大，因此将其设置为主接触面，土体设置为从接触面，接触类型为面与面接触。切向行为采用库伦摩擦模型，通过设置摩擦系数来考虑接触面之间的摩擦力[54,55]。法向力学行为设为“硬”接触，即两个接触面之间能够无限制地传递压力，当两个接触面的接触压力变为零或者负值时，接触面分离，此时解除相应的约束，可较好模拟桩土之间的分离。桩-承台-桥墩之间的相互作用采用绑定约束，模拟混凝土的固结作用，钢筋嵌入混凝土构件之中。

(3)地应力平衡

地层中存在的初始地应力主要是岩土体的自重和地质构造作用的结果，也就是说它是在长期的重力作用下逐渐沉降后形成的，其初始的变形状态并不是所建立模型呈现出的状态。已有研究表明[56]，考虑初始应力和不考虑初始应力的结果有较大差异，且考虑初始应力的桩基在同等荷载作用下具有较大的位移，这种差异随着荷载的增大表现得更加明显。因此，初始地应力在岩土计算中是必须要考虑的问题。地应力平衡的真正目的是塑造一个变形为零、应力为重力产生的应力量值的初始地应力场[55,57]。因此在 ABAQUS 中，如果给土体施加地应力的同时施加重力，则土体的地应力和重力两者相平衡，土体的竖向变形充分小，即可认为形成了地应力场。

8.5 算例分析

8.5.1 静力非线性分析

1. 有限元模型建立

基于本书 8.3 节中拟静力试验模型桩基础桥墩进行有限元分析，为了考虑边界效应的影响，土体宽度取 5 m，高度取 2 m，其余条件均与拟静力试验中保持一致。借助 ABAQUS 软件平台，混凝土和土体均采用三维实体单元(C3D8R)模拟，钢筋采用桁架单元(T3D2)模拟。土体底部采用完全固结的方式，同时限制土体侧向水平位移，使边界条件与拟静力试验中保持一致，有限元模型如图 8-27 所示。

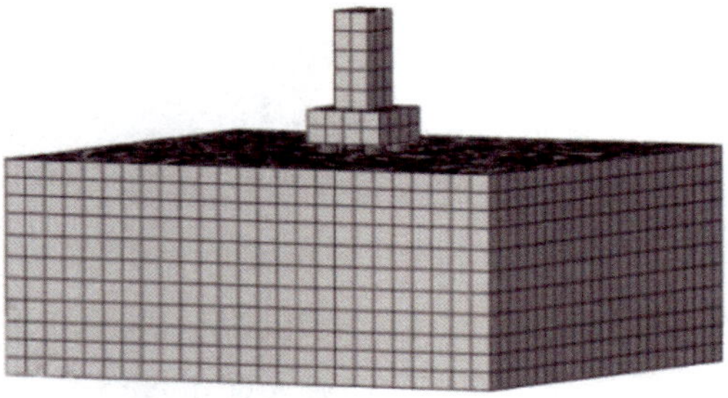

图 8-27 桩基础桥墩三维实体有限元模型

混凝土本构采用混凝土损伤塑性模型(CDP 模型)，混凝土损伤因子采用 8.4.2 节中的计算方法计算；钢筋本构选用二折线模型；土体本构选用 Mohr-Coulomb 模型，土体基本参数见表 8-2。

表 8-2　土体本构模型参数

土体类型	弹性模量/MPa	泊松比	摩擦角/(°)	黏聚力/kPa
非冻土	25.1	0.3	30.1	49.3
季节冻土	372	0.2	36	251
融土	16.8	0.3	19.5	15.6

表 8-3 中详细介绍了模型不同工况的参数设置，模型 1 为基准模型，其参数与拟静力试验保持一致；模型 2 和模型 3 主要考虑季节冻土层的影响，其中模型 2 为季节冻土层完全冻结状态，模型 3 为非冻土状态，即冻土层厚度为 0；模型 4 和模型 5 主要考虑冷暖季过渡期表层冻土融化的影响，融化层深度分别取 0.1 m 和 0.2 m 对比；模型 6 和模型 7 主要考虑桩基长度的影响，模型 8 和模型 9 主要考虑桩径的影响，模型 10 和模型 11 主要考虑桩基配筋率的影响，其中模型 6～模型 11 中桩基参数主要根据地质条件、施工条件以及铁路等级取值；模型 12 和模型 13 主要考虑墩顶竖向荷载的影响，其取值按照桥墩上部不同跨度梁体的自重确定。

表 8-3　模型基本参数

分析模型	季节冻土层厚度/m	季节冻土表层融深/m	桩长/m	桩径/cm	墩顶荷载/kN	配筋率/%
模型 1	0.5	0	1.6	0.19	188.5	0.44
模型 2	1	0	1.6	0.19	188.5	0.44
模型 3	0	0	1.6	0.19	188.5	0.44
模型 4	0.4	0.1	1.6	0.19	188.5	0.44
模型 5	0.3	0.2	1.6	0.19	188.5	0.44
模型 6	0.5	0	1.7	0.19	188.5	0.44
模型 7	0.5	0	1.8	0.19	188.5	0.44
模型 8	0.5	0	1.6	0.22	188.5	0.44
模型 9	0.5	0	1.6	0.25	188.5	0.44
模型 10	0.5	0	1.6	0.19	188.5	0.88
模型 11	0.5	0	1.6	0.19	188.5	1.32
模型 12	0.5	0	1.6	0.19	237.2	0.44
模型 13	0.5	0	1.6	0.19	285.9	0.44

2. 骨架曲线特性

图 8-28 给出了不同参数下高桩承台基础桥墩的骨架曲线，表 8-4 列出了不同模型的骨架曲线特性，包括屈服荷载、屈服位移、峰值荷载和位移延性系数。

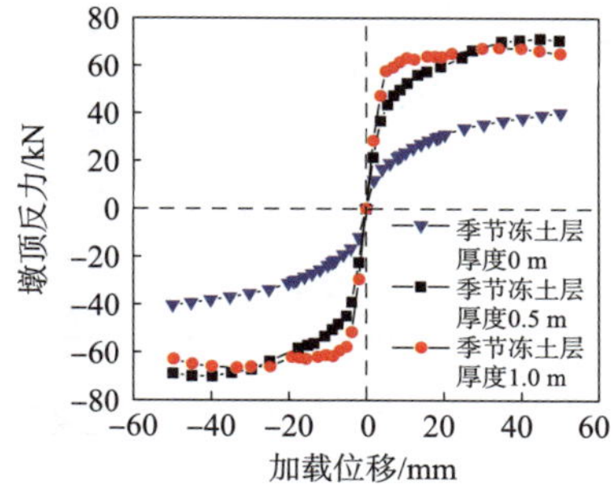

(a)不同季节冻土层厚度

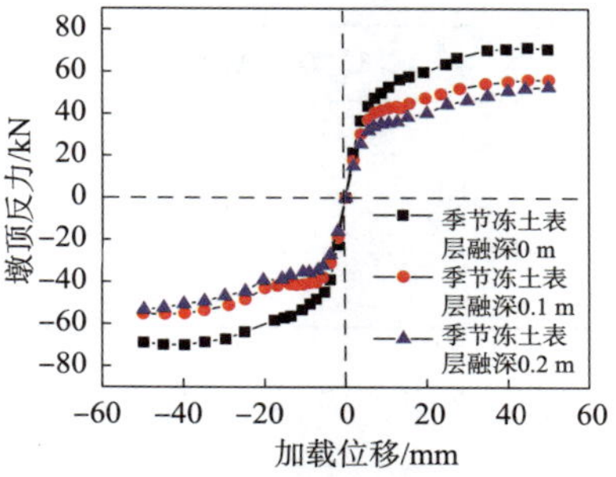

(b)不同季节冻土表层融深

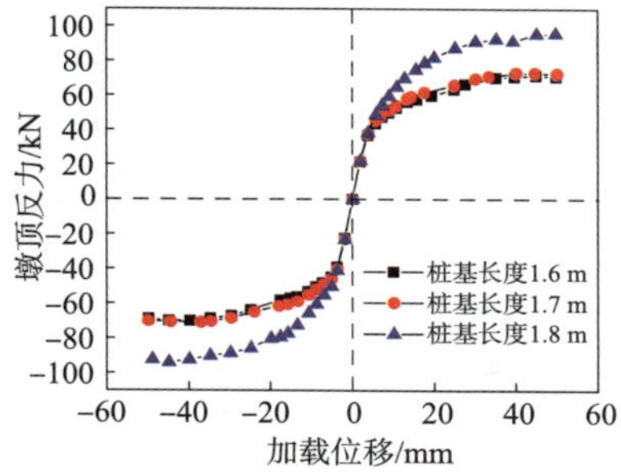

(c)不同桩基础长度

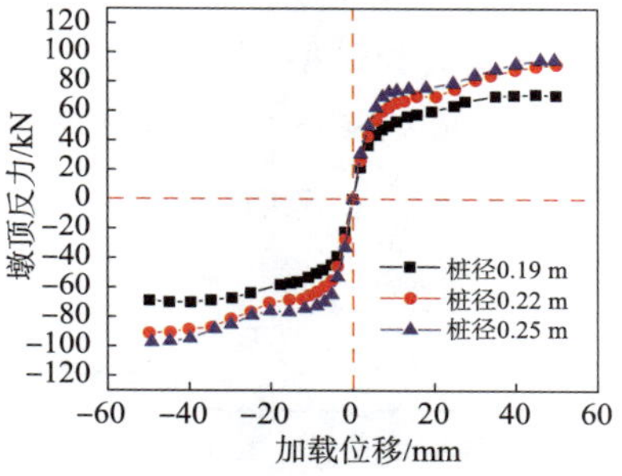

(d)不同桩基直径

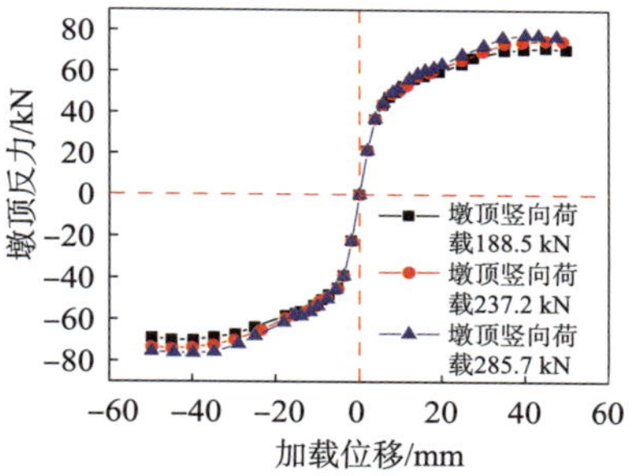

(e)不同墩顶竖向荷载作用

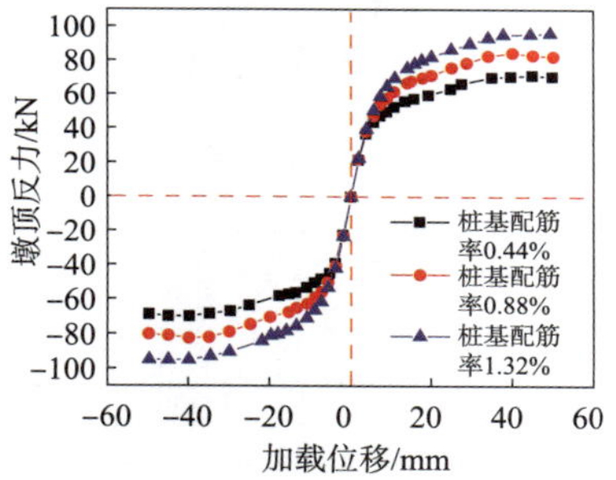

(f)不同桩基础配筋率

图 8-28　各参数下模型墩骨架曲线

表 8-4　不同模型的骨架曲线特性

模型	屈服荷载/kN		屈服位移/mm		峰值荷载/kN		位移延性系数	
	正向	负向	正向	负向	正向	负向	正向	负向
1	58.16	57.17	16.64	15.38	71.47	70.02	3.00	3.24
2	60.74	60.17	8.05	7.58	67.62	66.53	6.21	6.56
3	32.93	33.94	24.10	24.10	40.45	40.41	2.07	2.07

续上表

模型	屈服荷载/kN		屈服位移/mm		峰值荷载/kN		位移延性系数	
	正向	负向	正向	负向	正向	负向	正向	负向
4	45.24	44.14	16.18	17.27	56.05	55.39	3.09	2.90
5	41.18	44.21	21.00	24.62	52.69	55.32	2.38	2.03
6	80.55	79.56	19.03	17.97	95.54	93.97	2.61	2.73
7	60.46	59.32	15.89	14.19	72.90	70.91	3.14	3.53
8	70.53	70.14	20.99	19.53	91.84	91.12	2.37	2.56
9	75.95	76.17	18.07	18.86	95.23	97.23	2.73	2.62
10	69.50	68.12	17.25	15.95	84.57	82.50	2.90	3.13
11	81.75	80.64	18.94	17.93	99.49	98.10	2.64	2.79
12	60.62	59.02	18.25	17.04	75.22	74.05	2.68	2.93
13	62.08	60.17	18.45	17.30	78.05	76.31	2.57	2.89

依据图 8-28 和表 8-4 的计算结果，具体分析不同因素对冻土区铁路高桩承台基础桥墩水平承载力及位移延性系数的影响。可得如下结论：

(1)季节冻土层的存在对铁路高桩承台基础桥墩的承载能力影响十分显著，其大大提高了铁路桩-土体系的水平承载能力，但当冻土层达到一定厚度时，桩基础桥墩的水平承载能力不再提高，甚至出现了略微的下降，此时桩基础桥墩的水平承载能力主要由桩基础本身强度所决定；

(2)季节冻土表面出现融化层后对铁路高桩承台基础桥墩的水平承载能力极为不利，表现为随着冻土表层融深的出现及加深，桩-土体系水平承载能力和变形能力呈下降的趋势；

(3)当桩基础长度由 1.6 m 增加 10cm 时，模型的水平承载能力几乎不变，当桩基础长度增加 20 cm 时，其水平承载能力提高了约 28.5%，因此在铁路桥梁高桩承台基础抗震设计中应合理设计桩基长度；

(4)在一定范围内，铁路高桩承台基础桥墩的承载能力随着桩基直径、墩顶竖向荷载和配筋率的增加有不同程度的提高，但高桩承台基础桥墩的变形能力会减弱。

3. 刚度特性

图 8-29 给出了铁路高桩承台基础桥墩刚度随季节冻土层厚度、季节冻土表层融深、桩基配筋率、桩长和桩径以及墩顶荷载变化的曲线。总的来说，各模型的刚度退化规律基本一致，在达到塑性位移前，刚度随着荷载的增加迅速下降，达到塑性位移以后，衰减速度放缓，并在后期趋于平稳。其中，季节冻土层和季节冻土表面融化层的存在对铁路高桩承台基础桥墩的初始刚度和中后期等效刚度影响最为显著，具体表现为季节冻土层的存在可大大提高模型的等效刚度，季节冻土表面融化层的存在则反之。同时随着桩长、桩径和配筋率的增加，模型的刚度也会有不同程度提高，而模型的刚度几乎不受墩顶竖向荷载的影响。

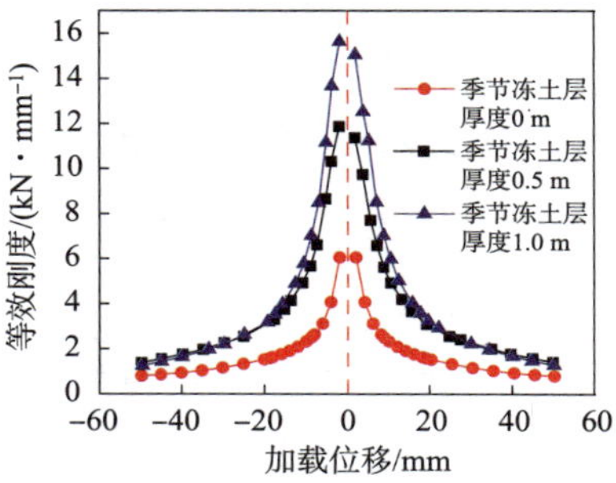

(a)不同季节冻土层厚度

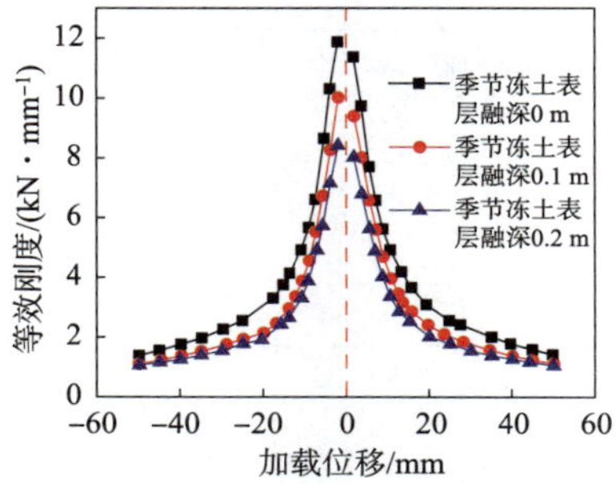

(b)不同季节冻土表层融深

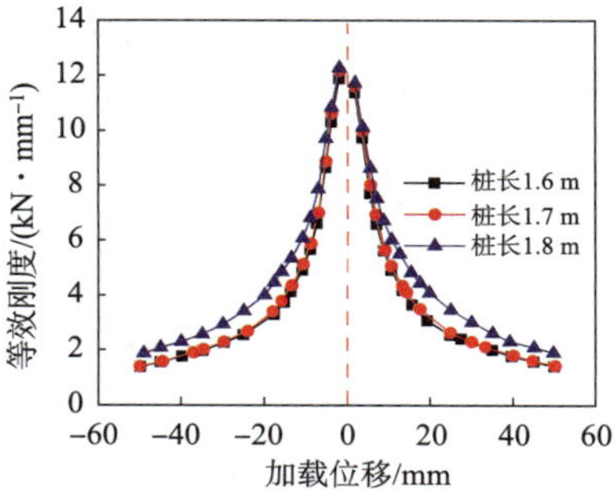

(c)不同桩基础长度

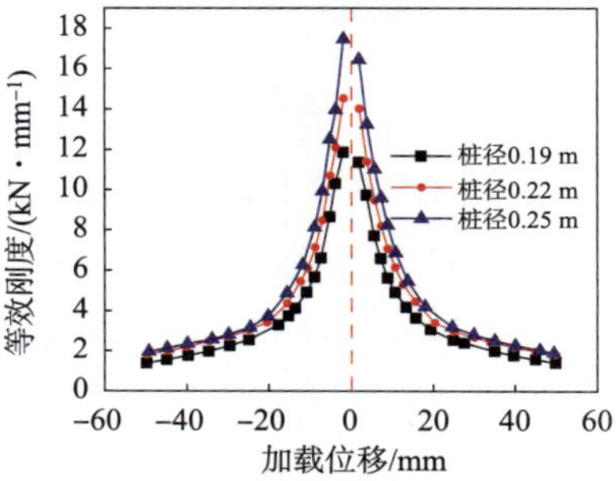

(d)不同桩基直径

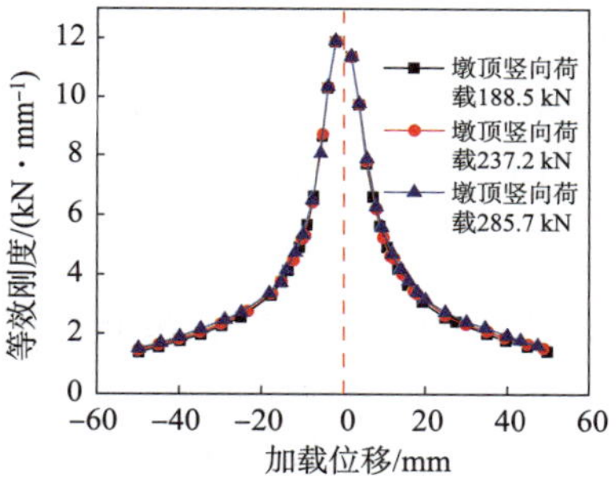

(e)不同墩顶竖向荷载作用

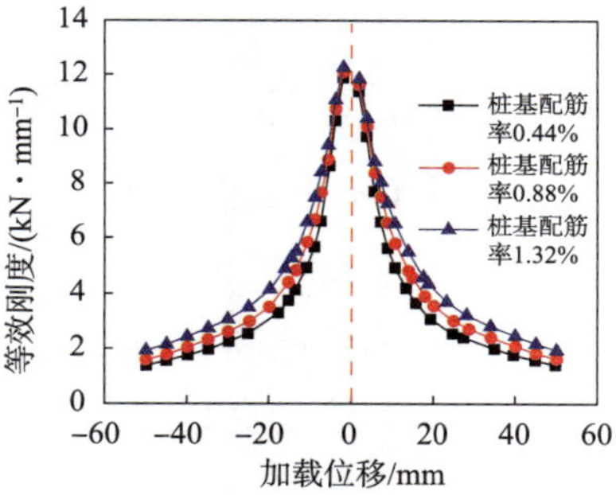

(f)不同桩基础配筋率

图 8-29 模型墩在不同参数下的刚度退化曲线

4. 桩身位移响应

图 8-30 给出了不同参数对高桩承台基础桩身位移的影响规律，可以发现季节冻土层的存在使桩顶最大位移减小了约 40%，而季节冻土区冻土表面融化层的出现使桩顶最大位移增加了 43%，桩长、桩径、墩顶竖向荷载以及配筋率等对桩基础的最大位移几乎没有影响。这是因为桩身的位移主要取决于土体对桩的约束作用，当土体冻结后其强度和刚度都显著

增大，冻土层的抗力对桩基础的阻碍作用大大增强，从而限制了桩基础位移的发展，土体融化后反之。

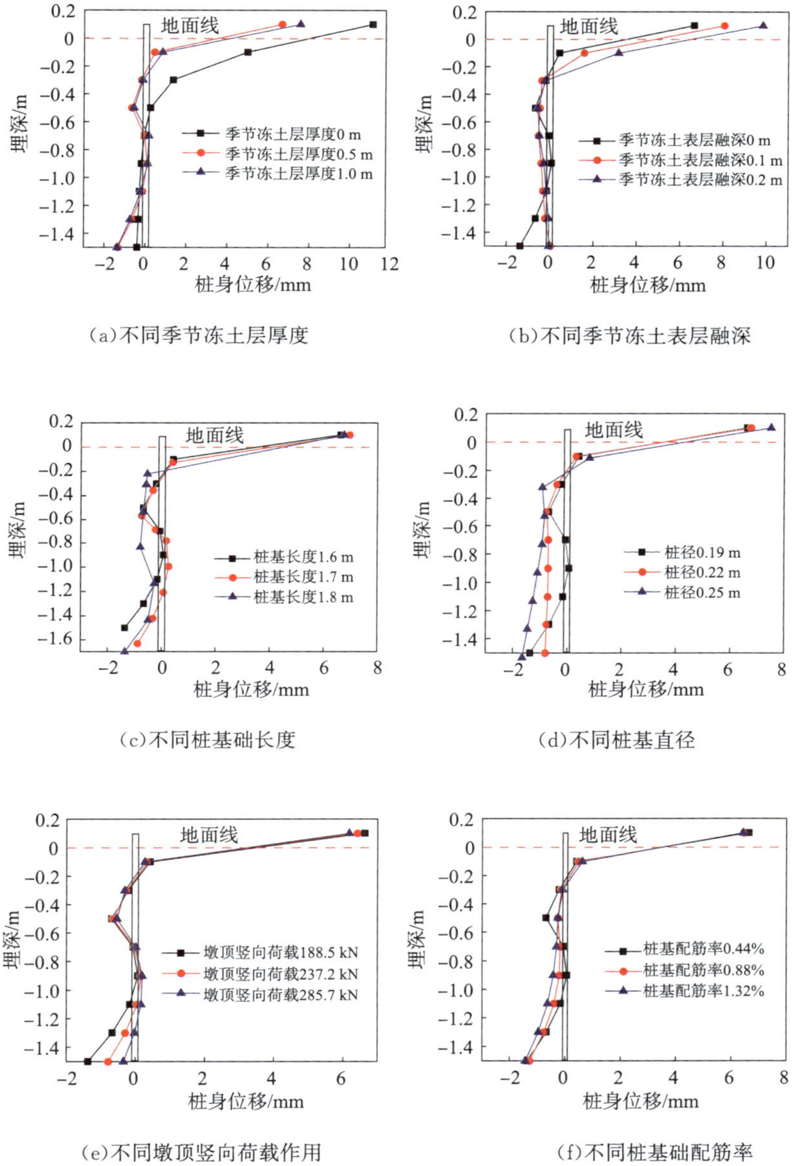

(a)不同季节冻土层厚度　(b)不同季节冻土表层融深

(c)不同桩基础长度　(d)不同桩基直径

(e)不同墩顶竖向荷载作用　(f)不同桩基础配筋率

图 8-30　不同参数对桩身位移的影响

5. 桩身弯矩响应

图 8-31 是不同影响因素下高桩承台基础桩身弯矩分布对比图，表明季节冻土层厚度、季节冻土表层融深的变化以及不同桩径对桩身弯矩分布情况影响较大。当不含冻土层时桩身最大弯矩发生在埋深 0.2 m 位置处，当有季节冻土层存在时桩顶位置处弯矩最大，且桩

身有负弯矩出现，但桩身最大弯矩的数值比不含冻土层时小。当季节冻土表面出现融化层时，桩身最大正弯矩出现在埋深约 0.15 m 处，且随着表面融化层厚度的增加桩身弯矩呈减小趋势，最大正、负弯矩位置也在逐渐下移。随着桩径的增加，桩身弯矩显著增大，增幅分别达 93%和 141%，因此通过增大桩径来提高承载能力对于桩身的受力极为不利。随着桩长的增加，桩身最大正弯矩几乎不变，桩长由 1.6 m 增至 1.7 m 时负弯矩略有增加，墩顶荷载和桩基配筋率对桩身弯矩影响较小。

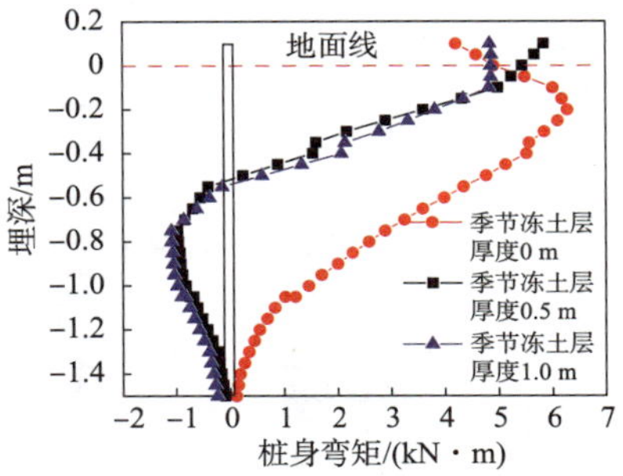

(a)不同多年冻土层厚度

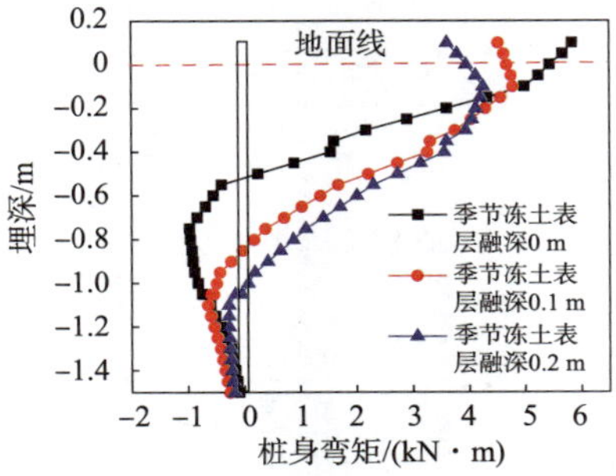

(b)不同季节冻土表层融深

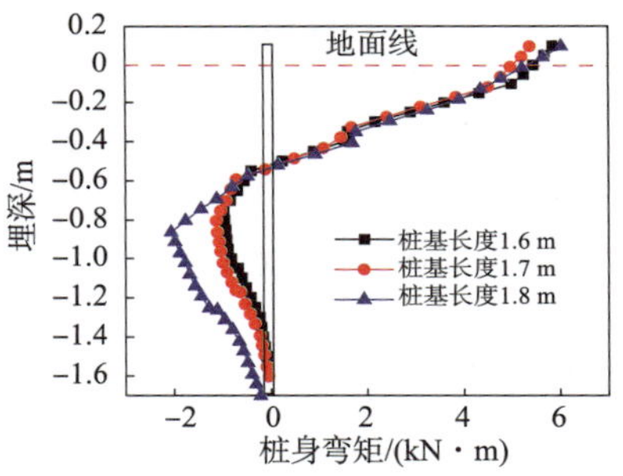

(c)不同桩基础长度

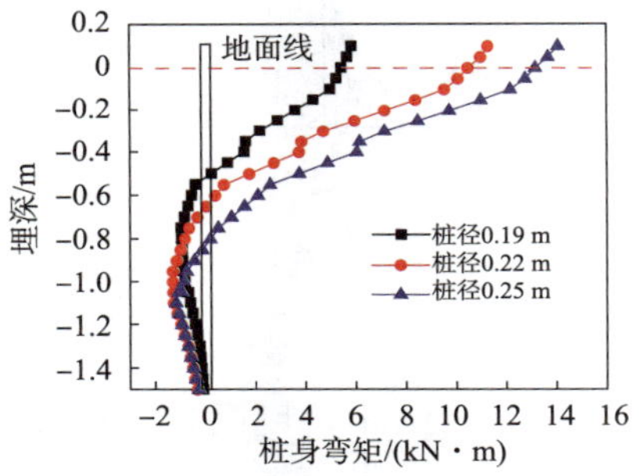

(d)不同桩基直径

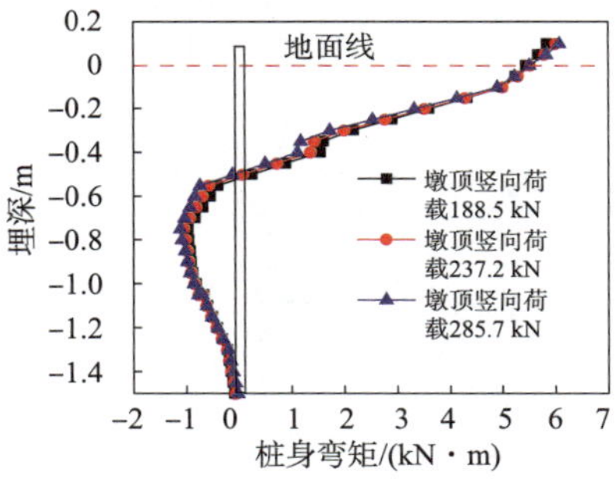

(e)不同墩顶竖向荷载作用

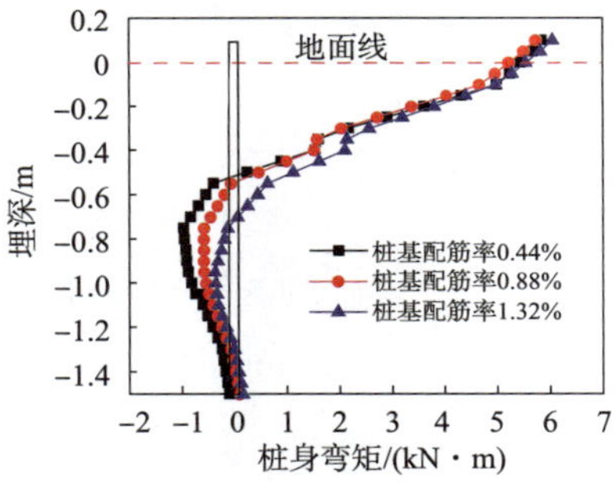

(f)不同桩基础配筋率

图 8-31　不同参数对桩身弯矩响应的影响

6. 桩身剪力响应

图 8-32 为不同参数对桩基础剪力分布的影响，总体来说桩身最大正剪力都发生在桩顶处，而最大负剪力发生在埋深 0.3～0.6 m 处。其中，季节冻土层的存在会增大桩身的剪力，桩身最大负剪力不仅增幅明显，而且位置发生了上移，相反随着季节冻土表层融深的加大，桩身最大剪力逐渐减小，最大负剪力的发生位置下移。增加桩长同样会减小桩身剪力，而增大桩径会增加桩身剪力，墩顶竖向荷载和桩基配筋率基本不会影响桩身剪力分布。

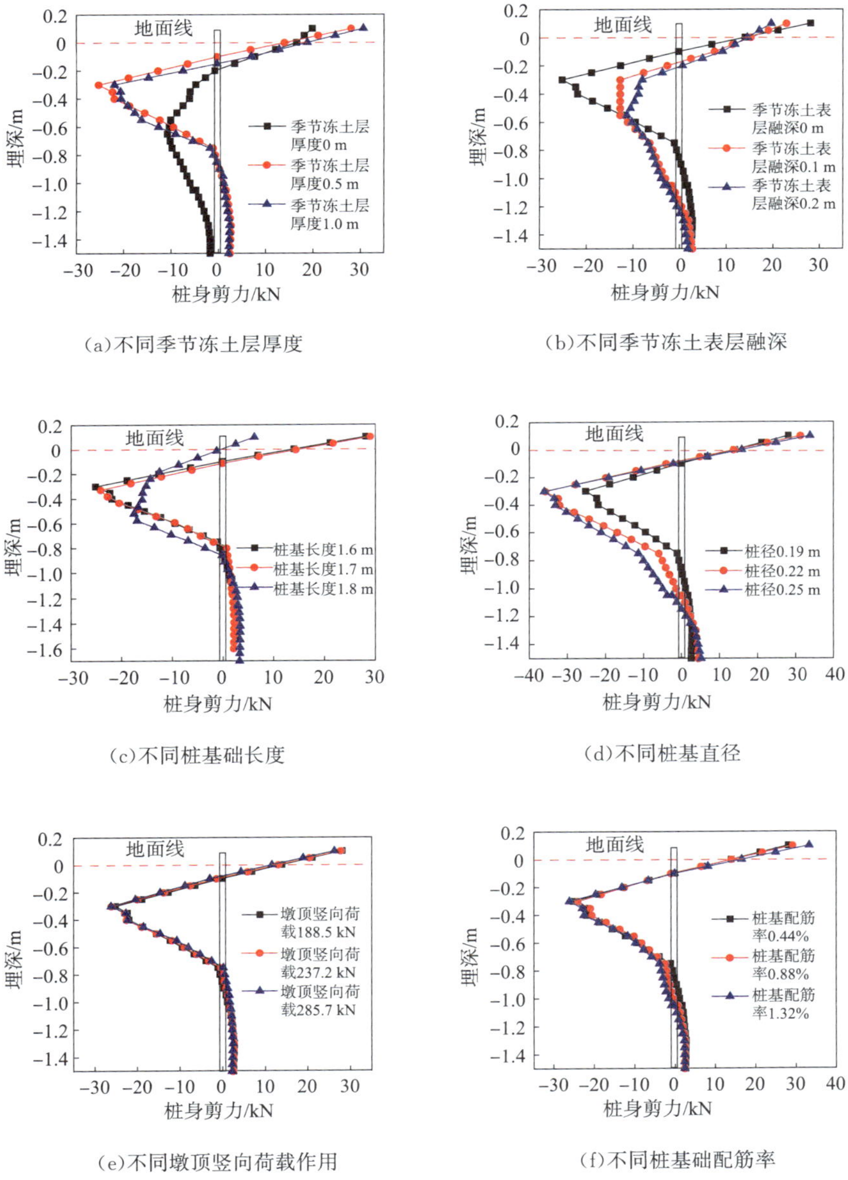

图 8-32　不同参数对桩身剪力响应的影响

8.5.2 动力时程分析

1. 桩-土-桥墩相互作用体系的有限元建模

以典型的冻土区铁路桥梁桩基础桥墩为原型进行动力时程分析，为简化建模将桥墩形式等效为矩形，其余构件尺寸和构造保持与原型桥墩一致。混凝土和土体均采用三维实体单元(C3D8R)模拟。土体本构选用 Mohr-Coulomb 模型模拟。在桩身与土体接触的部位设置接触对以考虑土与结构相互作用，容许两种材料之间发生闭合分离和滑移等接触行为。桩顶与承台、上部结构与承台的连接采用 tie 约束命令将桥墩和桩基结构绑定在承台表面。

动力有限元分析中的关键是解决计算域内结构辐射出来的外形波能否在模型边界处合理逸散传播的问题。为了减小模型边界效应的影响，大量研究人员在边界上设置了如透射边界、傍轴边界、黏性边界和黏弹性边界等各种人工边界条件。在黏性边界基础上，国外学者 DEEKS 等[58]提出了黏弹性边界，刘晶波等[59]经过进一步发展应用提出了基于球面波动理论建立的黏弹性人工边界。黏弹性边界通过增加一个弹簧来解决黏性边界的刚性恢复问题，不仅考虑了散射波的吸收，同时可以模拟半无限地基的弹性恢复能力，应用范围较广。王玉洁等[60]研究发现采用黏弹性边界时桥墩的自振频率和地震响应比固定边界时桥墩的自振频率和地震响应要小，但是不会影响冻土层条件对结构地震响应影响的规律。也有观点认为，一些人工边界设置复杂，占用计算机内存大，计算效率低且容易出现收敛问题，而且这些借助数学方法建立的人工边界条件一般只适用于在频域内求解，对于在时域内求解的真正非线性问题，除了把模型边界设置得尽可能远离主要分析对象外，目前还没有更合适的办法。

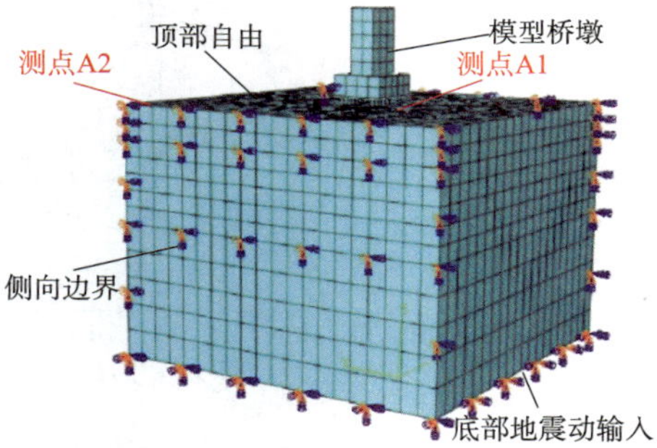

图 8-33 土-桩-桥墩相互作用体系有限元模型

本书为简化计算，提高计算效率，建模时土体尺寸取计算桩基的 20 倍，边界约束设置如下：在各边界沿水平激振方向(X 向)不设约束，在与激振方向正交的 Y 向设置限制位移约束，在底部边界直接输入沿激振 X 方向的水平地震加速度时程，土层顶面、高承台以及上部结构设置为自由，上部结构质量用集中质量块代替。具体的边界条件及计算模型如图 8-33 所示，动力时程分析计算工况见表 8-5。

表 8-5 动力时程分析计算工况

分析工况	季节冻土层厚度/m	多年冻土层上限/m	备　注
工况 1	0		无多年冻土
工况 2	2		无多年冻土

续上表

分析工况	季节冻土层厚度/m	多年冻土层上限/m	备　　注
工况 3	4		无多年冻土
工况 4	0	2	
工况 5	0	4	
工况 6	0	6	
工况 7	2	6	
工况 8	4	6	

2. 有限元模型边界效应分析

图 8-34 和表 8-6 分别为工况 2 土体表面在不同地震波作用下土体中间位置（A1）和边界位置（A2）处的加速度时程曲线和加速度峰值，从计算结果来看 A1 与 A2 位置处加速度曲线基本重合，最大误差约为 8.7%，因此所建模型的边界效应较小，能够合理模拟真实场地条件。

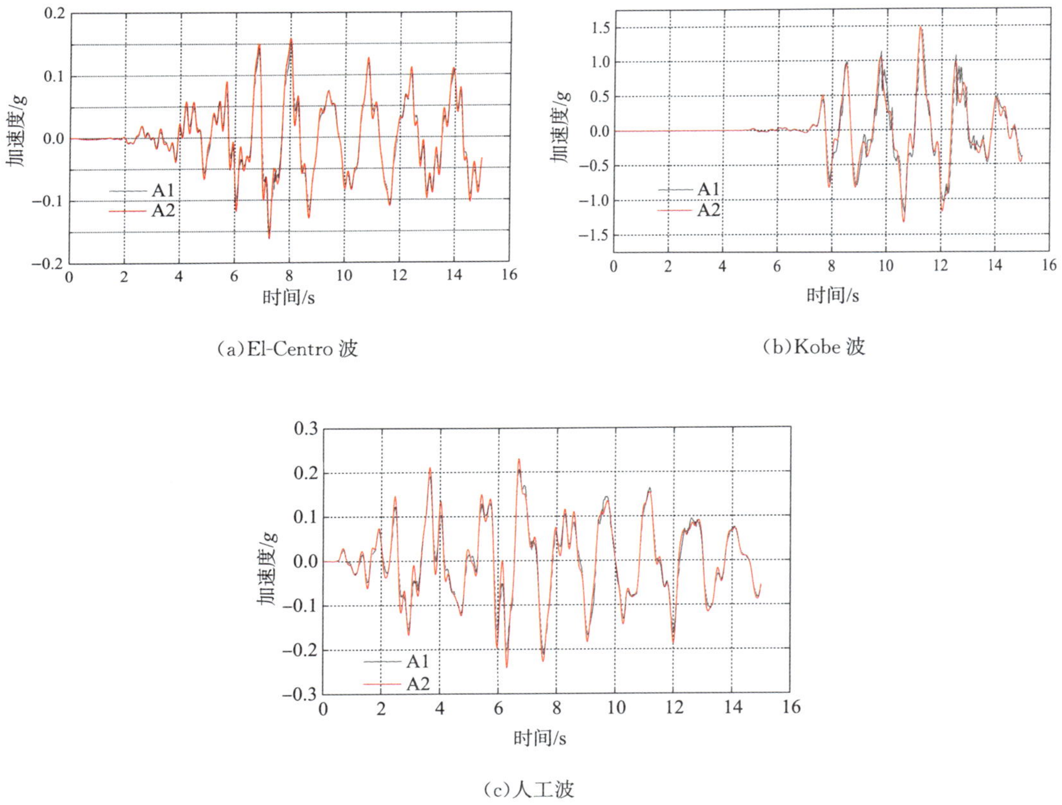

图 8-34　模型地基表面测点 A1 与 A2 的加速度时程曲线比较

表 8-6 工况 2 下测点 A1 与 A2 处的加速度峰值

地震波类型	El-Centro 波	Kobe 波	人 工 波
加速度峰值/g	0.178	0.834	0.206
A1 位置响应/g	0.164	1.468	0.210
A2 位置响应/g	0.165	1.484	0.230
差值比/%	0.606	1.078	8.696

3. 土层加速度响应

为研究各条件下地基土在不同深度处的地震响应分布特点，将不同土层标高处的加速度峰值与土层底部输入加速度峰值的比值定义为加速度峰值放大系数，计算结果如图 8-35～图 8-37 所示。

如图 8-35 所示，在 3 种地震波作用下非冻土场地表处的加速度放大系数均大于 1，说明非冻土场地对输入的地震波都具有放大效应，而对 Kobe 波的放大效应最为显著；而随着土表冻结层的出现及加深，其地表的放大系数呈逐渐减小趋势，说明冻土层对输入的地震波有抑制作用，总体而言，输入的地震波在季节冻土区土层中向上传播时呈现出先减小后增大的趋势。图 8-36 描述了多年冻土上限变化对地震波传播特性的影响，整体来看，多年冻土场地对地震波均具有放大效应，此时人工波的放大效应最大，Kobe 波次之，而随着多年冻土上限的下降(融土覆盖层厚度的增加)，场地土层对地震波的放大作用更加强烈。图 8-37 为地震波传播特性随多年冻土区表层土体冻结深度的变化图，其与季节冻土区变化规律一致，表层季节冻土对地震波具有抑制作用，但总体上多年冻土场地对地震波的放大作用要远高于季节冻土场地。

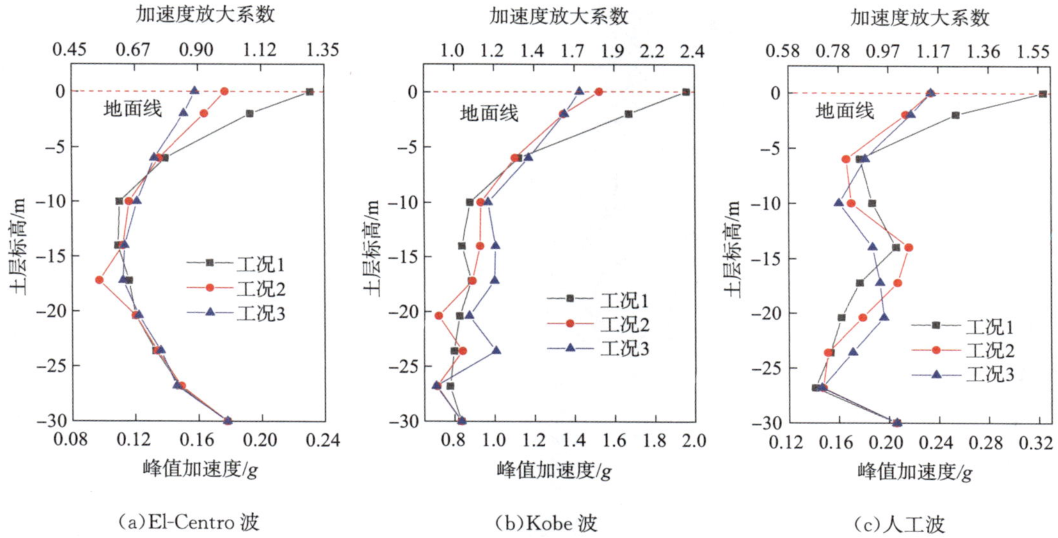

图 8-35 季节冻场地土层峰值加速度随冻土层厚度的变化

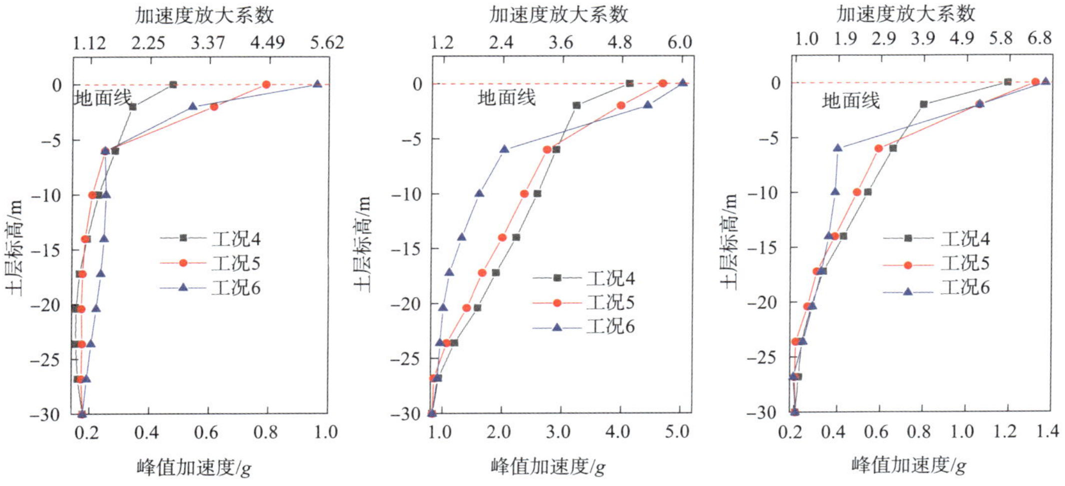

(a)El-Centro 波　　(b)Kobe 波　　(c)人工波

图 8-36　多年冻土场地土层峰值加速度随多年冻土上限的变化

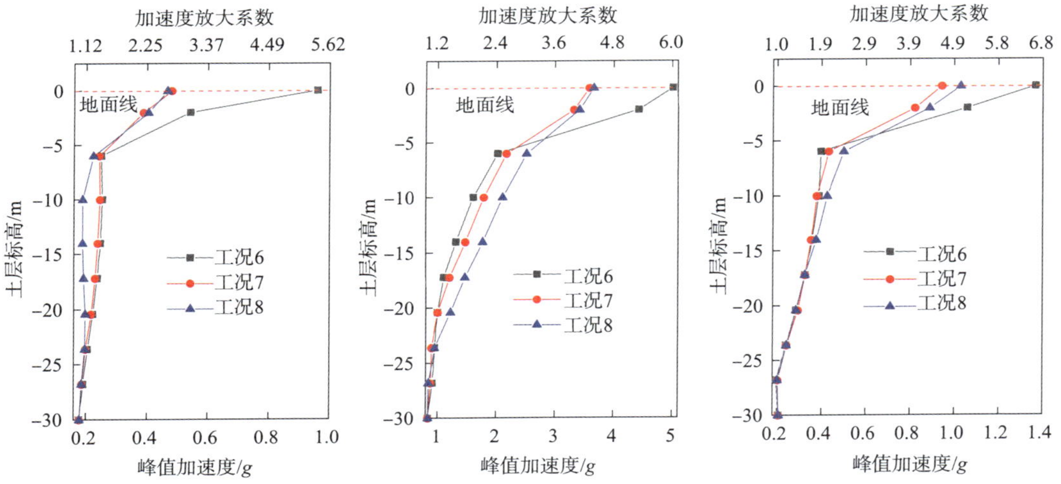

(a)El-Centro 波　　(b)Kobe 波　　(c)人工波

图 8-37　多年冻土场地土层峰值加速度随季节冻土表层厚度的变化

4. 墩顶和地面加速度响应

在土-桩-桥墩模型底部施加 3 种横向地震荷载，选取墩顶和地表上的点为观测点，得到不同工况下地表和墩顶的横向加速度峰值，见表 8-7。从表 8-7 中可以看出，在季节冻土区，随着冻土表层厚度的增加，地表峰值加速度呈减小趋势，但是桥墩的地震响应却被加大；随着多年冻土上限的下降(融土覆盖层厚度增加)，地表峰值加速度呈增大趋势，桥墩的地震响应变小，而当冬季时期多年冻土区表层土体开始冻结时桥墩的地震响应又被放大，因此在冻土区桥梁抗震设计中，应充分考虑冻土场地效应对其桥梁地震响应产生的不利影响。

表 8-7　墩顶和地面峰值加速度

工况	El-Centro 波		Kobe 波		人工波	
	墩顶峰值加速度/g	地表峰值加速度/g	墩顶峰值加速度/g	地表峰值加速度/g	墩顶峰值加速度/g	地表峰值加速度/g
1	0.531	0.231	3.940	1.959	0.713	0.324
2	0.625	0.177	5.767	1.524	0.746	0.234
3	0.542	0.158	4.704	1.426	0.805	0.234
4	0.486	0.476	3.859	4.123	0.751	1.191
5	0.431	0.788	3.612	4.680	0.665	1.320
6	0.441	0.960	3.426	5.011	0.657	1.367
7	0.969	0.481	7.732	3.586	1.368	0.943
8	0.728	0.466	7.425	3.660	1.229	1.029

5. 地表和墩顶加速度反应谱分析

地震反应谱曲线可以反映结构自振周期与地震作用的关系，它主要是指在既定的地震动作用下，单自由度结构体系的最大地震响应随结构自振周期的变化规律，加速度谱峰值对应的时间即为土-桩-桥墩相互作用体系的固有周期。图 8-38～图 8-40 为 El-Centro 波作用下各工况的加速度反应谱。

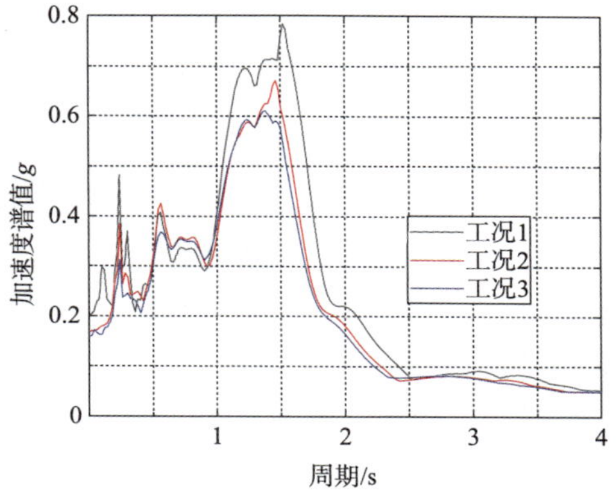

(a)地表加速度反应谱

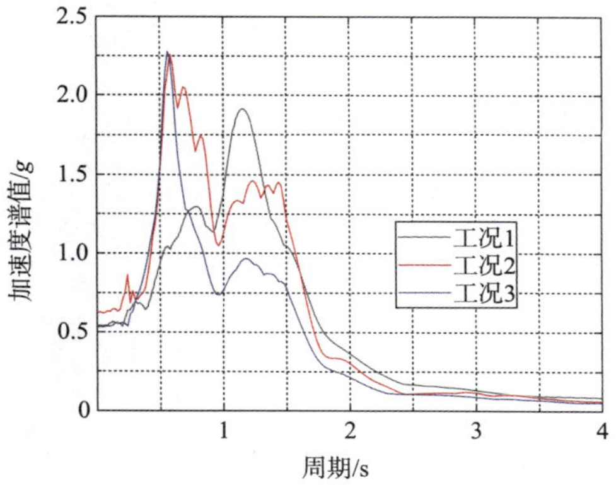

(b)墩顶加速度反应谱

图 8-38　季节冻土场地加速度反应谱随冻土层厚度的变化

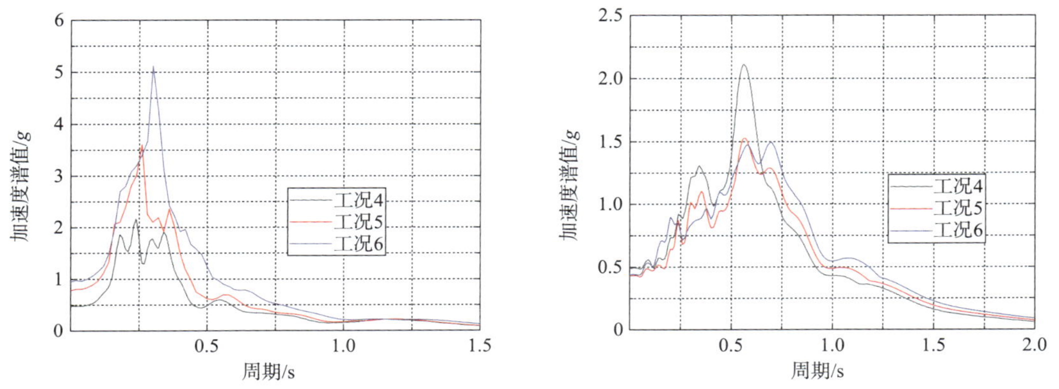

(a)地表加速度反应谱　　(b)墩顶加速度反应谱

图 8-39　多年冻土场地加速度反应谱随多年冻土上限的变化

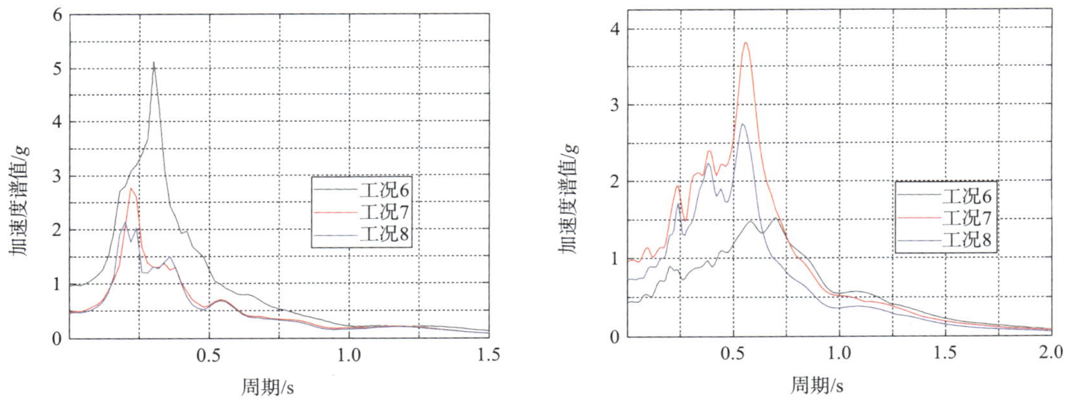

(a)地表加速度反应谱　　(b)墩顶加速度反应谱

图 8-40　多年冻土场地加速度反应谱随季节冻土层厚度的变化

由图 8-38 可知，在季节冻土区随着表层土体冻结深度的增加，地表和墩顶加速度反应谱频率影响范围开始减小，反应谱峰值前移。此外，随着季节冻土层厚度的增加，地表土层的加速度反应谱峰值逐渐减小，但墩顶加速度反应谱峰值却呈增大趋势，这是由于地表土体冻结后其刚度增大，使地表加速度响应减小，而同时又使冻土-桩-桥墩体系的振动频率增大，导致共振现象发生致使地震响应增大。由图 8-39 可以看到，在多年冻土区夏季时期，随着多年冻土上限的降低，地表加速度反应谱峰值逐渐增大并且后移，这是由于融土覆盖层厚度的增加对地震波的放大作用增强而引起的，同时随着融土覆盖层厚度的增加，桥墩结构的地震响应开始减弱。图 8-40 为多年冻土区由暖季向冷季过渡时期地表和结构地震响应随表层土体冻结深度的变化图，从计算结果可以看出当表层土体冻结后，地表的地震响应减弱而桥墩的地震响应增强，这与季节冻土区的变化规律一致。因而对于同一冻土场地上的建筑物，在冬季和夏季分别发生地震时，由于共振效应，在夏季长周期柔性结构震害严重，在冬季则短周期刚性结构震害严重，这一结果与黑龙江省德都地区的震害现象正好相符。

6. 墩顶位移响应

表 8-8 给出了 3 种地震作用下不同工况中墩顶相对地面的最大位移，从计算结果来看，在季节冻土区随着表层季节冻土厚度的增加墩顶最大相对位移均呈减小趋势，这主要是因为表层土体的冻结使土对桩的约束作用增强，从而限制了桩身位移的发展。然而在多年冻土区，在 El-Centro 波和人工波作用下，随着表层季节冻土厚度的增加墩顶最大相对位移呈先增大后减小的趋势，原因分析如下：该场地在这两种地震波作用下，当季节冻土层厚度为 2 m 时，其对墩顶的放大作用最大，如图 8-40(b)所示，由于冻土层对结构动力放大效应产生的位移增量大于土体冻结时桩基被约束的位移增量，使墩顶最大相对位移表现出先增大后减小的趋势。另外，随着多年冻土上限的下降，桩身约束被削弱，墩顶相对位移变大，其地震稳定性也随之变差。

表 8-8　墩顶最大相对位移

工况	墩顶最大相对位移/mm		
	El-Centro 波	Kobe 波	人工波
1	13.5	101.6	17.9
2	9.3	67.8	11.2
3	6.3	39.9	8.8
4	4.4	33.3	6.2
5	5.1	46.1	7.2
6	6.5	54.7	8.4
7	6.8	52.7	9.8
8	4.6	41.2	7.9

7. 桩身弯矩分布

地震作用下高桩承台基础的震害是普遍存在的，桩身弯矩和剪力是桩基础结构抗震设计中应考虑的重要参数，确定这些参数沿桩身的分布情况，有利于桩身抗震设计和桩身破坏机制研究。

图 8-41 是不同工况下高桩承台基础桩身弯矩分布对比图，从图中可以看出，季节冻土区季节冻土层厚度变化对桩身弯矩分布情况影响较大。当不含冻土层时桩身最大弯矩发生在埋深 1 m 位置处，当有季节冻土层存在时在地表附近位置处弯矩最大，且桩身有负弯矩出现，桩身整体弯矩的绝对值比不含冻土层时小。在暖季期的多年冻土区，随着多年冻土上限的下降，桩身弯矩分布变化不大，但在冷季期，随着季节冻土层的冻结桩身最大弯矩变大且其发生位置上移至地表附近，最大增幅可达 129%。因此当多年冻土区冬季表层土体冻结后桩身的受力极为不利，高桩承台基础容易在地表附近发生严重破坏。

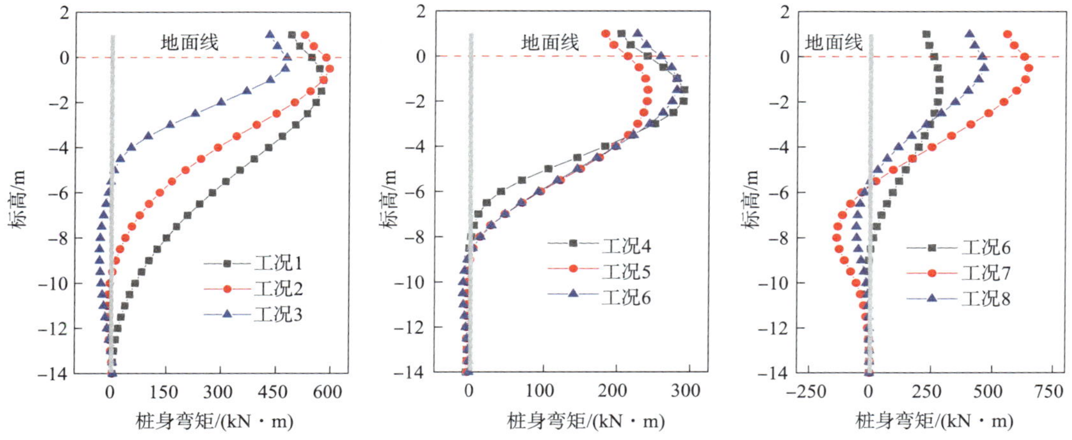

(a)季节冻土层厚度影响　(b)多年冻土上限影响　(c)多年冻土区季节冻土层厚度影响

图 8-41　不同工况下桩身弯矩响应包络图

8. 桩身剪力分布

图 8-42 为不同工况下桩基础剪力分布，总体来说桩身最大负剪力都发生在桩顶处，而最大正剪力发生在埋深 2～6 m 处。无论是季节冻土区还是多年冻土区，季节冻土层的存在会增大桩身的剪力，桩身最大正剪力不仅增幅明显，而且位置发生了上移。相反在暖季多年冻土区，随着多年冻土上限的下降，桩身最大剪力逐渐减小，最大正剪力的发生位置下移。

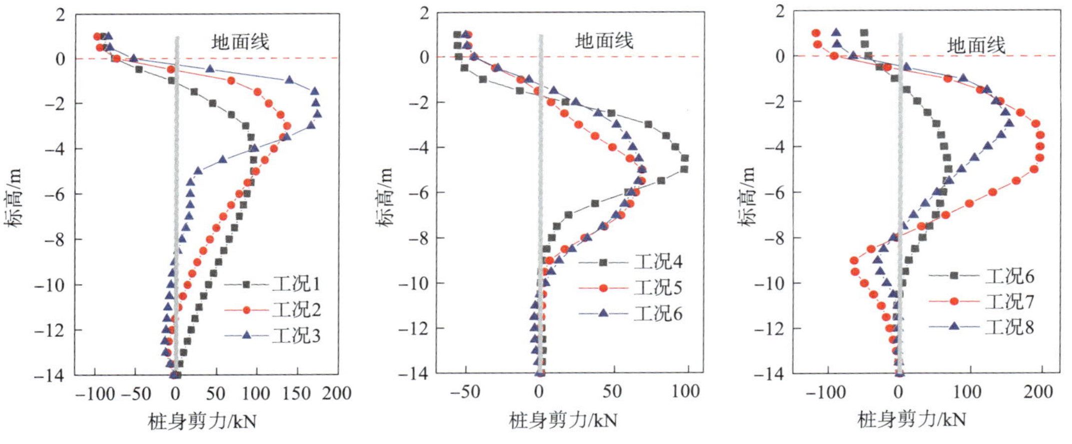

(a)季节冻土层厚度影响　(b)多年冻土上限影响　(c)多年冻土区季节冻土层厚度影响

图 8-42　不同工况下桩身剪力响应包络图

9. 结论

近年来在冻土地区发生过多次大地震，震害调查发现冻土层对场地上不同结构的地震响应有着显著影响，但冻土层对桩基础桥梁结构地震响应及地震破坏机制的具体影响目前尚不清楚。通过数值计算得到的研究结论如下：

(1)建立的有限元模型可有效模拟自由场地在地震荷载作用下的动力响应,数值计算结果均表明,冻土层的存在对场地地震响应有着显著的影响,土层表面冻结后地表土体的剪切模量增加,使场地的地震响应减小,随着地震动强度的增加以及多工况的累加效应影响,模型体系的非线性响应增强。

(2)随着表层融土层厚度的加深,多年冻土场地对地震波的放大作用更加强烈。无论是季节冻土区还是多年冻土区,随着表层土体冻结深度的增加其场地地震响应呈减小趋势,但总体上多年冻土场地要比季节冻土场地的地震响应强烈。

(3)随着季节活动层冻结的加深,地表土层的加速度反应谱峰值逐渐减小,但冻土-桩-桥墩体系的振动频率增大,导致共振现象发生使桥墩地震响应增大,因此在冻土区桥梁抗震设计中,应充分考虑冻土场地效应对桥梁结构地震响应产生的不利影响。

(4)一般情况下冻土层对桩基和桥墩的位移响应有抑制作用,但在一些情况下也会增大桥梁结构的位移响应,这主要是因为墩顶相对位移是由冻土层对结构动力放大效应产生的位移增量与土体冻结时桩基被约束的位移增量的相对大小所决定的。

(5)土体冻结后桩身最大弯矩上移至地表附近,而在多年冻土区当地表活动层冻结后其桩身弯矩和剪力大幅度增加,弯矩最大增幅可达 129%。因此当多年冻土区冬季表层土体冻结后桩身的受力极为不利,高桩承台基础容易在地表附近发生严重破坏。

参 考 文 献

[1] ZHANG T,BARRY R G,KNOWLES K,et al. Statistics and characteristics of permafrost and ground-ice distribution in the northern hemisphere [J]. Polar Geography,2008,31(1/2):47-68.

[2] 彭小清. 北半球季节冻土时空变化特征及其对气候变化的响应 [D] 兰州:兰州大学,2017.

[3] RAN Y H,LI X,CHENG G D,et al. Distribution of permafrost in China:an overview of existing permafrost maps [J]. Permafrost and Periglacial Processes,2012,23(4):322-333.

[4] 冉有华,李新. 中国冻土分布图:2000 [DB/OL] (2018) http://data.tpdc.ac.cn/zh-hans/data/582234a6-4f57-4899-a37f-7ad51bab63e8/.

[5] 陈立军. 青藏高原的地震构造与地震活动 [J]. 地震研究,2013,36(1):123-131.

[6] 邓起东,程绍平,马冀,等. 青藏高原地震活动特征及当前地震活动形势 [J]. 地球物理学报,2014,57(7):2025-2042.

[7] 董治平,程建武. 中国 8 级地震时空活动特点 [J]. 国际地震动态,2018(8):34-38.

[8] LIN A,FU B H,GUO J M,et al. Co-seismic strike-slip and rupture length produced by the 2001 M_s 8.1 central Kunlun Earthquake [J]. Science,2002,296(5575):2015-2017.

[9] NI S D,WANG W T,LI L. The April 14th,2010 Yushu Earthquake,a devastating earthquake with foreshocks [J]. Science China(Earth Sciences),2010,53(6):791-793.

[10] 管仲国,黄勇,张昊宇,等. 青海玛多 7.4 级地震桥梁工程震害特性分析 [J]. 世界地震工程,2021,37

(3):38-45.

[11] LEONARD R S, BARNES R A. Observation of ionospheric disturbances following the Alaska Earthquake [J]. Tournal of Geophysical Research, 1965, 70(5): 1250-1253.

[12] RUPPERT N A, NAYAK A, THURBER C, et al. Aftershock analysis of the 2018 Mw 7.1 Anchorage, Alaska, Earthquake: relocations and regional moment tensors [J]. Seismological Research Letters 2020, 91(1): 114-125.

[13] 刘鸿绪,孙彦福,陈亚明,等．季节冻土层对房屋地震破坏的影响 [J]. 冰川冻土,1998,20(1):46-50.

[14] 杨利民,贾长娣,樊春亭,等．冻土与地震 [J]. 低温建筑技术,1998(1):40-41.

[15] SRITHARAN S, SULEIMAN M T, WHITE D J. Effects of seasonal freezing on bridge column-foundation-soil interaction and their implications [J]. Earthquake Spectra, 2007, 23(1): 199-222.

[16] SRITHARAN S, SHELMAN A. An assessment of broad impact of seasonally frozen soil on seismic response of bridges in the U. S. and Japan[C]//Proceedings of the 24th US-Japan Bridge Engineering Workshop, Washington D. C., 2008.

[17] 陈兴冲,高峰,王旭．多年冻土区桥墩抗震性能研究 [J]. 岩石力学与工程学报,2003,22(S2): 2682-2685.

[18] 陈兴冲,高峰,吴少海．冻土层对桥梁地震反应的影响 [J]. 工程力学,2007,24(3):120-125.

[19] 严松宏,虞庐松,陈兴冲,等．青藏铁路 3 种基础型式的桥墩地震反应分析 [J]. 铁道学报,2008,30(3):78-82.

[20] 武慧俊,陈兴冲,高峰,等．季节性冻土对桩基础桥墩地震反应的影响 [J]. 兰州交通大学学报,2005,24(6):43-45.

[21] 虞庐松,严松宏,陈兴冲,等．多年冻土区桩基础桥墩随机地震反应分析 [J]. 世界地震工程,2007,23(1):12-16.

[22] 李涛,魏庆朝,刘林．青藏铁路多年冻土区桥梁地基融化时的抗震安全性分析 [J]. 铁道学报,2005,27(4):104-109.

[23] 李永波,张鸿儒,郜新军．考虑桩-土相互作用的多年冻土区多跨简支梁桥地震响应分析 [J]. 工程力学,2012,29(11):183-190.

[24] 王常峰,陈兴冲,丁明波．季节性冻土区桩基础桥梁地震反应研究 [J]. 桥梁建设,2016,46(2): 48-53.

[25] 吴志坚,车爱兰,陈拓,等．青藏铁路多年冻土区桥梁桩基础地震响应的试验研究与数值分析 [J]. 岩土力学,2010,31(11):3516-3524.

[26] CHE A L, WU Z J, WANG P. Stability of pile foundations base on warming effects on the permafrost under earthquake motions [J]. Soils and Foundations, 2014, 54(4): 639-647.

[27] WU Z J, WANG L M, CHEN T. Study on dynamic response of bridge pile foundation at the permafrost regions under seismic load [J]. Cold Regions Engineering, 2012, 2012: 489-497.

[28] ZHANG X Y, ZHANG M Y, CHEN X C, et al. Effect of thermal regime on the seismic response of a dry bridge in a permafrost region along the Qinghai-Tibet Railway [J]. Earthquakes and Structures An International Journal of Engineering & Earthquake Effeets on Structures, 2017, 13(5): 429-442.

[29] PLOTNIKOVA A, WOTHERSPOON L, BESKHYROUN S, et al. Influence of seasonal freezing on dynamic bridge characteristics using in-situ monitoring data [J]. Cold Regions Science and Technology, 2019, 160(8): 184-193.

[30] YANG Z H, DUTTA U, ZHU D S, et al. Seasonal frost effects on the soil-foundation-structure interaction system [J]. Journal of Cold Regions Engineering, ASCE, 2007, 21(4): 108-120.

[31] WOTHERSPOON L M, SRITHARAN S, PENDER M J. Modelling the response of cyclically loaded bridge columns embedded in warm and seasonally frozen soils [J]. Engineering Structures, 2010, 32(4): 933-943.

[32] WOTHERSPOON L, SRITHARAN S, PENDER M, et al. Investigation on the impact of seasonally frozen soil on seismic response of bridge columns [J]. Journal of Bridge Engineering, 2010, 15(5): 473-481.

[33] FEI W P, YANG Z H J, SUN T C. Ground freezing impact on laterally loaded pile foundations considering strain rate effect[J]. Cold Regions Science and Technology, 2019, 157: 53-63.

[34] XIONG F, YANG Z H J. Effects of seasonally frozen soil on the seismic behavior of bridges [J]. Cold Regions Science and Technology, 2008, 54(1): 44-53.

[35] 王晓伟,赫中营,叶爱君. 桥梁高桩承台基础地震破坏机理试验研究 [J]. 同济大学学报(自然科学版), 2014, 42(9): 1313-1320.

[36] 王兰民,张冬丽,吴志坚,等. 地温对冻土动力特性及其场地地震动参数的影响 [J]. 中国地震, 2003(3): 1-11.

[37] 陈卓识,孟上九,袁晓铭. 中等强度地震下季冻区场地响应影响研究 [J]. 土木工程学报, 2013, 46(S1): 166-171.

[38] 高峰,陈兴冲,严松宏. 季节性冻土和多年冻土对场地地震反应的影响 [J]. 岩石力学与工程学报, 2006(8): 1639-1644.

[39] YANG Z H J, DUTTA U, XU G, et al. Numerical analysis of permafrost effects on the seismic site response [J]. Soil Dynamics and Earthquake Engineering, 2011, 31(3): 282-290.

[40] RAHPEYMA S, HALLDORSSON B, HRAFNKELSSON B, et al. Site effect estimation on two icelandic strong-motion arrays using a Bayesian Hierarchical Model for the spatial distribution of earthquake peak ground acceleration [J]. Soil Dynamics and Earthquake Engineering, 2019, 120: 369-385.

[41] 齐吉琳,李海鹏,赖远明,等. 季节冻土场地上的地脉动特征 [J]. 冰川冻土, 2004(4): 449-453.

[42] 师黎静,陈盛扬,黎明. 哈尔滨季节性冻土场地特征参数研究 [J]. 岩石力学与工程学报, 2019, 38(5): 1053-1063.

[43] 李琼林,胡进军,王琼. 冻土场地地震反应分析研究中的关键问题探讨 [J]. 世界地震工程, 2019, 35(2): 209-216.

[44] 陈拓,马巍,穆彦虎,等. 青藏工程走廊冻土场地地震动特征初步分析 [J]. 防灾减灾工程学报, 2019, 39(2): 201-208.

[45] 马巍,苏永奇. 青藏工程走廊多年冻土场地地震安全性研究进展 [J]. 防灾减灾工程学报, 2021, 41

(4):723-733.

[46] LIU J K,WANG T F,WEN Z. Research on pile performance and state-of-the-art practice in cold regions [J]. Sciences in Cold and Arid Regions,2018,10(1):1-11.

[47] ZHANG X Y,YANG J,CHEN X C,et al. Experimental study of frozen soil effect on seismic behavior of bridge pile foundations in cold regions [J]. Structures,2021,32:1752-1762.

[48] 张熙胤,王万平,于生生,等．冻土区工程结构基础水平荷载反应试验装置:CN202021914147.9 [P]. 20210105.

[49] 李永波．考虑冻土-桩动力相互作用的长大桥梁地震响应分析 [D]. 北京:北京交通大学,2013.

[50] YANG Z H J,STILL B,GE X X. Mechanical properties of seasonally frozen and permafrost soils at high strain rate [J]. Cold Regions Science and Technology,2015,113:12-19.

[51] LI Q,YANG Z H. P-Y Approach for laterally loaded piles in frozen silt [J]. Journal of Geotechnical and Geoenvironmental Engineering,2017,143(5):04017001.

[52] ZHANG Y L,CHEN X C,ZHANG X Y,et al. Nonlinear response of the pile group foundation for lateral loads using pushover analysis [J]. Earthquakes and Structures,2020,19(4):273-286.

[53] SIDOROFF F. Description of anisotropic damage application to elasticity[M]// Physical Non-linearities in Structural Analysis. Berlin:Springer,1981.

[54] 费康,张建伟．ABAQUS在岩土工程中的应用 [M]. 北京:中国水利水电出版社,2010.

[55] 马超．桩-土-桩相互作用规律研究 [D]. 保定:河北大学,2010.

[56] 刘红．桩土相互作用接触单元研究 [D]. 重庆:重庆交通大学,2013.

[57] 张兴其．桩土相互作用的接触分析研究与应用 [D]. 天津:河海大学,2007.

[58] DEEKS A J,RANDOLPH M. Axisymmetric time-domain transmitting boundaries[J].Journal of Engineering Mechanics,1994,120(1):25-42.

[59] 刘晶波,吕彦东．结构-地基动力相互作用问题分析的一种直接方法[J]. 土木工程学报,1998(3):55-64.

[60] 王玉洁,陈兴冲．边界对季节性冻土区挖井基础桥墩地震反应的影响[J]. 兰州交通大学学报,2007,26(3):10-13.

第 9 章　无砟轨道对桥梁地震响应的影响

本章研究高铁桥梁线桥一体化抗震计算模型的建立及地震作用下无砟轨道系统对桥梁结构地震响应的影响。首先系统总结了高铁桥梁板式无砟轨道系统的结构特点，接着总结了国内外考虑无砟轨道系统的线桥一体化计算模型研究现状；结合 CRTSⅠ型、Ⅱ型和Ⅲ型板式无砟轨道的结构特点，分别建立了纵连板式无砟轨道和单元板式无砟轨道的线桥一体化计算模型；最后，针对上述抗震计算模型，研究了板式无砟轨道系统对高铁桥梁地震响应的影响规律。

9.1　概　　述

铁路轨道结构主要分为有砟轨道和无砟轨道两种形式。有砟轨道作为传统的轨道结构，以其建造费用低、道床弹性好、维修方便和结构适应性强等优势广泛应用于普速铁路(图 9-1)。截至 2021 年底，我国高速铁路运营里程已超过 4 万 km，居世界第一。预计至 2030 年，高速铁路运营里程将达到 4.5 万 km[1]。同时，列车运行速度的提高对线路整体稳定性和平顺度要求也越来越高，传统有砟轨道因受列车动荷载作用，极易发生道砟颗粒飞溅及破碎粉化、道床脏污、道床几何尺寸变形及失稳等病害，增加了养护维修工作量，严重时将会影响列车行驶安全[2]。而无砟轨道因采用整体性好、刚度大的钢筋混凝土轨道结构替代了有砟轨道中离散轨枕和碎石道床，具有平顺性高、刚度均匀性好、结构耐久性好和养护维修工作量少等优点，已成为我国高速铁路中主要使用的轨道结构形式(图 9-2)[3]。目前，世界各国研究和开发了多种结构形式的无砟轨道以适应列车高速运行的需要，如板式、长枕埋入式、弹性支撑块式、Rheta 型、双块式等[4]。为了进一步提升高速列车运行的平顺性和舒适性，我国高速铁路多采用“以桥代路”的封闭运营模式，且主要采用 32 m 简支箱梁桥。截至 2019 年底，我国高铁桥梁总长约 1.6 万 km，占线路总长的 45.2%[5]。

然而我国作为一个地震多发的国家，“八纵八横”高速铁路网中有“三纵两横”即处于东北、华北、华南、西北和青藏高原北部地震区。同时还有大量在建和规划中的高速铁路正不断向西部地震断裂带和沿海地震高烈度区延伸[6]。通过对汶川地震后既有铁路桥梁地震灾害的调查研究，发现普通铁路桥梁墩身仅发生了不同程度的环形或十字形裂缝，但有砟轨道结构发生了较严重的扭曲变形(图 9-3)[7],2022 年 1 月 8 日青海省门源县的 6.9 级地震造成祁连山隧道口段高铁桥梁无砟轨道严重破坏(图 9-4)。有研究表明[8],对于铺设有砟轨道的普通铁路桥梁,因道砟为散粒体,刚度较小且离散性大,对桥梁纵向地震响应的影响相对较小。相反,桥上无砟轨道的纵向刚度较大,一定程度上对桥梁起到纵向约束作用,使桥梁各跨间的联结整体性大大加强,导致其地震响应的耦合效应增大[9-15]。同时,为了满足行车刚度的要求,我国高铁桥梁普遍采用双线或多线混凝土重力式桥墩,其截面尺寸、刚度及重量均比普通桥墩要大,相应的地震力亦较大[16]。现行《震规》[17]中仅给出了适用于有砟轨道简支梁桥抗震分析的单墩模型和全桥模型,对于广泛采用无砟轨道系统的高铁桥梁尚无明确规定。同时,尽管在简支梁桥全桥力学模型中提出了可以考虑桥面系刚度,但并未说明如何考虑轨道系统的约束效应及刚度的取值方法,并假设支座始终不发生连接失效,这与桥梁的实际震害存在显著差异。

图 9-1　有砟轨道桥梁

图 9-2　无砟轨道桥梁

图 9-3　有砟轨道蛇行变形

图 9-4　无砟轨道系统变形

因此,本章主要以 32 m 标准跨度简支梁桥和大跨连续梁桥为例,重点分析 CRTS Ⅰ型、Ⅱ型和Ⅲ型板式无砟轨道对多跨简支梁桥、简支梁与大跨连续梁的组合桥跨结构地震响应的影响规律。上述高速铁路线桥一体化的桥梁抗震计算分析,对于完善轨道系统对铁路桥梁地震响应分析的基础理论、提高桥梁结构的整体抗震性能、确保桥梁结构各部分协同受力和充分发挥抗震性能等方面，均具有非常重要的理论和工程意义。

9.2 无砟轨道结构形式与扣件系统

目前，我国常用板式无砟轨道主要有 CRTS Ⅰ型、Ⅱ型、Ⅲ型三种结构形式。板式无砟轨道克服了施工进度慢以及可修复性差的缺点，其特点主要体现在以下两个方面：

1. 拼装式结构

板式无砟轨道的这种结构特点，带来以下三个优点：

(1)可以实现最经济的结构高度；

(2)良好的施工性能；

(3)良好的修复性。

2. 新材料与结构一体化工程

主要涉及的材料有：

(1)沥青混凝土填充层，它要求具备良好的强度特性和适应环境等特性，还要具备较好的耐久性；

(2)填充树脂和复合弹性隔离层，它既要承受一定的冲击作用，还要阻止轨道板纵横向移动，因此对其强度、弹性以及耐久性均有较高的要求。

根据板式无砟轨道的结构形式和构造特点，可以将其分为纵连板式无砟轨道和单元板式无砟轨道。其中，CRTS Ⅱ型无砟轨道属于纵连板式无砟轨道，CRTS Ⅰ型和 CRTS Ⅲ型无砟轨道属于单元板式无砟轨道。下面将对其结构特点和实际工程应用情况进行详细介绍。

9.2.1 纵连板式无砟轨道

CRTS Ⅱ型板式无砟轨道为预制轨道板通过水泥沥青砂浆调整层，铺设在现场摊铺的钢筋混凝土支撑层或者现场浇筑的钢筋混凝土底座(桥梁)上。其结构特点是轨道可跨缝(梁缝、结构伸缩缝)铺设，轨道板通过专门的板间连接锁具实现纵连，详如图 9-5 所示。

桥上 CRTS Ⅱ型板式无砟轨道由钢轨、弹性扣件、轨道板、CA 砂浆、底座板、滑动层、侧向挡块等组成，其轨道结构组成如图 9-6 和图 9-7 所示。台后路基段由摩擦板和端刺组成，如图 9-8 所示。在桥梁固定支座附近，底座板与梁体采用剪力齿槽连接。CRTS Ⅱ型板式无砟轨道目前主要运用在京津城际、京沪高速、沪杭高速、京石武客运专线、宁杭客运专线、合蚌客运专线、津秦客运专线、杭甬客运专线等铁路线路上。桥上 CRTS Ⅱ型板式无砟轨道的主要结构特点：

(1)轨道板和底座板为跨梁缝的连续结构，预制轨道板结构形式与路基、隧道内统一。底座板与轨道板之间通过设置半刚性 CA 砂浆调整层传递纵向力。

(2)桥梁与底座板间设置两布一膜滑动层，以减小桥梁温度伸缩对无砟轨道的影响。

(3)在桥梁固定支座上方，底座板与梁体固结(梁体设抗剪齿槽和锚固筋)，锚固螺栓保证纵向联结可靠，将纵向力传递至桥梁基础。

图 9-5　CRTS Ⅱ型板式无砟轨道纵向连接图

图 9-6　桥上 CRTS Ⅱ型板式无砟轨道结构示意图

图 9-7　CRTS Ⅱ型板式无砟轨道结构图

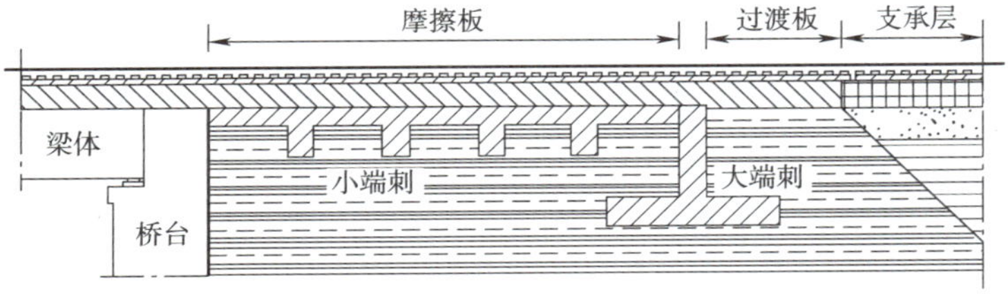

图 9-8　台后端刺结构示意图

(4)在梁缝两侧一定范围的梁面铺设 50 mm 厚的硬泡沫塑料板，减小由梁端转角对无砟轨道结构的影响。

(5)底座板与梁面之间为滑动状态，设置普通侧向挡块进行底座板横向限位，设置扣压型挡块，保证底座板的压屈稳定性。

(6)通过在台后路基上设置摩擦板和端刺等锚固体系，使桥上轨道传递的纵向力不影响路基和无砟轨道结构的稳定性。

9.2.2 单元板式无砟轨道

1. CRTS Ⅰ 型板式无砟轨道

CRTS Ⅰ型板式无砟轨道是我国在引进、消化、吸收的基础上经过再创新研发的。其为预制轨道板通过水泥沥青砂浆调整层，铺设在现浇的具有凸形挡台的钢筋混凝土底座上，特点是单元板之间不纵连，且不设横向挡块。桥上 CRTS Ⅰ 型板式无砟轨道由钢轨、弹性扣件、轨道板、水泥乳化沥青砂浆填充层、混凝土底座板、凸形挡台及其周围填充树脂等组成，有单元式和框架式两种轨道板结构，其轨道结构组成如图 9-9 所示。CRTS Ⅰ 型板式无砟轨道主要运用在哈齐客运专线、哈大客运专线、沪宁城际等铁路线路上。桥上 CRTS Ⅰ 型板式无砟轨道的主要结构特点：

(1)桥梁、隧道和路基上的轨道结构形式基本相同，有利于轨道结构与线下工程的标准化设计；

(2)采用 CA 砂浆作为调整层(与Ⅱ型板 CA 砂浆不同)，它可实现上下部结构分离，可修复性较好，但是要求 CA 砂浆传力性能较好，所以要求更高；

(3)凸形挡台的设置，不仅能有效承受由钢轨传递至轨下基础的纵、横向力，还能阻止轨道板纵横向移动；

(4)凸形挡台周围灌注树脂，填充树脂低于轨道板顶面 5～10 mm，如图 9-10 所示。

(a)单元式轨道板

(b)框架式轨道板

图 9-9 CRTS Ⅰ 型板式无砟轨道结构图

图 9-10　凸形挡台周围灌注树脂

桥梁地段 CRTS Ⅰ型板式无砟轨道，在设计时应遵循下列规定：

(1)钢筋混凝土底座板与凸形挡台均通过梁体预埋钢筋与桥梁相连，在底座一定宽度范围内，梁面应进行拉毛或凿毛处理。

(2)凸形挡台在梁端部为半圆形，梁体中部均为圆形，半径为 260 mm，高度为 250 mm。沿线路方向，每隔一定长度设横向伸缩缝。

(3)底座范围内，梁面不设防水层和保护层；底座范围以外，根据桥梁设计的相关规定设置防水层和保护层。

2. CRTS Ⅲ型板式无砟轨道

CRTS Ⅲ型板式无砟轨道是我国自主研发的一种新型板式无砟轨道。桥上 CRTS Ⅲ型板式无砟轨道采用单元分段式结构，轨道系统由钢轨、弹性扣件、轨道板、自密实混凝土层和底座板等部分组成。其分层轨道结构如图 9-11 所示。混凝土底座板采用分段浇筑的形式，对应每块轨道板设置两个或一个限位凹槽，与后期浇筑自密实混凝土形成的凸台形成限位结构；在自密实混凝土和底座板之间设置隔离层，其断面形式如图 9-12 所示。CRTS Ⅲ型板式无砟轨道主要运用在武汉城市圈、成灌线(成都至都江堰)和兰新高速铁路等客运专线上。跨度 32 m 高速铁路简支梁桥上的 CRTS Ⅲ型板式无砟轨道总体布置如图 9-13 所示。

CRTS Ⅲ型板式无砟轨道继承和发扬了目前各种无砟轨道的优点，克服了其不足之处，结构设计遵循“路基纵连、桥上单元”的原则，其主要结构特点如下：

(1)桥梁地段采用单元式结构，延续了桥上双块式轨道受力简单、施工方便、可维修性好和投资低的特点。

(2)CRTS Ⅲ型板式无砟轨道板通过预埋钢筋将板下自密实混凝土与轨道板可靠连接成复合结构，整体性好，可以控制板下开裂及轨道板的翘曲，自密实混凝土性能稳定、耐久性好。

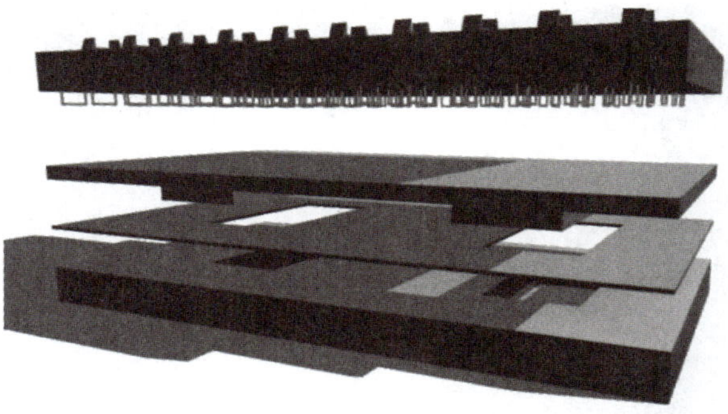

图 9-11　CRTS Ⅲ型板式无砟轨道分层结构示意图

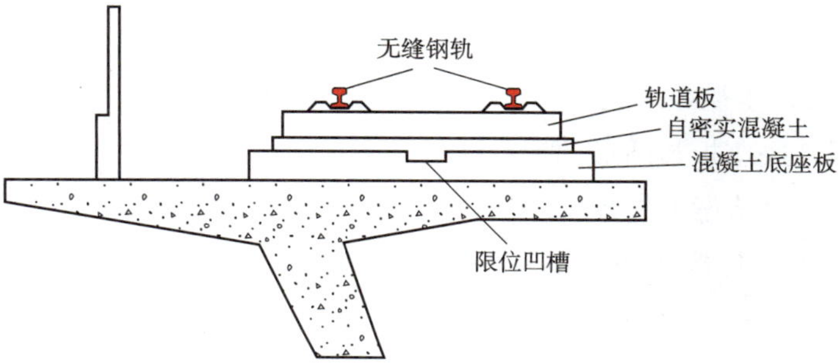

图 9-12　CRTS Ⅲ型板式无砟轨道分层结构示意图

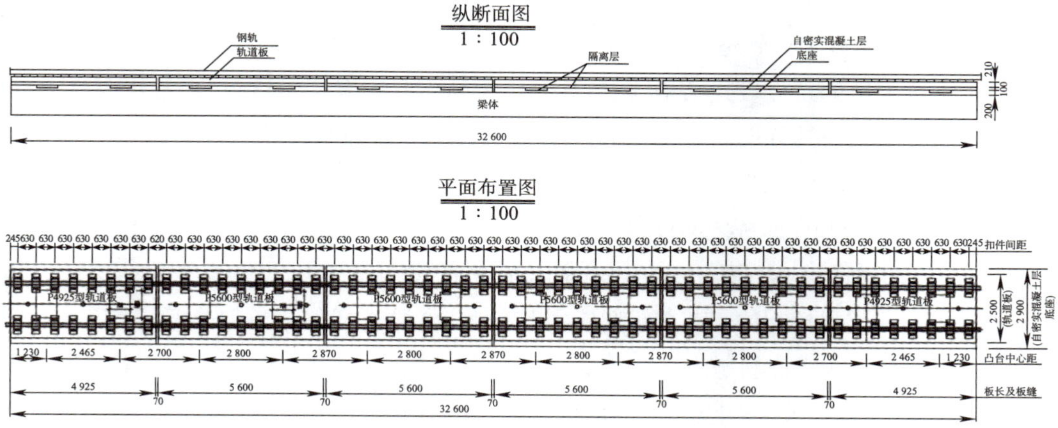

图 9-13　跨度 32m 高速铁路简支梁桥上 CRTS Ⅲ型板式无砟轨道总体布置图(单位:mm)

(3)桥梁地段自密实混凝土与底座板之间设置了土工隔离层,便于运营维修。桥梁上单元板式无砟轨道施工方便,克服了 CRTSⅡ型板式无砟轨道桥上结构复杂的缺点。

(4) CRTS Ⅲ型板式无砟轨道继承了 CRTS Ⅰ型板式无砟轨道传力明确和易维修的优

点，克服了其整体性差和精调工作量大的缺陷，取消了凸台，方便施工；取消了 CA 砂浆填充层，极大简化了施工工艺。

9.2.3　扣件系统

扣件是连接钢轨和轨枕并使之形成轨排的重要部件，对于保证轨道稳定性、可靠性起到了至关重要的作用。无砟轨道的弹性主要取决于钢轨扣件系统，无砟轨道的精度也要依靠扣件系统来调整和保持。为了保证行车安全和旅客乘坐的舒适性，要求钢轨扣件不仅具有足够的扣压力、良好的绝缘性能和较低的刚度，也要求具有良好的弹性和一定的可调节能力[18]。我国从 20 世纪 60 年代开始进行无砟轨道的研究，采用了多种扣件形式，如 TF-M 型扣件、TF-Y 型弹性扣件、64-Ⅲ型扣件、弹性分开式扣件（弹条Ⅰ型、Ⅱ型、Ⅲ型）、WJ-1 型与 WJ-2 型扣件等。随着我国高速铁路建设的快速发展，目前已经自主研发了适用于桥梁、隧道和路基轨枕埋入式和板式无砟轨道的 WJ-7 和 WJ-8 型扣件系统，满足最高速度 250 km/h 客运专线（兼顾货运）及 350 km/h 高速铁路的运营要求[19]。扣件系统主要由扣压件、紧固件和弹性基板三大部件组成。高速铁路常用弹性扣件系统可按不同方法进行分类，具体详见表 9-1。

表 9-1　扣件系统分类

分类形式	类　型	具体名称
扣压件形式	弹条式	德国 Vossloh 扣件，英国 Pandrol 扣件，我国弹条Ⅳ型、弹条Ⅴ型、WJ-7 型和 WJ-8 型扣件
	弹片式	日本直结型扣件、法国 Nabla 扣件
承受水平力方式	有挡肩	德国 Vossloh300 型扣件，日本直结 4 型扣件，法国 Nabla 扣件和我国弹条Ⅴ型、WJ-8 型扣件
	无挡肩	日本直结 8 型扣件，英国 Pandrol 扣件，德国 Krupp ECF 扣件和我国弹条Ⅳ型、WJ-7 型扣件
扣件紧固形式	有螺栓	英国 Pandrol 扣件和我国弹条Ⅳ型扣件
	无螺栓	德国 Vossloh 扣件，我国弹条Ⅴ型、WJ-7 型和 WJ-8 型扣件等
与道床连接方式	分开式	日本直结 8 型扣件，英国 Pandrol 公司的 Fastclip 扣件，德国 Krupp ECF 扣件和我国 WJ-7 型扣件
	不分开式	德国 Vossloh300 型扣件，日本直结 4 型扣件，法国 Nabla 扣件和我国弹条Ⅴ型、WJ-8 型扣件

本节以 WJ-8 型扣件系统为例进行详细说明。WJ-8 型扣件系统由螺旋道钉、平垫圈、弹条、绝缘块、轨距挡板、轨下垫板、铁垫板、铁垫板下弹性垫板和定位于混凝土轨枕或轨道板上的预埋套管组成，WJ-8 型扣件系统的具体组成如图 9-14 所示。钢轨高低调整时采用调高垫板（分轨下调高垫板和铁垫板下调高垫板）。

WJ-8 型扣件系统的主要设计参数包括：

（1）适用的钢轨类型为中国 60 kg/m 标准钢轨。

(2)轨距为 1 435 mm,扣件间距取值 600 mm。

(3)一般地段,每组扣件的钢轨纵向阻力大于 9 kN;小阻力地段,每组扣件阻力约为 4 kN。

(4)弹性垫板静刚度为 20～30 kN/mm。

(5)常用弹条(W1 型)的单个弹条扣压力大于 9 kN,弹程为 14 mm;小阻力弹条(X2 型)的单个弹条扣压力为 6 kN,弹程为 12 mm。

(6)预埋套管在轨枕中的抗拔力不小于 60 kN。

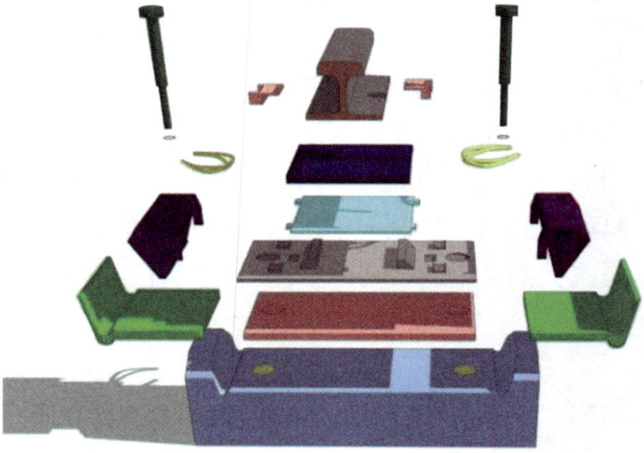

图 9-14 WJ-8 型扣件系统分解图

9.3 线桥一体化计算模型简介

2000 年以来,国内众多学者基于梁轨相互作用理论建立了大量考虑无砟轨道系统的线桥一体化计算模型。已有学者针对轨道结构类型、约束形式及桥梁类型开展了大量的一体化抗震计算模型研究,如多跨简支梁桥[20,21]、连续梁桥[10,14,22]、连续刚构桥[23]、拱桥[24]、斜拉桥[25]、梁拱组合桥梁[26]等以及邻近跨结构,如路基和端刺地震响应的影响研究[12,27,28]。基于本章 9.2 节中典型无砟轨道结构形式的特点,本节将围绕温度作用和地震作用下考虑板式无砟轨道的线桥一体化计算模型研究现状进行介绍。

9.3.1 温度作用下的计算模型

温度作用对纵连板式无砟轨道系统及其台后路基端刺等邻近结构的受力影响明显。梅大鹏等[12]采用有限元方法建立了线-板-桥-端刺-路基一体化计算模型,研究了梁轨纵向相互力学行为对短路基地段端刺受力与变形的影响。

陈嵘等[29]针对简支梁和连续梁，建立了多钢轨、全桥系统的计算模型，研究了温度荷载下梁轨耦合作用规律及其影响因素。

戴公连等[30]基于有限元方法及梁轨相互作用原理，推导了可以考虑非线性阻力的多跨简支梁梁轨相互作用公式，分别建立了 32 m 标准跨度简支梁桥和大跨度桥上纵连板式、单元板式及双块式无砟轨道有限元模型，分析了实测温度工况及制挠力耦合作用下，不同无砟轨道对应的无缝线路受力规律及桥梁理论最大温度跨度，计算模型如图 9-15 所示。

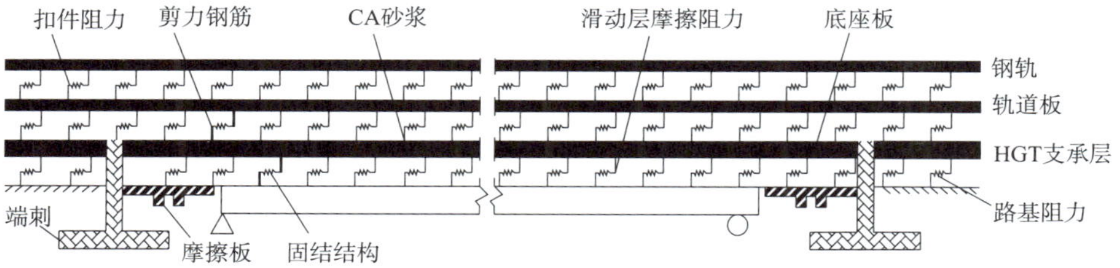

(a)纵连板式无砟轨道模型

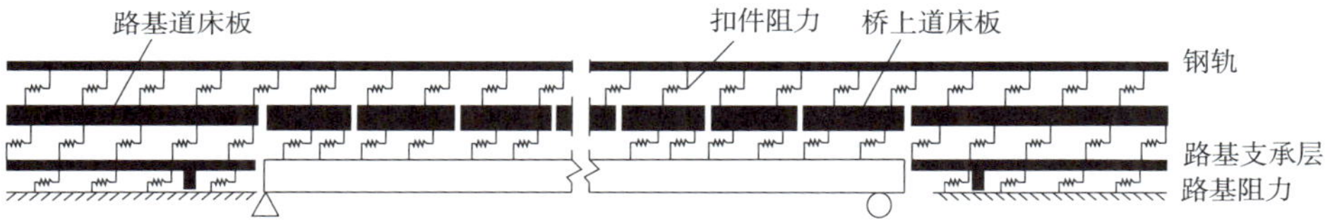

(b)双块式无砟轨道模型

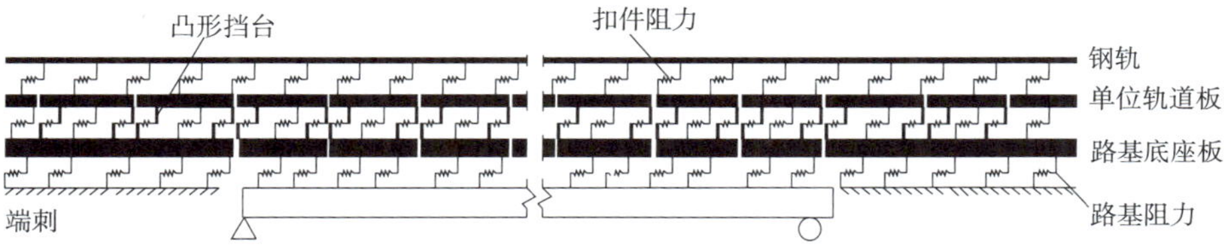

(c)单元板式无砟轨道模型

图 9-15　桥上不同无砟轨道结构模型示意图

张鹏飞等[31]以梁板轨相互作用原理和有限元方法为基础，建立了多跨简支梁桥和大跨连续梁上 CRTSⅡ型板式无砟轨道无缝线路空间精细化模型，分析了桥墩温度梯度引起的墩顶位移以及桥上无砟轨道在轨道板竖向温度梯度和阴阳面横向温度梯度作用下无缝线路纵向力与位移分布规律，计算模型如图 9-16 所示。

闫斌等[32]建立考虑钢轨、扣件、轨道板、砂浆层、底座板、滑动层、摩擦板、端刺以及梁体和墩台的桥上 CRTSⅡ型无砟轨道系统精细化模型，研究了高温和严寒等极端温度条件下系统的受力与变形特征。计算模型如图 9-17 所示。

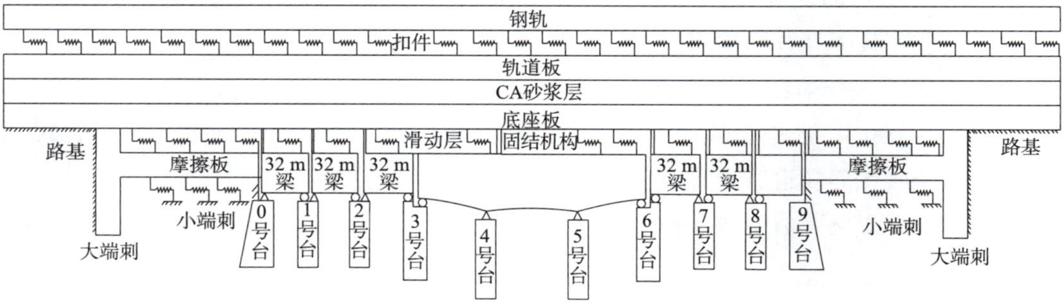

图 9-16　桥上 CRTSⅡ型板式无砟轨道无缝线路梁-板-轨相互作用力学模型

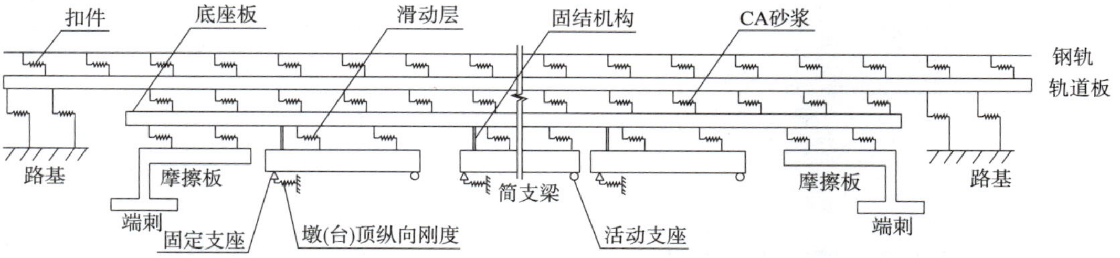

图 9-17　桥上 CRTSⅡ型板式无砟轨道力学模型

冯青松等[33]基于梁轨相互作用理论和有限元法，建立简支梁桥上 CRTSⅢ型板式无砟轨道无缝线路计算模型，研究了不同桥梁温度分布情况对无缝线路力学特性和轨道静态几何形位的影响。

雷振宇等[34]基于有限元法和梁轨相互作用理论，建立了 6×32 m 混凝土简支梁桥上 CRTSⅠ型板式无砟轨道无缝线路空间耦合模型，研究了温度荷载作用下钢轨、轨道板及底座板的受力变形特性，计算模型如图 9-18 所示。

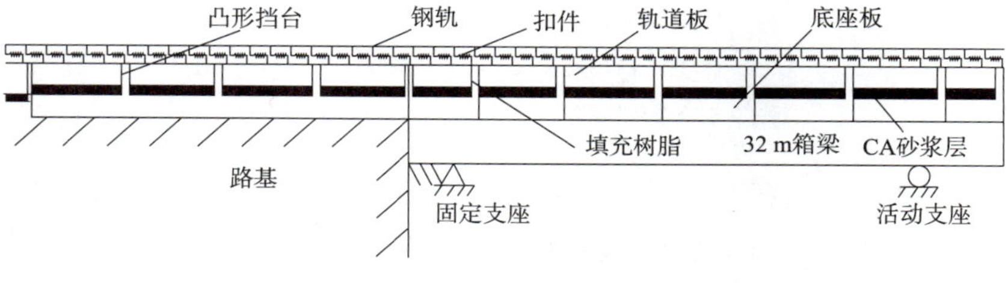

图 9-18　简支梁桥上 CRTSⅠ型板式无砟轨道无缝线路力学模型

9.3.2　地震作用下的计算模型

桥梁结构动力特性是进行桥梁抗震设计与分析的关键。早期研究表明，相比有砟轨道系统而言，轨道系统增大了桥梁结构沿三个方向的结构基频，同时增强相邻路基的振动[35]。

目前，对于考虑纵连板式无砟轨道的线桥一体化计算模型研究，地震作用下，桥上无砟轨道、梁体结构、桥梁支座、墩身和基础形成了一个互相耦联、相互激励的综合振动系统，其各组成部分均有可能发生损伤进入非线性状态。如果某一构件率先屈服，则其他构件受到的地震作用就会相应地减小。桥梁各构件抗震能力的相对强弱关系，决定了其整体的抗震性能。因此，对于考虑轨道系统约束的一体化抗震计算模型，轨道系统建模过程中的简化与精细化处理将对桥梁结构及轨道系统各组成部件的地震响应分析结果影响较大[36,37]。黄宇辰等[38]研究了两种 CRTS 板式无砟轨道系统约束下一典型 5 跨 FPS 隔震简支梁桥的纵向地震响应，归纳了滑动层摩擦系数、剪力齿槽刚度等参数变化对其抗震性能的影响规律，两种计算模型如图 9-19 所示。

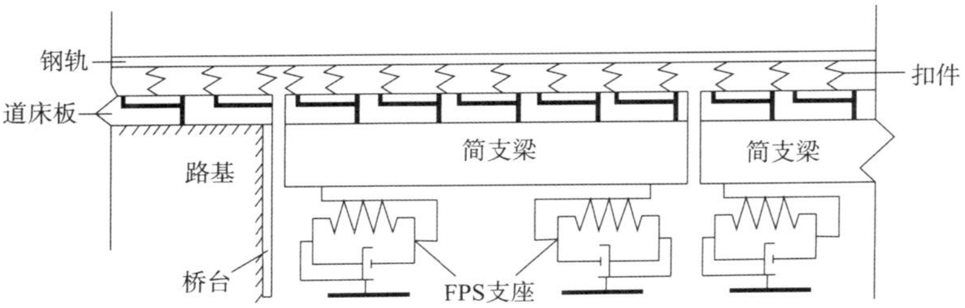

(a)CRTSⅠ型板式无砟轨道

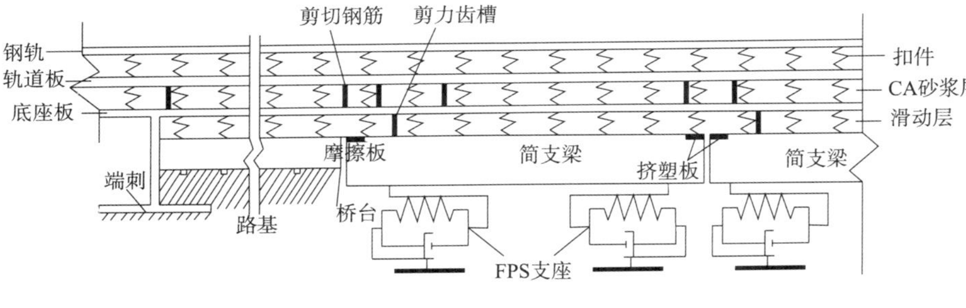

(b)CRTSⅡ型板式无砟轨道

图 9-19　线桥一体化模型

闫斌等[20]以沪昆高速铁路 16×32 m 简支箱梁桥为例，建立了考虑无砟轨道结构层间纵横竖向非线性约束的 CRTSⅡ型板式无砟轨道系统仿真模型，并与 CRTSⅠ型双块式无砟轨道系统对比，探讨了多维地震作用下桥梁与无砟轨道非线性相互作用规律，计算模型如图 9-20 所示。

刘施等[39]以沪昆高速铁路 16×32m 简支箱梁桥 CRTSⅡ型板式无砟轨道为研究对象，建立了充分考虑轨道结构层间非线性约束的三维动力仿真模型，探讨了地震作用对无砟轨道结构受力变形的影响。闫斌等[13]为了研究复杂地形对桥上 CRTSⅡ型板式无砟轨道地震响应的影响，建立了多跨简支梁桥双线 CRTSⅡ型板式无砟轨道系统非线性动力学仿真模型。杨孟刚等[14]以某高速铁路简支梁+连续梁的组合桥跨布置为例，针对 CRTSⅡ型板式无砟轨道系统的结构特点，建立考虑轨道系统结构层间相互作用的叠合梁模型，研究了轨道系统约束、地震波激励、滑动层摩擦系数、底座板刚度和制动墩抗推刚度对桥梁结构纵向地震响应的影响，计算模型如图 9-21 所示。

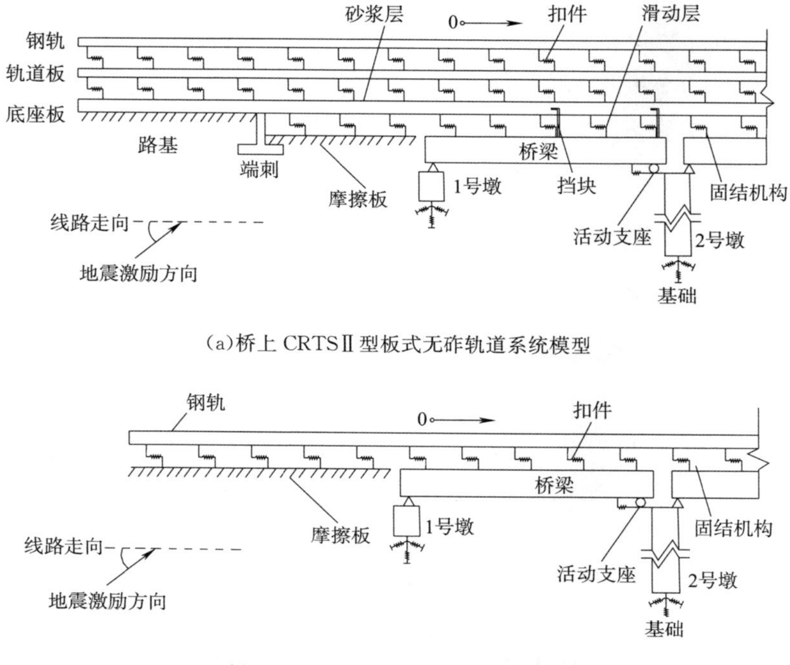

(a)桥上 CRTSⅡ型板式无砟轨道系统模型

(b)桥上 CRTSⅠ型双块式无砟轨道系统模型

图 9-20　一体化仿真模型

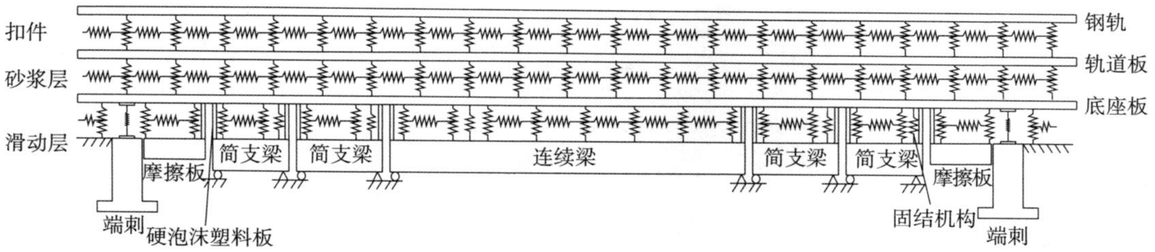

图 9-21　CRTSⅡ型板式无砟轨道-桥梁模型

涂鹏等[23]建立考虑轨道约束的重载铁路大跨度连续刚构桥一体化模型，分析轨道约束和相邻桥跨对自振特性的影响，研究了一致激励下梁轨系统地震响应。戴公连等[26]以兰渝线上某(82+172+82)m 连续梁拱组合桥为例，建立考虑梁轨相互作用的桥梁-轨道一体化有限元模型，研究了轨道约束下的大跨梁拱组合桥地震响应特性。

冯玉林等[40]以考虑两侧引桥和路基的高速铁路 CRTSⅡ型板式无砟轨道-连续梁桥为

例,建立了一体化计算模型,研究了轨道系统中各关键构件的地震响应规律及参数影响分析。蒋丽忠等[41]建立了考虑高速铁路连续梁桥-引桥-路基-CRTSⅡ型板式无砟轨道的一体化模型,研究了近断层脉冲型强震作用下高铁桥梁-路基-轨道系统的地震响应,计算模型如图 9-22 所示。

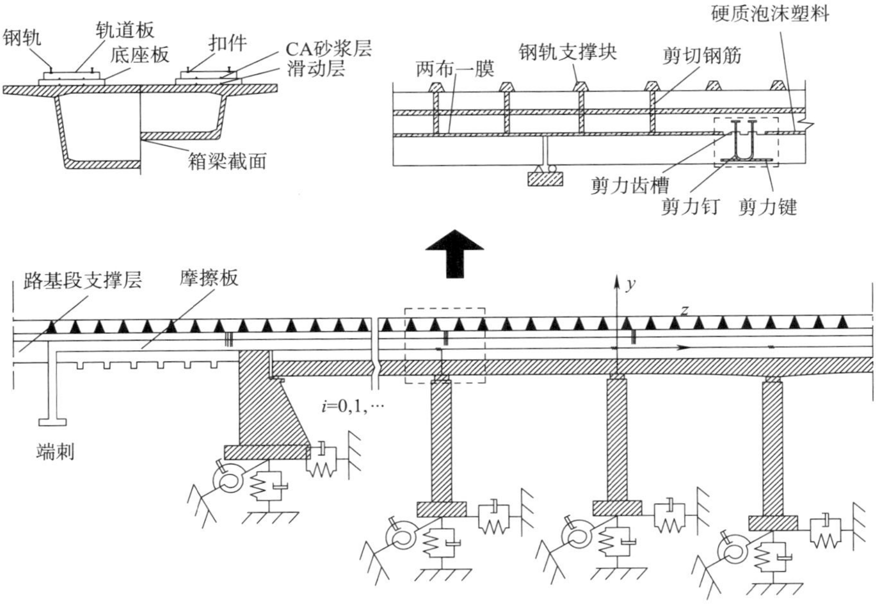

图 9-22　高速铁路连续梁-引桥-路基-CRTSⅡ型板式无砟轨道模型

陈令坤等[42]建立了地震作用下高速铁路 CRTSⅡ型板式无砟轨道 32m 简支梁桥的线桥一体化计算模型,考虑了列车、无砟轨道系统、主梁、支座以及桩土的相互作用。计算了有、无轨道约束下高速列车-桥梁系统的地震响应。

减隔震技术作为减轻地震作用的设计方法,已在铁路桥梁中得到了一定程度的应用,但研究表明,轨道约束对减隔震装置的耗能效果带来一定影响[43],其影响程度由道床阻力系数[44,45]、墩高差异[11,46]、附加阻尼[15]等因素决定。施颖等[46]以某(85+135+85)m 大跨轨道交通预应力混凝土连续梁桥为例,建立考虑轨道约束作用的线桥一体化有限元模型,选取承受惯性力最大的固定墩作为研究对象,探讨了轨道约束作用对桥梁抗震性能的影响和摩擦摆支座的减隔震效果,分析了墩高对摩擦摆支座减隔震效果的影响。

综合目前国内关于考虑无砟轨道约束作用的一体化计算模型,对于地震作用下不同轨道结构及不同地震动强度下无砟轨道系统的建模方法和受力分析研究仍然相对较少。相比国内其他研究院校开展的关于考虑无砟轨道系统线桥一体化的抗震分析研究而言,本书综合考虑板式无砟轨道系统、桥梁支座、少筋混凝土墩身及群桩基础非线性等特性,系统研究了线桥一体化抗震计算模型的建立方法,提出了适用于板式无砟轨道系统的多遇及罕遇地震作用下的线桥一体化抗震计算模型的建模方法。基于线桥一体化计算模型,采用有限元仿真分析进行了大量的工程实例分析,总结了板式无砟轨道系统对桥梁地震响应的影响规律。

9.4 线桥一体化抗震计算模型的建立

地震作用下板式无砟轨道计算模型的建立原则应基于不同类型的板式无砟轨道结构特点,考虑边界条件的影响以及不同地震动水准与分析方法而综合确定。

1. 不同类型板式无砟轨道结构特点

不同类型板式无砟轨道的结构组成不同,建立的模型也存在一定的差异。对板式无砟轨道而言,主要考虑以下几个方面:

(1)底座板与主梁的连接方式;

(2)底座板纵向为纵连板式还是单元板式结构,即底座板端的连接方式;

(3)底座板与轨道板之间的连接方式;

(4)轨道板纵向为纵连板式还是单元板式结构,即轨道板端的连接方式;

(5)扣件系统的特点。

2. 边界条件

为了适应高速铁路对行车平顺度的高标准需求以及保证运营时的安全性,高速铁路多采用“以桥代路”的全封闭模式,因而高速铁路上的桥梁一般长达几公里甚至几十公里。而地震响应分析时,通常仅选择典型的几跨或十几跨进行建模分析。若考虑轨道系统对结构的纵向约束效应,应合理考虑桥跨结构的边界条件(如路基侧摩擦板、端刺及桥台等),也包括边界轨道系统的模拟。

3. 不同的地震动水准与分析方法

我国现行《震规》将铁路工程根据铁路等级及其在路网中的重要性和修复的难易程度,分为 A、B、C、D 四个抗震设防类别。在多遇、设计及罕遇地震作用下要求桥梁的抗震性能分别达到“小震不坏、中震可修、大震不倒”的抗震设防水准。

多遇地震作用下进行桥梁结构的线弹性地震响应分析,罕遇地震作用下需进行非线性地震响应分析。对于线桥一体化模型,有限元计算模型单元较多,分析代价高,也较耗时。因此在确保分析精度的条件下,应尽量简化模型。

9.4.1 多遇地震计算模型

1. CRTS Ⅱ 型板式无砟轨道

多遇地震作用下,由于轨道扣件和滑动层的摩擦对于桥跨结构的纵向基频影响不大,且对桥墩地震响应的影响也较小。因此，进行 CRTSⅡ型板式无砟轨道建模时可以忽略其刚度影响，采用简化方式进行建模分析。本章主要讨论无砟轨道系统对桥梁纵向地震响应的影响，可采用二维平面有限元模型。现分别介绍轨道体系和桥梁结构体系的建模过程。

(1)轨道体系模拟

将钢轨、轨道板与底座板三部分集成为一个整体截面，采用二维梁单元模拟。根据轴向刚度等效及总质量不变原则，依据钢材与混凝土材料的弹模比，将钢轨截面换算成混凝土截面，通过调整材料容重保证总质量不变。剪力齿槽采用刚度为 1.0×10^{7} kN/m 的纵向线性弹簧模拟。主端刺与摩擦板串联后的刚度采用纵向线性弹簧模拟。

(2)桥梁结构体系模拟

主梁、桥墩及承台可采用线弹性梁单元模拟，桥上二期恒载可采用质量单元模拟。桩-土相互作用可采用平动及转动线性弹簧模拟，弹簧刚度值采用规范中的 m 法进行计算。支座根据其所属类型，可采用自由度耦合方法模拟，如对于固定支座，仅释放绕横向的转动自由度；对于纵向活动支座，释放绕横向的转动自由度及纵向的平动自由度。

本章主要针对高铁桥梁中普遍采用的跨度 32 m 简支梁桥和采用多跨简支梁作为边界桥跨的大跨度连续梁桥进行介绍，由此可以分别建立多遇地震作用下采用 CRTSⅡ型板式无砟轨道的两类计算模型，如图 9-23 所示。

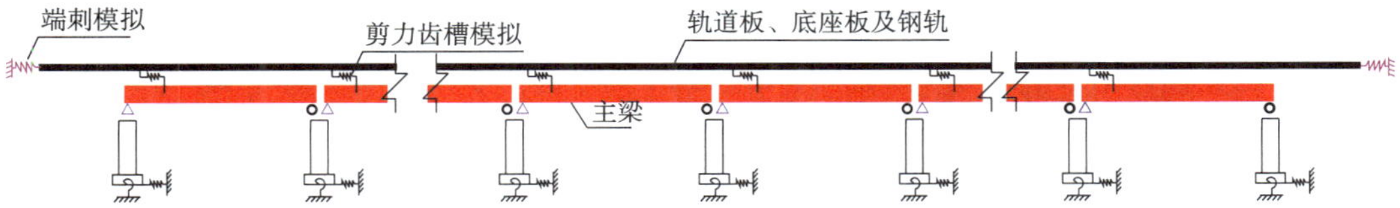

(a)简支梁桥

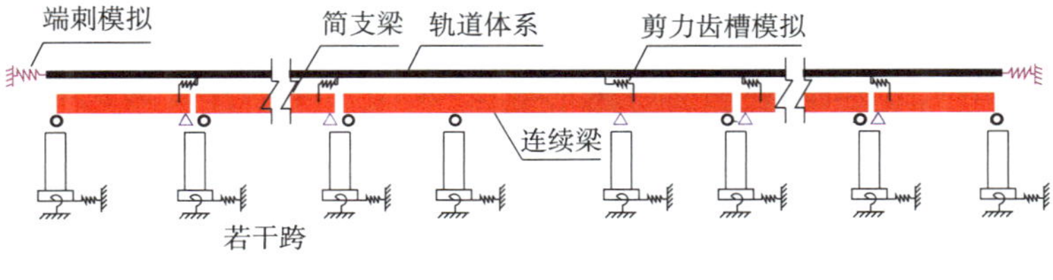

(b)连续梁桥

图 9-23　多遇地震下 CRTSⅡ型板式无砟轨道线桥一体化模型

2. CRTSⅠ型和 CRTSⅢ型板式无砟轨道

由于底座板、轨道板均分块布置，在板端设有断缝，且梁面与底座板采用预埋套筒植筋连接，底座板上设置凸形挡台(或限位凹槽)限制轨道板的纵、横向位移，因此将轨道板和底座板看成一个整体道床板固结在梁面上。由于扣件纵向阻力远小于道床阻力，所以轨道板与底座板仅考虑其质量影响，可用质量单元模拟。线路阻力可只考虑扣件阻力，扣件刚度采用纵向线性弹簧模拟，钢轨采用二维梁单元模拟。由于梁轨相互作用引起桥跨外路基上钢轨产生变形范围较大，因此在实际分析时，边界条件中应将两侧桥台以外一定的距离考虑为钢轨锁定点。现分别介绍轨道体系和桥梁结构体系的建模过程。

(1)轨道体系模拟

钢轨采用梁单元模拟，轨道板与底座板仅考虑其质量影响，用质量单元模拟。线路阻力可只考虑扣件阻力，扣件刚度用纵向线性弹簧模拟。

(2)桥梁结构体系模拟

主梁、桥墩及承台可采用线弹性梁单元模拟，桥上二期恒载采用质量单元模拟。桩-土相互作用采用平动及转动线性弹簧模拟。支座根据其类型，可采用自由度耦合方法模拟。由此可以建立多遇地震作用下采用 CRTSⅠ型和 CRTSⅢ 型板式无砟轨道的多跨简支梁桥线桥一体化计算模型，如图 9-24 所示。

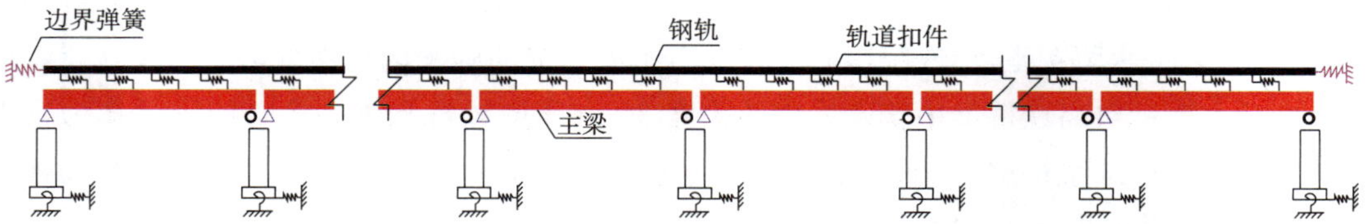

图 9-24 采用 CRTSⅠ型和 CRTSⅢ 型板式无砟轨道的线桥一体化模型

9.4.2 罕遇地震计算模型

1. CRTSⅡ型板式无砟轨道

罕遇地震作用下，研究 CRTSⅡ型板式无砟轨道对桥跨结构地震响应的影响，需要系统考虑钢轨、轨道板、轨道扣件、滑动层及端刺的约束影响。因此，需要对上述轨道系统的构件分别进行精细化建模。本部分以双线高铁桥梁为例进行介绍。现分别介绍轨道体系和桥梁结构体系的建模过程。

(1)轨道体系模拟

①钢轨、轨道板与底座板的模拟。以双线高铁桥梁为例，因仅考虑轨道约束对桥梁纵向地震响应的影响，根据几何特性等效原则可分别将 4 根钢轨、2 块轨道板与底座板集成为两个整体截面，采用二维梁单元模拟。

②弹性扣件及两布一膜滑动层的模拟。线路纵向阻力是无缝线路的一个关键设计参数。长轨线路纵向阻力通常取扣件阻力，采用非线性阻力模型中的理想弹塑性模型。两布一膜滑动层根据库伦摩擦原理，也采用理想弹塑性模型。

③剪力齿槽的模拟。剪力齿槽采用纵向线性弹簧模拟，刚度取值为 1.0×10^{7} kN/m。

④端刺的模拟。端刺可采用纵向线性弹簧模拟。邻跨边界的约束影响采用线性弹簧模

拟，弹簧的数值采用刚度等效的方法计算。邻跨边界的约束模式如图 9-25 所示。

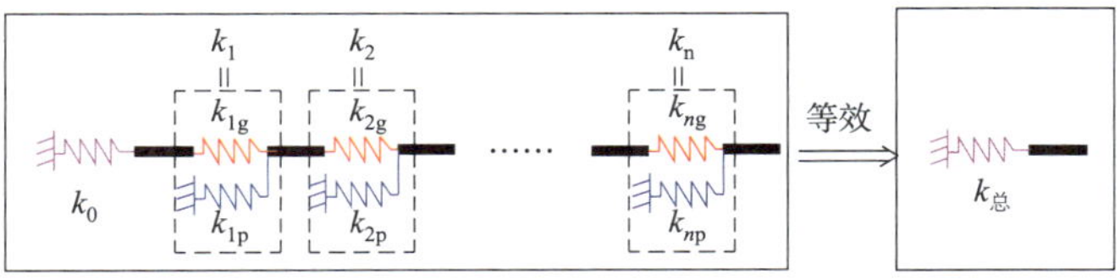

图 9-25　邻跨边界的约束模式

图 9-25 中，k_0 为路基段端刺的纵向刚度；k_{1g} 为第 1 跨轨道板的纵向刚度，$k_{1g}=EA/L$，A 为轨道板、底座板及钢轨的换算面积之和，L 为一跨内轨道板的长度；k_{1p} 为第 1 个墩的墩顶纵向线刚度。同理，k_{ng} 为第 n 跨轨道板的纵向刚度，k_{np} 为第 n 个墩的墩顶纵向线刚度。显然，k_{1g} 与 k_{1p} 二者并联，k_{2g} 与 k_{2p} 二者并联，k_{ng} 与 k_{np} 二者并联，然后再整体串联。最终等效的弹簧刚度 $k_总$ 可按式(9-1)计算：

$$k_{总}=1/\sum_{i=0}^{n}\frac{1}{k_i} \tag{9-1}$$

$$k_i=k_{ip}+k_{ig} \tag{9-2}$$

式中，n 为后继结构的桥梁跨数；$k_总$ 为后继结构的等效刚度。

(2)桥梁结构体系模拟

主梁及承台采用线弹性梁单元模拟，桥上二期恒载采用质量单元模拟。桩-土相互作用采用平动及转动线性弹簧模拟，弹簧数值采用规范中的 m 法进行计算。桥墩及支座的模拟方法与结构的抗震体系有关。

罕遇地震下 CRTS Ⅱ型板式无砟轨道桥梁抗震计算模型如图 9-26 所示。

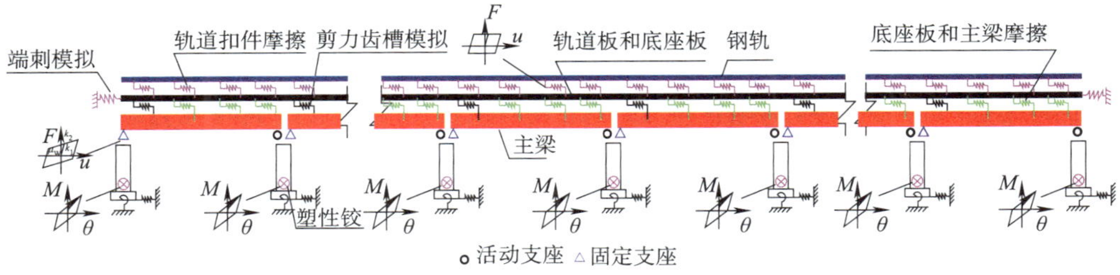

(a)简支梁桥

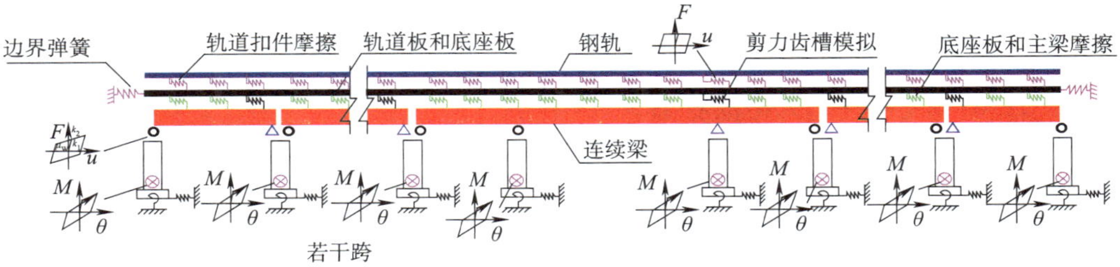

(b)连续梁桥

图 9-26　罕遇地震下 CRTSⅡ型板式无砟轨道线桥一体化模型

2. CRTSⅠ型和 CRTSⅢ型板式无砟轨道

与多遇地震作用下的轨道计算模型不同的是，扣件纵向阻力应采用非线性弹簧模拟，其滞回模型可采用理想弹塑性模型。现分别介绍轨道体系和桥梁结构体系的建模过程。

(1)轨道体系的模拟

钢轨采用梁单元模拟，轨道板与底座板仅考虑其质量影响，用质量单元模拟。线路阻力仅考虑扣件阻力，扣件纵向阻力采用非线性弹簧模拟，其滞回模型采用理想弹塑性模型。

(2)桥梁结构体系的模拟

主梁及承台采用线弹性梁单元模拟，桥上二期恒载采用质量单元模拟。桩-土相互作用采用平动及转动线性弹簧模拟，弹簧刚度采用规范中的 m 法进行计算。桥墩及支座的模拟方法与结构的抗震体系有关。

罕遇地震下 CRTS Ⅰ型和Ⅲ型板式无砟轨道桥梁抗震计算模型如图 9-27 所示。

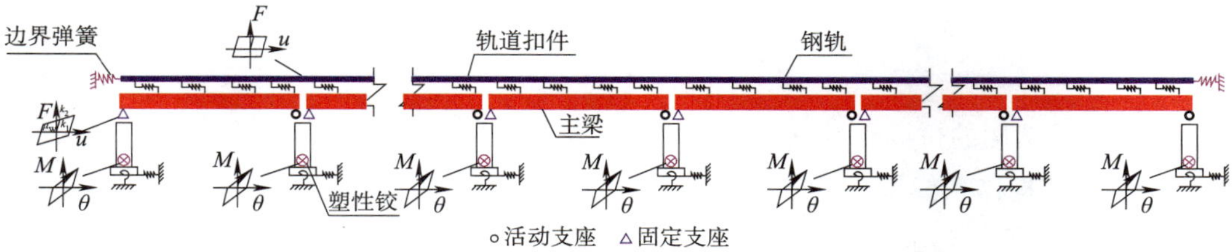

图 9-27 罕遇地震下 CRTSⅠ型、Ⅲ型板式无砟轨道线桥一体化模型

9.4.3 轨道系统参数取值

线路纵向阻力是抑制钢轨伸缩、阻止线路滑动的关键参数，在进行无缝线路的计算过程中也是必不可少的参数。对于无砟轨道，在地震荷载作用下的线路纵向阻力源于扣件自身的阻力及混凝土道床板和梁体之间的滑动摩阻力。

高铁桥梁上的无砟轨道铺设无缝线路，为降低钢轨与梁体之间的相互约束力，需要阻力较小扣件，因此本章中采用我国客运专线普遍使用的 WJ-8 型小阻力扣件。扣件凭借自身的扣压力来阻止因温度、制动力等因素导致的钢轨沿线路方向的移动。扣件纵向刚度产生于下部橡胶垫层发生的剪切变形和扣压件的弹性变形。当梁轨之间的相对滑动位移大于极限值以后，钢轨相对扣件进入滑动状态。

许多国内学者及相关单位通过大量数值模拟、室内模型试验及实地测算等工作，提出了一套理想弹塑性纵向阻力模型。《铁路无缝线路设计规范》(TB 10005—2012)[47] 3.2.3 中规定的纵向阻力模型如图 9-28 所示。

无砟轨道一般均选用 WJ-7 型和 WJ-8 型小阻力扣件，其中扣件安装中心之间的间距为 0.625 m，扣件的纵向阻力可按表 9-2 取值。

表 9-2　WJ-7 型、WJ-8 型小阻力扣件纵向阻力[kN/(m·轨)]

扣件类型	有载		无载	图示
	机车下	车辆下		
WJ-7 型、WJ-8 型小阻力扣件	$r=20.2x$　$x\leqslant 0.5$ mm $r=10.1$　$x>0.5$ mm	$r=13.0x$　$x\leqslant 0.5$ mm $r=6.5$　$x>0.5$ mm	$r=13.0x$　$x\leqslant 0.5$ mm $r=6.5$　$x>0.5$ mm	图 9-29

注：x 为钢轨相对扣件的纵向位移。

日本新干线铁路轨道结构以板式无砟轨道为主[48]，线路纵向阻力取扣件纵向阻力为 5 kN/(m·轨)。德国铁路线路纵向阻力采用双线性阻力，具体如图 9-29 所示。

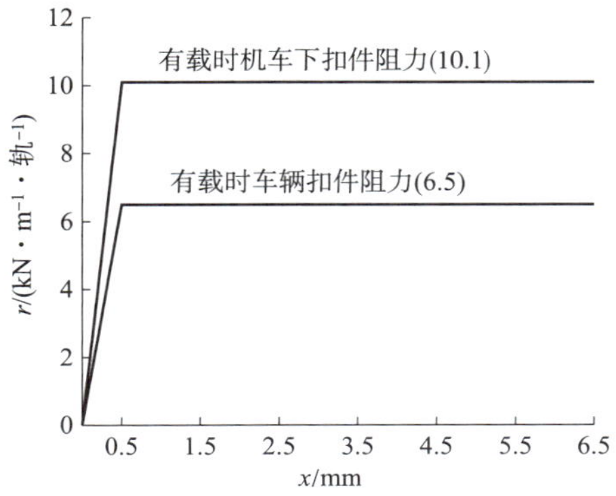

图 9-28　《铁路无缝线路设计规范》纵向阻力模型

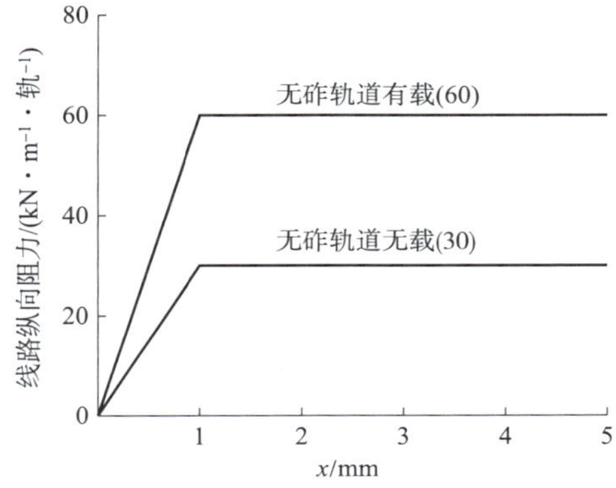

图 9-29　德国采用的线路纵向阻力模型

UIC（国际铁路联盟）774-3 规范同样采用理想弹塑性阻力模型[49]，如图 9-30 所示。该模型中无砟轨道在无载情况下的线路纵向阻力会有所提高。

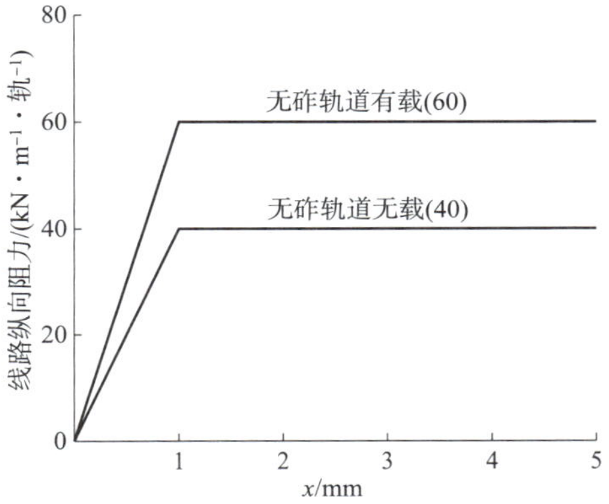

图 9-30　UIC774-3 规范线路纵向阻力模型

本章中采用《铁路无缝线路设计规范》(TB 10005—2012)中的扣件阻力模型，通过在试验段选取多组具有复合垫板的 WJ-8 型小阻力扣件进行纵向阻力测试[50]。研究得出该型小阻力扣件的弹塑性临界点发生在 0.5～1 mm 范围以内。每一组扣件的滑动阻力在 3～

6 kN/(m·轨)，绝大部分是 4～5 kN/(m·轨)。该型扣件的纵向阻力 r 和纵向位移 f 的关系可用式(9-3)表示，阻力的峰值为 6.48 kN/(m·轨)，数据回归曲线如图 9-31 所示。

$$r=5.4(1.2-e^{-20f^{0.7}}) \tag{9-3}$$

式中：r 为纵向位移阻力系数，kN/m；f 为纵向位移，cm。

由试验可看出，在钢轨未发生滑动时，扣件阻力伴随着钢轨纵向位移的增加而增大。因此选用纵向非线性弹簧代替扣件的力学性能，其滞回模型如图 9-32 所示。

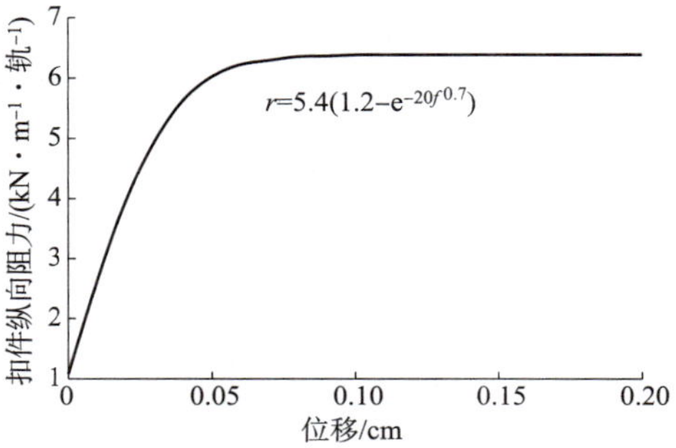

图 9-31　WJ-8 型扣件阻力位移关系

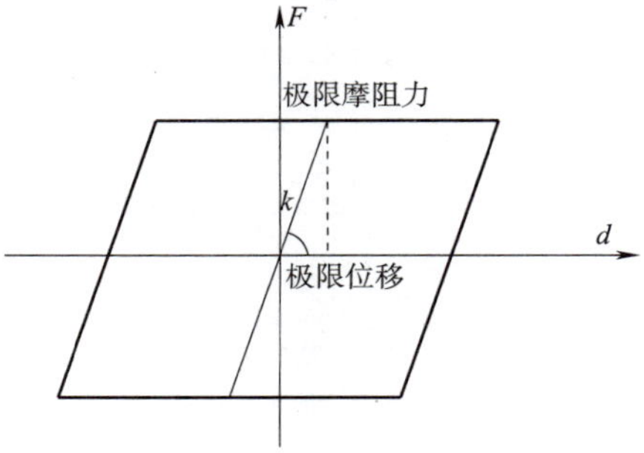

图 9-32　扣件系统滞回模型

9.5　无砟轨道桥梁地震响应分析算例

本节仅以纵连板式无砟轨道为例进行算例分析。

9.5.1　简支梁桥

1. 工程概况

以某高速铁路多跨简支梁桥为工程背景，选取该桥 D390 墩至 D421 墩之间的 31 孔 32 m 简支梁为计算桥跨，桥梁全长 1 013.7 m。部分结构立面布置示意图如图 9-33 所示。

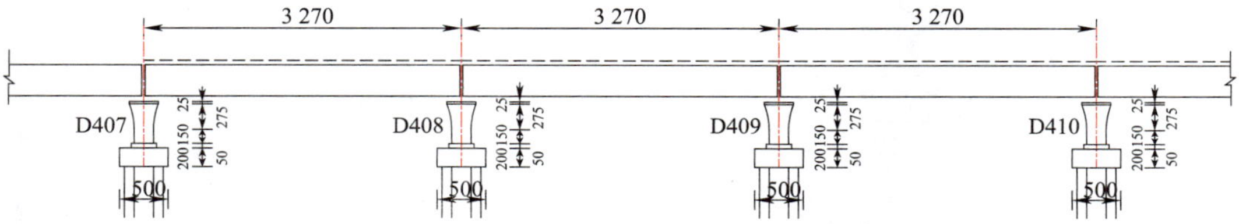

图 9-33　多跨简支梁桥立面布置图(部分)(单位：cm)

2. 计算模型

为了系统研究轨道板对多跨简支梁桥地震响应的影响，本节建立三种工况，工况一：未计轨道板的简支梁模型，即传统分析模型，如图 9-34 所示；工况二：考虑轨道板，但板端为自由边界的简支梁模型，如图 9-35 所示；工况三：考虑轨道板且板端考虑邻跨纵向约束的简支梁模型，如图 9-36 所示，进行多遇地震响应分析。

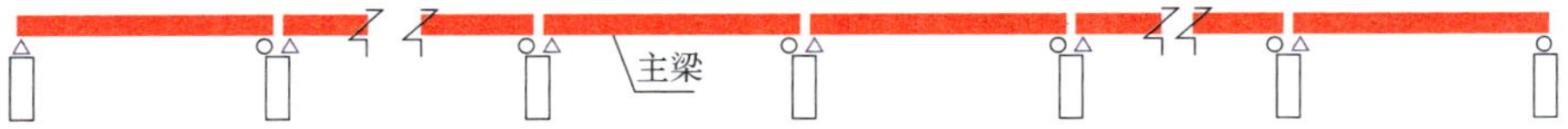

图 9-34　未考虑轨道板的简支梁计算模型

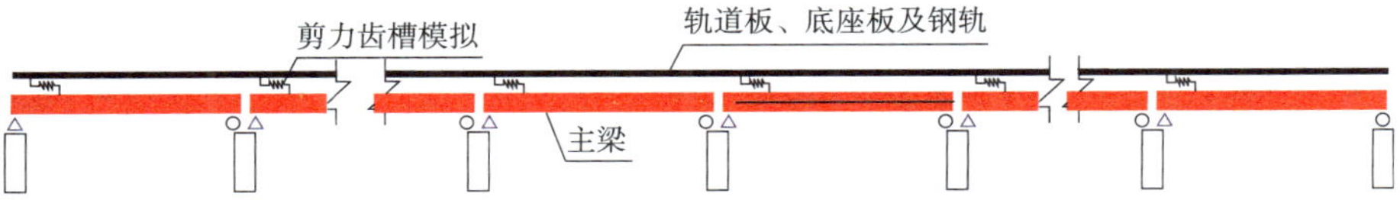

图 9-35　考虑轨道板的简支梁计算模型

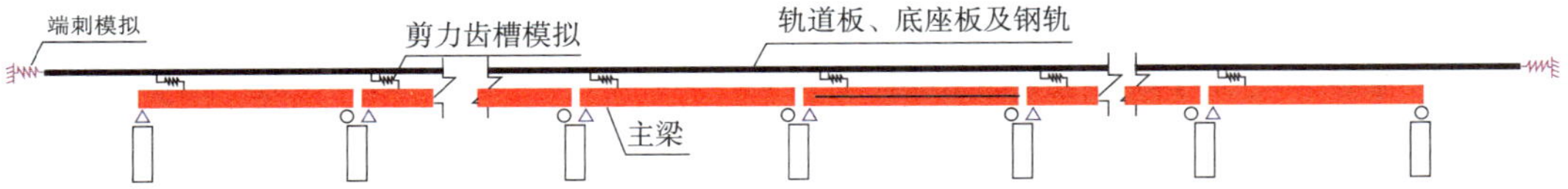

图 9-36　考虑轨道板及邻跨纵向约束的简支梁计算模型

三种模型均采用 Midas/Civil 有限元软件进行建模，具体建模思路如下：

(1)模型中将钢轨、轨道板与底座混凝土板模拟成一个整体截面，采用三维梁单元模拟；主梁及桥墩根据实际桥梁尺寸进行建模，采用三维梁单元模拟。

(2)固定及活动支座采用主从自由度模拟；在距梁体纵向固定支座 1.39m 处，底座混凝土板与梁体纵向刚性连接，其余部位只考虑两者间的竖向连接。

(3)邻跨边界的约束影响采用线性弹簧模拟，弹簧数值采用刚度等效方法计算。依据 9.4.2 节中的式(9-1)和式(9-2)分别计算了邻跨跨数为 0、10、20、50 和 100 跨时的等效刚度，相应后继结构刚度依次为 1.00×10^{8}(该刚度为路基段端刺刚度)、1.35×10^{5}、6.95×10^{4}、2.78×10^{4} 及 1.39×10^{4} kN/m。

(4)考虑地基弹性作用对结构地震响应的影响，模型中通过在承台底施加 6 个线性弹簧模拟地基刚度，其中弹簧参数采用 m 法计算。

采用反应谱法求得桥梁在地震作用下的响应。桥梁位于 8 度区，多遇地震下水平地震影响系数 $0.07g$，场地类别Ⅲ类二区，特征周期为 0.55 s。反应谱曲线采用《震规》中规定的谱曲线。

3. 简支梁桥地震响应分析

为了系统研究轨道系统对高速铁路多跨简支梁桥地震响应的影响，分两种情形进行讨论。

工况 1:各墩墩高相近,分别为 5.5 m、4.5 m 和 5 m 不等;

工况 2:部分墩高增大,将 D403～D406 的各墩墩高在原墩高基础之上分别增大 2 倍、4 倍、4 倍、2 倍,其他墩高保持不变。

(1)工况 1(各墩墩高相近)

各墩墩高相近时的有限元模型如图 9-37 所示。反应谱沿纵向输入,轨道板两端自由边界时的墩底截面地震响应如图 9-38 所示,考虑后继邻跨跨数分别为 0、10、20、50、100 跨及自由边界条件时各墩的地震响应对比结果如图 9-39 所示。

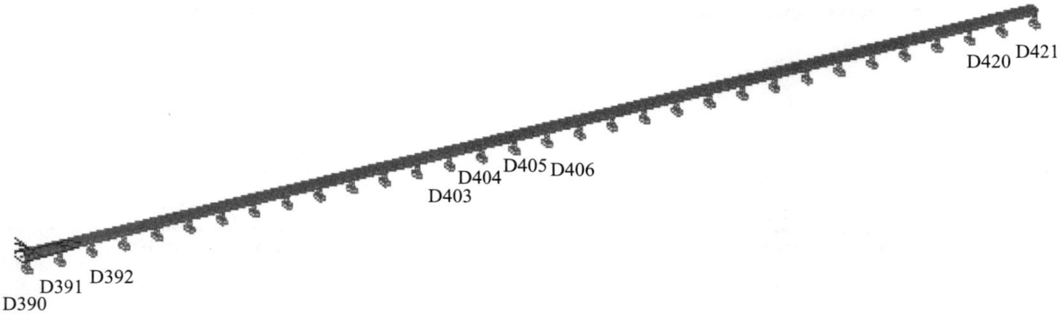

图 9-37　墩高相近时的有限元模型

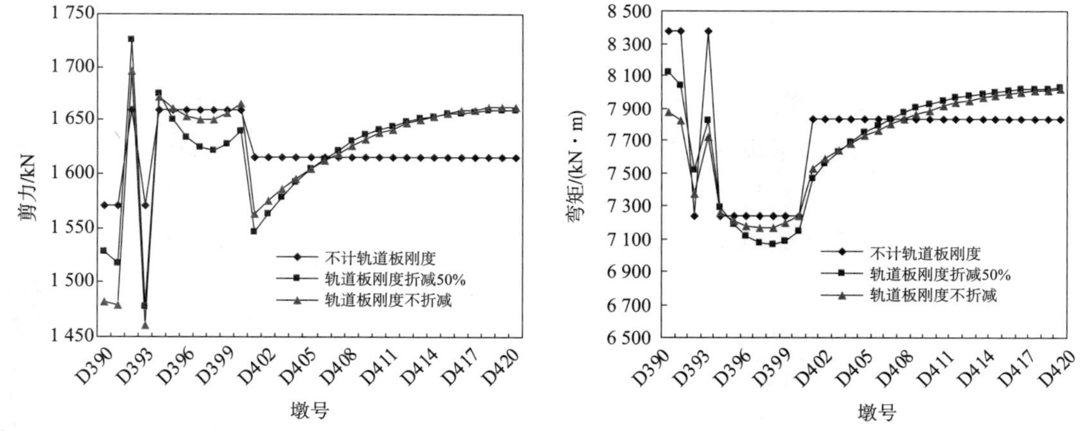

(a)墩底截面剪力

(b)墩底截面弯矩

图 9-38　轨道板两端自由边界的墩底截面内力

从图 9-38 可以看出,在轨道板两端自由边界的条件下,考虑与不考虑轨道板刚度的影响墩底截面的内力变化幅度在 10%以内,轨道板刚度大小对结构地震响应的影响不明显。

从图 9-39 可以看出:与轨道板两端自由边界时的结果相比,考虑轨道板两端邻跨约束为端刺纵向刚度时，墩底截面的内力变化幅度最大；随着邻跨跨数的增加，结构地震响应越来越接近轨道板两端自由边界时的反应；考虑轨道板两端邻跨约束的影响，D390～D401 及 D411～D420 的墩底截面内力均小于自由边界时的结果，墩底截面内力从边墩开始向桥梁中墩逐渐增大；中间墩 D402～D410 各墩的墩底截面内力均大于自由边界时的结果；考虑端刺构造对分析桥墩所受地震作用的分担作用时，边墩墩底截面内力仅为自由边界时的 0.15 倍；考虑端刺构造及邻跨分别为 10、20、50 及 100 跨时的边界影响，边墩墩底截面内力分别为自由边界时的 0.75 倍、0.85 倍、0.94 倍和 0.97 倍。

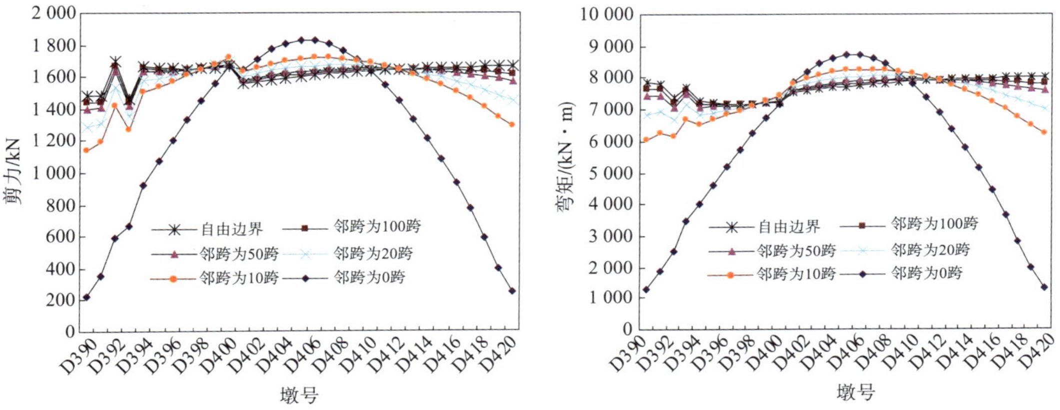

(a)墩底截面剪力　　(b)墩底截面弯矩

图 9-39　考虑邻跨边界影响的墩底截面内力

(2)工况 2(部分墩高增大)

部分墩高增大后的有限元模型如图 9-40 所示。反应谱沿纵向输入，轨道板两端自由边界时的墩底截面地震响应如图 9-41 所示，考虑后继邻跨跨数分别为 0、10、20、50、100 跨及自由边界条件时各墩的地震响应对比结果如图 9-42 所示。

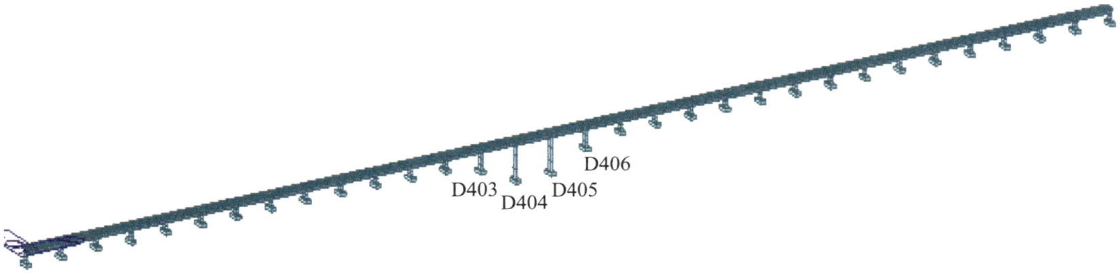

图 9-40　部分墩高增大时有限元模型

从图 9-41 可以看出，在墩高相差较大的情况下，轨道板的纵向刚度对墩底截面内力的影响较明显。对于墩高增大的桥墩(D403～D406)，其地震响应降低较明显。D403～D406

墩底截面剪力分别为不考虑轨道板时的 0.89 倍、0.67 倍、0.67 倍、0.89 倍，而弯矩分别为不考虑轨道板时的 0.85 倍、0.47 倍、0.47 倍、0.85 倍。而 D403～D406 附近的矮墩地震响应有较大幅度的增大，影响范围 5 跨左右(D398～D402、D407～D411)，由近及远，增大的幅度呈递减趋势。墩底截面的弯矩、剪力增大幅度最大为不考虑轨道板时的 1.23 倍。

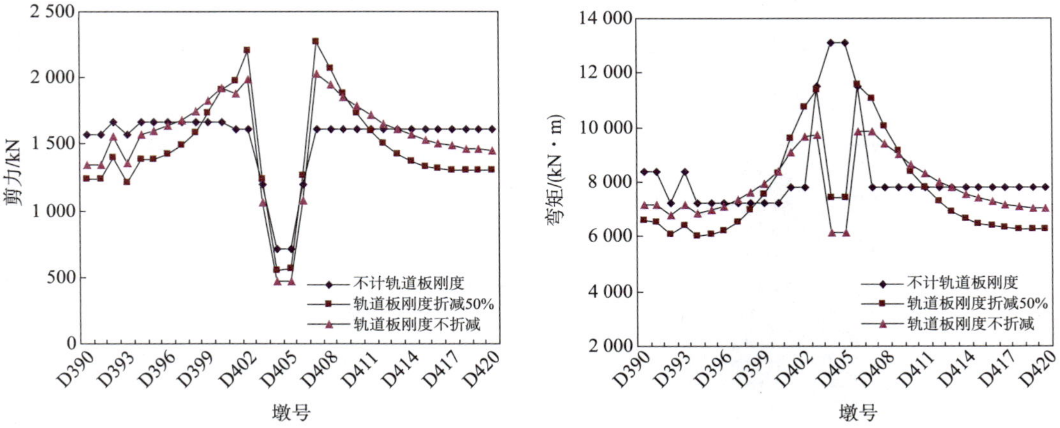

(a)墩底截面剪力　　　(b)墩底截面弯矩

图 9-41　轨道板两端自由边界时墩底截面内力

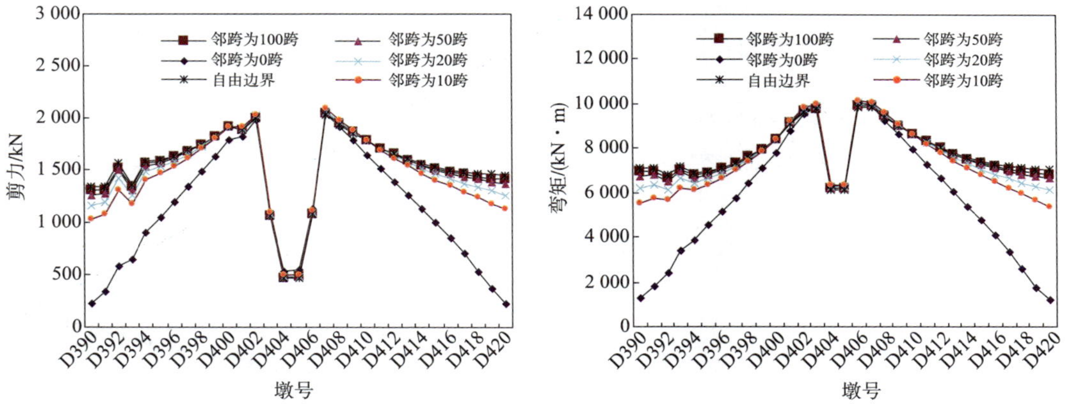

(a)墩底截面剪力　　　(b)墩底截面弯矩

图 9-42　考虑邻跨边界影响时的墩底截面内力

从图 9-42 可以看出：与轨道板两端自由边界时的结果相比，考虑轨道板两端邻跨约束为端刺纵向刚度时，墩底截面的内力变化幅度最大，随着邻跨跨数的增加，结构的地震响应越来越接近轨道板两端自由边界时的响应；考虑轨道板两端邻跨约束的影响，所有桥墩墩底截面内力均小于自由边界时的结果；考虑端刺构造对分析桥墩所受地震作用的分担作用时，边墩墩底截面内力仅为自由边界时的 0.16 倍。考虑端刺构造及邻跨分别为 10、20、50 及

100 跨时的边界影响，边墩墩底截面内力分别为自由边界时的 0.77 倍、0.87 倍、0.94 倍和 0.97 倍。

9.5.2　连续梁桥

1. 多遇地震作用下

(1)工程概况

以京沪高速铁路某大桥主桥(80＋128＋80) m 双线连续箱梁桥为工程背景。主梁采用单箱单室截面，顶板宽 13.4 m、底板宽 7.0 m，跨中处梁高为 5.6 m、中墩处为 9.6 m，梁底按二次抛物线渐变。下部采用圆端形实体桥墩，纵、横向尺寸分别为 4.5 m 和 11.6 m，基础采用 24ϕ1.5 m 的钻孔灌注桩，桩长 73 m。桥梁采用盆式橡胶支座，32 号墩为制动墩。桥上二期恒载为 210 kN/m。

主桥两侧引桥为 32 m 混凝土简支箱梁桥(本节考虑主桥两侧分别连接 30 孔 32 m 简支箱梁桥)，主梁采用单箱单室截面，梁高 3.08 m。下部采用矩形截面重力式桥墩，纵、横向尺寸分别为 2.5 m 和 6.0 m，墩高 15.5 m，基础采用 12 根 ϕ1.25 m 钻孔灌注桩，桩长 40 m。桥上二期恒载为 120 kN/m。桥梁立面布置如图 9-43 所示。

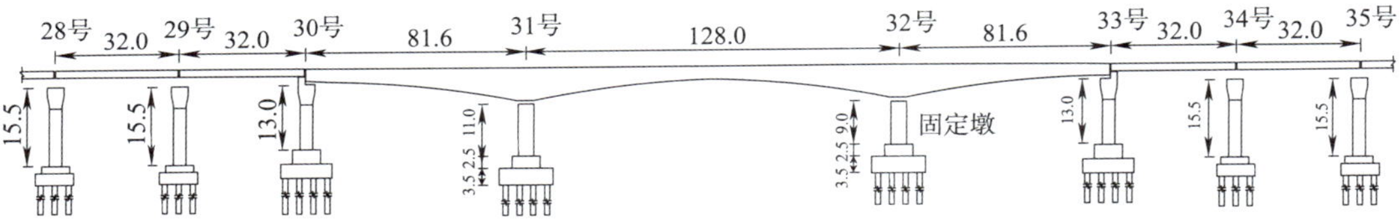

图 9-43　桥梁立面布置图(单位:m)

桥上轨道板及底座板混凝土强度等级分别为 C60 和 C30，单线截面尺寸分别为(宽×高)2.55 m×0.23 m 和 2.95 m×0.19 m，60 kg/m 钢轨。双线轴向等效刚度为 9.28×10^7 kN/m，等效质量为 5.8 t/m。

(2)计算模型

为了系统研究端刺构件及轨道板对线桥一体化分析模型的影响，本节建立了以下三个计算模型进行对比研究。

模型 1:传统抗震计算模型，不考虑无砟轨道的纵向约束效应，如图 9-44(a)所示；

模型 2:部分线桥一体化分析模型，不考虑端刺构件的纵向约束效应，即轨道端部边界纵向自由，如图 9-44(b)所示；

模型 3:线桥一体化分析模型，考虑端刺构件的纵向约束效应，如图 9-44(c)所示。

采用 Midas/Civil 软件对连续梁桥及简支梁桥建立全桥有限元计算模型。因仅讨论纵向地震响应，采用二维平面有限元模型。在模型 2、3 中将钢轨、轨道板与底座板三部分集成为一个整体截面，采用二维梁单元模拟，具体集成方法同 9.4.1 节。主梁及桥墩根据实际桥梁尺寸进行建模，亦采用二维梁单元模拟。考虑地基的柔性作用效应，在承台底施加 3 个线性弹簧模拟地基刚度，其中弹簧参数采用 m 法计算。剪力齿槽采用刚度为 1.0×10^{7} kN/m 的纵向线性弹簧模拟。主端刺的纵向刚度取 1.0×10^{7} kN/m，桥台与端刺之间铺设的摩擦板长度按 100 m 考虑，则主端刺与摩擦板串联后的刚度为 7.6×10^{5} kN/m，采用纵向线性弹簧模拟，即本节仅考虑了后继结构的刚度影响，未考虑其阻尼效应。

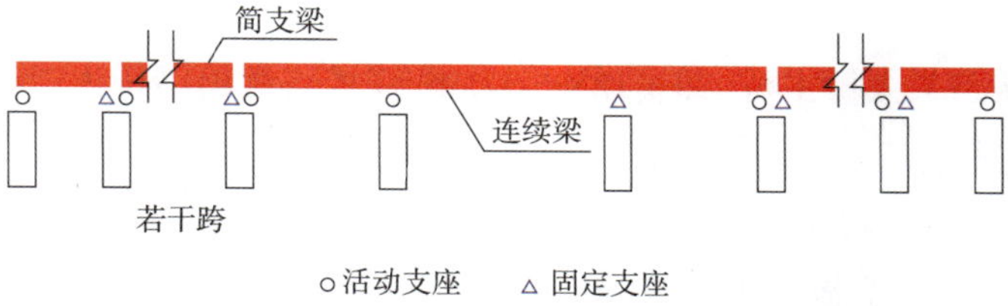

(a)模型 1

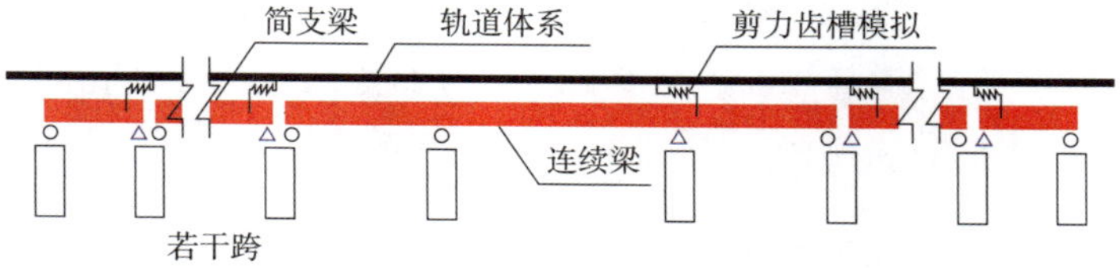

(b)模型 2

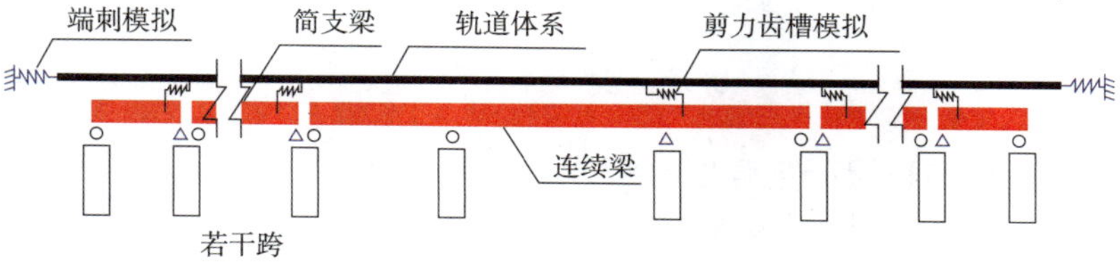

(c)模型 3

图 9-44　多遇地震作用下连续梁桥一体化分析模型

为分析连续梁桥与简支梁桥动力特性大小的相对关系对各桥墩间地震响应的耦联影响，首先采用传统抗震分析模型分别计算简支梁桥及连续梁桥的纵向自振周期，并根据分析结果适当调整连续梁桥 32 号制动墩的墩高，使之达到以下两种工况。

工况 1：连续梁桥自振周期小于简支梁桥自振周期，所有参数不变，连续梁 32 号制动墩高为 9.0 m。

工况 2：连续梁桥自振周期大于简支梁桥自振周期，仅将连续梁 32 号制动墩墩高调整为 14.0 m，其余参数不变。

(3)简支梁+连续梁桥地震响应分析

① 不同模型对桥梁动力特性的影响

针对上述 2 种工况,分别对 3 种模型进行模态分析,探讨轨道约束体系对桥梁动力特性的影响。桥梁纵向一阶振型的自振周期见表 9-3。

表 9-3　3 种模型桥梁纵向一阶振型的自振周期

工　况	分析模型	纵向一阶振型自振周期/s	
		简支梁桥	连续梁桥
1	模型 1	0.747	0.653
	模型 2	0.727	
	模型 3	0.689	
2	模型 1	0.747	0.891
	模型 2	0.774	
	模型 3	0.771	

由表 9-3 可知:对于自振特性不同的简支梁桥及大跨连续梁桥,轨道约束体系的存在增强了相邻桥跨间的纵向联系,使按传统模型分析得到的两个单独振动单元(简支梁桥、连续梁桥)变为一个整体振动单元。对于工况 1,考虑轨道约束体系的影响,简支梁桥的纵向一阶周期减小了 8%,连续梁增大了 6%。对于工况 2,简支梁桥的纵向一阶周期增大了 3%,连续梁减小了 13%。同时,端刺的存在对桥梁动力特性的影响也较明显,缩短了桥梁纵向一阶周期。

②不同模型对桥梁地震响应的影响

为讨论连续梁桥与简支梁桥动力特性大小相对关系对各桥墩间地震响应的耦联影响,对 2 种工况下 3 种模型分别进行多遇地震作用下的反应谱分析。反应谱曲线采用《震规》中给出的动力放大系数 β 曲线,场地类别取Ⅱ类,特征周期分区为二区,场地特征周期为 0.4 s。多遇地震水平地震基本加速度为 0.07g。反应谱分析时,振型数采用前 300 阶,振型组合采用 CQC 方法。

工况 1 下,连续梁桥和简支梁桥各墩墩底截面的弯矩和剪力分析结果分别如图 9-45、图 9-46 所示。由图 9-45、图 9-46 可知:对于连续梁桥,采用线桥一体化分析模型计算的地震响应小于传统抗震计算模型(如对于 32 号制动墩,墩底弯矩减小 16%);对于简支梁桥,考虑轨道体系及端刺的纵向约束效应时,各墩的地震响应呈凸抛物线形分布,中间部分桥跨采用线桥一体化分析模型计算的地震反应大于传统抗震计算模型(如对于 16 号~18 号墩,墩底弯矩增大 16%),即忽略轨道体系及端刺的纵向约束效应时,可能低估简支梁桥的最大地震响应;端刺对高铁桥梁各墩地震响应影响显著,考虑端刺的纵向刚度,邻近端刺若干跨简支梁桥的地震响应明显减小,且距离端刺越近的桥跨,其地震响应减小越明显。

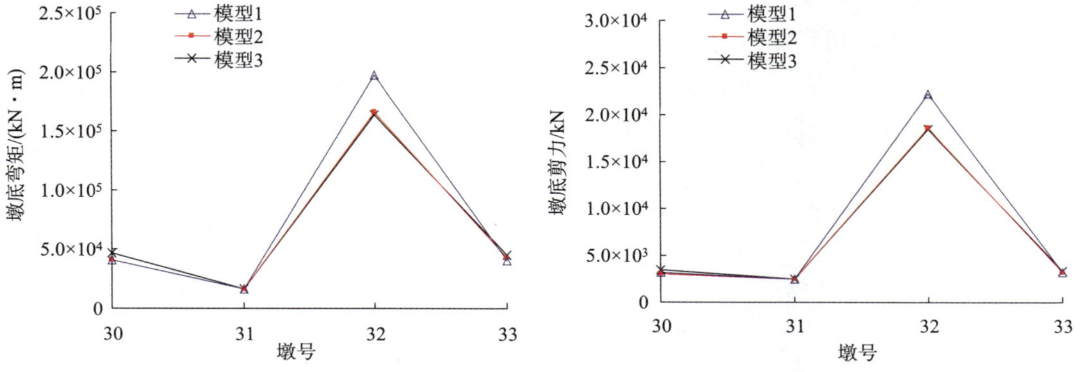

(a)墩底截面弯矩　　(b)墩底截面剪力

图 9-45　工况 1 下连续梁桥各墩墩底截面受力

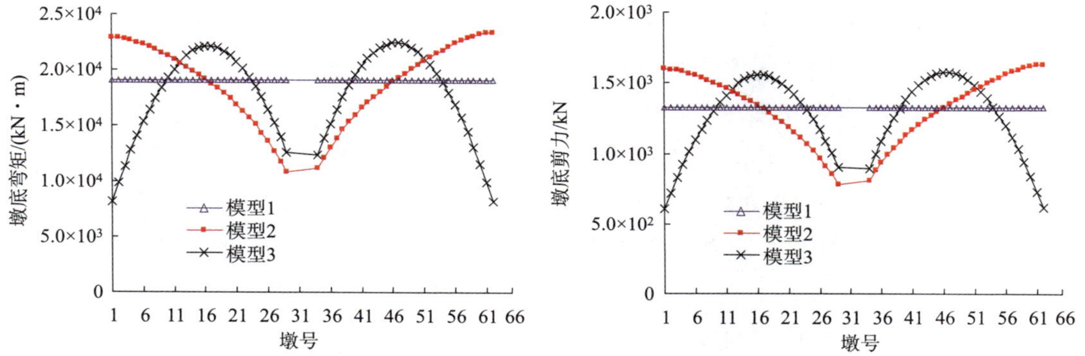

(a)墩底截面弯矩　　(b)墩底截面剪力

图 9-46　工况 1 下简支梁桥各墩墩底截面受力

工况 2 下，连续梁桥、简支梁桥各墩墩底截面的弯矩、剪力分析结果分别如图 9-47、图 9-48。由图 9-47、图 9-48 可知：工况 2 下，对于连续梁桥，采用线桥一体化分析模型计算的地震响应大于传统抗震计算模型（如对于 32 号制动墩，墩底弯矩增大 23%），即不考虑轨道体系的纵向约束效应时，计算结果偏于不安全；对于简支梁桥，采用线桥一体化分析模型计算的地震响应整体上小于传统抗震计算模型；与工况 1 相同，端刺对高铁桥梁各墩地震响应影响显著，考虑端刺的纵向刚度，邻近端刺若干跨简支梁桥的地震响应明显减小，且距离端刺越近的桥跨地震响应减小越明显。

2. 罕遇地震下

(1)计算模型

仍以多遇地震作用下的工程为例，但主桥两侧引桥调整为 10 跨 32 m 混凝土简支箱梁桥。为方便叙述，各墩从左向右依次编号为：简支梁桥墩（1 号～9 号）、连续梁桥墩（10 号～

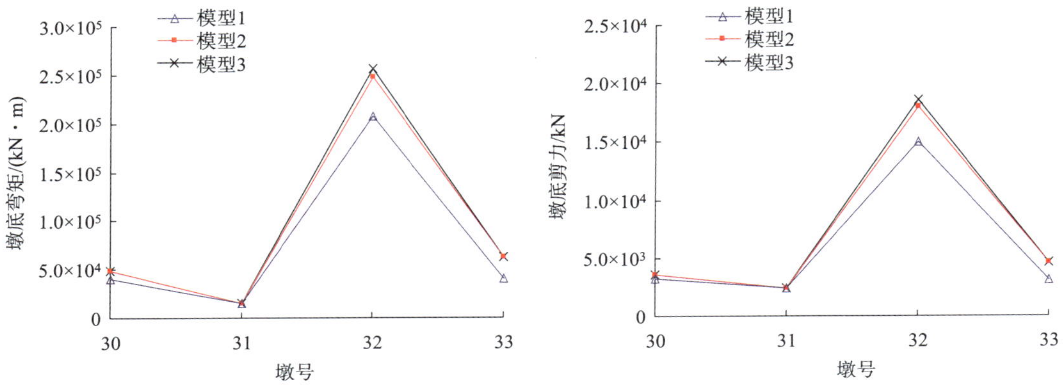

(a)墩底截面弯矩　　　　(b)墩底截面剪力

图 9-47　工况 2 下连续梁桥各墩墩底截面受力

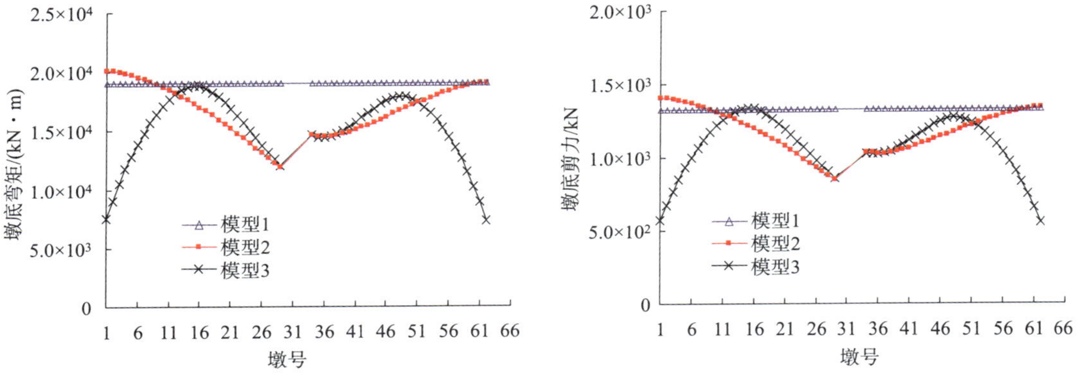

(a)墩底截面弯矩　　　　(b)墩底截面剪力

图 9-48　工况 2 下简支梁桥各墩墩底截面受力

13 号,其中 10 号和 13 号为交界墩,12 号为制动墩)、简支梁桥墩(14 号～22 号)。由 CRTS Ⅱ型板式无砟轨道结构特点可知,罕遇地震作用下该轨道体系对桥梁结构的影响主要有两种效应:纵向刚度约束效应及摩擦效应。因此,在进行线桥一体化模型建立过程中,应合理考虑上述两种效应,并依据 9.4.2 节中 CRTSⅡ型板式无砟轨道体系建模要点进行建立。罕遇地震作用下的线桥一体化分析模型,如图 9-26(b)所示。该模型主要用于计算沿桥梁纵向输入地震动时结构的地震响应。

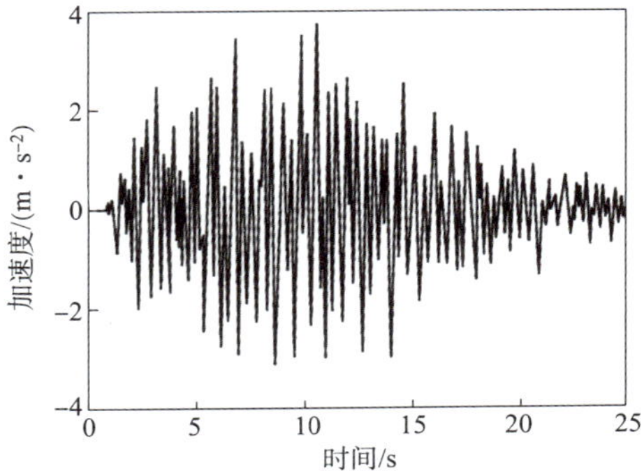

图 9-49　典型的罕遇地震加速度时程曲线

计算模型的场地类别为Ⅱ类,特征周期分区为二区,场地特征周期为 0.4 s。罕遇地震水平地震加速度 0.38g。选取一条典型的罕遇地震安评波,如图 9-49 所示。按传统计算模型计算得到简支梁与连续梁的纵向一阶自振周期分别为：0.747 s 和 0.653 s。

(2)CRTSⅡ型无砟轨道对减隔震桥梁地震响应的影响

桥梁减隔震体系指在地震作用下，桥梁上、下部连接构件发生塑性变形，延长结构周期，从而减小结构地震响应。近年来，双曲面球形减隔震支座在公路、铁路桥梁中应用较多，该类型支座利用钟摆原理实现减隔震功能，通过滑动界面摩擦消耗地震能量实现减震功能，通过球面摆动延长梁体运动周期实现隔震功能。在固定支座设置抗剪栓提高支座初始刚度以满足铁路桥梁行车安全性的要求。本节拟在连续箱梁桥上设置双曲面球形减隔震支座，在简支梁桥上设置普通盆式橡胶支座。相关研究结果表明：双曲面球形减隔震支座的耗能能力稳定，滞回曲线饱满。一般可采用双线性模型模拟。影响该支座减隔震性能的主要参数为球面曲率半径和滑动面摩擦系数。本节双曲面球形支座的主要力学参数取值见表 9-4。

表 9-4 双曲面球形支座的力学参数

支　座	球心距/m	摩擦系数	屈前刚度/(kN·m^{-1})	屈后刚度/(kN·m^{-1})
边支座	6	0.05	2 570 000	3 500
中支座	6	0.05	525 000	17 100

轨道扣件主要考虑 WJ-7、WJ-8 型小阻力及常阻力扣件，轨道扣件以及两布一膜滑动层的力学参数取值见表 9-5。对桥梁减隔震体系共分析了 5 种工况：工况 1～工况 4 为线桥一体化减隔震桥梁计算模型，这些工况假定轨道纵向约束刚度不变，仅改变轨道扣件及滑动层的摩擦参数，其中工况 4 相当于仅考虑轨道约束的纵向刚度，忽略摩擦。工况 5 为不考虑轨道体系的传统减隔震桥梁计算模型。

表 9-5 扣件及滑动层力学参数

工　况	弹性扣件		两布一膜滑动层	
	屈服力/(kN·m^{-1}·根$^{-1}$)	屈服位移/mm	摩擦系数	屈服位移/mm
1	5	0.5	0.1	0.5
2	10	0.5	0.2	0.5
3	15	0.5	0.3	0.5
4	0	0	0	0

采用 Midas/Civil 软件对连续梁及简支梁桥建立全桥有限元计算模型。主梁及桥墩根据实际桥梁的尺寸建模，采用二维梁单元模拟。考虑地基的柔性作用效应，在承台底施加 3 个线性弹簧模拟地基刚度，其中弹簧参数采用 m 法计算。假定桥墩均处于弹性工作状态。进行非线性时程反应分析时，结构的阻尼采用 Rayleigh 阻尼矩阵，应用 Newmark-β 法逐步积分求解，分析时间步长为 0.02 s。沿桥纵向输入 3 条罕遇地震下的安评地震波，结构地震响应取 3 条波计算结果的平均值。在上述工况下，各墩底截面弯矩分析结果如图 9-50 所示。

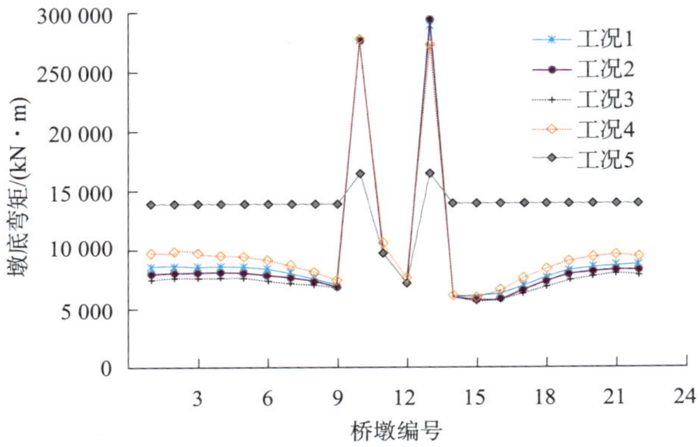

图 9-50　各工况下墩底截面弯矩分布

根据图 9-50 的计算结果可知：

①对比工况 1～工况 5 计算结果，在剪力齿槽弹性工作状态下，轨道体系纵向刚度约束效应对桥墩墩底弯矩的影响显著，而摩擦效应影响相对较小。随着轨道体系摩擦系数的增加，桥墩地震内力有所降低。

②相对于工况 5(传统减隔震计算模型)，在工况 1～工况 4 下简支梁桥各墩墩底弯矩降低较多，约为工况 5 的 53%～70%。而连续梁桥交界墩(10 号、13 号)的墩底弯矩增幅较大，约增大至工况 5 的 1.8 倍，12 号制动墩的减震效果非常显著。

简支梁桥地震响应减小的原因为：由于连续梁桥跨度较大，上部一联梁体的质量较大，而制动墩相对较矮，采用双曲面球形减隔震支座后连续梁桥自振周期由隔震前 0.89 s 延长至 4.86 s，连续梁桥动力特性的改变延长了整个桥梁体系的自振周期，因此简支梁桥的地震响应随之降低。

9.5.3　分析结论

建立了考虑纵连板式无砟轨道系统的线桥一体化抗震计算模型，采用有限元仿真分析的方法进行了大量工程实例分析，总结了纵连板式无砟轨道系统对多跨简支梁桥及大跨连续梁桥地震响应的影响规律。综合研究表明：对于自振特性不同的简支梁桥及大跨连续梁桥，轨道约束体系的存在增强了相邻桥跨间的纵向联系，使得按传统模型分析得到的两个单独振动单元(简支梁桥、连续梁桥)变为一个整体振动单元。考虑端刺(或路基)的纵向刚度，邻近端刺若干跨简支梁桥的地震响应明显减小，且距端刺越近的桥跨地震响应减小越明显。对于墩高相差较大的多跨简支梁桥，高墩的地震响应明显减小，而位于高墩附近的矮墩地震响应有较大幅度的增大。

参 考 文 献

[1] 丁叁叁,陈大伟,刘加利．中国高速列车研发与展望[J]. 力学学报,2021,53(1):35-50.

[2] 姚力,朱胜阳,韦强文,等．400 km/h 高速铁路无砟轨道列车竖向设计荷载动力学研究[J]. 高速铁路技术,2021,12(2):73-78.

[3] 郑健．中国高速铁路桥梁建设关键技术[J]. 中国工程科学,2008,10(7):18-27.

[4] 朱高明．国内外无砟轨道的研究与应用综述[J]. 铁道工程学报,2008(7):28-30.

[5] 陈良江,周勇政．我国高速铁路桥梁技术的发展与实践[J]. 高速铁路技术,2020,11(2):27-32.

[6] 杜修力,韩强．桥梁抗震研究若干进展[J]. 地震工程与工程振动,2014,34(4):1-14.

[7] 陈克坚,袁明．汶川地震后对铁路桥梁抗震设计有关问题的思考[J]. 铁路工程学报,2008(S):176-182.

[8] 韩国庆,蒋丽忠,魏标,等．有砟轨道对典型单线铁路简支梁桥地震响应的影响[J]. 铁道科学与工程学报,2019,16(3):690-697.

[9] 张永亮,陈兴冲,李子奇．轨道约束系统对高速铁路多跨简支梁桥地震反应的影响[J]. 世界地震工程,2010,26(4):6-12.

[10] 张永亮,赵继栋,陈兴冲,等．轨道约束对高铁大跨连续梁桥地震反应的影响[J]. 铁道工程学报,2015,32(7):46-50.

[11] 胡连军,杨吉忠．高墩铁路桥梁减震技术进展研究[J]. 铁道工程学报,2016,33(6):72-76.

[12] 梅大鹏,马旭峰,陈嵘,等．梁轨相互作用对台后短路基上端刺设置的影响[J]. 铁道工程学报,2016,33(11):33-39.

[13] 闫斌,黄杰,刘施,等．复杂地形条件下桥上 CRTSⅡ型轨道系统地震响应[J]. 交通运输工程学报,2018,18(1):42-50.

[14] 杨孟刚,费凡,彭定成．考虑轨道系统的高速铁路连续梁桥结构系统参数对纵向地震响应的影响[J]. 铁道科学与工程学报,2019,16(1):8-15.

[15] TOYOOKA A,IKEDA M,YANAGAWA H,et al. Effects of track structure on seismic behavior of isolation system bridges[J]. Quarterly Report of RTRI,2005,46(4):238-243.

[16] 张永亮,宁贵霞,陈兴冲．高速铁路重力式桥墩桩基础的抗震设计及研究进展[J]. 岩石力学与工程学报,2015,34(S1):3518-3524.

[17] 中华人民共和国建设部．铁路工程抗震设计规范:2009 年版:GB 50111—2006[S]. 北京:中国计划出版社,2009.

[18] 刘尊稳．基于线桥一体化模型的高速铁路桥梁抗震性能及设计方法研究[D]. 兰州:兰州交通大学,2019.

[19] 翟婉明,蔡成标,王开云．高速列车-轨道-桥梁动态相互作用原理及模型[J]. 土木工程学报,2005,38(11):132-137.

[20] 闫斌,刘施,戴公连,等．多维地震作用下桥梁-无砟轨道非线性相互作用[J]. 铁道学报,2016,38(5):74-80.

[21] YAN B,LIU S,PU H,et al. Elastic-plastic seismic response of CRTSⅡ slab ballastless track system

on high-speed railway bridges[J]. Science China Technological Sciences,2017,60(6):865-871.

[22] KANG X, JIANG L Z, BAI Y, et al. Seismic damage evaluation of high-speed railway bridge components under different intensities of earthquake excitations[J]. Engineering Structures, 2017, 152:116-128.

[23] 涂鹏,周文涛,闫斌. 考虑轨道约束的重载铁路大跨度连续刚构桥地震响应[J]. 铁道科学与工程学报,2016,13(11):2174-2180.

[24] YAN B,DAI G L,GUO W H,et al. Longitudinal force in continuously welded rail on long-span tied arch continuous bridge carrying multiple tracks[J]. Journal of Central South University,2015,22(5):2001-2006.

[25] DAI G L,YAN B. Longitudinal forces of continuously welded track on high-speed railway cable-stayed bridge considering impact of adjacent bridges[J]. Journal of Central South University, 2012, 19(8):2348-2353.

[26] 戴公连,汪禹. 考虑轨道约束的大跨梁拱组合桥地震响应研究[J]. 铁道工程学报,2016,33(1):70-74.

[27] 董亮,姜子清,王继军,等. 桥上 CRTSⅡ型板式无砟轨道台后锚固体系端刺结构受力变形特性[J]. 中国铁道科学,2012,33(3):1-7.

[28] 魏强,赵国堂,蔡小培. CRTSⅡ型板式轨道台后锚固结构研究[J]. 铁道学报,2013,35(7):90-95.

[29] 陈嵘,邢俊,谢铠泽,等. 温度荷载下纵连式无砟轨道梁轨耦合作用规律[J]. 铁道工程学报,2017,34(3):15-21.

[30] 戴公连,葛浩. 高铁长大桥上不同无砟轨道无缝线路受力研究[J]. 铁道工程学报,2018,35(7):23-29.

[31] 张鹏飞,连西妮,桂昊,等. 桥墩温度梯度对桥上 CRTSⅡ型板式无砟轨道纵向受力的影响[J]. 交通运输工程学报,2020,20(4):80-90.

[32] 闫斌,程瑞琦,谢浩然,等. 极端温度作用下桥上 CRTSⅡ型无砟轨道受力特性[J]. 铁道科学与工程学报,2021,18(4):830-836.

[33] 冯青松,孙魁,徐金辉,等. 桥梁温度分布情况对桥上无砟轨道的影响分析[J]. 铁道工程学报,2018,35(11):20-26.

[34] 雷振宇,张鹏飞,翟利华,等. 简支梁桥上 CRTSⅠ型板式无砟轨道伸缩力影响因素分析[J]. 城市轨道交通研究,2018,21(8):21-25.

[35] MARAGAKIS E M,DOUGLAS B M,CHEN Q B. Full-scale Field Failure Tests of Railway Bridge[J]. Journal of Bridge Engineering,2001,6(5):356-362.

[36] 魏标,杨添涵,蒋丽忠. 轨道结构建模精细化程度对高速铁路连续梁桥地震易损性的影响[J]. 工程力学,2018,35(4):16-23.

[37] WEI B,WANG W H,WANG P,et al. Seismic responses of a high-speed railway (HSR) bridge and track simulation under longitudinal earthquakes[J]. Journal of Earthquake Engineering,2020(3):1-22.

[38] 黄宇辰,王军文,王少君. 无砟轨道约束对高铁 FPS 隔震简支梁桥纵向地震反应的影响[J]. 铁道建筑,2015(9):24-28.

[39] 刘施,闫斌,张鹏飞,等．地震作用下桥梁-CRTSⅡ型无砟轨道相互作用规律[J]. 铁道科学与工程学报,2017,14(4):669-674.

[40] 冯玉林,蒋丽忠,周旺保,等．桥上 CRTSⅡ型板式无砟轨道层间关键构件的地震响应规律及参数影响分析[J]. 铁道标准设计,2020,64(10):30-34.

[41] 蒋丽忠,冯玉林,周旺保,等．近断层脉冲型强震下高铁桥梁路基轨道系统的地震响应分析[C]//第28届全国结构工程学术会议论文集:第Ⅱ册．南昌,2019:90-98.

[42] 陈令坤,蒋丽忠,余志武．无砟轨道约束对高速铁路列车-桥梁系统地震响应的影响[J]. 计算力学学报,2013,30(6):763-769.

[43] IEMURA H,IWATA S,MURATA K. Shake table tests and numerical modeling of seismically isolated railway bridges [C] // Proceedings of the 13th World Conference on Earthquake Engineering. Vancouver B. C. ,2004:1780.

[44] 谢旭,王炎,陈列．轨道约束对铁路减隔震桥梁地震响应的影响[J]. 铁道学报,2012,34(6):75-82.

[45] 张永亮,于伟栋,马华军,等．板式无砟轨道系统对不同抗震体系铁路桥梁纵向地震响应的影响[J]. 中南大学学报(自然科学版),2017,48(10):2738-2744.

[46] 施颖,宣纪明,姚君,等．大跨度轨道交通桥梁抗震性能分析[J]. 桥梁建设,2017,47(6):42-47.

[47] 中华人民共和国铁道部．铁路无缝线路设计规范:TB 10015—2012[S]. 北京:中国铁道出版社,2013.

[48] 田春香,颜华,王平．我国桥上无缝线路技术发展与思考[C]//中国铁道学会．2012 中国铁道学会工程分会第七届线路专业委员会会议论文集．天津,2012:109-117.

[49] 林孔斌．大跨铁路简支钢桁梁桥空间受力及梁轨相互作用研究[D]. 长沙:中南大学,2013.

[50] 杨艳丽．WJ-7、WJ-8 型扣件纵向阻力现场试验与研究[J]. 铁道标准设计,2010(2):51-52.

第10章 研究展望

10.1 桥墩抗震设计

10.1.1 高强钢筋及无黏结纵筋在铁路桥墩中的应用

我国钢筋混凝土结构所用钢筋经历了由低强度(240 MPa、335 MPa)向高强度(400 MPa、500 MPa、600 MPa)发展的过程。2010年以前,我国工程中普遍使用HRB335级的受力钢筋,与发达国家相比,我国工程中所用的钢筋强度等级低1~2级[1,2]。近年来,随着钢材冶炼技术的发展和工艺水平的提升,通过更加先进的技术,成功研发了500 MPa级及以上的高强钢筋,并在国家大力提倡绿色环保、节能减排的背景下,进入了量产。2010年,《混凝土结构设计规范》(GB 50010—2010)加入了HRB500级钢筋和HRBF500级钢筋。2012年,住房和城乡建设部、工业和信息化部联合通过了《推广应用高强钢筋实施方案》,文件要求用HRB400级、HRB500级高强钢筋替代目前大量使用的HRB335钢筋,高强钢筋的应用是建设资源节约型、环境友好型社会的重要举措,对推广钢铁工业和建筑业结构调整、转型升级具有重要意义。高强钢筋取代低强度钢筋应用于结构中是必然趋势。

现有的研究发现:高强钢筋的配置方式对墩柱的抗震性能具有显著影响,采用等体积替换普通钢筋时,配置高强钢筋墩柱的滞回曲线较为饱满,耗能较好[3],承载力明显提升,延性也有所提高[4],同时墩柱的屈服荷载和极限荷载均有所提高[5,6],可以有效提高墩柱的抗震性能,但是钢筋用量没有减少。而采用等强度替换普通钢筋时,在确保墩柱承载力基本保持不变的情况下,可有效减少钢筋的用量,但是墩柱的变形能力和延性性能均会有所下降[7-11]。另外,李义柱等[12]对配置600 MPa级钢筋墩柱的研究中发现,配置高强钢筋后可以减缓试件的累积损伤,但高强钢筋试件加载后期易出现黏结失效。张建伟等[13]、戎贤等[14]的研究中发现,与配置普通钢筋的墩柱相比,配置高强钢筋的墩柱如果配筋率不变,墩柱的破坏状态基本不变,但是破坏特征有了明显的不同,高强钢筋的配置增大了裂缝的宽度和深度,减小破坏时混凝土剥落的高度。通过上述分析发现,高强钢筋如果使用不当,可能会影响结构在地震作用下的抗震性能。对于配筋率较低、延性较差、破坏模式明显不同于钢筋混凝土桥墩的铁路重力式桥墩更是如此,因此,为确保结构在地震作用下的安全,明确配置高强钢筋后结构的破坏机制、各参数对其抗震性能的影响规律、抗震性能的评估和抗震设计方法就显得非常重要。

为了更好地提高桥墩的延性性能，本书作者团队提出了一种在承台内或墩底设置纵向无黏结钢筋的方法。在研究较多的摇摆桥墩中也广泛采用无黏结钢筋，使摇摆桥墩拥有自复位的能力。另外在自复位框架结构中也在使用无黏结钢筋，其作用与在桥墩中一致，使结构在地震作用下拥有自复位能力。

通过以上分析发现，高强钢筋应用于铁路桥墩中还需要进一步研究的问题包括以下几个方面：

(1)配置高强钢筋铁路桥墩的钢筋布置方式；

(2)低配筋铁路桥墩采用高强钢筋及高强混凝土后的抗震性能及破坏机制；

(3)设置无黏结纵筋的铁路桥墩抗震性能及防倒塌能力研究。

10.1.2 预制拼装结构在铁路桥墩中的应用

缩短施工周期、减小环境影响、降低建设成本、提升施工质量等需求促进了桥梁快速施工(Accelerated Bridge Construction，ABC)技术的发展[15,16]。而桥梁装配式技术的研发与应用是实现桥梁快速施工的重要手段。目前，装配式技术已广泛应用于桥梁上部结构中，如预制桥面板、预制T梁、预制小箱梁等[17]。而实现桥梁下部结构的预制装配，是实现全装配式桥梁结构和快速建造的必然要求。

外荷载作用下，预制拼装节点常处于复杂的受力状态，节点处刚度不连续、变形不连续，往往导致节点处、节点上下预制构件的受力和变形存在显著的差异。如何增强预制构件节点连接的可靠性，成为推动装配式结构发展和应用过程中亟待解决的问题。目前预制拼装桥墩体系的连接构造方式主要有预应力连接、灌浆套筒连接、灌浆波纹管连接、插槽式连接、承插式连接、湿接缝连接等[18]。而这些连接构造方式各有优缺点，预应力连接具有布置方式灵活、可提供自复位能力等优点，但是会改变构件的轴压比[19,20]；灌浆套筒连接解决了预制构件之间钢筋连接问题，具有明确的传力机制，且连接构造简单，但是塑性铰区灌浆套筒连接的引入会造成套筒区域局部刚度突变，一定程度上限制了该区域塑性铰的形成，可能引起构件破坏模式的变化(塑性铰上移或下移)，降低预制桥墩的延性和耗能能力[21]；灌浆波纹管连接中钢筋可以直接将力传递给周围的混凝土或灌浆料，但是波纹管管壁较薄，刚度较小，在浇筑混凝土时受力变形较大，不利于连接精度控制，且该种连接方式易出现钢筋拔出现象，钢筋锚固长度要求较为严格[22]。

现有的研究发现，预制拼装桥墩的刚度会有变化[23-25]，而铁路桥墩为满足行车舒适度的要求，一般要求桥墩具有较大的刚度，铁路桥墩采用预制拼装时如何确保桥墩刚度满足行车需求是未来研究的一个主要方向。另外，铁路桥墩截面尺寸大、质量大，其地震力较大，且配筋率低，采用预制拼装时如何确保其在地震下的抗震性能是未来研究的另一个方向。

各国学者对预制拼装桥墩基于性能的抗震设计方法进行了积极的探索并取得了一定成果[26-29]，但现阶段建立的抗震设计方法距离工程实践仍有较大差距。一方面由于预制拼装桥墩和现浇桥墩结构形式的不同，现浇桥墩的诸多理论并不适用于预制拼装桥墩，如开裂荷载计算公式、塑性铰长度计算公式等；另一方面，预制拼装桥墩的抗震性能指标确定原则、性能参数的选取及量化方法尚处于探索阶段。因此，采用典型连接构造的预制拼装桥墩抗震设计方法亟待建立。

通过以上分析发现，预制拼装应用于铁路桥墩中还需要进一步研究的问题包括以下几个方面：

(1)预制拼装铁路桥墩的连接构造类型；

(2)预制拼装铁路桥墩的刚度退化机制及其抗震性能；

(3)预制拼装铁路桥墩的抗震设计方法。

10.2 基础抗震设计

10.2.1 桩基础抗震设计

桥墩在某一水平方向有足够的屈服强度(如墙式墩)，在地震中难以形成塑性铰以及桩基处在土质液化较为严重的区域这两种情况下，可以允许桩顶产生有限的塑性变形，以消耗地震能量，减轻地震对整体结构的损伤。但在地震中若允许桩身发生损伤，通常很难检测，加固维修费用也较高，若基础进入显著的塑性，震后也需要对基础进行补强或进行结构物的纠偏后才能继续使用。因此桩基础的抗震设计应采用有限延性设计方法。有限延性设计时，需要给出结构在不同的受力状态相应的性能指标限值，即应给出多级损伤准则。日本铁道抗震设计规范提出了较为精细的桩基础非线性计算模型，并给出了相应的性能水准及评价指标。日本桥梁结构形式与我国不同，提出的性能水准是否适合我国高铁桥梁，还有待进一步研究，但其研究方法、分析模型可供我们研究时参考；另一方面，从目前检索的文献看，群桩基础的抗震性能水准大多基于小比例尺模型试验的分析结果，小比例尺模型因地基土的相关力学参数很难满足相似原理，使得试验结果与实际结构的受力性能上会产生一定的误差。因此基于大比例模型试验，对群桩基础性能水准展开研究是比较重要的。

群桩基础抗震计算模型的复杂之处在于桩侧土体抗力的模拟。地震响应分析时，桩侧土体本构关系主要有三种方法：日本铁道抗震设计规范提出的方法、p-y、t-z 及 q-z 曲线组合模拟法以及 m 法。日本铁道抗震设计规范将桩基础的地基土抗力作为地基变形模量和桩径的函数，并假定为理想弹塑性模型。地基反力达到上限值则进入塑性状态，如桩尖的竖直地基抗力达到桩尖支承力，桩周的竖向地基抗力达到计算范围内的最大桩周摩阻力，桩侧的水平地基反力达到计算范围内有效土抗力的上限值后，均进入塑性。美国 AASHTO 指

南推荐的 p-y 曲线法，为目前与设计工作结合较好的非线性桩土相互作用实用模拟方法，这些方法具备一定的试验依据，参数简明。美国 API-RP2A-WSD 规范采用 p-y 曲线、t-z 曲线及 q-z 曲线模拟桩侧水平、竖向与桩尖竖向地基反力。我国《城市轨道交通结构抗震设计规范》参考日本铁道抗震设计规范，在附录 B 给出了基于集中参数模型的静力与动力分析方法。其中桩侧水平(k_h)、竖向桩尖(k_v)地基弹簧初始刚度采用基床系数法计算，同时给出水平地基反力上限值。k_h、k_v取值可参考现行国家标准《城市轨道交通岩土工程勘察规范》规定的方法确定。《震规》采用 m 法模拟桩侧土体抗力，但 m 法属于线弹性地基反力法，要求地面处水平位移最大值不超过 6 mm，当位移较大时，应适当降低 m 值。针对 m 值与地面处桩身横向位移 y_0 的变化规律，国内学者进行了一定的试验研究。结果表明，工程设计时小位移情况下 m 值的可选范围较大，但由于 m 值与实际不符所引起的误差相对来说是不大的；相反在大位移情况下，m 值的确定可能会引起较大的误差。但由于试验的条件、数量以及土质的复杂性，目前尚未取得各种土质下对应于某一大位移时的 m 值取值范围。因而需要在 m 法的基础上考虑土体的极限抗力效应，提出相应的非线性 m 法，一方面与目前现行规范设计方法进行有效衔接，另一方面能够合理反映桩-土相互作用的非线性效应，更符合目前工程设计人员的思维习惯。

因桩-土系统的地震响应行为非常复杂，涉及桩构件及地基土的材料非线性及接触非线性，抗震计算模型宜在分析精度与设计人员的可操作性之间取得较好的平衡。虽然复杂的抗震计算模型可以作为结构整体受力行为的精确分析方法，仍应研究具备较好的可操作性的简化分析方法。如 Eurocode 8 规范规定，振型分解反应谱分析时应采用设计反应谱。设计反应谱由弹性反应谱折减得到，这种折减是通过引入性能系数 q 来实现的。考虑到结构具有在其非线性范围内抵抗地震作用的能力，设计中允许结构抗震能力小于其线弹性反应的地震力，以避免设计中进行复杂的非弹性结构分析。如果利用桩构件上发展的塑性铰来消耗地震能量，对于竖直桩基础，性能系数 $q=2.1$，对于斜桩基础，$q=1.5$。因此开展群桩基础抗震性能简化分析对于设计而言是十分重要的。

高铁桥梁桩基础的抗震设计可针对以下内容继续开展研究：

(1)基于大比例模型试验的群桩基础性能水准研究；

(2)非线性计算模型与《震规》设计方法的匹配问题；

(3)抗震简化分析方法；

(4)桩基础震后检测及加固方法研究。

10.2.2 挖井基础抗震设计

为提高基础的竖向承载力，近年来一种改进的基础形式被发展了起来，即根式基础。根式基础按照仿生学的原理在基础周围土层中预先植入预制的根键，待根键与基坑护壁固结后再用混凝土将基坑浇满或封顶形成新型基础。根键在土层中的植入可通过千斤顶对称顶入，已在我国望江长江公路大桥和池州长江公路大桥上顺利实现。由于根键能够带动基础周围更多的土体参与工作，因此基础的竖向承载力显著提高，沉降量减小。

胡丰等[30]通过理论分析研究了根式沉井基础的力学性能，结果表明根键显著改善了沉井的承载特性。章征等[31]通过现场自平衡试验对比研究了根式沉井与普通沉井的竖向承载特性，结果表明增加根键后沉井的竖向承载力大幅度提高。殷永高等[32]通过数值模拟研究了根键在悬索桥锚碇基础中的适用性，结果表明根式锚碇基础可以作为悬索桥等大跨桥梁锚碇基础的理想方案。随着根式基础的推广，黄挺等[33]对根式沉井基础的水平承载特性进行了试验研究，结果表明根式沉井的水平承载力较普通沉井提高约 60%，而且随着荷载的增大，提高程度更加明显。

近年来，根式基础的应用逐渐从刚性深基础向柔性深基础方向发展。陈东旭等[34]通过室内试验研究了根式灌注桩的承载力特性，结果表明根键能大幅度提高灌注桩自身的承载力。余竹等[35]通过现场堆载试验研究了根式桩基础的承载力特性，试验结果表明根键能大幅提高桩基础的承载能力。张吉禄等[36]通过室内试验研究了根式桩基础的抗拔力特性，结果表明在根键设置合理的情况下根键桩承载力要优于扩底桩，根键扩大了桩基周围的位移场范围。徐亮等[37]通过试验研究了根键层数对桩基础水平承载力的影响，结果表明单层根键桩较普通桩承载力提高 60%，随着根键层数的增加桩的承载力非线性提升。桂美兵等[38]通过室内对比试验研究了根键布置位置对桩基础水平承载力的影响，结果表明根键底层、中层及顶层可分别提高桩基础水平承载力达 60%、120%及 150%。

尽管根键能够改善基础承载特性的事实已被以上研究所证明，但针对根式基础的研究仅仅停留在沉井和桩基等深基础上，而且主要是针对基础的竖向承载特性展开的。根式基础能否用于提高挖井等浅埋刚性基础的抗震性能尚需进一步的试验及理论研究。

综上，铁路桥梁挖井基础抗震设计尚需开展如下研究：

(1)地震作用下根式挖井基础破坏机制研究；

(2)根式挖井基础的抗震分析模型研究；

(3)基于性能的挖井基础桥墩抗震设计方法研究。

10.3　高铁桥梁减隔震设计

梁轨分层布置和钢轨跨缝连续铺设是我国高铁桥梁梁轨系统的鲜明特征。在正常使用状态下，梁轨相互制约使上部结构具备较强的整体性，有利于高速平稳行车。但是在地震作用下，轨道系统对梁体的纵、竖向变形变位敏感，隔震(大位移)或减震(阻尼耗能)装置、传统自复位桥墩在铁路桥梁的适用性需充分验证，高铁减隔震桥梁的整体抗震性能水平有待深入评估；其次，无砟轨道桥梁整体的地震损伤发展路径不明确，易损部位难确定，结构体系层面的减隔震设计尚需开展具体研究。因此,高铁桥梁减隔震设计应聚焦如下两大问题。

10.3.1 减隔震装置的研发与应用

依据高铁桥梁的结构特点,减震耗能的部位设置及承载受力情况,需研发并设计合理的减隔震装置。针对高铁桥梁,李承根等[39]基于功能分离的构思,提出了"活动支座+减震榫"的减隔震体系,具有传力路径明确、各部件功能单一且横竖向变形不耦联的优点,但减隔震体系不具备自复位功能。摩擦摆式支座具有较大的水平滑动位移和竖向抬升位移,地震作用下其变形控制不当会对轨道系统形成不利影响,甚至发生落梁震害。因此,需要研发具有"多水准逐级设防、有限位移锁定"的限位型减隔震支座,要求支座具备较大的初始刚度以满足行车安全需求,地震作用下有自复位能力,尽量减小梁体的竖向变位及过大的水平变位,保证震后梁轨系统可修复或行车平顺平稳。

摇摆桥墩通常在提离面设置各种附加阻尼装置以提高其耗能能力,但研究表明,摇摆桥墩的提离位移有限,如文献[40]中某空心铁路桥梁高墩在8度罕遇地震下的提离位移仅为1~2 cm,故附加阻尼装置屈服后的耗能能力难以充分发挥,尤其采用位移型阻尼器(如滞变型钢等)时更应注重合理的参数设计。PALERMO等[41]将耗能钢筋内置桥墩,试验表明桥墩的耗能能力得到提升,但内置钢筋屈服后存在较大的损伤,不利于修复更换。因此,应将自复位桥墩的损伤部位设计在可减缓提离碰撞且具有自复位能力的外置(易更换)高耗能装置上,以实现铁路自复位桥墩性能的提升。

高墩铁路桥梁的几何非线性和高阶振型使其地震响应复杂,目前研究提出的新型铁路高墩将耗能构件设计在墩身,如我国黄韩侯铁路纵目沟大桥采用了板柱式空心高墩,该设计旨在通过板的破坏来保证地震时桥墩主体的完整性[42]。EL-BAHEY等[43]将耗能构件设置在桥墩之间,通过节点板实现耗能构件与柱的连接。对于高墩而言,因耗能构件位置分散和分布不均,存在设计困难和不便于震后修复更换等问题。目前,质量型阻尼器TMD已经应用在Akashi-Kaikyo桥的主塔、Kessock斜拉桥上的风致振动控制和大型公共建筑的抗震设计中[44],效果良好。因此,通过在主梁设置调谐质量阻尼器或在主墩内腔设置颗粒阻尼器,可开拓高墩铁路桥梁减隔震设计的新方法。

综上,关于高铁桥梁减隔震装置的研发应用需开展如下研究:

(1)考虑结构整体抗震性能的高铁桥梁减隔震支座的研发;

(2)自复位桥墩高耗能易更换减震装置的研发;

(3)质量型阻尼器在铁路高墩桥梁中的应用研究。

10.3.2 高铁桥梁自复位桥墩的抗震设计方法及抗震体系构建

现行《震规》[45]中抗震设防目标采用小震不坏、中震可修、大震不倒的三水准设防,但鉴于高铁桥梁的重要性及功能可恢复结构体系良好的抗震性能,因此发展能减少地震损伤、有效控制震后残余变形适用于高铁桥梁的可恢复抗震体系十分必要。目前，摇摆体系是构建桥梁结构震后可恢复功能的有效措施，国内外学者研发了不同构造形式的摇摆桥墩，如自由摇摆桥墩、预应力自复位桥墩、预应力与阻尼器联合应用的摇摆桥墩，并结合试验研究、拟静力及动力分析，建立了集中塑性铰法、多弹簧法及实体单元法等分析方法，并将基于位移的抗震设计方法应用于自复位桥墩的抗震设计中，如韩强等[46]、李建中等[47]提出了基于性能的双柱式摇摆桥墩抗震设计方法已应用至我国首座摇摆桥梁。但是拟静力及振动台试验表明，在摇摆过程中自复位桥墩的提离面处有显著的碰撞发生，必然伴随着能量的耗散。具体来讲是指地震输入桥梁结构的总能量分别因碰撞耗散，传递至耗能装置消散，其余转化为结构的重力势能（比公路桥墩大）和动能，且能量在不断地转化的过程中衰减。因此，为了准确评估自复位桥墩的抗震性能，需建立摇摆碰撞引起能量损失的表达式，推导基于能量的自复位桥墩动力计算方程，实现自复位桥墩的合理抗震设计。

桥墩的自复位抗震设计可减轻本身的地震损伤，但对于无砟轨道铁路桥梁而言，上部结构（无砟轨道、主梁）、支座和下部结构（桥墩、基础）是密不可分的受力整体，且轨道系统构造复杂，震后修复难度很大。国内外振动台试验及震害均表明，铁路桥梁轨道系统在小震及中震下最容易发生破坏，支座易在中震下损伤，而桥墩在大震下才可能发生破坏，且以脆断型破坏方式为主，其破坏发展途径与公路桥梁截然不同。为了实现桥梁整体的可恢复性，除了桥墩的自复位外，还应保证上部结构的可恢复性。因此，立足于桥梁结构体系的可恢复性，发展“主要构件自复位，连接构件可更换”的抗震设计指导思想。通过在墩梁之间设置具有限位功能的装置，使轨道系统在地震作用下保持弹性状态的自复位。而桥墩的自复位抗震设计需要与墩梁处的限位装置形成一定的匹配关系，通过力学参数的不断优化组合，结合动力反应分析探究地震响应规律，最终形成一套完善的高铁桥梁可恢复抗震体系。

综上，高铁桥梁可恢复抗震设计需开展如下研究：

（1）自复位桥墩基于能量的抗震设计方法；

（2）高速铁路可恢复抗震体系的构建及工作机制；

（3）高铁桥梁可恢复体系抗震设计方法。

10.4　冻土区桥梁抗震设计

10.4.1　多年冻土退化对桥梁抗震设计的影响

近年来，随着气候变暖的持续和人类活动强度的增加，多年冻土退化已然成为全球性问题，由此导致的工程结构稳定性问题异常严峻。HJORT 等[48]的研究表明现阶段多年冻土区接近 70％的基础设施将会在 21 世纪中叶面临多年冻土融化带来的巨大威胁。在全球多年冻土退化的背景下，我国青藏高原及周边的多年冻土也处于快速退化状态。

传统的抗震设计仅关注结构在短期内的地震安全性，忽略了结构抗震性能随长期服役及所处环境影响的变化，而基于全寿命周期成本的抗震设计理念则考虑了结构在长期服役过程中因各种因素导致的性能退化问题。以我国青藏高原为例，多年冻土退化导致青藏高原及周边地区形成大片的、力学稳定性极差的高温冻土或融化夹层，显著影响到桥梁工程在不同服役时期的抗震性能，因此抗震设计中有必要考虑全寿命周期成本理念。多年冻土退化将会导致冻土上限以下及附近的层状含土冰部分或全部融化，对桥梁基础的约束效应减弱，桩基自由长度有所增加、桥梁水平刚度降低，不利于桥梁结构的地震安全性。李涛等[50]通过数值模拟计算发现，当冻土退化导致地基嵌固作用降低时，桥梁墩身的地震弯矩减小，桩身弯矩和墩顶位移增大。以青藏铁路桩基础桥梁为例，ZHANG 等[51]的研究也表明多年冻土退化对桥梁地震响应影响显著，认为多年冻土区桩基础桥梁抗震设计也需要考虑桩土体系的热力效应以及未来多年冻土退化效应的影响。

通过以上分析发现，多年冻土退化背景下桥梁抗震设计中还需要进一步研究的问题包括以下几个方面：

(1)多年冻土退化引起的冻土时空变化规律及其对场地地震动特性的影响机制；

(2)考虑多年冻土退化效应的桥梁抗震性能退化机制；

(3)基于全寿命周期成本理念的多年冻土区桥梁抗震设计方法。

10.4.2 冻土覆盖层下砂土液化对桥梁抗震设计的影响

近年来，世界范围内多次强震引发了大量的液化震害，其与以往震害相比出现的新特点主要包括液化范围更广、液化变形更大，而且由于地基液化的原因，对震后救援产生了严重影响，甚至导致了大量工程结构损坏和人员伤亡[52]。以桩基础桥梁为例，强震作用下砂土液化与相应的土体侧向流动及大变形加大了桩基础的侧向位移，导致处于液化场地的桩基础较非液化场地破坏严重，影响了桥梁结构的整体安全性[53]。

与一般工程场地相比，在冻土场地中由于地震作用而出现的地基液化可能对桩基承载性能的影响更为复杂。邢爽等[54]的振动台试验研究表明，冻结地基中的冻结层会抑制孔隙水压比的升高，但由于冻结地基未冻结层的孔隙水压比很大，因此有冻土覆盖的液化场地应充分考虑这一特征。YANG 等[55]研究表明，冻土层的存在对场地液化时的土体侧向流动效应抑制作用有限，冻土区桩基础抗震设计需要考虑场地液化效应的影响。2016 年阿克陶 6.7 级地震中季节冻土区发生了场地液化现象，如图 10-1 所示[56]。

通过以上分析发现，有冻土覆盖层的液化场地桥梁抗震设计还需要进一步研究的问题包括以下几个方面：

(1)冻土覆盖层(包括温度、厚度和含水量等)对砂土液化过程的影响机制；

(2)冻土覆盖层下砂土液化对桥梁基础地震响应的影响机制；

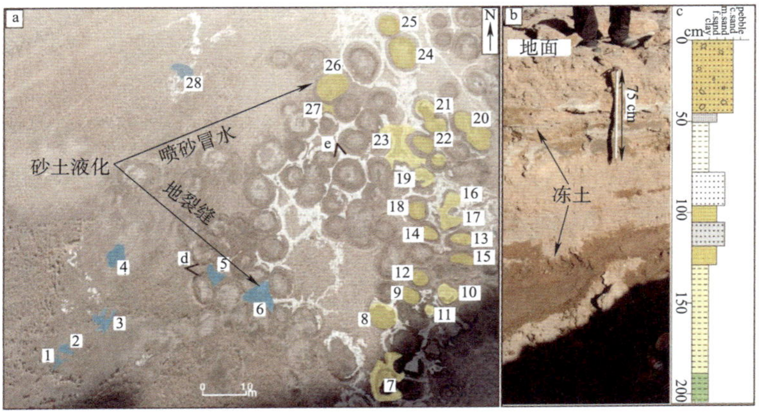

图 10-1　阿克陶 6.7 级地震中的场地液化现象[56]

(3)考虑冻土覆盖层下砂土液化的桥梁抗震设计方法。

10.5　车-桥耦合作用下的桥梁抗震设计

近年来,随着我国高速铁路的快速发展,为保证线路的平顺性和乘车的舒适性,采用“以桥代路”的封闭运营模式,一条高速铁路线路中的桥梁总里程长达几十公里甚至上百公里[57]。由于桥梁工程在线路中所占比例越来越大,地震发生时高速列车在桥上运行的概率增大。一方面,高速行驶的列车及其紧急制动均会对桥梁结构产生明显的动力冲击作用(图 10-2);另一方面,地震作用下,大跨度桥梁结构自身产生复杂的空间地震响应,二者耦合作用下桥梁结构地震响应及轨道系统的易损性分析将变得更为复杂(图 10-3)。因此,车桥耦合作用下的桥梁抗震设计问题将会为国内外学者研究的重点。

图 10-2　高速列车对桥梁的冲击作用

图 10-3　列车脱轨造成轨道系统损毁

关于车桥耦合振动下的桥梁抗震问题,目前已有学者进行了研究,HE 等[58]分析了地震作用下新干线列车对高架桥动力响应的影响,发现如果将列车仅作为附加质量作用到桥梁上，则可能低估或高估桥梁系统的响应。JU[59,60]借助于有限元方法，采用非线性轮对单元、黏弹性弹簧-阻尼单元和集中质量单元来模拟高速列车，分析了地震发生时列车在桥上行驶的安全性，并证明了提高桥墩的横向刚度可以减小列车脱轨系数。ZHANG等[61,62]将虚拟激励法与精细积分方法结合起来处理多点地震激励下车桥耦合系统的非平稳随机振动问题。结果表明地震行波效应对车桥系统随机响应有重要影响，而列车速度的影响不大。XIA等[63]针对地震作用下高铁桥梁上的列车走行安全性问题，对高速列车在不同特征地震荷载作用下通过京沪高速铁路（48＋5×80＋48）m预应力混凝土连续梁桥进行仿真分析，给出了地震发生时高速列车在桥上可以安全运行的临界速度限值。ZHANG等[64]借助大质量法实现了车桥耦合系统的多点地震动输入，研究了地震作用下车桥动力响应随列车速度、地震动强度等因素变化的规律。杜宪亭等[65-67]考虑轮轨相互作用和分离，采用地震动位移、加速度两种输入模式，建立了地震-车-桥大系统分析模型。结果表明，相对于仅考虑行波效应，考虑完全空间变异性改变了桥梁位移和车体加速度峰值的大小和出现的时间，这种影响在研究地震作用下的车桥耦合问题时不能忽略。

通过以上分析发现，考虑车桥耦合作用下的桥梁抗震设计还需进一步开展以下方面的相关研究：

（1）地震激励与列车耦合作用对桥梁结构动力响应的影响机制；

（2）车桥耦合作用下无砟轨道系统地震易损性问题。

参考文献

[1] American Association of State Highway and Transpontation Officials. AASHTO LRFD bridge design specification[S]. 4th ed. Washington D. C.：AASHTO，2007.

[2] American Concrete Institute. Building code requirements for reinforced concrete and commentary：ACI 318-11[S]. Farmington Hills，USA，2011.

[3] 刘金升，苏小卒，赵勇．配500 MPa细晶钢筋混凝土柱低周反复荷载试验[J]. 结构工程师，2009，25(3)：135-140.

[4] 徐伟栋．配置高强钢筋的混凝土柱抗震性能研究[D]. 上海：同济大学，2007.

[5] ARSHADI H，KHEYRODDIN A，NADERPOUR H. An investigation into the behavior of special moment frames with high-strength reinforcement subjected to cyclic loading[J]. Journal of Building Engineering，2019，26：100905.

[6] LI Y Z，CAO S Y，JING D H. Concrete columns reinforced with high-strength steel subjected to reversed cycle loading[J]. ACI Structural Journal，2018，115(4)：1037-1049.

[7] RESTREPO J I，STEFAN B，SCHOETTLER M J，et al. Seismic testing of bridge columns incorporating high-performance materials[J]. ACI Structural Journal，2006，103(4)：496-504.

[8] 李艳艳，张亚龙，默玲，等．HRB600E钢筋混凝土柱抗震性能及有限元分析[J]. 硅酸盐通报，2019，38(4)：1150-1165.

[9] 殷小溦，黄小坤，田春雨，等．配置大间距高强纵筋的钢筋混凝土柱抗震性能试验研究[J]．建筑结构学报，2015，37(8)：41-47.

[10] BARBOSA A R，LINK T，TREJO D. Seismic performance of high-strength steel RC bridge columns [J]. Journal of Bridge Engineering，2016，21(2)：04015044.

[11] SOKOLI D，LIMANTONO A，GHANNOUM W M. Special moment frames with high-strength reinforcement-part 2：columns[J]. ACI Structural Journal，2020，117(2)：253-265.

[12] 李义柱，曹双寅，许鹏杰，等．600 MPa 级钢筋混凝土柱抗震性能试验研究[J]．工程力学，2018，35(11)：181-189.

[13] 张建伟，李晨，冯曹杰，等．HRB600 级钢筋钢纤维高强混凝土柱抗震性能研究[J]．建筑结构学报，2019，40(10)：113-121.

[14] 戎贤，张健新，李艳艳．高强钢筋混凝土桥墩抗震性能试验研究与分析[J]．工程力学，2015，32(10)：99-105.

[15] BILL G. Seismic evaluation of grouted splice sleeve connections for reinforced precast concrete column-to-cap beam joints in accelerated bridge construction[J]. PCI Journal，2015，60(5)：97-98.

[16] KURAMA Y C，SRITHARAN S，FLEISCHMAN R B，et al. Seismic-resistant precast concrete structures：state of the art[J]. Journal of Structural Engineering，2018，144(4)：3118001.

[17] AL-ROUSAN R. Behavior of prefabricated full-depth precast concrete bridge deck panel system：optimum prestress level[J]. Procedia Manufacturing，2020，44：607-614.

[18] 王震．自复位预制拼装 UHPC 空心墩抗震性能及设计方法研究[D]．南京：东南大学，2018.

[19] NIKBAKHT E，RASHID K. Investigation on seismic performance and functionality of self-centring post-tensioned segmental columns[J]. Structure and Infrastructure Engineering，2018，14(6)：730-742.

[20] OU Y C，LEE G C，WANG P H，et al. Cyclic tests of precast segmental unbonded post-tensioned concrete bridge piers[C]// New York City Bridge Conference，2007.

[21] DING Y N，XU W B，CHEN Y J，et al. Experimental research on seismic performance of precast cogging high-strength bolt composite joint and influence of its arrangement location[J]. Engineering Structures，2020，225(16)：111294.

[22] 陈家勇．预制装配桥墩的构造设计及抗震性能研究[D]．南京：东南大学，2014.

[23] HEWES J T. Seismic design and performance of precast concrete segmental bridge columns [D]. San Diego：University of California，2002.

[24] WANG Z Q，QU H Y，LI T T，et al. Quasi-static cyclic tests of precast bridge columns with different connection details for high seismic zones[J]. Engineering Structures，2018，158：13-27.

[25] POPA V，PAPURCU A，COTOFANA D，et al. Experimental testing on emulative connections for precast columns using grouted corrugated steel sleeves[J]. Bulletin of Earthquake Engineering，2015，13(8)：2429-2447.

[26] 周良，闫兴非，李雪峰．桥梁全预制拼装技术的探索与实践[J]．城市道桥与防洪，2018(9)：38-41.

[27] DAWOOD H M, ELGAWADY M. Performance-based seismic design of unbonded precast post-tensioned concrete filled GFRP tube piers[J]. Composites Part B:Engineering,2013,44(1):357-367.
[28] 韩强,贾振雷,何维利,等. 自复位双柱式摇摆桥梁抗震设计方法及工程应用[J]. 中国公路学报,2017,30(12):169-177.
[29] XIN G T, XU W B, WANG J, et al. Seismic performance of fabricated concrete piers with grouted sleeve joints and bearing-capacity estimation method[J]. Structures,2021,33(3):169-186.
[30] 胡丰,龚维明,童小东,等. 含受弯根键的根式沉井承载性能分析[J]. 计算力学学报,2010,27(3):505-510.
[31] 章征,张立奎,殷永高. 根式沉井基础竖向承载力自平衡试验研究[J]. 桥梁建设,2009,39(2):19-22.
[32] 殷永高,孙敦华. 悬索桥根式锚碇基础初步分析[J]. 土木工程学报,2010,43(11):102-113.
[33] 黄挺,付守印. 沉井和根式沉井水平承载特性研究[J]. 工业建筑,2010,40(4):84-87.
[34] 陈东旭,龚成中,何春林,等. 根式灌注桩承载力的室内研究[C]//2020 年工业建筑学术交流会论文集下册. 北京:工业建筑杂志社,2010:1310-1314.
[35] 余竹,殷永高,杜宪亭. 池州长江公路大桥根式基础承载力试验研究[J]. 桥梁建设,2019,49(4):13-17.
[36] 张吉禄,黄雪峰,韦林辉,等. 根键桩抗拔位移场分布特征及荷载传递模型探究[J]. 煤炭学报,2020,45(10):3435-3445.
[37] 徐亮,朱大勇,侯超群,等. 多层根键根式桩水平承载力模型试验研究[J]. 建筑结构,2020,50(S1):968-973.
[38] 桂美兵,朱大勇,侯超群,等. 根键位置对根式桩水平承载特性的影响研究[J]. 建筑结构,2020,50(S1):974-980.
[39] 李承根,高日. 高速铁路桥梁减震技术研究[J]. 中国工程科学,2009,11(1):81-86.
[40] 夏修身,陈兴冲,赵扬. 预应力效应对自复位高墩地震反应的影响[J]. 铁道学报,2017,39(12):124-130.
[41] PALERMO A, PAMPANIN S, CALVI G M. Concept and development of hybrid solutions for seismic resistant bridge system[J]. Journal of Earthquake Engineering,2005,9(6):899-921.
[42] 李子奇. 铁路新型柱板式高墩抗震性能试验及数值模拟方法研究[D]. 兰州:兰州交通大学,2019.
[43] EL-BAHEY S, BRUNEAU M, ASCE F. Bridge piers with structural fuses and bi-steel column. Ⅰ: experimental testing[J]. Journal of Bridge Engineering,2012,17(1):25-35.
[44] 周天平. 颗粒阻尼器对悬臂梁结构受迫振动的减震作用研究[D]. 兰州:兰州大学,2012.
[45] 中华人民共和国建设部. 铁路工程抗震设计规范:2009 年版:GB 50111—2006[S]. 北京:中国计划出版社,2009.
[46] 韩强,贾振雷,周雨龙,等. 震后可恢复功能桥梁结构之摇摆桥梁研究综述[J]. 中国公路学报,2021,34(2):118-133.
[47] 李建中,管仲国. 桥梁抗震设计理论发展:从结构抗震减震到震后可恢复设计[J]. 中国公路学报,2017,30(12):1-9.

[48] HJORT J, KARJALAINEN O, AALTO J, et al. Degrading permafrost puts arctic infrastructure at risk by mid-century [J]. Nature Communications, 2018, 9(1): 5147.

[49] RAN Y H, LI X, CHENG G D. Climate warming over the past half century has led to thermal degradation of permafrost on the Qinghai-Tibet Plateau [J]. The Cryosphere, 2018, 12(2): 595-608.

[50] 李涛,魏庆朝,刘林. 青藏铁路多年冻土区桥梁地基融化时的抗震安全性分析 [J]. 铁道学报, 2005, 27(4): 104-109.

[51] ZHANG X Y, CHEN X C, GUAN J D. Permafrost degradation effect on seismic response of bridge pile foundation along Qinghai-Tibet Railway[C]// Regional Conference on Permafrost 2021 and the 19th International Conference on Cold Regions Engineering. 2021, 277-289.

[52] 黄茂松,边学成,陈育民,等. 土动力学与岩土地震工程 [J]. 土木工程学报, 2020, 53(8): 64-86.

[53] 冯忠居,王溪清,李孝雄,等. 强震作用下的砂土液化对桩基力学特性影响 [J]. 交通运输工程学报, 2019, 19(1): 71-84.

[54] 邢爽,吴桐,李曰兵,等. 冻土-结构相互作用体系振动台试验及数值分析 [J]. 岩土工程学报, 2021, 43(11): 2003-2012.

[55] YANG Z H, ZHANG X Y. Impact of ground freezing on seismic performance of bridge pile foundations subject to liquefaction-induced lateral spread [J]. Transportation Research Record: Journal of the Transportation Research Board, 2017: 71-80.

[56] YAO Y, CHEN J, LI T, et al. Soil liquefaction in seasonally frozen ground during the 2016 Mw6.6 Akto Earthquake [J]. Soil Dynamics and Earthquake Engineering, 2019, 117(2): 138-148.

[57] 张楠,郭薇薇,夏禾. 高速铁路车桥耦合动力学[M]. 北京:北京交通大学出版社, 2019.

[58] HE X W, KAWATANI M, HAYASHIKAWA T, et al. Numerical analysis on seismic response of Shinkansen bridge-train interaction system under moderate earthquakes [J]. Earthquake Engineering and Engineering Vibration, 2011, 10(1): 85-97.

[59] JU S H. Nonlinear analysis of high-speed trains moving on bridges during earthquakes [J]. Nonlinear Dynamics, 2012, 69: 173-183.

[60] JU S H. Improvement of bridge structures to increase the safety of moving trains during earthquakes [J]. Engineering Structures, 2013, 56: 501-508.

[61] ZHANG Z C, LIN J H, ZHANG Y H, et al. Non-stationary random vibration analysis for train-bridge systems subjected to horizontal earthquakes [J]. Engineering Structures, 2010, 32(11): 3571-3582.

[62] ZHANG Z C, ZHANG Y H, LIN J H, et al. Random vibration of a train traversing a bridge subjected to traveling seismic waves [J]. Engineering Structures, 2011, 33(12): 3546-3558.

[63] XIA H, HAN Y, ZHANG N, et al. Dynamic analysis of train-bridge system subjected to non-uniform seismic excitations [J]. Earthquake Engineering and Structural Dynamics, 2006, 35: 1563-1579.

[64] ZHANG N, XIA H, de ROECK G. Dynamic analysis of a train-bridge system under multi-support seismic excitations [J]. Journal of Mechanical Science and Technology, 2010, 24(11): 2181-2188.

[65] 杜宪亭. 强地震作用下大跨度桥梁空间动力效应及列车运行安全研究[D]. 北京:北京交通大

学,2011.

[66] 杜宪亭,夏禾,余竹. 车桥耦合动力分析中地震动输入模式的研究[J]. 中国铁道科学,2011. 32(6):34-40.

[67] 杜宪亭,夏禾. 地震空间变异性对车桥系统响应的影响分析[J]. 工程力学,2012,29(9):106-111.

高速铁路基础研究与技术创新丛书

第一期(16 册)

(一)基础理论与基础技术系列

高速铁路散体道床宏细观力学行为　　赵春发　翟婉明　张　徐　著

ISBN 978-7-113-28857-0

高速铁路线路系统动力学　　龙许友　时　瑾　王英杰　编著

ISBN 978-7-113-28997-3

高速铁路弓网关系研究　　韩通新　著

ISBN 978-7-113-28941-6

(二)动车组系列

高速列车轻量化设计　　李　明　伊召锋　米莉艳　等编著

ISBN 978-7-113-28972-0

(三)供电系列

高速铁路受电弓　　韩通新　编著

ISBN 978-7-113-28975-1

高速铁路接触网检测技术　　韩通新　著

ISBN 978-7-113-28961-4

(四)工程设计系列

高速铁路桥梁抗震设计　　陈兴冲　张永亮　编著

ISBN 978-7-113-28964-5

高速铁路轨道工程 BIM 正向设计软件开发与实践　姚　力　刘大园　董凤翔　等编著

ISBN 978-7-113-28934-8

(五)工程施工与组织系列

高速铁路桥梁 BIM 技术研究与实践　　盛黎明　苏　伟　刘延宏　宋树峰　编著

ISBN 978-7-113-28938-6

高速铁路岩溶路基边坡变形与稳定　　白明洲　师　海　田　岗　等编著

ISBN 978-7-113-28880-8

高速铁路工程地质灾害超前预报图形判别和解译 李 忠 郝娜娜 等编著

ISBN 978-7-113-28935-5

（六）通信与列控系列

高速铁路宽带无线信道测量与建模技术 周 涛 何睿斯 艾 渤 编著

ISBN 978-7-113-28930-0

（七）测量与检测系列

（八）高铁运营与经济系列

高速铁路社会效益研究——基于时空经济分析 李红昌 夏璇璇 著

ISBN 978-7-113-28942-3

（九）现代信息技术系列

高速铁路物联网技术 史天运 孙 鹏 张惟皎 陈瑞凤 编著

ISBN 978-7-113-29029-0

（十）安全·健康·维护系列

高速铁路道砟飞溅机理及防治 高 亮 石顺伟 殷 浩 著

ISBN 978-7-113-28906-5

高速列车多目标均衡综合节能技术 张 雷 李 明 司志强 等编著

ISBN 978-7-113-28976-8